U0067180

# 老人福利服務

李開敏・王　玠　等譯
王增勇・萬育維

Second Edition

# Handbook of
# Gerontological Services

### Edited by Abraham Monk

Columbia University Press.

New York Oxford.

Copyright © 1990 Columbia University Press.

# 原作者簡介

**Toby Berman-Rossi, D.S.W.**
Columbia University School of Social Work, New York, New York

**Elias S. Cohen, J.D., M.P.A.**
Community Services Institute, Inc., Narbeth, Pennsylvania

**Carloe Cox, D.S.W.**
National Catholic School of Social Service, The Catholic University of America, Washington, D.C.

**Barbara Oberhofer Dane, D.S.W.**
Columbia University School of Social Work, New York, New York

**Joseph Doolin, Ph.D., M.P.A.**
Catholic Charities, Archdiocese of Boston

**Ruth E. Dunkle, Ph.D.**
University of Michigan, School of Social Work, Ann Arbor, Michigan

**Irene A. Gutheil, D.S.W.**
Fordham University, Graduate School of Social Service, New York, New York

**Nancy H. Kuehn, M.S.W., J.D., L.L.M.**
Prudential Insurance, Newark, New Jersey

**Rosalie A. Kane, D.S.W.**
School of Social Work and School of Public Health, University of Minnesota, Minneapolis, Minnesota

**Cary S. Kart, Ph.D.**
University of Toledo, Sociology Department, Toledo, Ohio

## Eric R. Kingson, Ph.D.
Boston College Graduate School of Social Work, Chestnut Hill, Massachusetts

## Theodore H. Koff, Ph.D.
Long Term Care Gerontology Center, College of Medicine, University of Arizona, Tucson, Arizona

## Jordan I. Kosberg, Ph.D.
Department of Gerontology, University of South Florida

## Regina Kulys, D.S.W.
Jane Addams College of Social Work, University of Illinois at Chicago, Chicago, Illinois

## Louis Lowy, Ph.D.
Boston University School of Social Work, Boston, Massachusetts

## Abraham Monk, Ph.D.
Columbia University School of Social Work, New York, New York

## Harry R. Moody, Ph.D.
Brookdale Center on Aging, Hunter College of the City University of New York, New York, New York

## Eloise Rathbone-McCuan, Ph.D.
School of Social Welfare, University of Kansas, Lawrence, Kansas

## Edmund Sherman, Ph.D.
School of Social Welfare and Ringel Institute of Gerontology, The University at Albany, State University of New York, Albany, New York

## Susan R. Sherman, Ph.D.
School of Social Welfare and Ringel Institute of Gerontology, The University at Albany, State University of New York, Albany, New York

**Barbara Levy Simon, Ph.D.**
Columbia University School of Social Work, New York, New York

**Kenneth Solomon, M.D.**
Saint Louis University Medical Center, Saint Louis, Missouri

**Julia C. Spring, M.S.W., J.D.**
Columbia University School of Law, New York, New York

**Raymond M. Steinberg, D.S.W.**
Andrus Gerontology Center, University of Southern California, Los
Angeles, California

**Cynthia Stuen, D.S.W.**
National Center for Vision and Aging, The Lighthouse, New York, New
York

**Sheldon S. Tobin, Ph.D.**
School of Social Welfare and Ringel Institute of Gerontology, The
University at Albany, State University of New York, Albany, New York

**Ronald W. Toseland, Ph.D.**
School of Social Welfare and Ringel Institute of Gerontology, The
University at Albany, State University of New York, Albany, New York

**Monika White, Ph.D.**
Senior Care Network, Huntington Memorial Hospital, Pasadena, California

**Judith Wineman, M.S.W., C.S.W.**
Retiree Service Department, International Ladies' Garment Workers'
Union, New York, New York

# 譯者簡介（依姓氏筆畫順序）

| | |
|---|---|
| 王 玠 | 美國休士頓大學社會工作碩士 |
| | 美國北伊利諾大學社會學碩士 |
| | 社會工作專業諮詢 |
| | 台灣大學、台北大學社會工作學系兼任講師 |
| 王美懿 | 高雄醫學大學醫學社會學與社會工作學系碩士 |
| | 現任高雄榮民總醫院精神部社工師 |
| 王增勇 | 加拿大多倫多大學社會工作博士 |
| | 現任陽明大學衛生福利研究所助理教授 |
| 李開敏 | 美國紐澤西州羅格斯大學社會工作碩士 |
| | 紐約亨特學院老人學碩士後學位 |
| | 現任台灣大學社會工作學系兼任講師 |
| 林珍珍 | 美國華盛頓大學社會工作碩士 |
| | 現任台北市中山國小教師 |
| 沈淑芳 | 暨南大學社會政策與社會工作研究所博士班 |
| | 現任輔仁大學社會工作學系兼任講師 |
| 洪娟娟 | 東吳大學社會工作研究所碩士 |
| | 現任台北縣政府家庭暴力暨性侵害防治中心組長 |
| 翁慧敏 | 東吳大學社會工作碩士 |
| | 現任行政院人事行政局公務人力發展中心研究組簡任研究員 |
| 張淑英 | 美國凱斯西儲大學社會工作博士 |
| | 現任慈濟大學社會工作學系副教授 |
| 黃碧珠 | 東海大學社會工作碩士 |
| | 現任馬偕紀念醫院精神科社工師 |
| 黃鄭鈞 | 美國紐澤西州羅格斯大學勞資關係研究所碩士 |
| | 現任美商惠悅企業管理顧問股份有限公司台灣分公司副總經理 |
| 萬育維 | 美國明尼蘇達大學社會工作博士 |
| | 現任慈濟大學社會工作學系兼任副教授 |
| 謝依君 | 美國華盛頓大學社會工作碩士 |
| | 現任台北榮民總醫院社會工作組社工師 |

# 再印序

　　轉眼間，「老人福利服務」第一版譯本出版已經十年了。當時翻譯的動機是在草創「老人福利推動聯盟」（以下簡稱老盟）之初，希望透過閱讀，增加國內老人福利工作者對於老人福利體系的想像與瞭解，培養老人福利運動的能量。當初完成時，算是最能呈現完整老人福利服務面貌的中文書籍。

　　十年之間，台灣的老人福利有了很大的轉變。從一九九三年縣市長選舉將老人年金列為選戰主軸，老人福利就成為公共政策中的常客。一九九四年老盟成立，提出老人福利法修法的民間版本，首次提出「老人人權」的思考架構，並詳列各項老人福利服務。直至一九九八年修法通過，本書中所列的各項老人福利服務開始走出書本，開始成為我們日常生活中遭遇到的經驗。一九八〇年初次通過的老人福利法，民眾對老人福利的印象只有「公車半價優待」。從一九九三年之後，老人福利不再只局限在低收入戶或是無依老人的專利，而是對所有老人的保障。老人年金以及目前刻正推動的國民年金保險代表著老人經濟安全的普及式保障；二〇〇一年的照顧產業將居家服務擴大到一般家庭以及目前正在規畫的長期照顧保險，則代表著老人照顧的普及化。日間照顧、老人保護、送餐服務、喘息服務、復康巴士在台灣都已經有了雛形，儘管可以改善的空間仍在。

　　在這樣的脈絡下，這本書的再印不再停留在原本老人福利制度的介紹，而邀請讀者進一步將台灣老人福利的實踐與經驗與本書的內容進行對照，做為本土經驗反省的起點。這本書在理論與實務的完整性，仍對目前學習老人福利有相當的價值，所以我們仍決定要再印。當然，看美國經驗不如讀本土文章來得貼近，所以讓我們期許一本以台灣在地老人福利實踐經驗為主的專書，當這本書出現時，也就是本書可以功成身退之際。

王增勇

2006. 1. 5 於石牌

# 譯者序

　　記得在大學時代，社團裡常流行一句話，我們戲稱爲「傻子精神」：「天使不敢走的路，傻子一步就跨過去了！」如果當初我們這些譯者都有天使的先見之明，知道翻譯工作的費心耗時，也許就不敢接手這本書的翻譯工作，也更不會有今天這本譯作的完成。大概就是我們對台灣老人福利工作的熱忱和投入，促使我們在傻子精神的激情豪志下，在各自忙碌的生活中，仍抽空譯完這份鉅作。故它的問世註腳了我們這些台灣老人福利工作者對自我的一份期許。

　　這本譯作的緣起，是始於一年前我和開敏討論爲台灣老人福利工作者組織讀書會，作爲在職進修之用。這本書就是當時選讀的資料。在大夥討論後，我們決定先譯稿再組讀書會，如此可以省卻讀英文之苦，也可以使更多需要的人受惠。參與翻譯工作的人都是長年在老人福利實務和教育上努力的工作者，我們這本書翻譯是基於以下的認知和期許：

　　1. 在台灣相關老人福利的中文書籍多以社會學或心理學的角度出發，缺乏由社會工作專業角度出發或對老人學採科技整合的教科書。我們希望藉由這本譯作的問世，讀者可以一窺老人福利服務的內涵與架構。

　　2. 台灣老人福利服務方起步，未來的發展規劃仍需要更多的討論與嘗試。在這段思考摸索的過程，借鏡其他先進國家的經驗將有助於我們的推展。這本譯著可說是對美國老人福利服務全貌的完整呈現，深盼提供國內讀者他山之石，共砌共礎。

　　3. 做爲社會工作實務者，我們深深了解社會制度的建立必須與其社會脈絡，文化內涵，經濟體制等相結合，台灣老人福利服務體系的建立必然需要經過一段「本土化」的過程。我們期望有一天我們不必再翻譯別人的書，而能夠將台灣實務發展的經驗另集結成書。期許這是我們下一個目標。

　　這本書有三個特點是讀者在閱讀時應該注意的：1. 本書是專門

介紹美國的老人福利服務體系，由具實務經驗的工作者寫成，因此
與一般純理論著作不同，其豐富的實務分享是本書的主要優點。2.
本書係由不同領域的工作者寫成，包括社會工作者、教育家、工會
領袖、律師、醫師、保險師等，故每篇獨立成章，不具必然之連續
性，讀者可選擇性地閱讀所需。但每篇基本上都依「政策—理論依
據—方案現況—未來展望」之架構完成，故仍具一致性。3.本書可
做爲老人學領域中不同專業工作者的實務工具，其所涵蓋之範圍完
整且資訊豐富，對個人、機構均是一本實用且極具參考價值的手
冊。

　　在翻譯過程中，最大的困擾來自中文譯名的統一，例如，
Nursing Home 一詞在中文有養老院、療養院、安養中心、護理之
家等等，我們在抉擇時原則上，以政府官方用詞爲先，以最適切的
表達爲次。故以 Nursing Home 爲例，我們即以衛生署使用之「護
理之家」爲譯名，如此做法也代表我們對政府在福利推動上的期
許。

　　這本書的完成要感謝所有譯者的努力，若不是大夥的熱心投
入，我個人是不可能完成這件事的。其中開敏、王玠、育維及我本
人在最後分批校閱，所花之精力遠超過翻譯，說明了我們對翻譯這
本鉅著的虔敬心意以及對翻譯品質的重視。另外，還要感謝心理出
版社的許麗玉小姐對我們的軟硬兼施，才使我們的譯作順利完成。
也要特別感謝理律法律事務所的李光燾律師在本書中對法律名詞方
面提供的指正。

王增勇

1995.1.27 於多倫多

# 原編者序

老人福利服務第一版在一九八五年出版，很快地就銷售一空，證明了這本書滿足了老人工作專業者的需要，因此也鼓勵我們做二版的嘗試。第二版在主題、概念架構，及目的上與一版相近，但它更增加了近年來服務的最新發展。

這本書的目的是針對老人所提供的各類型服務，做一完整的介紹。本書以實務的角度著手，主要的關切點在於從方案設計、發展到執行上，協助服務提供者面對每天所會遭遇的問題。

若要將所有現存的服務都涵蓋在本書之內是不可能的。所以，我們儘可能將需求最高且重覆使用率最高的服務包括在內，但也包括一些少數族裔使用的特殊方案，因為他們是連續性服務中極為重要的環節。第三種包括在本書的服務也許不是十分普遍或有迫切需要，但其需要正在逐漸增加而必須重視的。本書試圖平衡這三種內容，希望時間可以證明這項努力是值得的。

本書的讀者群包括專業實務工作者、老人的家庭成員、社區行動組織、政策制定者、行政官員、研究員、學術工作者、學生，以及想知道與自身習習相關之服務系統的老人們。對某些讀者而言，本書提供了許多實務資訊；把技術面的各種「如何做」介紹給實務工作者，其他讀者或許可從中找到研究和教學題材。但本書的確呈現了老人服務領域中經年累月的智慧與藝術結晶。因為老人服務的多元及複雜性，本書也是為目前投入照顧的多種專業團隊而寫，包括醫院、老人院、社區老人中心，心理衛生中心、家庭服務機構乃至企業界的人士等。

本書包含了七部份：

第一篇：概念與架構，本篇係介紹老人服務領域的專業處遇。同時也檢視工作人員和社會大眾對老人的態度，並以正式服務的系統化，做為結論。

第二篇：治療與處遇模式，介紹各種主要的老人社會心理、醫療、

　　及功能評估方法。進而說明個案管理工作。作者再分別針對老人個案工作、團體工作、再社會化方法以及鉅視的社會計畫、社會行動一一說明。

第三篇：基本服務，回顧老人低收入服務方案及醫療照護、精神醫療照顧服務。

第四篇：社區服務，回顧現有正式服務體系。針對家庭、工作、退休、老年居家、喪偶者、受虐者之協助，法律服務，以及多元化的老人服務。

第五篇：居家服務，包括各種不同失能程度老人的居住型態安排，以及對體弱和臥床老人所提供的居家服務。

第六篇：長期照顧與機構安置服務，包括各種對慢性病人及失能老人提供的服務。重點在於長期照顧設施、臨終照顧、暫歇服務以及日間照顧、老人保護服務。

第七篇：其他重要議題，一是種族差異，以及對老人服務的提供與使用的影響；二是實務工作者會面臨的道德和倫理的兩難。

　　第三、四、五、六篇的作者依身體狀況良好至失能老人所需要的服務依序寫成。儘管每個作者都以個人專長切入主題，但大部份作者都依一定架構寫成。如下：

　　需求——普及程度、嚴重程度以及問題的特徵。

　　評估——診斷、判別及測量問題的方法。

　　處遇——因應問題所提供的各種服務，各專業和半專業人員的角色；提供服務所需的技能；少數族裔老人的需求以及滿足其需求的方法；最後，整合之道。

　　理論——解釋問題和需求的社會科學理論；實務和處遇反應不同理論的程度。

　　政策——公共政策的檢視；經費補助方式；以及各級政府參與計劃和提供服務的程度。

　　藉由上述模式，希望能將服務的評估、提供及政策以整合的方式呈現。而無須個別介紹老年公共政策。

　　本書的作者將他們日常工作的豐富經驗帶入書中。他們有些是第一線工作員、服務的提供者；有的是策劃者、行政人員；有的是學術研究工作者。

　　在這本書的寫作過程，我們很幸運有研究助理 Judith Whang 和 Ann McCann Oakley 及 Linda Nye 的協助。作者們在使命感的驅使下接受邀稿，又在耐心和同儕互信下，一再修正作品；沒有他們熱誠的投入，本書不可能完成。

Abraham Monk

# 目 錄

第一篇

# 概念與架構

# 第 1 章

# 老人社會服務
# ：理論與實務

*Abraham Monk* 著

李開敏 譯

　　因為出生率、死亡率的下降，正如 Cowgill（1977）指出美國「人口革命」的結果，老人學與老人醫學專精化幾乎在各項服務專業中都形成風潮。社會結構的改變顯而易見：嬰幼兒越來越少，卻有更多的成年人進入老衰期，老年人口在社會中所佔之比例益重。當平均餘命無情地直逼九十大關時，一個家庭中兩代同處退休的狀況亦非罕見。退休本身即一值得探討之特殊現象，它意味著一種新的生活方式，是建立在非經濟生產的休閒角色之上，而前後可能含括了人生的後 1／3 歷程。

　　對人口結構的挑戰，最初專業人員的反應充滿了治療的悲觀論或否認，有些人認為老年人沒有改變的動機，且他們的衰退是無可避免的，復健的努力不過是人道與利他的考量，但終究是徒勞無功，醫界不認為需要設立老人專科，老者只要依一般疾病分類，如關節炎、憂鬱症、視障等就醫即可。

　　然而幾乎沒有專業人員能長期漠視老人及家屬在面臨多重問題時的迫切求援。後續的公共政策以及老人爭取到的豐富資源自然也成為吸引人的誘因，無論是搶搭老人列車的機會主義者，或是真心關注老人年代來臨的熱心人士，他們對於這一片荒蕪待墾的科學園地所做的付出和努力是同等勇敢且值得鼓勵的。

　　最初專業知識基礎十分薄弱，專業彼此競相借用，某領域一有突破，立即被測試，吸收並整合到其它領域。因為互借成習，老人學家們在自身的職業忠誠之上也發展出一種家族意識，老年社會工作者和老年精神科醫師、護士接觸的頻繁，甚或超過和其它領域的社工同道，如矯治機構中的社工員。角色模糊的結果有時帶來地盤爭奪戰。專家們習慣各自為政，要達成共識不易。然而老人學領域的知識爆炸非一人之功，各學科的精進可說日新月異，不進則退。專業人員體認到不應以老人問題改革的現況為滿足，跨科際合作勢在必行。實務工作者常被期待身負各般武藝，除了自身專業的診斷、治療技術外，還需要充分掌握相關行業的服務資訊。

　　本書即彙整了許多服務專業累積的技巧。期盼能有助於專業人員更有效地協助長者處理生活中突發的問題或適應某些長期的困境，服務成功與否的關鍵在於治療者是否對案主有敏銳、深入的了解，因為老年人口的異質化以及相關社會心理理論的歧異，專業評估必須保持折衷與彈性，老年

實務工作者要針對不同種族、宗教、城鄉、社經背景的老者去觀察其同中之異實在是件巨大工程。為了引領入門，本篇就老人服務沿革、理論架構、重要課題與模式及政策四方面分述之。

# 第一節　專業人員對老人的態度

最首要的課題是態度。人際間的接觸很少是中立或不帶有情緒色彩的，提供人性服務者更不例外。若未經訓練就進入老人服務業，工作者常不自覺地反應出文化投射在老人身上的負面看法。或是顯出恐老、懼老的心態，隨之而來的嫌惡、拒絕反應，終了更以「老的失能與病態是必然的」來合理化一切，甚至放棄的態度。這些對老化的負面反應可依序分為四類：貶值化（disvaluation），邊緣化（marginalization），內化（internalization），標準化（normativity）。

## 一、貶值化

因毀損性偏見而否認了老者個人及社會性的意義稱為貶值化。依 Butler（1974）所指，老者被視為無生產力、僵化、無趣、退縮及痴呆，甚而將他們視為社會上貪得無饜，只取不貢獻的寄生蟲族群。這些林林總總的迷思已全失敬老尊賢的意味，而是充滿「對老的歧視」（agism），如Butler 指出雷同於種族、性別、宗教歧視的一種對老者的強烈偏見。老人歧視是從成本利潤的觀點，將目前只取不予的老者視為較無價值。Schechter（1988）引用 Butler 之說法而提出「新老人歧視」（new agism），即在政府經費、貿易赤字及不景氣下物價上漲造成的歧老。也就是基於上述原因帶來的危機：如社會安全合法性受到質疑，或是老人醫療照顧是否能繼續維持，這些以年齡基準來考量福利分配似乎已見怪不怪了。

## 二、邊緣化

　　老者或許可免於被刻意排擠或歧視，然而不可諱言他們常被忽視或遺忘。Peterson 及 Karues（1976）分析為青少年所寫的文章中，老人的形象即便是正向描述，卻非主角，他們像是邊緣陰影，和主要事件無關。他們既不被愛也不被恨，而只是被忽視。Robertson（1976）檢視祖父母角色時發現，雖然孫輩通常接受老者，卻不將他們視為角色模範。

　　漠不關心與不察均說明了邊緣化。獨居老人逐年增加且多數是女性，有些認為日復一日爭取空間、樓梯、交通工具的任務愈來愈困難。有些害怕被搶被偷襲，若不是他們自然支持系統中僅存的協助，他們可說幾乎脫離外在環境，離群索居。在社會中他們形同隱形人，是被社會福利遺忘的一群。

## 三、內化

　　偏見最可怕的效果是當受害者接受自己被扭曲的形象而依之作為行為依歸，比如老者將僵化與無生產力的迷思內射，而失去學習與做事的信心，一旦自信盡失，就落入刻板印象中註定挫敗的命定輪迴。Louis Harris 等人（1981）為全美老人會議所做的研究發現和七年前一類似研究相比，老人心中的不滿有增加的趨勢。Cohen（1988）則稱失能老人因低目標取向及低估自我實現潛力而使其自主性受到限制。他說這些老人為了集中精力全力避免最終的潰敗——機構安置，放棄了所有成長及社會參與的希望。

　　臨床工作中常會發現依賴感的內化，因為有些功能尚佳的老人表現過度無助是有所矛盾。Brody 等（1971）稱之為「過度失能症候群」，即指操控性地佯裝依賴以得到注意及持續照顧。

## 四、標準化

　　文化對老者所設定的規範也是態度的衍生物，對年齡適當行為的範定往往是獨斷且經常變動的，雖然是針對各年齡層，然而對老者的範定與限制最多。Neugarten, Moore 及 Low（1965）等人認為這可能是因為老人對年齡規範較為重視，年輕人多半拒絕將年齡視為評斷行為的準繩。

　　老人若衣著光鮮時髦、約會或表現出異性間親蜜，可能會被人指點或投以異樣眼光，同輩團體的批評與範定遠較外在專業人士的影響為大，在長期照顧機構中尤甚，因為對老人焦點更集中，與工作人員互動更頻繁，Kayser-Jones 將最常發生的機構虐待分為四類：

1. 嬰兒化——視病人為無法自己負責的小孩。
2. 非人化——漠視病人個別需要而以生產線方式提供服務。
3. 反人性化——侵犯隱私權及自我負責的能力。
4. 加害化——攻擊老者身體或道德的完整，不論借由口語施虐、威脅、恐嚇、偷竊、勒索或集體處罰（1981: 38-55）。

　　Gubrium（1980）發現即使沒有上述極端的待遇，護理之家的老人還是免不了承受一些微妙但仍屬降格排斥的程序所帶來的困擾，比如員工在決策過程中不問老人本意而代做決定，他們也可能刻意劃距離，淡化問題對老人的重要性，或故意弄出一堆規則與遁辭來保障自己不與病人分享的作法。

　　上述員工、病人關係可謂典型，然而長期照顧機構中不僅老人是唯一受害者，其實所反應的主要還是行政體系中人手短缺，訓練不足的管理權宜之計，倒不一定是心存惡意，然而機構中老人易成為箭靶子，因他們過度衰弱不濟無法自顧權益，或是喪失親友而無依無靠。對類似腦部功能極度受損的案例，員工必須為之代行決定或是成年子女決定。Blenlsner（1965）建議子女行使「成熟的孝道」，也就是讓長者知道他們在安心倚靠兒孫看顧做後盾的同時，不必因依賴而感沈重，應避免角色互換，也就是長者形同子女的孩子，成熟的孝道簡言之是指提供支持卻不以順從做為代價。

　　成熟的孝道不宜侷限在家庭中，在專業助人關係中可類比為成熟的治療，亦即排除優越意識、故示恩惠的姿態，或假借熟識侵犯老者個人隱私，專業人員是否想過，當自己年齡僅為老者孫輩時卻對其直呼其名，對方感受為何？成熟的治療也包括對案主自尊感同身受的同理。這需要工作人員持續反省自己對老化及老人的感受與態度，實際的處遇則需老人學訓練中對訓練意義、事實及知識基礎的融會貫通，除非有前者作為堅固的理念基石，實務工作充其量只不過是漫無目標地技巧運用。

# 第二節　實務的理論基礎

　　老年領域在過去二十五年理論的建立可說百花齊放，對實務界的新手而言，急於找到一套穩定的處遇方法却不可得，是相當挫折的一件事。無法因應各派理論的改變，有些實務工作者就選定一種理論，將之視為真理奉行，較成熟的工作者則能從各家各派經典中選擇所需，開放吸收，融會成實用的折衷派。

　　專業人員最早在功能派的影響之下，一一被 Cumming 及 Henry 的撤退理論吸引，它似乎賦予老化一個接受生命終結以維社會安定的目標，將老者與社會的分離、退縮視為自然、無可避免、普遍且漸進，完全無視於個人或文化的特質，它還加註了一個自由主義的說辭──撤退讓老人放下重擔，得到解放。撤退在臨床治療關係上也受到偏愛，因為它反應的是個人、社會對雙方期待降低的默契。

　　活動理論（Carp 1968, Maddox 1963, Rose 1964），質疑撤退是自然過程或是文化上為新陳代謝採取的手段，後者若屬實，則構成有系統的岐視，因此應受道德譴責，如果撤退理論要剝奪讓老人獨立生存的工具性角色，那麼臨床處遇應該試圖終止這樣的剝奪，也應如 Roson（1973）所說：協助開創其他補償性角色來取代失落的角色。

　　交換理論中「定約」（contracting）扮演很重要的角色（Blau 1964, Dowd 1975, Emerson 1962）。這將視老人在權力資源如地位、金錢、技術減退或喪失後剩餘的能力而定，因本身條件受限，失去社會認可、影響

力或獨立性，老人自然成為無力的族群、他們僅有的選擇或交換條件是對掌握資源者的順服及依賴，這是老者為得到保護及生存保障所簽的最後契約。社會工作者發現在了解老年疏離、依賴、憂鬱現象時，交換理論為一有用的工具。這也給工作者在發展社區自助或聯盟計劃時一個現成的參考架構。

檢視撤退、活動與交換理論時，其隱含的無疑就是正向老化或生活滿意度的標準規範。撤退理論的觀點認為在內心隔離感發生以前就該減少社會參與，活動理論卻主張裝備新的互動技巧、重新定位、及修正新角色。交換理論則建議找尋個人隱藏的潛力與資產，連結同輩支持力量並與其他弱勢團體結盟。三種理論雖各不相同，但有的共識是處理可見的失落，Rosenmayr（1982）批評失落的概念過於簡化而建議關注貧窮問題為首要之剝奪，老年赤貧所延伸的刺激與機會不足，導致疾病、醫療照護欠缺以及對福利救助的依賴。它也引發「自導的社會性剝奪」，和撤退類似的絕望、被動、認命的惡性循環。

對實務工作者，生活滿意度提供了一有用的概念，讓我們體認一個生命體最終收尾的努力，而這是和終其一生的價值、期待、夢想一致的。在中年期，就有偶發的因個人理想與實際落差所造成的危機，若是自己期待不切實際，如升遷不得意或事業無法突破都可能導致憂鬱及疏離，如同一項自我盤點工作，帶來的可能不是滿意而是挫敗。依 Parkes（1971）的看法，這種狀況下的臨床處遇任務是促進個人「假設世界」中價值、期待的改變，質疑摒棄舊有的期待並建立及嘗試新的期待，兩者差距不應只帶來危機，而應是發展出新的自覺，找尋新選擇及開發潛力的好時機。

除了上述盛極一時的社會心理理論外，Erikson（1959）的生命週期模式多年來一直在人類行為及生命轉換輔導工作上居主導地位，對其他類似生命階段性理論的興趣也有所增加。Freud-Loewenstein（1978）認為運用團體諮商來處理生命轉換問題是極有效且較佳的方法。有些發展理論視生命為一固定且具普遍性的成熟過程，其中包含了各階段複雜的任務，（Duvall 1971, Loevinger 1976, Piaget 1976），至於 Erikson（1959）及 Levinson（1978）認為，生命每一階段均有其特徵及待發展的任務與挑戰，但各階段發展不一定優於前段而成上升狀。Brennan 及

Weick 將成人發展理論的基本假設分作五部份：

　　1. 人類發展終其一生持續進行。

　　2. 生命週期含各種不同階段。

　　3. 階段之間的轉換常意味著危機。

　　4. 危機可視為成長的轉機。

　　5. 成年期應就個人因應挑戰與危機的能力來探究（1981:16）

　　雖然並非公開承認，但多數人類發展的心理學理論是依據生物模式而定，他們假設人類在成年早期就已潛力發展盡致，而此後一路下滑，Lerner 及 Ryff（1978）卻發現認知發展可持續一生，且不一定在某特定點後趨緩，依 Botwinick（1978）的看法，與老化相關的是對學習新事物的抗拒而不是發展過程的改變，而抗拒往往是一種面對威脅性狀況時的不適應行為或防衛。Labouvie–Vief（1982）進一步認為學習能力的差異不在年齡而在當初的訓練，年輕族群因為科學、數學及電腦等相關訓練背景，自然對新資訊吸收較易。Plemons, Willis 及 Baltes（1978）指出：儘管基本知能漸差，特別在老老群中，心智功能仍是可被啟發的，何況老者心智運作速度減緩並不表示資訊吸收的量減少。Erikson 稱生命最後階段為「統整期」，即坦然接受自己一生，且不怨不尤為自己一生的後果負責。此時的自我滿足將是個人內在真實的來源，亦即真我的實現，這樣的理想非人人可及，也有些人會陷入 Erikson 所指的另一極端「絕望」，通常是對一生充滿憂鬱及悔恨。

　　一般來說生命週期理論特別是 Erikson 所指，提供一個自然、非病態的社會處遇基礎。Levinson（1978）認為階段間的轉換包括一套頗複雜的任務：接納前階段結束後帶來的失落、重新評估過往、選擇今後方向與目標。

　　有些任務是潛意識的，也有些是意識的，他們會帶來或喜或憂的情緒反應，後者引發的危機是個人因應之道殆盡，Rapoport（1967）建議此時先集中焦點在當前的壓力，她的處遇包括協助認清現實，提供保證以減輕焦慮及寂寞感，提昇個人自尊，具體資訊與建議指導或教授個人人際技巧。然而中老年在生命週期中是重重危機與失落創傷的假設還未被普遍接受。Neugarten 及 Brown-Rezanka 認為人生重要議題與關切點在一生中

會重覆出現且無一定順序，生命週期轉換高深難測，「昔日的舊規則已不管用，而指出老人到底準時或遲緩的社會鐘也不再運作。」（1978-79:25-26）。

Pearlin（1982）另有看法：除了如 Erikson 所說單一的主題外，老化可能有多種模式，並非同族群中所有人的情境都是相同的。「雖然在生命線上他們同步前進，也跨越了等距離，而擁有些共同經驗，然而這不足以抹殺來自不同社會經濟背景的差異性」（1982:63）。同族群間的個別差異可能大於不同族群間的差別。Pearlin 也反對年長後負面生命經驗累積的說法，對某些人而言，年長成熟中得到的滿足補償可抵得過負面影響，平衡得失後並非所有老人都是敗將，有些已戰勝超前。如何決定老化屬正面或致命的經驗得視個人心理狀況與生命史而定，比如空巢期症候群從孩子離家開始，有些父母悲傷不振，有些卻在新的自由中歡愉地躍躍欲試。同族群對相同情境亦可能反應不一。Pearlins 說，老化並不一定帶來比年輕時更多壓力，不過這是針對健康老人而言，生命歷程的觀點稍有別於生命週期，將生命中的轉換視為持續不斷的過程而非有所區別的段落經驗，即使觀念上我們將老、青、中年期分開，但每一期必須和整個生命歷程及前後階段相扣對照來了解，而整個生命軌跡尚包括社會和歷史層面的影響。

Rosenmayr（1985）指出「累積性的剝奪」是收入、教育、住宅、消費模式等因素交互作用而產生，老貧者是陷入此種惡性循環的高危險群，年輕時未受教育的人到老享受的機會也少，得到的老年福利也少。

總而言之，生命週期理論可解釋個人循序的發展，對歷史文化影響的解釋力就較差，有些人挑戰生命週期的固定性、絕對性，但還是承認生命轉換的存在，他們力辯轉換會因人、時、情境不同而有的不同經驗。總之，不論年老與否，總要尊重個人特性而非將他們套上框框。理論及分類只是企圖解釋真相的一部份，對某些令人困惑現象所提出的架構，或許只是方便法門，不應視為一成不變的信仰。

# 第三節　助人的功能

　　老年服務的前題是人類有權完成一生且其間每一階段都同樣重要，值得重視。同時我們也相信每個人獨特人格及因應模式，因此老人不應被同質化。

　　儘管堅守著個別化的原則，實務工作者仍須針對老人特質找出某些規則或常性，實務上的分類主要是圍繞著老者的功能及能力。因篇幅有限，無法將所有分類在此一一介紹，僅以老人學會在一九七八年為健康照顧財政提供的為例；將老人分為四類：「未失能」（unimpaired）、「輕度失能」、「中度失能」、「重度失能」。這樣的功能分類，考慮到某些慢性因素以及預防、支持及保護服務的設置。

　　重度失能的老人通常是近八十歲以上年齡，呈現嚴重或多重問題如關節炎、巴金森、偏癱及心臟血管疾病等。意識混亂、失向感、憂鬱及行為問題也常伴隨而來，多數已無自我照顧能力而家庭支持實不夠滿足其需要，以致連續及周全的長期照顧勢不可免。護理之家或慢性醫院甚至全時的居家照護都是可能的選擇。

　　中度失能者一般是七十五歲以上，雖然並非長期臥床但也可能因上述病況無法自足，有些可能有輕度中風、心臟病、截肢及視聽障礙，也可能在壓力下有記憶力喪失、意識混亂的情形，雖然多數仍可自理生活，但多少需要醫護或社工在家中的督導。社會工作者常發現這類老人對放棄獨立接受服務的抗拒最強。

　　輕度失能者在七十歲上下，疾病多屬急性，故活動限制也是短暫的，即使有慢性病也屬輕微對生活方式不造成困擾。偶爾忘事或自覺焦慮但尚不嚴重，雖然自理生活無虞，但這些老人仍可從社區預防性服務中獲益。

　　未失能的老者是最年輕的一群，六十歲以上，他們偶發的功能受限完全不影響生活，退休調適及生活標準降低是當前較大的問題。服務最好能協助其專長及興趣的發揮，使其生活充實並預防殘疾。

　　功能上或健康狀況的分類十分普遍，因為可作機構安置或社區照顧的

決定參考，其他分類有針對退休適應的人格模式，Reichard, Livson 及 Peterson 提出三種適應良好和二種適應不佳的男性，正向者如下：

1. 成熟型——老年期未出現嚴重心理衝突，對生活相當滿意，對過往無怨無悔。
2. 搖椅型——被動的撤退者，卸下責任，享受自由，悠閒中自得其樂。
3. 裝甲型——對日益縮減的資源憂心，藉著不斷活動減少焦慮，他們的適應和高度活動量成正相關。

負向者包括：

1. 憤怒型——因人生目標挫敗而絕望，同時怪罪他人。
2. 自憎型——因人生目標挫敗而自責。

這兩類均呈現憂鬱，低自尊，疏離及無價值感。（1962）

Reichard, Livson 及 Peterson 的分類代表實驗研究分析發展出的社會心理分類，它提醒我們過分簡化的二分法將所有撤離行為視為負面是不當的，同時也提倡多功能的方案活動是較適用的。

分類只是附帶的工具，而且僅為整套評估中的一部分。太過強調可能導致 Illich（1975）所說的「結構上的固持」，也就是健康專業人員用病態或失能標籤時，會損毀老人自主性處理問題的。況且有時能力的判定也不易，如 Larson 所指：「我們很難說一個有能力的人一夜間就失能，實在要從多方面持平地去了解，且失能的常只是片面，……如一個老人言談可能退化，但財務卻仍能自理。」（1964:248）

完整的評估應超越分類的侷限，而找尋個別性的自我照顧、身心健康、功能、適應技巧、過去／現在角色、職業狀況、工作及生活滿意度、家庭狀況、人際關係、主要支持體系、居住環境、經濟狀況（含福利、理財計劃等）的各項潛力與阻力。

社工員擬訂個別服務計劃時，應牢記老人可從自覺治療中（insight therapy）得到幫助，長期治療不切實際，Oberleder（1966）建議，處遇不應以人格改變為導向而是維繫其功能並減低焦慮。Verwoerdt（1981）更將心理治療定位在支持性，因此退化、轉移都不刻意處理，主要目標是強化現有的適應技巧。案主防衛機轉應被視為折衝惡劣現實所需，因為老

者經驗到多重壓力，防衛機轉並不一定是適應不良的表徵，也有正向的，Ford（1965）舉例，「否認」讓案主延緩危機及重組內在，好使自己更有效取用內外在資源。「退縮」亦然，即案主拒絕向外冒險以維繫內在的自我。操控和攻擊有時可視為能量的表徵，也是案主評估環境增加利己條件的能力。

治療計劃除了強化個人潛力、內在資源，也包含提供誠摯的再保證。當知道別人也面臨同樣問題且有人真正關心時，自己的依賴也變得可接受了。無論如何，治療目標一定要切合實際，符合案主剩餘的能力，任何再小的進步都是治療效果的證明，希望能增強老者的主控感並提昇其自尊。

Rowlings（1981）認為治療主要是處理老人的依賴以及危險管理，前者可藉個案管理系統完成，後者則需庇護環境、社區服務及預防性治療。此外，生命品質導向可為老者帶來生活中更多機會與選擇，這需透過政策分析及發展，社會計劃與社區組織來達成。

# 第四節　社會政策運用

老人主要收入來源是社會安全，老人醫療（Medicare）只支付約一半的急性醫療費用，低收入補助（Medicaid）則支付近 60％的護理之家費用。沒有其他年齡層對公共救助的依賴是如此巨大，然而老人常被複雜的補助條件及申請表格嚇得却步，況且苦候結果尚不知是否被刁難，光是體力的耗費、交通的支出、大排長龍及工作人員的晚娘面孔都在在使老者自動放棄權益。

社會工作者介入提供服務，確保老人權益時，也不免被琳瑯滿目的方案弄得困惑無比，依參議員老人特別委員會（1987）所述，聯邦共有八十項協助長期照顧的計劃（現金協助、服務提供等），社工員要有效服務是否需項項清楚？Kutza（1981）認為，真正核心的老年政策只有八項計劃：社會安全（老年及遺屬保險）、賦稅減免、老人醫療、美國老人法案、低收入救助、食物券、住宅減免。老人實務工作者應對下列四項充分了解：社會安全、低收入補助、老人醫療、貧民救助，其中僅一項立法是

完全針對老人，即美國老人法案，其內容是以協調現有資源及籌劃新資源為主。

　　社工員轉介時應注意審核各項福利的資格條件，而政策訂定的一般考量應包括：

1. 合格條件：計劃為誰而定？資格條件為何？是否有回溯性？
2. 證明文件：申請福利必須繳交哪些證明？
3. 適當性：是否滿足案主需要？如只滿足部份，是否有其他附加或補足計劃？案主需要最佳的整套福利為何？
4. 花費：是否所有費用都明列？案主申請時需負擔之花費為何？手續費？頭款？有無稅方面的優惠？
5. 流程：申請步驟為何？等候時間？得到福利的時間？
6. 隱私權：案主隱私在申請和服務輸送過程中是否受保護？案主有權調閱自己的檔案否？
7. 品質保證：人員訓練是否充足？是否設有品質標準與評估程序來督導服務輸送過程？
8. 服務計劃：案主是否參與決策過程？計劃可能的限制或改變為何？誰有權影響？
9. 申訴權：資格被拒或福利終止時，案主如何請求再審？申訴或訴願辦法為何？案主需提供什麼資料？
10. 倡導：計劃若有不當之處，案主及社工員如何反應給決策者？發動社區意識造成壓力的最佳策略為何？
11. 政策擬訂：不當或過時政策的替代方案為何？其優點比較為何？政經考量及行政上的可行性為何？

　　最後兩項——倡導與政策擬訂，社工員應了解現有政策的起源，是否有共同模式？未來發展如何？

　　老人政策與其他問題一樣，均因民間提供不足而強迫政府介入，因為需求大，各類補救行動因應而生，美國所有的政策擬訂都免不了這種滾雪球式的增量法，先是利益團體施壓，再加上政治力介入。真正完整長遠的規劃卻付諸闕如，Estes（1979）指出，很多政策刻意模糊以避開某些價值議題，且增量並非一無是處，到底可允許嘗試錯誤的調整，讓服務提供

者有較大空間發揮。

　　基本政策反應的價值兩難是：老人政策只是提供最低保障還是要改善老人生活品質？是強調收入或服務？是全面性或選擇性？

　　是否應將社會保險模式，依個人過去貢獻決定其福利？或是將財物資源重新分配？老人應有獨立分開的計劃或是整合在所有社會弱勢福利中？每個問題都有待深入討論，因為事關老人未來，故不應只是學術的議題，如一九八一白宮老年研討會上力主解散老人服務網絡，因為服務不應用年齡切割得支離破碎。同時分離的政策可能導致標籤化、烙印化或形式化。

　　支持年齡分類法的，則反駁即使取消現有年齡分類也不會帶來整合，同時還會在功能分類上過於細瑣，就像傳統醫療模式治病不治人，而且老人與年輕人罹病大不相同，不宜一視同仁。老人治療目標多是失去功能的代償，不若年輕人希望重獲健康，何況老人的慢性狀況是多方面的，包括關節炎、糖尿病、重聽、新寡、無收入與家人支持等，這些狀況極為複雜，不能僅從功能性尋求解決。

　　前面提及老人服務若混齡時，老人需求常被忽視，而老人同輩互動可促進彼此得力，美國早期老人服務里程碑的回顧，反應了以年齡分類的主導：社會安全、老人醫療、低收入生活補助、及營養計劃都是有年齡限制的。舉凡一般無年齡限制的計劃，老人常因必須和年輕人競爭而受挫，也有些時候會因受歧視而被排拒。殘疾老人加入復健計劃的不足就是一例，殘障人口中 40％ 是老人，但州政府復健服務僅不到 10％ 是提供給老人殘障者。視障服務只有 10％ 到 20％ 是提供給老者，而老人佔視障人口的 50％（Kemp 1985）。

　　也有人建議七十五歲以下為混齡服務，而僅對較老者提供限齡服務。這樣的分界也是權宜之計而並非理性，部份像屆齡退休輔導或職業訓練，若七十五歲才開始是不合適的，二十五歲也太早，或許對五十到六十歲間的人提供最有用。

　　理想上服務若能兼顧普遍性及特殊性是最好，綜合醫院門診提供一般性服務，但某些特殊病需要老年專科的意見。教育系統若不分對象提供所有中學教育，而硬把中老年人插在一般高中班，他們的尷尬可想而知，且年齡分類較符合個別化原則，其所用的評估方法不同且對生命各階段的課

題、危機及發展潛力有更深入的了解。即使當我們倡導更親近的代間關係
及主要支持系統運用時，社會政策仍需重視這些專門性的服務。

　　社會政策的落實不只是福利資格的妥協，還需了解：

1. 政策背後的哲理。
2. 中庸的政治環境既接受新意又不至太偏激。
3. 需要社會處遇的緊急議題。
4. 新政策產生的過程，從草根性組織到遊說、擬訂立法草案及發動政
　 治支持。

　　社工不應只是被動的方案執行者，他們應協助建立有利老人潛力發揮
的政策，除了確保好的計劃得以延續，當發現不適時也要建議修正。

# 第五節　有關人力資源

　　和老人工作是件嚴肅的事，除了有系統地學習相關理論；如正常與病
態人類發展，社會政策等議題，個人更在一開始即要檢視自己的態度及心
理準備。最終不論是服務社區較健康或機構中受照顧保護的老人，都需要
很嫻熟的實務技巧。

　　雖老人服務專業人員這些年來靠邊學邊作。但全美大學部或研究所提
供老年學位的確有增加，依據一九八七全美老人研究中心報告，75％的社
工系基礎課程中含老年學，約35％的教授表示對此領域感興趣，然而專任
的四千位教授中不到10％，曾在老年學方面受過正式訓練，預估在二〇〇
〇年時需要四萬到五萬全時的專業社會工作者為老人及其家庭服務，而到
二〇二〇年時會增加到六至七萬，這些預估超過目前人力及訓練中心的數
倍。

　　一九八〇全美老年人口約二千四百萬，到二〇〇〇年時是三千五百
萬，人力預估除了考量人數增加外，還需注意六十五歲以上的人口組合，
七十五歲以上人口在一九八〇年時約九百萬，佔老年人口的38％，本世紀
末時就成長到一千五百四拾萬，佔44％，依功能障礙的定義估計其中約
9％到20％是極衰弱及依賴的（1977年普查），故最老衰的族群是老年人

口中成長最速的，相關的機構或社區服務自然也是最迫切的。

　　輕老群的動向也值得關注，一九七〇年左右約有半數的老人選擇在六十五歲前退休，近年為了社會安全的財政能繼續，有取消強迫退休或延長退休實務年限的趨勢，然而因通貨膨脹率降低，提早退休也甚受歡迎，實務工作者可能面對大量較年輕的休閒族，他們的價值不再是工作而是積極自我探索與更新，社工員需接受這些新的休閒文化，以自我、終身學習、生活品質的關注為主導。

　　和老人工作是有遠景的，但需假以時日才會實現現在潛藏的事業契機。實務工作者不應一成不變地提供現成服務，而需不斷創新與設計新的服務，並提出立法的改革。倡導新服務是更高的挑戰，理想主義者會發現這是充滿創意與開拓性的工作，但工作要求既重且雜，以致戰鬥的疲態可能提早出現，其中甘苦、滿足與挫折是形影相隨的，願與同道互勉。

# 參考書目

Blau P.M. 1964. *Exchange and Power in Social Life*. New York: Wiley.

Blenker, M. 1965. social work and family relationships in lod age. In E. Shanas and G. F. Streib, eds., *Social Structure and the Family: Generational Realations*. Englewood Cliffs, N.J.: Prentice-Hall.

Botwinick, J. 1978. *Aging and Behavior* 2d ·ed. New York: Springer, 1978.

Brennan, E. M. and A. Weick. 1981. Theories of adult development: Creating a context for practice. *Social Casework* 62(1):13-19.

Brody, E. M., M. H. Kleban, M. P. Lawton, and H. A Silverman. 1971. Excess disabilities of mentally impaired aged: Impact of individualized treatment. *The Gerontologist* 11(2):124-133.

Butler, R. N. 1974. Successful aging and the role of the life review. *Journal of the American Geriatrics Society* 22(12):529-535.

Carp, F. M. 1968. Some components of disengagement. *Journal of*

*Gerontology* 23(3):382-386.

Cohen, S. 1988. The elderly mystique: Constraints on the autonomy of the elderly with disabilities. *The Gerontologist* (June), Supplement Issue, pp. 24-31.

Cowgill, D. O. 1977. The revolution of age. *Humanist* 37(5):10-13.

Cumming, E. and W. E. Henry 1961. *Growing Old : The Process of Disengagement.* New York: Basic books.

Dowd, J. J. 1975. Aging as exchange : A Preface to theory. *Journal of Gerontology* 30(5):584-594.

Duvall, E. M. 1977. *Marriage and Family Development* 5th ed. New York: Harper and Row.

Emerson, R. M. 1962. Power-dependence relations *American Sociological Review* 27(1) : 31−41.

Erickson, E. H. 1959. Identity and the life cycle. *Psychological Issues* 1(1) : 18−171.

Estes, C. S. 1979. *The Aging Enterprise: A Critical Examination of Social Policies and Services for the Aged.* San Francisco: Jossey-Bass.

Ford, C. S. 1965. Ego-adaptive mechanisms of older persons. *Social Casework* 46(1) : 16−21.

Freud−Loewenstein, S. 1978. Preparing social work students for life−transition counseling within the human behavior sequence. *Journal of Education for Social Work* 14(2) : 66−73.

Gerontological Society. 1978. *Working with Older People: A Guide to Practice.* Rockville, Md.: U.S. Department of Health, Education and Welfare.

Gubrium, J. F. 1980. Patient exclusion in geriatric settings. *Sociological Quarterly* 21(3):335-347.

Harris, L. and Associates 1981. "Aging in the Eighties: America in Transition" Washington, D.C. : National Council on the Aging.

Illich, I. 1975. *Medical Nemesis: The Expropriation of Health.* London:

Calder and Boyars.

Kayser-Jones, J.S. 1981. *Old, Alone, and Negleted: Care of the Aged in Scotland and in the United States.* Berkely: University of Calilfornia Press.

Kemp, B. 1985. Rehabilitation and older adults. In E. Birren and K. Schaie, eds., *Handbook of the Psychology of Aging.* New York: Van Nostrand Reinhold.

Kutza, E. A. 1981. *The Benefits of Old Age: Social Welfare Policy for the Elderly.* Chicago: University of Chicago Press.

Labouvie-Vief, G. 1982. Individual time, social time, and intellectual aging. In T. K. Hareven and K. J. Adams eds., *Aging and Life Course Transitions: An Interdisciplinary Perspective.* New Youk: Guilford Press.

Larson, N. 1964. Pretective services for loder adults. *Public Welfare,* 22(4):247-251,276.

Lerner, R. M. and C. D. Ryff. 1978. Implementing the life-span view: Attachment. *Life-span Development and Behavior,* 1:1−44.

Levinson, D. J. et al. 1978. *The Seasons of a Man's Life.* New York: Knopf.

Loevinger, J. 1976. *Ego Development: Conceptions and Theories.* San Francisco: Jossey-Bass.

Maddox, G. L. 1963. Activity and morale: A longitudinal study of selected elderly subjects. *Social Forces,* 42 (2) : 195−204.

Neugarten, B. L. and L. Brown Rezanka. 1978−79. *Midlife women in the 1980s.* Paper submitted to the House Select Committee on Aging. *Women in Midlife: Security and fulfillment.* 2 vols. Washington, D.C. :GPO.

Neugarten, B. L., J. W. Moore, and J. C. Lowe. 1965. Age norms, age constraints, and adult socialization. *American Journal of Sociology* 70(6):710−717.

Oberleder, M. 1966. Psychotherapy with the aging: An art of the possible? *Psychotherapy: Theory, Research and Ptactice* 3(3):139-142.

Parkes, C. M. 1971. Psycho-social transitions: A field for study. *Journal of Social Science and Medicine* 5(5):101-115.

Pearlin, L. I. 1982. Discontinuities in the study of aging. In T. K. Hareven and K. J. Adams, eds., *Aging and Life Course Transitions: An Interdisciplinary Perspective*. New York: Guilford Press.

Peterson, D. A. and E. L. Karnes. 1976. Older people in adolescent literature. *The Gerontologist* 16(3):225-231.

Piaget, J. 1976. *The Child and Reality: Problems of Genetic Psychology*. New York: Penguin.

Plemons, J. K., S. L. Willis, and P. B. Baltes. 1978. Modifiability of fluid intelligence in aging: A short-term longitudinal training approach. *Journal of Gerontology* 33(2):224-231.

Rapoport, L. 1967. Crisis-oriented short-term casework. *Social Service Review* 41(1):31-43.

Reichard, S., F. Livson, and P. G. Peterson. 1962. *Aging and Personality*. New York: Wiley.

Robertson, J. F. 1976. Significance of grandparents: Perceptions of young adult grandchildren. *The Gerontologist*, 16(2):137-140.

Rose, A. M. 1964. A current theoretical issue in social gerontology. *The Gerontologist* 4(1):46-50.

Rosenmayr, L. 1982. Biography and identity. In T. K. Hareven and K.J. Adems, eds., *Aging and Life Course Transitions: An Interdisciplinary Perspective*. New York: Guilford Press.

Rosenmayr, L. 1985. Changing values and positions of aging in Western culture. In J. Birren and K. W. Schaie, eds., *Handbook of Aging*. New York: Van Nostrand Reinhold.

Rosow, I. 1973. The social context of the aging self. *Gerontologist* 13(1):82-87.

Rowlings, C. 1981. *Social Work with Elderly People*. London: Allen and Unwin.

Schechter, M. 1988. The new ageism and social rationing: Why help old pepole? *Productive Aging News* (April), 22:2.

U.S. Bureau of the Census. 1977. Projections of the population of the United States: 1977 to 2050. *Current Population Reports, series* P−25, no. 704. Washington, D. C. :GPO.

U.S. Congress, Senate. 1987. Special committee on Aging, "Developments in Aging: 1986." Washington, D.C. : GPO.

U.S. Department of Health and Human Services. 1987. National Instituteon Aging. Personnel for health needs of the elderly: Through the year 2020 Washington, D.C. : DPO.

Verwoerdt, A. 1981, *Clinical Geropsychiatry*. 2d. ed. Baltimore: Williams and Wilkins.

# 第 2 章

# 老人服務模式

*Sheldon S. Tobin*

*Ronald W. Toseland* 著

李開敏 譯

　　本章討論兩種模式，第一種模式是服務的分類，將服務地點、位置與老人失能的程度列出相關對照表，第二種是就服務輸送與組織的內容來看服務提供的狀況。服務輸送包括服務對象、服務項目和提供的方式，組織部份包括資源的協調、計劃和分配。讀者將發現，這兩種模式所提及的內容在本書前章及其他章節均曾出現。

　　第一章討論服務分類模式，本文則將分散與整合的服務再加以區分，並就模式的實務層面，提供實例說明如何使服務和需要配合，接著提出下列三個問題，討論發展服務模式的一些原則：服務是為誰提供？服務有哪些？服務如何提供？本文在最後以較佳的老人服務藍圖及兩種有效的取代方式作為結束。

# 第一節　服務分類

　　本書的結構一再呈現老人服務的所在地和他們失能程度的相關性；也就是輕度失能老人以社區服務為主；中度失能老人以家庭服務優先，以及重度失能老人以長期照顧機構為主。這樣的介紹順序也可視為從健康到慢性重病。主要是指出失能程度和服務所在地間的關係，如表 2-1 所示，被定義在三種不同位置的服務，是依照個人失能程度的需要而定。其中沒有說明的內容，將寫在本書的下兩章。評估及處遇應貫穿這種分類的各層面，因為不論老人身在何處，失能情況如何都有其需要。

　　依照失能的三種程度，服務也有三種位置區分，學者曾用三分法來說明：家庭為基礎的服務，集體組織型態的服務，和集體居住式的服務。早期和現在三分法的不同，正說明了沒有絕對的方式去區分服務的位置，然而我們希望能在現今未協調整合的服務中，找出更合理的分類原則。例如對重度失能者，機構外的照顧也希望能被突顯，醫療或精神方面的服務輸送，無論是送到家中或在社區中的日間治療中心，服務分類間的界線和分類中的服務內容之間，很明顯有相當的互通性。另外，不同服務可以組合，故不論是個多功能老人中心或個案管理系統所提供的服務或老人的退休社區，這個三分法仍然適用。

　　服務地點的考量提供計畫者和執行者一個管道去了解服務輸送的地理狀況。目前，如果老人要從其所在地的服務受益，這些社區中林林總總的服務是需要善加協調的。除了便於指認出現存但不一定具近便可用性的服務，服務所在地的分類亦可證實對於相似失能程度的老人，多樣性服務的重要。兩位相似失能程度的老人可能需要非常不同的服務，例如有沒有家人可以或願意提供照顧援助，就會造成極大的差別，有家人同住者以家庭為基礎的服務就足以補其不足，但是對於沒有家庭支持的老人，充足的集居式環境才是較佳選擇。反過來說，因為提供照顧而負擔過重的家庭，可能需要暫歇性照顧，如從照顧中抽身去度假、休息，這樣的服務可以由一個老人照顧機構暫時提供床位來解決，或由一個個案管理機構，提供全時的在宅服務，即二十四小時的在宅服務員，自然可以給焦慮的家人足夠的心理保證。但是，Kane 等（1987）提到，各種服務是否有效地滿足目標需求幾乎未被評估，這是令人深覺惋惜的。

# 第二節　分散式和整合式服務

　　分散式的服務早已行之有年（Beattie 1976）。在現代商業社會，尤其是從有社會保險開始，針對青老及老老人的方案大量增加，然而這些方案和服務欠缺仔細長遠的計劃（Kahn 1976），他們的發展像補釘式的拼拼湊湊，當政治壓力大時，就發展出一些特別的方案和服務。一九六五年的美國老人法案（The Older Americans Act），就顯示了政治壓力帶出些口頭的宣示，但服務輸送的組織原則卻付諸闕如（Estes 1979）。一些老人次團體的需求被設為目標且就之發展出服務，但是終究是分散非整合的。贊助營養計劃和多目標老人中心只能視為整合服務的小小努力與嘗試。先前我們討論過的某些服務如表 2-1 中的一次接案服務、多功能服務中心和個案管理，都是努力整合的例證，但是在一九七三年修訂的美國老人法案中沒有規定整合服務的形式，反而著重老人某些次團體的特殊具體方案而未強調其協調的必要性。但同時在一九七四年提出的聯合服務法規（Allied Service Bill of 1974, 92d Cong., 2d Sess; S.3643, H.R.15856），

表2-1　老人服務的分類（以服務輸送為重點）

| 失能程度 | 社區為基礎 | 家庭為基礎 | 集居式住宿和機構為基礎 |
|---|---|---|---|
| 輕度 | ·成人教育<br>·老人中心<br>·志願服務組織<br>·集體用餐計劃<br>·個人及家庭諮詢<br>　轉介指導及諮商 | ·居家修繕服務<br>·住宅淨值轉換<br>·居家分租或分住<br>·電話關懷<br>·交通服務 | ·退休老人社區<br>·老人公寓<br>·提供膳食的集體<br>　居住住宅 |
| 中度 | ·多目標老人中心<br>·社區心理衛生中心<br>·門診健康服務<br>·個案管理系統（<br>　社會／健康維護<br>　組織等）｜ | ·寄養家庭照顧<br>·在宅服務<br>·送餐到家<br>·提供給家庭照顧<br>　者和殘障老人的<br>　個案管理 | ·團體之家<br>·庇護式住所<br>·住宿膳食和照顧（<br>　住家照顧）<br>·暫歇性照顧 |
| 重度 | ·日間醫療照顧<br>·精神病患的日間<br>　照顧<br>·阿滋海默症患者<br>　家屬團體 | ·居家健康照顧<br>·保護服務<br>·居家醫療照顧 | ·急性醫院<br>·精神科醫院<br>·中介性護理機構<br>·技術性護理機構<br>·安寧照顧機構 |

除了明列服務以外，還說明了整合性服務的需求。Frank Carlucci 在他任職健康、教育和福利部門的祕書長時，重視整合性服務，在一九七四年他強調聯合接案和個案管理的重要：「個人多重服務需求應做整體廣泛的評估，並集中一處完成，接下去再據此提供適切的服務，以落實整合。」（U.S. House 1974:9）

　　近十年來，整合服務離理想目標仍十分遙遠，個案管理說的比實際作的多，協調也好，服務整合也好，不過是個陳腔濫調，只提出想要的結

果，而不是透過足夠的經費來實際完成服務的整合。大部份的直接服務者，仍然在支離破碎無系統的狀況下運作，然而整合式服務確實證明對預防老人被安置是有效的（Applebaum Seidl & Austin 1980, Eggert, Bowlyow, & Nichols 1980, Hodgson & Quinn 1980）。在目前精減的時候，三個被提出的方案提供了正向的經驗——威斯康辛社區照顧組織，紐約門羅郡的近便方案（Access），和康乃狄克州的篩選方案（Triage），並沒有引發出一個全國性方案，但是卻帶出健康照顧財政部贊助的個案管理計劃（channeling）做為全國長期照顧示範方案。

全國長期照顧示範方案——channeling 的目的是研究長期個案管理的成本效益，希望能借這項實驗證明取代機構式的社區照顧確實更有效益（Carcagno & Kemper 1986），雖然結果證實，實驗組的老人因接受家事及個人照顧而更具信心，但照顧者的受益卻不明顯，最多只是暫時性的安寧感增加，但這種感受並未延伸至受照顧的老人，一項重要發現是，長期正式服務並不能取代非正式照顧。依 Weissert（1988）的看法，因為當初樣本針對應被機構安置的老人，故不能因此確認個案管理沒有降低機構化的潛力。唯有南加州區的樣本證實了這個潛力，因為他們選樣為登記申請低收入護理之家床位的老人（Nocks et al. 1986）。也有不同的批評，如 Kane 認為不宜用降低機構安置作為研究結果的測量，因為「機構安置對某些老人是必要的，和獨居的孤立狀況比較，是更為合適且對身心有益的」（1988:196）。在個案管理報告中顯而易見的是唯有整合性的服務才能針對需要，同時序列性地安排各種適切的服務。

目前專家提出的老人服務，像是一本目錄表，而我們所需的是更合理及一致的服務體系（Beattie 1976, Gelfand & Olsen 1980, Gold 1974, Holmes & Holmes 1979, Lowy 1979），故目錄以外尚需服務的描述有效性以及如何可為個別老人所用，因為唯有如此，實務及計劃層面的人才能對現有服務的多樣性，不足之處有所了解而提出改進。

# 第三節　服務與需要的連結

　　所有服務輸送模式都假設案主所需的全面服務對第一線工作員是垂手可得,本章前面所提服務的地理位置即反應了這樣的假設。然而完整的老人服務分類學卻很少見。 Golant 與 McCaslin（ 1979 ）依據 Lawton 的老人功能評估所做進一步的發展頗具野心,也值得嘉許。他們的分類是依 Lawton 對能力、獨立性層面的測量從簡到繁分為七類:(1)生活維持;(2)功能性健康;(3)知覺與認知;(4)身體維護;(5)工具性的自我維持;(6)任務達成;(7)社會角色表現。有關獨立性的測量,則分為(1)需機構安置程度者所需的照顧;(2)可預防過早機構安置所需的服務;(3)狀況尚佳老人所需的服務。用上述兩個向度, Golant 及 McCaslin 整理出一套現有的老人服務,因為他們野心過大,企圖過於周詳,以致分類十分複雜,特別是如果要兼顧個別案主的需要,再簡單的系統也不免複雜化。

　　下面引述的案例說明老年異質化的需要如何被各種不同服務所滿足,其中也示範了服務整合的作法,當然,服務不周之處在最後 J 太太的案例中十分明顯,如她必須在昂貴醫院中佔床五週才等到護理之家床位。前兩例的殘障程度甚輕,反應出居家或退休社區中老人所需的服務。


　　L 太太是六十九歲的寡婦,住在一大城市中的移民社區中,房屋自有,除了慢性關節炎造成行路不適,她的健康狀況可說良好,她固定在門診拿藥,也接受了幾項社區服務,包括參加退休人員協會來打發時間。透過安排,她每週固定在附近一家醫院的病人服務部門工作三天,每次四小時。另兩天,她到老人中心午餐,下午和友人玩賓果遊戲。經由中心資訊,她申請了家中修繕服務,也考慮是否選擇房地產保值計劃,也就是用房屋的剩餘價額來付稅及水電費。

　　七十三歲的 T 先生和七十二歲的 T 太太,在十二年前 T 先生退休後就搬到西南方某州的一個退休社區。雖然搬遷後和子女

及孫輩接觸減少，但他們還是非常高興能躲開北方嚴寒，他們兩人不但交了些新朋友，也很享受社區內提供的多項自足式服務。比如 T 先生對收到的退休福利不清楚時，社區的工作員協助他弄清。

T 先生聽力的問題及 T 太太的青光眼，都在社區內的私人開業醫處得到照顧，他們也參加社區男女健身中心俱樂部的各項活動，因為不開車，所以依賴老人交通服務，定期到附近兩個大城購物。

以下兩例則是加強中度殘障老人的支持，強化其功能以預防機構安置。

B 太太是七十七歲的寡婦，七年來都住在一大都會內提供租金優惠的老人公寓中，她因短期的情緒不穩及失眠住院，診斷是嚴重的憂鬱症且用鋰鹽控制，自此她每月均至社區內心理衛生中心追踪並驗明血中鋰鹽程度以調整藥量，因為她長期關節炎及重聽問題，門診追踪日益困難，社會服務部門的社工員安排在她門鈴上裝置了一個燈，好讓她即使聽不到門鈴聲也可以應門，社工員也安排陪同服務，伴她來往於診所間，另外也申請了送餐服務且已持續兩年。在社會安全法規下，她符合申請在宅服務，服務員每週來三天，每次花三小時協助她的家事服務，其他時候有兩位公寓中的鄰居不時來探望，她也將鑰匙交給鄰居以便發生意外時便於救援。

F 先生是七十一歲早期移民的農人，去年在雪地摔了一跤，即在社區醫院治療股骨的裂傷，因附近無親人看顧而無法回到公寓中休養，然而因為可使用四腳杖助行，醫院社工員將他轉至護理公會主辦的復健中心，在中心內 F 先生有單獨的房間，並和三位室友共用廚房，雖然需要適應新環境，但確實解決了 F 先生的問題。該處的空間設計有特別考慮到殘障老人的需要，透過社工員、護士的出院計劃安排，在宅服務及送餐服務都滿足了 F 先生

的需要，且中心有一位護佐處理突發的問題——摔倒，白天也有
一位護理師駐診，至於物理及職能治療則可由護理師公會安排。

　　最後兩例是重度殘障老人留居家中及被安置的例子：

　　H 先生在太太出現健忘症，忘了關瓦斯之後，就開始尋求協
助。透過家庭醫師的轉介，他帶太太到附近一家州立醫院老人科
就醫。在家庭訪視、心理測驗、醫療評估之後，老人篩選小組發
現六十三歲的 H 太太罹患了阿滋海默症，因離醫院近，所以安排
了一週六小時的日間治療，對象都是腦部功能受損的病人。T 先
生也可借此得到喘息，該院同時為家屬提供團體諮商，對像 T 先
生這樣因太太病況急遽轉惡而心理無法調適的親人提供協助。數
月後，該科醫師做了進一步斷層檢查並在 T 太太腦前葉及下方各
找到一處腫瘤。後者無法開刀，因此 T 太太的診斷有所修正，經
仔細考慮後決定讓她進入居家安寧照顧計劃，團隊中有一位工作
員成為兩老的個案協調者，除了安排各項醫療、福利、法律（準
備遺囑）服務，工作員也協助 T 先生面對太太的疾病。八個月
後，T 太太病逝家中，工作員在其後仍和 T 先生保持聯繫，確
保他慢慢走出悲傷，也轉介他到老人中心的男性俱樂部。

　　J 太太，八十一歲黑人，和弟弟住在一貧窮與犯罪率高之大
城內的老人公寓，八年來她的阿滋海默症狀，從最早的近期記憶
減退到後來對人、地、時的失向感，及近六個月來的失禁。若沒
有 J 先生二十四小時的投入看顧，光靠在宅和送餐服務，是絕對
不夠的，不幸 J 先生在某日外出購物時被兩青年搶劫而受傷住
院，J 太太的危機隨即而至，政府保護服務的工作員在接到在宅
服務員報案後立刻接案，護理之家安置刻不容緩，然因床位問
題，只好透過家庭醫師暫時安排入院，雖然這樣浪費了急性醫療
資源，但護理之家因她極度的身心障礙外再加低收入身份而不願
接收。J 先生的康復固然順利且急於接 J 太太返家，但在醫生勸
阻之下，恐 J 先生行動不便且長期負荷已超出其承受範圍，而說

服他面對及接受 J 太太的安置，三週後醫院將她轉至一家教會安
養院。

上述案例顯示老人需要的差異性極大，除了需要彈性、多樣化的服務
體系來滿足個別需要外，在探討服務模式前還有許多問題待討論。

# 第四節　從分類到模式

從服務分類到模式首先需要說明目的，上述不同案例的目標設定因老
人功能狀況而異，輕度殘障需要預防性服務，中度者則要顧及其每日活動
所需和強化非正式支持的照顧以及喪失功能的恢復。對重度殘障而言，除
了謹防不必要或過早安置，必要時仍需安排機構照顧。服務體系的效能要
看它的服務對案主群是否近便可及，是否顧及個人化需求，是否主動等因
素，故要達成目的必須透過資源的使用及合理分配。而協調工作不可或
缺。

這樣的目的不限社會服務，依據 Kahn 說「社會服務意指保護或重建
家庭生活，協助個人解決內、外在問題，促進發展，並藉由資訊提供、指
導、倡導及具體服務而達成目的」（ 1973：19 ）。然而只討論社會服務並
未能解決一些架構上的問題，如服務為誰而設？什麼內容？如何提供等。
換言之，老人社會服務模式究竟是只為老人或不分齡？若針對老人是全面
性或特殊性？是包括全部社會健康服務或只限最需要的服務？能否全面協
調與計劃？（進一步討論可見 Tobin, Davidson 及 Sack 1976 ）

# 第五節　完整模式的原則

任何一種完整模式都必須回答三個問題：為誰？是什麼？如何做？茲
分述於下。

# 一、爲誰？

老人是社會的一部份，Neugarten（1983）提出一個不分年齡的社會來消除日曆年齡的分隔。社會安全生活指標顯示，貧窮線以下的老人和其他年齡層比例相仿（約 15％），加上老人多接受各類福利服務，所以他們並不真屬劣勢，比如老年殘障津貼和其他年齡層津貼相去不遠，但老人還有醫療保險，近年聯邦經費隨人口老化在老人預算上也不斷增編（Hudson 1978），因此過往所有老人得到的服務是基於年齡劃分的福利，也借此達到人口統計上反應的需要，然而目前老人專用的取向應予檢討，而以普及化的方法取而代之，也就是以需要做計劃的基礎（Etzioni 1976），不以年齡作需要的劃分在前例中亦可見，H 太太，六十三歲罹病和 J 太太，八十一歲相去甚遠，故難以年齡做切割的依據。

Kutza 和 Zweibel（1983）為上述兩種取向提出反駁：年齡為基礎的政策易於吸引人乃因政治因素、行政便利、測量簡單，同時較無烙印效果。需要為基礎的政策卻能更有效的掌握最需要的族群。Ozawa（1976）則舉例，低收入生活補助（SSI）這個以需要為主的計劃並未在老人或貧困案主身上加諸烙印。因為政治因素，Austin 及 Loeb（1983）認為年齡條件不可偏廢。Kutza 及 Zweibel（1983）更倡導結合年齡與需要，如 SSI 或老人醫療都應為老人設出條件。這樣的兼顧比某些近來老人局提出的全面性福利，偏向照顧中上階層老人更好（美會統局 1977b, Estes 1979, Estes 及 Newcomer 1973，Kutza 1981, Nelson 1983）。無論如何，社會安全法中第廿條款所支應的經費並未有效修正老人福利的分配不當（Gilbert 1977, Gilbert 及 Specht 1979, Schram 1983, Schram 及 Hurley 1977）。

以年齡區分以致未照顧到最需要族群的一例是老人營養午餐及相關方案。這些方案主旨在補足營養及社會互動上的欠缺。雖然不少老人受惠。但是多數參加者是較健康及社交活躍的老人，Tobin 及 Thompson（1981）將此現象指為「計算上的矛盾」。因為在社區方案研究上，營養中心使用率愈高即被視為越成功，然而參加人數多的地方，其殘障比例反

較人數少的地方低。這充分顯出統計數字未能反映需要的真相。試想中心要吸引人多，自然排拒殘障老人，因為他們需要多人力服務，造成管理上的不便，也會引起健康老人的不安。

以需要而非年齡做參考並不容易。至少面臨兩個問題：個人資產要不要考慮？條件之外，老人特殊性的需要是否要透過特別體系提供？這些問題有關資產調查部份對老年殘障者應不適用，第一，資產調查有烙印的意謂，第二，極少數家庭能負擔長期居家照顧。舉例來說，功能相近的老人，目前在家中受照顧的比例是安置機構的兩倍。機構中老人佔老年總人口的近 6％，但約 8％的老人是行動不便難出家門（約 3％是長期臥床），另 4％以上雖可外出但需要監護方能留居社區中。 Weissert（1985）估計，在家受照顧的老人約有 12.4％，家庭照顧的人力支出遠超過機構服務的支出。在家庭與機構的「分擔責任」中（Litwak 1978），殘障老人每月所需的平均支出是四百零七美元，其中親友照顧部份二百八十七美元，機構則是一百二十美元，極重度殘障者的總支出是八百四十五美元，親友部份六百七十三美元，機構一百七十二美元（全美會計統計 1977a），故促成親友對重度與極重度殘障老人照顧以減少公共支出是政府努力的方向。英國的解決之道是對家人提供基本長期照顧津貼，且不計其收入或資產（Moroney 1976）。

這樣的作法是不以年齡或收入做條件，而是透過評估決定。資產與需求評估之爭以及需求評估的問題， Austin 及 Loeb（1983）也提出深入討論。

有關第二個是否提供特殊性服務的問題，老人常被排拒在服務之外是不爭的事實，家庭照顧老人可能反映某些特殊需要，特殊方案也好，特殊知能也好，或許只有透過年齡區隔式的計劃才能取得這些特殊服務。 Cook（1983）建議用下列步驟做參考，來決定服務是否以年齡為條件：問題的特殊性、重要性、找出目標人口的可能性、問題減輕的可能性？可能減輕引發副作用的可能性？做決策時依據這些步驟確實會支持年齡區分策略，特別是對長期殘障老人而言。因為殘疾造成依賴的比例在七十五歲之後急遽上升。老人應得到最優先考慮，總之，最衰弱老人無論以年齡區隔或實際需要區隔，老人都應首當為先。

　　即使是為最衰老群的服務也必須注意預防的問題，預防有三類；初級預防係指減低罹病率，二級預防是經由早期偵測及主動處遇來減少急性病的後遺症，三級預防則是強化慢性病的控制及功能的增加以減少再發率。如果沒有預防的資源，服務就只好採雪中送炭原則。Moroney（1976）發現，在英國個人服務的使用者幾乎全是無家庭支持的。然就社工觀點而言，家庭儘管過度負荷，仍能繼續照顧，如果目標是要預防家庭狀況的惡化，則資源不應只限用於危機或急難。

　　對極度殘障者，機構照顧可能耗去所有資源，使社區服務不得不萎縮，因此預防安置必須將重點轉移到社區。很多像美國的先進國家都發現資源轉向，社區化照顧固然可預防機構化，但對無法留在社區的老人只剩下善意的疏忽及維護性的照顧水準，因為資源的有限，這樣的排擠難以避免，但與其坐視，不如對長期照顧政策提出些理性辯論才是當前要務。

## 二、做什麼？

　　周全性的社會服務多如牛毛，無法一一列舉，表 2-1 也不過就老人部份舉例說明，如志工活動、老人中心、居家修繕、不動產淨值轉換、轉介與資訊提供、退休社區、個案管理、居家照顧與在宅服務、保護性住處、日間治療、安寧照顧、醫院、護理之家等。然而一個再周全的體系也不一定十全十美，最好的例子是在宅服務員，沒有一個國家能提供所有人民所需的在宅服務。故周全的體系也必須面對合理分配，另外在設計較密集、昂貴的服務時，應較日常性服務更需考慮到大多數人口的立場。醫療服務也應照此類推，初級照顧醫師應在每一社區都有，二級服務如綜合性醫院則隨多數人口群居狀況而設，至於專門性的三級照顧則需普及到更多人身上。服務的合理化及層級化是任何周全性體系所必須正視的，在 J 太太的例子中十分明顯，佔用昂貴的醫療床位是因慢性床不可得，這正反映了服務合理化及層級化的問題。不可諱言，基本生存需賴收入維護方案，至於其他的殘疾則要靠醫療及社會服務，社會性需求的滿足不是將分散式服務加總即可解決，而需幾種策略將現有的服務串聯，並確保各項服務間的整合。分散與整合服務的區辨是這本書重點之一，如何達到整合則在下部份

說明。

# 三、如何做？

　　模式中如何做，是指在服務輸送、協調計劃、資源分配組織的各層面上都做到服務整合。前述案例中也可窺出端倪，Ｔ夫婦所住退休社區的老人中心就是接案及個案管理的多功能中心的一例，Ｂ太太的社工員擔任她的個案管理者，Ｆ先生出院後能在整合性的中介之家復健，減少護理之家床位的使用（Sherwood et al. 1981），而Ｈ太太的個案管理者是老人團隊中的一員。

　　要取代專業體系必須運用市場觀念，當提供現金購買服務時，如果目的是加強正式支持與家庭的分擔功能，補助究竟應提供給家庭主要照顧者或老人？Frankfather, Smith及Caro（1981）認為，太強調家庭照顧會減弱老人的自主性，同樣的專業個案管理者也可能帶著自己的偏見，支持家人而犧牲老人的福祉──這在Blenkner, Bloom及Nielsen（1971）的實驗中被證實。Goldberg（1970）的發現卻不然，如果個案管理是為了整合老人與家人的服務，則專業判斷必須包括對案主需要的敏感度，且應以最少處遇為原則（Kahn & Tobin 1981）。

　　個案管理要確保服務付費是必然的。有三種保險方式：長期照顧保險（LTCI）、連續照顧退休社區（CCRCS）及社會健康維護組織（SHMOS）（Branch, Sager & Meyers 1987, Tobin付印中，Wiener et al. 1987），第一類對個別服務付費但對個案管理者提供服務或預防安置的費用不予承認（Rivlin & Wiener 1988）。第二類吸引經濟狀況較佳者（Ruchlin 1988）。而第三類因按人計算而使用個案管理。也就是案主所交的保險費需謹慎使用以避免醫院或機構的超支，第三類目前在實驗階段，是由早年健康維護組織發展出來，除十分依賴個案管理，也相當倚重創新的老人評估小組及復健服務以增進老人功能，可是有效運用人力及設施仍不能縮短由老人醫療及其他健康保險給付的住院天數，和護理之家的留住天數。因此多數第三類保險，限制護理之家天數以撙節老人醫療的支出。

　　個案管理在案主層面強調服務整合，上述三類保險則是在體制層面強調。第一類，是消費者購買服務再向保險申請給付，使服務提供者必須考慮到周全性。至於服務提供者能擁有多少長期照顧的特殊服務？少數如 Kaiser-Permanente's 的第三類 SHMO（Leutz et al. 1988）既擁有醫院，又有復健中心，然而多數還是需向專門機構簽約購買服務。

　　個案管理系統的周全性必定有限制，如初級照顧不可能控制三級治療所提供的特殊服務，二者之間的互動也很複雜，Kane 及 Kane（1980）在他們著名的跨國長期照顧研究中，很快就發現服務提供者間，不論屬同級或不同級，其間存在諸多緊張關係。在英國，試著將安置的決定交給社區社工員，以保證社區、醫院、安養機構間的協調順暢，只有社區工作員判斷老人無法留住社區時，才考慮安置。

　　要各家各業服務萬眾歸一，由一套個案管理系統來操作不太可能，在組織層面協調必須依據各服務提供者的正式合同。最好地區照顧服務能因地制宜，管理不要過於集中，加上非正式支持，使案主能就近取得服務。但增加地方自主性時需兼顧第二、三級較貴的服務應維持集中式。只有靠集中的計劃和資源分配才能評估老人的整體需要，平衡機構間衝突，找出優先順位及共同目標和標準化作法，也才能增加效率並提高機構的正式責任。

　　機構的協調方式很多，有階級式、平等式、互惠式的關係，也有從非正式或正式到組成聯盟的合作方式，複雜性不一而足，不過不論如何，為了申請給付費用，協調總是必要的（Davidson 1976, Tobin, Davidson & Sack 1976）。

# 第六節　模式的設計

　　服務的模型是基於前述的基本原則而定，然而就算顧及為誰、做什麼和如何作仍不能保證成為理想模式，或許理想模式根本不存在，重要的是在不同模式中取捨與選擇。此處將暫時把現實擺一旁而倡導一較理想模式，該模式可依需要和個人資源訂出符合之條件。

Tobin, Davidson 及 Sack（1976）提出，兩種相對的有效取代方式設計如表 2-2 所示，較理想的模式是針對最衰弱的老人需要，這並不限低收入老人，因為費用的高漲即使貧窮線上的老人也不一定能負擔。透過整合服務，全套完整的服務都被納入，地區性的協調很多，惟計劃與資源分配仍是集中處理。

兩種取代方式，在五個向度上有所不同，但均有整合的作法，從這三種模式應該還可衍生出更多不同組合。比如考慮到現實面，或許部分協調反而較完全協調為佳，因不同使命及專長的機構間必然存在著緊張，在前述醫院、社區、安養院間的關係中最為明顯，一個完全的協調可能會導致醫院成為主導與主控。

表 2-2 的設計並非一精細的模式。表 2-1 倒可能在不同整合服務中建構不同模式，在社區方面，多元化老人中心是服務整合的自然場所，居家服務中不同的居住選擇及個案管理也提供了整合的機會，所有的機構服務亦可參考比照將整合性作法納入。有兩種特殊機構值得一提，一是約十餘人的團體之家，在很多國家內被認為是取代機構照顧的極佳選擇，Sherwood 等（1981）也發現醫療取向的團體之家對跨年齡的慢性殘疾者，是很理想的居住型態。

# 第七節 結 論

老人服務模式的多樣化可能不下於老人的多樣化。然而要將目前現存的各項零亂分散的服務發展出邏輯分類系統並非不可能，個案實例有助於說明不同地理位置的服務應如何整合來協助不同程度的失能老人。模式的發展原則，有助於釐清服務的對象、內容、及做法，組織層面上如何協調與計劃？本章企圖提出較適宜的模式和另兩種取代模式，然而這理想模式落實在現實中必然會打折扣。面對離理想尚有落差的現實中，至少整合性的選擇絕對是優於目前老人支離破碎且無系統服務的簡化解決方式。

表2-2　三種模式結構圖表

| 主要問題 | 較佳設計 | 有效的取代方式 | |
|---|---|---|---|
| I 服務輸送層面 | | | |
| 為誰 | 老人—衰老者服務，為所有老人享有之權利但以衰老者優先。 | 普遍性—衰老者服務乃有需要的有權得到，衰老者優先。 | 低收入老人限低收入老人為服務對象。 |
| 做什麼 | 全面性服務周全性社會服務包括低收入生活補助 | 集中式資源轉介廣泛性社會服務策略，賴不同提供者滿足服務及經濟需要。 | 有限服務有限服務在鄉里鄰間可得，且是分散式的資源轉介。 |
| 如何做 | 社會整合特色為接案分散，多功能中心及專業整合者。 | 同盟／聯合各機構組成的非正式協會提供全面服務，集中接案，但無專業整合者。 | 鄰里非專業系統特色為接案分散，多目標中心由非專業者整合。 |
| II 組織層面 | | | |
| 協調 | 全面協調系統有內外部之正式合約，人員共有，接案轉介互通。 | 部分協調系統有正式機構內合約及非正式機構間約定，接案與資 | 非正式協調機構靠非正式的內外部約定維持，各自接案，人員各有 |

| | | | |
|---|---|---|---|
| | | 訊雖共通，但人員不共用。 | ，資訊互通。 |
| 計劃和資源分配 | 集中<br>計劃、目標訂定和資源均集中處理。 | 合作<br>計劃分開，決策地區化，機構目標自定，資源部份共用。 | 自主性社區<br>計劃分散到鄰里機構，目標自定，資源亦少共用。 |

# 參考書目

Adams, J. P., Jr. 1980. Service arrangements preferred by minority elderly: A cross cultural survery. *Journal of Gerontological Social Work* 3(2):39−57.

Applebaum, R., F. W. Seidl, and C. D. Austin. 1980. The Wisconsin community care organization: Preliminary findings from the Milwaukee experiment. *The Gerontologist* 20(3):350−355.

Austin, C. D. and M. B. Loeb. 1983. Why age is relevant in social policy and practice. In B. L. Neugarten, ed., *Age or Need: Public Policies for Older People*. Beverly Hills, Calif: Sage.

Beattie, M. M., Jr. 1976. Aging and the social services. In R. Binstock and E. Shanas, eds., *Handbook of Aging and the Social Sciences*. New York: Van Nostrand Reinhold.

Blenkner, M., M. Bloom, and M. Neilsen. 1971. A research and demonstration project of protective services. *Social Casework* 52(10):483−499.

Branch, L. G., A. Sager, and A. R. Meyers. 1987. Long-term care in the

United StatesL: A study in trench warfare. In R. A. Ward and S. S. Tobin, eds., *Health in Aging: Sociological Issues and Policy Directions.* New York: Springer.

Carcagno, G. J. and P. Kemper. 1988. The evaluation of the National Long-Term Care demonstration. I: An overview of the channeling demonstration andd its evaluation. *Health Services Research* 23(1):1−22.

Cook, F. L. 1983. Assessing age as an eligibility criterion. In B. L. Neugarten, ed., *Age or Nedd: Public Policies for Older People.* Beverly Hills, Calif: Sage.

Davidson, S. M. 1976. Planning and coordination of social services in multiorganizational context. *Social Service Review* 50(3):117−137.

Eggert, G. M., J. E. Bowlyow, and C. W. Nichols. 1980. Gaining control of the long term care system. First returns from the ACCESS experiment. *The Gerontologist* 20(3):356−363.

Estes, C. 1979. *The Aging ExperienceL: A Critical Examination of Social Policies and Services for the Aged.* San Francisco: Jossey-Bass.

Estes, C. and R. Newcomer. 1973. State units on aging: Discretionary policy and action in eight states. San Francisco: University of California.

Etzioini, A. 1976. Old people and public policy. *Social Policy* （November/December）, pp. 21−29.

Frankfather D. D., M. J. Smith, and F. G. Caro. 1981. *Family Care of the Elderly: Public Initiatives and Private Obligations,* Lexington, Mass.: Lexington Books.

Gelfand, D. E. and J. K. Olsen. 1980. *The Aging Network.* New York: Springer.

Gilbert, N. 1977. The transformation of social services. *Social Service Review* 51(12):624−641.

Gilbert, N. and H. Specht. 1979. Title XX planning by area agencies on aging; Efforts, outcomes and policy implications. *The Gerontologist* 19(6):264—274.

Golant, S.M. and R. McCaslin. 1979. A functional classifiction of services for older people. *Journal of Geronotological Social Work.* 1(3):187—209.

Gold, B. D. 1974. The role of the federal government in the provision of social services to older persons. *Annals of the Americal Academy of Political and Social Sciences* 415:55—69.

Goldberg, E. M. 1970. *Helping the Aged: A Field Experiment in Social Work.* London: Allen and Unwin.

Hodgson, J. H. Jr. and J. L. Quinn, 1980. The impact of the Triage health care delivery system upon client morale, independent living and the cost of care. *The Gerontologist* 20(3):364—371.

Homes, M. and D. Holmes. 1979. *Handbook of Human Services for Older Persons.* New York: Human Sciences Press.

Hudson, R. 1978. The graying of the federal budget and its consequences for old age policy, *The Gerontologist* 18(10):428—440.

Kahn, A. J. 1973. *Social Policy and Social Services.* New York: Random House.

Kahn, A. J. 1976. Service delivery at the neighborhood level:experience, theory, and fads. *Social Service Review* 50(1):23—56.

Kahn, R. L. and S. S. Tobin. 1981. Community treatment for aged persons with altered brain function. In N. E. Miller and G. D. Cohen, eds., *Clinical Aspects of Alzheimer's Disease and Senile Dementia,* New York: Raven Press.

Kane, R. A. 1988. The nobllest experiment of them all: Learning from the National Channeling evaluation. *Health Services Research* 23(1):189—198.

Kane, R. A. and R. L. Kane. 1987. *Long-Term Care: Principles, Programs, and Policy.* New York: Springer.

Kane, R. L. and R. A. Kane. 1980. Alternatives to institutional care of the elderly beyond the dichotomy. *The Geronotologist* 20(3):249–259.

Kutza, E. A. 1981. *The Benefits of Olld Age: Social Welfare Policy for the Elderly.* Chicago: University of Chicago Press.

Kutza, E. A. and N. R. Zweibel. 1983. Age as a criterion for focusing public programs. In B. L. Neugarten, ed., *Age or Need: Public Policies for Older People.* Beverly Hills, Calif.: Sage.

Lawton, M. P. 1972. Assessing th competence of older person. In D. P. Kent, R. Kestenbaum, and S. Sherwood, eds., *Research Planning and Action for the Elderly.* New York: Behavioral Publications.

Leutz, W., R. Abrahams, M. Greenlick, R. Kane, and J. Protas. 1988. Targeting expended care to the aged: Early shared experience. *The Gerontologist* 28(1):4–17.

Litwak, E. 1977. Theoretical base for practice. In R. Dobrof and E. Litwak, eds. *Maintenance of Family Ties of Long-Term Care Patients.* Washington, D. C.: Department of Health, Education and Welfare.

Lowy, L. 1979. *Social Work with the Aging: The Challenge and Promise of the Later Years.* New York: Harper and Row.

Moroney, R. M. 1976. *The Family and the State: Considerations for Social Policy.* London: Longman.

Nelson, D. W. 1983. Alternative images of old age as the basis for policy. In B. L. Neugarten, ed., *Age or Need: Public Policies for Older People.* Beverly Hillls, Calif.: Sage.

Neugarten, B. L. 1983. *Age or Need: Public Policies for Older People.* Beverly Hills, Calif.: Sage.

Nocks, B. C., M. Learner, D. Blackman, and T. C. Brown. 1986. The effects of a community-based long-term care project on nursing home utilization. *The Gerontologist* 26(2):150–157.

Ozawa, M. N. 1976. Impact of SSI on the aged and disabled poor. *Social*

*Work Research and Abstracts* 14:3−10.

Schram, S. F. 1983. Social Services for older people. in B. L. neugarten, ed., *Age or Need: Public Policies for Older People*. Beverly Hillls, Calif.: Sage.

Schram, S. F. and R. Hurley. 1977. Title XX and the elderly. *Social Work* 22(3):95−102.

Sherwood, S., D. S. Greer, J. N. Morris, and V. Mor. 1981. *An Alternative to Institutionalization: The Highlands Heights Experiment.* Cambridge, Mass.: Ballinger.

Tobin, S. S. 1975. Social and health services for the future age, Part II. *The Gerontologist* 15(1):32−37.

Tobin, S. S. （in press） The "ideal" long-term care system. In Z. Harel, P. Ehrlich, and R. Hubbard, eds., *Understanding and Serving Vulnerable Older Adults and Aged.* New York: Springer.

Tobin, S. S., S. M. Davidson, and A. Sack. 1976. *Effective Social Services for Older Americans.* Ann Arbor: Institute of Geronotology, University of Michigan-Wayne State University.

Tobin, S. S. and M. A. Lieberman. 1976. *A Last Home for the Aged: Critical Implications of Institutionalization.* San Francisco: Jossey Bass.

Tobin, S. S. and D. Thompson. 1981. The countability paradox. In H. Wershaw, ed., *Controversial Issues in Gerontology.* New York: Springer.

U. S. Congress. Senate Special Committee on Aging. 1971a Alternatives to nursing home care: A proposal. Washington, D. C.: GPO.

U. S. Congress. Senate. Special Committee on Aging. 1971b. Making services for the elderly work: Some lessons from the British experience. Washington, D. C.: GPO.

U. S. General Accounting Office. 1977a. Home health: The need for a national policy to better provide for the elderly. Washington, D. C.:

GAO.

U. S. General Accounting Offfice. 1977b. Local area agencies help the aging but problems need correcting. Washington, DC.: GAO.

U. S. House of Repressntatives 1974. Committee on Education and Labor, Statement of Frank Carlucci on the Allied Services Bill. July 10, 1974. Washington, D. C.: USGPO, 9.

Weissert, W. G. 1985. Estimating the long-term care population: Prevalence rates and needs. *Health Care Finance* 6(4):1373−1379.

Weissert, W. G. 1988. The National channeling demonstration: What we knew, now know, and still need to know. *Health Service Review* 23(1):175−187.

Wiener, J. M., R. Hanley, D. Spence, and D. Coppard. 1987. Money, money, who's got the money? Financing options for long-term care. In R. A. Ward and S. S. Tobin, eds., *Health in Aging: Sociological Issues and Policy Directions.* New York: Springer.

第二篇

# 治療與處遇模式

# 第 3 章

# 老年案主評估

*Rosalie A. Kane* 著

沈淑芳 譯

　　多元評估（multidimensional assessment）是老人服務的要素，人群服務專業者無論在那裡工作，均需收集、評量及解釋有關案主的資料，評估則成為一項決策工具。評估的主要目的是決定那些服務應該提供給案主，定期性的再評估則是決定服務是否要持續、中止或改變。

　　人群服務專業者及社會工作者對評估並不陌生，社會工作者常要全盤地、敏感地持續評估案主，並同時考慮社會史和最近的功能狀況，以及重視家庭中心取向。社會工作者的評估是處理個人與環境間的個人功能，這些原則均適用老年評估。老年評估有那些特點？

1. 老年案主評估較複雜：老年人有豐富的人生經歷，其歷史資料收集較複雜。功能評估也是複雜的，因為功能不常是生理、心理、社會因素交互影響的結果，解釋所觀察或老人所報告的行為有困難。因為老年案主的溝通能力，或因評估者與老人間的代溝而使評估過程變得複雜。若撇開這些複雜因素，那麼評估對老年案主是相當有力量的。自一九七〇年代以來老年人口一直增加，社會服務需求的壓力日增，服務提供者必須根據公平與正義來分配資源與服務，評估則是分配的關鍵因素。

2. 老年評估強調測量（measurement）：測量的信度常困擾著工作者，他們對於由臨床判斷來做結論較自在。老年領域有數以百計的評 估 工 具 ，包 括 用 分 數 的（Kameand Kane 1981; Israel; Kozerevic, & Sartorius 1984），測量屬性的（如社會參與、自我照顧功能），至於多元評估則包括生理、心理和社會功能。有些工具是列題目由案主自評，有的由專業者做評量與觀察。有些工具費時幾分鐘，有的則要團隊參與評估且歷經數小時才能完成。對專業者的挑戰是如何選到好用且具信度、效度的工具。

　　本文將說明評估的目的，討論老年評估的內容，提出選擇評估工具的標準，探討常用的工具，最後談及評估老人及其家屬的實務主題。目前評估在老人醫學評估中心（Kane, Kane, & Rubenstein, In press）和個案管理方案的社會工作實務日受重視。

# 第一節　正式評估的目的

　　正式評估對工作者及案主是既費時又費力的。若可一致地被操作、分析和使用，則這些評估可明確地成為收費項目。而一致又有系統的評估方法能使老人服務較精確。運用評估篩選及發掘個案、擬訂個案計劃、檢視及品質確認，而臨床評估往往是方案評估與研究的基礎。在臨床步驟上，評估讓工作者較有組織，提供檢查清單及比較的基準。

## 一、篩選與發掘個案

　　篩選（screening）是一個簡短的評估程序，是評估的起端，從一群老人篩選並界定那些人需要特定的服務。例如：地區老人機構想要知道該地區有那些老人照顧者能從活動方案或暫歇性服務中受益。又如醫院的社會工作者只對有需要的老年病患提供諮商，因此需要進行有系統的篩選案主。篩選過程應是簡短、經濟且能切實找出標的案主。

　　篩選要考慮兩個流行病學的觀點：敏感性和特殊性。有敏感度的篩選工具才能找出標的對象，並排除錯誤對象。反之，特殊性的篩選乃是限制非屬標的對象，減少犯「不該選而選」的錯誤；無論如何，特殊測量可能犯了「應選而未選」的機率也頗高的，亦即篩選時條件符合者，卻沒有被界定在其中。一個有敏感度的測量有賴頻率、嚴謹且能修訂的條件。例如，當篩選老人虐待時，有一個低頻度的生活威脅狀況及可能的影響行動，那麼就需要有敏感度的工具。重要的是能找出所有的真實個案並且輕易找出錯誤狀況。針對遺族的憂鬱做篩選，在第二個評估階段採用特殊測量是很有用且能有效排除錯誤狀況。因此，在採用篩選工具時，均應考慮這些因素。

　　在決定服務或給付資格時需要經過特殊篩選。尤其是老人長期照護的個案，案主需符合低收入、失能，或兩者的條件。例如若要接受老人醫療保險的護理之家照顧，受益人則必須合於法定的技術性照顧的標準。公平

則需要有一個統一標準來做資格測量，但是工作者必須要區別服務資格與服務需求。例如，老人符合老人法第二十章之在宅服務的資格是低收入且無法料理家務者。但若他的太太能提供的話，那他就不需要此服務。資格類別常較廣泛，但資格評估乃是決定特定個案所需的服務。方案常需設定規則以決定提供服務給符合資格者。

## 二、照顧計劃與服務輸送

完整的評估格式（comprehensive assessment forms）是處遇的基礎，專業者透過評估了解問題與需求是否未滿足，需要提供那些協助。採用固定格式收集資料的好處是：

1. 以團隊提供服務，每個人對案主有相同觀點有利溝通。
2. 當個案的問題較複雜時，一致性的評估格式使評估者可以回顧相關資料。
3. 提供老人服務需要界定其改變狀況，對老年人而言，其功能的改變（如社會接觸的些許改變），可能比描述實際功能狀況（如社會接觸的絕對值）更重要。即使不需要服務，最初的評估仍提供了觀察改變的基準。
4. 假如資源是稀少的，照護者能夠比較功能狀況、社會需要及案主的社會資源，以提供最有利的服務。
5. 完整的評估兼顧不同層面，讓工作者或團隊能對問題做判斷並決定如何處遇。例如，自我照顧方面，有兩位案主均無法自行煮食及進食，惟進一步評估其認知和情感狀況時，卻發現一位有記憶喪失，而另一位有憂鬱症狀，因此兩者的處遇方式便不同。

牽強附會的評估凌駕了服務規定的多樣性是較常見的批評，會有此狀況，有時候是專業者與機構已有固定的習慣或缺乏想像力；有時候則是因社區服務太少的問題。為了防範上述狀況，專業者需要發展決策規則（有時稱為 algorithms），列出服務類型及說明評估結果。多用腦力激盪提出服務改革意見，並在穩定環境下做評量。

## 三、檢視與品質保證

　　評估的另一目的是服務檢視,檢視由服務者來做以確定處遇(如日間照顧或團體治療)是否達到預期效果。檢視亦常由組織來做,機構應提供清楚的指引,讓案主明瞭服務是否要持續,或是需改提供其他服務。

　　評估是為案主完成的,因此社會服務或復健記錄常顯示跨科際(multidisciplinary)及團隊所解釋的資料,但是最後的記錄常變得不重要,因為變化常是急轉直下而無法預測。

　　有某些情境是以案主評估做為品質保證,在機構裏老人的狀況是被視為正向照顧的結果,在檢視品質保證時要小心了解,結果是否是原先方案所期望達到的。品質保證亦需包括評估實際表現的功能(如:案主做了什麼),不能只看能力表現(如:案主能做什麼)。例如,案主有能力自行移動及洗澡,卻不允許他在別人協助下外出或自行洗澡,那麼此護理之家就很難讓人認可是致力於增進老人獨立的高品質生活。評估者必須清楚是要評估能力、實際表現,或是兩者。

## 四、評估即是目的

　　近來文章提及一次即成的接案方案(one-stop intake programs)與個案管理服務(case management services),這些方案的技術性評估與個案計劃是服務的主要部份。立法的引入讓聯邦或州政府提供醫療補助之基金,使得完整的評估能列為准許入住護理之家的要件。根據此政策,周詳完整的評估是關係案主利益的要素,使計劃更人性化且比安置於護理之家更經濟。

　　然而強調評估並無法只憑評估來解決問題,照護者執行評估而案主參與評估較能解決問題。例如,案主敘述他的資源及所接受的協助就屬評估的一部份,此過程讓案主與工作者一起做回顧及整理。

# 第二節　評估內容

## 一、功能 V.S. 診斷

　　評估老年案主時，正確的醫療或精神診斷是必要的，老年病人的醫療診斷常是不當的，醫療處置易有疏漏。由於醫師缺乏區辨正常老化與病態的訓練，因此常導致處置不夠或過多之情形（Kane Quslander, & Abrass 1984）。老人醫療評估需要受過訓練的團隊來評估生理功能，界定平均 3.5 種處置狀況，而在前置醫療照顧不做診斷（Rubenstein, Abrass, & Kane 1981; Kane, Kane & Rubenstein, in press）。老人痴呆症又稱失智症（senile dementia）是一個過度使用的診斷（Garcia, Redding, & Blass 1981），常常未經仔細的生理（如，感染、用藥過量）、情感（如，憂鬱）或環境引起的混亂等檢查便使用它。因此，社會工作者及評估者應建立有信譽的老人醫療工作團隊，並做必要的安排（尤其是老老人案主，七十五歲以上的老人有長期照護之需求）。

　　完整的老人醫療評估之重要性，自一九八〇年代早期就逐漸受到重視，在特殊的入院與出院病人評估中心可針對醫療、心理及社會問題的交互影響進行揀選。這些中心是由跨科際團隊組成，所使用的標準化功能目錄就如實驗室測驗。短期處遇（尤其是醫療衰退或改變）較常嘗試，而病人對處遇的反應就成為評估資料的基礎。一九八七年由 The National Institute on Aging 之審查小組認可功能評估（functional assessment），如評估病人日常生活功能的能力，即列入醫療決定（Solomon 1988; Consensus Develement Panel 1988）。目前雖然不能確保所有的老年病患都能接受適當的醫療診斷，然而較具敏感度的醫療團隊將會愈來愈普遍。

　　精神診斷（psychiatric diagnosis）並不會中斷，雖然 DSM-Ⅲ 說明很多診斷是源於青春期或成年早期（如，精神分裂症、情緒障礙、虐待），文獻顯示到晚年時仍有新的案例（American Psychiatric Association

1980）。反應失調（包括創傷後的壓力及適應失調）會出現在任何年齡並可追溯到很多早期的刺激。人格異常可能是源於早期並持續一生，可能會隨著年老依賴的增加而帶來更多困擾。此外，DSM-Ⅱ注意到器質性心理障礙，而 Sloane（1980）則解釋了譫妄（delirium）和慢性痴呆（chronic dementias）的不同診斷。

然而令人惋惜的是老年人並不願接受心理衛生服務，尤其是出院後的診斷與處遇服務。有關年齡的精神失調盛行狀況並不易確定。Dohren-wend 等（1980）估計，18%～25%的六十五歲以上的老人患有功能性（如，非器質性）心理疾病，尤其是情感障礙。評估者面對有心理疾病史的老年人，在做診斷時不能遺漏，而因以往精神狀況未處理而產生新狀況的情形需多留意，這些狀況往往是可以處理的。

有關複雜的老年精神疾病診斷，在老年心理衛生手冊（Handbook of Mental Health and Aging, Birren and Sloane 1980）一書有一系列的研究說明。Miller（1980）說明，痴呆與功能障礙（functional disorders）的診斷差別，並討論臨終低落（terminal drop）與死亡前幾個月之認知功能衰退的現象。Lawton, Whelihan 及 Belsky（1980）曾探討老年人格測驗的問題，並提出很多有關效度的警告。（Dye 也在另一期 1982a 提到此主題，並批評老人常用的人格測驗包括人格固執性的測驗，這是一個探討測驗的好資源）。Post（1980）提出老年之妄想症（paranoid）、精神分裂症、疑似精神分裂症的討論，並描述了較少見的如 senile recluse 的現象與妄想症的類型，Post 的討論可供臨床參考。

在醫療上，精神診斷是老年案主評估的重點，但光有診斷並不足以擬訂照顧計劃。老年人常有慢性疾病，簡單的診斷並不能解釋老人的功能能力，也無法預測其服務需求。即使兩位老年人均同樣患有糖尿病、關節炎、甚至精神分裂症，但他們的功能能力仍非常不同。

功能是指個人能力、動機和環境（包括物理環境、任務期待，以及有益的社會支持）的表現，個人的功能表現會隨著環境影響而增減。例如，一個原先表現良好的人，到了外國可能因語言的關係而表現不佳，反之，一個愚笨的人可能因有人協助而有所表現。老年評估必須包括實際能力與環境因素，評估者從評估資料到做計劃，均需增強案主的能力與動機

（如，教育方法、物理治療、職能治療、心理治療、醫療處置、彌補科計
劃（prosthetin devices））,並控制環境的複雜性。因為老年人較無力反
應環境的屈辱與衝擊,社會支持較不足,所以功能評估不能忽略環境的因
素。

## 二、多元評估

圖 3-1 說明老年人功能的多元評估,每格表示不同的評估,不同領域
則分類不同。圖 3-1 有九項評估內容,包括環境、服務使用、偏好、支持
系統負荷等。

### ㈠生理因素

沒有醫療訓練是無法收集案主的健康資料,診斷案主必須了解案主的
健康狀況,包括用藥情形、住院與就醫情形、疼痛與不舒服也要評估,即
使目前的評量工具僅是初步的。Kane 等（1983a, b）曾對護理之家的老
人做疼痛與不舒服的測量,所採用的指標有頭痛、關節痛、癢、頭昏及胸
痛等。生理狀況常與功能能力有關,然而包括視力、聽力、牙齒、腳病等
這些又不屬內科醫師及一般實務者的領域。評估者必須決定老人的這些狀
況是否受損,能否找出處置之道,案主能否獲得適當彌補及裝置,至於健
康自評也是一項預測死亡率的指標（Mossey & Shapiro 1982）。評估者
需留意前述有關罹病率方面的評估工具,但這並不能當做問題的原因論或
替代醫療工作。假如評估者評估案主服用十種或更多的處方或非處方藥,
並出現很多種診斷,那麼就有必要轉介給醫療機構（假如評估顯示案主自
我照顧能力受損的話）。

### ㈡情緒因素

情緒包括功能心理,尤其是情緒障礙（affective disorders）。有些簡
易的測驗可用來篩檢憂鬱情緒,老年人常用的量表有 the Zung Self-Rated
Depression Scale （Zung 1965）及 the Beck Inventory of Depression
（Beck et al. 1961）。見表 3-1,憂鬱指標如沒胃口、疲勞、失眠、悸

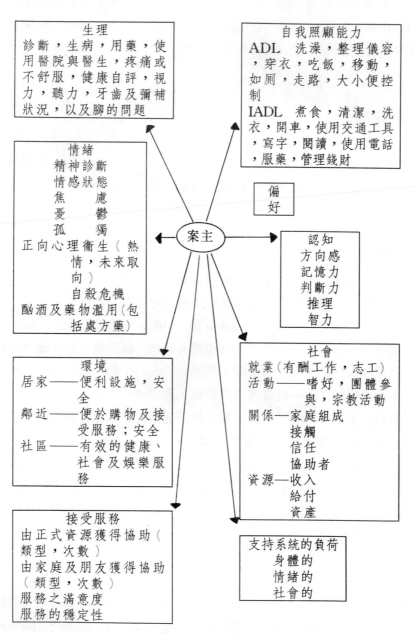

生理
診斷，生病，用藥，使用醫院與醫生，疼痛或不舒服，健康自評，視力，聽力，牙齒及彌補狀況，以及腳的問題

自我照顧能力
ADL 洗澡，整理儀容，穿衣，吃飯，移動，如廁，走路，大小便控制
IADL 煮食，清潔，洗衣，開車，使用交通工具，寫字，閱讀，使用電話，服藥，管理錢財

情緒
精神診斷
情感狀態
焦　慮
憂　鬱
孤　獨
正向心理衞生（熱情，未來取向）
自殺危機
酗酒及藥物濫用（包括處方藥）

偏好

案主

認知
方向感
記憶力
判斷力
推理
智力

環境
居家——便利設施，安全
鄰近——便於購物及接受服務；安全
社區——有效的健康、社會及娛樂服務

社會
就業（有酬工作，志工）
活動——嗜好，團體參與，宗教活動
關係—家庭組成
　　　接觸
　　　信任
　　　協助者
資源—收入
　　　給付
　　　資產

接受服務
由正式資源獲得協助（類型，次數）
由家庭及朋友獲得協助（類型，次數）
服務之滿意度
服務的穩定性

支持系統的負荷
身體的
情緒的
社會的

圖 3-1　多元評估

動，至於對性沒興趣是因老人受所處的物理與社會環境之影響。有的評估
則較強調不快樂的情緒更甚於憂鬱的生、心理徵兆（Gallagher, Thompson & Levy 1980）。正向的幸福感（positive well-being）的測量可用生活滿意指標（Life Satisfaction Index, LSI）（Havighurst, Neugarten, and Toblin 1961），或 the Philadelphia Geriatric Morale Scale（Lawton 1972），然而一般在測量憂鬱與士氣時，會有局部重疊（士氣量表見表 3-2）。

　　若發現案主有憂鬱或失望時需評估其自殺念頭（六十五歲以上自殺成功的案例，尤其是男性，常未被報告出來）。此問題評估者可能不太好問，然而要使老年人願意回答，可以問「你是否常想自殺？」而答案可分為「從不」「偶爾」「經常」以及「總是」（Kane et al. 1983b）。

## ㈢認知因素

　　當評估者感覺到案主有記憶及智力功能受損時，認知鑑定是必要的。有些測驗可評估記憶及智力功能損害情形，有些測驗則可評估記憶及認知功能。最常用的簡易測驗可測量方向感如地點、時間、人物；近期及遠期記憶；以及計算能力。表 3-3 簡易精神狀態檢查表（the Short Portable Mental Status Questionnaire），是由 Duke University（1978）所發展的一部份。有些工具的發展是用簡單的題目來測量高層次功能，並透過諺語說明以檢定抽象思考；the Falstein Mini-Mental Status Questionaire（Folstein & McHugh 1975）就是一例。Dye（1982b）摘錄並批評十七種測量老人智力功能的工具，包括綜合測驗。另有為護理之家發展的簡易認知能力測驗，其指標包括季節、下一餐、自己的寢室位置（Lawton 1972），此方式並非為收集日期及事件的資料，而是要找出狀況較差的院民。

　　使用簡精神狀態評估需注意兩點。首先，此評估通常是被用來決定個案是否有能力回答評估工具的。決定的原則是，若案主回答題目不正確，達到一定的數量，那麼就需要其重要關係人提供補充訊息。然而在簡易精神狀態檢查量表上，個案在認知能力部分回答雖不正確，但其他有關活動、關係、情緒、喜好方面，却能正確回答。因此，可能沒有人能對這類

## 表 3-1　測量情感之量表舉例

Zung 自評憂鬱量表（ Self-Rated Depression Scale ）a
1. 我覺得心情低落鬱悶
2. 早晨是我覺得最好的時刻
3. 我會哭泣或想哭泣
4. 我有夜間睡眠的困擾
5. 我的食慾和以前一樣好
6. 我對性仍感興趣
7. 我的體重減輕了
8. 我有便秘的困擾
9. 我最近心跳加快
10. 我無緣無故覺得身體疲勞
11. 我的頭腦跟以前一樣清楚
12. 我能和以前一樣快地把事情作完
13. 我變得不安，無法安靜下來
14. 我對未來充滿希望
15. 我比以前更容易生氣
16. 我能很快做決定
17. 我是有用的，而且是被需要的人
18. 我的生活很充實
19. 我如果死了，會減輕別人的負擔
20. 我對所做的各樣事情仍感到滿意

修訂的 Beck 憂鬱量表（Modified Beck Depression Inventory）b
1. 我不覺得悲傷
　　我覺得悲傷
　　我時常感到悲傷且無法振作
　　我一直感到悲傷或不快樂且令我無法克服
2. 我對未來並不會感到沒有勇氣
3. 我覺得自己就像個失敗者
4. 我對過去所做的事感到非常滿足
5. 我不覺得有罪惡感
6. 我不覺得我要被懲罰
7. 我不覺得對自己失望

8. 我不覺得自己比別人差
9. 我沒想過要自殺
10. 我不會比以前愛哭
11. 我不會比以前容易生氣
12. 我沒有對其他人失去興趣
13. 我並不擔心我看起來比過去差
14. 我在做決定時仍如過去一樣
15. 我仍如以往一樣工作
16. 我的睡眠跟平常一樣好
17. 我並不感到比平常累
18. 我的胃口並沒有比平常差
19. 我的體重並沒有輕很多，即使有也是近來而已
20. 我不會比平常更擔心我的健康
21. 我近來對性的興趣並沒有任何改變

資料來源：Zung scale adapted from W.W.K.Zung.（ 1965 ）. Beck inventory from A.T.Beck et al.1961.

　　a. 每題的回答是依「很少」，「有時候」，「時常」，或「總是」。
　　b. 每題有 4.5 個答案，顯示情緒狀態，從中擇一符合的狀況回答，並就每項的回答合計。

題目有正確答案，若以邊際認知分數為依據，而排除案主做為進一步訊息提供者是很危險的。

　　其次，評估者要從簡易測驗提獲得一些訊息則認知受損的開端是重要的，這顯示人格改變的缺失或反社會行為。假性痴呆（ pseudodementia ）（ 如憂鬱呈現的痴呆徵狀）和真正認知喪失之診斷差別，是要透過收集剛發生時的狀況及其行為之協助（ 見 Salzman 和 Shader 1979 之痴呆與假性痴呆比較表 ）。案主的記憶喪失是受其他因素，如社會互動及適當性之影響。若案主認知受損時，發掘其有能力的行為是有幫助的，假如一個人能照顧別人，那麼便顯示他有正向認知徵狀，可在測驗分數上取得平衡（ Gurland et al. 1982 ）。

## ㈣社會因素

　　由圖 3-1 顯示社會評估包括社會活動、社會關係及社會資源，活動包

## 表 3-2　老人主觀的幸福感（ Well-being ）量表舉例

Philadelphia Geriatric Center 之士氣量表（ Morale Scale ）
1. 當我愈老事情似乎愈糟。（否）a
2. 我仍和以前一樣有活力。（是）
3. 你感覺多寂寞？（不多）
4. 今年很少事情會困擾我。（否）
5. 我與朋友、親戚常見面。（是）
6. 隨著你的年紀愈大，你愈感無用。（否）
7. 假如你能夠選擇你生活的地方，你會選那裏？（這裡）
8. 我有時候常會擔心得睡不著。（否）
9. 當我老了，事情是比我想要的（更好，差，一樣）。（更好）
10. 我有時會覺得生命並不值得再活下去。（否）
11. 我現在很快樂就如年輕時一樣。（是）
12. 大部份的日子我都有很多事可做。（是）
13. 我有很多傷心事。（否）
14. 人們到老年會更好。（否）
15. 我害怕失去很多東西。（否）
16. 我的健康是（良好，不太好）。（良好）
17. 我比過去失常。（否）
18. 對我來說大部份時間生活是困難的。（否）
19. 你對現在的生活感到滿意嗎？（滿意）
20. 我做事感到很困難。（否）
21. 人們活在今朝不用擔心明日。（是）
22. 我容易感到煩亂。（否）

生活滿意量表（ Life Satisfaction Index ）（ LSI-A ）
本表陳述一些一般人對生活的不同看法。按照本表所列的看法，若同意就在「同意」處圈選，假如你不同意，那麼就在「不同意」的地方圈選，假如你不確定或有其他看法就在「？」圈選。

1. 當我的年紀愈來愈大時，事情似乎變得比我想的還要好。(同意)
2. 比起其他我認識的人，我的一生要幸運多了。(同意)
3. 現在是我一生中最厭倦的時光。(不同意)
4. 我仍和年輕時一樣快樂。(不同意)
5. 我的生活可以比現在更快樂的。(不同意)
6. 目前是我一生中最好的時光。(同意)
7. 我所做的事大都是無聊又單調的。(不同意)
8. 我期望未來將有一些有趣又快樂的事會發生。(同意)
9. 我現在所做的事都和以前一樣有趣。(同意)
10. 我覺得又老又累。(不同意)
11. 我會想到我的年紀，但它不會困擾著我。(同意)
12. 回顧過去一生，我覺得十分滿意。(同意)
13. 我將不會改變我過去的一生，即時我做得到。(同意)
14. 跟其他同年齡的人比起來，我一生中似乎做了很多愚蠢的決定。(不同意)
15. 跟其他同年齡的人比起來，我的外表好看多了。(同意)
16. 我會對未來一個月或一年所要做的事做計劃。(同意)
17. 回顧過去一生，我並沒有得到大部份我想要的東西。(不同意)
18. 跟其他人比起來，我較常沒精神。(不同意)
19. 一生中我所得到的比我期望的還多。(同意)
20. 不管人們怎麼說，大多數的人都是愈過愈差，而不是愈過愈好。(不同意)

---

a. 正確答案在括弧內，計一分

資料來源：Moral scale adapted from M.P. Lawton, 1972. The dimensions of morale. In D.Kent, R.Kastenbaum, and S.Sherwood, eds., *Research Planning and Action for the Elderly.* ( New York:Behavioral Publications )

Life satisfaction index adapted from R.J.Havinghurst, B.L.Neugarten and S.S.Tobin, 1961. The measurement of life satisfaction, *Journal of Gerontology,* 16:134-143.

括興趣與嗜好,其方式有自行追求和參加社會團體。關係包括人際接觸與
互動頻率、從他人獲得有益的協助,及接近可信賴者。雖然社會活動及社
會接觸的出發點是好的(如會感受到幸福感、有好的睡眠、少憂鬱),但
主要目標是要使個人能有意義的活動及社會接觸。簡單說來,當人們有四
位朋友並不是表示會比別人只有兩位朋友的好兩倍,個人有平衡的活動並
不一定就比橋牌迷或網球迷好。若一個人參加活動卻感到沈悶,那麼他就
無法達到社會幸福感(social well-being)。因此,社會幸福感有主、客觀

### 表 3-3　簡易精神狀態檢查量表
( Short Portable Mental Status Questionnaire ( SPMSQ )

---

簡易精神狀態檢查量表( SPMSQ )
  1. 今天的日期是(年／月／日)?
  2. 一星期有幾天?
  3. 這裡是什麼地方?
  4. 你的電話號碼是幾號?(若沒有電話,則問你的地址是那裏?)
  5. 你幾歲?
  6. 你的生日是(年／月／日)?
  7. 現任的總統是誰?
  8. 前任總統是誰?
  9. 你的母親本家姓什麼?
 10. 從 20 減 3 開始,繼續一直往下減
     答錯 0 ~ 2 題＝正常
     答錯 3 ~ 4 題＝輕微智力受損
     答錯 5 ~ 7 題＝中度智力受損
     答錯 8 ~ 10 題＝嚴重智力受損
     允許一題以上答錯,假如個人僅小學畢業
     允許一題以下答錯,假如個人高中以上畢業
     允許一題以上答錯,假如是黑人,無論教育程度

---

資料來源:Duke University, 1978.

的成份；評估者必須決定活動與接觸是否令個人滿足。寵物的重要性在社會幸福感上不應被遺漏，而失落寵物的嚴重性也應被了解。有許多工具可用來迅速測量社會功能，見表 3-4（Lubben 1988）。

　　即使已退休，工作仍不應被遺忘，因為我們的身分是與工作連結的，評估者必須了解個人的工作及專長，工作對男性尤其重要，目前女性亦逐漸認同工作。依個人的工作史及能力，可建議按個人的生理狀況及興趣從事志工。至於評估護理之家的院民，不能忽略職能的部份，護理之家的示範計劃（Jorgenson & Kane 1976），顯示個人的技能，如演奏會的鋼琴家，或園藝專家，往往沒有機會在護理之家表現，因為沒有人以「人」的角度來了解他們。從正向來看，Laufer 和 Laufer（1982）描述院民利用外國語言的技術，而成為社區學院學生的助教授，並透過交換而建立相互關係。此方案模式顯示評估的結果是試著融入老年人一生的工作及社區參與所發展的能力、興趣與技術。

　　社會評估的基本價值愈來愈重要，如，社會孤立的測量是以在一週內與他人見面、打電話及寫信的數量來計算。有些人比較善於社交，其社會接觸就可計算每天的電話及每週外出幾次，這可能較適合某些人，並也提醒其他人社會接觸較狹隘。若做再評估時，則收集其改變狀況的資料就很重要的。

### ㈤環境因素

　　環境評估並不易設計或標準化，目前已漸注意到生活環境的適當性，包括住宅及鄰里，尤其是失能老人的安全性、便利性及管理之考量。因此住宅的設備與改善，應顧及老人功能的發揮，鄰里方面應緊鄰購物地點、車站、理容院、圖書館、公園及藥房等設施，輸送系統就近設立亦很重要。因此，環境的工具性是集中在居住或機構環境的適當性（Windley 1982）。Carp 與 Carp（1982）研究，老人所認為理想的居住鄰里特色，可用來做為鄰里的年度確認名單。

### ㈥自我照顧能力

　　自我照顧能力是功能表現的基礎，呈現個人生理及心理能力，心理動

## 表 3-4  Lubben 社會網絡量表

家庭網絡

1. 最近一個月你見到或得悉多少親戚之近況?(包括婚姻關係之親戚)

    0 = 0 個      3 = 3 或 4 個            Q1. _____

    1 = 1 個      4 = 5 到 8 個

    2 = 2 個      5 = 9 個及以上

2. 請指出最常接觸的親戚。你們多久見一次面?

    0 = 0 一個月以上    3 = 一星期一次      Q2. _____

    1 = 一個月一次     4 = 一星期內幾次

    2 = 一個月內幾次   5 = 每天一次

3. 跟你比較親近的親戚有幾位?若有,有幾位讓你覺得安心,能談私人的事或提供協助?

    0 = 0 個      3 = 3 或 4 個            Q3. _____

    1 = 1 個      4 = 5 到 8 個

    2 = 2 個      5 = 9 個及以上

朋友網絡

4. 你有親近的朋友嗎?有讓你覺得安心的朋友,能談私人事情或能提供協助?有幾位?

    0 = 0 個      3 = 3 或 4 個            Q4. _____

    1 = 1 個      4 = 5 到 8 個

    2 = 2 個      5 = 9 個及以上

5. 最近一個月你跟這些朋友見過面或得悉近況的有幾位?

    0 = 0 個      3 = 3 或 4 個            Q5. _____

    1 = 1 個      4 = 5 到 8 個

    2 = 2 個      5 = 9 個及以上

6. 請指出最常接觸的朋友,你跟朋友多久見一次面?

    0 = 0 一個月以上    3 = 一星期一次      Q6. _____

    1 = 一個月一次     4 = 一星期內幾次

    2 = 一個月內幾次   5 = 每天一次

信任關係

7. 當你做重大決定時,是否有人可以談?

    | 總是 | 很常 | 經常 | 有時候 | 很少 | 從不 | Q7. _____ |
    |---|---|---|---|---|---|---|
    | 5 | 4 | 3 | 2 | 1 | 0 | |

8. 當你認識的人有重大決定時，他們會跟你談嗎？

　　總是　很常　經常　有時候　很少　從不　　　　　　　Q8.＿＿＿＿＿

　　 5　　 4　　 3　　 2　　　1　　 0

幫助他人

9a. 是否有人找你每天幫他們做些事？例如：購物，煮飯，修補，清掃，

　　照顧孩子……等？

　　否：續答 9b

　　是：則給 5 分，跳答第 10 題

9b. 你是否幫過別人一些忙，如購物，填表格，煮飯，修補，照顧孩子

　　……等？

　　很常　經常　有時候　很少　從不　　　　　　　　　　Q9.＿＿＿＿＿

　　 4　　 3　　 2　　　1　　　 0

生活安排

10. 你是獨居或與他人同住？（包括婚姻關係之親戚）

　　5 與配偶同住　　　　　　　　　　　　　　　　　　　Q10.＿＿＿＿＿

　　4 與其他親人或朋友同住

　　1 與非親人同住（如雇傭）

獨　　住

計　　分　　　　　　　　　　　　　　　LSNS 總分：＿＿＿＿＿

LSNS 總分是由 10 個題目的分數總加而來，總分由 0 到 50 分，每題分數

　　固定 0 到 5，使每題權值均等。

---

機及環境壓力。因此所有的生理、情緒、認知及環境評估，將提供有關老
人維持獨立生活能力的資料。最直接的方式是直接評估自我照顧表現。兩
個有關功能評估的縮寫是 ADL（activities of daily living）日常生活活動
以及 IADL（instrumental activities of daily living）輔助性的日常生活
活動。

　　ADL 是基本的日常照顧技巧如：洗澡、吃飯、穿衣、上下床、如
廁、使用輪椅走路、整理儀容等。大小便控制也是 ADL 的能力之一，是
屬心理功能。最常用又省事的 ADL 量表是 Katz ADL 量表（Katz et al.
1963），共有十六項，分成二種答案（獨立或依賴，見表 3-5）。相反
的，其他的方法則可收集更多的資料，如，吃飯能力可分成從完全獨立、

## 表 3-5 Katz ADL 指標

### ADL 的獨立指標

　　ADL 的獨立指標是評估病人之洗澡，穿衣，如廁，移動，大小便控制及吃飯方面功能是獨立或依賴。有關功能之獨立與依賴如下：

A　　吃飯，大小便控制，移動，如廁，穿衣及洗澡均獨立。

B　　其中僅有一項功能未獨立，其餘均獨立。

C　　洗澡及其中一項未獨立，其餘均獨立。

D　　洗澡，穿衣，及其中一項未獨立，其餘均獨立。

E　　洗澡，穿衣，如廁，及其中一項未獨立，其餘均獨立。

F　　洗澡，穿衣，如廁，移動，及其中一項未獨立，其餘均能獨立。

G　　六項功能均依賴。

其他　至少有兩項功能依賴，但不屬 C，D，E 或 F

　　所謂獨立是指未經督導，指導或協助，除非有特別標明。這些狀況是依實際表現而非能力。病人假如拒絕表現某項功能則視同無此項功能，即使他能做到。

### 洗澡（用海棉擦拭，淋浴或用洗盆）

　　獨立：僅特定部位需協助（如背部，或失能的部份），或自行洗澡。

　　依賴：洗澡有一個部位以上需協助，在使用洗盆時需協助，或無法自行洗澡。

### 穿衣

　　獨立：能從衣櫥及抽屜拿衣服；穿上衣服，外衣，吊帶；扣緊；繫鞋子。

　　依賴：無法自己穿衣服或有部份無法穿好。

### 如廁

　　獨立：去上廁所；完成如廁；寬衣，並完成清潔（僅晚上用便盆，或不用器物）。

　　依賴：用便盆或需人協助如廁。

### 移動

　　獨立：獨立上下床且能從椅子起坐（不用器物協助）。

　　依賴：上下床或椅子均需人協助；無法做任何移動。

### 大小便控制

　　獨立：能自己控制大小便。

　　依賴：部份或完全大小便失禁；部份或完全要灌腸，導尿或需規律使用

　　　尿壺或便盆。

吃飯
　　獨立：從盤中取食或能把飯放到嘴裡（已切過的肉及預先準備好的食物
　　　　　，麵包塗奶油則除外）
　　依賴：吃飯需人協助；無法獨自吃完或用餵食的。

---

資料來源：S.Katz et al. 1963, "Studies of Illness in the Aged. The Index
　　　　　of ADL:A Standardized Measure of Biological and
　　　　　Psychosocial Function," *Journal of the American Medical
　　　　　Association* 185:94 ff.

需他人協助切肉、需特殊設備以及完全依賴。同樣地，功能亦可分成兩
種，如，用杯子喝水，用盤子吃飯。較詳細的界定是依評估及其目的而
定，尤其在區別利用設備協助而表現獨立，與藉由他人協助而獨立是相當
有用的。假如一個人能用助行器走路，那麼他的獨立層次就比需他人協助
才能行走的人高。價值判斷也包含在 ADL 能力評估，例如，若案主穿衣
服的速度與能力未能達到評估者的標準即屬依賴。 ADL 評估亦因資料來
源而異，資料可來自案主自述、親戚、照顧者的記錄或實際觀察案主。有
些評估利用設備，讓案主表現特定的技巧（如，在麵包上塗奶油、使用電
話）（Kuriansky et al. 1976）。
　　　IADL 是維持獨立而較複雜的活動，包括作飯、清潔、洗衣、使用交
通工具或開車、使用電話、自行用藥及管理財物等，有些評估者會檢查較
重的工作，如主要清潔工作及整理庭院。 IADL 是看案主在使用一些設備
時是否有困難（下三連階梯去使用洗盆及使用投幣洗衣機之比較）。
IADL 是按學習能力，而男性老人做家務的技巧與女性老人的理財技巧普
遍較不足。這些技巧能發展的部份均可做成計劃，經有計劃的指導簡易活
動，使老人在低功能的狀況下仍可作為。

## (七)接受服務
　　　評估者必須透過評估案主所接受的服務來對照其未涵蓋的需求。了解

案主需求而提供服務並非只為了提供照顧計劃的指導，亦需預估服務成本
。這部份的評估可從幾個協助項目來看：

　　1.區分所得到的協助是由機構獲得、花錢僱人、或由親友自願提供。

　　2.區分服務是由個人付費、或是符合服務資格。

　　3.界定服務需求與資源，由於社會組織多元，相似的服務可從不同機

### 表 3-6　非集合式的長期照護服務
（ Disaggreated Long-Term-Care Services ）

| 服　務　類　別 | 測　量　單　位 |
|---|---|
| 基本維持 | |
| 　交通 | 人次 |
| 　食物，藥品 | 金額 |
| 　居所 | 金額 |
| 支持 | |
| 　個人照顧 | 接觸時數 |
| 　持續性督導 | |
| 　確認服務 | |
| 　準備飲食 | 餐數 |
| 　在宅服務 | 時數 |
| 　行政，立法及保護 | 時數 |
| 治療（矯正） | |
| 　社會／娛樂 | 節數 |
| 　就業 | 時數 |
| 　庇護就業 | 就業時數 |
| 　建教合作 | 訓練時數 |
| 　矯正訓練 | 節數 |
| 　心理衛生 | 節數 |
| 　心理藥物 | |
| 　護理照顧 | 接觸時數 |
| 　醫療 | 診視次數／金額 |
| 　支持性的設計與彌補 | 金額 |
| 　物理治療 | 節數 |
| 　再安置與安排 | 搬動數 |
| 　系統的多元評估 | 時數 |
| 　經濟協助 | 金額或等值 |
| 　協調，諮詢及轉介服務 | 時數 |

資料來源：Adapted from Duke University, 1978.

構獲得（包括機構和社區）。服務模式事實上是需要「非集合式」的分別服務（"disaggregation" discrete services）（如在宅服務、財務協助、庇護、娛樂）做為資源。Duke University 的 OARES methodology（Duke University 1978）服務則分成二十四個功能（見表 3-6 之服務表與測量）。The Cleveland GAO Study（U.S. Comptroller General 1977）便曾用此方法研究功能損害與利用服務的關係。

4. 區分可任意購買的服務與維持功能的服務。

假如案主是由親友提供長期照護，評估則需檢視「非正式支持」（informal support），其方式可了解家人和鄰居花了多少時間，而為維持功能則花了多少時間。「個人的時間依賴」（personal time dependency）一詞是 Gurland 等（1978）所創，表示長期照護的兩難處境。因此，計劃的目標是要減少個人的時間依賴，因長期依賴會造成支持系統的負荷。

評估者需檢查個人接受服務的穩定性，有的只是經濟協助，有的則有家人協助，但家庭支持可能只是靠單獨一個人，此類的協助便無法深入。例如，老人可能只依靠兒子一個人，若他搬到別的社區，那麼就可能無法獲得有效的協助（Kulys & Tobin 1980）。評估應了解個案依賴支持系統的深度。

## ㈧家庭負荷

與前項分類有關的是社會支持系統的負荷評估——最主要是家庭。目前這個主題尚未有普遍使用的測量工具，有些調查曾單獨做過負荷的特徵。一般而言，照護者是六十五歲以上（是退休的「孩子」、親屬，而大多數是配偶）。每位老人均依個別狀況評估，若丈夫所需要的照護已超過妻子的身體與情緒負荷，服務計劃就可提供主要照護者暫歇性服務或協助。

家庭的「中生代」（middle generation）在養育子女與奉養父母之間掙扎，同時遭遇雙重壓力。壓力是一種承受生理與經濟需求又能持續承受需求的功能。研究顯示，有老人的家庭其家庭的耐力是很緊繃的；而大小便失禁及夜遊是很常見的問題，此類家庭應獲得協助。另一個因素是配偶

關係會因照顧配偶的父母而受影響，此反應會受父母與成年子女之情結，中年夫婦之原生家庭的祖父母經驗，以及個人對責任和法律責任之看法的影響。一九八〇年代曾發展一些負荷量表（Zarit, Reever, & Bach-Peterson 1980; Robinson 1983; Montgomery, Stull, & Borgatta 1985）。

### (九)偏好

　　評估老人的偏好是很重要的，卻常被多元評估忽略。長期照護的安排（可能是在機構或社區）需包含理想的妥協。經費若沒有限制，方案的實施應盡可能達到最高目標（即 ADL 和 IADL 能力），因而需要與社會幸福感做妥協。假如必須做決定，那麼老人的意見應找出有那些需多加考量而那些要捨棄。有些老人較重視身體安全，避免意外比維持獨立更重要；有些老人則寧可住在家裏也不願接受依賴及在機構失去生活品質。專業者的價值偏好與厭惡危險常會影響最後的計劃。

　　當然，專業者不能毫無反應而讓老人冒險並危及整個社區。重要的是不能有雙重標準，例如，有一位十多歲的人或中年人，有事離開而遺忘鑰匙，那是沒什麼好警告的。很少太太沒把鍋底燒黑，但若有一位超過七十五歲的老人曾發生過一、二次，那麼老人的自我照顧能力便會受到質疑。

# 第三節　多元評估的工具

　　多元評估工具或測驗收集老人多項的功能與幸福感，而呈現一個組合畫面。此過程已整合不同的方案，以建立不同服務的標準及照顧計劃。例如，大部份的州都用多元評估工具來估計護理之家的照護需求。有些測量只做描述，其他的如 New York's DSM-Ⅲ 就以行動來計分。總之，利用測量以決定護理之家的安置是較易達成的。各種監督團體，如州立護理之家檢查機構及專業標準化組織亦發展特殊病患評估工具，以提供院民的基本資料並做為護理照護計劃的基礎（Kane et al. 1979）。目前已有很多州以多元評估工具做為申請護理之家的篩選方案，以及評估案主接受醫療補助方案的社區照顧（Kane & Kane 1987）。

　　許多多元評估乃是因早期健康與人群服務部（the Department of Health and Human Services）致力為護理之家發展記錄標準而形成的（U.S. HEW 1978; Jones, McNitt, & Mcknight 1974）。所有主題均由跨科際團隊的每個成員完成的。雖然無法對案主做計分比較，而工具對於建構聯合記錄卻很有用，有助改善服務。一九八七年未經國會委託，the Secretary of Health and Human Services 指定一個委員會，提供資料以評估老人出院後的需求。此工作可合併一些簡易量表，但卻期望能做成有組織的記錄格式（U.S. Congress 1986）。一九八八年，The Health Care Financing Administration 委託研究以發展護理之家照護的標準化評估工具（Health Care Financing Administration 1988）。這些努力是為透過有系統的評估來改善照顧，並鼓勵比較資訊能為調整者（regulators）及付費者使用。

　　有些多元評估工具設一個單一分數來計算生理、心理及社會功能，The Sickness Impact Profile（SIP）即是一例（Bergner et al. 1976）。此工具是以健康觀點設計的，並非特別為老人設計。惟這些資料太簡要並不適用於照顧計劃。

　　老年學家（gerontologists）發展多元工具，不同領域各有分數，the CARE battery（Guriland et al. 1977～78）即是一例。老年學領域最有名的跨科際評估技術就是 The OARS methodology，在一九七八、一九八八年由 Duke University 之美國老人資源與服務中心（the Older Americans Resource and Service Center）所發展。OARS 收集五個領域的資料（生理健康、ADL 能力、心理衛生、社會幸福感、經濟幸福感（econimic well-being））；資料是透過與案主或有意義的人（若案主無法通過簡易認知測驗）之會談來收集。工作人員需做九十分鐘的訓練，讓會談均能維持判斷的信度。

　　OASR 工具的分數是由題目的回答來做臨床判斷。作答之後，評估者以六個尺度在五個領域評量，尺度從最佳功能到完全損害。評估者逐題唸及提示回答，並維持固定說法。分數可做總加（如兩分是最獨立，而三十分則最依賴）。案主的評量亦可按領域之損害多寡計分。

　　OASR 工具是最好的研究且最廣泛使用於老年評估，起初它有一些問

題：(1)不適合評估功能低於界限者；(2)分數是依據判斷而非個人在各領域題目之回答的數字；(3)所有領域均平等及獨立考量。近來研究者已開始從題目的實際回答來發展尺度（Duke University 1988; George & Fillenbaum 1985; Fillenbaum 1988）。

# 第四節　會談的考慮因素

為使老人的資料更有信度與效度，有些實務的考量是很重要的，尤其是生理損害者。有的狀況是一般性，有的狀況則需檢視，它們會具體表現在測量上。

老人有視力、聽力或溝通的障礙，步調必須配合老人的能力。若有提示句就用特大號的，室內要保持安靜，會談者要慢慢講（但不要太大聲）且坐著以便看清老人的唇形，並顧及隱私；老人談及身體功能時並不會感到很舒服，假如評估費時較長，就要分段以免人太累。有關臨床上與老人接觸的指引就如初期評估。Besdine（1982）曾提出一個很好的生理狀態觀點以增進老人的診斷。

有時候工具的用語並不十分適合老年人，心理學術語即使轉換成一般用語，但老人仍不易熟悉。即使是「服務」的概念，對於多數中產階層的老人仍不熟悉，相反的，他們會描述其需要或所接受的協助。有些措詞並不適合大多數的老年人，在護理之家進行評估時，要把「焦慮」用詞改成「緊張」，當問到對「居住」的滿意時，應包括對其他「院民」的滿意。

# 第五節　評估工具的標準

九個領域的多元評估面臨挑戰，評估要成為有用的標準工具必須有效率、有組織，才能按部就班收集到正確又有用的資料。在選擇及使用評估工具時，要考慮幾個標準。

1. 信度

　　信度是在不變的狀況下，重覆評估的結果均相同，造成老年評估缺乏信度的因素有：評估方式改變，不同評估者（評估者之間的信度）或不同時間（時間的信度）。提供老人服務時，所有工作人員必須用相同的語言，以一致的定義與方式進行評估，若只憑標準工具並無法保證信度，尤其是每位工作人員在評量抽象因素，如憂鬱、社會支持、或自我概念等有關個人發展之標準。只有少數的老年評估工具具有嚴格的信度考驗（Kane & Kane 1981; Mangen & Peterson 1982）。

　　2. 效度

　　效度是工具確實測量出所要測量的東西，信度是必要的，卻無法達到效度。例如，一個尺寸錯誤的浴室，有百分之百的信度，卻會有百分之百錯誤的結果。相同地，所有的護佐都有信心認知案主的自我照顧失能，但他們的評量可能是無效的。有些因素會影響測量的效度，如，評估者的觀察，案主接受評估時的焦慮，或是受測環境的熟悉度均會影響。案主在醫院時自我照顧失能，但當案主回到自己熟悉的家時，評量便無法有效反應案主的能力。由於老人的生理、心理和社會因素是交互影響的，致力於評量某一部份，卻可能使其他的表現無效。例如，評量老人有認知損害而得到低分，但事實上是因老人的生理因素（如耳聾）造成的。最後，有很多尺度是測量抽象的老年幸福感，但這些尺度並不能有效地反應所要測量的層面。社會工作者應回頭看看這些用來測量抽象狀況（社會疏離、寂寞、或家庭負荷）的題目。因為至少從外表來判斷時，測量似乎應該要契合所有的現象。

　　3. 適合對象

　　評估過程必須確切評量被評估者的變化，有些工具無法指出案主的損害是變好或變壞，檢查性不足。例如：社會計劃者認為只要區分老人是否臥床，但臥床者的生活品質卻會因其起坐及在床上移動的能力而不同。就社會層面而言，工具運用在護理之家比在多目標老人中心更能找出低功能者的些微變化。

　　由於老人是多樣的，機構需有能力去評估個人的最大功能能力（尤其是 one-stop assessment center）。Branching techniques 即是如此，在特定的反應或觀察時，評估者要捨去一些過程轉到別的。假如人們被要求去

做很困難或很容易的事，是會令人感到挫折或困窘的，同時要證明這些現象也很費時。

### 4. 實務的

評估過程應讓評估者覺得好用且讓案主能照著做，題目應按次序以符合會談的臨床標準。同時避免使用昂貴設備，而工具能不需經專業訓練就可使用。

在發展實務方法時，評估者進行有系統的觀察不應低估老人其能力。在做篩選與檢視時，老人本身也是助力。一般而言，沒有人有更好的機會或更高的動機去做觀察（此乃人們的推諉，以保護其利益或避免所擔心的結果發生，如被送入護理之家）。半專業助理（如在宅服務員、看護、或護理之家的從業者）的觀察能力不應打折，他們需知道要看什麼、什麼時候、要看多久以及為什麼。因此需要提供一些方便的記錄表格，讓他們填寫、整理。

# 第六節　未來展望

老人的完整多元評估（comprehensive multidimensional assessment）透過標準化題目，定尺度及計分系統，是虛弱老人在健康與社會服務輸送上所必備的。較多的個人量表較能測量出特別的功能與幸福感。也有很多的評估測驗用不同的方式包含個人量表。有些資料系統則用來檢視虛弱老人服務系統的效果與成本。

實務者和方案計劃者愈來愈熟悉完整評估並樂於使用。有些領導人仍在渴望一個單一又最好的工具，然而也逐漸認知到單一工具並無法涵蓋所有的目的，相反地，許多種工具卻能達到相同的目的。一九八○年代早期的奇妙想法是期望評估本身就能幫助老人，並認為只有能協助組織行動的才是有用的評估。

因此，一九九○年代是完整評估的新時代，開始重視發展資訊系統以引導服務輸送及檢視品質。電腦科技在此方面是很重要的，但是沒有硬體或軟體能取代指出值得收集的資料，而且回饋機轉乃在確認資料是以有用

的方式在適當的時間給對了人。

目前尚有些挑戰存在,一個是測量發展的限制,另一個是與資訊系統有關。

測量上應更留意發展有關心理與社會幸福感的測量。為了測量日常生活活動能力(ADL)即已歷經二十年的挑戰,現在 ADL 已合併醫療與社會服務記錄,並用分數顯示結果。目前在使用 ADL 量表已趨一致性,除了少數外大多數的權威者均用同樣的方式測量 ADL。社會幸福感及心理幸福感則反而較少測量,很多權威者都捨去此項目的重要性而未予測量。有人認為社會與情感之幸福感的特徵不同是源於我們所發展方案,因而有必要致力發展,並在研究及實施方案上一致使用這些測量。

資訊系統的挑戰是雙重的,首先是資訊系統要確實提供有效資訊給服務系統。如果資料的豐富性與時效性產生衝突,選擇一個較少資料但具時效且又穩定的資訊系統是較好的。

其次是評估產生的資料允許個案管理者及其他人按同樣方式來問使用多種服務的案主,並比較不同服務使用者的特質與結果。我們必須致力定義與使用測量,以確實了解案主是否接受居家照顧、日間照顧、護理之家照顧或其他服務。假如每種服務都有其不相容的資訊系統,那麼要實際了解服務效益就不可能。我們應了解每位案主一直在使用不同的服務,即使是住在護理之家對許多案主而言並非表示人生終點,而只是一種照顧形式。未來最大的挑戰是要確定完整的多元評估能配合案主發展,並不會變成一個狹隘的個人服務方案。

# 參考書目

American Psychiatric Associations. 1980. *Diagnostic and Statistical Manual of Mental Disorders.* 3d ed. Washington, D.C.: APA.

Beck, A. T., C. H. Ward, M. Mendelson, J. Mock, and J. Erbaugh. 1961. An inventory for measuring depression. *Archives of General Psychiatry* 4:53−63.

Bergner, M., R. A. Bobbitt, S. Kressel, W. E. Pollard, B. S. Gilson, and J. R. Morris. 1976. The Sickness Impact Profile: Conceptual formulation and methodology for the development of a health status measure. *International Journal of Health Services* 6:393-415.

Besdine, R. 1982. The data base of geriatric medicine. In J. W. Rowe and R. Besdine, eds. *Health and Disease in Old Age*, Boston: Little, Brown.

Birren, J. E. and R. B. Sloane, eds. 1980. *Handbook of Mental Health and Aging*. Englewood Cliffs, N. J.: Prentice-Hall.

Carp, F. M. and A. Carp. 1982. The ideal residential area. *Research on Aging* 4:411-439.

Consensus Development Panel, D. Solomon, Chairman. 1988. National Institutes of Health Consensus Development Conference Statement: Geriatric Assessment Methods for Clinical Decision-Making. *Journal of the American Geriatric Soociety*, 36:342-347.

Dohrenwend, B. P., B. S. Dohrenwend, M. S. Gould, B. Link, R. Neugehauer, and R. Wunsch-Hitzig. 1980. *Mental Illness in the United States: Epidemiological Estimates*. New York: Praeger.

Duke University 1978. Center for the Study of Aging and Human Development. *Multidimensional Functional Assessment: The OARS Methodology*. Durham, N. C. Duke University.

Duke University 1988. Center for the Study of Aging and Human Development. Gerda G. Fillenbaum, ed., *Multidimensional functional assessment of older adults*. Hilldale, N. J.: Lawrence Erlbaum Associates.

Dye, C. J. 1982a. Personality. In D. J. Mangen and W. A. Peterson, eds., *Research Instruments in Social Gerontology*. vol. 1: *Clinical and Social Psychology*. Minne-apolis; University of Minnesota Press.

Fillenbaum, G. G. 1988. *Mulitidimensional Functional Assessment of Older Adults: The Duke Older American Resources & Services Proc-*

*edures*, Hillsdale, N.J.: Lawrence Erlbaum Associates.

Folstein, M. F. and P. R. McHugh. 1975. Mini−mental state: A practical method for grading the cognitive state of patients for the clinician. *Journal of Psychiatric Research* 12:189−198.

Gallagher, D., L. W. Thompson, and S. M. Levy. 1980. Clinical psycho-logical assessment for older adults. In L. Poor, ed., *Aging in the 1980s: Selected Contemporary Issues in the Psychology of Aging*. Washington, D. C.: American Psychological Association.

Garcia, C. A., M. J. Redding, and F. P. Blass. 1981. Overdiagnosis of de-mentia.*Journal of American Geriatric Society* 29:407−410.

George, L. K. and G. G. Fillenbaum. 1985. OARS methodology: a de-cade of experience in geriatric assessment. *Journal of American Geriatric Society* 33:607−615.

Gurland, B. J., L. L. Dean, J. Copeland, R. Gurland, and R. Golden. 1982. Criteria for the diagnosis of dementia in the community elder-ly. *The Gerontologist* 22:180−186.

Gurland, B. J., L. Dean, R. Gurland, and D. Cook. 1978. Personal time dependency in the elderly of New York City: Findings from the U.S.−U.K. cross−national geriatric community study. In Commun-ity Council of Greater New York, *Dependency in the Elderly of New York City: Policy and Service Implications of the US−UK Cross−National Geriatric Community Study*. New York: Commun-ity Council of Greater New York.

Gurland, B., J. Kuriansky, L. Sharpe, R. Simon, P. Stiller, and P. Birkett. 1977−78. The Comprehensive Assessment and Referral Evaluation (CARE): Rationale, development, and reliability. *International Jour-nal of Aging. and Development* 8:9−42.

Havighurst, R. J., B. L. Neugarten, and S. S. Tobin. 1961. The measure-ment of life satisfaction. *Journal of Gerontology* 16:134−143.

Health Care Financing Administration. 1988. Development of a Resident

Assessment System and Data Base for Nursing Home Care. RFP−HCFA−88−039/EE.

Israel, L., D. Kozerevic, and N. Sartorius. 1984. *Source Book of Geriatric Assessment.* (English edition ed. A. Gilmore). Basel and New York: Karger AG.

Jones, E., B. McNitt, and E. McKnight. 1974. *Patient classification for long−term care: User's manual.* (HRA 75−3107) Washington, D.C.: GPO.

L. A. Jorgenson, and R. L. Kane. 1976. Social work in the nursing home: A need and an opportunity. *Social Work in Health Care* 1:471−482.

Kane, R. A. and R. L. Kane. 1981. *Assessing the Elderly: A Practical Guide to Measurement.* Lexington, Mass.: D. C. Heath.

Kane, R. A. and R. L. Kane. 1987. *Long−term Care: Principles, Programs, and Policies.* New York: Springer.

Kane, R. A., R. L. Kane, D. Kleffel, R. H. Brook, C. Eby, G. A. Goldenburg, L. Z. Rubenstein, and J. Van Ryzin. 1979. *The PSRO and the Nursing Home.* Vol. 1: *An Assessment of PSRO Long−Term Care Review.* Santa Monica, Calif.: Rand Corporation.

Kane, R. L. and R. A. Kane. 1982. *Values and Long−term Care.* Lexington, Mass.: D. C. Health.

Kane, R. A., R. L. Kane, and L. Z. Rubenstein. (in press). Comprehensive assessment of and elderly patient. In M. D. Petersen and D. L. White, eds., *Health Care for the Elderly: An Information Sourcebook.* Newbury Park, Calif.: Sage., Inc.

Kane, R. L., R. Bell, S. Z. Reigler, A. Wilson, and R. A. Kane. 1983a. Assessing the outcomes of nursing home patients. *Journal of Gerontology* 38:385−393.

Kane, R. L., R. Bell, S. Z. Reigler, A. Wilson, and E. Keeler. 1983b. Predicting the outcomes of nursing−home patients. *The Gerontologist*

23:200-206.

Kane, R. L., J. G. Ouslander, and I. Abrass. 1984. *A Manual of Geriatric Medicine.* New York: McGraw-Hill.

Kulys, R. and S. S. Tobin. 1980. Older people and their "responsible others". *Social Work* 25:139-145.

Kuriansky, J. B., B. J. Gurland, J. L. Fleiss, and D. W. Cowan. 1976. The assessment of self-care capacity in geriatric psychiatric patients. *Journal of Clinical Psychology* 32:95-102.

Laufer, E. A. and W. S. Laufer. 1982. From geriatric resident to language professor: A new program using the talents of the elderly in a skilled nursing facility. *The Gerontologist* 22:551-554.

Lawton, M. P. 1972. The dimensions of morale. In D. Kent, R. Kastenbaum, and S. Sherwood, eds., *Research, Planning and Action for the Elderly.* New York: Behavioral Publications.

Lawton, M. P., W. M. Whelihan, and J. K. Belsky. 1980. Personality tests and their uses with older adults. In J. E. Birren and R. B. Sloane, eds., *Handbook of Mental Health and Aging.* Englewood Cliffs, N. J.: Prentice-Hall.

Lawton, M. P. 1972. The dimensions of morale. In D. Kent, R. Kastenbaum, and S. Sherwood, eds., *Research, Planning, and Action for the Elderly.* New York: Behavioral Publications.

Lubben, J. E. 1988. Assessing social networks among elderly populations. *Family and Community Health* 11:42-52.

Mangen, D. J. and W. A. Peterson, eds. 1982. *Research instruments in soocial gerontology*, Vol. 1: *Clinical and Social Psychology.* Minneapolis: University of Minnesota Press.

Miller, E. 1980. Cognitive assessment of the older adult. In J. E. Birren and R. B. Sloan, eds., *Handbook on Mental Health and Aging.* Englewood Cliffs, N. J.: Prentice-Hall.

Montgomery, R. J., D. E. Stull, and E. F. Borgatta. 1985. Measurement and the analysis of burden. *Research on Aging* 7:137—152.

Mossey, J. M. and E. Shapiro. 1982. Self—rated health: a predictor of mortality among the elderly. *American Journal of Public Health* 72(8):800—808.

Post, F. 1980. Paranoid, schizophrenia—likes, and schizophrenic states in the aged. In J. E. Birren and R. B. Sloane, eds., *Handbook of Mental Health and Aging.* Englewood Cliffs, N. J.: Prentice—Hall.

Robinson, B. 1983. Validation of a caregiver strain index. *Journal of Gerontology* 38:344—348.

Rubenstein, L. Z., I. B. Abrass, and R. L. Kane. 1981. Improved patient care on a new geriatric evaluation unit. *Journal of the American Geriatric Society* 29:531—536.

Salzman, C. and R. I. Shader. 1979. Clinical evaluation of depression in the elderly. In A. Raskin and L. F. Jarvik, eds., *Psychiatric Symptoms and Cognitive loss in the elderly: Evaluation and assessment techniques.* Washington, D. C.: Hemisphere Publishing Corporation.

Sloane, R. B. 1980. Organic brain syndrome. In J. E. Birren and R. B. Sloane, eds., *Handbook of Mental Health and Aging.* Englewood Cliffs, N. J.: Prentice Hall.

Solomon, D. 1988. Geriatric assessment: methods for clinical decision making. *Journal of the American Medical Association* 259:2450—2452.

*Task Panel Reports Submitted to the Presidents Commission on Mental Health,* 1978. Washington, D. C.: GPO.

U.S. Comptroller General. 1977. *The Well—Being of Older People in Cleveland, Ohio.* Washington, D. C.: GPO.

U.S. Congress. (1986). Ommibus Budget Reconciliation Act, Section 9305.

U.S. Department of Health, Education and Welfare. 1978. *Working Document on Patient Care Management: Theory to Practice.*

Washington, D. C.: GPO.

Windley, P. G. 1982. Environments. In D. J. Mangen and W. A. Peterson, eds., *Research Instruments in Social Gerontology*. Vol. 1: *Clinical and Social Psychology*. Minneapolis: University of Minnesota Press.

Zung, W. W. K. 1965. A self−rating depression scale. *Archives of General Psychiatry* 12:63−70.

Zarit, S. H., K. E. Reever, and J. M. Bach−Peterson. 1980. Relatives of the impaired elderly: correlates of feelings of burden. *The Gerontologist* 20:649−55.

# 第 4 章

## 個案管理：
## 聯結老人與服務資源

*Monika White*
*Raymond M. Steinberg* 著

王 玠 譯

　　在目前眾多的服務方案中，老人及其家人當如何尋找其所需的服務資源？而提供服務的福利機構，又如何走進社區，協助老人解決問題，以維持其獨立自主、並提升其生活品質？本文將探討這兩方面的聯結。「個案管理」即為本文的主題。「個案管理」是於一九八〇年代，為協助老人及其家人獲取服務資源，所發展出來的工作模式。

# 第一節　需　求

　　從一九六〇年代起，即有一些專為身受慢性疾病之苦、或行動不便的老人所設計的特殊服務，美國大部份的州政府及地方政府，也相繼發展出各種正式及非正式的服務，以因應老人各方面的需求。這一系列的服務包括有：療養院、急病照顧、醫療保健、心理衛生、緊急救援系統、復健、法律服務、財務諮詢、就業服務、住屋服務、居家保健、膳食、日托、交通、暫歇性服務、在宅服務、陪同、購物、個人照護、友善訪視、電話問安等。以上這些服務即構成所謂的長期照護「體系」。

　　雖然各地均有頗多老人服務，但老人對長期照護系統的需求，始終難以滿足。（Koff 1988; Steinberg & Carter 1983; Palmer 1985; Oriol 1985; Kapp, Pies, & Doudera 1986; Austin 1987）像很多老人都沒有和所需的服務資源聯結，而有些老人只接受到部份或不完整的服務，有些老人所接受的服務，無法使其主要問題得到適當的解決。更糟的是，有些老人在接受服務的過程中受到傷害。雖然很多的不足是來自於無效率的服務輸送，但絕大部份的問題還是歸因於老人與服務體系之間不當的聯結。而個案管理，就是要藉由案主、方案和體系三方面的工作，以期達到需求與服務之間適當的聯結。

　　個案管理已經成為一種主流，不但透過協調與倡導聯結老人與服務，同時也拓展社會大眾對問題及補救辦法的認知，監督服務的輸送，協助機構提供服務給最困難的案主，並記載改進社區服務輸送系統的需求。當然，如果我們擁有一個理性的、協調的、並且容易取得的服務體系，個案管理就沒有存在的必要了。可是目前老人長期照護的趨勢，已逐漸走向社

區化,以取代機構式的服務,所以,我們實在非常需要有知識的專業工作者,來協助老人獲取各種必須的服務。

老人無法找到或接受合適的服務,有以下若干原因:

- 絕大多數的人,對於非機構式服務的認知有限。
- 服務經常是在危機產生時才提供,因此無論是案主或其家人都沒有機會先做消費者市場調查。
- 很多問題與需求都是第一次的經驗——因此沒有任何基準可以比較服務及提供者的品質。
- 只有少數老人或家人知道到何處去尋找有能力的專業助人者、或可靠的資訊。
- 很多人會詢問他們的醫生、牧師和鄰居等,但這些人對於服務的選擇,所知亦是有限。
- 大部份老人,對於其權益或要成為被服務對象所具備的資格均不甚了解。
- 很多老人害怕當其尋求協助時,會被送入福利機構安置。
- 很多有需要的老人或照護者,不了解他們也可以在自己家裡接受服務。
- 很多老人及其家人,對於接受照護及其身體老化,毫無心理準備。
- 很多老人及其家人會「過度解決」問題,例如:會使用昂貴及不合適的服務,而不知還有其他選擇。

其實個案管理只是一種聯結方式,可是有些人卻把它當成「獲取健康及社會服務」的萬靈丹。(Kane 1988:5)然而事實上,個案管理已被運用在各種社會福利服務,而且也的確顯示出它解決問題及協調方面的功能(Grisham, White, and Miller 1983)。

# 第二節　處　遇

除了個案管理之外,福利機構也運用很多其他方法來聯結案主與服務資源。表 4-1 即列出各種方法及其目的,並略述服務及活動方案。

表 4-1　聯結案主與資源之方法

| 種　　　類 | 目　　　的 |
| --- | --- |
| 媒體宣傳／特殊活動 | 教育；宣傳；推廣 |
| 外展服務／個人及電話問安訪視 | 促進參與；提供服務；建立個人接觸；追蹤服務；提供社會互動 |
| 諮詢與轉介 | 諮詢；講解服務內容；回答問題；協助澄清問題；引導資源運用 |
| 特殊個案倡導 | 獲取合理的資源分配；游說；協調申訴 |
| 案主追蹤系統 | 收集案主資料；運用服務的狀況；與其他福利機構之間資訊交流 |
| 評估中心 | 完成生理、心理、神經之評估檢查；澄清照顧需求之程度；轉介 |
| 個案管理 | 界定問題；提出計劃；提供選擇方案；協調安排服務；監督使用過程及案主現況 |

## 一、媒體宣傳／特殊活動

　　福利機構經常運用策略建立知名度，以使社會大眾了解其服務內容，比方在報章雜誌刊登引人的小故事、在電視上播放宣導短片及採訪，通常都能有效的吸引讀者或觀眾前來詢問以開發案源。至於其他的策略還包括：運用社區裡現有的資源，例如運用公司行號內部之通訊物及推廣部門（speakers bureaus）（Cardwell 1988）。有些福利機構製作手冊提供給專業人員及消費者。通常特殊的活動都會吸引很多老人，例如：敬老季，不過這類活動不見得會帶來新的案主，但卻提供了面對面的互動機會。

## 二、外展服務／個人及電話問安訪視

　　「外展」（outreach）這個名詞可能代表若干不同的活動，但大多是指走入社區，到老人聚集的場所做介紹服務。福利機構也運用外展服務，

以便與案主保持持續性的接觸。這類服務通常是在機構外的地點進行，其中最為人所知的一項服務就是友善訪視，對不方便出門的老人而言，它提供了一種個人接觸的方式；另一種友善訪視，就是電話問安，也就是指老人會在固定的時間接到問安電話。

## 三、諮詢與轉介

大部份的社區都有諮詢與轉介服務（information and referal），通常設在老人活動中心。其專長為：收集並保持當地地區老人各項服務的最新資訊，以便在電話諮詢時能提供最快、最正確的服務。回答這類詢問的範圍很廣，從簡單的提供福利機構的名稱、電話、地址，到從電話中評定老人真正的需要後，再介紹合適的服務。有時候，福利機構彼此之間也會訂定正式轉介的管道，以達到相互為用的目的。

## 四、特殊個案倡導

有些方案的設立，是為了幫助有特殊需求的案主能確實獲得其所需之服務資源。通常這類方案必須處理一些有關服務品質、或要求服務被拒的申訴。這類案主群包括：老人中的聾、盲、少數民族、被孤立的、有精神疾病的、退休的勞工、以及住在安養機構的院民。例如：在每一州都成立了人權調查委員會（Ombudsmen），專們處理老人養護機構中的各項申訴案件（U.S. AoA 1982）。倡導者的角色，只是針對申訴案件協助案主，得到其所需，卻不見得須要評定案主的其他需求或替代的方案。

## 五、案主追蹤系統

大多數的方案中，運用案主追蹤系統（client tracking systems）的目的是為了記錄、監督、並回報案主運用服務的狀況。這個系統能反映出尚未滿足的服務需求。而反映服務的落差、服務的提供過度延宕、以及高成本等各方面問題，也有助於改善服務（Steinberg & Carter 1983）。現在

有很多方案用電腦來追蹤案主及服務，這種方式有助於福利機構之間的資訊交換，而這種資料的收集，對發展未來服務方案的研究計劃也有重大貢獻。

## 六、評估中心

最近在照護老人方面，有一種較新的服務模式，即全方位老人評估中心（assessment centers）。（這類型的中心提供的是極中性的評估：他們不從單方面做診斷，而是相信全面評估的過程，不但可以提升技術，還能帶來更客觀的結果。評估中心的服務內容是提供完整的生理、心理、神經等各方面的評估，然後協助老人發展最適合的照護計劃，並且預防因診斷錯誤所導致的不當資源運用。有些評估中心也會將案主轉介給個案管理方案，以利追蹤（Hageboeck 1981）。但就退伍軍人組織而言，因其已自行發展並設立這類評估小組，以致無須運用評估中心做為進入長期照護系統的管道（Koff 1982:52）。

# 第三節　個案管理

對於不方便出門的老人，以及其他情況複雜、有可能被送進機構安置之老人而言，個案管理是一種極有價值，且有多種功能的方法。個案管理可以從許多不同角度來定義，因為它被運用在許多不同的領域中，即使每種服務的環境、人員、財務、對象及時間長短各不相同，但個案管理的主要活動內容都如出一轍：開發個案、評定、計劃、協調服務、監督、以及再評估（White 1987）。雖然截至目前為止，我們並沒有極清楚的資料顯示個案管理在長期照護系統上的影響，但是個案管理曾經是，而且也繼續會被運用在各種公立及民間的服務方案與實務運作中。

## 一、公立服務的個案管理

從一九七〇至一九八〇年代，公共福利機構積極地發展測試各種老人

福利方案，雖然它的原動力是為了節省服務成本，然而有頗多老人卻因此能生活在較不受拘束的環境中。這些服務方案希望能提供給某些合適的服務對象，而隨著這些服務方案發展而來的另一個好處，即為外展服務的開拓，幾乎所有的外展服務均運用個案管理。表 4-2 即列舉主要公立服務方案的種類及目的。

表 4-2　公立服務的個案管理

| 種　　　類 | 目　　　的 |
|---|---|
| 美國老人醫療／醫療救助方案 | 對特定案主而言為機構安置之替代方案，且為兼顧成本效益之社區性照顧方案 |
| 篩選資格方案 | 決定機構安置者之資格，資格不符者尋求其他合適之服務 |
| 州立長期照護方案 | 針對全州老人需求所設計之特殊方案 |
| 地區老人服務機構 | 在特定地區內，對老人福利之計劃與協調、諮詢與轉介 |
| 聯結服務方案 | 轉介及購買整套服務之試驗性方案 |
| 社區及健康維護組織 | 一種預付、按人數計算之保險，且為針對健康及支持性之服務，並考慮成本效益之控制 |

## ㈠美國老人醫療／醫療救助方案

　　從一九七〇年代起，保健照護財務管理協會（HCFA）就開始開放老人醫療（Medicare）與醫療救助（Medicaid）名額給各個州政府，並且在這兩種服務中放寬許多申請資格的規定與補助的條件，以及提供更多的服務來彌補養護機構所提供服務的不足，其中最具意義的就是 1981 Omnibus Budget Recinciliation 法案（即 Section 2176 Waiver），州政府運用這項法案發展方案，以服務低收入及原本需要進住養護機構的衰弱老人（Kane 1984; Hamm, Kickham, & Cutler 1985; Oriol 1985）。現今幾乎所有的州都已向聯邦政府申請這兩項服務方案，但只有極少數的州，運用

了個案管理來尋求、協調，並監督服務。下列的機構均提供了以上兩項方案，例如：醫院、地區老人服務機構（AAA）、郡及州政府之社會服務部門、家庭服務機構、以及其他健康與社會福利機構。為要達到將服務提供給合適的對象，以及成本效益的目標，服務方案已經發展出：外展服務、轉介系統、及與各服務資源之間的正式合作關係。這樣的努力已經大大拓展了老人們獲取服務的管道。

## (二)篩選資格方案

對於要申請養護機構的人進行篩選，是為了確保只有合乎資格的人，才能進住；而其他的人，則由社區方案提供服務。姑且不論成效，大部份的州政府都訂有篩選資格，而某些州會發生到底由誰決定進住的問題，例如：是由醫院的出院計劃者決定？還是由提供醫療補助的單位，或是由其他特殊機構決定。到目前為止篩選資格方案（Pre-Admission Screening Programs）並不適用於自費的案主。這些服務方案的成本效益與服務的對象有密切的關係，就如 Cane 所提（1984：14），成本效益是反映在，將那些資格不合的案主轉介到社區中，去尋求其他合適的社區性服務。

## (三)州立長期照護方案

除了上面所說的這些方案，州政府還發展了其他特殊方案以因應當地老人的需求，而且許多這類方案，都運用個案管理來發掘老人的需求，例如：加州政府就設立了一個老人部門（Department of Aging）管理協調全州的各項老人服務方案，像對年輕殘障者、以及可能需要安置到機構的老年人、老人日托、及老年失智症的資源中心，Austin（1987）曾把西北部四州（華盛頓州、奧瑞崗州、愛達荷州、阿拉斯加州）的個案管理服務方案做了一番比較，發現他們之間的服務對象、財源狀況、以及組織管理都各不相同，但所有的方案設立的目標，都是為了解決服務過於分散的缺失。麻塞諸塞州有一個歷史最悠久的長期照護方案（State Long-Term Care Programs），且州政府投入了可觀的預算，包括住宅方案、暫歇性服務、居家照顧（Oriol 1985：157）。這些是目前少數幾個由州政府支持的例子。

### (四)地區老人服務機構

地區老人服務機構（Area Agencies on Aging）（AAA）是在美國老年人法案（Older Americans Act）的監督及授權之下成立的，Austin稱：地區老人服務機構及州立老人服務部（State Units on Aging）聯合構成了「唯一全國性的專門老人社區服務」（1988：9）。透過這些組織的計劃及協調，建立了全國性的老人服務網絡，其中包括：營養、諮詢轉介、法律服務、以及機構中的人權維護方案。有些地區的這類組織還提供個案管理服務，但大部份都只是鼓勵或提供財務，支援老人活動中心、和其他老人福利機構，由他們提供個案管理的服務。全美將近八百個地區老人服務機構，都投入頗多精力在聯結老人與資源方面的工作。

### (五)聯結服務方案

全國性長期照護聯結方案（The National Long-Term Care Channeling Demonstration）設立的目的，是為了要證明運用個案管理的方式所提供的社區長期照護系統，能符合成本效益的考量。這個方案發展出兩種模式，第一種基本模式使個案管理師可以發揮其基本功能，也就是在案主與服務系統聯結之前，儘可能協助案主充份運用個人及家庭資源。而在第二種複雜的模式中，個案管理師必須整體性地來考量各種公立服務的優惠條件、服務範圍、經濟資源及費用支出（Kane 1984：16）。這項聯結服務方案在全美十個地區實行後，其結果顯示：

1. 控制成本效益的預期目標並不顯著，但案主在過去所未被滿足的需求，已得到滿足。
2. 案主與其家人之生活滿意度有所提升。
3. 提高運用居家照顧服務的頻率。（Kemper et al 1986）

至於這些結果是否能使聯邦政府繼續支持這項方案，還有待觀察；不過，這種模式的確增強了運用長期照護服務的網絡。

### (六)社會及健康維護組織

社會及健康維護組織（Social Health Maintenance Organization）

（SHMO）是在一九八五年成立，目的是運用按人數補助及預付的方法，來整合急性與慢性疾病照護。這個方案將其服務項目拓展至社區、療養機構及醫院照顧。有美國老人醫療資格的案主，可以透過每個月預付保險的方法，得到社會及健康維護組織所提供的服務；而個案管理是這個組織整體計劃的一部份。當個案由醫療或其他健康照護專業人員轉介來之後，仍需由個案管理師審核其資格，並且為案主結合資源、提供服務，有很多研究，正是針對如何決定審核資格、及如何評估符合資格之個案而設計（Leutz et al. 1988）。目前已有四個地區參與此計劃（Elderplan, Brooklyn, NY; Kaiser Permanente, Portland, Oreg; SCAN Health Plan, Long Beach, Calif; & Seniors Plus, Minneapolis），而其經驗及實行結果的報告，對於未來建立與發展長期照護方案，有重大的影響。

　　雖然我們不能確定公共資金的來源能夠持續不斷，然而想要解決長期照護問題的努力從未間斷。至於當初對成本效益的期待，則並沒有具體的成果。不過，儘管如此，在各種新的方案計劃與執行中，個案管理仍然是聯結案主與服務資源的主要方法。目前公立及民間機構都繼續擴大使用個案管理，以使長期照護系統能廣泛而充分地被運用。

### 表 4-3　民間機構的個案管理

| 種　　類 | 目　　的 |
|---|---|
| 以醫院爲主的服務方案 | 持續性的照顧、縮短住院時間、減少再度入院、管制品質及成本 |
| 法律性的服務方案 | 聯結法律服務、提供保護性的監督、法定監護權 |
| 財務性的服務方案 | 聯結金融服務、提供地產及財務計劃、金錢管理 |
| 保險性的服務方案 | 控制成本及使用情形 |
| 以企業體爲主的服務方案 | 協助受僱的照護者 |
| 開業個案管理師的服務 | 個人／團體之營利性事業，對老人及其家人提供收費的照護諮詢與協調服務 |

## 二、民間機構的個案管理

　　表 4-3 所列出的綱要，是個案管理運用於民間機構的種類與目的。事實上，個案管理如此廣泛地被運用於各種公私立福利機構，的確幫助了許多個人及家庭。而許多方案經過特別設計，以使案主及其家人也需花時間參與其中，如此能使服務被使用的層面更深更廣。

### ㈠以醫院為主的服務方案

　　我們最常看到老人的地方，就是急性醫療系統；事實上，醫院常是老人接受長期照護服務的起點。根據全國性的統計顯示：醫院人口中老人醫療（Medicare）使用者佔了 40％。從醫療系統來協調服務及控制成本是極常見的方法，因為疾病分類診斷付費制（DRGs）的使用，對住院時間的長短、及是否合適出院均有所限制，所以現在有許多醫院發展服務方案，以便追蹤出院病人，目的是為了確保病人能接受持續性的照護，以避免因照護不當而再度入院。這類方案中，醫療社會工作師、出院計劃者、與個案管理師共同協調，以協助病人及其家人能安全且符合效益地離開醫院，並能在出院後得到最合適的照護（Simmons & White 1988）。而醫生與其他健康醫療專業人員，是個案管理最理想的轉介來源。

### ㈡法律性的服務方案

　　因為牽涉到保護個人及其財產的複雜法律問題，法律界與老人問題也有密切關係。除了找律師訂定遺囑或信託事宜外，還有家屬會因法定監護權的問題，透過監護法庭而與法界有所來往。

　　個案管理方案，以及自行開業的臨床工作人員，都需要建立老人領域中的工作夥伴；而法官、律師及法定監護人，也漸漸發現個案管理師在諸多方面的協助，貢獻甚鉅。如：透過個案管理師客觀的評估，可以幫助他們替案主做最合適的計劃、了解地區性資源；個案管理師也可以提供值得信賴的服務資源；老人的健康及身心狀態也可以得到合適的監督，以便在必要時將其資料向法律單位報告。有時，關於案主的狀況或安置抉擇，律

師或法定監護人也可以從個案管理師處得到極佳的諮詢。不得已時，私人機構或自行開業的個案管理師，也可做監護人。與老人有關的法律服務，也同樣面臨專業倫理的問題，例如：同意（consent）與自願參與（voluntary participation）（Kapp, Pies, & Doudera 1986）。法律服務與長期照護系統專業關係的結合，對老人及其家人而言，也成為一個新的接觸點。

## ㈢財務性的服務方案

如同法律界一樣，金融界的專業人員、銀行管理信託基金的行員、實際為老人管理財務的人士等，也都肯定個案管理的功能，因為他們雖參與了老人的財務管理，卻對老人所可以享受的福利，及長期安置所需的昂貴費用，一無所知。所以，財政專業人士與個案管理師之間密切的合作關係，可以拓展老人的財務計劃中的選擇性。

有許多個案管理方案，會為低收入老人提供或轉介所謂的日常金錢管理服務（daily money mangement services），在長期照護系統中，這個領域已漸漸發展，因為它對於留在家中，需要協助開具支票的老人而言，有很大的幫助，當這類服務配合其他各種在宅服務，對老人是否能夠留在社區獨立生活，影響深遠。

## ㈣保險性的服務方案

大部份的保險公司，都提供長期照護的保險方案，例如：住進療養機構的補助、或居家照顧的補助。但目前市面上的保險計劃都非常昂貴，在 Rivlin 和 Weiner 在一九八八年出版的書中，曾經討論出四種方法，來降低長期照護保險費用：1.減少福利；2.把保險賣給年輕人；3.與員工福利保險計劃合併；4.與健康照顧保險合併。目前有些保險公司正努力拓展對老人的福利，並且提供足以負擔的保險費用，例如：大幅度的納入在宅服務。許多這類的保險公司也雇用「個案管理師」來決定要保人的資格，及其可以從保險中享受的福利，有些保險公司則與社區中的服務方案合作，來協助老人取得各種社區性的服務。當愈來愈多的老人加入保險，而且開始使用保險公司的各項福利時，就更突顯了個案管理與長期照護保險計劃

結合的重要性。

### (五)以企業體為主的服務方案

公司行號及企業體，開始對員工中有愈來愈多的照護者（caregivers）表示關心。已經有好幾項研究顯示：在四十歲以上的員工中，有 25％～ 30％肩負著照顧老年親屬的沈重責任（Traveler's 1985）。由於個案管理師對資源及服務有充份的了解，因此常被邀請參與員工協助方案、或人事部門的方案，來幫助員工中的照護者，為他們的老年親屬訂立計劃並獲取服務。常提供的服務有：教育性及資訊性的研討會、照護者自助團體、個別諮詢、以及專為照護者提供的熱線電話。另外也發展了其他的模式，例如：專為受僱的照護者設計的全國性諮詢及轉介的服務網絡（Piktialis 1988），因為他們不但協助老人，也提供照護者暫歇性的服務，因此這一類的服務方案，有其長期效益；除此之外，也有助於照護者將來為他們自己準備及選擇服務。

### (六)開業個案管理師的服務

這種必須付費給開業個案管理師的服務，正在迅速的擴展中。許多非營利的福利機構，包括：家庭服務協會、老人中心、及醫院已發展出專門因應經濟能力較為充裕之老人及家屬的服務方案，因為他們願意付費來取得個案管理的服務。為發展收費性的服務，所以許多非營利性的機構必須特別重視推銷、設定對象、定價、收費、以及徵求這方面的專業人才（Goldis & Chambers 1988）。現在也有愈來愈多的個人，願意自己開業。

大部份的開業個案管理師都是碩士級的，他們通常會用護理師為其顧問。也有些個案管理師本身就是護士、老人工作者、或其他相關的專業人員。正因為個案管理是如此新興的一項服務，所以開業的個案管理師比那些在社區中掌握頗多資源的福利機構，還難接觸案主。因此開業個案管理師，必須像律師、會計師、或治療師一般地推銷他們的服務。開業個案管理師在因應案主需求方面，可以比較迅速而且具有彈性（甚至包括下班時間及週末），因為他們不必受到機構一定程序及規定的限制。總而言之，

個案管理服務無論是透過機構或是私人開業，對於協助老人及其家屬尋求及取得服務，都有很大的幫助。

# 第四節　政　策

　　在美國有好幾項趨勢，增強了個案管理服務的需求。聯邦政府的政策取向，常會反映在地方政府的立法，甚至民間福利機構的走向。在福利服務方面，這個世紀的重大焦點，也將是未來的焦點，就是健康及社會服務的成本效益控制；其次是老人照護由機構式的服務，移轉到社區性的照護；以及大眾對慢性長期照護的需求增加。這些轉變使得過去成本較低的各項服務，也加速發展起來。從某些方面可以證明：正確的選取服務對象、尋找資源及服務管理，對成本都有影響。無論如何，我們應該要求每項服務方案都能控制成本，並節省開支，否則若只有少數方案省錢，從整體而言，它仍是一種不平衡的經濟負擔（Lubben 1987：20）。同時有許多決策者，也頗關心：發展非機構性的服務方案，不但不會減低對機構照護的需求，反而將非機構性的服務當成一種額外的福利，如此一來，就整體而言，長期照護的成本反而會有增無減（Jette & Branch 1983：54−55）。

　　成本控制不只是政府關心的問題，也是民間健康保險公司、雇主聯盟、及員工團體等注意的焦點。這些民間單位開始與個案管理服務配合運用居家服務，可以縮短住院時間，並且減少專業療養機構的過度使用。過去個案管理的功能，基本上都由受政府或聯合勸募基金支持的非營利性機構來執行，然而現在的趨勢，則是走向自費及營利性的服務。

　　樽節開支及對老殘照護的政策與立法，直接、間接地促進了個案管理的運用，其中最重要的里程碑，就是美國老人醫療及醫療補助方案的通過。從一九八〇年代起，國會正開始考慮某些擴大提供居家照護的新議案，以使個案管理等服務可以得到政府補助，且更能被廣泛運用。

　　同一時間內，也有一些政策，反映出全國性的行政單位，有意縮減方案及服務，並期待個人能負擔更多照顧老人的責任（Torres-Gil 1988：5-6）。這種情況更激起人們想要確保其所能獲得各種服務的慾望。當我們

邁入一九九〇年代時，長期照護的問題，仍是立法單位的焦點，而新的公私合作關係，或許在某種程度上可以代表未來的發展趨勢，例如：州政府正在嘗試發展和 Robert Wood Johnson 基金會合作，提供長期照護保險。

最後，還有些其他的趨勢，不見得反映在公共政策中，但卻值得一提，因為它們對於個案管理及獲取服務資源的發展，可能產生正向或負向的影響。其中的趨勢之一，就是個案管理師的資格、及個案管理方案的最低標準，至今沒有定論。然而，也有一些特例是要求有實務經驗的資深社工師，例如：開業社工師、及行政主管等，來提供個案管理的服務。此外，目前的兩種趨勢，可能會改變個案管理這個領域的生態：其一，就是護士及其相關行業的加入。其二，此專業領域的新趨勢，是擁有老人學學位的人士，也加入了行列，他們為老人服務帶來新的知識及技巧。除此之外，在照顧老人日常生活、及周圍環境的各項需求方面，半專業人員也展示出他們的能力及貢獻。

過去，在學術界，社工系視個案管理為一種較不專業的實務工作，（因為個案管理注重功能需求，而不甚重視治療與諮商），這取向攔阻了許多有心人的加入。然而現在全美社會工作專業協會（NASW），不但開始看重個案管理，而且十分熱衷於設定專業品質。NASW 現在已經設定了個案管理實務工作的標準。許多社會工作系也納入了與老人相關的課程，並且視個案管理為一種服務的方法。

由於與多重問題的老人及其家人工作的經驗，社會工作的複雜與專業性技巧，正是社區照護組織所需。老人社會工作特別強調的能力是，處理老人心理衛生、敏察老人價值觀、與發展服務系統。一個好的老人服務方案，必須能兼顧各個層面，也就是從具體的協助，到替案主及其家人聯結各種組織與資源。因此，社工師必須俱備社區組織、團體工作、及個案工作等各項能力。總之，個案管理需要有豐富臨床經驗的專業人士，才能勝任。

# 第五節　理　論

　　從前面各節的描述看來，不同程度的處遇方法、各種背景的人均能參與、提供個案管理服務的組織缺乏一致性等等，在在都顯示出個案管理這一行，缺乏共同的理論基礎。因此，個案管理這行需要融合並吸取其他領域的系統，組織及臨床方面的理論（White 1980; Norman 1985）。有一套理論是支持下列的現象：在特定的社區中，透過多重管道以取得服務；服務方案的結構，因地制宜；不同的求助者，也會產生不同的因應之道。偶發性理論（contingency theory）就是在研究分析組織及組織內系統時，發展而成的。Weiner 在綜合該理論精要時，提出下兩假設：世上至今沒有一種最好的組織方法；以及任何一種組織方法，都不可能同樣有效（對不同目標或環境而言）。Weiner 對於行政主管及工作員的風格，透過研究也有其自己的看法：「沒有任何一種方法或風格，是絕對比他人有效的」（1978:53）。

　　除了組織偶發性理論之外，還有一些相關的理論，也可以在社會服務及臨床的文獻資料中找到（Aiken et al. 1975; Kahn 1976），例如：Demone（1978）對於工作員的各種不同角色，就採用許多不同的名詞來代表：改變媒體（change agent），遊說者（lobbyist），人權維護者（omsudsman），協調者及倡導者。Demone 將改變的方法區分為共識、過程、合作。

　　有許多實務工作的原則，被不同的服務方案共同採用：像案主自決的權利；複雜的個案須挑重點問題；從案主關心的事開始切入；以及讓所有有關連的人參與。而 Lippet, Watson, Wesley（1985）也以各種不同的助人原則為基礎，發展出一套指導原則，這三作者將「選擇一個最合適的助人角色」分為下列幾個階段：(1)對問題要有診斷性的剖析；(2)評定案主的動機，及其改變的能力；(3)評定助人者的動機及資源；(4)選擇合適的改變目標。事實上，社區問題的特殊性、及社區居民特殊的需求與偏好，都會影響服務方案的設計、及臨床方法的運用。

Rothman，於一九七四年，從社會福利研究中，歸納出一些「通則」，並且為實務工作者列出「指導原則」，這些通則與我們前面所提的服務方案，均有關連：

機構僱用當地的工作人員，可以成功地吸引那些從未接受過服務的案主。（ P.186 ）

接納創新的程度，是直接和目標系統中的規範、價值、與習慣有關。而透過適當宣導過程，要比沒有適當宣導更容易被人接納。（ P.446 ）

不同的案主群，喜好不同形式的參與，這種喜好也會隨時間改變。（ P.382 ）

不同的創新者，運用不同的溝通模式：早期的多運用大眾傳播接受資訊；而近期的，卻運用面對面的方式。創新接納的程度，與資訊是否透過合宜的溝通管道有關（ P.448 ）。

在上面引用了文章中「創新的接納者（ adopters of innovation ）」，在這裡或可比擬成：協助老人運用他們所不熟悉的服務的人。因此，這些人不但需要有極佳的解決問題的能力，同時，對於適應每位案主的規範、價值與習慣，具有高度的彈性及敏感度。上面所提的通則也可運用在社區裡引進一個新的方案。因為新的方案，不但要考慮既有的方案，還要開啟合適的溝通管道（ 例如：當地的擁護者和外來的顧問或研究報告之間的溝通 ）並且對社區裡既有的規範、習俗及文化保持高度的敏感。

# 參考書目

Aiken, M. et al.1975. *Coordinating Human Services*. San Francisco: Jossey-Bass.

Austin, C. 1987. *Improving Access for Elders: The Role of Case Management. Final Report*. Seattle: Institute on Aging, University of Washington.

Austin, C. 1988. History and politics of case management. *Generations* 12(5):7-10.

Cardwell, S. 1988. Marketing: making it work. *Discharge Planning Update* 8(1):12-17.

Demone, H.W.Jr. 1978. *Stimulating Human Services Reform*. Washington: Project Share.

Employee Caregiver Survey. 1985. Hartford, Conn.: The Travelers Companies.

Goldis, L. and R. Chambers. 1988. Development and operation of a private hospital—based case management program. Presented at the American Hospital Association Conference: Revenue Generating Program for Hospital Social Work, San Diego, Calif., September 30, 1988.

Grisham, M., M. White, and L. Miller. 1983. Case Management as a problem—solving strategy. *PRIDE Institute Journal of Long-Term Home Health Care* 2(4):21-28.

Hageboeck, H. 1981. Training the trainers manual: Iowa gerontology model project. Iowa City: University of Iowa.

Hamm, L., T. Kickham, and D. Cutler. 1985. Research demonstrations, and evaluations. In R. Vogel and H. Palmer, eds., *Long-Term Care: Perspectivees from Research and Demonstrations*. Rockville, Md., Aspen.

Jette, A. and L. Branch. 1983. Targeting community services to high-risk elders: toward preventing long-term care institutionalization. *Prevention in Humman Services*, 3(1):53-69.

Kahn, A. J. 1976. Service delievery at the neighborhood level: Experience, theory, and fads. *Social Service Review* 50(1)：23—56.

Kahn, A. J. 1984 Case management in long-term care: Background analysis for hospital social work. Chicago, Ill.: American Hospital Association.

Kane, R. 1988. Introductioin. *Generations* 12(5):5.

Kapp, M., H. Pies, and A. Doudera, eds. 1985. *Legal and Ethical Aspects of Heallth Care for the Elderly.* Ann Arbor, Mich.. Heallth Administration Press.

Kemper, P. et al. 1986. *The Evaluation of the National Long-Term Care Demonstrations: Final Report.* Princeton, N.J.: Mathematica Policy Research.

Koff, T. 1982. *Long-Term Care: An approach to Serving the Frail Elderly.* Boston: Little, Brown.

Kofff, T. 1988. *New Approaches to Health care for an Aging Population: Developing a Continuum of Chronic Care Services.* San Francisco: Jossey-Bass.

Leutz, W. et al. 1988. Targeting expanded care to the aged: Early SHMO experience. *The Gerontologist* 28(1):4-17.

Lippett, R., J. Watson, and B. Westley. 1958. *The Dynamics of Planned Change.* New York: Harcourt, Brace and World.

Lubben, J. 1987. Models for delivering long term care. *Home Health Care Services Quarterly* 8(2):5-22.

Norman, A. 1985. Applying theory to practice: The impact of organizational structure on programs and providers. In M. Weil, J. Karls, et al., eds., *Case Management in Human Service Practice.* San Francisco: Jossey-Bass.

Oriol, W. 1985. *The Complex Cube of Long-Term Care: The Case for Next-Step Solutiions-Now.* Washington, D.C.. American Health Planning Association.

Palmer, H. 1985. The System of Provision. in R. Vogel and H. Palmer, eds., *Long—term Care: Perspectives from Research and Demonstrations.* Rockville, Md.. Aspen.

Piktialis, D. 1988. The elder care referral service. *Generations* 12(5):71-72.

Rivlin, A. and J. Weiner. 1988. Caring for the disabled elderly: Why will pay? Washington, D.C.. The Brookings Institution.

Rothman, J. 1974. Planning and organizing for social change: Action principles from social science research. New York: Columbia University Press.

Simmons, W. and M. White. 1988. Case management and discharge planning: Two different worlds. In. P. Volland, ed., *Discharge Planning: An Interdisciplinary Approach to Continuity of Care*. Owings Mills, Md.. National Health Publishing..

Steinberg, R. and G. Carter. 1983. *Case Management and the Elderly*. Lexington, Mass.: Lexington Books.

Torres-Gill, F. 1988. Aging for the twenty-first century: Process, politics and policy. *Generations* 12(3):5-9.

U.S. AoA (Administration on Aging). 1982. The long-term care ombudsman program: National summary of state ombudsman reports for FY 1981: Executive summary. Washington, D.C.: U.S. Administration on Aging.

Weiner, M. E. 1978. Application of organization and systems theory to human services reform. Washington, D.C.. Project Share.

White, M. 1980 Toward a conceptual framework for case coordination program design: Lessons from the past, guidelines for the future. PHD dissertation, University of Southern California.

White, M. 1987. Case management. In Madddox et al., eds., *The Encyclopedia of Aging*. New York: Springer.

Rothman, J. 1974. Planning and organizing for social change: Action principles from social science research. New York: Columbia University Press.

Simmons, W. and J. White. 1988. Case management and assessment of the elderly. In B. Vollard and S. Dapper, eds., *The aging network: Resources and information*. Columbia, MD: Aspen.

Steinberg, R. and G. Carter. 1983. *Case management and the elderly*. Lexington, Mass.: Lexington.

U.S. Senate Special Committee on Aging. 1986. *Long-term care for the elderly*. Washington, D.C.: U.S.A.

Weil, M. and J. Karls. 1985. *Case management in human service practice*. San Francisco: Jossey-Bass.

White, M. 1986. Toward a conceptual framework for case management. In C. Austin, ed. *Case management: Concepts and controversy*. Seattle: University of Washington.

Zawadski, R. 1984. *Community-based systems of long-term care*. New York: Haworth.

# 第 5 章

# 個案工作

*Edmund Sherman* 著

洪娟娟 譯

今日的個案工作擁有許多不同的理論取向與模式；本章將介紹這些模式，以及這些模式曾經如何運用在老人工作上，希望能為老人實務工作者提供兼具「指導性」與「敘述性」的內容。

# 第一節　綜　覽

老人工作實務中，有好幾種定義可以用來區辨個案工作與其他處遇的不同。 Fischer（ 1978 ）認為「個案工作是社會工作的分支，其特徵是提供一對一的服務（ individualized services ）」，這樣的看法十分簡要。也有人將個案工作視為社會工作的方法之一，藉此有別於其他專業所提供的一對一服務。然而，為了本文的目的，詳列個案工作定義中某些決定性的要素是有需要的。在這方面， Perlman（ 1959 ）對個案工作特質的描述似乎較清楚；她認為個案工作是透過(1)提供資源、(2)解決問題、(3)治療性關係等過程協助人們處理問題。

不同的個案處遇模式對於「解決問題」和「治療性關係」這兩個基本要素有著不同的看法；但在個案工作的文獻中，卻一致認可提供具體及心理服務的必要性。協助這群具有龐大經濟與醫療需求的老人族群時，個案工 作 者 所 扮 演 的 連 結（ linkage ）、 仲 介（ brokerage ） 及 倡 導（ advocacy ）等角色的重要性是不容低估的。同時，個案工作也有別於個案管理，因為個案管理不僅包括了個案工作，也包含了對老人與家庭照護者所持續提供的實質協助。

然而強調資源提供的看法在這幾年來已有所改變，老年個案工作的主要發展是在「解決問題」與「治療性關係」上，即個案工作的諮商層面。這些改變與發展大部份是因社會工作對老化觀念的改變、與老人工作經驗的累積、加上社會工作實務取向、模式不斷多元化所致。換言之，過去二十年間的改變是十分可觀的。但主要改變的卻是個案工作「方法」（ approach ），而非個案服務中「量」的增減。 Lowy（ 1985 ）曾調查家庭服務機構、公共福利部門、心理衛生中心等具有諮商功能個案工作的機構後發現，這些服務很少提供給社區老人。這種情況在護理之家、其他長

期照護設施等收容式的機構中自然更糟，甚至連專業個案社工員的聘用也成問題（Garner & Mercer 1980）。當然，這個現象大部份是因社工員對機構老人缺乏興趣所致，這個事實在十五年前 Kosberg（1973）便曾提及，至今仍然存在。

　　然而，老年個案工作還是有些歷史性的重要事件與改變；包括新的老化理論、研究觀點的產生，服務效果的責信（accountability）與評估的呼籲，以及社會工作者態度的改變。這些變遷在 Cormican（1980）的研究中得到證實，他回顧了一九七〇至一九七四這五年間 Social Casework、Social Service Review 及 Social Work 三份傳統社會工作期刊，發現短短五年間有顯著的改變。研究發現指出，剛開始時，社工員對老化有負向看法、視老化為失落的過程，且強調保護性服務。至中期，對於老化有了較正向的觀點，重視諮商服務。到末期時，則認可老化過程的多元化、及不同處遇服務的的需求。上述社會工作思考的變化也反映在個案工作上。

　　由於 Blenkner, Bloom, Nielsen（1971）在 Benjamin Rose Institute of Cleveland 主辦下所進行的研究、示範性保護服務方案中所得到的結果，使得個案工作、特別是保護服務領域的個案工作，在那段時期經歷了一次扭曲性的重新評估。在這項方案中處遇團體接受較密集的個案諮商（82%的案主接受諮商處遇），然而結果卻發現接受處遇的團體要比控制組有較高的死亡率與較高機構化比率。這是 Fisher（1973）所檢視的十一個研究之一，Fisher 所得到的結論是「個案工作沒有效果」。事實上，Fisher 可能認為，Cleveland 研究中較高的死亡率、機構化不但意謂個案工作沒有效果，甚至為案主帶來負面影響。

　　之後，Berger 與 Piliavin（1976）使用更精密的統計技術、重新分析Cleveland 研究中的資料，發現受試者在接受處遇前就比控制組不論在年齡、心智狀態及生理功能等方面都明顯的衰弱。於是，存活率或死亡率所顯現的不同，實無法歸因於處遇結果（即個案工作）所致。雖然，這次的重新分析並無法解釋較高比例機構化的原因，但從參與這項方案專家的回溯探究中發現，「機構化」在訓練有素實務工作者眼中是項合法、適宜的保護性服務，實務工作者不願冒險將那些持續以邊緣性、自我危害方式生活的老人獨自留在家中（Wasser 1971）。此外，另一項較為先進的研究

在英國進行，則有截然不同的發現（Golderg 1970）；這個團體主要也是接受個案工作，但研究結果顯示受試者在士氣、活動程度、及社會需求等方面都有明顯正向的結果，且沒有產生較高死亡率與機構化。

　　儘管如此，Cleveland 研究發現卻帶來了一九七○年代一些反省與重新評估，包括個案工作在保護服務的角色、機構式照護在服務中的地位與使用、以及對個案服務效果需要更多的要求與證明。

　　這些發展結合了老化觀點的改變、個案工作中不同理論取向的出現，造就了一九八○年代個案工作服務取向的更加多元化。

　　本章所列的個案工作處遇模式，是目前老年社會個案工作中最主要的模式；有些是根植於社會工作、有些是較新的、而有些則較為普及、適宜於某種實務情境及某種類型老化問題。使用不同模式的主要因素取決於社區／機構的層面；即使在相同的理論取向下，個案工作的進行也會因協助機構老人、或家中老人而有所不同。

　　各模式的主要差異是在「解決問題」、「治療性關係」二要素上，特別是二個要素的「本質」與「目標」。就某一方面來說，每個模式在其參考架構內，應明列特定的處遇程序與技巧，使得偏好單一理論的實務工作者得以遵循。同時，這些模式中問題解決的技巧、技術與方法也有許多共通性。誠然，各模式在實務運用上是有許多交集的，這些將在介紹每個模式時一一提及。

　　然而，不同處遇模式代表了解決相同問題可能有的其他途徑，且某種處遇方式較適於、有效於某種問題。此外，不同模式所衍生的方法和技巧可能可以彼此互補，且可以非常有效的聯合使用。這些觀點將在「未來方向」一節中有所討論。

# 第二節　處遇模式

## 一、心理動力模式

　　心理動力模式（Psychodynamic model）也許是老人個案工作模式中最久遠、最具影響力的。其主要理論根源是佛洛依德、精神分析式的；主要的代表則是 Hollis（1972）及晚近 Turner（1986）所提出的「心理暨社會個案工作理論」。Wasser 在「老年個案工作的創造性方法（Creative Approaches to Casework with the Aging）」一書中，首次提出將這個模式運用在老人工作上，並提供完整闡述。

　　這個模式在本質上結合了自我心理學的「適應」（adaptation）（Hartmann 1958），及 Erikson（1963）的「發展任務」（developmental tasks）與「心理社會危機」（psychosocial crises）。當運用在老人身上時，自我心理學的架構提供了特定觀點，摘述如下：「老人不斷以各種方式，適應環境。事實上，人到晚年，個人應付危機、維持平衡的心理、生理能量較差，而「失落」與「改變」則接踵而至。老人的內在解組或表現在退化性行為上、或是本能驅力的瓦解、或是自我功能執行的混亂。」（Wasser 1966：17）。

　　上面短短的摘述中，包括了一些對評估與處遇有很大影響的主要概念。首先是「失落」的概念；自我問題主要是應對連續的失落：包括生理、經濟、社會地位，及重要關係，這些失落將使生命失去能量、且導致自我衰退。這樣的過程稱為是「衰竭」（depletion），它會帶來巨大的情緒反應，從低自尊、罪惡感到沮喪、絕望。因而會產生「回復」（restitution）的反彈，比如對自我較退化性的適應。Cath（1963）所提出的「衰竭—回復」間平衡的心理結構是這個模式的中心。在本質上，這個架構認為在老年期內外枯竭、與回復這二種力量的平衡、將持續整個生命。為「回復」所做的努力（即使是退化的）應被視為是自我保護、用以

對抗衰竭焦慮，而衰竭焦慮的根源則是對被棄的恐懼（dread of abandonment）。

　　是故，個案工作者在實務上，可能必需支持那些對年輕人而言是適應不良的防衛機轉。事實上，退化、否認等機轉對老年時期而言可能是合適、而非病態不良的；「依賴」則是面對能力有限的實際評估。因此，一名心臟有毛病且獨居的老太太會摒除先前自己完成家務所帶來的成就感和獨立感，而接受外來的幫助以處理繁重的家務。

　　個案工作者應避免一些直接的、內省取向的技巧，如面質與深度的解析。因此重點並不在於透視防衛，而是支持這些防衛。Wasser 簡要的說：「對於老人的處遇應著重支持技巧。藉由協助案主餘存力量的增生、支持有用的防衛、及緩和其內外壓力等方式，個案工作者得以鼓勵案主自我行動的能力」（Wasser 1966：25）。

　　溫暖、鼓勵、提供真實的希望感、正面增強其所付出的努力，及接納退化、依賴行為等在老人個案工作中都非常重要。此外，這些技巧在老人工作的長期處遇過程中都適用；這點不同於對年輕人的工作，支持性技巧只在處遇的早期階段大量使用。對老人而言，這些支持可以協助老年案主感覺更好、更自在、更強壯；且更有能力去面對生活改變的壓力。

　　Nelson（1980）舉出改變所需的四種支持性程序：保護（protection）、接納（acceptance）、確認（validation）、及教育（education）。這四種支持性程序特別適用於老年個案。

　　「保護」字面上的意思是，社工員代行案主的某些功能。例如，獨居、混亂的老人可能因心智混清未繳費，致使水電被切斷。社工員在這種狀況下，就必需介入且接管所需的契約和付費，以使案主有水電可用；而其他的行動則可能需要由社工與案主共同承擔。必要時，社工員應視案主的身心狀態考慮機構收容。在 Cleveland 研究，便可以看得到這種安置的處遇。然而，需要注意的是，這個模式的主要重點是在維持、支持老人住在家裡的選擇。是故，其提供了完整的實質服務讓老人能在家中養老：包括經濟、醫療、在宅服務員、交通等。這些不只可以滿足老人物質、社會、健康等需求，「也能幫助案主回復失落，支撐案主直到其可以動員自己的力量」（Wasser 1971：45）。

「接納」，在 Nelson 的詮釋下，意謂著向案主保證即使偶有錯誤的行為、他仍是有價值且值得受到關注的。對老年案主而言，在面對退化或可能的失常行為時，這樣的保證是有十分有意義的。

「確認」則是給案主回饋，指出案主那方面的表現良好及潛力所在。由於「衰竭」現象與低自尊，老人需要被告知、提醒自己過去或現在所擁有的正向特質、能力。

「教育」是藉由提供資訊，示範不同的行為、溝通、控制情緒方式，來教導案主如何因應困境。例如，老人以不合宜的方式表達憤怒與依賴、且和家中成員關係疏離，家中成員也需要支持與情感滋潤；社工員則要教導案主、如何以合宜且自我肯定的方式來表達需要他人的照顧，而非以憤怒、攻擊方式來要求他人。社工員也可提醒案主，在會談中宣洩、討論其對家人所抑制的憤怒情緒。此外，社工員也應教育家人了解、並因應這些回復性行為。家庭既可能是協助老人回復的主要資源，也可能因其不敏感、沒有反應，及惡性互動而成為老人衰竭的來源。

心理動力模式中的治療性關係與其他模式有明顯的不同；「移情」（transference）與「反移情（counter transference）」是主要的議題，且移情被視為是關係中不可避免的。「是否鼓勵移情」以及「移情程度」是處遇計畫中的主要考量；而社工員與案主的家庭將滿足案主某種程度的依賴需求。一般來說，治療性關係會隨處遇過程而有所演變；從剛開始時，自依賴關係中發展信任，一直到案主自我功能運作無礙、得以獨立。這個過程中，案主通常會對社工員有某種程度的認同、視社工員為問題解決的典範，並從新的、有效的應對中發展出新的自我認同（Wasser 1974）。

與機構內老人建立關係的目標和課題則有所不同（Brody 1977）。Goldfarb（1981）指出，對於機構老人而言，「獨立」是不切實際的目標，協助應該只是減少依賴；是故，社工員應扮演代理父母的角色，且允許其在安全的關係中較自主的成長。

自從 Butler（1963）闡揚了「回憶」（reminiscence）在生命回顧中所扮演的角色後，治療性的運用回憶就成為老人心理動力工作中不可或缺的部份。社會工作文獻中，有關回憶的記載大多是施行在機構情境內的個

人或團體（Ingersol & Goodman 1980; Ingersol & Silverman 1978, Lewis & Butler 1974, Liton & Olstein 1969），但它也適用於社區老人（Kaminsky 1978, Lowy 1985; Sherman 1985）。

Lewis（1971）發現，藉由回憶過去快樂、成就等正向記憶，可以增強社區老人的自我概念。Pinkus（1970）則指出，回憶不只可以增進自尊，也可以使老人認同過去。回憶可以協助增強認同感，以支持個人生命的完整連續性（self continuity）（Grunes 1981）；在協助老人對抗機構化、器官衰退所帶來的心理創傷與傷害時，個人對生命完整性的感受亦十分重要（Tobin，付印中）。

更具體的說，回憶可以作為一種個案工作技巧來處理沮喪、提升自我形象（Liton & Olstein 1969）。回憶在悲傷輔導工作中也很有用，因為它就像是哀悼一樣，可以讓死去的人再度被憶起、藉此得以進一步釋放情緒（McMahon & Rhudick 1967）。當然，我們也必需了解使用回憶治療時所可能有的危險，就像 Butler（1963）所說，驚慌、罪惡感與沮喪在這個過程中時常會發生。是故，在有系統的使用回憶治療前，評估案主記憶的內容與性質是很重要的。這樣的評估包括案主自我形象、目前所經歷的壓力、所期待的關係等，這些也都是診斷與處遇的資料（Pinkus 1970）。

在心理動力模式中，十分強調悲傷、哀悼意義的探索，以處理老人對失落的反應。Wasser（1966）指出早期 Bowlby（1961）、Lindemann（1944）及 Bibring（1953）的工作很多值得社會個案實務工作者借鏡，但目前卻還沒有累積足夠的實務技巧。而 Kubler-Ross（1969）等人在一開始時便很快併入心理動力模式，則是目前讀者所較熟知的。

從前文中可以推測，大部份使用心理動力模式的個案工作是處理憂鬱，特別是因失落、衰竭所帶來的「反應性憂鬱」（reactive depression）。而這正是老人最常見的精神問題，足見其重要性（Zarit 1980）。

另一個老人常見的情緒問題是「焦慮」。由於焦慮是十分普遍的字眼、情緒，是故很難證明老人要比其他年齡層的人更容易產生焦慮。然而，面對生理、經濟與目標的失落，及生活控制感逐漸下降等，所帶來的恐懼與憂慮勢必增加失功能性焦慮的發生率。愈是虛弱的老人，愈需要個

案工作與其他處遇支持他們留在社區、及在危機狀況下繼續生存。危機調適是另一個短期處遇模式，在本章下節中會有所介紹；在這裡要強調的是，雖然危機調適不是心理動力模式的一部份，但卻與心理動力模式（自我心理學）十分有關（Parad 1965; Wasser 1966）。是故，有關動力個案工作對焦慮的處理將含括在「危機調適」部份。

　　除了沮喪外，機構式老人第二種常見的心理失調是「妄想症」（paranoia）（Pfeiffer 1977）。老年妄想症（late life paranoia）與一般妄想症不同；一般妄想症是對誇大的人或情節產生妄想（delusion），而老年妄想症的對象卻是親近老人的人：家人、朋友、鄰居等。當然，視、聽覺感官障礙的老人，較可能產生妄想症。如何處理妄想與相關行為，便成為老人工作最適切的問題。

　　在心理動力模式中，有好幾種方法可以解決妄想的問題，但每個方法都需要在處遇關係中發展出信任關係，及強而有力的支持。以下從處遇文獻中挑選兩個例子。第一個例子是一名住在大型的老人中心、接受了二年密集個案工作的八十多歲老先生，患有精神病及妄想症；社工員每週與案主進行一個半小時的會談，案主不斷憤怒地拍罵激怒了其他的老人與工作人員。社工員接受案主視她為一名能為他倡導、能控制環境並確保他安全的「全能保護者」；在這樣的關係下，「病人原本破碎的自我因吸收、內化了足夠的紀律，致使功能得以維繫在機構可接受的程度下。」（Ross 1981：108）。

　　另外一個，則是創造性使用回憶治療的案例（Liton & Olstein 1969）；這也是妄想行為對其他院民造成困擾，案主懷疑其他院民要害她、在食物中下毒並會從背後攻擊她。由於案主討論這些事時會感到痛苦，故社工員在會談中改變討論話題、重拾案主過去較愉快的日子；透過多彩多姿的回憶，案主妄想症狀減少，且回復一些正式社交能力。這讓她與其他院民關係有所改善，且從他們身上獲得正向回饋，因而減少了產生妄想意念的環境因素。

　　心理動力模式這些年來不斷結合新的重要發展，且未來將持續下去。我們可以預期在未來老年個案工作中，此一模式還是最具影響力、貢獻卓著的。

# 二、行為模式

行為模式（behavioral model）在老年案主上的運用，並不如心理動力模式般普遍、久遠；然而，自一九七五年之後，此一模式在老年社會工作的運用卻明顯增加。行為修正取向由 Thoman（1967）引進社工界時，剛開始被稱為「社會行為方法」（socio-behavioral approach）。行為模式源自於「學習理論」（learning theory），且大部份行為修正技巧是由卓越臨床心理學家所發展出來的，如 Bandura（1975）、Kanfer 及 Philips（1970）。自從一九六七年 Thoman 的論文發表後，社工教育者在行為模式方面的探討便不斷增加，包括 Fisher 與 Gochros（1975）、Shinke（1981）、Schwartz 與 Goldiamond（1975）、Thomas（1970）、及 Thomlison（1986）等。

基本上來說，行為模式個案工作者是有計畫、有系統的運用行為修正的原則與技巧減少不當行為、增加期望行為。而且，行為模式被視為是經濟、簡略的途徑：「大部份行為模式的程序源自於三種人類學習的基本觀點 — 操作式學習（operant learning）、反應性學習（respondent learning）、及模仿性學習（imitative learning）」（Fischer 1978：157）。

剛開始使用行為方法協助老人時，幾乎都是在機構式情境（Tobin 1977）。機構環境便於有效運用「刺激控制程序」（stimulus control procedures）、「後效強化」（contingency management）、「代幣制度」（token economics）、及其他形式的回饋與增強。起初，行為模式所處理的標的問題如自我照顧，移動、穿衣、進食、排泄控制等日常活動。行為方法對這些問題所做的貢獻是有目共睹的，且成為老人機構中非常受矚目的方法。

除了上述所處理的問題外，第一份較關切心理社會需求的社工研究是針對老人院民所做的行為團體工作之報告（Linsk, Howe, Pinkston 1975）。團隊為了處理院民常見的孤立、拒絕溝通等問題，應用行為分析，設計了一套處遇方式、鼓勵團體成員更積極參與。為了計劃與評估處

遇，還發展出包含信度測量的觀察方法。研究結果顯示，團體中「社工員使用任務導向問題」與「成員增加合宜的口語表達」二者間有強烈的相關。雖然這項研究所使用的是團體工作，但作者指出，這樣的行為分析也適用在一對一的處遇、評估。

　　接下來則將介紹一對一行為個案工作。這個案例利用行為契約來減少一名護理之家內八十二歲老先生的問題行為（Adams 1979）。其被認定的標的行為包括發脾氣、好鬥、長時間哭泣。功能分析將前因、失功能行為、與後果關係製成圖表，且訂定處遇計畫，在契約中則列出想要增加及減少的行為。所設計的代幣系統包括物品和特權，如糖果、蘇打水、額外看電視時間、遊戲間的特權、戶外郊遊或觀賞球賽等；當行為表現正向時，工作人員與社工員則有系統的使用口頭鼓勵。

　　這個案例說明了立論穩固的行為治療程序（代幣系統、口語增強）如何處理護理之家常見的行為問題。但運用在妄想症老人身上又會是怎樣呢？以下是由 Cartensen 與 Fremouw（1981）以行為模式處理的案例。

　　案主是一名住在護理之家、有妄想行為的六十八歲老太太，她認為有人要謀殺她或對她下毒、會歇斯底里的哭泣。由於這樣的行為讓她拒服心臟藥物，因之生命也受到威脅。為案主所設計的一對一處遇方案包括每週一次、為期十四週的諮商會談，在會談中社工員要求、並獎勵案主，記下每天各項正向行為或經驗。此外，工作人員也接受有關增強與消除等觀念的訓練課程，並學習如何依據這些原則對案主的表現有所反應；比如當案主沒有妄想時，工作人員才和她談話。藉由持續的互動，案主常掛在嘴上的妄想說詞消減了，工作人員放下肩上的重擔、更能提供支持性環境而非一味逃避案主。

　　這些一對一的服務案例都是將老年個案工作運用在機構中，但最近的發展卻是以居家老人為對象的行為個案工作（Linsk, Pinston & Green 1982）。這個方法針對有意願的家人或和其他照護者，企圖增加居家環境中的正向支持來源。社工員直接教導這些支持者運用行為分析；處遇程序包括鼓舞、稱讚、訂定契約及指導，以增加老人接收增強的比率及機會。

　　Linsk（1982）等人從芝加哥老人支持性方案中舉了一個案例，此一示範方案是希望找出讓老年個案持續住在家中的方法。個案是一名六十九

歲已退休的老先生；他感到沮喪且有健康問題，包括肺氣腫、遲發性運動障礙、及柏金森氏症。這個案例不僅說明了行為模式處理沮喪的形式，也是居家的實例。大部份行為治療師認為，沮喪和社會增強的量有關，而處遇的概念之一是，針對增強不足的環節使力、大幅增加正向增強的量（Lazarus 1968）。

　　在這個案例中，由簡單日常活動的具體化及測量、建構了一個具增強性的環境，依據行為分析可協助處遇及評估的進行；這包括訂定書面契約、計算行為發生頻率、與案主夫婦檢視圖型的改變。案主日常活動程度被視為是依變項，連續增加的活動有助於案主功能性的進步；而案主的妻子則被教導如何增強案主的期望反應，如起床、不要抽煙、每天散步等。作者對這個案例結果所下結論是，他們運用居家程序、提供了「初步支持（preliminary support）」協助功能障礙老人（Linsk et al. 1982：231）。

　　一些行為治療學家強調，缺乏示範性社會技巧是沮喪行為發生的導因（Lewinskhn 1976）。因而，處遇中主要部份便是教導社會技巧、讓案主可以更有效獲得所需的社會增強、減輕沮喪。這二種途徑在實務上是可以結合的，亦即「社會技巧訓練」與「有計畫的社會增強」兩者可以互補。

　　看過行為模式處理沮喪和妄想行為後，也需要考慮另一種老人常見的情緒、行為問題——焦慮。一如前面提到的，當焦慮變得具壓迫性或是長期存在時，焦慮會使人失功能、無法發揮其能力；而老人處在長期、壓迫性焦慮的情境下更是危險。古典行為取向對焦慮的處遇通常採用 Wolpe（1973）所提出的「系統減敏感法」（systematic desensitization）」。系統減敏感法使用焦慮主觀量表—— SUDS，「困擾主觀單位」（subjective units of disturbance）」，以 0 值代表絕對冷靜、 100 SUDS 代表個人所想像最焦慮的狀況。然後，依據案主在相關情境中 SUDS 的評估為基礎，建構一個可以引發焦慮之刺激、情境層級。在實證研究顯示一個人無法同時焦慮、又放鬆的基礎下，除了建構焦慮層級外，也讓案主接受深度肌肉放鬆（deep-muscle relaxation）訓練。之後，讓案主保持放鬆狀態，同時想像在層級中與焦慮有關的刺激；當量表中讓案主最感焦慮的刺激經由這個過程，從 100 SUDS 變成近 0 SUDS 時，則焦慮也會因而消除。

　　即使行為模式能有效處理各種制約性焦慮，它卻不符合典型家庭服務、公共福利機構、社會服務部門等所實施的個案工作；行為模式耗時、且重複性高（肌肉放鬆訓練）似乎與一般機構或案家所常進行的「談話治療」或「案主──社工員對話」並不相容。

　　Vattono（1978）除了提出可適用於一般個案工作環境的系統減敏感法外，也提出一些壓力管理的程序，包括短期肌肉放鬆程序的放鬆訓練、冥想、及放鬆反應技巧（Benson 1975）。有趣的是目前許多老人服務中心提供瑜珈、冥想等課程，不免令人好奇這些方案對參與者的生活到底有何影響。

　　這些技巧的價值不只在於其適用於傳統老年個案實務工作，更重要的是，這些技巧可以自學自修、成為老人自我管理或控制的工具、技巧。不同於行為模式中較傳統的環境、社會增強技巧所使用的外控，「自我控制」的優點在於它適用於社區中一般或孤立老人，它也可以適用於機構式老人，及甫由社區住進機構、處於壓力過渡期的老人。自我管理與自修技巧也可以部份解答對行為取向處理老人問題的一個批判：治療結果對新的情境並無概化效果（Rebok & Hayer 1977;Tobin 1977），即案主在特定行為控制情境下所習得的適應反應，很不幸地無法應用到新的問題情境上。

　　此外，大幅度增進應用性行為技巧適用範圍、效果的另一項新發展是「認知技巧」的加入。利用案主的記憶、想像力或心像、邏輯推理及問題解決等認知能力，讓案主學習如何發展出自己的適應性反應，因而使案主還是可以應對新的、不同的問題情境。是故，「認知」成為行為治療師基本「刺激──反應」模型中強而有力的中介變項。而這些新的認知行為技巧之所以放在這一個部份，是因為整合取向的主要貢獻者多是行為治療師。

# 三、認知模式

　　Mahoney 與 Arnkoff（1978）回顧認知治療時，將認知（cognitive）治療分為三種主要類型：理情治療（rational psychotherapies）、應對技巧治療（coping skills therapies）、及問題解決治療（problem-solving therapies）。理情治療由 Ellis（1962 & 1974）及 Beck（1976）所創，是其他兩種認知治療的認知核心，也是大部份社會工作文獻中使用在個案工作上的主要認知方法（Combs 1981; Lantz 1978; Sherman 1987; Werner 1965, 1982, 1984）。

　　認知取向的中心思想是，人類的情感不單只是受事件本身所影響，更是人們對情境或事件的想法、信念或自圓其說的結果。Ellis 將這樣的概念建構成「情感的認知 ABC 理論；A 指的是引發事件（activating event）或情境，B 指的是與事件有關的信念（belief）或想法，而 C 則是因信念或想法所產生的情緒後果（emotional consequence）」。於是，B 成為經驗過程的中介因素，如果 B 是非理性的信念（iB），則可能引發非理性、失功能的情緒後果（iC），而個人在經歷 A 時將會感到極端有壓力或是極端悲慘。事實上，Ellis 常提及所謂的「毀滅性思考」（catastrophic thinging），且認為非理性的信念通常包含了「必要」、「當然」或是「應該」等字眼──個人必須獲得他所想要的一種絕對的要求。換句話說，個人合理的慾求（want），如愛、接納、尊重，都被不合理的轉換成絕對性的需求（need）或要求（demand）；一旦這些需求無法獲得滿足時，個人將經驗到創傷與毀滅。

　　在認知取向中，案主被教導如何探索絕對性想法（implicit thoughts）或自我對話；於是藉此案主得以區辨絕對性想法中不真實或非理性部份，且在治療師的引導下學習如何對抗這些非理性想法、並用理性信念(B)加以取代。這樣的「辯爭（disputation）(D)」是處遇過程中的核心活動，且藉此對問題情境與引發事件(A)產生新的評估(E)。於是，這整個過程便包含了 A-B-C-D-E 順序。

　　Beck（1976）在本質上使用相同的取向，要求案主透過「失功能想法日記」（Daily Record of Dysfunctional Thoughts）監督整個過程、區辨自己「不自覺想法」（automatic thoughts）或信念，及隨之而來的情緒。其過程如下：

　　1. 描繪當天引發不愉快情緒的事件、想法、白日夢。

　　2. 描繪所產生的情緒種類（難過、憤怒），並在 1 到 100 的量表中評

量情緒程度。

3. 寫下與情緒有關的不自覺想法，並在 1 到 100 的量表中評量信念的
程度。

4. 為非理性、不自覺想法寫下一個理性反應，且評量理性反應信念的
程度（1-100）。

5. 重新評量不自覺想法的信念（1-100），並具體列出、評量隨之而來
的情緒（1-100）。

藉由對負面認知所引發負面情緒的區辨、辯爭過程，案主應該能逐而
減少負面情緒的發生率與強度。在處遇過程，案主被指派「家庭作業」，
以持續監督自己的情緒與想法。

「家庭作業」的指派在認知模式的實務中十分重要；案主被鼓勵找
出、挑戰自己在真實生活中非理性意念、信念、與恐懼。「認知」一辭可
能會使人誤以為是相當積極的處遇類型，事實上它也提供案主許多自我管
理與控制的處遇。 ABC 或失功能想法便於快速教導與學習，老人也能很
快學會運用（Sherman 1981）。

認知模式，特別是 Beck 版本，在沮喪症狀的運用上最常被提及，且
有一些實證效果證明（Rush et al, 1977; Khatami, & Beck 1975; Shaw
1977）。 Beck 的模式用三個特定的觀念來解釋沮喪：(1)認知三元素（the
cognitive triad）；(1)基模（schemas）；(3)認知錯誤、或錯誤的資訊處理
過程（Beck et al. 1979）。「認知三元素」包含了：(1)案主對自我的負面
觀點；(2)對經驗的負向解釋、或建構；(3)對未來的負向觀點。而這些沮喪
的觀點則源自於「基模」，這是個人所特有的、相當穩定的認知模式。由
於基模處理所進入的資訊過程有誤，導致了誘發沮喪的想法、感受。

因此，處遇過程的核心便是透過持續性運用技巧，如每日分析失功能
想法等，讓案主「重新建構」其認知。事實上，「認知的重整」一詞在認
知行為技巧中十分常見；但是，「認知回顧（cognitive review）或「辯爭
過程」通常則是這些技巧的中心，成為改變的中介變數。

除了辯爭或是再分析誘發沮喪的想法與認知錯誤外，其他技巧也被用
來處理沮喪症狀。其中一種被稱為「掌控與愉快治療」（mastery and
pleasure therapy），它在處理「從未享受過、從未如願」、「沒有能

力、也無法掌握任何一件事」等沮喪病人的特有信念時特別有用（Beck et al. 1979）。此一技巧要求案主記錄每天的活動，並在提供掌控感的活動上標上 M，而對快樂的活動則標上 P；此外，針對每個 M 或 P，案主也必需在一到五的量表上，評量其所經歷的掌控與快樂程度。之後，一定會發現有些活動還是可以提供一點愉快或掌控的，不管評量分數是 1 或 2，都將成為證據、反駁「生命中全然沒有控制感或愉快」的信念。

　　另一項與沮喪有關的技巧是，「進階式任務工作（graded task assignment）」，Beck（1976）稱之為「成功治療（success therapy）」，因為治療師剛開始時分派給案主能完成的簡單任務，之後逐而增加任務的困難度。當然，在分派任務時應該十分謹慎，不致使任務太過困難，因為失敗會導致更多的無能與沒價值的感受。

　　「閱讀治療」（bibliotherapy）是認知處遇中常用的技巧；即指定讀物為家庭作業，而這些讀物是與案主的問題有關的。很明顯的，個案工作者應對案主識字程度、及說教性技巧的潛在抗拒十分敏銳；為了要有效果，讀物必需是簡單、清楚且直接的。此外，對於年老案主，若能將閱讀治療結合其他技巧使用，則更加有效。Beck 與 Greenberg（1974）準備了這種清楚說明的小冊子提供給沮喪病人。

　　　　這是一個使用 Beck 和 Ellis 認知治療理性模式的案例；個案是一名六十九歲的 L 太太，她由於情緒困擾而被轉介到猶太人家庭服務機構，這是因為面對其四十四歲女兒的分居、即將離婚，所產生的明顯反應。她的女兒是她唯一的孩子，與二名十七歲、二十歲的女兒住在一起，住處離 L 太太家有三百公里遠。L 太太對於她女兒面對分居、負擔單親責任的能力，感到十分焦慮與質疑；L 太太覺得她有充分理由感到焦慮，但她卻不了解她所感受的極端難過使得她一再失眠、全身無力及感覺無價值。

　　　　在與機構個案工作者的六次會談中，L 太太被要求使用 Beck 的「失功能想法日記」來監督與負向情緒有關的認知。此外，她也被要求閱讀 Ellis 與 Harper（1975）書中的一個章節，這裡頭列出常見的非理性信念，可以幫助她區辨那些導致沮喪狀

態的想法。結果顯示，L 太太有一連串的「不自覺想法」，從直接、特定情境到較深層的信念。前者，L 太太懷疑她女兒有能力應對離婚後的生活；L 太太也發現自己對女兒感到失望，但對自己卻更加失望。事實上，她相信自己不是個好母親，因而也做人失敗。由於她大部份的生活認同，皆與「好母親」這個主題締結在一起，以致她深感自己在各方面都很無能、沒有價值。是故，由於母親角色失敗而感到全然沒有價值的這種非理性信念（iB），在她女兒分居的引發事件(A)發生後，帶來沮喪狀態的非理性後果（iC）。

　　她的家庭作業是用來辯爭，並持續性監督這些非理性想法與信念。此外，社工員建議 L 太太拜訪她的女兒，藉以檢視是否有足夠的證據支持她的憂慮信念，同時也可支持女兒。L 太太果真拜訪了她的女兒，並從中得知她女兒覺得自己有足夠的能力來面對離婚。事實上，她十分期待離婚的到來。同時，她並不覺得 L 太太是個失敗的母親，反倒認為 L 太太是她的情緒後盾與角色模範，使得她可以應對這樣的壓力。

　　在和個案工作者進行了好幾次的會談後，L 太太的沮喪減輕了；而她的症狀則在拜訪女兒後幾乎完全消除了。

　　另一個可以用來處理焦慮和沮喪問題的認知技巧是「認知演練」（cognitive rehearsal）（Beck & Emery 1985）。案主被要求想像經歷一些活動或情境，並且區辨過程中的預期障礙、衝突。藉此可以預先對未來應對與問題解決策略做準備，同時也能使案主及早找出不自覺想法對情境可能造成的障礙；這也可以減少預期的焦慮、無能或挫敗感。

　　其他雷同的認知準備技巧還有「替代性學習」（vicariation）或「認知示範」（cognitive modeling）（Raimy 1975），及「理性心象」（rational imagery）（Lazarus 1971）等。這些通常是結合了行為技巧，形成「認知行為修正」的應對技巧或問題解決（Meichenbaum 1977）。這些認知行為治療與技巧正快速激增中，且有人認為應將其併入社會工作的主流（Berlin 1982; Fischer 1978）。

　　較為人知且較有影響力的應對技巧之一是「系統化理性重建」
（systematic rational restructuring）（Goldfried, Decenteco, & Wein-
berg 1974）；它與行為修正中的系統減敏感法十分相似，包括建構引發焦
慮情境的層級，一旦成功應對先前的層級便繼續下個層級。然而，它用
「理性重評」（rational reevaluation）替代「肌肉放鬆」；當感到焦慮或
沮喪時，讓案主區辨出正在發生的失功能想法，接著則以較理性方式重新
評估此一情境，並記下 SUDS 中的任何變化。這對一些因生理因素無法使
用系統減敏感法中肌肉放鬆的老人而言，是個很好的選擇。作者曾在其他
著作中描述一名七十四歲老太太的案例，她對自己的生理狀況和最近的手
術感到十分焦慮（Sherman 1981：122-126）；在這個案例中，使用了系統
化理性重建，並結合「理性心象」及「改變歸因」（changing
attributions）等技巧（Mahoney 1974）。

　　問題解決治療包含了各式各樣的程序，如自我肯定訓練、示範、正增
強等行為程序，及認知回顧與演練（D'Zurilla & Goldfried 1971）。基本
上來說，問題解決治療訓練案主以六個步驟來解決問題：(1)一般性引導；
(2)定義情境；(3)區辨對情境的正負向想法；(4)腦力激盪想出解決方法；(5)
決定最好的解決方法；(6)解決方法的練習與執行，社工員曾將其運用於社
區老人而有正向結果（Toseland 1977; Waskel 1981）。

　　一般說來，只要是與壓力和因應（coping）相關的沮喪、焦慮問題，
認知模式似乎最為適用；但是所涉及若是器質性腦部症狀，則認知能力的
喪失將排除許多理性治療的選擇。同樣的，在妄想思考中，妄想系統的牢
不可破與扭曲也排除了一些認知技巧的使用（Werner 1974）。最後，
Emery（1981）發現，由於年老案主生理上的限制，必須調整某些程序，
如診斷的種類與行為任務作業，以符合老人的需要。

# 第三節　短期處遇模式

## 一、危機調適模式

　　危機調適（ crisis intervention ）的某些概念特別適用於居家老人，無論是預防性或保護性服務。

　　依據 Parad （ 1965：P.2 ）的定義，「危機調適意謂著介入個人、家庭或團體的生活情境，和緩危機所引發之壓力所帶來的影響，以協助動員案主系統內的相關資源。」危機調適源自於 Lindemann （ 1944 ）對一九四二年波士頓椰子林夜總會災難中罹難者親屬之悲傷反應所做的研究，以及 Caplan （ 1961 ）對 Lindemann 概念的進一步發展與延伸。故危機理論自始便以處理失落的創傷，及罹難者家屬生活中的急劇變動為主；而這些都是老人常見的問題。 Erikson （ 1963 ）的發展理論中有關成熟階段的闡述，每一階段潛藏的發展危機也對此一模式有所貢獻。一如前述，自我心理學是危機調適模式的主要理論，此外，角色理論、及與角色轉換有關的一些社會科學概念，也與此一模式極為相關。

　　「危機」可以被定義為穩定狀態中所產生的變動混亂，原有的問題解決行動並不足以應付新的情境，且無法快速回復原先的平衡狀態（ Rapoport 1965 ）。危機事件為個人生活帶來問題，這些事件被視為是失落、威脅或挑戰。如果事件威脅到基本需求或認同感會帶來焦慮；若事件代表失落或剝奪，則會帶來沮喪；但如果事件所代表的是挑戰，所帶來的應該是充滿活力、有目的的問題解決行動。是故，危機理論提到了老人最常經歷的二種情緒問題——焦慮與沮喪。

　　另一個危機理論的主要概念是，危機狀態是有時間性的（ time-limit ）。 Caplan （ 1961 ）宣稱危機狀態為期一到六週，在這段時間需要找到合適的方法來回復平衡，若無法找到，則功能與心智健康將因而受損。是故，處遇必需要迅速且主動，而這就是危機模式短期處遇的本質

（Rapoport 1965）。

　　某些模式反應可以讓人們健康地解決危機，而這些也為老人處遇提供一些指引。首先，「認知領會」（cognitive grasp）與「認知重建」是問題解決的第一步；是故，個案工作者的角色是協助案主區辨、隔離出那導致功能中斷的因素（這些因素通常是前意識、未經整合的）。因而，社工員與案主一起有系統的記述問題、藉此達到認知重建（Rapoport 1965）。而這樣的過程本身就是個解決問題的活動，足以重整原先的平衡狀態。

　　Perlman（1975）對「認知功能」在自我壓力調適、危機狀態過程中運作狀況的分析極著名，也充實了危機模式的中心概念。事實上，Golan（1978）曾指出 Perlman 的問題解決模式對危機調適方法有直接的貢獻。

　　第二個實務指導原則是，個案工作者應明白接納年老案主的混亂情感、非理性負向的態度、情緒表達與情緒管理的需求。社工員不僅要同理和接納這些行為，同時也要依據老人心理發展與狀態，探究其形成原因；這對老人個案工作者特別重要，因其可確保案主的情感與反應不會立即被標籤、被當成是衰老或器官退化的證據，這些行為應首先被視作是因應的努力、或回復行為。

　　第三個主要的指導原則是，人際資源與機構資源的便利性與運用。正式組織、機構、照護者，及重要他人，特別是家庭等資源都應併入危機處遇裡。過去，雖然了解廣泛人際關係網絡的潛力，但卻缺乏有系統的落實。到目前為止，因自助團體較具社會行動取向（Gartner & Riesmann 1977; Hess 1976），老人工作互助團體的發展與便利性變得非常重要（Capan & Killilea 1976）。有時，個案工作者協助發展非正式網絡，以鼓勵互動，或讓非正式的助人過程不致中斷（Smith 1975）。

　　上述發展已預示了危機調適在老人個案工作中將會持續使用，並有進一步發展；此外，這個模式也可與其他模式相互補充運用。

# 二、任務中心模式

　　任務中心模式（task-centered model）可能是這些模式中唯一由社會

工作所發展的；因為任務中心模式是在以社工為主導的社會服務機構內發展、實證測試而來的（Reid & Shyne 1967; Reid & Epstein 1972; Reid 1977; Reid & Epstein 1977; Epstein 1980）。其理論根源是 Perlman（1957）的問題解決理論，這也是社會工作所衍生的實務理論。任務中心取向在短期老人個案工作上特別有效（Cormican 1977）。

一般任務取向工作包含了六到十二次會談，每週會談一、二次，為期約在四個月之內。評估集中在第一、二次會談，強調探索及列舉問題，最後則是針對某個目標問題定出減少問題方案。目標問題通常是一、二個，不超過三個，所以案主與社工員才能在短暫有限的時間內將任務活動集中在問題解決上。

其次，案主與社工員協議目標問題的優先順序、設定目標，且列舉各自所需完成的任務。「任務」陳述了一般行動的方向，而一般性任務也可以再細分為「操作性任務」與「次任務」。例如，對一名在社區內孤立、可自行走動的老人而言，其標的問題可以是「缺乏足夠的社會接觸」。在這樣的例子中，一般性任務是在一定時間內增加其社會互動次數；案主的具體次任務則包括了詢問、拜訪、報名，及最後參加當地老人服務中心。為了要讓案主每週與朋友和鄰居有所接觸，也可以定出操作性任務。社工員在這個案例中的任務則是，提供現有老人中心及社會方案之資訊，如果距離太遠，則提供交通服務的資訊，以及提供具體指導、引導或示範如何接觸。

與案主所訂定的契約內容包括，輔導期間多長、進度及處遇的條件。契約並不一定需要書面，但如果案主要求的話也可以把它記下來。不論如何，約定、所列舉的任務與第三者的涉入（家人、所轉介的合作機構等）皆需案主與社工員雙方的認可。重點在於迅速區辨出案主最感壓力的問題，並解決之。

處遇的執行包括案主履行列舉的任務或次任務，而社工員則取得所需的資源與輔助性服務，且在技巧和行動上指導案主完成任務。每次會談都檢視案主任務表現，且做必要的調整；最後，會對標的問題的減輕作一總檢。如果進步令人滿意，則在預定的時間內結束服務。在某些例外下，可能會增加一到四次的額外會談；一段時間後則可能追蹤，以監督案主任務

達成狀況。

　　一般而言，任務中心模式在本質上是折衷「行為」、「認知」與「自我心理學」的方法與技術。例如，Epstein（1980）變化了問題解決治療所採用的五個步驟；而任務中心模式也採用進階式任務工作，一如其在行為取向、認知取向中的使用。事實上，「任務中心」與「認知行為」方法幾乎可以完全結合，協助特定問題類型。作者曾結合這二種方法，協助一名六十六歲，患有反應性憂鬱症的老太太（Sherman 1981：127-136）。

　　Golan（1981）曾提及，任務中心取向也十分適用於危機處遇，因其強調對案主最感壓力的問題提供迅速、系統化的評估與處遇，而這正符合危機狀態的時機。她進一步提及，任務中心取向十分適用在「過渡期」（transitionl periods），因這模式所提出的八種問題類型中，其中三個問題——角色扮演上的困難、作決定、及反應性情緒困擾（reactive emo-tional distrss）——在過渡情境中皆很重要。例如，年老夫婦常發生的問題是，為了讓衰退伴侶持續待在家中，而危害了另一名配偶自己的健康與福祉。這個例子涉及「角色扮演」的困難，擔任照護者的配偶可以使用居家照顧或其他實質支持性服務等任務模式所提供的協助。這個案例也可被視作是「作決定問題」，配偶機構式安置遲早需要有所決定。最後，這也可能是個「反應性情緒困擾」的問題，以協助照護者應對失落與伴侶的安置。

　　此外，Golan（1981）發現對於某些過渡階段長達幾個月，甚至幾年的狀況，任務模式的時間性（time-limited）便成為問題。當然，這便妨礙了預先設定一定時段中具體會談次數的假設。然而，這個問題是大部份短期模式都有，而非任務中心模式所特有的。此外，這個模式在志願性案主身上效果最佳，因案主知道問題並已準備好要有所努力；而在保護性情境中，這個模式則較有問題，因為案主可能否認、拒絕任何服務需求。

　　即使有這少數的限制，任務中心模式對老人個案工作還是有許多的貢獻；它不僅對社區老人工作有效，同時在處理長期安養機構中老人的心理問題時也很有用（Dierking Brown & Fortune 1980）。這導致在社工碩士方案中的一些社工教育者，企圖整合任務中心模式、老人學、臨床知識與經驗，發展任務中心成為老年社會工作中的有效方法基礎（Fortune &

Rathbone-McCuan 1981 )。

總而言之,危機處遇與任務中心是到目前為止最具影響力的短期個案工作模式,沒有其他短期社會工作方法,在老人領域中形成氣候。

# 第四節　未來方向

在上述個案工作模式發展中,交集的趨勢及彼此間的共通性是顯而易見的;因此,未來的方向展望是這些不同模式間更多的交互發展與運用,而以一較整合的方式處理老人問題。

許多社區老人個案工作有實質資源、心理資源枯竭狀況,故結合任務中心與危機調適取向是有必要的。任務取向模式特別適用於實質服務的迅速提供,而不會取代案主、導致不必要的依賴;危機模式則可以掌握情緒層面,及在自我功能評估的基礎下提供合宜的支持。任務中心模式也可以提供理性、階段性問題解決之結構。

此外,如果焦慮過度侵犯案主的問題解決能力,則可以運用一些行為模式的壓力管理技巧。而依據情境的需要,也可教導案主認知——行為模式的因應技巧(Meichenbaum 1977)。如果結合任務中心/危機處遇取向所提供的短暫支持與問題解決不足時,則需要提供年老案主更具體、有焦點的問題解決治療(D'Zurilla & Goldfried 1971);特別是當案主在系統化問題解決技巧的功能不足時(Goldfried & Goldfried 1975)。當問題不只是 Golan (1981)所稱的角色轉換、認同、個人內在與人際關係功能等「過渡性問題」時,則使用心理動力模式較為合適。然而,即使心理動力模式也可藉由認知重建技巧而有所增強,導致認知基模上所需的自我概念改變。

認知、行為與任務中心取向運用在老年個案工作上逐漸增加,使得服務內容與效果走向更具體化。而評定與評估適用的量化方法也在成長,這當然意味著不同處遇效果的比較與實證研究是不可或缺的(Tolson 1988)。

無疑地,未來運用這些模式處理年老夫妻,與家庭個案工作的需求會

更大。例如，Getzel（1982）曾描述，使用危機調適來協助年老夫妻；Wolinsky（1982）描述了一種較折衷的取向協助年老夫婦；而 Herr 與Weakland（1979）所描寫的則是包含家庭結構、代間關係的老年家庭工作。

不只是這方面的實務文獻漸增，連對年老夫婦與家庭個案工作的實際需求也增加。Kosberg 和 Garcia（1987）針對佛羅里達一間多功能家庭服務機構的老人做了一項調查，發現夫妻諮商是第二種最頻繁的處遇形式，而家庭諮商雖較不常見，但卻維持一定的個案數。個別諮商還是最常見的個案工作型式，但這與至少一半的年老案主是獨居的事實也有連帶關係。是故，本章所提之個別個案工作模式有持續性需求，而運用這些模式處遇年老夫婦與家庭問題也將逐而增加。

一些訓練與教育內容則將認知、行為與任務中心方法匯合成對年老個人、夫婦與家庭個案工作實務。其中技巧變化之多，難以臆測，而只有一小部份的方法可以在二年的社工碩士課程中被教導、學習。是故，今後除正規課程外，機構還需安排教育、在職訓練方案等額外訓練機會。

當然，不論在訓練方案或實務中，這些技巧不應以大雜燴式被提供。沒有一種技巧可以在缺乏指導與合理評估下被使用；一些技巧，特別是肌肉放鬆，只能在醫囑下使用，因其可能對年老案主帶來生理併發症。

另一個重點是技巧使用的激增；這與社工員應習得技術後所持的立場有關，社工員要警惕不要流於死守技巧的技術專家，仍要對老年人普及性的社會、醫療、與經濟需求投注關懷。此外，老人工作需要有廣闊的視野、生命週期的觀點，「只有在老人實務中，社工員才能面臨個人最後尊嚴與個人生命真義」（Monk 1981：62）。僅提供老年個案工作的社會技師或治療師，和深刻體會老化、老人服務中人道關懷的社工員，二者相去不可以道哩計。

# 參考書目

Adams, J.M. 1979. Behavioral contracting: An effective method of intervention with the elderly nursing home patient. *Journal of Gerontological Social* Work 1(3):235-250.

Bandura, A. 1975.*Principles of Behavior Modification*. New York. Columbia University Press.

Beck, A.T. 1976. *Cognitive Therapy and the Emotional Disorders*. New York: International Universities Press.

Beck, A.T. and G. Emery. 1985. *Anxiety Disorders and Phobias:* A Cognitive *Perspective*. New York: Basic Books.

Beck, A.T. and R.L. Greenberg. 1974. *Coping with Depression*. New York: Institute for Rational Living.

Beck, A.T., A.J. Rush, and G. Emery. 1979. *Cognitive Therapy of Depression*. New York: Guilford Press.

Benson, H. 1975. *The Relaxation Response*. New York: William Morrow.

Berger, R., and Piliavin, I. 1976. The effect off casework: A research note. *Social Work* 21(3):205-208.

Berlin, S.B. 1982. Cognitive behavioral interventions for social work practice. *Social Work* 27(3):218-226.

Bibring, E. 1953. The mechanism of depression. In P. Greenacre, ed., *Affective Disorders*. New York: International Universities Press.

Blenkner, M., M. Bloom, and M.A. Nielsen. 1971. A research and demonstration project of protective services. *Social Casework* 52(8):483-499.

Bowlby, J., 1961. Process of mourning. *The International Journal of Psychoanalysis* 42:317-340.

Brody, E.M. 1977. *Long-Term Care of Older People: A Practical Guide.*

New York: Human Sciences Press.

Butler, R. 1963. The life review: An interpretation of reminiscence in the aged. *Psychiatry* 26(1):65-76.

Caplan, G. 1961. *An Approach to Community Mental Health.* New York: Grune and Stratton.

Caplan, G. and M. Killilea. 1976. *Support Systems and Mutual Help: Multidisciplinary Explorations,* New York: Grune and Stratton.

Cartensen, L.L. and W.J. Fremouw. 1981. The demonstration of a behavioral intervention for late life paranoia. *The Gerontologist* 21(3):329-333.

Cath, S.H. 1963. Some dynamics of middlle and later years. *Smith College Studies in Social Work* 33(2):97-126.

Combs, T.D. 1980. A cognitive therapy for depression: Theory, techniques, and issues. *Social Casework* 61(6):361-366.

Cormican, E. 1977. Task-centered model for work with the aged, *Social Casework,* 58(8):490-494.

Cormican, E.J. 1980. Social work and aging: A review of the literature and how it is changing. *Aging and Human Development* 11(4):251-267.

Dierking, B., M. Brown, and A. E. Fortune. 1980. Task-centered treatment in residential facility for the elderly: A clinical trial. *Journal of Gerontological Social Work* 2(3):225-240.

D'Zurilla, T. and M. Goldfried. 1971. Problem-solving and behavior modification. *Journal of Abnormal Psychology* 78:107-126.

Ellis, A. 1962. *Reason and Emotion in Psychotherapy.* Secaucus, N.J.: Citadel Press, McGraw-Hill.

Eill, A. 1974. *Humanistic Psychotherapy: The Rational—Emotive Approach.* New York: McGraw—Hill.

Ellis, A. and R. A. Harper. 1977. *A New Guide to Rational Living.* New York: Prentice—Hall.

Emery, G. 1981. Congnitive therapy with the elderly. In G. Emery, S. D. Holon, and R. C. Bedrosian, eds., *New Directions in Cognitive Therapy*. New York: Guilford Press.

Epstein, L. 1980. *Helping People: The Task-Centered Approach*. St. Louis: C.V. Mosby.

Erikson, E. 1963. *Childhood and Society*. 2d ed. New York: Norton.

Fischer, J. 1973. Is casework effffective ? A review. *Social Work*, 18(1):5-20.

Fischer, J. 1978. *Effective Casework Practice: An Eclectic Approach*. *New York: McGraw-Hill.*

Fischer, J. and H. L. Gochros. 1975. *Planned Behavior Change: Behavior Modification in Social Work*. New York: Free Press.

Fortune, A.E. and E. Rathbone-McCuan. 1981. Education in geronotological social work: Application of the task-centered model. *Journal of Education for Social Work* 17(3):98-105.

Garner, J. D. and S.O. Mercer. 1980. Social work practice in long-term care facilities: Implications of the current model. *Journal of Geronotological Social Work* 3(2):71-77.

Gartner, A. and F. Riesmann. 1977. *Self-Help in the Human Services*. San Francisco: Jossey-Bass.

Getzel, G. 1982. Helping elderly couple in crisis. *Social Casework* 63(9):515-521.

Golan, N. 1978. *Treatment in Crsis Situations*. New York: Free Press.

Golan, N. 1981. *Passing Through Transitions: A Guide for Practitioners*. New York: Free Press.

Goldberg, E.M., A. Mortimer, and B. T. Williams. 1970. *Helping the Aged: A Field Experiment in Social Work*. London: Allen and Unwin.

Golddfarb, A. I. 1981. Psychiatry in geriatrics. In S. Steury and M. L. Blank, eds., *Readings in Psychotherapy with Older People*.

Washington, D.C.. National Institute of Mental Health.

Goldfried, M. R., E. T. Decenteco, and L. Weinberg. 1974. Systematic rational restructuring as a self-control technique. *Behavior Therapy* 5:247−254.

Goldfried, M. and A. Goldfried. 1975. Cognitive change methods. In F. Kanfer and A. Goldstein, eds., *Helping People Change.* New York: Pergamon Press.

Grunes, J. M. 1981. Reminiscences, regression, and empathy-a psychotherapeutic approach to the impaired elderly. In S. I. Greenspan and G. H. Pollock, eds., *The Course of Life*, vol. 3. Washington, D. C.: GPO.

Hartmann, H. 1958. *Ego Psychology and the Problem of Adaptation.* New York: International Universities Press.

Herr, J. J. and J. H. Weakland. 1979. *Cunseling Elders and Their Families.* New York: Springer.

Hess, B. B. 1976. Self-help among the aged. *Social Policy* 7:55-62.

Hollis, F. 1972. *Casework: A Psychosocial Therapy.* 2d ed. New York: Random House.

Ingersol, B. and L. Goodman. 1980. History comes alive: Facilitating reminiscence in a group of institutionalized elderly. *Journal of Geronotological Social Work* 2(4):305-319.

Ingersol, B. and A. Silverman. 1978. Comparative group psychotherapy for the aged. *The Geronotologist* 18(2):201-206.

Kamminsky, M. 1978. Pictures from the past: The use of reminiscence in casework with the elderly. *Journal of Gerontological Social Work* 1:19-32.

Kanfer, F. H. and J. S. Phillips. 1970. *Learning Foundations of Behavior Therapy.* New York: Wiley.

Kosberg, J. 1973. The nursing home: A social work paradox. *Social Work* 18(2):104-110.

Kosberg, J. J. and J. L. Garcia. 1987. The problem of older clients seen in a family service agency: Treatment and program implications. *Journal of Gerontological Social Work* 11:141-153.

Kubler-Ross, E. 1969. *On Death and Dying.* London: Macmillan.

Lantz, J. E. 1978. Cognitive theory and social casework. *Social Work* 23(5):361-366.

Lazarus, A. A. 1968. Learning theory and the treatment of depression. *Behavior Research and Therapy* 6:83-89.

Lazarus, A. A. 1971. *Behavior Therapy and Beyond.* New York: McGraw-Hilll.

Lewis, C. N. 1971. Reminiscing and self-concept in old age. *Journal of Gerontology* 26(2):263-269.

Lewis, M. I. and R. N. Butler. 1974. Life review therapy: Puting memories to work in individual and group psychotherapy. *Geriatrics* 29:165-169, 172-173.

Lewinsohn, P. M. 1976. A behavioral approach to depressions. In R. J. Friedman and M. M. Katz, eds., *The Psychology of Derpression: Contemporary Theory and Research.* New York: Brunner/Mazel.

Lindemann, E. 1944. Symptomatology and management of acute grief. *American Journal of Psychiatry* 101:141－148.

Linsk, N., M. W. Howe, and E. M. Pinkston. 1975. Behavioral group work in a home for the aged. *Social Work* 20(6):454-463.

Linsk, N. L., E. M. Pinkston, and G. R. Green, 1982. Home-based behavioral social work with the elderly. In E. M. Pinkston, J. L. Levitt, G. R. Green, N. L. Linsk, and T. F. Rzepnicki, eds., *Effective Social Work Practice: Advanced Techniques for Behavioral Intervention with Individuals, Families, and Institutional Staff.* San Frazcisco: Jossey-Bass.

Liton, L. and S. C. Olstein. 1969. Therapeutic aspects of reminiscence, *Social Casework* 50(5):263-266.

Lowy, L. 1985. *Social Work with the Aging: The Challenge and Promise of the Later Years.* 2d ed. New York: Harper and Row.

Mahoney, M. J. 1974. *Cognition and Behavior Modification.* Cambridge, Mass: Ballinger.

Mahoney, M. J. and D. Arnkoff. 1978. Cognitive and self—control therapies. In S. L. Garfield and A. E. Bergin, eds., *Handbook of Psychotherapy and Behavior Change* 2d. ed. New York: Wiley.

McMahon, A. S. and P. J. Rhudick. 1967. Reminisaing in the aged. In S. Levin and R. J. Kahana, eds., *Psychodynamic Studies on Aging: Creativity, Reminiscing, and Dying.* New York: International Universitiees Press.

Meichenbaum, D. 1977. *Cognitive—Behavior Modification: An Integrative Approach.* New York: Plenum Press.

Monk, A. 1981. Social work with the aged: Principles of practices. *Social Work* 26(1):61—68.

Nellsen, J C. 1980. Support: A necessary condition for change. *Social Work* 25(5):388-393.

Parad, H. J., ed. 1965. *Crisis Intervention: Selected Readings.* New York: Family Service Association of America.

Perlman, H. H. 1957. *Social Casework: A Problem-Solving Process.* Chicago: University of Chicago Press.

Perlman, H. H. 1975. In quest of coping. *Social Casework* 56(4):213-255.

Pfeiffer, E. 1977. Psychopathology and social pathology. In J. E. Birren and W. K. Schaie, eds., *Handbook of the Psychollogy of Aging.* New York: Van Nostrand Reinhold.

Pinkus, A. 1970. Reminiscence in aging and its implications for social work practice. *Social Work* 15(3):47-53.

Raimy, V. 1975. *Misunderstandings of the Self.* San Francisco: Jossey-Bass.

Rapoport, L. 1965. The state of crisis: Some theoretical considerations.

In H. J. Parad, ed., *Crisis Intervention: Selected Readings*. New York: Family Service Association of America.

Rapoport, L. 1970. Crisis intervention as a mode of brief treatment. In R. W. Roberts and R. H. Nee, eds., *Theories of Social Casework*. Chicago: University of Chicago Press.

Rebok, G. W. and W. J. Hayer. 1977. The functional context of elderly behavior. *The Gerontologist* 17:27-34.

Reid, W. J. 1978. *The Task-Centered System*. New York: Columbia University Press.

Reid, W. J. and L. Epstein. 1972. *Task-Centered Casework*. New York: Columbia University Press.

Reid, W. J. and L. Epstein, eds. 1977. *Task-Centered Practice*. New York: Columbia University Press.

Ross, F. 1981. Social work treatment of a paranoid personality in a geriatric institution. In S. Steury and M. L. Blank eds., *Readings in Psychotherapy with Older People*. Washington, D. C.: National Institute of Mental Health, 〔DHHS No. ADM 81-409〕

Rush, A. J., A. T. Beck, M. Kovacs, and S. Hollon. 1977. Comparative efficacy of cognitive therapy and imipramine in the treatment of depressed outpatients. *Cognitive Therapy and Research* 1:17−37.

Rush, A. J., M. Khatami, and A. T. Beck. 1975. Cognitive and behavioral therapy in chronic depression. *Behavior Therapy* 6:398-404.

Schinke, S. P., ed. 1981. *Behavioral Methods in Social Welfare*. Hawthorn, N. Y.. Aldine.

Schwartz, A. and J. Goldiamond. 1975. *Social Casework: A Behavioral Approach*. New York: Columbia University Press.

Shaw, B. F. 1977. Comparison of cognitive therapy and behavior therapy in the treatment of depression. *Journal of Consulting and Clinical Psychology* 45:543:551.

Sherman, E. 1979. A cognitive approach to direct practice with the aging. *Journal of Geronotological Social Work* 2(1):43-53.

Sherman, E. 1985. A phenomenological approach to reminiscence and life review. *Clinical Gerontologist* 3:3-16.

Sherman, E. 1981. *Counseling the Aging: An Integrative Approach.* New York: Free Press.

Sherman, E. 1984. *Working with Older Persons: Cognitive and Phenomenologiical Methods.* Boston: Kluwer-Nijhoff.

Sherman, E. 1987. Cognitive therapy. In A. Minahan, ed., *Encyclopedia of Social Work*, 18th ed. New York: National Association of Social Workers.

Smith, S. A. 1975. Natural Systems and the Elderly: An Unrecognized Resource. Report of Title Ⅲ model project grant, School of Social Work, Portland State University.

Thomas, E. J., ed. 1967. *Socio-Behavioral Approach and Application to Social Work.* New York: Council on Social Work Education.

Thomas, E. J. 1970. Behavioral modification and casework. In R. Roberts and R. Nee, eds., *Theories of Social Casework.* Chicago: University of Chicago Press.

Thomlinson, R. J. 1986. Behavior theory in social work practice. In F. J. Turner, ed., *Social Work Treatment.* 3d ed. New York Press.

Tobin, S. S. 1977. Old people. In H. Maas, ed., *Social Service Research: Review of Studies.* New York: National Association of Social Workers.

Tobin, S. S. （in press）. Psychodynamic treatment of the family and the institutionalized individual. In N.E. Miller and G. D. Cohen, eds., *Psychodynamic Research Perspectives on Development, Psychopathology, and Treatment in Later Life.*

Tolson, E. R. 1988. *The Metamodel and Clinical Social Work.* New York: Columbia University Press.

Toseland, R. 1977. A problem-solving group workshop for older persons. *Social Work* 22(4):323-324.

Turner, F. J. 1986. *Psychosocial Theory.* In .F. J. Turnr, ed., *Social Treatment*, 3d ed. New York: Free Press.

Vattano, A. J. 1978. Self-management procedures for coping with stress.*Social Work* 28(2):113-119.

Waskel, S. 1981. The ellderly, change, and problem solving. *Journal of Gerontological Social Work* 3(4):77-81.

Wasser, E. 1966. *Creative Approaches in Casework with the Aging.* New York: Family Service Association of America.

Wasserman, S. L. 1974. Ego psychology. In F. J. Turner, ed., *Social Work Treatment.* New York: Free Press.

Werner, H. D. 1965. *A Rational Approach to Social Casework.* New York: Association Press.

Werner, H. D. 1982. *Cognitive Therapy: A Humanistic Approach.* New York: Free Press.

Werner, H. D. 1986. Cognitive theory. In F. J. Turner, ed., *Social Work Treatment.* 3d ed. New York: Free Press.

Wolinsky, M. A. 1986. Marital therapy with older couples. *Social Casework* 67(8):475-483.

Wolpe, J. 1973. *The Practice of Behavior Therapy.* New York: Pergamon Press.

Zarit, S. H. 1980. *Aging and Mental Disorders: Psychological Approaches to Assessment and Treatment* New York: Free Press.

Werner, H. D. 1965. *A Rational Approach to Social Casework.* New York: Association Press.

# 第 6 章

# 團體工作與老人

*Toby Berman-Rossi* 著

翁慧敏 譯

團體是舉世遍見而至今仍存在的，它們是我們生活的中心；自出生的那一刻起，我們即被引導進入家庭，而生活在團體中。當我們經歷過最初的團體之後，新的集體經驗必須接續教養與維續社會的任務；旅歷生活，團體成為我們每日生活中的一種組織，透過感情的共同束縛，以共同的理由進入彼此的生活。透過團體的維繫，可與家族、親戚、朋友、工作、學校、休閒、政治的生活以及所有社區形式之活動達致聯結；團體是用以維繫我們與其他人聯結的試金石。身為社會人類的自我意識，係由與其他人的互動及集體經驗的維繫創造而來。老年人在團體連結上的減弱，成為其社會自我觀念的一個顯著威脅，這個威脅隨著物理及社會環境之失落增加而遞增，致使老人的生活處於危險情境。

團體成為我們生活中規範的一部份，而當其一旦存在專業的環境中，他們立刻擔當另一種特質。目的與功能、方法與技巧的環節相連，使之成為令專業社工人員注目的一項任務。我們的助人活動如何回應人類的需求、如何增豐案主的生活，以及社工員如何有不同的作為時，加以明確的定義是必要的。

# 第一節　生活歷程的需求

在為老年人規劃團體服務時，考慮這個人口群生活歷程中的需求是不可或缺的。老化過程本身說明了對老年人的一個顯著而且艱鉅的挑戰，這個挑戰的中心存在著高度的變化、失落與不確定性，通常會導致老年人自我形象遭受襲擊及侮辱之結果。近年來在老年人口統計學上的建議，可將老年人歸為完全不同的兩類：(1)是健康且具活動力的，(2)較易受傷害及處在危機中的（Mayer 1983）。無論如何，不管 Mayer 的分類為何，所有的老人必須去因應變化、失落及不可預測性，以及老年人的正常依賴（Blenkner 1969）。這些老年人不可避免的依賴存在於經濟、生理、心理及社會的四方面；而對這些相繼而來的事件，老人們愈來愈無法控制（Seligman & Elder 1986）。老人知道也害怕因愈老而導致健康狀況的衰退及功能性損傷增加的事實（Mayer 1983）；事實上，自殺發生在老年同

儕團體中遠較其他年齡層的團體來得頻繁（Brody & Brody 1987）。當對社會支持的需求最大時，他們的助益性卻也逐漸在減退，一個人在老年時自我形象喪失的威脅是最大的。在正常個體生命週期中再也沒有比自戀及自我統整會受到如此大的挑戰了（Sorensen 1986：534）。

　　老年人如何因應及適應持續的自戀傷害（Sorensen 1986），及如何在他們的環境中克服在生理上、社會上及情緒上的問題，成為一個值得重視的問題。Kaufman（1986）認為可藉老年人本身看待老年的意義以闡明這個議題，她的發現指出，全體老年受試者均不以為他們本身是年老的或是正在老化的，他們認為他們就是自己，其自我是不老的（ageless）；他們基於透過生活所知的自我觀念而行動。Kaufman 學到了這是確實的：不老的自我是變遷的需要及提供有連續性且有意義的老人因應變化的需求兩者之間的媒介；如果自我是堅定的，則改變的影響將會減少。當老年有較佳的老化時，他們可以維持不老的自我；當因應及適應發生問題時，則自我的裂縫將更為明顯。如果老年人不能再維持其自我，也不再是他們所知的自己，那他們會是誰？認同的失落及衰退與不成功的老化有顯著相關。Tobin（1985），在文獻當中提到學生在初次經歷老年人的一個故事中所發生的情形：

　　　　當學生問一名老婦人，在照片中的年輕女子是誰，婦人回答
　　那就是她；學生心想「噢！那是年輕時的老婦人」，而老婦人想
　　「那就是我」，她並不需要說「那是年輕時的我」，她的自我觀
　　念以一種學生可以了解的方式提供了一致性的說明。

　　Lieberman 及 Tobin（1983）在其以社會及心理學上的狀況解釋適應壓力的差異時，指出了類似的情形：在面對晚年生活的逆境時，維持一個自我觀念，與成功的老化有關。

　　如果自我觀念經由活動發展出來，並成為「成長中的人類有機體與其環境間互動的產品」時（Bronfenbrenner 1979：16），則其與環境的互動減少時會發生什麼？Rose（1963）相信一部份的自我會隨失落而漸趨微弱，自我的一部份被要求改變，此改變並不必須是正向的。如果失落是與

角色改變、退休與寡居有關的，且未能由替代角色滿足時，將產生自我概念的窄化（Rose 1963，George 1980）。自我認同反映在個人所擁有社會角色與社會職務的數量；對自我的輕視是由人格解組過程所致，此乃源於老年人在受限制的社會中，其社會接觸逐漸減少（Coe 1965）。一個不間斷的失落過程，可導致一個反應深度無助與無望感的情緒狀態，而此將誘發或促使疾病產生（Engel 1968）。潛藏的年齡歧視主義將促使老人退縮（Seligman & Elder 1986），並剝奪老人有利的機會。

　　在心理上與環境上的虛弱狀態並非老化過程的自然結果，而是老年人與其物理與社會環境間共生束縛的深深扭曲（Schwartz 1961，Germain & Gitterman 1980）。如果老年人與社會之間存在有權力的不平衡（Nahemow 1983），則此扭曲就不用太驚訝。老年人持續地被要求去適應一個在他們生活中，其他人的力量逐漸增大的世界。在這個財富分配不公平的社會裏，有 2/3 的老年黑人婦女，當她們強烈的要求在有限資源分享上可獲較佳的結果時，卻孤獨地活在無望的貧窮中（Brody & Brody 1987）；當年老及虛弱的可能性增加，除非其他人能協助他們增加聲音，否則將使老年人的表達變成無聲的。

　　許多文獻在探討有關個人之主張及環境控制，尚包括其有關的制度化（Berman-Rossi 1986; Gubrium 1974; Kahana 1974; Pastalan 1983; Schutz & Brenner 1977; Tobin & Lieberman 1976）。這些著作結論中特別的一點是：消極是易受傷害的一個預測因子，適用於所有的老年人。對在心理上、社會上、實際生理上的存活者而言，此主張確實是必須的。老化的角色是積極主動而非消極被動的過程、積極考慮「角色在老化過程中的影響」以及對角色定型與再定型（White Riley 1986：161）。一個人對壓力可獲得較大的控制，則其對壓力本身的傷害效果和實際的嫌惡將較少（Schutz & Brenner 1977），控制的程度愈大，與改變有關的創傷愈少（Pastalan 1983）；如同一個人經驗到其影響環境的能力，則個人能力將可獲戲劇性的增加。能力，如同自我觀念，是經由與環境的互動創造出來的（Germain 1987）。

# 第二節　定義實務策略

　　老年人生活旅程中三個中心需要的趨勢影響我們對實務策略的定義，在先前的討論中已強調的：(1)需要繼續一個有意義的生活以面對不可避免的失落、變化、對不確定未來的不可預期性以及死亡，(2)維續、加強及表達對不老的自我之需求，(3)受到一個人的物理及社會環境互動影響的需求。不論老人是在 Mayer（1983）分類上是屬於相對的較健康及較有能力的一群，或是歸類於虛弱的第二類團體，這些需求皆是存在的。

　　我們的實務策略乃是，所有的老人不管其能力，均有其人權使其生命得到充分的發揮（Monk 1985）。此外，工作者必須相信，所有的老人可改變及維持其生活的潛力，此信念根源於一個推論的信念：只有在環境能對老年人的需求反應時，他們的全部潛力才能實現。

　　因此我們的實務策略要避開建立工作者「因案主之故」、「為案主好（does good）」的依賴、父權式的關係（Gaylin et al. 1981）。我們尋求一個特殊的合作關係，使案主可以對其生活有較多的支配，並減少存有其與周圍世界的權力不公平。這些助人理念係基於賦予案主能力的願望，及促進案主可肯定一個有能力的自我觀念的機會設計。一個將焦點置於老人的優點而非其不足的模式是需要的（Miller & Solonon 1979）。一個能力取向的觀點（Libassi & Turner 1981; Maluccio 1981），認為在此經歷過程中，自我可獲得再肯定；老人與其環境間的一致性高，可支持老人有最佳的自我能力。老人在他所知所欲的自我觀念旅歷的距離，亦是社會工作者必需伴隨老人一起去解決老化的自我人格解組之距離。增加物理及社會環境的預測性與可控性，成為維持不老的自我之核心方法。

　　一個常見的信念是：實務取向對健康較佳老人或較年輕的老人有較大的應用性。當依賴增加的虛弱老人需要一個積極專業取向以建構一個回應的環，此時會有不必要的父權式主義之危機。父權主義的危機可由專業的訓練、實施策略的技術以及一個多樣而明確的評估來判斷而減少。在實施此實務取向時，不應排除老人與功能上能力無關的過程；對所有的人而

言，可選擇性是生活的一個重要指標（Lee 1983）。一個專業工作者必須
找出一個可包含老人的途徑，並對老人被肯定的線索或願望相當敏感。在
此將以一個實務例示之：

　　　　在一個長期照顧機構中，一個有五位罹患重度阿茲海默氏症
　　婦女團體的第二次聚會。此團體之組成是為減少她們所經驗的社
　　會孤立。可期望的是，如果在此團體期間，婦女之間可以建立社
　　會連結，則此連結可轉化至其每日生活中。在第一階段，婦女們
　　同意齊聚分享她們自己的經驗。當她們不能提出其想做或討論的
　　任何事時，我就提供一段音樂，她們同意了。花了幾個小時在找
　　尋代表她們種族的唱片後，我興奮的來到聚會中；我將成員們安
　　排成一個圓圈並開始供給水果及點心，氣氛是愉悅而輕鬆的。之
　　後，我提到我所帶來的一些我認為她們將會感到愉悅的唱片，C
　　太太有了一個迅速而顯見的改變，她開始以痛苦的表情訴說她自
　　己，並扭絞她的裙子，其他的成員似乎並未注意到而吃完了她們
　　的茶點。我對 C 太太說：「妳現在看來有一點點不快樂。」接下
　　來是一片靜默，有些成員抬起頭來，她傾身向我並將她的臉置於
　　距我五呎處，大聲地說：「我討厭聽音樂。」我稍退並說：
　　「噢！我並不知道。」且問她想做什麼，她移動臉，微笑著說：
　　「我喜歡聽故事。」我笑著對其他成員說，C 太太較喜歡聽故事
　　甚於聽音樂，然後再問她們想做些什麼。有另外二位成員似乎了
　　解這個討論的內容，而說她們也喜愛聽故事，並要求我是否可為
　　她們說一個故事，我看著 C 太太，她同意了，於是我將唱機關掉
　　並開始說一個有關自己的故事。我的故事引發了她們美好的回
　　憶，她們要求我下週說更多故事，我同意。當 C 太太回過身來
　　時，她抓住我的手，將頭靠在上面，微笑的說：「我喜歡妳」我
　　笑著握她的手，說：「我也喜歡妳」。

　可預期與控制環境的課題對 C 太太而言，是顯著可見的。她在團體最
初階段所說的話並不足以肯定她自己，她需要藉由在團體中透過同儕團體

語言及非語言的溝通，而肯定了她的不老自我。結果是，她可實際的感受
到她可以更有能力的以她所希望的生活方式創造一個世界。她努力於建立
一個與工作者的個人連結，有助於調解不同的權力（Nahemow 1983）。
至少，她創造了一個可再感到滿意的小小世界（Kastenbaum 1983）。

# 第三節　老年人的團體經驗：互助團體

　　在我們為增強老人能力而實施實務策略時，團體服務成為一個理想的
形式。由於團體的存在，確認並實現老人有能力促成有意義生活的信念。
　　團體的形成是自然發生的，Tropp 曾這樣指出「在生活中，人們自遠
古時代即會助人並不需要治療，如同人們不用被教導如何呼吸，人們即會
朝向於互助」（Tropp 1968：270）。將團體當作一個互助系統的、有力
的、啟發式的概念，乃立基於此類似的現象：即使社會受到複雜、競爭、
工業化的妨礙，但其仍然存在，人類的互助活動或微弱或強烈地都將存在
於彼此之間。雖然所有團體工作者了解此向心力的運動，但學者 Schwartz
（1961）仍提出了在專業領域上互助的一致概念，並為未來有關互助方面
著作的發展提供基礎（Gitterman 1979; Lee & Swenson 1986; Shulman
1984;1985／86）。Schwartz 對以社會工作為目的的團體之定義，讓我們
看到有力的互助概念。他寫道：

　　　團體是具互助企圖的，一個聯盟的組成是他們彼此需要，並
　　在相當程度上確定共同的問題而成立的；一個重要的事實是，此
　　為一助人的系統，案主需要其他人，同樣的也需要工作者。因
　　此，需要運用彼此，去創造多面的助人關係，是團體過程一個必
　　要的要素，並組成一個共同的需要及為形成團體而具之特殊任務
　　（1961：p.15）。

　　此定義生動地指出在團體中與老人工作有特別關聯的要素及幫助闡明
團體內助人過程的本質。對老人來說，這些對團體本身有互助特質的價

值，乃藉由老人團體工作實務的廣泛運用而受到確認。 Burnside
（1978）與 Hartford （1980,1985）二人為這些著作加以引證。

　　Shulman （1984,1985／86）詳盡陳述了互助團體的九個觀點，並提
供一個組織架構以考慮互助團體經驗對老人的意義，這九個部份是彼此依
賴並互動的。

　　1.分享資料（sharing data）

　　當團體成員在多種任務上協助其他人時，他們同時分享想法、信念及
由其豐富的生活中引來的問題解決法。無論是如何在長期照顧機構中提供
一個保護的服務、如何因應失去所愛的人或如何結領帶，團體提供個人分
享幫助他人的機會。當別人試著實驗其建議時，老人的自我觀念可再被確
認。

　　2.對立過程（the dialectical process）

　　當成員有不同的觀點思考時，會形成一個對立的過程，當他們傾聽並
澄清其他人的意見時，他們自己的想法會出現，並在團體來回的分享中，
移向一個思考的綜合體。團體，為老人提供一個明確表達其想法的安全環
境，並再次確認其能力可為的信念。不管討論內容的簡單性或複雜性，團
體成員均可獲得在團體過程中參與的經驗，而他們的想法被團體工作者及
其他成員認為有價值，當一個人可以區別自己和別人時，自我觀念可望建
立及確認。

　　3.討論禁忌領域（discussing a taboo area）

　　對老人的刻板化印象形成定義老人怎麼思考、感覺及行為才是適當
的。這些受到限制的印象，一旦被內化而組成有力之力量，則老人必須努
力與之抗爭。互助團體提供成員機會，以創造一個文化，使他們能說出另
一可接受的定義。個人及集體的解放，發生自討論個人重要內容，如性、
對所愛的人或助人者之憤怒，同時接納討論這些禁忌的成員。這個討論
「被禁止的題材」之過程在接近一個人生命晚期時，呈現特別的重要性，
對有限未來的思考提供一個生命回顧所強調的工作主題（Butler 1963）。

　　4.「同在一條船」的現象（the "all-in-the-same-boat"
　　　phenomenon）

　　來自實務、理論及實證文獻的證據指出，藉由提供增強老人與其社會

環境間的連結之媒介，團體的聯結可減少孤立、疏離及寂寞（Lowy 1962; Mayadas & Hink 1974）。老人的社會認同是由社會經驗及與社會環境的其他連接而增強的，互助強調成員間的連結及加強其間的社會聯繫。當個人知道自己的思想、感覺及行為並非孤單的，可提供老人在這個最孤立、疏離的社會中無價的支持；此廣泛、普遍化的現象可減緩一些對年齡歧視主義的烙印。Forman（1971）提到的「共患難（shared jeopardy）」成為牽引老人彼此互動的一個向心力量。

5. 相互支持（mutual support）

　　為他人提供協助，可以產生令人感動的力量；特別是許多虛弱的老人，負向的自我印象將排擠有價值的感覺，這種感覺成為給予他人協助時的阻礙。一個人可給予及接受，使個人達到超越其他經驗的人性核心。Lee 於一九八一年在心智衰弱婦女團體的經驗中發現，人們從有能力做有意義的連結與互相給予中建立很大的信心。在社區中心負責一個成員較有能力的團體的工作者，說了一個類似的故事：

　　　　一個詩藝團體正在討論有關失去所愛的人的一首詩，Ramen 太太剛新寡四個月，開始不可控制的啜泣，團體成員安靜無聲，沒有人去安慰她。工作者說她可以了解她的感覺有多強烈，及她對新近失去所愛的想法。Ramen 太太高聲地大罵沒有一個人知道她的感覺，沒有人失去配偶。Santiago 小姐，一個鮮少講話的安靜婦人說，她想她可以了解。Ramen 太太仍然大聲地說，所有的人都不能了解她，因為她們不曾結過婚。Santiago 小姐眼中充滿淚水，用她安靜、羞澀的態度說她想她可以了解，她在二年前失去了她的姊姊，她們住在一起二十一年，並說她知道她已不能再愛其他人了，說完之後，她拿起自己的東西並準備離開房間。Ramen 太太因 Santiago 小姐的話而靜默，走過來說她很抱歉並擁抱 Santiago 小姐。二位婦人，流著淚相互擁抱了一段時間。當所有人離去後，Santiago 小姐仍留在房間內，我坐到她旁邊，她說她曾發誓不對任何人提到她的姊姊，因為那太隱私，但是有些事改變了它。我問她現在感覺怎樣，稍微沉默了一會兒之

後，她好像發從內心深處地說感覺很好，真的很好。這是自從她
的姊姊去世之後，第一次感到與其他人有親近的感覺。

像這樣的時刻，會對老人有改變既成生活的力量。一旦當團體成員間
建立一個深層的情緒狀態的連接，則契合的可能性將是必然或幾乎不可限
的。一個認為自己有給予的能力之觀點，散布在我們生活中的角落及縫隙
之中。

6. 相互需要及期待（mutual demand and mutual expectations）

Bennett（1963）主張，在社會中老人的存在是最不組織化、最不具
結構及最少被注意到；相當孤立的生活，使許多老人成為最不被注意的
人。一位社會工作者寫道：

在拜訪過一位同事後，我在電梯內碰見一位大約八十五歲的
婦人，她的毛外套、長襪及鞋子都被尿浸溼了，她用步行器躑躅
地走著，當我小心地為她按住三樓的門時，她不只一次的表示感
謝；在我與同事談話時，她加進來說她認識 Schwartz 太太很多
年了，她不會讓自己像她那樣總是希望獲得協助；她提到如果有
家庭疏忽情境時，她會自動的採取行動。

負面的刻板化印象及嫌惡感，促使我們對老人的要求越來越少；能力
衰退及技巧的退化是漸漸累進的，互助團體是一個可以很快地脫離年齡歧
視侮辱的作法，其基本的信念是老人是可成長、可給予、互相需要、互相
期待的。互動助人系統的顯著的本質是，成員從其他人和工作者那兒得到
需要和期待，同儕的特殊意義是個人可以從他人處獲知許多經驗。此個人
化的知識，以及同儕間認同的過程，增加他們不允許他人被問題所困擾的
決心。在援助他人時，個人亦受助。

7. 特別問題之協助（helping with specific problems）

互助團體為成員提供在特別問題上受助的機會，那允許成員從有時不
具形式之一般性焦慮意識，到為特別關切本質加以定名；如此可協助成員
採取行動及指出問題解決活動的途徑。這樣的協助對增加老人的能力以發

展對他們而言是重要的積極、肯定的地位，特別有幫助。

8. 排演（rehearsal）

團體成員被鼓勵在一個安全的環境中聽取新的技術及想法。一個人如何去處理有關困難，特別是禁忌的話題之經驗，可有效提昇具有能力的感覺；這樣的支持對那些不信任自己的能力者有特別的增強。思考、感覺及行為的一致是不可思議且令人興奮的。

9. 在夥伴中增強的現象（strength in numbers phenomenon）

對我們大多數的人而言，挑戰社會中的權力即使不是可怕，也是一種複雜的經驗，對自我肯定的阻礙是普遍存在並始於生命的很早期。年齡歧視主義，一個逐漸失去反應的環境，以及老人易受傷害之感覺的增加，使自我宣言（self-declaration）更為困難。如果對存活著的人而言，肯定是必須的，則當個人受到其他人的支持時，就較可能獲得肯定。當需求以集體的方式表明時，通常比以個人的方式表達有更大的機會可獲滿足。個人的潛力因集體潛力而增加。

以下的例子舉出互助團體後三個因素的相互關係，其他的六個因素也傾向明顯的相關。這個團體是在一個長期照顧機構中，與健康有關的服務方案之住民所組成的開放式團體。團體之工作乃在於幫助住民處理問題及有關課題，並關注在同一樓層的老人在生活上能彼此打成一片。

　　六月二日：在一個短暫的休息、聚會中途，有兩個成員開始談論他們如何的感覺到不再像以前在討論中所感受到的安全，他們繼續討論著家園已不像從前那樣好，其他成員也加入，並有強烈的沮喪的感覺。我說，我想知道是什麼促成他們感到較不安全，因為之前我不曾聽他們這樣強烈的表達這些感覺。成員們仍用一般的語句來陳述他們所感受到的，我並沒試著催化他們表達的更精確一些。

　　六月九日：當我們完成選出各種委員會成員的費力工作後，我說，我仍在想上週他們所感受到如何的不安全的討論，並不知我們是否可以回到那個討論。不久，他們同意了，我說上週我留下了相當不安定的感覺，同時，我猜想他們也和我有一樣的感

覺。我說我已認識他們一段時間了，對這些新的感覺我不能提供
什麼幫助；這些感覺對他們而言已有所改變，變得如此不受保護
之感覺。成員們看著其他人，而我等待著。持續了將近一分鐘的
沉默，Brown 先生深吸了一口氣說：「我們感到不安全的理由
是因為家園允許患病的人住到我們這一層樓來，而且在九點之
後，本樓就沒有工作人員，我們都覺得對新來的人應負責任，但
也感到無能力去照顧他們。」Brown 先生勇於分享成員們所爭
論的，為我們的討論鋪路，並指出他們想改正的情況。我們同意
在下次聚會中作進一步的討論。

　　六月十六日：在這次聚會中，成員們決定，他們想談論行政
部門。他們覺得如果「他們」想將患病的住民（該層樓不歡迎
的）引進，那「他們」必須為他們供應一切所需。他們排演著某
人該對誰說什麼話，並在一些「假設……怎麼辦」的情境下作角
色扮演。當 Kelly 先生說，他焦慮於家園會對他們報復；大部份
的人則說他們人很多，家園無法處罰所有的人。此外，如果他們
意識到將發生任何事時，他們全部都將到行政者的辦公室去。住
民、該樓層的社會工作者及行政人員在接著的六週中斷斷續續的
進行商討。家園最後終於同意提供夜間輪值的協助，並答應如果
在樓層內虛弱的住民人數增加時，設置一名護士。他們說，畢竟
他們也關心住民。

# 第四節　團體約定的障礙

　　為老人發展並提供團體服務，必須格外謹慎，將老人們一起帶進團
體，並不能確保團體成員將有自助及助人的滿意經驗，人們互相運用的能
力及互助的阻礙是必然的。此係由老化經驗及老化團體經驗之特殊意義的
特質調合而成。

　　首先，失落、變遷及不可預期性的壓倒性經驗，對穩定的關係建立及
一個凝聚性的自我觀念造成不利影響。此時此刻生活觀點的增加，可增加

有關自我涉入的正反感情並存。其次，接近死亡，特別是虛弱的老人，應令其深思如何運用所剩的時間，擴展自我至新的領域，可以或不可以追尋什麼。對自我涉入的正反感情並存，成為普遍性的問題。進入生命回顧過程，提高選擇的重要性（ Butler 1963 ）。對那些個人時間有限者，時間以及服務的持續性特別的重要。第三，團體參與反映了個人之年代團體的感情與生活經驗，許多老人沒有很多正式的團體經驗。例如，將焦點置於社會行動的團體及處置生活變遷課題的團體，可能會喚起自我不確定及表現出焦慮。當一個具有能力的自我觀念被挑戰時，退縮或拒絕從事也是種回應。第四，當身體從社會環境撤退、虛弱增加，則危機與衰退的可能性逐漸變大。對那些資源最少的虛弱的老人，衰退是特別難避免的經驗。繼續的孤獨及存在自己所擁有的世界中，至少是一種熟悉經驗，使人保持平靜。老人團體經驗的這些觀點，將賦予所有老人團體實務的構成要素。

# 第五節　團體服務之連續性

　　一個團體服務的連續性是基於所有團體均能同時製造需要及提供機會的假設。需要與機會是相互依賴的概念，當一起考慮此兩者時，將對實務有深刻影響。此連續性由兩個方向建構：(1)老人投入團體的本質；及(2)團體可對老人提供什麼。 Gitterman （ 1979,1986 ）提出，許多與團體關聯的意念常被視為是獨立，而實際上其本質是有關聯的。這個概念在老人工作時特別地有關，因為老年並非一個同質性的團體，他們至少由四個類別所組成：(1)具有生理及心理能力者；(2)身體能力佳而心理虛弱者；(3)身體上虛弱而心理有能力者及；(4)身體及心理上皆虛弱者。老人團體顯示的需求與能力範圍，必需對所有團體價值、團體特質及團體結構均做概念化。Gitterman 強調三個需要考慮的：時間、大小與物理的環境因素。

　　1. 時間

　　時間的限制通常被認為是促使團體成員趨向更大知覺的一個激勵的力量。有限時間的團體，例如，一個新住民指引的團體，協助成員很快的著手做他們該做的事，然後使之獨立而能分離。無論如何敏感，這種受限於

時間的意念可能造成成員的負向現實感，因為成員除了立即經驗外，一般對時間較缺乏概念。工作者與成員對時間取向的不一致，將引導我們注意工作關係中的不一致。從另一方面來說，在長期照顧機構進行中的開放式團體，雖然缺乏時間限制的激勵，但提供機會使成員在團體中來去自由且安全的團體經驗。這樣的團體向成員再保證它將一直為他們而存在，並提供有時間限制團體所無法得到的支持。

2. 團體大小

一般認為像演講及音樂會等大型團體活動確是有價值的，因為它們參與的需要較少。Friedlander（1983）在社區中心的觀察，發現此團體在促使成員由於他們共同存在而感到是團體一分子時，所需的努力最小，需要低而機會高。Miller 和 Solomon（1980）之經驗回應了 Friedlander 的看法。但在解釋同樣實際的團體並考慮涉入情形時，這些認知上就較有限。我們可以了解團體的大小與較大的物理環境對於消極參與團體亦可證明影響很大。從小的、有熟悉的成員、初級的團體，轉到面對不熟悉成員的大團體，將使焦慮升高，同時不能為必需的團體職務提供必要的支持。小型面對面的團體，有助於高度的親密和參與的需要，每個成員由於團體趨小而更可被看見。在小團體中對個別成員的要求隨著團體彼此支持增加而減低了，就如工作人員與成員之比率一般。這些小團體的品質，令他們對高能力和低能力者均有助益。

3. 物理環境

物理環境是團體經驗中一個重要的因素，如果團體結構確實，物理環境可以促進互助及能力的經驗。對那些困難較少者而言，因環境的分心也是不可抵抗的，因此對於那些認知受限制而只能一次專注於小刺激者，應特別照顧；透過室內空間的安排，可以防止過早的親密，可以對那些需要用身體的接觸以建立連接，產生預防作用。

以下舉例說明時間、團體大小與物理環境的彼此關聯。它的建議對一般的老人是適用的，但對特別的老人可能不適用。一個老人中心的工作者做了以下的報告：

Diaz 太太，七十三歲，四年前即寡居，最近決定「試著」到

老人中心來。工作者為 Diaz 太太選擇第一個活動是在下午的音樂演奏。她認為音樂是愉悅而多少符合 Diaz 太太的需求。當 Diaz 太太到達音樂廳時,她呆住了,她從來沒有看過有如此多的老人聚在一起,也無法走進她不認識任何一個人的地方,於是她改選參加一個烘焙團體。

這個小型面對面的團體允許她以其能力點加入,繼續一個熟悉的社會角色,並藉著現在引發過去而使她的年齡永保不老。

創造團體,社會工作者尋求老人的能力、需求、需要與機會間的一致性。當提供一些有信心的概論時,對適用於所有個體的情況必須加以考慮,對需要、機會、能力與需求的評估,是實務策略的基礎。如果工作者決定它們之間有緊密的一致性,則對其他的要求會較少,如果從另方面言之,其間的符合性是薄弱的時候,則工作者要問下列的問題:(1)如果生理及社會環境是較有反應的,老人是否可以滿意的態度運用團體?(2)老人具有較佳能力的感覺,是因選擇另一個團體或是藉由控制團體以獲得額外支持而達成?(3)團體是否不管提供什麼支持,已超出人們的理解?提供增強能力的團體,唯有在工作者了解當老人最後進入一個特殊的團體中,他應要求什麼時,才能達成。從其現有的能力出發,工作者通常低估了老人在團體服務中的需要。建立一個連續性的服務,可使成員在滿意的感覺下進入並參與團體,需求與能力、需要與機會的良好均衡,可確保所有的老人,不論其特徵的差別,均可參與成長、滿意的團體經驗。專業的任務乃在開創如此的機會。

# 第六節　團體特質與團體目的

所有的團體被認為具有的特質及價值是被歸因、決定於保持團體的功能,例如團體的任務是什麼及團體目的。換言之,希望達成什麼。這個問題是,若團體太大,我們必須問,對什麼而言太大;當我們想知道團體活動是否夠長時,我們必須再問,對什麼而言夠長;當我們問一個團體應該

如何組成時，我們必須問成員間的關係，以及團體目的為何。即便是特殊
團體結構的價值，也只有當個人想達成什麼的定義及成員想一起作什麼，
達成一致時，才可獲確定。一個功能性／操作性的取向，使我們以行動的
相互關係思考，並對每一個組成的團體詳述其目的。

# 第七節　團體的類型

　　為老人提供的團體服務可由文獻中許多概念化的發現加以組織
（ Cohen & Hammerman 1974; Euster 1971; Friedlander 1983; Kubie &
Landau 1953; Lowy 1985; Miller & Solomonn 1979 ）。例如，在一個早
期的概要中，Kubie 及 Landau （ 1953 ）提出了下列團體的種類：自我管
理、編序式學習、木工與油漆、詩藝、生日聚會、音樂、戲劇及討論團
體。這些團體乃由他們在一個老人中心的九年工作經驗中所引述出來的。
很顯然，這些名稱與最近在機構中或在社區中團體的想法非常近似。Eus-
ter （ 1971 ）提出，在機構的老人團體可以包含：住民會議、生活單位團
體、活動計畫團體、特別興趣團體及強化團體。 Miller 及 Solomon
（ 1980 ）提出四個團體的種類：正式與非正式的教育團體、生活任務或問
題解決團體、自我管理團體以及社會行動團體。

　　這些名稱的非意圖的結果是，形成進一步的分離「活動與討論、過程
與計畫、任務與成長」（ Shulman 1971 : 222 ）。處理任務與處理感情之間
的對立，對工作者與團體成員兩者來說，都將會是特別的困擾。二元性會
扭曲現實的本質，所有團體任務引發感覺，而所有的感覺是存在一個社會
關係中，可透過對重要任務的記述而給予定義。所有的團體包含工具性及
情感性二種功能，雖然一次只以較顯著的其一出現。在老人團體工作中，
除去這種對立便特別重要，以免使老人沒有感受到有意義的經驗，使得工
作者只獲得一半有益的經驗，這個課題對老人工作的新工作者是特別困擾
的。

　　一個第一年從事直接實務社會工作的學生，被安排在一個有

高比例老人的心理衛生診所服務，前來接受督導時非常沮喪，因為她被指派作低收入老人團體之工作，她說她害怕她沒有機會發展她的「臨床」技巧，她知道 entitlement 是重要的，但不知道一個志工或個案協助為何不能做這樣的事。督導問，Farmer 先生在申請醫療補助時有何感覺，學生動人的描述，他有強烈負面的感覺，而她興奮於有此機會可協助他處理這些感覺。督導要求她想像一下，如果 Farmer 先生在 entitlement 團體中，這些感覺將如何，學生立刻了解到這些感覺依然存在，然後她說，entitlement 團體是任務團體，不能處理成員的感情。接下來的督導則用在協助學生了解如何處理複雜任務，包含因任務產生的複雜感情。

Gitterman（1979）與 Germain、Gitterman（1980）提出思考團體的途徑，超越了有問題的二分法，並提供一個架構，發展、提供及維持團體服務。這些團體可為成員提供及組織，或可以經安排使成員可以選擇他們在團體中的焦點。Germain 與 Gitterman 提出，人們的需求或「生活中的問題（problems-in-living）」屬於三個範圍：生活轉型、人際的困擾及環境的阻礙；這些指標並非是相互拒斥的類別，而是指出一個基於主要內容以確定種類的傾向來組織團體的方式。可以了解的是，在生命時光中，所有的團體可以將焦點置於生活中的三個問題；此外，在每一場域中，團體可以運用活動及討論，也可以處理任務及與任務有關聯的感覺。當我們討論這三個生活中的問題時，讀者將會想到我們先前有關老人生命歷程的需求之討論。

# 一、生活轉型

與生活轉型有關的壓力產生自三個來源：發展性的改變、被標籤化生活地位的角色要求，以及危機事件。在這些界限內定義每一個需求，可作為團體服務的基礎，它們可以組織以協助老人因應與老化有關的生理上、生物上及認知上的變化，可從一個對廣大聽眾開放的演講系列，到一個較

小由特定老人組成的面對面團體,以因應其生活中的改變與失落。致力於開創團體服務以協助老人因應失落與改變的一些例子在此可以引用:Parry(1986)有關協助成員處理慢性疾病及失能的損害;Rosengarten(1986)寫的,建立延展居家照顧團體的社會網絡,以協助正由急性疾病恢復的人;Orr(1986)提出一個深切描述如何致力於協助團體成員處理他們親人的死亡。團體也關切他們從一個以工作為中心的生活,轉移至「退休」活動的生活。在一個人生命時光中維持有意義活動連續性的需求,有一個顯著的例證是退休老人志願服務計畫(Retired Senior Volunteer Program),在此計畫中,老人永保其不老、有能力的自我而服務他人。休閒團體成為同時促進社會角色與社會能力,及發展新興趣以取代或補充以前的時光的最佳團體例子。Getzel(1980)相信,某些團體,如詩藝團體,由於它們真實的存在,傳達了老人創造潛力的信念,鼓勵老人參與並在其生活中創造詩藝。最近對老人運用回憶的評價,證明了這種活動很有用(Kaminsky 1984)。回憶團體(Pimcus 1970; Greenhouse Gardella 1985)及團體利用生命回顧過程(life-review process)(Butler 1963)促使老人能確認他們的過往,回復他們現時的生活,並在二者之間作出出連結(Lowy 1962)。Howell 以痛切的字眼指出許多老人的經驗,是當她說「我是我所記得的自己」時(1983:105)。回憶,可作為一個心理上的機轉技巧,對維持老老人自我觀念時特別有所助益(Tobin 1988)。互助團體,因其相互支持與共患難,提供一個理想的媒介以協助處理喪偶、失去所愛的人、疾病及虛弱的危機。

## 二、環境的障礙

生理上或社會上環境的需求,可以採取二種途徑:(1)經由為此目的而特別組織的團體;及(2)為處理生活轉型壓力源或人際障礙的而組成。機構所設立的團體,通常乃設計在協助住民處理機構生活,一個好的例子是住民會議(the Resident Council)。這些團體協助住民克服機構內的生活問題。將焦點置於服務程序,如,當藥物治療是被管理的;及服務的品質,如食物的溫度,它們也可以是機構的利益。類似的團體可以在社區及老人

中心發現，鼓勵老人負責管理自己的生活，當團體成員在處理生活轉型或人際的需求時，與環境的距離變得明顯；在因應失能時可能形成物理環境改變的需求，以促進其與外在世界的連結。生活轉型與環境需求間的消長是自然的，可由工作者互相連接的意識而促進。

在物理環境中，團體可以設計於促進社會環境，社會網絡聯結與類似的效果乃是來自處理生活轉型與人際議題。這些團體成為連接人們與其他人及世界的有力的力量。例如，與機構有關的團體，歡迎來自俱樂部、社區中心及老人中心的委員，使新的成員彼此連結，因而減少孤立。生日的團體、慶祝假期及社會中各種團體，均再造正常社會情況而不致孤立老人。處理生活的轉型與人際的的緊張也與社會結合之需求有關連，喪偶之後的寂寞可以導致友誼需求的增加；因應疾病的需求可促使加入一個病友團體；受助的經驗可促進一個人志願協助他人。

## 三、人際的障礙

在個人生活或與之有密切關聯的自然團體中，生活的壓力可引起人際緊張的增加。團體的成員、機構內的室友、家人與同層樓住友、都可能產生問題化的關係與溝通模式。生活中的問題，諸如室友團體或家人團體等特別的團體，可用來幫助成員了解及發展新關係。

# 第八節　工作者的角色

一個團體作為一個互助系統的概念化，定義團體中社會工作者的角色是很必要的。由於助人關係的多樣化，社會工作者的活動在直接協助人們採取行動（Schwartz 1961）。促使成員去注意吸引他們齊聚的需求，這是工作者最想達到的。

社會工作者成為團體中直接協助成員的力量：超脫他們個人孤立的束縛、相信透過團體連結而改變的可能性，並找出成員對社會需求的定義與團體對社會目的的定義間之連結。此同儕的助人網絡與工作者的權力有相

對的均衡，同時提供協助成員再次運用影響力的經驗。這種成功鼓勵成員努力去影響他們所身處的更大的環境。

# 第九節　團體發展階段與社會工作技術

工作者如果了解團體發展的階段，則其將能更有意識、更具技術、更切題的採取行動。充分發展的團體，較有能力去注意將成員聚齊的需求（Berman－Rossi 1987）。大多數團體發展的文獻（Bennis & Shephard 1956; Garland, Jones, & Kolodney 1965）是關心有時間限制、封閉式的團體；Schopler 和 Galinsky（1984）以開放式團體不同的發展模式，增廣我們的了解。

我們的實務文獻以往較少注意老人團體工作，Lowy（1985），Miller 和 Solomon（1979）則除外；如果沒有這些知識，工作者在如何從事及維持老人團體的了解上將受到限制。在團體發展階段中，工作者與團體生命的五個相互依賴的部份，將簡要地在此述及（Berman－Rossi 1988）。這些全部由我們的老人團體知識組成：(1)團體系統的特徵，(2)成員行為的特徵，(3)成員與集體的任務，(4)社會工作者的任務及，(5)社會工作者的技術。Garland, Jones 及 Kolodney（1965）的分類在此將被使用。

## 一、第一階段：初期的關係

在初始階段，團體缺乏一種團體認同的感覺，不確定性支配並加劇老人不安全的感覺。信任的氣候未發展，而壓力的感覺甚於支持。不信任的氣氛佔有優勢，早期的生活與其生活年代的經驗影響親密關係之建立；成員們害怕失敗，且其易受傷害性增加依賴及支持的需求。團體必須發展一個可表示出所有成員利益之集體了解，成員們害怕他們的需求是獨特而不能被滿足的。社會工作者要能了解成員害怕失敗、他們對肯定自己的遲疑以及他們想在一起發展作何事的了解之需求。此階段的工作技術包含提供

團體可對成員提供什麼服務之了解，即使是最虛弱的成員；幫助成員表達他們對形成團體之想法，以及藉意義澄清對隱藏的訊息加以反應。

## 二、第二階段：權力與控制

以權力與控制的議題為主，不論團體在功能上的能力如何，團體成員們最關心的是與工作者有關聯的權力。權力與控制之議題威嚇著團體成員，而團體也趨向分離的可能，許多老人不習慣挑戰這些權威，特別是那些想受到協助者。年齡的差別使困難的工作愈加困難，而那些較少環境資源者，將感受到更大的易受傷害性。成員們以閃爍、間接的語句表達自己，團體的動力很強，雖然成員開始尋求互相支持，但是情緒的矛盾仍佔有優勢。團體開始掌握工作者的權力並自行運作，工作者必須幫助成員互相運用及掌握本身的權力。工作者必須接納成員對其權威的挑戰，並協助成員表達有關完成任務的感情與想法。除非團體成員在這個階段是成功的，否則他們發展成一個互助系統時將受到妨礙。以下將舉一個實務的例子：一位在由聯邦政府贊助的「退休者外展計畫（Retirees Reach Out Program）」之社會工作者寫道：

　　這是我們歡迎委員團體（Welcoming Committee Group）的第六次聚會，在此之前的聚會我們均同意我可以打電話給每一位新退休者，歡迎他們到計畫的團體來，並說明團體所提供的是什麼。在開始之後沒有多久，Rivera 先生站了起來看著我和一起圍繞著桌子的七名男女成員說：「我們有些人在談論著，我們不同意你是第一個打電話給新近退休的人，我們認為應該由成員打第一個電話；這是我們的計畫，我們喜歡有第一個歡迎新成員的機會。」我環視著房內，每一位成員都點頭同意，此時氣氛有些嚴肅。我暫停了一下，以進入這個建議並說：「這是一個重要的想法，而對我來說這真的不錯。」我微笑地說：「我是否至少可以第二個打給他們。」他們都笑了起來。Samson 太太說：「當然，我們只是想作第一個。」

　　沒有浪費一點時間地，他們很快的開始盤算著，如何在一個合適的時機得到新近退休者的名單。他們的態度充滿著精力、有焦點及輕鬆。當他們開始享受咖啡時，我說：「當我坐在這裏時，想到一些事，希望聽聽你們的想法。」他們點頭示意我繼續。我說他們對這個建議都感到如此強烈，令我感到受打擊，他們點頭表示同意並議論著這對他們是多麼的重要，我繼續說：「這令我感到好奇，當上週你們都同意我打電話給每一位新成員時，你們的感覺和想法是什麼？」房間內沉默著。氣氛中有些凝重，我等待著，成員們很明顯的不太舒服。Brown 先生說：「我不同意你，但也不願傷害你的感情。」Niman 小姐說：「我也不同意，但其他人沒有說什麼，所以我也沒提。」我們繼續討論著他們對猶豫於面質我的建議的這個話題。當所有人都說完，僅 Strocchia 先生尚未發言，Brown 先生請他提出他的想法；Strocchia 先生說：「不同意你的建議，對我來說是很困難的，因為第一，妳是一位女士，再者妳負責照料我們，我對我的老闆一直有這種感覺。」他所表達的影響力使房間內的氣氛陷入沉重，沒有人說話，成員開始收拾他們的東西準備進行下一個計畫。我說我非常接受他們所說的，我知道這花了他們許多力氣，而我也知道我們現在需要結束，但我希望他們知道，我感謝他們與我分享想法及有勇氣提出他們自己的意見，如果他們贊同，我想繼續討論我在團體中的權力及我們的工作關係，他們同意。而我說我認為他們幫我了解很多我們團體中的工作及與他們一起的工作。

　　工作者學到了團體在正式聚會時間外的生活，將影響團體聚會期間所發生的事；她也學到了此種合作的安排，她與團體的助人關係是其中一種，意即「案主與工作者之角色乃是由從屬接受者與專家轉變而來，而此通常被假設是具有『專業的』特性之關係」（Germain and Gitterman 1980：14）。

　　在此實務例證中的團體，可增強最易害怕的成員的能力，當每位成員

會勇於挑戰工作者的權威時，團體會變得更強大（Berman-Rossi 1987）。

## 三、第三階段：親密

經過權力與控制階段，成員可以朝向於發展更親密的同儕關係。他們可互相證明他有力量必須互相協助；成員具能力的感覺顯著的增加並成為促使團體成為一個整體的潛在力量，成員彼此信任並視團體為力量的來源，並有能力滿足他們的需求。批評團體是令人無法忍受的，工作者被要求支持持續的親密並挑戰現存對聚會的阻礙。問題解決活動在此時特別強而有力。

## 四、第四階段：分化

團體此時是處在最成熟的階段，且最全神貫注於滿足成員的需求，成員之間的關係最強有力，成員們感覺彼此強烈的依附，而彼此之差異性最能被接納。結果，成員可以區別自己與他人，而個人自我也特別增強；工作者被要求協助成員在解散團體之前，運用團體以滿足其他的需求。

## 五、第五階段：分離

如果在之前各階段的收穫仍然很堅固，則成功的處理團體發展的最後階段是必要的。當到了所有結束時，先前的失落將再度被喚起，並在現時經驗中再被重新制定，並且同時向工作者及成員提出重要的挑戰，一個趨避模式（approach-avoidance pattern）通常出現作為因應失落的方法。成員們必須實際地評估他們的運作、彼此道別，且不會為因應失落而減少收穫。工作者被要求：協助成員實際的評估收穫、轉達內在訊息成為公開溝通、並參與團體對團體經驗做真實的評價。敏感於成員需要離開團體「整體」是特別重要的方法，增進整合一個成功的經驗至其有能力自我的意識中。

## 六、結論

　　在每個人心深處，都存有被孤立於世界中的恐懼，被上帝遺忘，在無數的家庭間被忽略。此恐懼可藉與人成為朋友或家人而去除，但恐懼儘管存在，沒有人敢想像，如果其餘的人被帶走，我們將會發生什麼事。

———— Soren Kierkegaard

　　為老人提供良好發展及充滿技術的團體服務計畫，可確保其他人不會被帶走；團體結合成為一個減緩老人常經驗到的孤立與疏離的基本方法，藉團體參與而產生的歸屬感，在老人與其物理與社會環境間契合的親密關係，有非常強、有助益的效果。被強化的個人與被強化的集體，甚至可改善他們與社會之間權力的不均衡。透過歸屬及參與團體，必要的耐力可獲決定性的增加。互助團體提供老人維持自我觀念的機會，自我表達與自我接納促進自我尊重。在連續性失落的過程之中，發展關懷的關係，可以確保老人依然可能擁有情感的、關係的及環境的投入。

# 參考書目

Bennett, R. 1963. The meaning of institutional life. *The Gerontologist.* 3(3):117−125.

Bennis, W. and H. Shephard. 1956. A theory of group development. *Human Relattons.* 9:415−57.

Berman-Rossi, T. 1986. The fight against hopelessness and despair: Institutionalized aged. In A. Gitterman and L. Shulman, eds., *Mutual Aid Groups and the Life Cycle.* Itasca, Ill.. F. E. Peacock Press.

Berman-Rossi, T. 1987. Empowering Groups Through Understanding Stages of Group Development. Paper presented at the Ninth

Annual Program Meeting. Association for the Advancement of Social Work with Groups. Forthcoming.

Berman-Rossi, T. 1988. Tasks and Skills of the Social Worker Across Stages of Group Development. Paper presented at the 10the Annual Program Meeting. Association for the Advancement of Social Work with Groups.

Blenkner M. 1969. The normal dependencies of aging. In R. A. Kalish, ed., *The Later Years: Social Applications of Gerontology*. Monterey, Calif.. Broooks/Cole.

Brandler, S. M. 1985. The senior center. Informality in the social work function. *Journal of Gerontological Social Work* 8(3/4):195—210.

Brody E. M. and S. J. Brody. 1987. Aged: Services. *Encyclopedia of Social Work*. 18th ed. Silver Spring Md.: National Association of Social Workers.

Brofenbrenner, U. 1979. *The Ecology of Human Development*. Cambridge, Mass. : Harvard University Press.

Burnside, I. 1984. *Working with the Elderly: Group Process and Techniques*. North Scituate, Mass. : Duxbury Press.

Butler, R. N. 1963. The Life Review An Interpreatation of Reminiscence in the Aged. *Psychiatry* 26(1):65—76.

Coe, R. M. 1965. Self-Conception and Institutionalization. In A. M. Rose and W. A. Peterson, eds., *Older People and Their Social World*. Philadelphia: F. A. Davis.

Cohen, S. Z. and J. Hammerman. 1974. Social work with groups. In E. M. Brody, ed., *A Social Work Guide for Long-Term Care Facilities*. Rockville, MD.: National Institute of Mental Health.

Engell, G. L. 1968. A life setting conducive to illlness: The giving-up complex. *Annals of Internal Medicine* 69:293—300.

Euster, G. L. 1971. A system of groups in institutions for the aged. *Social Casework* 52(8):523—529.

Forman, M. 1971. The alienated resident and the alienating institution. *Social Work* 16(2):47−54.

Fridedlander, H. 1983. Diffferential use of groups in mainstreaming the handicapped elderly. In S. Saul, ed. *Group Work with the Frail Elderly: Social Work with Groups* 5(2):33−42.

Garlandd, J., H. Jones, and R. Kolodneyy. 1965. A model for stages of development in social work groups. In S. Bernstein, ed., *Explorations in Group Work: Essays in Theory and Practice*. Boston: Boston University School of Social Work.

Gaylin, W., I. Gllasser, S. Marcus, and D. J. Rothman. 1981. *Doing Good: The Limits of Benevolence*. New York: Pantheon Books.

George, L. K. 1980. *Role Transitions in Later Life*. Monterey, Calif.: Brooks/Cole.

Germain, C. B. 1987. Human development in contemporary environments. *Social Service Review* 61(4):565−580.

Germain, C. B. and A. Gitterman. 1980. *The Life Model of Social Work Practice*. New York: Columbia University Press.

Getzel, G. G. Old people, poetry, and groups. 1981. *Journal of Gerontological Social Work* 3(1):77−85.

Gitterman, A. 1979. Develoopment of group services. *Social Work with Groups in Maternal and Child Health*. Columbia University School of Social Work and Roosevelt Hospital Department of Social Work, Conference Proceedings, June 14−15.

Gitterman, A. 1986. Developing a new groupp service. In A. Gitterman and L. Shulman, eds., *Mutual Aid Groups and the Life Cycle*. Itasca, Ill.: F. E. Peacock.

Gitterman, A. 1989. Building mutual support in groups. *Social Work with Groups* 12(2):5−21.

Greenhouse Gardella, L. 1985. The neighborhood group: A reminiscence group for the disoriented old. *Social Work with Groups* 8(2):43−52.

Gubrium, J. F. 1974. On multiple realities in a nursing home. In J. F. Gubrium, ed., *Late Life: Communities and Environmental Policy*. Springfield Mass.: Charles C. Thomas.

Halpern J. and G. Dlugacz. 1982. Working with groups on an inpatient psychiatric setting. In A. Lurie, G. Rosenberg, and S. Pinsky, eds., *Social Work with Groups in Health Settings*. New York: Prodist.

Hartford, M. E. 1980. The use of group methods for work with the aged. In J. E. Birren and R. B. Sloan, eds., *Handbook of Mental Health and Aging*. Englewood Cliffs, N. J.: Prentice-Hall.

Hartford, M. E. 1985. Group Work with Older Adults. A Monk, ed., *Handbook of Gerontological Services*. New York: Van Nostrand Reinhold.

Howell, S. C. 1983. The meaning of place in old age. In G. D. Rowles and R. J. Ohta, eds., *Aging and Milieu*. New York: Academic Press.

Kahana E. 1974. Matching environments to needs of the aged: A conceptual scheme In J. F. Gubrium, ed., *Late Life: Communities and Envirnmental Policy*. Springfield Mass. : Charles C. Thomas.

Kaminsky, Marc. 1984. The uses of reminiscence: A discussion of the formative literature. *Journal of Gerontological Social Work*. 7( ½ ):137−156.

Kastenbaum, R. 1983. Can the clinical milieu be therapeutic? In G. D. Rowles and R. J. Ohta, eds., *Aging and Milieu*. New York : Academic Press.

Kaufman, S. R. 1986. *The Ageless Self*. Madison: University of Wisconsin Press.

Kubie, S. H. and G. Landau. 1953. *Group Work with the Aged*. New York: International Universities Press.

Lee, J. A. B. 1981. Human relatedness and the mentally impaired older person *Journal of Gerontological Social Work* 4(2):5−15.

Lee, J. A. B. 1983. The group: A chance at human connection for the mentally impaired older person. In Shura Saul, ed. *Group Work with the Frail Elderly. Social Work with Groups* 5(2):43−55.

Lee, J. A. B. and C. Swenson 1986. The concept of mutual aid. In A. Gitterman and L. Shulman, eds., *Mutual Aid Groups and the Life Cycle.* Itasca Ill.: F. E. Peacock.

Lieberman, M. A. and S. S. Tobin. 1983. *The Experience of Old Age.* New York: Basic Books

Libassi M. F. and N. S. Turner. 1981. The Aging Process: Old and New Coping Tricks. In A. N. Maluccio, eds., *Promoting Competence in Clients.* New York: Free Press.

Lowy, L. 1962. The group in social work with the aged. *Social Work.* 7(4):43−50.

Lowy, L. 1985. *Social Work with the Aging.* 2d ed. New York: Longman.

Maluccio, A. N. 1981. Competence−oriented social work practice: An ecological approach. In A. N. Maluccio, ed., *Prmoting Competence in Clients.* New York: Free Press.

Mayer, M. J. 1983. Demographic change and the elderly population. In Shura Saul, ed. Group Work with the *Frail Elderly. Social Work with Groups* 5(2):7−12.

Miller, I. and R. Solomon. 1979. Group service for the elderly. C. B. Germain, ed., *Social Work Practice: People and Environments.* New York: Columbia University Press.

Monk, A. 1985. Gerontological social services. In A. Monk, ed., *Handbook of Gerontological Services.* New York: Van Nostrand Reinhold.

Nahemow, L. 1983. Working with older people: The patient-physician milieu. In G. D. Rowles and R. J. Ohta, eds., *Aging and Mileieu.* New York: Academic Press.

Orr, A. 1986. Dealing with the death of a group member: Visually impaired elderly in the community. In A. Gitterman and L. Shulman, eds., *Mtual Aid Groups and the Life Cycle*. Itasca, Ill.: F. E. Peacock.

Parry, J. K. 1980. Group services for the chronically ill land disabled. *Social Work with Groups* 31:59–67.

Pastalan, L. A. 1983. Environmental displacement: A literature reflecting old person–environment transactions. In G. D. Rowles and R. J. Ohta, eds., *Aging and Milieu*. New York: Academic Press.

Rose, A. M. 1963. Socail and culltural factors. *Social Group Work with Older People*. New York: National Association of Social Workers.

Rosengarten, L. 1986. Creating a health-promoting group for elderly couples on a home care program. *Social Work in Health Care*. 11(4):83–92.

Schopler, J. and M. Galinsky. 1984. Meeting practice needs: Conceptualiziing the open-ended group. *Social Work with Groups* 7(2):3–19.

Schutz, R. and G. Brenner. 1977. Relocation of the aged: A review and theoretical analysis. *Journal of Gerontology* 32(3):323–333.

Shwrtz, W. 1961. The social worker in the group. *New Perspectives on Services to Groups: Theory, Organization and Practice*. New York: National Association of Social Workers.

Schwartz, W. 1971. On the use of groups in social work practice. In W. Schwartz and S. Zalba, eds., *The Practice of Group Work*. New York: Columbia University Press.

Seligman M. E. P. and G. Elder, Jr. 1986. Learned helplessness and life-span development. In A. B. Sorensen, F. E. Weinert, and L. R. Sherrod, eds., *Human Development and the Life Course: Multidisciplinary Perspectives* Hillsdale, N.J.: Lawrence Erebaum Associates, Pubs.

Shulman, L. 1971. "Program" in group work: Another look. In W. Schwartz and S. Zalba, eds., *The Practice of Group Work.* New York: Columbia University Press.

Shulman, L. 1984. *The Skills of Helping Individuals and Groups.* 2d ed. Itasca, Ill.: F. E. Peacock.

Shulman, L. 1985/86. The dynamics of mutual aid. In A. Gitterman and L. Shulman, eds., *The Legacy of William Schwartz: Group Practice as Shared Interaction: Social Work with Groups* 8(4):51－60.

Sorensen, M. H. 1986. Narcissism and loss in the elderly: Strategies for an inpatient older adults group. *International Journal of Group Psychotherapy* 36(4):533－547.

Tobin, S. S. 1985. The Psychology of the Very Old. Paper presented at Lecture Series, Brookdale Insitute on Aging and Adult Human Development, Columbia University.

Tobin, S. S. 1988. Preservation of the self in old age. *Social Casework* 69(9):550－555.

Tobin, S. S. and M. Lieberman. 1976. *Last Home for the Aged.* San Francisco: Jossey-Basss.

Tropp, E. 1968. The group: In life and in social work. *Social Casework* 49(5):267－74.

White Riley, M. 1986. Overview and highlights of a sociological perspective. In A. B. Sorensen, F. E. Weinert, and L. R. Sherrod, eds., *Human Development and the Life Course: Multidisciplinary Perspectives.* Hilllsdale, N. J.: Lawrence Erebaum Associates, Pubs.

Shulman, L. (1979) "Teacher and organisation work: Another look" in N. 
Schwartz and S. Zalba, eds., *The Practice of Group Work*. New 
York: Columbia University Press.

Shulman, L. 1984. *The Skills of Helping: Individuals and Groups*. Itasca, 
Illinois: Ill. F. E. Peacock. 

Shulman, L. 1985-86. "The dynamics of mutual aid" in A. Gitterman and 
L. Shulman, eds., *The Legacy of William Schwartz*. *Group Work 
Practice in a Changing World*. New York: Haworth Press, 51-60.

Silverstone, A. L. 1985. "Depression and loss in the elderly" in *Social Work 
and Psychology in Aging* 2 (3), *The Institute on Journal of Geronto-
logical Social Work*, 7 (4).

Toseland, R. and Rivas. The Social Work of the Group Work practice. New 
Lecture Series, based on Institute on Aging and Adult Human De-
velopment, Columbia University.

Tobin, S. 1988. "Preservation of the self in old age." *Social Casework*, 
69 (9): 550-55.

# 第 7 章

# 社區組織、社會計劃及動員策略

*Cynthia Stuen* 　著

王增勇 　譯

　　社區組織、社會計劃、以及動員對不同群體和不同專業有著不同的互動關係。與這些觀念相關的名詞,有社區問題解決、社區工作、社區發展、鄰舍組織、互助、自助、社區行動、以及社會運動。

　　要解決貧富不均、居住環境惡化、教育機會不均等等問題,社區的民眾和組織首先必須認知,這些是整體社區的問題。因此,所需的改革必須以經過策劃的行動計劃有組織地加以推動。

　　未來就業機會的推估認為,老人社會工作將是成長最迅速的工作領域 (Kahl 1988),而老人社會工作者正適於推動社區組織、社會計劃、以及動員。社會工作的專業價值及技巧是最適於運用在這些鉅視面的實務工作上。不幸的是,並非所有社會工作者都具備適當的技巧從事上述工作 (Rothman 1979)。

　　社區組織和社會計劃關注於遭遇問題的群體以及影響問題的外在力量。關注的重點不在於問題本身,而在於解決問題的過程,因為在過程中我們協助受影響的人們去關心自身的問題,然後動員他們,使他們為自己採取行動。

　　這篇文章以鉅視面實務工作為主,尤其是社區組織和社會計劃。主要重點是基於社會工作的價值去動員老人。但社會工作本身並沒有完全擺脫對老人的歧視,因此有關老人工作的實務知識和青少年社會工作比較起來,就顯的沒有那麼豐富。幸而人口的老化以及六○年代所通過的立法使所有專業對老人有較多的關注,其中也包括社會工作專業在內。

# 第一節　需　求

　　人口依不同年齡層間的人口比例而更老化或年青化,其因素包括了生育率、嬰兒死亡率、以及平均餘命的改變。美國今天令人擔心的是它驚人的老化速度:中老和老老人(即 75 歲以上者)的數目正急速增加,而年青人的比例卻急遽下降,且未來十年內仍會持續下降 (Pifer & Bronte 1986)。

　　Stephen Golant ﹝ 1988 ﹞預期二十一世紀初將是老人的「黃金時代」

(Golden Era)。本世紀末我們對人口的注意力放在雅癖 (Yuppies)，但在二十一世紀初我們注目的焦點將是在怡癖 (Yeepies) 身上，怡癖是指一群年輕 (youthful)、有活力 (energetic) 的老年人 (elderly people)，熱烈參與每一件事情，這對動員工作有重要的啟示。

年輕人的減少使人們開始擔心，誰能在經濟上和體力上提供因人口老化而增加的服務需求呢？這引發了有關世代間公平分配的爭論，使年青人反對老人爭取服務和福利。

機器人科技的進步協助老人應付身體功能的衰退。聲控機器人可以協助日常生活活動，如提重物、整理家事、提醒用藥、確保安全等，而這些只是正在推廣的若干用途而已 (Lesnoff–Caravaglia 1987)。

退休生活佔去人們一生的時間比例正逐漸增加，顯示老人對休閒生活的需求，而這是過去文化生活中所沒有的。從經濟學的角度而言，這表示人們一生中將有更長的不生產時期，而且會消耗更多的資源；由於平均餘命的增長和生育率的下降，會造成過高的人口依賴率。女性持續地比男性多活七至十年，因此有可觀數目的老年女性，通常她們都較其配偶更為貧窮。這些年老婦女很多是寡婦，她們失去配偶後，必須經驗角色的轉變。這顯示有愈來愈多的老婦人需要社會調適方面的協助。一名年老的黑人婦女，往往要受到三重的剝削——性別歧視、種族歧視以及貧窮。

社會工作，尤其是老人服務，大多集中於都市，但老人學者卻已關注鄉下地區。現在大部份美國老人住在都市，而且將會繼續住在大都會或都市化區域，主要是郊區。今日老人的高自有住宅比率仍可能會再持續二十年 (Cheven 1987)。這個趨勢顯示大部份老人仍有強烈欲望去享受擁有住宅所帶來的物質上、象徵意義上以及情緒上的好處 (Golant 1984)。

都市老人的主要問題在於服務的可近性，例如社區內的交通，以及各種福利服務的提供。在都市地區，由於種族的差異也造成文化和生活方式的不同；鄉村地區一般而言較都市地區更具異質性。

六〇年代中期有關老人的立法就是回應日增的老年人口群的需要。社區組織逐漸成為運用在老人社區方案發展上的重要社會工作方法。

# 第二節　老化理論的啟示

　　每個人對晚年生活中的改變會有不同於以往的反應。這些反應會影響個人的一般功能、社會關係以及身體健康 (Birren & Schaie 1977)。

　　老人所經歷的主要社會心理轉變是角色失落和角色改變。大部份的老人在我們的社會中被賦予非常有限的角色。無論是強制或自由選擇退休，一旦離開了數十年所扮演的職業角色，都會產生與社會脫離、不再滿足，甚至對自我能力不再有自信的失落感 (Kell & Patton 1978)。

　　老人會如 Burgess(1960) 在其活動理論中 (activity theory) 中所描述地變成「沒有角色可扮演」(roleless)。重新建構社會、為老人創造有意義的角色，對現在急劇地人口老化而言是必要的。活動理論認為，如果一個老人的社會參與層面愈高，他的士氣和生活滿意度也會隨之增加 (Havinghurst & Albrecht 1953)。

　　從社區組織的觀點而言，這表示我們應該發展提供老人社會參與管道的社區方案。一九六五年的美國老人福利法 (Older Americans Act) 似乎就是立基於活動理論。由 Neugarten、 Havighurt 和 Tobin(1964) 提出的發展理論 (developmental theory) 則認為生命週期的每一階段都有其生命議題必須面對，老年的生命議題則是如何將以往生活經驗加以整合。發展理論對老人方案設計採取一個依生命老化過程為考量的取向。

　　社會交換理論 (social exchange theory)，假設個人或群體間的互動是嘗試去以最少代價獲得最大回報。交換理論的主要命題是，兩人之間的互動若彼此看到從互動中可得的利益，則互動會將持續進行且有正面評價 (Dowd 1975)。提供回報的能力就稱之為權力。權力是社會交換理論的中心概念。老人的權力正隨著在工作、健康、社會網路、和財務上的失落而消失。 Emerson(1962) 指出四種可能因應權力失衡的策略。

　　1. 退縮── 不參與（ 與疏離是相同的 ）。

　　2. 延伸權力── 建立新角色以獲得新的回報。

　　3. 顯露地位──依賴的一方（ 老人 ）透過重新評估其仍有的技能，重

新顯露其地位而獲得較多權力。

4. 形成聯盟——較無權力的一方聯合其他相似的依賴者組成聯盟，以
對抗較有權力的一方。

最後一個平衡策略；形成聯盟，最盛行於社區組織者之間。在與老人
工作之中，有時也會觀察到老人與年輕人聯合。

「灰豹族」(Gray Panthers) 是為老人倡導平等權利、平等機會、以
及老人尊嚴的機構。他們的會員年少皆有，因為他們知道世代間彼此支持
不相互孤立的重要性。「世代聯盟」(Generations United) 則是關心世代
間議題和方案的機構的全國性聯盟。

社區工作者最好認識自己用以評估老人需求的老化理論觀點，以及他
們選擇為老人工作的策略的理論基礎。但應該注意的是，無論一項理論在
解釋現象上有多方便，沒有一項理論可以完全適用在老人這種差異性極大
的人口群上。

對影響社區老人的社會、經濟、健康和政治議題加以深入了解，可以
引導評估需求，並帶領專業人員或老人本身去選擇一項適當的處遇策略。
社區組織、社會計劃、以及動員在很多老人相關問題的解決上都非常適
合。

# 第三節　鉅視面實務的種族議題

組織、計劃以及動員實務，需要知道老人人口群之間的種族和文化差
異。雖然老人人口的異質性人人皆知，但是現行的政策和方案對種族差異
性仍不夠敏感。即使知道各種族之間的差異，各種族的分類常常仍只有白
人與非白人，或只有黑人和拉丁裔的區別而已。舉例而言，依美國人口普
查定義；拉丁裔包括西班牙人、墨西哥人、古巴人、波多黎各人以及中南
美洲及後裔。Manuel 和 Reid(1982) 指出人們在身體和文化特徵上的不
同，會造成不同程度的認同和歧視的傷害。也許，社會工作理論所要求的
從案主本身出發，才是社區組織者和社會計劃者最好的起點。社會工作者
必須肯定並敏銳地意識到老人的歷史和文化差異。

　　除非與社區建立溝通管道，否則社會計劃無法開始。在很多時候，與不同種族的社區建立關係是很困難的。

　　所有的案主群中，最不易彼此了解又有最強烈的種族認同的就是老人 (Cox 1987)。也許是因為文化傳統的緣故，使老人與他們新生的文化脫節，而仍持續對自己家庭抱持不切實際的期待 (Cox & Gelfand 1987)。

　　少數民族的老人更因為語言及公民身份的障礙而受到進一步的限制。有些人來自沒有活躍公民參與歷史背景的國家 (Torres−Gil 1987)。有的文化傳統帶有對外來者不信任和懷疑的態度，也成為計畫進行的障礙。只有在保持對該種族文化的敏銳度，與該種族的工作關係才能得以持續。

　　所得偏低是很多少數民族共同面對的主要問題。貧窮女性化 (feminization of poverty) 是所有年齡層婦女所面對的問題，但對少數民族婦女尤其嚴重。健康也是重要議題。少數民族比起白人，其健康狀況和身體功能都較差 (Manuel & Berk 1983)。

　　一九八○年人口普查提供了較以往更多有關老人的資料 (Longino 1982)。此次人口普查報告中有兩項較以往改善之處：第一，六十五歲以上人口不再被視為同質性人口，而是以五年一級加以分類，直至「七十五歲以上」為最後一類。另一項改進就是對種族分類有更好的方式。人口普查中有一份特別報告，針對各種族的不同社經地位人口提供詳盡資料。

　　但使用人口普查中的老人資料時，有一點必須注意，就是老人的資料比年輕人口群的資料有更多的誤差和偏見 (Siegel & Taeuber 1983)。

　　研究資料顯示，對福利服務的了解和接觸管道對服務使用率有重要影響（ Krout 1983 ）。 Ralston(1984) 發現老人中心被黑人老者使用的比率決定於老人參與的意願、老人對中心的觀感以及他們與家庭和朋友接觸的機會。社會性人口特質、健康和交通因素對老人使用比率而言都沒有顯著影響。

　　Holmes 一項對有高比例少數民族的縣市（ counties ）所做的研究中發現：

- 當一個縣市內的少數民族減少時，少數民族較不可能受到服務。
- 居住在人煙稀少地區的少數民族，最可能被服務提供者忽略。
- 影響少數民族老人受到服務的程度最大的因素是，機構的聘雇模式

(staffing pattern) 和辦公室地點（1982: 397）。

至於種族因素如何影響對服務的了解和使用，至今仍所知有限 (Harel et al. 1987)。也只有少數研究證實，少數民族較少使用醫療服務與社會服務 (Bell 1975; Biegel & Sherman 1979; Davis 1975; Fujii 1976; Guttman 1979)。有的人認為年齡使各種族間的差異趨於平等，但有些人認為少數民族是許多服務偏好的對象。(Down & Bengston 1978; McCaslin & Calvert 1975; Cull & Hardy 1973)。

也有全國性組織代表少數民族老人發言，例如全國黑人老者聯會 (National Caucus on Black Aged)、全國西裔老人會議 (National Hispanic Council on Aging )，但主流的全國性老人組織，如全美退休人員協會 (AARP) 和全國老人會議 (NCOA)，本身並沒有吸引很多少數民族老人的參與。少數民族政治性團體，如都市聯盟 (Urban League)、彩虹聯盟 (Rainbow Coalition)、全國 LaRaza 會議，雖然具政治影響力但沒有任何一個組織將老人問題當作優先議題處理 (Torres—Gill 1987)。

# 第四節　處遇模式

Rothman(1979) 認為社區組織包括了社區發展、社會計劃以及社會行動。社區發展最主要在於建立能量和發展自助。社會計劃強調以方案發展為目標，並以解決問題為取向，隨福利國家的成長而興起。社會福利方面的法律和法規常常強制要求社會計劃過程——例如一九六五年的美國老人福利法以及社會安全法案的第二十章。社會行動在六〇年代受到很多重視，主要關注於組織弱勢群眾，以及尋求權力轉移和體制改革。

## 一、社區發展

自發的社會參與主要依賴社區發展。以社區組織者的角度來看，參與是特定情況下選擇使用的手段，視所選擇的目標和策略而定 (Rothman et al. 1981)。聯邦法案，如美國老人福利法案提倡在服務設計時，要有民眾

的參與。這種參與是否導致有意義的投入或者只是象徵性意義而已，則需要進一步研究。

　　組織者需要記住，引導老人充分參與必須從老人們意識到「我可以有影響」(I count) 開始。 Match(1970) 指出社區組織者若要動員整個社區，他必須完成以下工作。

　　1. 在草根群眾中培養一種對改革的渴望。

　　2. 發現識別、邀請參與並訓練正式和非正式的領袖。

　　3. 發展出與社區文化相契合的改革策略，並訂定時間表。

　　自助團體在反機構化態度盛行的六〇年代以及福利服務資源日漸短缺的七〇年代大受歡迎。近年來自助團體又蔚為風潮，這些團體的目標在於希望協助美國老人追求更好的健康照顧以及社會福利。

　　Katz 和 Bender(1976) 定義自助團體為一個小型的民間自發組成的團體，提供彼此協助以達成特定目標。雖然個別的自助團體規模很小，但有愈來愈多自助團體組成的網路正在全國各地活動。

　　老人、老人的家屬以及照顧者是自助團體成長現象中的主要力量。這樣的自助團體滿足許多需要：提供資訊、情緒支持、以及分享類似問題的有效解決方法。

　　自助團體的差異很大；有的需要專業人員持續的介入，有的只偶爾需要，有的甚至完全不需要專業人員的參與。不同目的的自助團體在不同的發展階段所需要的專業人員參與也不同。有關自助團中意識型態的角色，可參考 Suler(1984) 所作的文獻處理。

　　愈來愈多的自助團體是針對喪偶者的需求而成立。美國退休人員協會透過其喪偶者服務，幫助社區提供服務給各年齡層的喪偶者。儘管婦女佔喪偶者的大部份——高達 75%——但似乎是喪妻的男人比喪夫的女人更不容易適應鰥居生活 (Gartner 1984 : 37)。有兩項主要研究顯示接受寡婦面對自助方案協助的婦女比沒有接受服務者，更迅速地調適自己的悲傷 (Vachon 1980; Lieberman & Borman 1981)。

　　由於老年人口的成長以及老年婦女有較高可能性成為寡婦，老年社會工作者需要知道各種有效的自助團體模式，以便在必要時扮演發起人、諮詢者、仲介者或評估者的角色。

美國退休人員協會曾組織從事勞力工作的老年婦女,在加州發展了一個自助團體——銀髮拾穗族 (Senior Gleaners)。在水果和蔬菜收成後,到加州各地果園和菜園蒐集剩餘可用的蔬果,分配給成員以及三十家以上的慈善機構。這個團體主要由低收入的退休人員組成。值得注意的是,這個自助團體完全由老人本身自己組織和實現的 (Pilusk & Minkler 1980)。

特定疾病如癌症和關節炎的支持團體,可以提供成員分享經驗以及面對生活的方法。其他的支持團體可以協助成員遵守治療所需的保健之道,如高血壓及減肥病人團體。

若干照顧者支持團體已萌芽。第一個因應照顧者需求的示範方案是紐約社區服務 (Community Service Society) 的家庭支持計劃 (Natural Support Project)。這個計劃報告照顧者支持團體從需要專業人員的完全介入一直運作到沒有專業介入。這個計劃也顯示,護老者團體也可能發展成為社會行動團體 (Zimmer & Mellor 1981)。老人痴呆症受害者支持團體也非常迅速地增殖。老人痴呆症的全國性組織正在全國提倡支持團體。

自助團體在雷根時期有迅速的成長。自助團體成為裁減專業服務的婉轉說法,更不幸地,某些決策者甚至認為自助團體可以取代正式服務。但參與自助團體會增加對服務的需求。當案主參與自助團體,他們往往會更清楚可運用的服務和資源 (Riessman et al. 1984)。

自助團體提供專業體制和老人的非正式支持網路之間很重要的連繫介面。 Litwak 和 Meyer(1974) 認為正式網絡和非正式網絡兩者若是相互依賴而非個自運作,則二者都會發揮較好的功能。自助團體可以協助非正式網路協調機構的官僚體制,提供社區服務。因此社區工作者需要了解自助團體模式並適切地培養它。

但是自助團體仍然受到一些批評。一是自助團體較不可能吸引低收入、低教育的老人。另一項批評是,自助團體隱含性地指責受害者,而忽略了醫療和社會服務體系的結構改革。雖然這些批評有其真實性,但卻不足以成為放棄自助團體的理由。

屬於居家無法出門者的自助團體已出現,社區工作者應給予關切。通訊刊物以及電話問安是一些例子。像療養院的機構也可能是自助團體發展的地點,如中風病人、寡婦、以及糖尿病人的團體。

# 二、社會計劃

七○年代的社區行動方案試圖發展本土的領袖並強化鄰舍層次的參與活動。然而社會計劃過程中有老人的參與則發展較慢。社會計劃模式中有許多有效的社區組織例子可以說明。以下個案研究不只說明社會計劃程序，也說明社會計劃與社區發展、社會行動兩者的關係。

> 有一龐大的都市住宅計劃正在規劃之中，但只有提供象徵性的住宅數目給老人居住。一般人都認為，老人住宅不是很重要的事，因為當地居民是黑人，而且他們投票率很低。一名和當地居民一起工作了兩個月的社區組織者正在蒐集資料希望爭取更多的老人住宅。他組織了一群居民，大部份是老人，到社區各處去解釋問題的嚴重性，並要求大家承諾「在必要時站出來」。讓社區民眾隨時知道事情的進展是這項計劃的關鍵。不久，當選舉登記正在進行時，市長三天前臨時通知，希望來訪。他們馬上準備要求更多老人住宅的聲明，並且提醒社區民眾不要忘了他們曾答應要「站出來」的承諾。當市長抵達時，整個體育館坐滿了居民，市長於是承諾提供更多的老人住宅。這項計劃的成功歸因於居民的高出席率以及選舉登記人數的增加 (Corbett 1970)。

雖然「訂定契約」通常用在個案工作，但與社區民眾訂定契約也是同樣重要。社區工作員有責任協調出時間表、策略、所期待的結果、以及達成的方法。

## ㈠方案模式

方案執行有三個基本模式：決策單位模式 (decision—making—unit—model)，自然傳播模式 (spontaneous contagion model)，以及倡導模式 (advocacy model)。老人服務領域運用這些模式的實例將在下文說明。

1. 決策單位模式是由參與者擴及至部份決策的目標人口，再進而擴大

到整個目標人口。有一示範計劃叫做「藉由志願服務經驗退休生活」方案 (Serve and Enrich Retirement through Volunteer Experience)，SERVE 是基於老年人力並沒有被充分地運用在志工服務而成立的。參與者是老人；目標人口是紐約史坦島所有的老人；而計劃進行的時間是六〇年代末期。當計劃完成時，他們決定把這個志願工作方案推廣到全美各地；後來成為「退休老人志願工作方案」(Retired Senior Volunteer Program, PSVP)。這種決策單位模式可運用在很多方案發展上，是服務方案設計一種理性取向的方法。

2. 自然傳播模式

自然傳播模式是當實務工作者在目標人口當中看見了需求，發展一項方案召集一群先驅人口去滿足他們的需求。該方案的目標可以推廣到其他地方。

以上兩個模式都運用了一小群的「中介轉換者」(convertls)，藉以促進目標方案的推廣。這些模式使廣泛的目標更容易處理。它們設定短程目標並迫使實務工作者在較小規模下想清楚整個流程，建立支持基礎，並在小群體中以實驗性質經營方案。

3. 老人社會工作實務中運用的另一個模式是在六〇年代萌芽的倡導模式。Saul Alinsky 學派的社區組織者會「把組織建立起來」，然後嘗試鼓勵疏離組織的窮人加入組織。以下是 Alinsky 運用老人中心做為主要網路中心的個案研究。

芝加哥的公民行動計劃 (Citizen Action Program, CAP) 始於一九六九年，起初它叫做反污染運動 (Campaign Against Pollution)，後來當它開始關心財產稅和消費者議題時，它就正式改名。一九七三年時，公民行動計劃代表三十個社區組織和五十個老人中心，成功地為老人在電話費加價案中爭取到降價、並爭取到榮價優惠方案，以及老人稅率折扣方案 (Lancourt 1979)。

Alinsky(1972) 認為運用一個由組織者組成的活躍的委員會是非常重要的。這些是由會員民主選舉出來的委員會。雖然 Alinsky 使用「激進」這個名詞，但並不使用極端的手段。 Alinsky 是個系統取向的人，有志於

使政府、地主、以及企業對人民更有回應，這也是現在灰豹族運動的目標。在灰豹族編寫的老人組織手冊中所推薦的基本讀物就是 Alinsky 的「基變份子的規則」(Rules for Radicals)。總之，倡導模式認為服務的接受者或消費者應該被視為夥伴，參與會影響服務運作的所有決定。

　　老人需要參與，也有能力透過直接負責或諮詢委員會等方式參與各種層次的社會計劃、執行和評估。各階層的老人都應參與；不論是中上階級的、都市的專業人士、或弱勢團體，都需要均衡地參與。

## ㈡立法對社會計劃的影響

　　一九六五年社會安全法案的兩項主要修正案；老人醫療保險 (Medicare) 以及低收入醫療補助 (Medicaid) 對老人有相當大的影響。但從起草到通過都沒有太多老人的參與 (Pratt 1976)。在一九七○年時，原先由老人掌握的決策權力正回轉到專業人士身上；專業人士所設計的財政收入分配 (revenue sharing) 正好說明原先希望公民參與社區計劃與財源分配的美意，然而並未被證實是個成功的參與模式，雖然社會安全法案第二十章提供訓練給老人，使他們能夠為自己爭取公平的經費。

　　一九六五年的美國老人法案製造了一次扭轉潮流的機會，把忽視老人參與的「為老人計劃」轉變成為「和老人一起計劃」。老人相關的社會運動和服務計劃是由有興趣的專業人員所策動；一九七三年修正案首創地區機構 (area agency) 計劃網路，並且強制要求有老人參與的機會。每州設置一個老人單位，收集各地老人地區機構 (Area Agencies on Aging, AAA) 所提出的意見。這些老人地區機構負責協調現存服務並設計規劃未來的老人服務方案。一般而言，每個老人地區機構會發展一套與聯邦預算相合的三年計劃，並呈報到州政府的老人單位彙整。

　　現在全國各地有超過七百個老人地區機構，負責訂定各項老人服務的優先順序，並為老人建立一完善的服務體系。老人地區機構可以運用他們分配經費的權力，藉由簽約購買服務的方式彌補現行服務的不足，但老人地區機構對主要服務體系的提供者並沒有控制權，例如，那些不由美國老人法案直接補助的醫療服務單位。也就是說，一名老人地區機構的主管只能靠遊說來進行他的工作，他不能提供任何財務上的誘因使其他機構合

作，也沒有合法的制裁效力。

　　由美國老人法案所制定的許多社會服務都被要求有社區組織的層面，例如，提供鼓勵並協助老人使用可用的服務和設施，或協助老人有適當的住屋。要遊說推動一項服務或者獲得使用服務的管道，倡導是非常必需的技巧。因此，老人地區機構的諮詢部門常常代表老人參與立法倡導。七〇年代和八〇年代的美國老人法案修正案已逐漸引進老人最迫切需要的服務。

# 三、社會行動

　　社會行動是 Rothman 社區組織模式的第三類活動。了解老人相關的社會運動歷史，可以給予現在正在規劃活動的老人社會工作者一些啟發，也可以使我們了解現在社會行動的內涵。本世紀中葉所發生的滿足老人需求的運動，它的導因是美國老人希望有類似德國和英國的社會保險。每個倡導老人年金的運動領袖都有很多支持者，但卻不被決策者所支持。

　　當時許多計劃的提出是為了解決經濟不景氣。三〇年代 Francis Townsend 的計劃是六十歲以上的老人每人每月美金兩百元的老人年金。二〇年代由 Robert Noble 所提的「火腿與蛋計劃」(Ham-and-Eggs Plan)，建議發行只有老人可以消費的特別憑證。威斯康辛計劃（Wisconsin Plan) 雖然強調設置因應失業的基金，也關心老人經濟生活安全。美國勞工立法協會 (American Association of Labor Legislation, AALL) 則提倡因應失業和老年所帶來的個人生活經濟安全問題。 Isaac Rubinow 以及隨後加入的 Abraham Epstein 建立了領導年金改革風潮的機構，美國老年安全協會 (American Association of Old Age Security)。這個團體以歐洲各國年金計劃為參考建立其年金模式，並定義六十五歲為退休年齡。但所有的這些運動都隨著一九三五年社會安全法案的通過而消退。

　　這些早期運動有一共同的相似點。它們都是由非老人的領袖人物所主導。而非老人本身， Pratt(1976) 認為完全缺乏老人參與推動年金的努力是一關鍵性且十分短視的錯誤。他還認為如果有一個更積極的老人團體存

在，社會安全法案會更完善且不需要花五年時間推動後來的修正案。這些
運動所達成的是提高了全國對老人的存在和需求的認知。

　　美國退休人員協會是由 Ethel Percy Andrus 所建立。當她為數千名退
休老師協會的會員尋找健康保險時，保險公司都拒絕她。一名保險推銷
員， Leonard Davis，把握住這個機會並提供一份保單。一九五八年
Andrus 成立美國退休人員協會，並不斷成長，已有三千八百萬會員。六
十五歲以上的人入會只要美金五元。一九八八年十月二十三日在紐約時報
有關美國退休人員協會的一篇報導文章中，協會的立法部門主任說道：
「這個國家對龐大有所疑懼，所以現在我們正試著縮小規模，這樣人們才
不會畏懼我們。我們是按照規矩在玩的。我們沒有政治行動委員會，我們
不施捨濟貧，也不捐贈。我們只做公民教育課本告訴我們的：把意見表達
出來。」

　　美國退休人員協會被認為比其他老人遊說團體來的溫和。它最重要的
社會行動策略是，它能夠透過大批信件傳送訊息給二千八百萬會員。

　　全國資深公民會議 (National Council of Senior Citizens, NCSC) 是
一全國性倡導團體，六○年代早期爭取老人醫療法案。它的會員來自勞工
組織，有較美國退休人員協會更自由派的理念。在華盛頓特區有另一個較
小的團體，全國退休聯邦雇員協會 (National Assciation of Retired Feder-
al Employees, NARFE)。另一個值得一提的是灰豹族 (Gray Panthers)，
它十分活躍但會員人數並不確定。在一九七○年由 Maggie Kuhn 所建
立。一九七三年與消費者運動之父 Ralph Nader 所創立的公民運動團體之
一，退休專業人員行動團體 (Ratired Professional Action Group) 合併。
灰豹族是行動主義者、全面性、由公民發起的社會運動，提倡重建一個視
退休為自由與自決的人生新階段的社會。灰豹族提倡年輕人與老年人之間
共同發掘新的生活型態，倡導消滅老年歧視，並使老人「激進化」，以為
他們自己的生活負起責任。

　　老年女性聯盟 (Old Womem's League) 由 Tish Sommers 創立，是個
有地方分會組織的全國性團體。它關切老年婦女的問題，尤其是老人女性
的貧窮化問題。它曾發起一個全國性電話組織活動來提倡它的理念和看
法。

　　八八年長期照顧 (Long Term Care' 88) 是一個超過一百個全國性團體組成的聯盟，教育社會大眾有關家庭正迫切面對的問題──長期照顧。八八年長期照顧是超黨派的組織，尋求八八年總統候選人和國會議員候選人以長期照顧為其主要政見。這個社會行動團體的獨特策略是，它以長期照顧做為一個橫跨人生各階段的議題。不幸地是，八八年的總統候選人並沒有任何回應，也沒有在八八年選舉時以長期照顧為主要政見。

　　菲勒斯基金會是一九八二年由 Phillippe 和 Katherine Villers 創立。基金會主要關切在使老人動員起來的活動、影響公共政策、改變機構對老人和低收入戶的不當行動、以及提供大眾對老人的生活與貢獻的了解與認知 (Villers Foundation 1986)。它直接參與的活動，如製作一套幻燈片，叫做「離開我們的搖椅：八○年代的老人組織」。這個教育計劃是要告訴新的組織工作者，什麼是老人組織。

　　為了中和被世代平等運動領袖認為是危險的代間分化效應，菲勒斯基金會出版了一份有關老年經濟學的報告，On the Other Side of Easy Street: Myths and Facts About the Economics of Old Age (1987)。它認為不分年齡，任何一個人都應該享有經濟安全的保障。

　　菲勒斯基金會直接地成為提供經費給草根團體去動員老人爭取適當的低收入住宅、健康服務以及工作機會的領導者。

　　為社區組織者在發展改革策略時，廣泛的倡導團體就提供了結盟的大好機會。視改革的目標而定，另一類似目的團體的加入，可以提高成功的機率。連絡不侷限老人議題的團體也可以擴大支持基礎。例如美國殘障福利法就業、交通及住宅上提供協助。

　　亞利桑那州的「僅限成人運動」(Adults Only Movement) 是個不尋常的老人社會運動。理論上它採用 Rose(1965) 之老化的次文化運動，認為老人有共同的世代經驗，因此與同儕相處較自在，且會與其他年齡層自我區隔開來。Rose 認為這個趨勢可由日漸增加的老人為主的宅群以及退休社區證明。

　　「僅限成人運動」始於一九七三年，一群老人抗議有兩個小孩子生活在他們的僅限成人、可移動式的住屋區域之內。法庭抗爭的結果是，法院支持「僅限成人社區」的概念（Anderson & Anderson 1978)。這運動包

括了關切此問題的房屋持有人。參與者共同的背景及類似的價值觀提供了
有效倡導的基礎。這個例子一方面引發了公民自由權的兩難問題，因為公
民自由權主張者認為這類運動是帶有歧視的；另一方面也使社工員看見了
為數不少支持年齡區隔的老年人口所引起的社會政策議題。

　　老人對參與政治活動日增的興趣已是眾所共睹的事實。那些挺身行動
的老人都看到了他們爭取立法與經費時所代表的廣大政治力量。

　　年齡與政治活動之間的關係幸運地被深入研究。當控制了社會經濟地
位與社區居住時期的因素之後，投票行為的研究發現，隨著年齡增加，政
治活動力也逐漸增加。整體政治參與則在標準退休年齡六十五歲之後，稍
有下降。一般而言，一個人接觸政治的機會愈多，就愈有可能參與政治
(Verba & Nie 1981)。

　　一般刻板印象認為年齡愈大就變的愈保守。年齡與保守主義之間關係
的實證研究常因研究方法問題而發生誤導。例如，定義「保守主義」必須
考量社會潮流是趨向保守或自由以及老化過程本身兩者因素。希望世代分
析 (cohort analysis) 可以改良研究方法，來說明並記錄一個世代在相同的
社會影響下如何隨著時間改變。Glenn 在分析一個世代三十年之後，達成
兩項結論：

1. 依據任何保守主義的定義，當人們附和一般社會潮流，隨著年紀增
   長，人們會變的較不保守。

2. 在過去三十年進入中年的世代，相較於全部成人，變的較保守。矛
   盾的是，他們卻可能認為自己是保守的人，雖然根據一般定義，人
   們其實變的比較不保守。(1974：26)

　　一些人曾擔心老人會變成過於強大的投票群，因而會佔據太多日益貧
乏的資源，而掠奪了其他年齡層的福祉。但對實際投票行為卻有不同看
法。Rose(1965) 認為，老年人其實會放棄舊有的結盟而加入老人聚集的團
體。全國資深公民協會和美國退休人員協會鼓勵以年齡為考量的投票，但
實證資料顯示，只有在健康醫療方面的議題上，年齡才是顯著影響投票行
為的因素 (Weaver 1976)。美國歷史上唯一努力組織老人成為政治力量的
是一九三三年的湯善運動 (Townsend Movement)，將老人力量帶入美國
政治，但隨著社會安全法案的通過而消失。Binstock 和其他人認為歷史上

從沒有所謂老人投票群，而且將來也不會發生 (Campbell 1971; Binstock 1972)。

社區組織者需要具備老人政治參與的知識。不論是運用社會行動、社會計劃或社區發展模式，組織者都不應該忽視一群組織起來的老人所能發揮的力量。

兩個全國性團體在八〇年代發展起來，以解決世代平等的議題。一本書名叫做「巨創：西元二千年的美國」的全國暢銷書，由科羅拉多州長 Richard D.Lamm 所寫，他認為美國整個公共政策都偏向老人，而老人已不再是不成比例的貧窮人口了。他說在一九八四年花在老人身上的資源是年輕人的十倍。

美國世代公平組織 (American for Generational Equity, AGE) 的創立，是在告知社會大眾現在老年人比以前更富裕，而年輕人卻因為資源不公平地分配而更貧窮。但美國世代公平組織被批評是製造隔閡與衝突 (Zweck 1986)。

老人的倡導者認為傳播這些製造世代衝突，使老人與年輕家庭和小孩之間相互敵對的訊息，是非常危險的作法。在此聯邦政府資源貧乏、財政赤字日增之時，資源與力量的不均已形成一場「零和遊戲」，將經費補助給某一群人口，就會犧牲另一群人口 (Kingson et al. 1985)。

「世代聯合」(Generations United) 成立於一九八六年，是為反制美國世代公平的倡導者而成立的聯盟。他們的目的是聯合廣大的組織和機構一起倡導以認知兒童、年輕人、家庭和老人是相互依賴的事實為前題的公共政策與計劃。它是由美國兒童福利聯盟以及全國老年會議的負責人共同主持。

責怪老人是八〇年代財務危機的主因，使得我們忽略了造成經濟災難的真正原因 (Minkler 1987)。強調世代公平的團體，如美國世代公平組織，已造成老人的反感，這種作法類似早年使用的「責怪受害者」(victim-blaming) 的作法。

# 第五節　改革策略的主要型態

社會工作基本上是進行改革。 Warren(1977) 的改革策略原型深切認知改革者與被改革的系統之間的關係，是與社會工作所定義的改革相互輝映的。

## 一、合作策略

改革最溫和的策略是合作 (collaboration)，透過彼此的共識與合作實踐彼此同意的改革目標。合作有三種主要方法：非正式合作、建立聯盟、以及建立協調機制 (Turock 1983)。

合作最複雜的方法是建立協調機制。通常是正式機構，有其章程說明其職掌和會員制度的法人實體。

## 二、運動策略

當共識尚未建立但有希望建立時，即可運用運動策略 (campaign )。運動策略的目的是在為一項目標或理想爭取支持。運動策略認知到有不同的意見和價值。社會工作者執行這類策略時是扮演遊說者的角色，嘗試使民眾以不同的角度去看事情。

一九八二年的社會安全危機就是個運動策略的例子。一個「拯救我們的安全」(Save Our Security, SOS) 的全國性組織發動一項運動，要求在不刪減給付的情況下，解決社會安全的財務問題。發行通訊、寫信、派代表向民意代表陳情、和拜會國會議員都是這項運動使用來爭取支持的技巧。

## 三、抗爭策略

當對期待的結果有不同意見而運動策略又被視為無效時,抗爭策略 (contest)就可以派上用場,以擊敗敵對的意見為目標。罷工、抵制、靜坐和示威是此類策略常用的方法。

一九七九年麻州 Cape Cod 的一個老人活躍組織的例子就說明了上述的若干策略。為了爭取進住療養院的管道,這個老人組織逐步運用了不同策略。起初,他們進行寫信、透過拜訪與院民和職員做朋友、和教育社區以喚起對療養院的關心。後來,他們運用抗爭策略之一——在療養院靜坐,導致老人被逮捕並以非法入侵的罪名起訴 (Holmes 1982)。

選擇策略時,改革的目標和支持基礎必須列入考慮。舉例來說,如果目標是社區發展,那麼運動策略可以有效地集聚主要的社區團體。組織提供教育、分享資源和相互支持的案主團體,最好透過運動策略來完成。

有時候,實務工作者會發現他的角色只限於協調。 Morris 建議: 「進行由專業推動的領導時,我們應該選擇行動的目的。……我們協助案主下定決心,不該是我們自己去下定決心的藉口」(1962:168)。決策過程中我們可能會發現案主的目標、機構目標和專業目標之間有所衝突。社工員的角色即在於辨別其中差異,並有創意地去發掘一條在符合機構自我利益的同時,又能達成案主目標的途徑。組織往往對其聘雇的社工員參與改革的程度,設定很多限制。

# 第六節　組　織

社區組織、社會計劃、和社會行動都運用在公部門與私部門中很多型態的單位裏。一九三五年之前,這些多與協調社區機構有關,如社區慈善會或健康和福利委員會。從一九三五年起,透過對方案的經費支持,聯邦政府的角色大為提升;老人服務領域的社區工作者自此主要是在公部門工作。 Perlman 和 Gurin(1972) 所提的機構間計劃 (interorganizational plan-

ning) 認為，社工員的角色是決定如何去組織以及如何分配資源；美國老
人法案所設置的老人地區機構網絡提供了最好的說明。老人服務的網絡
中，老人地區機構的興起使地方性的社區健康和福利委員會 (community
health and welfare councils) 的角色日漸萎縮。

## 一、機構安置的老人

　　美國大約有 5％的六十五歲以上老人接受機構安置的照顧。但有 20％
到 40％的老人會在養老院中度過他們的晚年。因此與長期機構照顧服務打
交道的人數不在少數。Litwim 和其同事 (1982) 對如何組織機構安置的老
人提供了三種社區組織的策略。這些策略可運用在所有類型的醫療機構；
但社工員將之用在急性照顧機構醫院的表現較為突出。

　　從院民自治會議 (resident's council) 著手組織養老院的老人是策略之
一。建立這種院民自治會議的創始者是 Silverstone (1974)，他倡導所有院
民都應該參與。至於失能較嚴重的院民，許多人質疑，他們可以參與的程
度和自治的可能性。其中一個可能的解決方法是由別人代表參與自治會
議，尤其是外界可以代表殘障老人利益的倡導者。

　　第二個策略是透過一九七八年美國老人法案修正案所要求設置的護理
之家人權維護代表 (ombudsman)。人權維護代表的職責是回應院民的申
訴。Litwin 指出人權維護代表並沒有被鼓勵去改變機構政策，由於沒有
被授權，人權維護代表所運用的技巧多以建立共識為主，而非以抗爭為
主。人權維護代表一般被視為倡導者，只有少數人把他視為努力改變權力
不平衡現象的激進倡導者，而不只是一名熟悉體制的機構代言人而已
(Berger 1976)。

　　由養老院之外的人為院民倡導權益是第三種策略。家屬協會或者消費
者權益促進會都可扮演這個倡導角色。紐約市的機構安置老人親友聯合會
(Friends and Relatives of Institutionalized Aged, FRIA) 會介紹長期照顧
體系給老人的親友，並提供一對一的諮詢協助。消費者權益團體也正在發
展；例如，在 Cape Cod 的老人行動計劃 (Elderly Activist Project)、密西
根州的市民照顧促進會 (Citizens for Better Care)、以及老人虐待的通報

熱線。全國護理之家改革聯盟 (National Citizens' Coalition for Nursing Home Reform) 正遊說要全國性地改革長期照顧體系。他們最近的計劃是監督疾病診斷分類群給付制 (Diagnosis Related Groups) 對護理之家入院許可的影響。

一項對長期照顧機構中病人倡導服務與種族之間關係的研究，可提供老人社會工作者一些省思。黑人院民顯著地比白人院民聽過「病人權利法案」(Patient's Bill of Rights)，而且黑人院民比白人院民更相信需要有外界力量的介入來回應病人的申訴 (Monk & Kaye 1984：9)。

鄉下地區的老人處於雙重不利情境 (Cryns & Monk 1975)。由於地理環境的偏遠以及服務的不易取得，使鄉下的老人面對特別的問題與風險。

鄉下老人權益促進會 (Advocacy for Rural Elderly Committees) 在一九八一年白宮老年會議中建議，選定若干聯邦機構提供外展服務 (outreach services)，並將外展服務的「巡迴旅行車」(traveling van) 概念運用在鄉下地區 (Huttman 1985)。

鄉村服務輸送的規劃者對於一九八〇年全國普查，包括了針對鄉下地區人口進行二取一的抽樣調查，都感到鼓舞，因為這樣提高了普查資料的可信度。另外，在普查報告中很多地方將六十五歲以上人口以五年為單位加以分析。但規劃者從普查報告中無法得知的是移民模式對老年人口特徵的影響 (Deimling, 1982; Longino & Bigger 1982)。值得一提的是，在農業為主的社區中，很多退休的農夫和其配偶在退休後會搬到最近的城鎮，使很多小城鎮成為退休社區。

## 二、終生學習

老年生活中大部份的問題──經濟安全、身心健康、社會福祉──都可以透過教育使老人具備應付的能力而加以有效解決。教育是我們在處理老人基本需求時，常被忽略的必要工作 (White House Conference on Aging 1981)。

持續教育是非常重要的，它使老年人可以在這個高科技以知識為先的社會中繼續存在。

社會計劃者和決策者應牢記在心的是，提供機會使現有技能更上層樓、發展第二或第三事業、或者純粹為學習而學是重要的一環。社區圖書館、老人中心、社區學院和大學都應該以生命週期教育方式 (life-cycle education approach) 把他們自己調整為終生學習 (lifelong learning) 的一份子 (Turock 1983)。圖書館向來有獨立自主、自行計劃、自我引導教育的傳統，但社區工作者應該可以逐漸引導圖書館提供老人需要的服務以預防因缺乏知識而造成的孤立。

哥倫比亞大學發展了一項老人教育老人的計劃。這個方案訓練老人成為教育方案的老師、領袖、以及組織者，藉以發揮他們的專長 (Stuen et al. 1982)。大學是老人聚集學習的適當場所。哥倫比亞大學發展的另一個創新方案是，運用退休教授協助社區機構和公立學校的教育活動 (Stuen & Kaye 1984)。

長青學苑不只在美國在全世界都十分普遍。老人可以在學院或大學註冊一門或多門課程。定期課程多安排在學年中的非尖峰時段，使大學可以更佳地運用其設施。

## 三、專業責任

任何組織行動或規劃都以個人為基礎。對老人而言，從未排演過的退休可能是很具傷害性的，而社區行動的想法，可能很嚇人。以社區組織、社會計劃以及動員策略接近老人，最好以漸進的方式進行，放緩步調，如此才能持久。老人的負面反應應該正向地看待，因為這反應了老人對自身處境的不滿，而不滿正是促成改革的動力。以動員老人的角度來看，教育老人是首要目標。由菲勒斯基金會出版，片名叫「離開我們的搖椅」的錄影帶就是透過教育動員老人的例證。

對異質性很高的老人群體，推動集體行動是特別困難。工作員必須有效地傳達議題的共通性、以及每個人彼此合作為共同的利益努力的必要性。有時，老人會感覺改革對他們而言太慢了，而會有質疑的反應。因此我們努力解決的問題必須變成可實現的目標，以維持一線希望的感覺。和一群九十歲的老人家討論五年計劃是不會激發出任何參與的意願。

工作員需要辨識整理出社區的社會心理脈絡。尋求各階層、各種族的參與，並在不同的群體間建立橋樑，使他們聚集在一起，共同努力。和他們一起工作，而非為他們工作，將會使工作員在社區計劃和組織工作上有良好的基礎。

## 四、政策考量及未來方向

八〇年代間，服務領域中發展了一些共通的文字。如「動員」、「網絡」、「倡導」、「同儕支持」、以及「自助」等字眼已取代了七〇年代所用的字眼如「提倡意識」、「草根」、以及「極大化的參與」(maximun feasible participation)(Riessman 1988)。在這個提倡殘障權利、病人權利、同性戀者權利的時代，老人在哪裏？老人應該因特定問題、殘障、或年齡而聚集嗎？看看社會安全償付問題所引起的對老年人的反感以及認為老人剝削了兒童的福利而享受安逸生活的傳言，也許透過世代共融的策略來解決社會問題才是明智的。老化仍被很多人認為是個問題，美國人要糾正自己基本的歧視老年的態度，仍有很長的一段距離。

動員需要尊重人們已經知道的，以及所能做的。由一般民眾所主導的自我照顧教育計劃 (self-education project) 被證明在社區中傳播自我照顧知識和技能是有效的策略 (Savo 1983)。專業人員需要大幅度地修正他們工作的方法，在他們工作的所有層面讓老人參與進來。

我們已經超越了過去相信組織老人折信封、簽名請願、或寫信給政客就是動員老人。雖然這些活動仍然重要，但這些並不導向動員老人本身。組織利益團體研究議題、對各年齡層公民團體舉辦座談會討論老人相關議題、以及對民意代表進行私人拜會是更重要的 (Aronstein 1986)。

Calhoun(1978) 證實四〇年代當人們首先意識到老年人正逐漸增加時，決策者正考慮兩項政策抉擇方向。這兩項政策方向，物質介入 (material intervention) 以及制度改革 (institutonal reform)，至今仍相互關連。新政時期的社會安全法案是物質介入的最佳例證。根據 Calhoun 的說法，關注於改變態度的制度改革較受到老年社會工作開創者的喜好。一名老人社工員， Grace Rubin-Rabson 曾於一九四八年為了老人發表拒絕大量物

質介入的文章,而期望以改變社會風氣提昇老人在社會中的地位的長期努力來取代。四〇年代的改革者選擇改變老人的形象,因為他們相信如此做法,會使老人的社經地位也隨之而改善。

美國老人法案支持制度改革方向。社會安全是物質介入優於制度改革的例子。八〇年代初,社會安全制度的危機是由政黨政治力量所引起,也提供很好的例子說明媒體和政黨如何主導一個危機。 Derthick(1979) 預測當社會安全體系達到成熟後,福利的改善就愈來愈困難,一九八二年此預言成真 (Anderson 1983)。

老人社會工作中不斷重覆出現的議題是在老人中建立社會行動所需的強烈認同感是非常困難的。 Binstock(1972) 建議,老人發展非老人的認同連繫,例如與非老人的少數民族連結。因為老人不能停止消費民生必需品,也沒有工作可以進行罷工,他們沒有平衡的權力因此必須與其他團體的力量結合。

Atchley(1972) 同意 Binstock 的看法,認為老人的異質性太高無法形成單一認同,因此無法成為有效的壓力團體,但他們可以有效地把他們的處境讓外界知道,尤其是政客和媒體。

Estes(1979) 檢視美國老人法案,做為一個個案研討,藉以了解法律強制要求的「老人問題」組織照顧者是如何執行。 Estes 的看法是,年齡區隔政策的持續只有幫助那些在與老人有關的事業尋找工作的專業人員;對美國社會而言,這是個分化、區隔彼此的悲劇。她對美國老人法案的總評是,該法案關注在如何處理老人所面對的問題,因此尋求改善個人如何適應社會,而非促成長期結構性的改變。這法案的基本假設是:老人要調適的社會,基本上是個好的社會 (Kuhn 1978)。

六〇年代所採取的決策產生了專門針對老人的服務,八〇年代再度成為爭論所在。指責聯邦政府日增的財政赤字的矛頭已指向老人。這樣的爭論回應到社會福利爭議服務應以普及式或選擇式的方式提供。普及式服務取向認為所有有需要的人,無論年齡大小,都應該接受服務。但是工作場所經驗到的年齡歧視、條款二十 (Title XX)、以及社區心理衛生中心的經驗顯示,除非特別以老人為服務對象,否則他們無法得到他們該得到的。

以老人做為社會立法的焦點,當然是以他們的龐大數目作為優勢;因

為他們是急速增加的一群人。他們在政黨政治中普受重視,以及社會思潮肯定他們是應受回饋的一群,這些也是不可輕忽的優勢。

　　社區組織中社工員的主要技巧是使案主為自己採取行動。Etzioni(1978) 認為,藉由專業人員的協助去動員老人,可以在結構系統層次提昇及擴大老人運動。我們所處的工業社會中,由於強制退休和技能的衰退,使得年輕勞動人口較佔優勢,只有組織良好的利益團體為老人權利鼓吹,才能有產生衝擊的希望。

# 參考書目

Alinsky, S. D. 1972. *Rules for Radicals*. New York: Vintage Books.

Anderson, H. The social security crisis. *Newsweek*, January 24, 1983, pp. 18–28.

Anderson, W. A. and N. D. Anderson. 1978. The politics of age exclusion: The adults only movement in Arizona. *The Gerontologist* 18(1):6–12.

Aronstein, L. 1986. Empowerment by senior centers or trivial pursuit. *Social Policy* 15(4):11–13.

Atchley, R. C. 1972. *The Social Forces in Later Life*. Belmont, Calif: Wadsworth.

Bagger, H. S. n.d. *A study program for the elderly and friends of the elderly: An interdisciplinary approach*. New York: Whitney.

Bell, B. D. 1975. Mobile medical care to the elderly: An evaluation. *Gerontologist*. 15(2):100–103.

Berger, M. 1976. An orienting perspective on advocacy. In P. A. Kerschner, ed., *Advocacy and Age: Issues, Experiences, Strategies*. Los Angeles: Andrus Gerontology Center. University of Southern California.

Biegel, D. E. and W. R. Sherman. 1979. Neighborhood capacity building and the ethnic aged. In D. Gelfand and A. Kutzik, eds., *Ethnicity and Aging: Theory, Researcch, and Policy*. New York: Springer.

Binstock, R. H. 1972. Interest−group liberalism and the politics of aging. *The Gerontologist* 12(3):265−280.

Birren, J. E. and K. W. Schaie, eds. 1977. *Handbook of Psychology of Aging*. New York: Van Nostrand Reinhold.

Bragar, G. and H. Specht. 1973. *Community Organizing*. New York: Columbia University Press.

Burgess, E. W. 1960. *Aging in Western Societies*. Chicago: University of Chicago Press.

Calhoun, R. B. 1978. *In Search of the New Old: Redefining Old Age in America*, 1945−1970. New York: Elsevier.

Campbell, A. 1971. Politics through ghe life cycle. *The Gerontologist* 11(2):112−117.

Chevan, A. 1987. Homeownership in the Older Population: 1940−1980. *Research in Aging* (June), 9:226−255.

Corbett, F. 1970. Community organization involving the elderly. In S. K. Match, ed., *Community Organization, Planning, and Resources for the Older Poor*. Washington, D. C.: National Council on the Aging.

Cox, 1987. Overcoming access problems in ethnic communities. In D. E. Gelfland and C. M. Barrisi, eds., *Ethnic Dimensions of Aging*. New York: Springer.

Cox, C. and D. Gelfand. 1987. Familial assistance, exchange, and satisfaction among the ethnic elderly. *Journal of Cross−Cultural Gerontology* 2:241−256.

Cryns, A. and A. Monk. 1975. *The Rural Aged: An Analysis of Key Providers of Services to the Elderly*. Albany: State University of New York at Buffalo.

Cull, J. C. and R. E. Hardy, eds. 1973. *The Neglected Older Americans*. Springfield, Ill.: Thomas.

Cumming, E. and W. E. Henry. 1961. *Growing Old: The Process of Disengagement.* New York: Basic Books.

Davis, K. 1975. Equal treatment and unequal benefits: The Medicare program. *Milbank Memorial Fund Quarterly* 53: 449−488.

Deimling, G. T. 1982. Macro and microlevel aging service planning and the 1980 census. *The Gerontologist* 22(2):151−152.

Derthick, M. 1979. No more easy votes for Social Security. *Brookings Bulletin* 16(4):1−16.

Dowd, J. J. 1975. Aging as exchange: A preface to theory. *Journal of Gerontology* 30(5):584−594.

Dowd, J. and F. Bengston. 1978. Aging in minority populations: An examination of the double jeopardy hypothesis. *Journal of Gerontology* 33(3):427−436.

Emerson, R. M. 1962. Power−dependence relations. *American Sociological Review* 27(1):31−41.

Estes, C. 1979. *The Aging Enterprise.* San Francisco: Jossey−Bass.

Etzioni, A. 1978. From Zion to diaspora. *Society* 15(4):92−101.

Faison, B. H. 1985. The development of community organization practice theory, 1956−1983. Monticello, Ill.: Vance Bibliographies ♯ P 1463.

Fujii, S. M. 1976. Elderly Asian Americans and use of public services. *Social Casework* 57:202−207.

Garcia, A. 1981. Factors affecting the economic status of elderly chicanos. *Journal of Sociology and Social Welfare* :529−537.

Gartner, A. 1984. Widower self−help groups: A preventive approach. *Social Policy* 14(3):37−38.

Glenn, N. 1974. Age and conservatism: *Annals of the American Academy of Political and Social Science* 145:176−186.

Golant, S. M. 1984. *A Place to Grow Old: The Meaning of Environment in Old Age.* New York: Columbia University Press.

Golant, S. M. 1988. Housing in the year 2020: What does the future hold? In *The Aging Society: A Look Toward the Year 2020*. Issues in Aging No. 5. Chicago: Center for Applied Gerontology.

Guttmunn, D. 1979. Use of informal and formal supports by the ethnic aged. In D. Gelfand and A. Kutzik, eds., *Ethnicity and Aging: Theory, Research and Policy*. New York: Springer.

Harel, Z., E. McKinney, and M. Williams 1987. Aging, Ethnicity, and Services: Empirical and Theoretical Perspectives. In D. Gelfand and M. Barresi, eds., *Ethnic Dimensions of Aging*. New York: Springer.

Havighurst, R. J. and R. Albrecht. 1953. *Older People*. New York: Longmans, Green.

Holmes, J. 1982. *The Elderly Activist Handbook*. Hyannis, Mass.: Cape United Elderly.

Huttman, E. D. 1985. *Social Services for the Elderly*. New York: Free Press.

Jackson, J. J. 1978. Retirement patterns of aged blacks. In E. P. Stanford, ed., *Retirement Concepts and Realities*. San Diego: Center on Aging, San Diego State University.

Jacobs, B. 1984. Establishing goals for older adult educational programs. *Perspective on Aging* 13:17−19.

Kahl, A. 1988. Careers in the field of aging. *Occupational Outlook* (Fall), pp. 3−21.

Katz, A. H. and E. I. Bender. 1976. *The Strength in Us: Self−Help Groups in the Modern World*. New York: New Viewpoints.

Kell, D. and C. Patton. 1978. Reactions to induced early retirement. *The Gerontologist* 18(2):173−178.

Keller, J. B. 1978. Volunteer activities for ethnic minority elderly. In E. P. Stanford, ed., *Retirement Concepts and Realities*. San Diego: Center on Aging, San Diego State University.

Kingson, E., B. A. Hirschorn, and J. M. Cornman. 1986. *Ties that Bind*.

John Cobin, Md.: Seven Locks Press.

Krout, J. 1983. Correlates of service utilization among the rural elderly. *The Gerontologist* 23:500−504.

Kuhn, M. 1978. Open letter. *The Gerontologist* 18(5):422−424.

Lamm, R. D. 1985. *Megatraumas: America at the Year 2000*. Boston: Houghton Mifflin.

Lancourt, J. E. 1979. *Confront or Concede: The Alinsky Citizen−Action Organizations*. Lexington, Mass: Lexington Books.

Lesnoff−Caravaglia, G. 1978. Trends to watch: Applications of technology in longterm care. *Retirement Housing Report* (June), 1:5−6.

Lieberman, M. and L. D. Borman. 1981. The impact of self−help intervention for widows' mental health. *National Reporter* 4:2−6.

Litwak, E. and H. J. Meyer. 1974. *School, Family and Neighborhood: The Theory and Practive of School−Community Relations*. New York: Columbia University Press.

Litwin, H., L. Kaye, and A. Monk. 1982. Holding the line for the institutionalized elderly: Strategic options for community organizers. *Social Development Issues* 6(3):15−24.

Longino, C. F. 1982. Symposium: Population research for planning and practice. *The Gerontologist* 22(2):142−143.

Longino, C. F. and J. C. Bigger. (1982). The impact of population redistribution on service delivery. *the Gerontologist* 22(2):153−159.

McCaslin, R. and W. R. Calvert. 1975. Social indicators in black and white: Some ethnic considerations in delivery of service to the elderly. *Journal of Gerontology* 30(1):60−66.

Manuel, R. C. and M. L. Berk. 1983. A look at similarities and differences in older minority populations. *Aging*, no. 330.

Manuel, R. C. and J. Reid. 1982. A comparative demographic profile of the minority and non−minority aged. In R. C. Manuel, Ed., *Minority Aging: Sociological and Social Psychological Issues*. Westport,

Conn: Greenwood Press.

Match, S. K. ed. 1970. *Community Organization, Planning, and Resources and the Older Poor.* Washington, D. C.: National Council on the Aging.

Minkler, M. 1987. The politics of generational equity. *Social Policy* 17:48−52.

Monk, A. 1981. Social work with the aged: Principles of practive. *Social Work* 26(1):61−68.

Monk, A. and L. W. Kaye. 1984. Patient advocacy services in long term care facilities: Ethnic perspectives. *Journal of Long−Term Care Administration* 12(1):5−10.

Morris, R. 1962. Community planning for health: The social welfare experience. In *Public Health Concepts in Social Work Education.* New York: Council on Social Work Education.

Morris, R. 1977. Caring for vs. caring about people. *Social Work* 22(5):353−359.

National Association of Social Workers. 1987. *Encyclopedia of Social Work* 18th ed. Silver Spring, Md.: National Association of Social Workers.

National Council on Aging. 1988. *Case Management Standards.* Washington, D. C.: The Council.

Neugarten, B., R. J. Havighurst, and S. S. Tobin. 1964. Personality types in aged population. In B. L. Neugarten, ed., *Personality in Middle and Late Life.* New York: Atherton.

Perlman, R. and A. Gurin. 1972. *Community Organization and Social Planning.* New York: Wiley.

Pifer, A. and L. Bronte. 1986. *Our Aging Society: Paradox and Promise.* New York: Norton.

Pilusk, M. and M. Minkler. 1980. Supportive networks: Life ties for the elderly. *Journal of Social Issues* 36(2):95−116.

Partt, H. J. 1976. *The Gray Lobby*. Chicago: University of Chicago Press.

Ralson, P. A. 1984. Senior center utilization by black elderly adults: Social, attitudinal and knowledge correlates. *Journal of Gerontology* 4:224−229.

Riessman, F. 1988. The language of the 80s. *Social Policy* 16(4):2.

Riessman, F., H. R. Moody, and E. H. Worthy, Jr. 1984. Self−help and the elderly. *Social Policy* 14(4):19−26.

Rose, A. 1965. The subculture of aging: A framework for research. In A. M. Rose and W. Peterson, eds., *Older People in Their Social World*. Philadelphia: Davis.

Rothman, J. (1974). *Planning and Organizing for Social Change: Action Principles from Social Science Research*. New York: Columbia University Press.

Rothamn, J. 1979. Three models of community organization practice. In F. M. Cox et al., eds., *Strategies of Community Organization*. 3d ed. Itasca, Ill.: Peacock.

Rothman, J., J. L. Erlich, and J. G. Teresa, 1981. *Changing Organizations and Community Programs*. Beverly Hills, Calif.: Sage.

Savo, C. 1983. Self−care and empowerment: A case study. *Social Policy* 14(1):19−22.

Siegel, J. S. and C. M. Taeuber. 1982. The 1980 census and the elderly: New data available to planners and practitioners. *The Gerontologist* 22(2):144−150.

Silverstone, B. M. 1974. *Establishing Resident Councils*. New York: Federation of Protestant Welfare Agencies.

Stuen, C. and L. W. Kaye. 1984. Creating educational alliances between retired academics, community agencies and elderly neighborhood residents. *Community Services Catalyst* 14(4):21−24.

Stuen, C., B. B. Spencer, and M. A. Raines. 1982. *Seniors Teaching*

*Seniors: A Manual for Training Older Adult Teachers.* New York: Brookdale Institute on Aging, Columbia University.

Suler, J. 1984. The role of ideology in self—help groups. *Social Policy* 14(3):29—36.

Torres—Gil, F. 1987. Aging in an ethnic society: Policy issues for aging among minority groups. In D. Gelford and C. Barresi, eds., *Ethnic Dimensions of Aging.* New York: Springer.

Turock, B. J. 1983. *Serving the Older Adult.* New York: Bowker.

U.S. Congress. House Select Committee on Aging. 1980. *Future Directions for Aging Policy: A Human Service Model.* Washington, D.C.:GPO.

U.S. Congress. Senate Special Committee on Aging. 1983. *Aging Reports.* Washington, D.C.:GPO.

Vachon, M. L. S. 1980. A controlled study of self—help interventions for widows. *American Journal of Psychiatry* 37:1380—1384.

Verba, S. and N. Nie. 1981. Age and political participation. In R. B. Hudson, ed., *The AGing in politics: Process and policy.* Springfield, Ill.: Thomas.

Villers Foundation, The. 1987. *On the Other Side of Easy Street: Myths and Facts About the Economics of Old Age.* Washington, D.C.: Villers Foundation.

Villers Foundation, The. 1986. *Report 1983—1985.* Washington, D.C.: Villers Foundation.

Warren, R. L. 1977. *Social Change and Human Purpose: Toward Understanding and Action.* Chicago: Rand McNally.

Weaver, J. 1976. The elderly as a political community: The case of national health policy. *Western Political Quarterly* 29(4):610—619.

White House Conference on Aging. 1981. Mini—Conference Report, vol. 1.

Zimmer, A. H. and J. M. Mellor. 1981. *Caregivers Make the Difference:*

*Group Services for Those Caring for Older Persons in the Commun-iry.* New York: Community Service Society.

Zweck, B. 1985. ´AGE´ Supports Legislation That Urges Benefit Shift From Old to Young. *Older American Reports*, November. Business Publishers, Inc., Silver Spring, Md.

Zweck, B. 1986. Generational equity associates file lawsuit against feder-al government. *Older American Reports*, January. Business Publishers, Inc., Silver Springs, Md.

第三篇
# 基本服務

# 第 8 章

## 健康服務

*Ruth E. Dunkle*
*Cary S. Kart* 著

張淑英　譯

　　界定醫療服務需求是件複雜的工作，因為這受到許多因素的影響。其中最顯著的因素，包括疾病症狀的嚴重程度，及生理功能失能的程度。一般而言，嚴重失能者可能使用最多的醫療服務 (Lubits & Prohoda 1984)。與疾病症狀或失能程度無關的因素，也是預測醫療服務使用的重要因素，如性別 (Verbrugge & Madams 1988)、健康知識與信念 (Andersen & Newman 1973)、社會支持的可得性 (Brody 1981; Litwak 1985; Homan et al. 1986)、醫療保險的有無 (Wan & Soifer 1974; Kronenfeld, 1978; Wan 1982)、交通 (Garitz & Peth 1974; Ward 1977)，以及醫療照顧輸送系統組織本身 (Harris 1975; Hammerman 1975)，這些只不過是影響老人使用醫療服務的部份因素而已。

　　在建立健康服務使用的評估指標之前，我們先看看美國老年人口健康狀況之評估，然後再回顧老人使用健康服務的文獻解釋，以及增進有需要老人使用醫療服務之策略。公共政策組織及其對老人消費服務種類所產生的影響，最後亦將一併討論。

# 第一節　健康狀況

　　老人健康問題產生的原因相當複雜。遺傳因素、環境問題、人格和社會環境都扮演部份角色。健康也可以從社會角色及工作任務來界定，而不從生物面來界定 (Parsons 1958, 1965)。年齡本身會影響生理變化的認知，例如疼痛的出現、或體溫的升高 (Pathy 1967)。在診斷確定後，老年人的疾病發展會比年青人更快。將症狀的出現過度歸因於老化的過程，會移轉開老年人及醫療照顧專業人員的注意力，看不到真正的疾病及影響健康的環境因素，如此的錯誤歸因有可能會造成悲劇 (Kart 1981)。

　　把重點放在影響老化及健康的環境及社會因素上，會使老人的實際功能表現有所區分。 Kuypers 及 Bengtson(1973) 的社會衰退症狀主張，說明了伴隨老化而來的生理變化及因此對老人所產生的社會意義間相互作用的情形（見圖 8-1 ）。在西方世界中，人老化後產生的社會變化包括角色喪失、規範模糊、缺乏參考團體及將老化視為不可逆轉的退化。這種社會

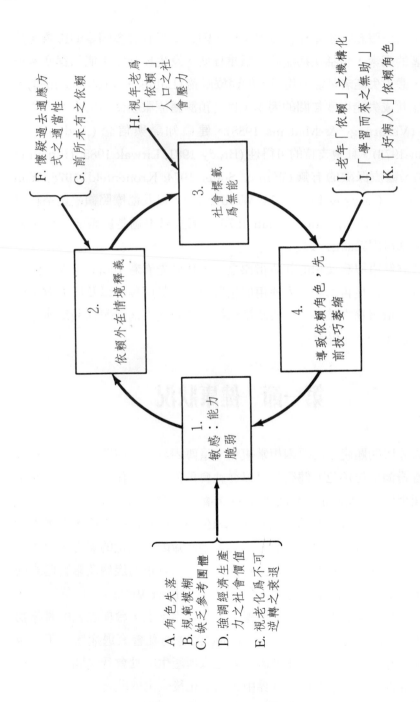

A. 角色失落
B. 規範模糊
C. 缺乏參考團體
D. 強調經濟生產
　　力之社會價值
E. 視老化為不可
　　逆轉之衰退

F. 懷疑過去適應方
　　式之適當性
G. 前所未有之依賴

H. 視年老為
　　「依賴」
　　人口之社
　　會壓力

I. 老年「依賴」之機構化
J. 「學習而來」之無助
K. 「好病人」依賴角色

1.
能力
敏感
脆弱

2.
依賴外在情境釋義

3.
社會標籤
為無能

4.
導致依賴角色，先
前技巧萎縮

圖 8-1　資料來源：J.A. Kuypers and V.L. Bengtson, 1973: 181-201

變化導致老人能力的脆弱感，形成了社會衰退循環的起始階段。老年人變成更依賴外在的情境釋義，隨著健康問題的增加，造成前所未有的依賴，而開始懷疑自己的能力；老人被標定為無能，並因生活技巧的衰退而變的更依賴。

　　個人的社會功能，必須從其與環境的互動中來瞭解。當老人的日常生活功能降低，環境的限制便增加，評估其交通的便利及滿足基本醫療需求就變得很困難。結果社區實際上可能變成較不友善便利，甚至對老人造成危險。個人適應或改變環境的能力，對他們維持自主的生活是很重要的。正如 Kane 與 Kane 所說的：「老人越來越少有能力去改變環境以滿足他們的特殊需求，因此順應似乎成為主要的選擇」(1981：140)。

　　個人與環境間適應性的評估，在瞭解老人健康與服務需求中扮演著很重要的角色。若能提供某些特殊服務，以補足老人某些方面功能的衰退，或許可以預防機構照顧的需求。服務的介入應努力確保一種情境的存在，那便是使環境能滿足老人的需求。

　　Lawton 和 Simon(1968) 曾提出環境的順從假設，作為建構個人承受環境的脆弱程度之方式。其交互作用的模式說明了個人能力、環境需求與個人適應行為、情感反應、適應層次間的相互作用。

　　組織理論建構了基本團體網絡與正式組織間的關係，超越了特定健康服務需求的討論而走進了如何輸送服務的解釋領域。透過社區以及機構提供的急性或慢性病醫療服務，或多或少都受到某幾種關係的促成 (Litwak 1985)。

　　在瞭解美國老年人的健康狀況及使用服務的模式之前，先看一看在一九八四年美國全國健康訪談調查 (NHIS)，老年補錄 (SOA) 的資料，可以幫助我們清楚的瞭解美國老年人的健康狀況。

　　一九八四年全國健康訪談調查的樣本，是以年滿五十五歲及以上者為對象，而老年補錄的目的便是以此樣本的部份人口作為對象，蒐集其健康和社區服務使用狀況的資料，而這些資料可以和過去全國健康訪談調查中對這部份人口所蒐集的資料相連接。老年補錄乃是對全國健康訪談調查樣本中，於訪談當時年齡在五十五至六十四歲當中的一半人口，及六十五歲以上的所有人口所施行。老年補錄中包含的人口超過一萬陸仟人。就如同

全國健康訪談調查中的狀況一樣，老年補錄資料是來自個人對其健康狀況
的報告，而非來自病歷記錄。其背後假設是，認為個人知道並且願意報告
正確的資料，低估或高估性的報告並未被評估。因此，老年補錄的資料應
被視為健康狀況的社會記錄，雖然不同於醫療或臨床的記錄，但不見得劣
於這些記錄。

　　儘管有些人曾經懷疑自我報告式健康資料的正確性，老年人健康狀況
與功能狀況的主觀衡量 (Ferraro 1980, 1985) 與身體檢查或醫生的評量

### 表 8-1　選擇性特質人口之健康狀態自我評估
（ 1984 全國健康訪談調查老年補錄 ）

| | 健康狀況自我評估 | | | |
|---|---|---|---|---|
| | 特優或非常好 | 好 | 普通 | 不好 |
| 年齡 | | | | |
| 55-64 | 44.1% | 30.8% | 16.6% | 8.4% |
| 65-74 | 36.5 | 32.0 | 21.1 | 10.3 |
| 75-84 | 36.0 | 31.1 | 20.7 | 12.2 |
| 85 + | 35.0 | 28.6 | 23.2 | 13.2 |
| 性別 | | | | |
| 男 | 39.4 | 30.3 | 19.1 | 11.2 |
| 女 | 37.9 | 32.0 | 20.4 | 9.7 |
| 家庭收入 | | | | |
| 15,000 美金以下 | 30.2 | 30.5 | 24.7 | 14.6 |
| 15,000 美金以上 | 46.9 | 31.8 | 15.2 | 6.1 |
| 種族 | | | | |
| 白種人 | 39.5 | 31.8 | 19.1 | 9.6 |
| 非白種人 | 28.7 | 25.6 | 27.1 | 18.5 |
| 居住地 | | | | |
| 主要城市 | 38.0 | 31.1 | 20.6 | 10.3 |
| 市　郊 | 42.0 | 32.3 | 17.5 | 8.2 |
| 鄉　下 | 35.3 | 30.3 | 21.7 | 12.7 |

(LaRue et al. 1979; Maddox & Douglass 1973) 間有顯著的相關存在。老年補錄中大約有 70%的應答者報告他們的健康狀況為優良，非常好，或好（見表 8-1 ）。

　　大多數的健康調查資料顯示：健康狀況良好的老人仍佔多數 (Gilford 1988) 。大多數的美國老人住在社區中，認知能力完好且能於日常生活中完全獨立自主。五十五歲到六十四歲的人，幾乎有 3/4(74.9％ ) 會以正向的字眼形容他們的健康狀況，八十五歲以上的老人中，則有少於 2/3(63.6％ ) 的人會以類似的字眼形容自己的健康。雖然如此，即使居住在社區中的老老人中，也僅有大約 1/3 的人 (36.4％ ) 用普通或不好來評估他們的健康狀態。老年人健康狀況的自我評估中，性別的差異相當輕微。從女性的死亡率及平均餘命皆相當優於男性 (Marcus & Siegel 1982; Zopf 1986) 的角度來看，這一點是相當有趣的。

　　檢視人口特質更進一步證實，這些健康狀況的自我報告是合格的。家庭收入在美金一萬五千元以上的老人中，有幾近 1/2 （ 46.9％ ）的人認為自己的健康狀況是優良或非常好，家庭收入在美金一萬五千元以下的老人中，則有 32.2％ 的人作類似的報告。評估自己的健康狀況為普通或不好的人中，較不富裕的老人幾乎是較富裕老人的兩倍 (39.3％對 21.3％ )。

　　健康狀況自我評估在種族差異上亦顯示出類似的模式。白人較非白人更有可能正向評估他們的健康狀態。 45.6％ 的非白人以普通或不好評估他們的健康狀態。這個差異與先前的研究是一致的 (Schlesingen 1987)。在老人補錄中，非白人中約有 86％ 的比例是黑人，健康狀態的自我評估中，黑人與白人間的差異可能反映了健康狀態和健康服務使用上的真實差異 (Gonnella, Louis & Mccord 1976; U.S. Office of Health Resources 1979; Gibson & Jackson 1987)。地理區的分佈也是一個重要的考量。居位郊區的老人較市中心及鄉下的老年居民對他們的健康狀況有更正向的評估。

　　檢視健康狀況的自我報告資料，並不能區分出有關急性的醫療問題和慢性的醫療問題。與慢性病有關的狀態代表了影響中老年成人的主要健康問題。美國在傳染病發生率上一直在減少，慢性疾病的重要性則一直在增加 (Kart, Matheso & Metress 1988)。現在有更多的人受苦於可被管制或控制的；而非可治癒的疾病狀況。這些狀況是持續的，它們的進展通常會

引起不可逆轉的病態。然而，這些慢性疾病的許多狀況並不引起死亡。
Chapman, Laplaute, 及 Wilensky(1986) 估計，所有失能狀態中只有 36%
至 41%是與致命的疾病有關。

　　表 8-2 顯示，老人補錄填答者依其年齡、性別、家庭收入、種族與居
住地和患有慢性病狀態的分佈情形。表列中的每一慢性病狀態中，老老者
（85 歲以上）較幼老者（55～64 歲）有更高的比例報告他們有此一慢性病
狀態。與幼老者相較，老老者報告得癌症的可能性為二倍，報告得中風的
可能性為四倍，有一眼或兩眼有問題的可能性幾乎有五倍。關節炎／風溼
性、癌症、心臟病及高血壓於老人補錄中似乎是七十五到八十四歲的人最
多。

　　老年人中，女性顯示更有可能為關節炎或風溼症、高血壓及視力障礙
所困擾。男性則較為心臟病、中風及聽力障礙所苦。老人補錄的填答者
中，在癌症方面幾乎沒有性別差異。就平均壽命而言，女性較男性活的更
久，所以她們較有可能承受各種慢性病之苦。在蒐集老人補錄資料的家庭
訪談中，她們也有較高的意願報告慢性病狀態。

　　表 8-2 中顯示，家庭收入與老人補錄填答者報告有某種慢性病狀況的
百分比之間的關係是相當清楚的。癌症除外，其他每一種慢性病狀態，家
庭收入在一萬五千美元以下者較家庭收入在一萬五千美金以上者，都有較
高的可能性報告出現這些狀態。大多數低收入老人，在老年以前的收入都
是較低的。因此他們在相當短的時間內，對醫療照顧的可近性，以及為自
己創造出一個更好的居住環境的能力，便可能降低 (Kart, Metress, & Me-
tress 1988)。這樣便可能造成較高的罹病率以及較早死亡。對某些人而
言，生病或失能的結果是收入減少。

　　表 8-2 中顯示慢性病狀態中的種族差異是很明顯的，儘管一般皆認為
黑人較白人有更多無法查出的疾病 (Anderson et al. 1987)。在報告患有關
節炎、高血壓、中風及視力問題的比例中，老年白人相對於非白人佔有較
大優勢。老年非白人較白人在癌症、聽力問題及心臟問題上有較小的比
例。居住地在和慢性病狀態的相關報告上，只有輕微的差異。

　　如同我們之前所看見的，界定健康狀態的一個方法便是從有無疾病或
有無失能狀態來看。另一種方法便是基於功能程度來看 (Katz 1983;

表 8-2　年齡、性別、家庭收入、種族、居住地與慢性病狀態報告之百分比

（ 1984 全國健康訪談調查老年補錄 ）

| | 關節炎或風溼症 | 癌症 | 聽力問題[a] | 心臟病[b] | 高血壓 | 中風 | 視力[c]問題 |
|---|---|---|---|---|---|---|---|
| 年齡 | | | | | | | |
| 55-64 | 41.1% | 6.9% | 6.2% | 9.9% | 35.6% | 2.5% | 4.6% |
| 65-74 | 50.9 | 11.0 | 8.9 | 14.4 | 42.7 | 5.1 | 7.4 |
| 75-84 | 55.5 | 13.0 | 13.8 | 16.3 | 46.4 | 8.1 | 11.2 |
| 85[+] | 54.0 | 13.0 | 25.5 | 14.8 | 44.4 | 10.6 | 21.2 |
| 性別 | | | | | | | |
| 男 | 40.4 | 10.3 | 12.1 | 16.1 | 35.5 | 5.9 | 7.3 |
| 女 | 55.7 | 10.4 | 8.6 | 11.7 | 45.9 | 4.9 | 8.6 |
| 家庭收入 | | | | | | | |
| 15,000[+] | 55.6 | 10.4 | 11.2 | 15.1 | 46.7 | 6.8 | 10.5 |
| 15,000[−] | 43.8 | 10.7 | 9.5 | 12.6 | 37.4 | 4.0 | 5.8 |
| 種族 | | | | | | | |
| 白人 | 48.7 | 11.0 | 10.5 | 13.9 | 40.2 | 5.1 | 7.8 |
| 非白人 | 55.3 | 4.0 | 5.6 | 10.0 | 55.8 | 7.1 | 10.9 |
| 居住地 | | | | | | | |
| 城市 | 47.7 | 9.0 | 9.0 | 13.3 | 42.6 | 5.4 | 7.6 |
| 郊區 | 46.4 | 10.4 | 9.4 | 13.8 | 38.7 | 5.2 | 7.1 |
| 鄉下 | 53.4 | 11.4 | 11.4 | 13.5 | 43.8 | 5.4 | 9.5 |

a.單耳或雙耳耳聾

b.包括風溼症、心臟病、冠狀動脈心臟病、心肌梗塞、心絞痛、其他任何心臟病

c.單眼或兩眼視力障礙

Branch 1980; Kane & Kane 1981; Katz 1983) 。從此觀點而言，如果個人相信他有病並且行為如同有病之人，那麼他可以說是生病了 (Shanas & maddox 1985)。表 8-3 報告了老人補錄填答者在日常生活輔助性活動

(IADL) 及日常生活更基本的活動上 (ADL) 需要協助的百分比。日常生活輔助性活動包括準備餐點、購物、處理金錢、打電話、輕重家事的處理 (Katz 1983)。 Katz 日常生活活動指標中 (Katz 1983)，採用的項目包括吃飯、穿衣、洗澡、上廁所、走路、上下床、椅子起坐、及外出。

　　日常生活輔助性活動相較於個人日常生活活動項目是比較複雜而多面向的工作。例如：購物必須要能起床、穿衣、走路及離家。因此我們期待功能漸減的顯現，首先出現在日常生活輔助性活動項目上。與日常生活基本活動的狀況相較，更多的老人在這些輔助性活動的執行上，需要協助。這個看法由表 8-3 的資料得到支持，除了男性的狀況外，在每一種情況下，老人補錄的填答者，報告在日常生活輔助性活動上需要協助之百分比，都比基本的日常生活活動更大。老老者、女性、家庭收入在一萬五千美金以下者，非白人以及居住在鄉下地區者都報告在日常生活輔助性活動及日常生活基本活動二方面都需要最大的協助。

# 第二節　健康服務使用

　　在獲取正確資料以找出並設計適當的服務處遇方式來提高老人的健康功能狀況，是有先天性的問題的。此外，在許多狀況下，老年人並不承認有就醫或接受協助的需要，而且甚至否定使用服務 (Moen 1978)。並非所有的老人都有可能發現他們所需要的有關服務之資訊 (Dunkle et al. 1982; Branch 1978)。 Stoller(1982) 在詢問社區居民，如果他們生病了並需要持續的照顧時，他們會怎麼做？她發現大約 30％的人沒有提到用什麼方式去獲取照顧。 Silverstone(1984) 認為缺少有關資源及服務的知識，會減低老人尋求服務的能力。她發現即使對一些有服務資訊的人而言，他們也可能不會把這些資源運用在自己的需求上。把需求和服務連結在一起，對老人而言可能是困難的，因為他們可能較不習慣運用這些服務。更甚者，即使他們想要去運用這些資源，他們可能不知道如何和機構交涉獲得服務。(Bild & Harighurst 1976; Cantor 1975; Comptroller General 1972)。

　　當老年人運用這些服務時，很可能把這些服務視為應得的，而不認為

表 8-3　人口特質與日常生活輔助性活動 (IADL) 日常生活活動 (ADL) 需要協助之百分比（ 1984 全國健康訪談調查，老年補錄 ）

| | 日常生活輔助性活動 a 活動項目數目 | | | | 日常生活活動 b 活動項目數目 | | | |
|---|---|---|---|---|---|---|---|---|
| | 1 | 2/3 | 4/ 更多 | 總計 | 1 | 2/3 | 4/ 更多 | 總計 |
| 年齡 | | | | | | | | |
| 55-64 | 9.8% | 2.5% | 1.6% | 13.9% | 5.4% | 3.9% | 2.5% | 11.8% |
| 65-74 | 13.0 | 4.2 | 3.3 | 20.5 | 7.9 | 5.6 | 3.7 | 17.2 |
| 75-84 | 15.9 | 9.0 | 7.6 | 32.5 | 11.1 | 9.1 | 7.3 | 27.5 |
| 85$^+$ | 14.9 | 14.2 | 30.6 | 59.7 | 12.7 | 17.2 | 19.6 | 49.5 |
| 性別 | | | | | | | | |
| 男 | 7.5 | 2.5 | 3.5 | 13.5 | 7.6 | 4.8 | 3.8 | 16.2 |
| 女 | 16.0 | 6.8 | 5.7 | 28.5 | 8.5 | 7.6 | 5.7 | 21.8 |
| 家庭收入 | | | | | | | | |
| 15,000$^-$ | 16.5 | 7.6 | 5.6 | 29.7 | 10.7 | 8.7 | 6.1 | 25.5 |
| 15,000$^+$ | 9.3 | 2.7 | 3.6 | 15.6 | 5.6 | 4.0 | 3.5 | 13.1 |
| 種族 | | | | | | | | |
| 白人 | 12.5 | 4.9 | 4.6 | 22.0 | 8.0 | 6.3 | 4.7 | 19.0 |
| 非白人 | 15.5 | 7.7 | 7.1 | 30.3 | 9.6 | 7.8 | 7.1 | 24.5 |
| 居住地 | | | | | | | | |
| 城市 | 12.7 | 6.6 | 4.6 | 23.9 | 8.5 | 7.1 | 5.1 | 20.7 |
| 郊區 | 11.3 | 3.8 | 4.9 | 20.0 | 7.1 | 5.1 | 4.7 | 16.9 |
| 鄉下 | 14.3 | 5.4 | 4.9 | 24.6 | 9.0 | 7.4 | 5.1 | 21.5 |

a. 日常生活輔助性活動包括準備餐飲、購物、處理金錢、使用電話、處理輕便家事及繁重家事。

b. 日常生活活動包括吃飯、洗澡、穿衣、走路，上下床或起坐椅子、上廁所及走出房子或公寓。

是以收入狀況的財力鑑定作為資格審查的條件 (Moen 1978)。曾有人認為：老年人在起初的自我報告會談中，並未提供正確的資料。因此在剛開始接觸時，評估功能的程序受到了質疑，因此更點出了適當重新評估和追蹤的需要 (Steinberg & Carter 1983)。

在過去二十年間，西方世界不同地區的許多研究都曾注意到社會階級和收入狀況對健康服務使用的影響。 Andersen 等人 (1968) 在瑞典，Snider(1981) 在加拿大曾描述過社會階級或收入與使用健康服務間的負向關係；來自較低社會經濟背景的老年人使用較多的健康服務。一般而言，高齡、較高的教育程度、女性、已婚者與高程度的年度醫療就診次數呈現相關 (Andersen & Aday 1978; Marcus Siegel 1982)。一項針對居住在都市低收入地區的兩千名老人之研究發現，鄰里健康照顧中心的經常使用者，大都為老人、黑人、未受教育者、低家庭收入者，以及急性病症或慢性失能者 (Wan 1982)。

種族因素在使用醫療服務中也扮演一部份的角色。 Neighbors(1986) 發現使用醫院急診室用作基本醫療服務的黑人，大多是低收入、年紀大及無業者。最近一項以兩千個黑人為樣本，探討門診醫療服務使用的全國性研究顯示：使用者與非使用者相較，使用者之健康狀態較差，同時心理壓力較高（例如個人的效率及自尊較低） (Luckey & Tran 1988)。即使在控制需求因素後， Mutran 及 Fenaro(1988) 的報告指出：少數民族的老人比白人的老人住院可能性更低。老年黑人特別是比老年白人更有可能貧窮，同時在許多的健康狀態測試中仍處於相當不利的狀態 (Manton et al. 1987)。在向醫生求診方面的種族差異可能反映了需求的真正差異。我們已經看到非白人較白人更少用正向的字眼形容他們對自己健康狀態的評估。此外，非白人比白人更有可能在日常生活輔助性活動及日常生活活動上要求協助，如同表 8-4 所指出的，他們平均臥床的日子更長。種族、家庭收入，甚至居住地對醫療服務使用的影響，都是很難以處理的。

我們在老年補錄中探討了醫療服務使用的二方面：向醫師求診及短期住院。老年補錄的填答者中約有 80% 的人在過去十二個月中與醫生至少有一次的接觸（見表 8-4 ）。在過去中一年中的醫師求診平均次數，以七十五至八十四歲該組為最高。如同表 8-4 所顯示的，如果把過去十二個月中

**表 8-4　選擇性人口特質與平均每年就診日數、臥床日數及住院日數**
（ 1984 全國健康訪談調查、老年補錄 ）

| | 門診就診 | | 臥　　床 | | 住　　院 | |
|---|---|---|---|---|---|---|
| | (1) | (2) | (1) | (2) | (1) | (2) |
| 年齡 | | | | | | |
| 55-64 | 4.5% | 9.9% | 9.4% | 32.4% | 1.5% | 11.9% |
| 65-74 | 5.2 | 10.6 | 10.7 | 40.2 | 2.2 | 12.9 |
| 75-84 | 6.4 | 13.5 | 14.9 | 52.2 | 3.0 | 13.4 |
| 85 以上 | 5.5 | 12.4 | 20.9 | 67.8 | 3.4 | 13.7 |
| 性別 | | | | | | |
| 男 | 4.8 | 10.6 | 10.9 | 40.5 | 2.5 | 14.3 |
| 女 | 5.5 | 11.5 | 12.4 | 43.4 | 2.1 | 11.8 |
| 家庭收入 | | | | | | |
| 15,000 以下 | 5.8 | 11.6 | 15.1 | 50.8 | 2.7 | 13.5 |
| 15,000 及以上 | 4.8 | 7.5 | 8.4 | 29.3 | 1.8 | 11.6 |
| 種族 | | | | | | |
| 白人 | 5.1 | 10.2 | 11.4 | 39.9 | 2.3 | 12.7 |
| 非白人 | 6.8 | 20.5 | 16.2 | 63.7 | 2.3 | 14.5 |
| 居住地 | | | | | | |
| 城中心 | 6.0 | 13.2 | 13.1 | 45.2 | 2.2 | 13.0 |
| 郊區 | 5.1 | 10.3 | 10.6 | 38.1 | 2.3 | 13.3 |
| 鄉下 | 4.8 | 10.6 | 12.0 | 44.3 | 2.3 | 12.4 |

(1)過去 12 個月中，所有樣本平均就診次或天數
(2)除去所有零次就診或零天數樣本外，過去 12 個月之平均就診次或天數

與醫師沒有接觸的部份除去，則與醫師接觸的平均數字超過兩倍。平均而言，女性、家庭收入低於一萬五千美金、非白人及市區的居民平均下來與醫師有最多的接觸。

　　Haug(1981) 曾提出一個問題，即老年人對醫療服務的使用，就他們經驗到的症狀而言，是否合適。她的研究顯示，老年人認為在較不嚴重的病症上醫生被濫用。 Haug 認為，這些主訴症狀的濫用醫生可能是由醫生自

已促發的;即醫生建議他們的病人前來檢查或作其他的治療。其他人也曾發現醫生的診斷或者建議對醫療服務使用的重要性 (Aday & Andersen 1975; Shuval 1970; Wilensky & Rossiter 1983)。

　　在使用醫生服務中,性別的影響在老年人中非常明顯。這個現象存在於兒童除外的所有年齡組別中。最大的區別,在於女性最有可能利用產科及婦科服務的年紀組別。醫療服務使用中,性別差異的解釋,一直是把重點放在女性的社會情境上。 Nathanson(1975) 對女性何以較男性使用更多的醫療服務,提供了三種解釋:⑴女性生病在文化上更可被接受;⑵與男性的狀況相形之下,社會對女性的角色相當地不苛求,因此生病和看醫生與他們的角色責任並不相衝突;⑶) 事實上女性的社會角色比男性有更多的壓力,因此她們有更多真病的時候,並且需要更多的照顧。這些解釋不斷地受到爭議( 例如 Verbrugge & Madans 1985 )。

　　老人補錄填答者在被訪談前十二個月中,十人中不到二人 (17.8% ) 有機會經驗到短期住院。老老者較幼老者住院時間更長。八十五歲以上的老人在過去十二個月中的平均住院天數是 13.7 天;相較之下,五十五歲到六十四歲的平均住院日是 11.9 天。

　　到目前有關導致使用服務的實際決定過程,我們所知不多。使用社區或機構長期醫療照顧服務的情況便是如此。雖然有許多的研究者曾經找出有關機構及居家長期照顧的預測因素 (Branch & Jette 1982; Greenberg & Ginn 1979) ;卻幾乎沒有調查過,在不同型態的照顧方式中,老年人如何作選擇,甚至於更進一步的了解這些服務在對老人適應照顧上產生的影響。

　　許多人都是在急性照顧住院後,進入到社區或是一個機構接受照顧安置。 在探討二百八十八個人住到二十七所護理之家的理由中, Smallegan(1985) 發現大約 2/3 的人是由醫院直接進到護理之家,超過 80% 的人最近曾住院過。通常,回到社區接受服務的決定,並不是基於個人的需求程度,而是基於處理這些需求的資源之可得性 (Smallegan 1985)。事實上, Smallegan 認為進入護理之家的任何決定,都是由於財力、健康照顧或社會情緒支持的資源不足的結果。

　　老年病人帶著他們不同的生理、心理及社會資源進入醫院,而這些資

源都和他們未來選擇長期照顧的方式以及適應環境的程度有關。在病人是否參與照顧決定中,這些前置因素也產生作用。

隨著出院而來的焦慮,也許會干擾到老年人通常解決問題的模式,這樣可能會使病人在狀況較差時,作出院後照顧方式的決定。這些限制對出院後的適應會產生負面的影響。未能周全地考慮其他的方式,以及沒有作選擇的能力或自由,都與後來發生的負面結果有關 (Kemph 1969)。

Dunkle 等人 (1986) 最近所作的研究中,提出了一個模式,來說明前置變項影響老年病人參與出院計劃過程,照顧安置選擇的結果及以後從滿意程度和沮喪程度來看的適應過程。健康狀況較好的病人比較有可能參與決定過程,但是參與決定過程與安置場所的種類並無顯著相關。機構安置則受到個人日常生活活動能力和社會經濟地位的直接影響。健康狀況較差及較窮的病人比較可能在出院後進入機構安置。出院後回到社區的病人,比起機構安置的病人更滿意其環境。雖然我們有理由相信,出院後的機構安置可能導致病人的憂鬱 (Borup 1981),但是研究的結果卻指出:機構安置對憂鬱的影響是間接效果,主要影響係來自對長期照顧環境之不滿意。如果病人對長期照顧安置感到滿意,則他或她比較不可能憂鬱。然而,如果病人曾參與決定過程、回到社區照顧、有較高的社會經濟地位、有較佳的健康狀況且於住院前較不憂鬱,則較有可能滿意。

# 第三節　處遇方法

從任何一方面來看,老人的健康服務都可以放在長期照護 (Long-term Care) 下,而長期照護的概念是既複雜且令人感到困擾的。長期照護是指在許多不同的環境下所提供的多種服務,其中包括從護理之家到非機構式的環境,例如成人日間照顧中心及個人的家庭 (U.S. Senate 1988)。長期照護包含兩種案主團體:那些需要暫時性支持的案主,或那些需要永久或長期性支持的案主群 (Brody & Magel 1986)。暫時性的服務被視為是長期照護中的短期服務,而長期性的服務則被視為是長期照護中的長期服務。短期照顧持續時間在九十天以下,且目前正服務一百五十萬的

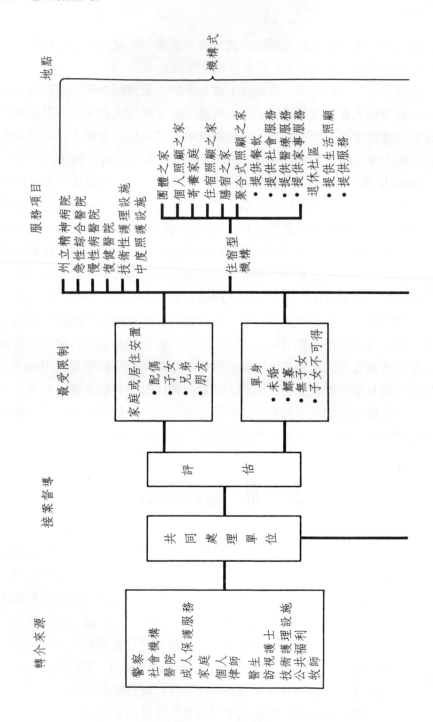

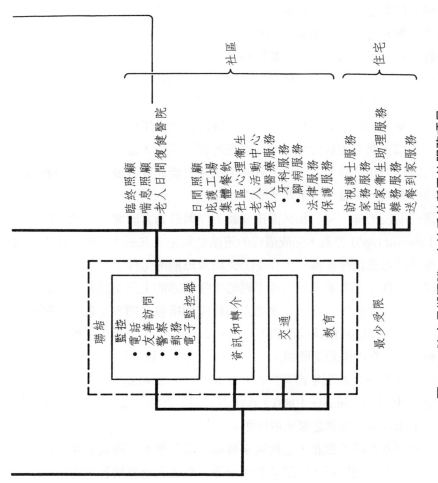

圖 8-2　建立長期照護／支持系統所需的服務項目

(Brody and Masciocchi 1980. American Journal of Public Health 70)

老人。其所包括的服務種類有住院及門診復健服務、住院、日間照顧、安寧照顧、居家醫療照顧及社區外展服務。醫院比其他的社區機構服務更多的老人。圖8-2顯示,社區及機構可以提供給老人的服務範圍。老年人居住的許多社區提供相當多的這類服務,然而只有少數的社區能夠提供完整的服務。而且所需要服務的範圍是可能會繼續不斷增加。

Litwak(1985) 預測,提供適當的老人服務需要分三階段進行的。首先,當老年人的健康狀況良好時,他／她住在老人年齡同質性社區中是有益的。第二,當失能狀況發生時,理想的居住環境,是住在靠近老人子女居住地附近的年齡異質性社區。最後,如果失能程度發展到老人需要二十四小時照顧時,則最好的環境是護理之家。

這些階段的每一步,都試圖把照顧工作與最適當的服務提供組織相結合。 Litwak(1985) 認為,完成這樣的連結必須完成五種主要的工作:⑴需要連續地接近或保持距離的工作;⑵長期或短期的工作;⑶需要大團體或小團體的工作;⑷需要共同的或不同的生活型態的工作;以及⑸需要動機內化的或是操作性的工作。只要老人的社交網絡包含朋友、鄰居、配偶、親戚及熟人,便較可能達成他們的目標。 Litwak(1985) 相信,所有的團體都是必要的。在提供適切照顧上,一個團體是不可能取代另一個團體的。

據估計在一九八五年約有一百五十萬的老人或超過5%的老人居住在護理之家中 (U.S. Senate 1988)。八十五歲以上的女性比八十五歲以下的女性顯示出較高的護理之家使用程度。

以社區為基礎的服務,包括居家看顧、家事服務、送餐服務、訪視護理服務、成人日間照顧、電話關懷服務等。在老人補錄填答者的報告中,僅有20%的人使用這些社區服務中之一項或多項。一般而言,七十五歲以上、女性、低收入戶、以及那些在日常生活輔助性活動及日常生活活動上需要協助的人,最有可能使用上述社區服務。

到目前為止,我們已描述過的,包括服務的提供者及服務的接受者。另外一個重要且不應忽視的領域是在自我照顧方面。這個治療的形式已普遍運用在世界各地 (Williamson & Danaher 1978; Levin & Idler 1981),以反擊醫生對病人的疏忽,不提供良好品質的服務 (Risse, Numbers & Leavitt 1977; Scott 1984; Lock 1980; Ohnuki-Tierney 1984; Leoin, Katz,

& Horst 1979)。很不幸地,對自我照顧這一部份的內涵、範圍及決定因素,我們仍一無所知。(Deau 1981)

　　老年補錄的填答者被要求評估他們提供自我照顧的能力。社會人口變數,年齡、性別、家庭收入、種族、及居住地,都無法解釋在自我照顧的評估上的差異。表 8–5 提供了自我照顧評估和日常生活輔助性活動、日常生活活動的資料。在日常生活輔助性活動及日常生活活動方面需要最多協助的人當中,約有 1/3 的人把提供自我照顧的能力評估為普通或不佳。這些人對於居家照顧或社區服務,有最大的需求,同時也最有可能被安置在長期照顧機構中。

**表 8-5　自我評估提供自我照顧的能力與日常生活輔助性活動和日常生活活動**

（ 1984 全國健康訪談調查老年補錄 ）

| | 自我照顧評估 | | | |
|---|---|---|---|---|
| | 優良／很好 | 好 | 普通 | 不好 |
| 日常生活輔助性活動 a | | | | |
| 　需要協助 | | | | |
| 　　一項活動 | 48.1% | 37.1% | 13.0% | 1.8% |
| 　　二或三項活動 | 42.8% | 37.1% | 16.9% | 3.2% |
| 　　四項活動以上 | 35.0% | 32.1% | 21.8% | 11.2% |
| 日常生活活動 a | | | | |
| 　需要協助 | | | | |
| 　　一項活動 | 44.9% | 38.9% | 14.0% | 2.3% |
| 　　二或三項活動 | 41.2% | 38.5% | 15.0% | 5.3% |
| 　　四項活動 | 36.0% | 34.9% | 22.1% | 7.0% |

註：參考表 8–3 日常生活輔助性活動及日常生活活動指標中所列之活動

# 第四節 社會工作者的角色

在最近發表的一篇名為「醫療照顧中的社會工作：文獻回顧」中，Berkman 等人檢視了醫療社會工作實務如下：

醫療社會工作實務的重點，已經從注重個別病人的內在心理動態，轉移到病人與其環境間的相互作用 (Flack 1987)。依每個人不同的理論背景，所謂的環境可以是家庭 (Hartman & Laird 1983)、社會成員 (Carlton 1984)、大一點的生態系統 (Germain 1984)，或是某一特殊疾病 (Kerson 1982)。這個重點的改變，對於助人專業在發展更清楚的概念，以及作更有效的處遇上，是很重要的 (1988：15)。

在採用團隊合作的醫療機構中，社會工作者所提供的服務，時常只是醫療服務的一部份，這種情境會增加病人對社會工作服務的混淆。對許多社會工作人員而言，醫療環境會造成一種比較不可預測的服務提供環境。有時候，社會工作者會在醫療專業主導的環境中工作。有時候，社會工作者會發現自己與各種不同病例的病人工作。即使有這些差異性，許多人仍認為，不論其服務方案的差異，社會工作者仍然是做同樣的事情 (Kane 1981)。

醫院中社會工作者的服務，包含了許多對老年住院病人的服務項目，從對老年病人的個別諮商，到與家庭工作。然而諮商只是所提供服務的一部份。出院計劃則時常包括了提供有關社區資源的資訊，以及將病人需求與這些服務連結在一起。有時候，社會工作者運用社區組織的技巧教育病人、家屬及醫院中的工作人員和社區民眾，認識有關愛滋病、老年失智症等的問題。

# 第五節　健康評估

　　老年人的健康狀態中，生理、心理及社會因素的相互影響使得評估工作變的相當複雜 (Kane & Kane 1981)。更複雜的事情，是有關老年人診斷、評估及功能程度之間的關係。從我們的觀點來看，老年人的健康照顧應當把重點放在維持其功能，找出可以復原的功能，並延長可活動的生命期 (Gilford 1988)。

　　有許多不同的評估量表，分別評量生理、認知、心理健康與社會功能。這些量表分別收錄在一些編纂中 (Kane & Kane 1981; Mangen & Petersen 1982; Fillenbaum 1984)。Fillenbaum 曾經認為，運用多向度的方式來評估功能狀況，有其優點。她認為：「照顧者及研究工作人員都一樣，有的只評量福利單一向面的傾向……。然而，老年人多面臨多重的不利狀況，他們的生理、心理、社會及經濟福祉是緊密相關的……。因此將福利的不同面向作共同的評估是必需的」（1984：5）。

　　Fillenbaum 發現了三個在信度及效度上符合標準的多面向功能量表：完整評量及轉介評估 (Comprehensive Assessment and Referral Evaluation, CARE)；費城老人中心多層次評量表 (the Philadelphia Geriatric Center Multilevel Assessment Instrument, MAI)；以及美國老人資源及服務多向面功能評估表 (the Older Americans Resources & Services Multidemensional Functional Assessment Questionnaire; OARS)。

# 第六節　公共政策與健康服務的使用

　　一九六五年老人醫療保險 (Medicare) 與低收入戶醫療補助 (Medicaid) 法案的通過，使得老人醫療服務的可近性增加。例如：健康服務及護理之家的使用比例在一九六〇年代末期至一九七〇年代末期急速增加 (Rice & Feldman 1983; Gornick et al. 1985)。而且根據 Rabin(1985) 的說法，這些

服務使用的增加反映出先前未滿足的需求。老人醫療保險（社會安全法案第 108 款）對於大多數六十五歲以上的老人以及因殘而具備社會安全資格的人或鐵路退休年金的人，以及需要腎臟移植或洗腎的工人及眷屬，均提供醫療保險保護。老人醫療保險乃是聯邦政府的方案，全美各州的資格標準及給付結構是一致的，醫療保險對受保險人的保護是與收入及財產無關的。

　　低收入戶醫療補助法（社會安全法第 109 款）乃是處理全國貧民的醫療照顧需求之方案。據估計此方案含括近乎 36％的老年貧民 (U.S. Senate 1988)。低收入戶醫療補助法乃由聯邦政府與州政府共同負擔經費，對於較貧窮的州，聯邦政府負擔超過 50％的經費。合乎低收入戶醫療補助的資格有二種：類別資格乃與安全收入補助 (Supplemental Security Income SSI) 資格有關，而「醫療需求」的資格，則須透過醫療費用之支出致使收入達到兒童家庭補助 (the Aid to Families of Dependent Children, AFDC) 標準之 133％。很不幸地，兩種情況中，個人的收入都必須低於低收入之水準。

　　一九八七年，老人醫療保險共有二千九百萬的老人及三百萬的殘障者受保險，花費的成本大約是八百億美元。老人醫療保險住院給付部份，自一九八三年起付費方式從以往的「事後」以成本為基礎的給付方式變成以疾病診斷分類群 (DRGS) 為基礎的前瞻式給付制度 (Prospective Payments System PPS)。在前瞻式給付制度下，醫院對每一個案的收費，乃依據此一個案符合四百七十三個疾病診斷分類群中的某一類，而收取一定的價格 (U.S. Senate 1988)。有些人認為前瞻式給付制度，提供醫院誘因，使其在病人的疾病較後期才收醫，並於疾病痊癒的初期便使病人出院，（對於疾病診斷分類付費制，對醫院的潛在影響分析，可參考 Office of Technology Assessment 1985)。

　　老人醫療保險並不包括急性疾病延伸時期之住院費用給付，對於老人醫療保險中醫師費超過給付標準之可能相當龐大的共同負擔費用部份，亦無法保障被保人利益。這樣的結果，造成大約 2/3 的美國老人購買所謂的「醫療差額給付險 (medigap)」，做補充式私人保險。此外，老人醫療保險對長期照護的保障也是相當有限的。

　　如同前面陳述的，慢性病的狀況代表了影響中老年人的主要健康問題。然而，老年醫療保險的重點是放在較短期之急性疾病上，而低收入戶醫療補助則僅對貧民提供護理之家的照顧。慢性健康狀況的維持及生活品質的問題並未受到足夠的注意。長期照顧的連續性服務輸送是片斷且分散的，服務使用的範圍及使用的類型比大多數資料庫中所顯示的還要複雜 (Densen 1987)。社區化的長期照護方案包括不同類型的及公私性質兼有的機構、制度和方案 (Somers 1985)。這些服務的使用程度，有賴於它們在社區中的可得性、可近性及財務機制而定 (Gilford 1988)。

　　最近老人醫療保險的修訂，較注重在急性醫療照顧服務和長期照護服務的連結。一九八〇年的綜合協調法案 (The Omnibus Reconcilation ACT) 放寬了老人醫療保險居家醫療照顧的給付，並提供私人居家醫療機構更大的參與機會 (Rabin & Stockton 1987)。去除了一百次居家醫療訪視的限制，以及 A 部份技術性護理給付的先前住院要求 (Somers 1983)。

　　一九八八年國會曾經制定老人醫療保險重大疾病給付法案，此乃老人醫療保險有史以來最大的單一項目擴張，但隨即於一九八九年廢除修正案。即使這些老人醫療保險的修正案保留，此一方案的主要缺失仍舊存在，包括不提供護理之家長期照護的給付，並對老人醫療保險未給付的醫師費不予以保護，例如，超過老人醫療保險指定比例以上的費用，以及眼、牙及聽力服務，和輔助器等衍生的費用，亦未予以保護。

　　低收入醫療補助為了試圖滿足老年貧民的急性及長期照護需求，也曾經作過調整 (Davis & Rowland 1986)。家事服務、家務助理及其他類型的社會服務，只要該州可以證明其總支出並不因使用這類型的服務而增加，則可在放棄條款下，由低收入醫療補助給付。最近主計室 (The General Accounting Office) 的一項研究 (1982) 發現，擴張居家醫療服務並不一定會減少護理之家或醫院服務的使用，或服務總費用的減少。即使老人醫療保險和低收入醫療補助做了這些改變，公共支出還是在強化以機構安置來提供長期照護 (Davis & Rowland 1986)。

　　聯邦政府支持的示範計劃，曾強調提供社區照顧的新途徑，結果引起了改變政策的建議 (Benjamin 1985)。這些建議包括(1)協調管理社會服務的整合，以滿足案主的需求，並減低機構化的比例；(2)老人醫療保險及低

收入醫療補助提供就醫交通費補助，或更改服務地點以減少成本；(3)創新補助辦法，在不影響病人情形下降低醫療費用成本 (Hamm, Kickham, & Cutler 1983)。然而應該注意的是，並非所有的學者都以正向的眼光看待聯邦政府的長期照護示範計劃 (Trager 1981)。有些人認為這些經費拿來支持額外的服務，會是更好的使用方式。

在某些方面，恐懼的心理阻礙了立法擴張非機構式長期照護的給付。這些恐懼與老人數字不斷的增加、評估長期照護需求的困難皆有關，同時也怕隨著服務的增加，家庭會棄老人於不顧。雖然如此，一般仍認為服務輸送的受阻乃來自政策的限制，正如 Brody 和 Magel 所說的：

> 由於醫療、社會工作及其他醫療照顧領域，在財務上及專業銜接上的分離，使得長期照護系統發展成一個連繫不佳、多重、平行、重疊及不連續性服務的集合體。有效醫療服務輸送的必要條件——連續照顧，是很少能夠達成的。聯邦、各州及地方各層級政府在公共經費上對服務的支持是不足的；對於資格及給付條件的安排，令人不知所措；服務的輸送也因受到不同層次的管理而降低效率 (1986：2)。

# 參考書目

Aday, L. A. and R. Andersen. 1975. *Development of Indices of Access to Medical Care*. Ann Arbor, Mich.: Health Administration Press.

Andersen, R., and L. Aday. 1978. Access to medical care in the U.S.: Realized and potential. *Medical Care* 17:533–546.

Andersen, R. and J. Newman. 1973. Societal and individual determinants of medical care utilization in the U.S. *Milbank Memorial fund Quarterly* 51:95–124.

Andersen, R., O. Anderson, and B. Smedby. 1968. Perceptions of and response to symptoms of illness in Sweden and the U.S. *Medical*

*Care* 6:18—30.

Andersen, R., M. Chen, L. Aday, and L. Cornelius. 1987. Health status and medical community utilization. *Health Affairs* 6(1):135—156.

Benjamin, A. 1985. Community based long—term care. In C. Harrington, R. Newcomer, C. Estes, and Associates, eds., *Long— Term Care of the Elderly: Public Policy Issues.* Beverly Hills, Calif.: Sage.

Berkman, B., E. Bonander, B. Kemler, L. Marcus, I. M. Rubinger, I. Rutchick, and P. Silverman. 1988. *Social Work in Health Care: A Review of the literature.* Chicago: American Hospital Association.

Bild, B. and R. Havighurst. 1976. Senior citizens in great cities: The care of Chicago. *The Gerontologist* 16:4—88.

Borup, J. 1981. Relocation: Attitudes, information network, and problems encountered. *The Gerontologist* 21 (5) : 501—511.

Branch, L, G. and A. M. Jette. 1982. A prospective study of long—term care institutionalization among the aged. *American Journal of Public Health*, 72:1373—13798.

Branch, L. 1978. *Boston Elders.* Program Report: University of Mass. Center for Survey Research.

Brody, E. 1981. "Women in the Middle" and family help to older people. *The Gerontologist* 21(5):471—480.

Brody, S. and J. Magel. 1986. Long—term care: The long and short of it. In C. Eisdorfer, ed., *Reforming Health Care for the Elderly: Recommendations for National Policy.* Baltimore, Md.: Johns Hopkins University Press.

Brody, S. J. and C. Masciocchi. 1980. Data for long—term care planning by Health Systems agencies. *American Journal of Public Health* 70(11):1194—1198.

Cantor, M. 1975. Life space and the social support system of the inner city elderly of New York City. *The Gerontologist* 15:23—27.

Carlton, T. 1984. *Clinical Social Work in Health Settings: A Guide to*

*Professional Practive with Exemplars.* New York: Springer.

Chapman, S. H., M. P. LaPlante, and G. Wilensky. 1986. Life expectancy and health status of the aged. *Social Security bulletin* 49(10):24—48.

Comptroller General of the United States. 1972. *Study of Health Facilities Construction Costs.* Washington, D.C.: General Accounting Office.

Davis, K. and D. Rowland. 1986. *Medicare Policy: New Directions for Health and Long— Term Care.* Baltimore: Johns Hopkins University Press.

Dean, K. 1981. Self—care responses to illness: Selected review. *Social Science and Medicare* 15:673—687.

Densen, P. M. 1987. The elderly and the health care system: Another perspective. *Milbank Memorial Fund Quarterly* 65(4):614—638.

Doty, P. 1986. Family care of the elderly: The role of public policy. *Milbank Memorial Fund Quarterly* 64(1):34—75.

Dunkle, R., C. Coulton, J. MacKintosh, and R. Goode. 1982 .1 The decision—making process among the hospitalized elderly. *Journal of Gerontological social Work* 4(3):95—106.

Dunkle, R. and C. Coulton. 1986. Decision making for long term care. Research project funded by the National Institute of Mental Health.

Falck, H. S. 1987. Social and psychological care before and during hospitalization. *Social Science and Medicine.* 25(6):711—720.

Ferraro, K. F. 1985. The effect of widowhood on the health status of older persons. *International Journal of Aging and Human Development* 21:9—25.

Fillenbaum, G. G. 1984. *The Wellbeing of the Elderly: Approaches to Multidimensional Assessment.* Geneva: World Health Organization.

Garitz, F. and P. Peth. 1974. An outreach program of medical care for aged highrise residents. *The Gerontologist* 14:404—407.

General Accountiong Office. 1982. *The Elderly Shoudl Benefit form Expanded Home health Care but Increasing These Services Will Not Insure Cost Reduction.* (Public No. GAO/IDE−83−1). Washington, D.C.: GPO.

Germain, C. 1984. *Social Work Practice in Health Care: An Ecological Perspective.* New York City: Free Press.

Gibson, M. 1984. Family support patterns, policies and programs. In C. Nusberg, ed., *Innovative Aging Programs Abroad.* Westport Conn: Greenwood Press.

Gibson, R. C. and J. S. Jackson. 1987. The health, physical functioning, and informal supports of the black elderly. *Milbank Memorial Fund Quarterly* 65(Suppl.2):421−454.

Gibson, D. M., 1988. *The Aging Population in the Twenty−First Century: Statistics for Health Policy.* Washington, D. C.: National Academy Press.

Gonnella, J. S., D. Z. Louis, and J. J. McCord. 1976. The stage concept: An approach to the assessment of outcome of ambulatory care. *Medical Care* 14:13−21.

Gornick, M., J. N. Greenberg, P. W. Eggers, and A. Dobson. 1985. Twenty years of Medicare and Medicaid: Covered populations, use of benefits, and program expenditures. *Health Care Financing Review*, Annual Supplement.

Greenberg, J. N. and A. Ginn. 1979. A multivariate analysis of the predictors of long−term care placement. *Home Health Care Services Quarterly* 1:75−99.

Hamm, L. V., T. Kickham, and D. Cutler. 1983. Research, demonstrations and evaluations. In R. Vogel and H. Palmer, eds., *Long− Term Care: Perspectives from Research and Demonstrations.* Washington, D.C.: Health Care Financing Administration.

Hammerman, J. 1975. Health services: Their success and failure in reaching older adults. *American Journal of Public Health* 64:253−256.

Harris, R. 1975. Breaking the barriers to better health−care delivery for the aged. *The Gerontologist* 15:52−56.

Hartmen, A. and J. Laird. *Family−Centered Social Work Practive*. New York: Free Press.

Haug, M. 1981. Age and medical care utilization patterns. *Journal of Gerontology* 33:103−111.

Homan, S. M., C. C. Haddock, C. A. Winner, R. M. Coe, F. D. Wolinsky. 1986. Widowhook, sex, labor force participation, and the use of physician services by elderly adults. *Journal of Gerontology* 41(6):793−796.

Kane, R. and R. Kane. 1981. *Assessing the Elderly*. Lexington, Mass.: Lexington Books.

Kane, R. 1981. Social workers in health: Commonalities and differences. *Health and Social Work* (November), 6(4):25−85.

Kane, R. A. and R. L. Kane. 1981. *Assessing the Elderly: A Practical Guide to Measurement*. Lexington, Mass.: Lexington Books.

Kart, C. 1981. Experiencing symptoms: Attribution and misattribution of illness among the aged. In M. Haug, ed., *Elderly Patients and Their Doctors*, New York: Springer.

Kart, C. S., E. Metress, and S. Metress. 1988. *Aging, Health and Society*. Boston: Jones and Bartlett.

Katz, S. 1983. Assessing self−maintenance: Activities of daily living, mobility, and instrumental activities of daily living. *Journal of the American Geriatrics Society* 31:721−727.

Katz, S., L. G. Branch, M. H. Branson, J. A. Papsidero, J. C. Beck, and D. S. Greer. 1983. Active life expectancy. *New England Journal of Medicine* 309:1218−1224.

Kemp, B. 1981. The case management model of human service delivery.

In E. Pan, T. Barker, and C. Vash, eds., *Annual Review of Rehabilitation*, vol. 2. New York: Springer Publ.

Kemph, J. 1969. Kidney transplants and shifts in family dynamics. *American Journal of Psychiatry* 125:1485−1490.

Kerson, T. S*ocial Work in Health Settings: Policy and Practice.* New York: Longman.

Kobrin, F. 1981. Family extension and the elderly: Economic, demographic and family cycle factors. *Journal of Health and Social Behavior* 19:68−76.

Kuypers, J. A. and V. L. Bengtson. 1973. Social breakdown and competence. *Human Development* 16:181−201.

LaRue, A., L. Bank, L. Jarvik, and M. Hetland. 1979. Health in old age: How do physicians' ratings and self−ratings compare? *Journal of Gerontology* 34:687−691.

Lawton, M. P. and B. B. Simon. 1968. Ecology of social relationships: housing for the elderly. *the Gerontologist* 8:108−115.

Levin, L. S. and E. L. Idler. 1981. *The Hidden Health Care System: Medicating Structures and Medicine.* Cambridge, Mass.: Ballinger.

Levin, L. S., A. H. Katz, and E. Holst. 1979. *Self−Care: Lay Initiatives in Health.* 2d ed. New York: Prodist.

Litwak, E. 1985. *Hepling the Elderly: The Complementary Roles of Informal Networks and Formal Systems.* New York: Guilford Press.

Lock, M. M. 1980. *East Asian Medicine in Urban Japan.* Berkeley: University of California Press.

Lubitz, J. and R. Prihoda. 1984. Use and costs of Medicare services in the last 2 years of life. *Health Care Financing Review* 5:117−131.

Luckey, I. and T. Tran. 1988. Classification of users and nonusers of public health clinic among older blacks. Paper presented at the Gerontological Society meetings, San Francisco, November 1988.

Maddox, G. L. and E. B. Douglass. 1973. Self−assessment of health: A longitudianl study of elderly subjects. *Journal of Health and social Behavior* 14:87−93.

Mangen, D. L. and W. A. Peterson, eds. 1982. *Research Instruments in Social Gerontology.* Vol. 1: *Clinical.* Minneapolis: University of Minnesota Press.

Manton, K. G., C. H. Patrick, and K. W. Johnson, 1987. Health differential between blacks and whites: Recent trends in mortality and morbidity. *Milbank Quarterly* 65(1):129−199.

Marcus, A. C. and J. M. Siegel. 1982. Sex differences in the use of physician services: A preliminary test of the fixed role hypothesis. *Journal of Health and Social Behavior* 23:186−196.

Moen, E. 1978. The reluctance of the elderly to access help. *Social Relations* 23(3):293−303.

Mutran, E., and K. Ferraro. 1988. Medical need and use of services among older men and women. *Journal of Health and Social Behavior* 43:171.

Nathanson, C. 1975. Illness and the feminine role: A theoretic review. *Social Science and Medicine* 9:57−62.

Neighbors, H. W. 1986. Ambulatory Medical Care Among Adult Black Americans: The Hospital Emergency Room. *Journal of National Medical Association* 78(4):275−282.

Office of Technology Assessment. 1985. *Medicare's Prospective Payment System: Strategies for Evaluating Cost, Quality, and Medical Technology.* Washington, D. C.: GPO.

Ohnuki−Tierney, E. 1984. *Illness and Culture in Contemporary Japan.* Combridge: Cambridge University Press.

Parsons, T. 1958. Definitions of health and illness in the light of American values and social structure. In E. Jaco, ed., *Patients, Physicians, and Illness.* Glenco, Ill: Free Press.

Parsons, T. 1965. *Social Structure and Personality.* New York: Free

Press.

Pathy, M. 1967. Clinical presentation of myocardial infarction in the elderly. *British Heart Journal* 29:190—199.

Rabin, D. L. 1985. Waxing of the gray, waning of the green. In *America's Aging: Health in an Older Society.* Committee on an Aging Society, Institute of Medicine and National Research Council. Washington, D.C.: National Academy Press.

Rabin, D. L. and P. Stockton. 1987. *Long—Term Care for the Elderly: A Factbook.* New York: Oxford University Press.

Rice, D. P. and J. J. Feldman. 1983. Living longer in the United States: Demographic changes and health needs of the elderly. *Milbank Memorial Fund Quarterly* 61(3):362—396.

Risse, G. B., R. L. Numbers, and J. W. Leavitt. 1977. *Medicine Without Doctors: Home Health Care in American History.* New York: Science History Publication.

Roos, N. P., P. Montgomery, and L. l. roos. 1987. Health care utilization in the years prior to death. *Miblank Memorial Fund Quarterly* 65(Suppl. 2):270—296.

Schlesinger, M. 1987. Paying the price: Medical care, minorities, and the newly competitive health care system. *Milbank Memorial Fund Quarterly* 65(Suppl. 2):270—296.

Schott, L. J. 1984. The medicines of knaves and fools? Patent medicine in nine—teenth—century America. *Journal of the Cleveland Medical Library Association* (Spring/Summer), pp. 26—28.

Shanas, E. and G. L. Maddox. 1985. Health, health resources, and the utilization of care. In R. H. Binstock, and e. Shanas, eds. *Handbook of Aging the Social Sciences.* 2d ed. New York: Van Nostrand Reinhold.

Shuval, J. 1970. *The Social Functions of Medical Practice.* San Francisco: Jossey—Bass.

Silverstone, B. 1984. Informal social support systems for the frail elderly. In Institute of Medicine/National Research Council, ed., *America's Aging: Health in an Older Society*. Washington, D.C.: National Academy Press.

Smallegan, m. 1985. There was nothing else to do: Needs for care before nursing home admission. *The Gerontologist* 25(4):364−369.

Snider, E. 1981. Young−old versus old−old and the use of health services. Does the difference make a difference? *Journal of the American Geriatrics Society* 29(8):354−358.

Soldo, B. J. and K. G. Manton. 1985. Changes in the health status and service needs of the oldest−old: Current Patterns and future trends. *Milbank Memorial Fund Quarterly/Health and Society* (Spring), 63:286−319.

Somers, A.R. 1983. Medicare and long−term care. *Perspectives on Aging* (March/April), PP.5−8.

Somers, A. R. 1985. Financing long−term care for the elderly: Institutions, incentives, issues. In Committee on Aging Society, Institute of Medicine and the National Research Council, eds., *America's Aging: Health in an Older Society*. Washington, D.C.: National Academy in Press.

Steinberg, R. and G. Carter. 1983. *Case Management of the Elderly*. Lexington, Mass.: Lexington Books.

Stoller, E. P. 1982. Sources of support for the elderly during illness. *Health and Social Work* 7:111−122.

Trager, B. 1981. In place of policy: Public adventures in non−institutional long−term care. Paper presented at the annual meeting of the American Public Health Association, Los Angeles, November.

Troll, L., S. Miller, and R. Atchley. 1979. *Health Status of Minorities and Lowincome Groups*. DHEW Pub. No. (HRA) 79−627. Health Resources Administration. Washington, D.C.: GPO.

U.S. Office of Health Resources. 1979. *Health Statuses of Minorities and Low Income Groups.* Department of Health, Education, and Welfare Resources Administration. Washington, D.C.: GPO

U.S. Senate. Special Committee on Aging. 1988 *Developments in Aging: 1987*, vol. 1. Washington, D.C.: GPO.

Verbrugge, L. M. and J. H. Madans. 1985. Social roles and health trends of American women. *Milbank Memorial Fund Quarterly* 63(4):691−735.

Want, T. 1982. Use of health service by the elderly in low income communities. *Milbank Memorial Fund Quarterly* 60:82−107.

Wan, T. and S. Sorfer. 1974. Determinants of physician utilization: A causal analysis. *Journal of Health and Social Behavior* 18:61−70.

Ward, R. 1977. Services for older people: An integrated framework for research. *Journal of Health and Social Behavior* 18:61−70.

Wilensky, G. R. and L. F. Rossiter. 1983. The relative importance of physician−induced demand in the demand for medical care. *Milbank Memorial Fund Quarterly* 61(2):252−277.

Williamson, J. D. and K. Danaher. 1978. *Self−care in Health.* London: Croom Helm. Zopf, P. E. 1986. *America's Older Population.* Houston: Cap and Gown Press.

# 第 9 章

# 老人心理衛生

*Kenneth Solomon* 著

李開敏　謝依君　譯

# 第一節　前　言

　　老年人比任何年齡層的人都更容易出現急性或慢性的心理病徵。 Post（1968）指出，老年人中近 20％～ 30％患有精神疾病。在公立及其他精神醫療機構中，大多數住院的新病人和長期滯留的病患都以老年人為多。約有 5％的老年人因心理病態或行為上的困擾被安置在療養機構裡。（Redick, Kramer & Taube 1973）

　　老年精神方面的失能並不是因為年老的生理改變所致，儘管腦部有些生化及生理病變可能會增加老年罹患某種心理失能及器質性神經病變的機會。相對地，老年精神方面失能的主要原因是現有的社會心理壓力以及當事人面對壓力的因應能力。

# 第二節　老年壓力及調適

　　老年期產生新的精神症狀常常是由現有壓力觸發所致。不管它是生理、心理或社會肇因，老人本身具有一套對壓力的心理動力反應（Goldfarb 1968, 1974; K. Solommon 1981a, 1981b, 1982a, 1982c, 1983a, b, c）。一旦經驗到壓力，老人會覺得對環境逐漸無法掌控，因而增加了無助感和對依賴的矛盾心理。就在這個階段，老人可能會經驗到所謂「學來的無助」（learned helplessness）（(Maier & Seligman 1976; Seligman 1975; K. Solomon 1982），這樣的一個過程常無意地被老人社會支持系統中的成員所增強，尤其是心理衛生、健康及服務輸送的系統。這個概念是很重要的，因為學來的無助常會導致心理病態的發生；所以避免之道就要去預防這種過程的產生。

　　學來的無助感會引發三種情感。一種是害怕，尤當老人嘗試去解決壓力時擔心自己不知會變成什麼樣。另外一種就是對自己、他人或現況的憤怒，以及對自己經驗到的無力及失控而憤怒。這些情緒，可以從逃脫

（flight）或抗爭（fight）的概念來了解。即指在生理上逐漸成為一般適應症候群，而影響到器官，或調適好，或變成生理疲乏，導致疾病或死亡（Selye 1950）。不管個人感到害怕或憤怒或兩者皆有，主要取決於他（她）一生當中如何因應壓力。隨著年齡的增加，壓力反應模式不會改變。第三種的情感，則是失落及感到自尊的傷害。老年失落程度的大小與其顯現的焦慮程度相關。

## 一、急性及非預期的壓力

老人所經驗到的壓力可能是急性的、非預期的，或者是慢性的。所有會引起急性的及非預期性的壓力事件可分為三類，都有失落的特徵。

1. 第一種失落是指社會支持系統方面。包含失去配偶、手足、朋友、父母、孩子、其他親人，乃至鄰居等。其中心理影響最大的就是失去配偶（Guttmann, Grunes, & Griffin 1979; Homes & Rahe 1967; Wolff 1977）。

2. 第二種失落指社會角色如從正式機構化角色轉移到無關緊要及非正式角色，也包含性別角色的轉換。本質上來看，老人在社會上最無關緊要及非正式的角色，對他們而言正是壓力的來源（Rowsow 1976）。尤其對男人最感到壓力的就是失去機會表達原有性別角色的期待（K. Solomon 1982b 1982c; Solomon & Hurwitz 1982）。

3. 第三種失落則是歸在其他類別。如失去健康、獨立、適當收入、行動、適當住所，及休閒活動等。這些失落有些是社會決定性改變所致，例如退休（Friedmann & Orbach 1974; Sheppard 1976），或是限制老人功能的慢性病（Wilson 1970）。

## 二、慢性壓力

除了上述這些急性壓力源之外，慢性壓力源自於老人的「受害過程」（victimization）（K. Solomon 1983a, b）。受害程度可分四個層面來說：經濟的、態度的、角色的以及生理的。就像所有慢性狀況一般，個人

身在其中，會覺得壓抑、生氣、無反應、及無助，乃至於其怒氣轉向自己或朝向別人及社會（Brody 1974）。

1. 經濟方面的受害不僅包含非法的「詐欺」及被設計陷害，還包含了合法的及被認可的政策，例如不足的年金、通貨膨脹的影響、企業剝削老年消費者需要的資金、以及不當的醫療給付。

2. 生理上的受害包含了老人遭其子女或配偶的虐待、以及造成人身或財產的罪行。另也包含了許多對老人的劣質治療，如不當的診斷評估、處方或手術、以及不足的療養照顧等。

3. 態度上的受害是對老人刻板印象的結果（Ryan 1976; Tuckman & Lorge 1953a）。正如 Butler（1975）、Solomon 及 Vickers（1979）指出，刻板印象導致錯誤的診斷，及後續所提供不當和無關的服務。老人的個別需求並不被認同，他們的個別性也因此被抹殺。如此更加強了許多老人有學來的無助感，尤其是在醫療健康體系中（Maier & Seligman 1976; Seligman 1975; K. Solomon 1979c, 1982e）。

4. 角色的受害來自於角色從正式機構轉換到微小及非正式的社會角色。如果老人無法接受這種轉換，他們即可能進入無角色的狀態，而隔離、迷亂、冷漠以及心理病態的症狀都隨之而來（Akisal & McKinney 1975; Bibring 1961; K. Solomon 1981a）。

# 第三節　老人心理評估

　　針對一個明顯心理失調的老人，要有所處遇前，做一完整的老人心理評估是非常必要的。這樣做的目的是儘可能去收集大部份的資料以完整的了解個人的社會心理狀態。評估需要去檢視個人現有的壓力，他（她）對這些壓力有哪些心理動力反應，社會中不同次系統與當事人的互動及反應，以及個人人格特質的長處及弱點等。評估也包含過濾現有的症狀，而且排除任何藥物治療的可能。

　　老人心理評估包含十一個項目。雖然在本章中會一一敘述，但並非期

望或要求任何一位老人團隊的成員要負責所有的評估項目。許多人將心理
衛生團隊的角色分成二類：通才及專家。通才角色指的是不分領域的臨床
工作者。另一方面而言，這些人是被用來實現不同專案的任務（ Cohen
1973; Smith 1972; K. Solomon 1979b, 1982d ）。而專家則是容許各種不同
專業的人在同一團隊中，運用個別專業特殊的技巧、知識及人格特質來對
個人做完整的照顧（ Harris & Solomon 1977; Howard 1979; Pons 1979;
Romaniuk 1979 ）。心理衛生或社會福利機構對老人的社會心理評估，大
部份是借助團隊中全體成員的通才技巧來完成的。故老人心理評估用通才
的技巧即可完成大部份。以下係評估的十一個項目內容：

## ㈠現況及其發展史

　　工作員必須正確地知道，個案現在的心情及正在經驗的是什麼，問題
已經持續有多久了，可能是什麼原因引發的，問題如何改善（即使是短暫
的），怎樣可能會讓問題惡化，以及了解個人，家人和心理衛生工作者曾
經試圖用過什麼樣的處遇來改善這個特殊的問題。在現在史的部份，要去
詢問有關各種不同症狀的細節以便做出診斷，並且評估需求滿足的障礙為
何，包含是否曾有植物人狀態、憂鬱症、精神疾病、恐慌症、以及強迫性
行為等症狀。

## ㈡過去精神病史

　　團隊成員不僅要去詢問個案過去是否看過精神科門診或接受過住院治
療，而且須了解是否還接受過其他專業，如心理師、社會工作員、精神科
護士、以及藥師的處遇來協助處理情緒問題。此外，了解其服用家庭醫師
所開的鎮靜劑或其他精神藥物的歷史也是很重要的。這些資訊可以協助澄
清個案的調適能力及其適應機轉為何。個案過去精神方面嚴重障礙的資料
呈現，會是個很好的指標，以得知過去哪些特殊處遇（尤其是在藥物方
面）是成功的，以避免無效處遇的再運用（ Ayd 1975 ）。

## ㈢過去與現在的醫療狀況

　　為評估個案整體的功能以及得知未來可能產生的問題，了解個案的醫

療史實屬必要。某些藥物的使用與否,將會阻礙或增強整個治療過程。這樣的醫療史也可能找出個案的身心症或因使用藥物,而導致精神疾病(例如,因甲狀腺功能過低而產生憂鬱症;或者因服用抗憂鬱劑中毒而導致精神疾病)。

### ㈣藥物史

對個案用藥的歷史務必要清楚,不僅要包含他曾用過的醫師處方,同時也要知道他在藥房或街頭買過什麼藥物。很多老人都有喝酒或藥物的問題,不僅干擾他們整體功能,同時也破壞治療計劃,甚或引起特殊的精神疾病。除了酒精之外,老人最常見的藥物濫用就是去藥房買的鎮靜劑,如果老人使用如大麻、巴比特酸鹽、安非他命、或合法的麻醉止痛藥,都必需特別留意。

### ㈤社會心理評估

做社會心理評估的主要目的,是要去得知個案在過去有哪些調適技巧,有哪些因素可能增強或阻礙他的精神或生理復健,以及他的環境中有哪些壓力及可用的資源。

社會心理評估首要之務是去了解個案的家族史,包含個案的父母、手足、以及孩子等。評估也包含這些人的醫療及精神疾病史,他們彼此的關係,與個案的關係等。家族史同時包含個案父母的職業、社經地位、是否移民以及父母彼此的關係。

在發展史方面,了解個案是否完成重要發展階段任務,以及其童年的生活經驗等。

在接受教育的過程方面,要問及個案的教育程度及所學何用。在個案一生中何以某個時期中斷學業或某個時期繼續追求學位等。對個案的人生志趣,職業技能的學習,及對教育抱持的態度也都要一一評估。

個案的職業史方面,要知道個案從事哪方面的工作,工作是否能持久,他對什麼樣的工作有興趣等。也要去檢視個案是否曝露在危險的工作環境中,因為這可能有助於診斷或治療。

就婚姻或性方面的歷史而言,這些關係被視為個案的主要資源或壓力

所在。這些因素需要去探討，不論他（她）的婚姻狀況、性取向、性偏好等都要評估。如果個案未婚或未與人同居過，所持理由也要被評估，以了解個案在人際關係方面的全貌。個案對性的喜好及活動層次，在治療上有其明顯的意義，也不要忽視。

最後還要去了解個案目前的經濟狀況，不僅要清楚他的收入來源，也要知道他是否領有其他社會福利的津貼。這些津貼來源包含如食物券、醫療給付、以及政府營養計劃。

接下來去檢視個案的居住狀況，如房屋狀況是否有缺陷及如何修繕成無礙空間。因為房子對個人而言既是壓力源也是可用資源之一。

另外個人如何運用閒暇也需要評估。這個部分很重要，不僅可用來提供個案休閒的參考，而且有助於了解個案是否具備放鬆自己、感受正向情感經驗的能力，以及是否能發展有意義的休閒活動而非只用來打發時間而已。

在計劃處遇時，對個人病前人格特質的了解是很必要的。這些訊息能幫助治療師去了解個案所使用的防衛或適應機轉是什麼。同時也了解在過去是如何滿足其各種不同的需求以及個案是否有調適壓力的能力。再者，這些資料也有助於澄清個人在復健中所有的心理壓力及資源，同時有利於評估個案在未來產生心理病態的危險性有多少。例如，不安定人格異常的人較有產生憂鬱症的風險，而那些屬穩定性人格異常的人，在其年老面對壓力時，有產生憂鬱症或類精神疾病的風險（Solomon 1981b; Weiss 1973），而無人格異常的人則較能成功地克服壓力。在評估個人病前人格時，也要去檢驗環境中存在的壓力及資源。

### ㈥系統回顧

儘管傳統上系統回顧是醫療檢查的一部份，但任何一個專業都能來完成這項工作。在回顧的過程中，檢查者會詢問不同的疾病症狀，包含疼痛、視覺問題、排泄的習慣、飲食習慣及胃口、睡眠、乃至性功能等。目前別處也有出版系統回顧的標準指南（Adams 1958; Delp 1968; Friedland 1967; Judge and Zuidema 1963）。

## (七)生理檢查

生理檢查應該完整，如包含肛門和婦科檢查。儘管這些檢查要由醫生、護理人員、醫師助手來完成，心理衛生工作者一定要得悉這些訊息以便了解老人的問題做合宜的處遇。

## (八)神經系統檢查

當老人被懷疑可能有神經系統的毛病時，就必須安排一個完整的神經系統檢查。這個檢查不一定要神經科專家親自做，因為其他醫護或相關檢驗人員也都被訓練過。檢查結果要讓治療小組的成員都知道。

## (九)精神狀態檢查

在做老人心理評估時，除了對老人參與過程的觀察記錄外，尚有十五個部份的評估。為完成一個正確的老人社會心理評估，抽離出心理病態方面的症狀深入探究是很必要的。此類檢查需以正確的、無價值判斷的行為描述，避免標籤化，作為骨幹。在檢視個人的精神狀態上，可以看到案主有很多種有別於一般期待及規範以外的行為。然這些並不一定都是病態的。例如，悲傷的情緒對最近遭遇腦血管病變意外的人是合宜的，但對一個剛中彩券的人就不恰當了。

關於心理狀態檢驗的作法，所述不一（MacKinnon 1980; Menninger 1962; Stevenson & Sheppe 1974）。而有關精神狀態檢驗的要點將依序討論如下：

(1)要注意個案的外觀

個案如何穿著？這個人是臥床或坐輪椅或搭救護車？他（她）的姿勢是什麼？是否有任何徵兆顯示可能有生理疾病？根據個案的病況或社會地位來看他的外表是否合宜？例如，一個穿睡衣去看門診的病人會被認為是不合宜的，但如果是住院的病人就無妨。個案所在的社會情境需要被考慮。同樣道理，對個案姿勢的放鬆、或緊張，是否有身體病狀的徵兆，或有精神疾病的怪異或不尋常舉動都要留意。

(2)考慮案主的意識及警覺程度

個案的意識狀態可能是正常的，或有可能是過度警覺，如張大眼睛暗

中掃視環境、或是昏昏沈沈、嗜睡的、遲緩的、半昏迷的、或昏迷狀態。

(3)個案的注意力

個案可能因分心或聽力障礙而明顯有注意力難以集中的困難。另外一方面，個案可能表現出否認或選擇性的注意，另又可能因潛意識因素，對檢驗者無法集中注意力。選擇性的不注意通常在某種程度的意識控制下，但若是否認則不然，分心常見於嚴重精神疾病或認知障礙的患者。

(4)情緒方面

這方面指詢問個案的感覺、感受以及內心的情緒。例如，快樂嗎？悲傷或生氣？情緒有時是在一般經驗範圍之內的喜怒哀樂。或者個人可能經歷極度的情感，諸如亢奮或極憂傷。個案也有可能是憤怒，敵視或焦慮害怕等。

(5)情感部份

情感是內在情緒的行為表現，通常經由個案的臉部表情的顯現。如面部表情生氣、悲傷、快樂、遲鈍或生硬等；同時檢驗者也要了解情感是否與表達出來的思考內容吻合。個案的情感可能合宜或不恰當。不合宜的情感與個案的內在情緒或思考內容不符。如果不恰當，個案表情也可能是生硬的、無表情，亦即個人臉部表情不能反應出內在情緒。

(6)活動層次

個案活動是否屬常態，或過動，或過低的活動？是否有任何不正常行動或抖動？個案可能表現出精神運動性遲緩，比如所有生理功能緩慢下來，或是精神運動躁動，如此坐立難安或者激動。輕微的躁動不安，可能由手的肢體語言傳遞，如雙手緊握，手指拍打等。嚴重的躁動可能好幾分鐘都無法靜止下來，然而要與一般帕金森氏症狀如不能靜坐區別清楚。

(7)檢驗個案語言的品質

檢驗者要考慮說話的量、內容、音調、語調、速度及清晰度等。有時可能因失語症或發音不良使內容不連貫或不清楚。也可能說得快、慢、單調或跳躍、聲音太低或太大等。也可能與當時狀況、內容及情感都不搭調。

(8)檢查個案的思考過程

思考過程是否理性，合邏輯，或者有目標導向？個案是否能以合理簡

要的態度來回答問題？是否能夠表達自己？或有接收／傳送障礙的失語症徵兆。不完整的思考包含思考的空洞，亦即思想表達的缺乏，當案主對問題出現一再重覆的不相干回答，檢驗者則需保留態度。其他思考程序的障礙包含正常邏輯程序軌道的喪失；輕微時，是所謂的無關聯性；即個案似乎經常性地偏離主題，或者繞著話題轉，最後才回答問題。更嚴重的思考邏輯喪失即所謂的「脫線」或「無關的聯想」。當情況嚴重時，案主的說話內容甚至無法被理解。另外，個案可能使用其自創的字眼，那些自創字當然也只限他自己理解而已。

(9)思考的內容

個案特別想到的內容為何？是否跟現實相關？思考內容的障礙包含模糊、強迫性重覆、或與個人自我抽離的困擾性思考介入。個案可能顯現僵固觀念；即不能被動搖及被簡化的想法，其中也有可能是妄想。案主的思緒可能被恐懼及幻想所佔據。有些看似合邏輯的信念，但卻是脫離現實的幻想。老人常表現出的妄想，小則不影響其正常生活功能，但過度時也相當具破壞性。妄想可能會發展成一組系統或呈解組狀。個案同時有可能創造如事實般的訊息來掩飾記憶力的缺失，這與故意的說謊是不同的。沮喪的思考內容，包含自我抨擊、不合理的罪惡感、無助感、無望、沒有價值、無用感等。最後思考障礙裡也可能包含相信有外界力量或人輸送某一想法至腦中的精神分裂病症狀。這些症狀包括思考注入（外人將思緒注入自己腦中）、思考控制（相信自己的思想被外界力量所控）、行為控制、思考抽出（外界力量將腦中思想抽出）、以及思考傳播（相信別人聽得到自己的思想）等。Schneiderian 的第一類症狀，在年輕人身上與老人身上出現，在精神分裂診斷上是有不同的（Kendell, Brockington, & Leff 1979）。

(10)知覺部份

這部份包括檢驗個案是否有能力去理解說或寫的文字，以及對不尋常的知覺經驗作了解等。很多知覺障礙是生理肇因，包含接收性的失語症和主要器官缺陷所造成的結果。

另外一種常見的知覺障礙是妄想；亦即事情被認知的與現實不符。視覺上的妄想是眾所週知的例子。錯覺也是認知障礙的一種，把某事誤認為

是某事，但事實不然。最嚴重的知覺障礙就是幻覺；亦即個案製造的知覺不是根據外在環境而來。這些幻覺可能是聽覺的、視覺的、嗅覺的、味覺的、觸覺的、或運動感覺的。特殊的 Schneiderian 知覺症狀包含了經驗到幻覺兩種聲音互相在溝通，或一種聲音持續在指揮案主的行為。

(11)記憶力

在收集個案的任何資料過程中，檢查者已在檢驗案主近期及遠期記憶力的正確性。為了解其近期記憶力，可詢問案主在檢查前幾天內做了哪些活動。要測試個案立即性的回憶能力，檢查者可給案主三個項目，幾分鐘後再測試他是否能記得起來。記憶力的障礙包含了健忘、記憶減退，同時一般性的障礙如立即性、近期、遠期的記憶力困難等，或是記憶過程中的登記、儲存、辨識、回想等部份受損。

(12)定向感

如個案知道年、月、日及季節嗎？知道現在身處何地嗎？或住在哪一層樓？地址？及房間號碼？個案了解現狀嗎？換句話說，個案是否對周遭環境有所掌握？定向感的障礙就是缺乏能力去辨別時間、地點、或有關個人的基本資料。

(13)智力

檢驗個案的智力程度要看他是否有能力去表現較高度腦部皮質功能。如是否可以從一百連續減七？能否遵從簡單的指示？是否能夠讀／寫簡單的句子？對格言的詮釋程度如何？是具體或抽象地詮釋？我常用的格言例如「你可以牽一匹馬到水邊，可是你無法強迫它喝水。」以及「住在玻璃屋的人不應該丟石頭」。個案是否有能力分別蘋果和橘子的相同性或不同性？智力障礙包含了先天的智力缺陷，如智能遲緩、或後天的智力缺陷。後者就比較特殊，像讀寫困難或失智症，包括個案無法遵照簡單的指示去讀、計算、或寫出句子等。這部份的障礙尚包含無法抽象地詮釋格言，這項能力與個人的教育程度及文化背景有關。

(14)判斷力

判斷力方面的評估是用假設的狀況詢問個案將會怎麼做。我所使用的情境是：如果個案發現在信箱前的地上有一封信，他（她）會怎麼做？以及看電影時，個案聞到煙味，他（她）會做什麼？這些問題可讓檢查了解

個案整合環境中線索的能力以及選擇適當行動的能力。判斷方面的困難包含了衝動、及無法在行動前考慮到行為後果。

(15)病識感的程度

最後一部份的檢查是評估個案病識感的程度。可以詢問個案為何會有這些特別的情緒、行為、或認知、困難等。病識感的程度可以由完全否認所有症狀到有能力去認同症狀，但不承認症狀的後果或病因學；或有能力去認識症狀及結果而非病因學；甚至到有能力去意識到社會心理障礙的本質及原因。個案病識感的程度常常會決定計劃中的處遇方式。

## (十)實驗室檢驗

做實驗室的檢驗端賴個人心理障礙的本質而定，對有心理病態的老年人，實驗室的檢驗應該包括完整的血液、腎臟、肝以及甲狀腺、電解質、血醣、心電圖、胸部 X 光、梅毒血清、尿液的酒精及藥物反應測驗及血清中藥物成分測驗。此外，如果腦部功能喪失，就應檢驗維他命 $B_{12}$ 及血液濃度評估，及對頭部做電腦斷層掃描，其他特殊的檢驗可能也是必要的。

## (土)社會檢驗

社會檢驗是老年心理評估的最後一部份。包括查看個案的病歷，及與其他社會服務員、護理人員、家人、鄰居、及個案生命中的重要他人一起討論等。如此可確證個案描述的歷史，讓檢驗者覺察到案主不願意或不能討論的症狀。同時也能幫助評估及列出個案現有的人際資源。可能的話，社會檢驗的部份還應包含對個案做家訪以評估其環境中存在的資源、壓力、及障礙等。

# 第四節　主要精神症狀

## 一、憂鬱症

憂鬱症是老年最常見的精神疾病。在六十五歲以上的老人,估計因憂鬱症狀而影響到生活功能的有 15% ～ 68%。大部份研究則顯示有 30 ～ 40%(Ban 1978)。一般人口的好發率則僅 10%(Sartorius 1975),可見老人患憂鬱症的比例是年輕人的三到六倍。一般社區中的老人,憂鬱症的流行率估計約有 15%(Blazer & Williams 1980)。老人患憂鬱症的頻率與其面對的多重壓力是相關的,而老年人在生理上也容易產生憂鬱。

### 1. 描述

憂鬱主要是藉悲傷情緒及各種內在障礙所呈現(American Psychiatric Association 1987)。通常胃口會改變(一般呈減少,但也有增多的情況),以及睡眠循環改變(難入睡、睡不熟、早醒)。個案顯現出精神運動的躁動或遲緩,有時會抱怨焦慮、虛弱、遲緩,但並非悲傷。個案會覺得疲憊,即令是適當睡眠後,仍會覺得沒有精力或動機去復健或做其他活動。關於這些問題,個案會覺得有罪惡感及責備自己。個案注意力難以集中,而且會經由各方面的困擾,如近期與立即性記憶力、具體性思考等缺失顯示出認知障礙,作者曾以「戴著灰色眼鏡來看待世界」描述這種狀況。此外,憂鬱的個案會操控自己和別人進入保證失敗的情境(Bonime 1966; Kovacs & Beck 1978),然後再內化成罪惡感及對操控不成的他人生氣。嚴重憂鬱的個人可能會表達自殺感受、意念或計劃。自殺是導致老人死亡的原因之一(Weiss 1974),所以檢驗者要經常向個案詢問有關自殺的意念。有些嚴重憂鬱症可能表現出各種不同的精神症狀,包含有妄想及幻覺等。

老年憂鬱症的現象因老人個人病前之發展而有所不同。很多老人會顯現古典式的憂鬱現象如悲傷情緒、躁動、罪惡感、自我抨擊、無望、無價

值、無助、胃口及體重改變、睡眠障礙以及自殺意圖等。然而，許多老人有精神運動遲緩的現象卻沒有罪惡感、憤怒及自我抨擊等。這些老人在早期發展顯示有情感障礙或難以處理敵意及依賴的衝突，其所發展出的症狀是較符合古典派的描述。老人若早期未出現問題而因老年多重失落，則臨床上較顯現情感方面的表徵而傾向屬於遲緩憂鬱症。在老人身上，失落及悲傷並不如年輕人那般與憤怒息息相關。

憂鬱症是主要的精神障礙而且可能是致命的，主要原因就是自殺。在美國 1/4 的自殺案例是發生在六十五歲以上的老人身上。六十五歲以上白人男性的自殺率是二十五歲白人男性的三倍。七十五歲以上白人男性有最高的自殺成功率，接下來是六十五到七十四歲的白人男性及六十五歲以上的白人女性（Weiss 1974）。在各年齡層中，老人是唯一自殺成功率超過自殺企圖的族群，當老人有自殺意念時，通常都可能如願以償。

憂鬱症的老人，即使沒有自殺企圖，也會因憂鬱的生理症狀致死。如胃口差可能使老人拒吃拒喝，很快就產生嚴重的脫水及電解質不平衡，如此會因為次發性的肺炎及抽搐而致命。另因憂鬱無法行動導致褥瘡潰瘍，變成二度感染敗血症而致死。所以老年憂鬱症比年青人更為危險，在治療的需要性上也更為迫切。

2. 診斷和治療

憂鬱的診斷首先必須排除可能的生理疾病，尤其像老年痴呆（失智症），及藥物濫用或戒斷反應。老年人口中，憂鬱是常見的假性癡呆肇因（Libow 1973）；因為憂鬱症是可治療的，然許多的老年失智則無法治療，所以正確的診斷絕屬必要。較難分辨的是失智老人在腦部病變的早期確有憂鬱症狀出現（Solomon 1982f）。而嚴重憂鬱症者，尤其是患有遲緩憂鬱型的，幾乎無法和老年失智症區辨。Kahn（1978）曾指出，許多在認知上的改變，特別是立即性及近期記憶力缺失，也會發生在憂鬱症的病人身上。除了認知改變之外，注意力無法集中，臨床上就像是記憶力障礙。沒有活動力及憂鬱的個案，會因愈來愈遲緩甚而失禁及不能照顧個人基本身體需求。由於活動力喪失可能較前更使用具體性思考，而給人失去認知功能的印象。激動及不能夠遵循檢驗者的指示，也會導致有認知障礙的錯覺產生。某些生理改變可能導致譫妄，而忽略了潛在性憂鬱的診斷。

　　藥物和酒精戒斷症狀，和憂鬱症的症狀雷同，尤其是對短期發作的
Benzodiazepines 成癮的人。憂鬱的症狀也常在戒毒後反覆出現。所以，
一個成癮的病人必需至少戒斷一個月，才能下憂鬱的診斷並開始治療。

　　內分泌障礙可能表現有如情緒性的障礙，但有別於憂鬱症
（ Whybrow & Hurwitz 1976 ）。憂鬱症見於患有慢性腎病、貧血、及腦
瘤、或腦傷的病人。情緒的改變，嗜睡、疲憊、體重減輕、睡眠障礙等，
這些都常是一系列的疾病而且是許多藥物副作用使然，尤其是荷爾蒙，精
神藥物及抗高血壓藥物等影響。

　　憂鬱症的診斷是根據各種不同的標準（ American Psychiatric Asso-
ciation 1987 ）。這些標準至少要包含以下八種的四種：

1. 胃口／體重的改變
2. 睡眠障礙
3. 活動程度的障礙
4. 認知障礙
5. 精力程度的障礙
6. 一般興趣的障礙
7. 注意力障礙
8. 自殺意念／計劃／行為

　　其他的徵兆也應被注意如情緒障礙持續至少兩週以上。排除的條件中
應了解，憂鬱不是生理疾病或其他精神疾病的一部份，也不是一般的悲傷
反應。去區分憂鬱（一種主要障礙）及哀傷（一種普遍經驗）是十分必要
的。

　　一旦憂鬱症被診斷出來，治療就應很快及積極的介入，因為這種障礙
常會有潛在性的致命結果。藥物治療包括抗憂鬱劑的使用，外加心理治療
（特別是認知取向的治療）及環境控制等都是需要的。

## 二、酒癮及化學藥物依賴

　　約有 25% 的老人極易罹患酒癮或化學藥物依賴。主要的問題是對具有
短效的 Benzodiazepines 成癮（ 表 9-1 ），尤其是 alprazolam, lorazepam,

表 9-1　鎮靜劑藥物（ Benzodiazepines ）

---

1. Chlordiazepoxide（ Librium ）
2. Diazepam（ Valium ）
3. Oxazepam（ Serax ）
4. Clorazepate（ Tranxene, Azene ）
5. Prazepam（ Verstran, Centrax ）
6. Lorazepam（ Ativan ）
7. Halazepam（ Paxipam ）
8. Alprazolam（ Xanax ）
9. Flurazepam（ Dalmane ）
10. Temazepam（ Restoril ）
11. Triazolam（ Halcion ）

---

及 triazolam。事實上，目前美國這種問題正在流行著。很多人都有長期用藥及喝酒的習慣，伴隨 Benzodiazepines 系列的濫用成災。然而很多其他病人在向醫生抱怨有焦慮、沮喪、失眠、及身體症狀之後，即由醫師定期開藥。由於這種藥物在人體內的半衰期很短，所以很快就產生抗藥性而連帶出現戒斷症狀，就有焦慮、激動、及失眠症狀出現，而增加劑量，或增加使用頻率，因此不可避免的結果就是增加劑量與增加戒斷次數而發展成一個循環。由於這樣循環的過程正是所有藥物成癮的結果，所以對酒癮或較長效藥物的上癮，常需要花幾個月到幾年的時間。使用這些短期作用的藥物，儘管只是用很少的劑量，或僅僅二、三週，對正在使用這些藥物的病人，都會產生嚴重的戒斷症狀如嚴重的躁動、焦慮、恐慌、憂鬱、譫妄、注意力差、或甚至產生抽搐等。儘管戒斷已完成，上述這些症狀，在最後一次用藥以後仍有可能重覆發生達半年之久。所以這些藥物最好不要冒然中斷，因為戒斷產生的症狀嚴重者是可致命的。例如， 20% 沒有被治療的譫妄（因酒精戒斷）是致命的。

反應型的酗酒，有可能是在病前呈所謂的社交性飲酒者，但隨著老年經歷一連串壓力後，方首次開始喝過量。在晚年開始喝酒的，男女有一些分別。男的多半單獨喝而不是跟朋友，理由通常是為嚴重的失落而療傷。

這些男人多是極度依賴失去的那個對象，所以會變得嚴重憂鬱，也因此不得不用酒精來因應每天生活的壓力，於是開始酗酒，不過幾個月就很快上癮了。

女性則多是與同伴一起喝酒。這些女人多少都具有強迫性及依賴性格，而且在特質上較不能去表達憤怒。在壓力產生時，通常是失去重要他人，她們就用酒精來紓解一生以來被壓抑的敵意。

對酒精及藥物成癮的治療，首要是去面質他們所使用的防衛機轉，如否認及合理化，教育病人及其家屬有關成癮藥物及酒精的各項影響，並面質家人為何容許病人使用酒精或藥物，同時鼓勵其參加匿名者戒酒團體（Alcoholics Anonymous），以及提供支持性的心理治療及適當的戒斷方法。待病人戒斷至少一個月或更長後，再藉由適當的心理治療、社會治療或心理藥物治療現存的潛在憂鬱。

## 三、腦損傷

第三種最常見的老人精神疾病是腦損傷，也是指功能性的神經損害。腦損傷有四種互不排他的面向，而個人在臨床表徵上可能在各面向上有混合因素在。這些面向都是持續性的，而個人在疾病發展過程中可能隨時在各面向中游走。

1. 第一個面向是指症狀。如譫妄，就是注意力的問題而且與意識狀態改變相關。另外一種就是老年失智，主要是記憶方面的障礙，而與意識的正常狀態相關。有些人罹患老年失智也可能有譫妄的症狀，反之亦然。

2. 第二個面向就是症狀第一次發作的時間，範圍從急性到突然發作，如藥物中毒或腦血管病變意外，到非常緩慢，慢性的如阿滋海默症或者是 Creutzfeldt-Jakob 疾病。

3. 第三個面向是病理方面的。從完全外在的，如頭部受傷，到完全內在的如多發性梗塞的老年失智。

4. 最後的面向是預後狀況。從完全可逆到完全不可逆的情況都有。

據估計約有 6.2% 的六十五歲以上老人，會有腦部損傷的症狀。六十

五歲發生率是 2%～ 3%，然後漸漸增加到八十歲的 20％之多（Kay 1977）。八十歲至死亡階段大概都保持在 20％。儘管只有 5％的老人在機構裡安養，卻有 50％的機構老人患有老年失智症（Redick, Kramer, & Taube 1973）。不過腦傷患者大約每四個人中有一個人是可完全治癒的。

1. 臨床表徵

　腦傷的主要症狀，本質上是同於神經性損傷，包含記憶力喪失、失語症、認知障礙、失用症、及失向感等。另外還有次級症狀，這些症狀包括個人嘗試去因應功能的喪失，當個人早先的調適機轉喪失後，患者的人格特質會受到症狀的影響，以及和環境及支持網絡互動的結果。

　失智症的早期，憂鬱是最常見的而且可能遮掩了診斷表象（K. Solomon 1982f）。憂鬱的症狀源自於個人對身體功能和記憶力喪失的悲傷。這種喪失，就如同失去身體的任一部份，經驗到的是自戀性的哀傷，而且需要個人去克服，以及找到新的功能模式（Kolb 1975）。

　另外焦慮也是常見的，如經常擔心個人或家庭將發生什麼事或害怕子女會遺傳到這類疾病等。這樣的焦慮涉及個人很強的存在意識。通常需要對老人病況的預後做誠實的分享，以減低其焦慮。

　失智症的老人可能因嘗試去重建心理狀態的平衡而產生一些精神症狀。腦傷的病人很難去記憶及整合環境的各部份，尤其當合併有視聽障礙時，就更困難了。個人可能因而產生妄想去解釋發生在他身上及周遭的事。知覺障礙可能進一步導致個人去創造他自己的感官輸入系統而成了幻想內容，也是一種感官知覺被剝奪的精神症狀（P. Solomon 1961）。

　避重就輕的閒談也應被注意到。當個人嘗試要去重建心理內在平衡時，他會捏造一種像是真實的假相，以便否認記憶中不愉快的空白。

　當個人喪失認知能力時，他的行為表現會讓家人、鄰居、乃至社區警覺到（Mace & Rabins 1982）。他（她）在社區中會變得愈加依賴才能維持日常生活，也因此導致家人、社區或病人本身的憤怒，相互責備、罪惡、過度依賴、無助以及不當的嘗試去維持自主或否認等反應。次要的家庭問題不僅家人本身會產生焦慮或憂鬱，而且可能導致重要的家庭病態，包含家庭其他成員產生精神症狀。行為困擾常源自於個人病前人格特質，然也變成個案或主要照顧者經常面對的困擾。

2. 診斷和治療

25％的腦傷病人在症狀學上都有一個可治療的原因。如果症狀沒有在合理的時間內治療的話，永久性的腦傷可能就接著發生。所以對腦傷的病人，醫師要做一個完整的評估是責無旁貸的。評估需包含前述的完整老人心理部份。評估結果如果是負面的，而且經由顱部 X 光照射顯示有表皮及中央部份的萎縮，則可能假設是得了阿滋海默症。個人病史、檢驗結果，對腦傷的可逆及不可逆的因素都能有一個清楚的診斷。如果個人病史及檢驗顯示可能有其他的狀況導致假性痴呆，則其他的檢測（ 如 MRI，抽脊髓等 ）就必須要做。可能的話，治療是針對腦傷的特殊成因而進行。然而如果不可能的話，治療要針對症狀來處理，使個人環境保持同質性，及協助案主功能的最大發揮。通常並不推薦用強化認知的藥物如大腦血管擴張藥，以及麥角生物鹼等，因這些藥物在臨床上的效果均未被證實。個人心理治療可能有用，而家庭諮商是一定要做的。

# 四、類精神疾病

在美國類精神病很少被診斷，雖然在臨床上老人被害妄想的並不少。這種診斷通常是列在其他標籤之下。所謂類精神疾病是一種被害妄想型的精神疾病，發生在沒有精神病史及器質性腦病變的老人身上。病前資料看來，大部份患有類精神疾病的個人，曾有精神分裂病樣的、孤僻及多疑的特質（ Isaacs 1973 ）；然而這些人從沒有清楚的精神症狀。在某些人身上，被害意念只侷限在某些強烈的思考範圍。另外某些人，可能是更廣泛性及系統化的妄想過程。Schneiderian 症狀可能出現，而常被誤診為晚發性的精神分裂症。但精神分裂很少會在三十五歲以後發生而其預後是很差的。類精神疾病則很少在五十五歲之前發生而其預後是很好的。被害妄想的內容常似是而非，以致於對病人的社會史要有很完整的評估，如此檢驗者才能明辨真偽。 2/3 的類精神疾病案例中，被害妄想症狀的發展是一種對潛在強烈憂鬱的防衛。在這些案例中，經過精神藥物的治療後，常會導致被妄想掩蓋多時的憂鬱症狀明朗化。所以接下來治療憂鬱症就有必要了。 Kay, Cooper 及 Garside （ 1976 ）曾指出， 70％以上老人有感官知覺

障礙及伴有被害妄想意念；了解問題所在及修正它，是診斷及治療類精神病人的重要工作。類精神疾病的治療要合併使用現實檢測、支持性心理治療及抗精神藥物。

## 五、躁狂症

躁狂症遠不及憂鬱症在老人中發生的普遍。某方面來說，它和憂鬱症是完全相反的，尤其是處在躁症狀態的人，他的情緒是高昂或亢奮的。他顯示了極端衝動、睡眠需要減少、精力增加、精神運動性的躁動且講話快速。很多躁狂症的人，相當敵意而且有明顯的被害妄想。有些人會產生幻覺或幻想。老年患者不像年輕人有明顯的身體高活動量或說話快速，因而情緒障礙成為這類疾病最明顯的徵兆。對躁狂症的治療同樣要用藥物、心理及社會三管齊下。

## 六、人格違常

人格違常的比例約佔老人當中的 5%（ K. Solomon 1981b ），而且是持續一輩子的人際間適應不良，只是老年時首次變得特別明顯或嚴重。這類老年發病的患者，通常會尋求治療或被轉診，因為他們的社會支持網路不是被損壞就是失去意願再忍受這些調適不良的行為，也可能因為老人們對自己的行為感到不自在。有些過於衝動及不穩定的疾病例如自戀型及邊緣型人格違常的人，他們似乎展現出成熟的跡象，因為他們在情感及行為上都較放鬆些。這些人，如果是傾向於依賴型的，會產生憂鬱症狀（老年面對壓力時）。個人患有較穩定的疾病如強迫症狀、被害妄想、精神分裂的，較易維持穩定，或隨著時間惡化。這些人不僅容易產生憂鬱症狀，而且在晚年時可能發展成類精神分裂或其他精神症狀。因為他們無法再控制環境，同時已具有一套多疑的防衛認知系統了。

## 七、精神官能症

老年人當中,精神官能症、恐慌症及焦慮症是比較少發生的。而一旦發生,他們經常是潛在的憂鬱或器官上有問題的徵兆。但是,偶而有個人因社會心理問題致使防衛機轉崩潰,而第一次產生官能症。人格違常及精神官能的治療都是需要長期的個人或團體的心理治療及心理分析。

## 八、其他精神障礙

會發生在年輕人的精神疾病也會發生在老人身上。老人精神分裂的慢性症狀似乎在情感強度有減緩的情況(Verwoerdt 1976)。通常即使有精神症狀,老人們仍能發展及維持某種社會功能使日常生活得以繼續(Zusman 1966)。相同的情形也發生在弱智遲緩的人,雖然沒有精神症狀,他們的功能發揮仍要完全依賴機構。性功能失調也可能首次發生在老人身上。治療之道,除了減少神秘性及再教育,Masters 和 Johnson 所發展的一些技巧是可以使用的(1970)。

# 第五節　身體疾病的心理症狀和心理疾病的身體症狀

## 一、心理病態症狀

### ㈠記憶力喪失

正如上述,記憶力缺損的原因是機能障礙;事實上,幾乎任何一種老年疾病都能造成可逆或不可逆的記憶力喪失及智能的喪失(Libow 1973)。主要可逆的原因有憂鬱症、藥物濫用及戒斷,或藥物副作用、營養不良、維生素不足、可逆的神經性疾病、甲狀腺功能不足或亢進、其他

內分泌疾病、心臟血管疾病、嚴重或急性的感染或其他嚴重疾病等。經常上述這些老人不同疾病的症狀並不明顯（Exton-Smith & Overstall 1979），例如心臟病發作的老人沒有經驗到疼痛，或甲狀腺功能過低，卻沒有新陳代謝降低的症狀，對記憶力喪失的案例都需要轉介給醫師，因為完整的評估是絕對必要。

## ㈡憂鬱

雖然憂鬱在老年真實生活中似乎是合理的反應，然而它的發生可能是藥物濫用、戒斷、藥物副作用、神經性疾病、內分泌失調、感染及慢性疾病的結果。事實上，大多數患有阿滋海默症的病人，同時也會經驗到憂鬱，而這兩種疾病有時是難以區分甚至是不可能區分的（K. Solomon 1982f）。

## ㈢精神症狀

幻想通常與藥物戒斷、藥物副作用、頭部外傷、其他神經性疾病、內分泌失調及其他嚴重急性疾病相關。被害妄想症狀更可見於不同的急慢性神經病變，如藥物中毒、各種內分泌疾病、感染、創傷後遺症以及假性憂鬱症。

# 二、身體症狀

## ㈠疲乏

疲乏是任何慢性疾病如貧血、惡性腫瘤、感染過程及藥物副作用中很常見的症狀，也同樣是憂鬱症、阿滋海默症以及各種不穩定人格失調及精神官能症的症狀。

## ㈡便秘

便秘常見於不同的胃腸疾病，如藥物副作用或因年紀大腸胃道功能減退而不自知的老人。便秘也常見於憂鬱強迫性人格及精神官能疾病等。

### ㈢呼吸困難或急促

在各種心肺疾病中，呼吸短促或困難是常見的。也常見於焦慮症、不穩定人格異常及藥物戒斷。

### ㈣虛弱

虛弱是各種慢性肌肉骨骼、急慢性神經性疾病等所表現的部份症狀。阿滋海默症、憂鬱症及不穩定人格異常，虛弱也是常有的主訴。

### ㈤疼痛

疼痛可能是局部疾病的徵兆，也可能顯示身體其他部位可能有疾病。如果伴隨其他生理疼痛（如流汗、臉部表情緊縮、蒼白）或第一次急性發作，就幾乎可說是源自身體疾病了。慢性疼痛有可能是心理或生理的因素，而在病理上是很難去做判斷的。除了慢性生理狀況造成的疼痛外，慢性疼痛也常是憂鬱、人格異常、精神分裂及藥物濫用的症狀。

### ㈥睡眠困難

儘管憂鬱是最常造成睡眠困難的因素。此種症狀也見於慢性病。也是使用催眠藥、疼痛或呼吸性疾病、或是對任何急性的生理心理社會壓力的反應。所產生的症狀就是睡眠障礙，尤其是睡眠呼吸停止。通常見於藥物濫用及戒斷。也常是無聊厭煩所造成，當個案白天打盹，然後早早入睡，或者白天已睡好覺，仍期待晚上一夜好眠。許多藥物尤其是精神藥物的副作用是做夢及夢魘。

# 第六節　處遇的原則

處遇的目標是改變症狀並進一步合宜的因應及調適，而且從心理動力的改變中成長。大部份團隊成員運用一般性的技巧，即能完成這些任務，如同 Rogers（1959）指出，一個好的心理治療師的主要特質不是技術過人，而是要能有同理心（即在心理上有能力將自己放在他人的位置上）及

無條件的正向關懷（有能力去接納個案這個人；與喜歡個案是不同的），
而且是真誠的（表裏如一）。

根據本章前面所載內在心理動力事件的順序，處遇也應循序漸進。然
而在輔導心理障礙老人時，步驟可能合併以容許治療的最大彈性，不管功
能性或器質性的障礙，這些處遇原則均不變。

處遇分為二階段，第一是危機處遇，很容易由心理衛生個案工作者來
完成；第二階段的治療適用於長期以來受不良適應技巧所苦或個人期望再
進一步成長的。所以包含了長期的心理治療，這些是要由治療師來做的。

# 一、危機處遇

治療的第一步驟是直接症狀處理。如個案有精神症狀（如躁症、妄
想、幻想）、災難反應、或器質性躁動，如果非藥物的方法無法控制時，
則需借助抗精神症藥物（如表 9-2）。抗精神病藥物不應用來治療焦慮症
狀，因為沒有被證明對焦慮問題有療效。（K. Solomon 1976; K. Solo-
mon & Hart 1978）。而且也不應該用來涼治療器質性的症狀，除非潛在
症狀顯露出來。如果個案確實符合憂鬱的診斷標準，就可使用抗憂鬱劑
（表 9-3）。抗憂鬱劑不應用在治療焦慮或適應不良症，悲傷或傷痛的反
應。如果個案是躁症，鋰鹽是可選用的治療。

對老人使用精神科藥物時一定要小心。當藥物在血中濃度增加時，治
療的效果及副作用會隨之增加。而老人用較少的藥量即可產生較高血液濃
度，因為改變了血中藥量的維持因素。吸收的劑量可能有些不規律，尤其
胃腸蠕動減少時，導致藥物被吸收的機會增加。然而，動脈血液流速及輸
送酵素活動減低，會導致吸收率降低。由於肝中酵素活動及腎臟功能的改
變，新陳代謝及消化藥物的時間會增加，也導致血中藥物濃度增加。因為
老人的脂肪組織比水分多，而精神藥物都是脂溶性（除了鋰鹽），這也易
導致血中藥物濃度增加。此外，當蛋白質隨著年齡減少時，對血中藥含量
也有影響（Greenblatt 1979），此外，中央神經系統對藥效更為敏感，而
隨著年齡保護腦部不受藥物作用的柵欄功能也減低，所以進而增加這些藥
物在老人身上的藥效。

### 表 9-2　抗精神疾病藥物（ Antipsychotic Drugs ）

Ⅰ Phenothiazines
  A. Aliphatic
    1. Chlorpromazine（ Thorazine ）
    2. Promazine（ Sparine ）
    3. Triflupromazine（ Vesprin ）
  B. Piperidine
    1. Thioridazine（ Mellaril ）
    2. Mesoridazine（ Serentil ）
    3. Piperacetazine（ (Quide ）
  C. Piperazine
    1. Prochlorperazine（ Compazine ）
    2. Trifluoperazine（ Stelazine ）
    3. Butaperazine（ Repoise ）
    4. Perphenazine（ Trilafon ）
    5. Fluphenazine（ Prolixin, Permitil ）
    6. Acetophenazine（ Tindal ）
Ⅱ Thioxanthenes
    1. Chlorprothixene（ Taractan ）
    2. Thiothixene（ Navane ）
Ⅲ Butyrophenones
    1. Haloperidol（ Haldol ）
Ⅳ Dihydroindolones
    1. Molindone（ Moban, Lidone ）
Ⅴ Dibenzoxazepines
    1. Loxapine（ Loxitane, Daxolin ）
Ⅵ Diphenylbutylpiperidine
    1. Pimozide（ Orap ）

　　精神藥物有許多副作用，常見有過度鎮靜的作用、便秘、口乾、暈眩、步態不穩、跌倒、焦慮漸增、認知障礙、精神症狀、憂鬱、口中異味、心灼熱及消化不良。較少見的如肝功能障礙、心跳速度改變、過敏反

應、對光線敏感、過熱時體溫調節困難、容易抽搐、貧血、小便困難、高燒、內份泌失調、易感染及突然死亡。尤其是抗精神藥物，容易造成各種神經副作用如帕金森氏症（顫抖、步態障礙、協調困難、像面具的臉），及叫做遲發運動困難的慢性神經性疾病，主要是臉部及舌頭肌肉、手指、手臂、腳指等不自主晃動或臉部抽搐。Benzodiazepines 這種藥物都是潛在性會成癮的，即使只暫時用少量。另一方面，如果臨床需要或案主對藥物有反應，這些藥物仍是必要的。

　　治療焦慮症有各種不同的非藥物技巧可以運用。對偶發性的焦慮，用在生育小孩時的 Lamaze 呼吸練習是有助的。對更多持續性的焦慮或緊張，如 Jacobson （ 1938 ）以及 Wolpe （ 1969 ）所介紹的鬆弛運動，可能是有助益的。對某些個案而言，認知治療（Kovacs & Beck 1978 ），固定的體能運動（如跑步或游泳）靜坐、瑜伽、按摩、性活動（含自慰），或生理回饋等都有助於控制焦慮。在頭骨下端對關節處施壓，用來治療緊張性頭痛也頗有效。由於 Benzodiazepines 的療效未被證明（K. Solomon 1976; K. Solomon & Hart 1978 ）及其他抗焦慮劑如 hydroxyzine 或 meprobamate （ Greenblatt & Shader 1971 ）有高度成癮的可能，用在治療老人上較不合宜。

　　如果老人有恐慌、強迫困擾性症狀，傳統的行為修正技巧則可使用（ Schaefer & Martin 1969; Wolpe 1969 ），性功能失常可用 Masters 與 Johnson （ 1970 ）的方法，由性治療師協助。催眠也可用來治療特殊的精神官能症。不管是攻擊、依賴或無助，可由行為模式，亦即強調環境操縱及限制不當行為來處理。

　　直接處理症狀之後，治療師接下來要協助個案抒發其內在的情感。如允許個案去感受害怕、憤怒或失落以及去口語表達這些感受，對無法向治療師表達憤怒而恐相敵對的病人，則尤其要給予容忍的空間，而且要很清楚的表示對團隊成員生氣是沒關係的，把憤怒朝向成員而不要朝向自己。個案如果特別不習於表達情感，則必需學習如何在治療中將情感轉化成口語的溝通。那些不表達情感的人需要強迫他們去嘗試。有時使用活動、詩詞、藝術或音樂治療可增進情感的舒解。

　　下一個步驟是減低無助和依賴。治療的使用模式主要是環境操控及行

表 9-3 抗憂鬱劑（Antidepressant Drugs）

I Tricyclics
   A. Iminobenzyls
      1. Imipramine（Tofranil）
      2. Trimipramine（Surmontil）
      3. Desipramine（Norpramin, Pertofrane）
   B. Dibenzoheptadienes
      1. Amitriptyline（Elavil, Endep）
      2. Nortriptyline（Aventyl, Pamelor）
      3. Protriptyline（Vivactil）
   C. Dibenzoxepins
      1. Doxepin（Sinequan, Adapin）
   D. Dibenzoxazepines
      1. Amoxapine（Asendin）
II Tetracyclics
      1. Maprotiline（Ludiomil）
      2. Trazodone（Desyrel）
III Monoamine Oxidase Inhibitors
      1. Isocarboxazid（Marplan）
      2. Tranylcypromine（Parnate）
      3. Phenelzine（Nardil）
IV Bicyclics
      1. Fluoxitene（Prozac）

為技巧。個案被逐漸賦予他能力範圍之內的行為任務。剛開始這些任務應根據個案目前的功能程度來予以評分。例如，嚴重憂鬱的人可能只要求他在某些時段起床即可，而功能較好的個人則要求他們去老人中心或完成某些任務。要完成這些任務，來自社區資源及家人的協助是常常必要的，尤其對有腦傷的個人，復健及引起動機的治療也非常有幫助。個案一定要內化對抗無助及依賴的情緒。

　　重新拾回主控，意味著個案能夠掌控他的生活。這需要各種機會及選擇。個案要被告知應為自己的行為負責。責任不僅是說說而已，因為沒有責任即無必要去掌控操縱個人的環境了。

　　掌控意即讓老人有機會去選擇。個案被允許為自己做所有的決定。在機構中，決定包含了對衣服、菜單、訪客、活動以及治療目標表示意見。個案和他的網絡不應該被切斷，而是去使用這些網絡以維持他的自主及獨立。儘管治療師不以為然，只要老人心中篤定應該鼓勵老者去冒險以及去嘗試新的選擇。對沒有腦傷的老人，這些選擇需要治療師提供，甚至針對個人問題而創造，如此個案可從較廣的範圍中去選擇解決產生症狀的問題。

　　治療最後一個步驟是嘗試轉化壓力。協助喪失社會支持系統的個案去創造新的支持系統。例如老人可能到老人中心、重新與其他家人、朋友接觸或者找一個新工作。

　　角色喪失則需要個人去尋求有意義的角色，對舊有角色加以正向肯定，連結舊有的興趣，或嘗試創造新的角色。因腦傷而致記憶損壞，可經由部份現實引導及其他方法嘗試修復（Ernst et al. 1978; Stephens 1969）。特殊的壓力可經由適當的服務輸送系統及早協助，尤其當這些壓力經常影響到日常生活中的基本活動時。但主要的目標不是利用服務系統來替老人做每件事，如此只會增強依賴和無助感，而是教導老人如何倡導自己的權益及控制服務輸送體系。強化主控，選擇和自我負責。對某些曾經有很好功能的老人，其所需的協助也就是這些了。

# 二、心理治療

　　有些老人希望能持續自我反省及成長，有些個人長時期適應不良，他們則可進入第二個處遇階段即心理治療。老人通常頗有動機尋求協助，抗拒的也較少。因此，他們對各種不同的心理治療模式，都樂於嘗試。

## ㈠治療模式
　　如果問題基本上是心理內在的，則個別心理治療就是最佳選擇。對這

些心理意識強的老人，內省導向的心理治療（如心理分析、心理分析導向的心理治療、完型治療、交互分析），案主中心的心理治療，或存在治療都是可選擇的模式，偶而可兼用活動治療、舞蹈治療、按摩治療、知覺或藝術治療。如果問題是出在人際方面，則考慮團體治療、家族治療、婚姻治療。有些人並不適合用內省導向的心理治療，如有嚴重身心病的、缺少心理意識的、或無法容忍情感轉移關係的。長期的支持性心理治療也可用來協助克服未來的壓力。

有些心理治療的技巧經修正後更適用於老人，如有些個案容易疲累，所以明智的作法是將持續五十分鐘的會談減為三十分鐘。也應該將會談安排在老人清醒的時段及配合生理韻律，以及特別需求。許多老人依賴公共交通工具，所以應儘量安排在白天而非晚上。

向個案收集資料需要較長一段時間，因為他們有較多年的生活經驗。個人史需要強調評估個人的優點及他如何因應調適壓力（Butler 1974），所以這些技巧需要在心理治療中使用及加強。

因為老人長期習於自省，可能進入心理治療時，在個人自覺程度上，超過較年輕的案主。也因老者自知來日無多，所以治療動機可能強過較年輕的個案。（LeShan & LeShan 1961）。正因如此，抗拒減少，方能更快的認同及解決主要的動力課題。隨著老人意願，將認知及情感改變帶到行為範疇裡，治療過程中可較早作解釋，以將抗拒的阻力減至最低。

完形心理治療的技巧及交互分析，或許特別對人格偏差的老人有效。如果我們有某種程度的身心症現象，需指認出伴隨身體症狀的情緒，並詮釋為口語的情感表達。例如，症狀化的疼痛可首先將之具體化，如問老人，他的胃感覺如何。若用完形治療的技巧（Perls 1969），這人所被問的，即能被詮釋為他的感覺如何及做陳述。這樣的陳述可以用來當做了解內在情感狀態的橋樑。一旦內在情感被確認，個人失調的反應就進一步被認同，這和支持性及自覺導向的治療方法是同出一轍。因為許多老人有未解決的依賴課題，而表現孩子氣，不同的交互分析技巧，視個案為成人，並指出其孩子氣的行為，可能有效協助其對人際互動的覺察（Maxwell & Falzett 1974），而在這個階段尤其重要的是，治療師不要用父母的角色出現。

團體心理治療能有效催化老人的治療性改變（Goldfarb 1971）。而老人的同質性團體效果較好。因為許多老人較不願在混齡的團體中分享，因為如果他們是團體中唯一的老人，年輕人在這樣的團體中自然會形成主導。此外，由於老年精神病患較多是女性，團體中經常男性人數不足以形成支配，因此容許更多的親密及分享。團體可用來支持、面質、建議特殊的行為修正，以及對人格違常的個人人際關係，給予回饋。團體心理治療尤其對人格型依賴或是被動攻擊性人格有幫助。因為團體經常不願忍受病態行為，所以會藉著團體支持與建議強迫成員去改變對壓力的不當反應。

此外，老人容易被社會隔離，團體能夠給個案一個固定的社會網絡，當老人有危機時，可以期待得到協助（K. Solomon & Zinke 1981）。

家族或婚姻治療，可以行為導向的策略進行。如此家人被視為行為工程師運用古典理論所說的增強、消除及處罰來修正案主的行為。或者用溝通、功能性或結構性模式的任一種來協助澄清案主的需求及協助家庭成員或配偶，共同配合以使案主適當反應／結果能極大化。

因為有相當比率不說話及有人際困難的老人住在家裡，在治療中運用特定的家庭成員或取代者，如看護，這是在家庭或行為治療方面很重要的一個介入。

對有嚴重依賴需求的個人或有類精神疾病者，日間醫院或參與社團，對老人而言是很有幫助的。這些社會團體有非威脅性的活動，而且容許老人對社會退縮逐漸減少且漸漸可進入一個支持性的社會網絡。

日間醫院也提供老人一個生活的結構。沒有威脅性的娛樂活動，配合治療取向的團體及個人輔導，對情緒極端不穩且具有依賴性、類精神症等人格障礙的老人，還是可達某種程度的療效。此外，在任何治療模式的情境中，附帶的社會及復健服務都有其需要及助益。針對有慢性依賴及類精神症的老人，教導他們有關自己財務預算、購物及倡導技巧等亦屬必要。要能確保老人已接受適當完整的社會服務如食物券（Food Stamps）及醫療照顧，如此不但有助於治療的聯盟關係，而且也減少老人每天面對的社會壓力。

## ㈡情感轉移

　　主要的移情課題在任何一個心理治療過程中都會產生。在與老人的工作關係中，很重要的課題是對治療師產生依賴。治療師常被視為一個照顧及滋養的來源（如同一完美的母親），因為他總是在幫忙而且常是具體的協助，對依賴需要有衝突的老人，很可能會將對家庭或社會網絡的依賴轉向治療師，而且可能期待治療師為他做生活中大大小小的決定。如 Gold-farb（1968 1974）指出，某些治療師鼓勵老人依賴，是希望日後他能認同治療師而且能將治療師的超我融為自己的，去引領改變適應不良的人際模式。因此，儘管治療結束後，依賴仍會被鼓勵，如此治療的進步才可能持續。其他治療師包括我在內，則強調老人要能成長及自立，且傾向去減少老人的依賴。在對老人的治療中，我喜歡強調選擇、責任及冒險行為，讓其嘗試新的人際技巧，使老人能擴展自主及獨立的功能。

　　對人格障礙老人的心理治療中將治療師父母化是很重要的移情形式，這樣的父母化跟任何其它移情關係中的父母化是毫無差別的。也就是治療師被認為在個案生命中扮演各種不同意義他人的角色。然而因為老人的父母通常已經過世、生病或者與老人同樣在面對許多壓力，父母化會帶來許多未解決的心理動力課題，如失落、分離及親子關係，而這些多半是被壓抑了好幾代的問題。因此父母化變成治療處遇中一個很重要的部份，因他快速帶來一般用心理治療模式處理及解決的重要動力課題，如解釋、澄清、質疑及說明等技巧（Bibring, 1954; Olinick 1954）。 Goldfarb（1968, 1974）強調，父母化若不加以解釋，可使老人認同治療師並催化他結合彼此的超我。我則會偏向解釋它，來協助解決隨之而來的衝突。

　　然而從另一方面來看，老年個案通常遠比治療師年長，案主也可能將治療師嬰兒化，或將之視為孩子或孫子。如此產生一個重要的治療課題，尤其是有關世代關係以及控制及依賴的課題，因為治療師會被視為是案主自己的兒孫輩。

## ㈢反轉移

　　反轉移在老人治療中也是很常見的。就剛剛提到的，因為刻板印象，可能導致有關老人治療潛能的不當否認，就如同可能不當地增強老人的無

助及依賴。此外，與老人一起工作可能會帶來對自己老化的許多焦慮及壓力，而導致角色地位的不一致及認知的差距（Festinger 1957）。對上述狀態常見的反應就是增強對老人的刻板印象（K. Solomon 1979a），結果變成治療中的一個盲點。要挑戰刻板印象及隨之而來的學來的無助，需要經由各種教育及經驗性技巧，以強調治療師自己的老化課題去破除迷思，矯正認知差距，以及去發展對老人沒有刻板印象的態度（K. Solomon 1983a, K. Solomon & Vickers 1980, 1981）。

因為治療師與個案的年齡差距，治療師可能像父母般照顧個案，如此可能帶來一些讓治療師害怕的心理動力上的議題，是治療師與其父母間未解決的問題。如不允許他們自己去經驗對個案的憤怒，以致於無法有效面質而縱容個案持續各種不良行為。治療師也可能因為害怕反轉移的問題，而過於溫和或逃避處理與老人相關的性課題。

另一方面，治療師也可能過度協助，將老人嬰兒化。以致增強案主的依賴性。當治療師必須去處理自己與孩子的關係時可能會有治療的危機。嬰兒化也會減少治療的潛力以及導致治療中不當的溫和性。

其他需要處理的是疾病與死亡的課題。老人晤談缺席，可能是因急性生病或慢性病發作等。個案、治療師及治療的脆弱性，因而十分明顯且重要，也引發許多存在層面的問題，例如有限性、態度、世界觀及人生的意義等。這些可能在治療師自己生命中未曾處理過的課題會一一浮現且有待解決。疾病會干擾治療的流程，而且如果伴隨腦部病變例如譫妄，實際上治療可能需從頭開始，而可能要花上好幾個月去恢復以前的心理功能狀態。醫療疾病的用藥和精神藥物常造成極大的干擾而有不良後果。

瀕死可能是急性或慢性拖延的過程。這個最後關頭可能治療師無法或不願與案主共同面對，然而卻是最被需要的。治療師可能對案主即將離去而生氣，有時候以遲到，提早結束或取消會談來表示。治療師必須親自去經驗及面對失去個案的傷痛。失落不僅限案主，而是人生中失落及悲傷的一般課題。在與老人工作中，治療師最常遇見的即是死亡，治療師一定要面質自己的有限及個人生命的限制。

# 第七節　何時延請醫生

　　所有個案若有主要的心理病態而沒有一完整的醫療評估時，就應該要讓醫生來診斷，因醫生可以完成生理檢驗、神經方面的檢查、實驗室檢驗及老人心理檢驗等。如果治療過程中對任何藥物作用有疑問，如副作用、疾病引起的心理病態或者醫療狀況及預後的訊息等，也可轉介給醫生。只要是個案有了新的醫療症狀，轉介就屬必要。儘管治療師懷疑這些症狀是心理肇因也無妨。如果病人有主要的心理病態症狀，需引介老年精神科醫師決定是否使用精神科藥物，或者儘管治療過程進展順利，心理衛生工作者也可視需要請求會診或徵詢建議。

　　在選擇醫師或精神科會診時，要選擇一位懂得與老人一起工作，而且對老人有正向態度的專業醫師。

# 參考書目

Adams, F. D. 1958. *Physical diagnosis.* Baltimore: Williams and Wilkins.

Akisal, H. S. and W. T. McKinney, Jr. 1975. Overview of recent research in depression: Integration of ten conceptual models into a comprehensive clinical frame. *Archives of General Psychiatry* 32:285-305.

American Psychiatric Association. 1987. *Diagnostic and Statisical Manual of Mental Disorders.* 3d ed. rev. Washington D. C.: American Psychiatric Association.

Ayd. F. J. Jr. 1975. Treatment-resistant patients: A moral, legal and therapeutic challenge. In F. J. Ayd, Jr. ed., *Rational Psychopharmacotherapy and the Right to Treatment.* Baltimore: Ayd Medical Communications.

Ban. T. 1978. The treatment of depressed geriatric patients. *American Journal of Psychotherapy* 32:93-104.

Bibring, E. 1954. Psychoanalysis and the dynamic psychotherapies. *Journal of the American Psychoanalytic Association* 2:745-770.

Bibring, E. 1961. The mechanism of depression. In P. Greenacre, ed., *Affective Disorders.* New York: International Universities Press.

Bing, E. 1962. *Six Practical Lessons for an Easier Childbirth.* New York: Bantam.

Blazer, D., and C. D. Williams. 1980. Epidemiology of dysphoria and depression in an elderly population. *American Journal of Psychiatry* 137:439−444.

Bonime, W. 1966. The psychodynamics of neurotic depression. In S. Arieti, ed., *American Handbook of Psychiatry*, vol. 3. lst ed. New York: Basic Books.

Brody, E. B. 1974. Psychosocial aspects of prejudice. In S. Arieti et al, eds., *American Handbook of Psychiatry*, vol. 2. 2d ed. New York: Basic Books.

Butler, R. N. 1974. Successful aging and the role of life review. *Journal of the American Geriatrics Society* 12:529-532.

Butler, R. N. 1975. *Why Survive? Being Old in America.* New York: Harper and Row.

Cohen, R. E. 1973. The collaborative co-professional: Developing a new mental health role. *Hospital and Community Psychiatry* 24:242−246.

Delp, M. H. 1968. Study of the patient. In M. H. Delp and R. T. Manning, eds., *Major's Physical Diagnosis.* Philadelphia: Saunders.

Ernst, P., B. Beran, F. Safford, and M. Kleinhauz. 1978. Isolation and the symptoms of chronic brain syndrome. *Gerontologist* 18:468-474.

Exton-Smith, A. N., and P. W. Overstall. 1979. *Geriatrics.* Baltimore: University Park Press.

Festinger, L. 1957. *A Theory of Cognitive Dissonance.* Stanford: Stanford University Press.

Friedel, R. O. 1977. Pharmacokinetics of psychotherapeutic agents in aged patients. In C. Eisdorfer and R. O Friedel, eds., *Cognitive and Emotional Disturbance in the Elderly*. Chicago: Year Book Medical Publishers.

Friedland, E. 1967. Clinical clerk case study outline. Buffalo: State University of New York at Buffalo.

Friedmann, E. A. and H. L. Orbach. 1974. Adjustment to retirement. In S. Arieti et al., eds., *American Handbook of Psychiatry*, vol.1. 2d ed. New York: Basic Books.

Goldfarb, A. I. 1968. Clinical perspectives. In A. Simon and L. F. Epstein, eds. *Aging in Modern Society*. Washington: American Psychiatric Association.

Goldfarb, A. I. 1971. Group therapy with the old and aged. In H. I. Kaplan and B. J. Sadock, eds., *Comprehensive Group Therapy*. Baltimore: Williams and Wilkins.

Goldfarb, A. I. 1974. Minor maladjustments of the aged. In S. Arieti et al., eds., *American Handbook of Psychiatry*, vol. 3. 2d ed. New York: Basic Books.

Greenblatt, D. J. 1979. Reduced serum albumin concentration in the elderly: A report from the Boston Collaborative Drug Surveillance Program. *Journal of the American Geriatrics Society* 27:20–22.

Greenblatt, D. J. and R. I. Shader. 1971. Meprobamate: A study of irrational drug use. *American Journal of Psychiatry* 127:1297–1303.

Greenblatt, D. J. Grunes, and B. Griffin. 1979. The Clinical Psychology of Later Life: Developmental Paradigms. Paper presented at the 32d Annual Meeting of the Gerontological Society. November 29, Washington, D.C.

Harris, M. and K. Solomon. 1979. Roles of the community mental health nurse. *Journal of Psychiatric Nursing and Mental Health Services*

15:35-39.

Holmes, T. H., and R. H. Rahe. 1967. The social readjustment rating scale. *Journal of Psychosomatic Research* 11:213-218.

Howard, M. 1979. The community mental health nurse and geropsychiatry. Paper presented at the 32d Annual Meeting of the Gerontological Society, November 26, Washington, D.C.

Isaacs, A.D. 1973. Geriatric psychiatry. *Practitioner* 210:86-95.

Jacobson, E. 1938. *Progressive Relaxation.* Chicago: University of Chicago Press.

Judge, R. D., and G. D. Zuidema. 1963. *Physical Diagnosis: A Physiologic Approach.* Boston: Little, Brown.

Kahn, R. L. 1978. Learned helplessness and cognitive impairment in the elderly. Paper presented at the 31st Annual Meeting of the Gerontological Society. November 19, San Francisco.

Kay, D. W. K. 1977. The epidemiology and identification of brain deficit in the elderly. In C. Eisdorfer an R. O. Friedel, eds., *Cognitive and Emotional Disturbances in the Elderly.* Chicago: Year Book Medical Publishers.

Kay, D. W. K., A. F. Cooper, and R. R. Garside. 1976. The differentiation of paranoid from affective psychoses by patients' premorbid characteristics. *British Journal of Psychiatry* 129:207-215.

Kendell, R. E., I. F. Brockington, and J. P. Leff. 1979. Prognostic immplications of six alternatvie definitions of schizophrenia. *Archives of General Psychiatry* 36:25-31.

Kolb, L. C. 1975. Disturbances of the body image. In S. Arieti et al. eds., *American Handbook of Psychiatry*, vol. 4. 2d ed. New York: Basic Books.

Kovacs, M. and A. T. Beck. 1978. Maladaptive cognitive structures in depression. *American Journal of Psychiatry* 135:525-533.

LeShan, L. and E. LeShan. 1961. Psychiatry and the patient with a limmited life span. *Psychiatry* 24:318-322.

Libow, L. S. 1973. Pseudo-senility: Acute and reversible organic brain syndromes. *Journal of the American Geriatrics Society* 21:112-121.

Mace, N. L. and P. V. Rabins. 1982. *The 36-Hour Day: A Family Guide to Caring for Persons with Alzheimer's Disease. Related Dementing Illnesses, and Memory Loss in Later Life.* Baltimore: John Hopkins University Press.

MacKinnon, R. A. 1980. Psychiatric history and mental status examination. In H. I. Kaplan. A. M. Freedman and B. J. Sadock, eds., *Comprehensive Textbook of Psychiatry*, 3d ed. Baltimore: Williams & Wilkins.

Maier, S. F. and M. E. P. Seligman. 1976. Learned helplessness: Theory and evidence. *Journal of Experimental Psychology: General* 105:3-46.

Masters, W. H., and V. E. Johnson. 1966. *Human Sexual Response.* Boston: Little, Brown.

Masters, W. H., and V. E. Johnson. 1970. *Human Sexual Inadequacy.* Boston: Little, Brown.

Maxwell, J., and B. Falzett. 1974. OK childing and parenting. El Paso: Transactional Institute of El Paso.

Menninger, K. A. 1962. *A Manual for Psychiatric Case Study.* 2d ed. New York: Grune and Stratton.

Olinick, S. L. 1954. Some considerations of the use of questioning as a psychoanalytic technique. *Journal of the American Psychoanalytic Association* 2:57-66.

Perls, F. 1969. *Gestalt Therapy Verbatim.* Lafayette. Real People Press.

Pons. S. L. 1979. Roles of the community geropsychiatric social worker. Paper presented at the 32d Annual Meeting of the Gerontological Society. November 26, Washington, D.C.

Post, F. 1968. Psychological aspects of geriatrics. *Postgraduate Medical*

*Journal* 44:307-318.

Redick, R. W., M. Kramer and C. A. Taube. 1973. Epidemiology of mental illness and utilization of psychiatric facilities among older persons. In E. W. Busse and E. Pfeiffer, eds., *Mental Illness in Later Life*. Washington: American Psychiatric Association.

Rogers, C. R. 1959. A theory of therapy, personality and interpersonal relationships as developed in client-centered framework. In S. Koch, ed., *Psychology: A Study of a Science*. New York: McGraw Hill.

Romaniuk, M. 1979. A look at the psychologist's role on a community geropsychiatal team. Paper presented at the 32d Annual Meeting of the Gerontological Society. November 26, Washinton, D.C.

Rosow, I. 1976. Status and role change through the life psan. In R. H. Binstock and E. Shanas, eds., *Handbook of Aging and the Social Sciences*. New York: Van Nostrand Reinhold.

Ryan, W. 1976. *Blaming the Victim*. New York: Vintage.

Sartorius, N. 1975. Epidemiology of depression. *WHO Chronicles* 29:423.

Schaefer, H. H., and P. L. MMartin. 1969. *Behavioral Therapy*. New York: McGraw Hill.

Seligman, M. E. P. 1975. *Helplessness*. San Francisco: W. H. Freeman.

Selye, H. 1950. *The Physiology and Pathology of Exposure to Stress*. Montreal: Acta.

Sheppard, H. L. 1976. Work and retirement. In R. M. Binstock and E. Shanas, eds., *Handbook of Aging and the Social Sciences*. New York: Van Nostrand Reinhold.

Smith, F. S. 1972. *Definition of a Generalist* (mimeo.). Albany: Capital District Psychiatric Center.

Solomon, K. 1976. Benzodiazepines and neurotic anxiety: Critique. *New York State Journal of Medicine* 76:2156-2164.

Solomon, K. 1979a The development of stereotypes of the elderly. Toward a unified hypothesis. In E. P. Lewis, L. D. Nelson, D. H. Scully, and J. S. Williams, eds., *Sociological Research Symposium Proceedings (IX)*. Richmond: Virginia Commonwealth University.

Solomon, K. 1979b. The geropsychiatrist and the delivery of mental services in the community. Paper presented at the 32d Annual Meeting of the Gerontological Socitey. Washington, D.C.

Solmon, K. 1979c. Social antecedents of learned helplessness of the elderly in the health care setting. In E. P. Lewis, L. D. Nelson, D. H. Scully, and J. S. Williams, eds., *Sociological Research Symposium Proceedings (IX)*. Richmond: Virginia Commonwealth University.

Solomon, K. 1981a. The depressed patient: Social antecedents of psychopathologic changes in the elderly. *Journal of the American Geriatrics Society* 29:14-18.

Sollomon, K. 1981b. Personality disorders in the elderly. In J. R. Lion, ed., *Personality Disorders: Diagnosis and Management*, 2d ed. Baltimore: Williams and Wilkins.

Solomon, K. 1982a. The elderly patient. In J. A. Spittell, Jr., ed., *Clinical medicine*, Vol. 12: *Psychiatry*. Hagerstown: Harper and Row.

Solomon, K. 1982b. The masculine gender role: Description. In K. Solomon and N. B. Levy, eds., *Men in Transition: Theory and Therapy* New York: Plenum.

Solomon, K. 1982c. The older man. In K. Solmon and N. B. Levy, eds., *Men in Transition Theory and Therapy*. New York: Plenum.

Solomon, K. 1982d. The roles of the psychiatric resident on a community psychiatric team. *Psychiatric Quarterly* 54:67-76.

Solmon, K. 1982e. Social antecedents of learned helplessness in the health care setting. Gerontologist 22:282-287.

Solomon, K. 1982f. The subjective experience of the Alzheimer's patient. *Geriatric Consultant* 1:22-24.

Solomon, K. 1983a. Intervention for the victimized elderly and sensitization of health professionals: Therapeutic and educational efforts. In J. I. Kosberg, ed., *The Abuse and Maltreatment of the Elderly*. Boston: Wright-PSG.

Solomon, K. 1983b. Victimization by health professionals and the psychologic response of the elderly. In J. I. Kosberg, ed., *The Abuse and Maltreatment of the Elderly*. Boston: Wright-PSG.

Solomon, K. 1983c. Assessment of psychosocial status in the aged. In O. L. Jackson, ed., *Clinics in Physical Therapy*. Vol. 6: *Geriatrics*. New York: Churchill Livingstone.

Solomon, K. 1984. The geriatric patient with cognitive dysfunction. In L. Robinson, ed., *Psychological Aspects of Care of Hospitalized Patients*. Philadelphia: F. A. Davis.

Solomon, K., and R. Hart. 1978. Pitfalls and prospects in clinical research on antianxiety drugs: Benzodiazepnes and placebo—A research review. *Journal of Clinical Psychiatry* 39:823-831.

Solomon, K., and R. Hurwitz. 1982. Stress, coping, and the older gay man. Paper presented at the 59th Annual Meeting of the American Orthopsychiatric Association. April 2. San Francisco.

Solomon, K., and R. Vickers. 1979. Attitudes of health workers toward old people. *Journal of the American Geriatrics Society* 27:186-191.

Solomon, K., and R. Vickers. 1980. Stereotyping the elderly: changing the attitudes of clinicians. Paper presented at the 33d Annual Meeting of the Gerontological Society of America. November 25, San Diego.

Solomon, K., and R. Vickers. 1981. Stereotyping the elderly. Further research on changing the attitudes of clinicians. Paper presented at the 34th Annual Meeting of the Gerontological Society of America and the 10th Annual Meeting of the Canadian Association on Gerontology. November 10, Toronto.

Solomon, K., and M. R. Zinke. 1981. Group psychotherapy with the depressed elderly. Paper presented at the 58th Annual Meeting of the American Orthopsychiatric Association. March 31. New York.

Solomon, P. 1961. *Sensory Deprivation.* Cambridge: Harvard University Press.

Stephens, L. 1969. *Reality Orientation: A Technique to Rehabilitate Elderly and Brain Damaged Patients with a Moderate to Severe Degree of Disorientation.* Washington, D.C.: American Psychiatric Association.

Stevenson, I., and W. M. Sheppe, Jr. 1974. The psychiatric examination. In S. Arieti et al., eds., *American Handbook of Psychiatry*, vol. 1. 2d ed. New York: Basic Books.

Tuckman, J., and I. Lorge. 1953. Attitudes toward old people. *Journal of Social Psychology* 37:249-260.

Verwoerd., A. 1976. *Clinical Geropsychiatry.* Baltimore: Williams and Wilkins.

Weiss, J. A. M. 1973. The natural history of antisocial attitudes: What happens to psychopaths? *Journal of Geriatric Psychiatry* 6:236-242.

Weiss, J. A. M. 1974. Suicide. In S. Arieti et al., eds. *American Handbook of Psychiatry*, vol 3. 2d ed. New York: Basic Books.

Whybrow, P. C., and T. Hurwitz. 1976. Psychological disturbances associated with endocrine disease and hormone therapy. In E. J. Sacher, ed., *Hormones. Behavior, and Psychopathology.* New York: Raven Press.

Wilson. R. N. 1970. *The Sociology of Health: An Introduction.* New York: Random House.

Wolff, C. T. 1977. Loss, grief, and mourning in adults. In R. C. Simons and H. Pardes, eds. *Understanding Human Behavior in Health and Illness.* Baltimore: Williams and Wilkins.

Wolpe, J. 1969. *The Practice of Behavior Therapy.* New York: Pergamon Press.

# 第10章

# 老人公共收入
# 安全方案

*Eric R. Kingson*　著

萬育維　譯

因為經濟補助對今日及未來的老年福利而言都相當重要,社會工作者和其他的人類服務提供者均需要了解這些相關方案如何運作,他們的參與是相當重要的。原則上,服務提供者需注意的兩點是,一、協助老年人及其家庭,得到所需要的公共收入服務。二、改善現有收入服務的品質。本章先綜觀老年人的經濟狀況;其次談公、私立機構協助退休者和其家庭維持生活水準之必要性;再其次,回顧主要的公共收入安全方案之理論依據。然後,簡述老年收入支持系統——公、私立經濟安全干預的範圍。接著則較詳細地討論保護老年人之主要的公共收入維持方案,包括所增加的項目、資格和主要的補助。結論的部份則擬定一些政策的議題並給予服務提供者改善收入安全政策之建議。

# 第一節　老年經濟安全之概觀

有關老年經濟狀況大致而言,有下列四點概觀:第一,過去三十年當中,老年經濟狀況全面改善,應被視為一重要的社會政策成就,其主要歸功於第二次世界大戰之經濟成長及社會安全制度保護性的擴展,以及其他的公共方案和私人年金。經濟成長已經使社會有能力提供較多的經濟安全。相對於過去的老人,現代的老年人已擁有較高水準的社會安全保護,獲得更多其他方面的退休收入,也擁有更多的財產,很明顯的是房產的持有。

第二,無疑地,現今的老人比以往的老人幸運得多,因為不管是從他們的經濟狀況(以貧窮比例測得)、實際收入(配合通貨膨脹來調整)、不動產的價值或老年人口相對於全部人口的方式——得到驗證。例如,六十五歲以上的老年貧窮比例,已從一九五九年的 35.2% 降至一九八七年的 12.2%。相似的情況,戶長年齡在六十五歲以上的家庭,其固定的家庭收入(一般中等收入的家庭),平均而言,從一九六五年一萬二千零二十四美元增加至一九八六年的一萬九千九百三十二美元。也就是在通貨膨脹之後到目前為止,老年家庭已增加 60% 收入。

第三,老年人經濟環境的異質性必須受到注意。如 Boston 學院的經

濟學家 Joseph Quinn 警告：我們在討論老年人的經濟情況時，應細心其中含意，絕對不要以如此的句子開始「老年人是……」或「老年人做……」。不管討論什麼，最好用「某些人是」、「某些人不是」、「某些人做」、「某些人沒有做」為佳。而與老年人有關的最重要的特徵是他們的異質性。

　　第四，對社會工作者及其他人類服務提供者來說非常重要的是，老年經濟安全的問題雖然減少了，但根本問題並沒有解決。瀕臨貧窮的情形不成比例地發生在寡婦、非常老的老人、女性及少數民族的老年人身上。例如：一九八六年時，在官方認定的六十五歲以上的老人有 12.4％ 處於貧窮中，而其中，寡婦就佔了 21％；22.5％ 拉丁裔老人和 31％ 黑人老者的收入均瀕於貧窮。同時，令人感到驚愕的是，七十二歲以上的女性有 63.7％ 是獨居且收入在貧窮線以下。

　　因為社會安全制度的現金給付佔了大部份老年人的總收入（合計為 38％），因此他們的生活安全很容易因福利方案的改變受到威脅。正如 Schulz（1988）指出：老年人的經濟安全正面臨威脅。舉例而言，很少老年人的家庭可以免於因長期慢性疾病而耗盡財產的風險。同時，雖然老年人的經濟情況已經大有改善，但有更多需要注意的，特別是對弱勢團體，社會工作者及其他人類服務的提供者對弱勢團體需具有特別的使命。

# 第二節　老年經濟安全之需要

　　在工業化和現代化之後，企業有必要保護勞工免於老年依賴及促進老年勞動力重組。以美國為例，退休已成為一種新的趨勢，它被年金制度的建立增強，此年金制度既支持亦鼓勵退休。實際上，現在全部的美國工人和他們的家庭都依賴年金（例如，社會安全退休年金）及其他公、私立補助，使他們在退休之後能維持原先的生活水準。現代化帶來一連串的改變，例如：改善衛生設備、公共衛生及健康照顧，這些均造成老年人口在數目及比例上的增加。其他相關的人口統計趨勢，包括平均餘命及家庭結構改變的增加，這些現象都會造成人口老化及老人對收入安全的需求。

　　然而隨著經濟的改變，從農業至工業，受到市場經濟不穩定的特質影響，勞動力變得較依賴工資。而且，官僚化的工作場所以及要求較高的工作效率，均不利於老年人，故必須強調以企業來保護老年人在經濟上的依賴。伴隨這些改變出現的是以雇主和經濟組織為主體，以提供年金的方式鼓勵較老的工人退休，並藉以創造工作機會給年輕人。因此，公立和私人年金的出現，反應了世代交替之工作機會的轉移。

　　非常重要地，現代化和經濟的成長，意指美國能支持許多沒有工作的老年人。事實上，在二十世紀，約有 1/3 的經濟成長是由休閒活動的增加所帶動（例如：度假、降低每週的工作時數），而很多是以退休的方式呈現（Kreps & Spengler 1966）。

　　當退休變成制度化，工人及其家庭調整他們休閒生活以及對日後生活型態之預期。社會安全退休年金的普及化和其他年金的開辦促進了目前工作之新機會。這些年金也已反應了許多工人及其家庭的需要，因為他們受限於健康狀況和有限的工作機會，只有少數的選擇或必須離開勞動市場。

　　今天，大多數的工人（1987 年時有 74％的比例）在他們六十五歲之前就領取社會安全退休給付，因為在許多的情況下，他們沒有其他實際的收入可替代。同時，因為大部份的人在其六十五歲之前就已無受雇領薪。六十五歲以上的勞動力已經由一九五○年的 45.8％降到一九八七年的 16.3％。在同一時期，五十五歲至六十四歲的男性已由 86.9％降為 67.6％。至於女性，則趨勢上有些不同，從一九五○年到一九八七年，六十五歲以上的女性在勞力市場的參與率已經相當穩定，在粗百分比 11％到 7％之間變化。然而，五十五歲至六十四歲的女性參與率的確有增加，從一九五○的 27％提昇到一九八七年的 42.7％。明顯地，女性勞動參與長期增加的趨勢，實際上已經抵銷了提前退休的趨勢。

　　最後，應注意的是，退休年金和其他保護老人收入的方法（特別是社會安全退休年金及老人醫療保險）出現，反應了個人、家庭和社會都急需要一個尊重和穩定的方式來支持老人。年紀較老的家庭成員很重視他們財務的獨立，也比較喜歡依賴公共方案和私人儲蓄，而非從子女那裡所得到的資源。年金，特別是社會安全的退休年金，使得個人用相當小比例的額外工作時間，來換取保護自己及其家庭免於貧窮，伴隨老年疾病而致的貧

窮（Kingson, Hirshorn, & Cornman 1986）。它們也使現在的年輕人和中
年人可以將錢花費在子女身上，因為年金在許多方面都能滿足他們的老年
父母在退休之後的需要。

# 第三節　公共收入安全方案之理論依據

　　每個社會都必須決定提供個人及家庭面臨無法控制的風險時，所需要
的保護之公私組合形式，例如：因退休及生病而導致的收入損失。我們希
望能藉由家庭本身、私人儲蓄和私立機構的協助（例如，私人年金、私人
保險），個人及家庭也能負擔一部份，他們實際上所面臨的危機。同時也
加入適當的公共收入安全方案。

　　主要的公共收入安全方案是社會安全退休年金和老人醫療保險制度，
這兩個都是以社會保險原則為基礎的老人福利。其次，重要的是公共救助
方案，如：低收入戶生活補助（SSI）和醫療救助即是。此外，還有為退
伍軍人所設計的方案，理由是國家虧欠退伍軍人，特別是服務於戰爭期間
的退伍軍人，這些方案被視為「軍人在部隊中的服務，為社會及經濟做出
獨特貢獻的結果」（Axinn & Livin 1982：3-4）。

　　社會保險提供實際的方法來保護市民免於一般性的危機，同時也滿足
他們的需要。早期的社會安全制度委員 Robert Ball 指出：社會保險的目
的在預防經濟上的不安全，其藉由匯集已有收入的工作者及其雇主所繳納
的稅收（在某些系統中，其他收入來源也包括在內）來保障無收入者
（1978：5）。

　　藉著保險的原則，年金與醫療保險可計算出方案的成本，同時也訂出
保險費率，以使個人家庭的危機由全體被保險人來分擔。為了提供普遍性
的保障以及維持風險低者（如健康者）和風險高者（如不健康的人）之間
適當的平衡，社會保險方案的保險對象必須普及且強制參與（私人保險通
常篩選掉風險高者，因此對於受保對象上有所選取。社會保險不同，要求
每個人都要參加，若非如此，將破壞社會保險的基本目的，即廣泛地保護
市民）。

　　為提供社會保險方案的經費，受雇者通常有直接的貢獻——也就是繳納薪資稅——以及雇主的間接貢獻。社會保險強調給付的權利、承諾協助受益對象和維持方案的穩定性。它也鼓勵投保人負起繳納保費的責任，因為其財務健全與否和工人有很大的利害關係。政府課稅的權力是社會保險方案財物的後盾，而這些方案常被視為是世代間的利益抗爭所投入的契約。

　　滿足人類基本需要之關懷，是社會保險的目的。正如一位擔任社會安全總署首席精算師多年的 Robert J. Myers 指出，實施社會安全的主要理由在於，社會利益只能以此方法來提供給大多數的人（1985）。社會安全方案經常反應這種對社會公正的關注，如：生活費依物價指數調整、提供較高比例的給付給中、低收入的工人及繳費多的人領取較高的給付。在預防貧窮方面，社會保險方案提供了一項增加家庭和整體社會穩定性的措施。

　　公共救助方案（亦稱福利方案）以社會不應該讓低收入者及低收入家庭落入一般生活水準以下或沒有提供基本生活所需要的服務（例如：健康照顧、居住服務）之假設為基礎。有些人認為，公共救助是保護窮人收入的最佳方法，因為資產調查使方案的成本得以控制且花在需要的人身上。其他人則認為，為窮人設計的方案破壞了受益者的尊嚴，而且常常會變成不良的方案，因為這些方案缺乏政治支持以維持給付水準。然而，社會安全有力協助在公共救助方案中掉出安全網第一層（社會安全）的人，所以扮演一個重要的角色。

# 第四節　公共及私人收入維持的處遇

　　本節提供老年收入維持系統的概觀，其中包括各種型態的現金收入（如：社會安全的退休年金、薪資）、影響老年人的財稅政策及實物轉換（如：老人醫療安全和家庭成員所提供的照顧）。需要了解的重點是，老人的經濟安全也受實物轉換的影響（包括私人及政府所提供的）和耐久消費財的使用（特別是房子）以及老年人課稅程度的影響。

## 一、現金收入的來源

六十五歲以上老人現金收入的主要來源有社會安全的退休年金（1986年時佔所有現金收入的 38%）、不動產（佔 26%）、薪資（佔 17%）及其他公共和私人年金（共佔 14%）（見表 10-1）。公共救助和來自家庭成員的現金轉移則只佔一小部份。

表 10-1　老年人各種收入來源的比例（1986）

| 收入來源 | 全部的老人 | 收入 5000美元以下的老人 | 5000-9999美元 | 10000-19000美元 | 20000美元以上 |
|---|---|---|---|---|---|
| 社會安全的退休年金 | 38 | 77 | 75 | 51 | 21 |
| 鐵路局退休 | 1 | 0 | 1 | 1 | 0 |
| 私人年金 | 7 | 1 | 3 | 9 | 8 |
| 公務人員年金 | 7 | 1 | 3 | 7 | 9 |
| 不動產收入 | 26 | 4 | 9 | 19 | 34 |
| 薪資 | 17 | 0 | 3 | 9 | 24 |
| 公共救助 | 1 | 14 | 3 | 0 | 0 |
| 其他 | 2 | 2 | 2 | 2 | 1 |

資料來源：Gard 1988.

### ㈠社會安全的退休年金

對大多數的老年家庭而言，不管是老年人、遺屬或殘障保險方案，社會安全的退休年金均提供了老年人經濟安全的基礎，這對中、低收入的老年人而言特別有幫助。例如：一九八六年時，收入在一萬美元以下的老人指出，平均來說，社會安全的退休年金佔了他們總收入的 3/4。事實上，約有 57% 的六十五歲以上的老人指出社會安全的退休年金至少佔了他們總

現金收入的 50％（ Grad 1988 ）。

## ㈡私人及公務人員年金

　　老年人領有私人和公務人員年金收入的比例實際上已經增加。在一九八二年估計有 23％的老人領有某些私人年金，以及有 12％的人領有政府公務人員年金。雖然領取年金的人數有成長，但相對而言，有家庭負擔的老人所領取的年金卻相當少，大約只提供這些老人全部收入的 7％。而多數的年金，則流向財務狀況較好的老人。正如所料，私人年金的收入很少是老年人收入的主要來源，因為此種年金大多設計來補充社會安全退休年金的不足，因為會領取私人年金的人通常也會有其他的收入來源（ UPP 1983 ）。

## ㈢不動產收入

　　不動產收入對老年人而言已經是愈來愈重要的收入來源。約 2/3 的老人有不動產的收入，這佔他們全部收入的 26％。對財務良好的老年人而言，不動產的收入顯得特別重要。一九八六年時，不動產的收入佔了收入二萬美元以上的老人總收入的 34％。

　　個人退休存款（ Indiridual Retirement Accounts IRAs ） Keough 計畫和 401K 計畫都是儲蓄策略，這些策略可視為私人年金或不動產。而在本文中均視其為不動產，因為這些是個人儲蓄的主要成果。 IRA 雖然及 Keough 不動產超過一百零五億美元（ 1983 年時 ），但只有一小部份的收入為老年人所有，因為這些儲蓄策略是近年才發展的。

## ㈣薪資

　　一九八六年時，工作所得佔老年收入的 17％，理所當然地，大部份的工作所得都增加到高所得的老人身上。以老年人經濟情況的觀點而言，薪資是主要的辨別因素之一。例如：在一九八五年時，人口調查資料顯示，六十五歲以上老人的中等收入是一萬九百美元，然而在這些人當中，全年全職工作者的收入是二萬六千二百四十六美元，同年，老年婦女的收入則分別是六千三百一十三美元和一萬八千三百三十六美元（ U.S. Census

1986）。

### ㈤公共現金救助

　　公共收入補助方案，以低收入戶生活補助為主，它對有家庭的老人提供小部份的收入，大約佔 1％。然而，此種給付對有特殊需求的案主有很大的幫助。例如：在一九八六年時，此種給付佔了收入在五千美元以下的老人總收入的 14％。

### ㈥其他收入來源

　　其他收入來源包括退伍軍人給付、鐵路局退休和家庭成員的現金給付，這些也佔了有家庭的老人收入的一小部份。

## 二、實物收入

　　政府和私人所提供的實物轉換，以及耐久消費財的使用對老年人經濟安全的影響，將在下文作簡短的討論。

### ㈠政府所提供的實物轉換服務

　　對老年人而言，實物方案最重要的是老人醫療保險，也就是對殘障者及六十五歲以上的老人所提供的醫療保險方案。老年人與其他群體相較之下，不成比例之高額醫療照顧的花費是必然的。一九八四年時，老年人一年個人醫療照顧費用是四千二百零二美元，其中老年醫療保險負擔 49％的費用。大部份的花費都用在醫院的治療上。在一九八四年時，醫療救助（需資產調查的方案），提供健康照顧（包括護理之家照顧）給領取低收入戶生活補助（AFDC）以及各州所定義的「迫切需要醫療」（medically needy）情況的人，據估計這項補助負擔了老人健康照顧 13％的費用（U.S. Senate 1988）。一般而言，老年人大約有 1/3 的醫療費用自行負擔。當然，對許多老年人而言，花費的數目都是相當小的，只有某些老人才會花大筆的錢，主要是因這老人些需要護理之家和其他費用昂貴的長期照顧服務。食物券和老人公共住宅方案也對低收入的老年人提供重要的實

物服務。

## ㈡私人所提供的實物轉換

　　私人對老年人的服務大多以實物轉換為主，其包括主要的照顧和由配偶、子女、其他家庭成員以及朋友等所提供的個人性服務，其次是減低或免費的住宿。雖然這些服務對許多老年人的經濟和個人福利方面有很大的幫助，但問題是如何來測量這些服務的品質。當然，這些食物遲早有一天會從老人手中轉移到家庭中年輕成員身上。

## ㈢耐久消費財的價值

　　房子通常是老年人最重要的不動產。老年人有房子的比例相當高，大約 80％的老年夫妻和 40％的單身老人具房屋所有權。而約有 4/5 有房子的老人無貸款之累（Schulz 1988）。據估計，在一九八四年約一半（51％）的老年人至少平均有價值四萬美元以上的房產。但轉換此種非流動性的不動產成為一收入來源是很困難的。最近比較變通的辦法是將房子抵押，折損為每月固定的年金收入，對希望留在自己家中，同時也增加額外收入的老人是很好的一個變通方法。此種辦法可透過某些聯邦承認的儲金和貸款協會，使擁有房產的老年人在其家中「按月領取以目前市場房價為基礎的固定比例之收入」（Schulz 1988：40）。當然，很多老年人都會考慮一個重要的因素是，他們死後留給後代子孫的房子的剩餘價值偏低。而且他們也要知道抵押房子的年金所得，而醫療救助的資格審查並不計算房地產。但是在某些州，房屋的剩餘價值是會被計算進去的，主要是當未婚的老人在護理之家過世時，醫療救助必須支付護理之家費用時，房屋的剩餘價值會被納入考量。

# 三、財稅

　　老人的收入狀況也受財稅政策的影響，特別是收入較高的老年人，可從對他們收入有利的財稅條款中獲利。例如：很多老人終生受惠於財稅政策，將貸款給付和房屋稅列入免課稅收入；並將私人年金收入和社會安全

年金收入排除於優先課稅項目之外。此外,雷根政府八〇年代的減稅,特別有利於高收入的老年人(Storey 1983)。一九八六年財稅改革法案中,雖然去除了老人扶養寬減額,但是新增加的標準扣除額提高,而老年人也享有「額外標準扣除額」,在一九八八年時,一對六十五歲以上的夫妻,有一千二百美金的扣除額(每人 600 美金);而六十五歲以上的單身者則有七百五十美元。另一個對某些老年人重要財稅規定是,賣掉住宅給五十五歲以上的人,在十二萬五千美元以內的獲利有免稅額,假使賣主已擁有也住在他們的家三~五年。此外,家庭成員因為要工作,而提供按月的照顧費用(如:付費請人代為照顧)給任何年齡身心殘障的人(或 15 歲以下的小孩),假如他們和殘障者同住,可以符合減稅的資格。同時,州對老年人也有特別的稅務規定。值得一提的是,有三十一個州對老人、殘障者、或某些家庭提供免徵財產稅的優惠。

# 第五節　老年人主要的經濟安全方案

為提供社會工作者正確資訊,對老年人有影響的主要公共經濟安全方案,在本節中加以介紹。這些公共經濟安全方案相當普遍化,同時也沒有太多重要的細節。可以從社會安全總署、老人醫療照顧財政管理總署、退伍軍人管理總署和州立的公共救助機構中獲得較多詳細資料。因為這些方案的法律規定經常變更。必需確定的是,在協助老年人時,要一再地檢查方案。另外必需謹記在心的是,這些方案的持續性通常很低。假如老年人受到不合理的定額給付待遇(如:殘障資格或老年醫療保險給付),應該協助且鼓勵老年人提出申訴。

## 一、社會安全

社會安全(Social Security)——老年、遺屬和殘障保險方案(OASDI)——每個月的給付人數約三千八百六十萬人,主要是退休工人及其配偶(約兩千七百萬人)、遺屬(約五百萬人)、殘障工人(約二

百八十萬人）及其配偶、遺屬配偶子女（16 歲以下）、三百萬以上的殘障兒童和已故的工人（Kingson, Berkourity & Pratt 1989）。

　　給付作業由約一千三百個區域性的社會安全辦事處來辦理，同時有三千個以上的連絡站設在許多偏遠社區中。給付的申請每個人都可自行辦理，而通常都藉由電話或郵寄方式即可。假使某人因疾病或殘障而無法出門或他們的要求不能以電話或郵件的方式來處理，辦事處通常會作家庭訪視。不幸的是，這並不能經常做到。同時社會安全總署也被期待能對非英語系的人提供特別的協助。

　　在社會安全包括的工作下的受雇者，自己及家庭的經濟安全皆得到保障。因為方案的普及程度很廣，幾乎全部的老年人都可領取社會安全退休年金的給付。非常重要的是，每年生活費隨著物價指數調整，以保障受益人的購買力。給付的多寡與工人的投保薪資有關，雖然薪資較高的工人通常可領取較多的給付，但社會安全的退休年金給付公式對中低收入的工人提供較高比例的薪資代替率。

　　給付的多寡也會依據退休年齡和收入而有變化，例如：在一九八九年時，六十五歲以下非殘障的受益者，其收入超過六千四百八十美元，年齡在六十五～六十九歲之間者，收入超過八千八百八十美元的受領者每兩元的薪資就會喪失一元的給付。每年的最高收入限制會依據平均工資來調整。如一九九〇年時，對六十五歲退休年齡的人，超過最高收入時給付方式將改為，每超過三元就會被扣除一元的給付。

　　社會安全提供老年、遺屬和殘障給付，以保障工人及合於給付資格的家庭成員（見表 10-2）。假如工人在六十五歲正常的年齡退休，就可以領取全額的退休金（2003 年時，退休年齡將提高為 67 歲）。六十二～六十四歲在正常的退休年齡之前退休者，領取減額年金。（62 歲退休領取80％的減額年金）。不管是否選擇提早退休，都應該小心評估長期降低退休財源的影響。相對地，延後退休可以領取增額年金，儘管增加的比例不是很多。投保薪資偏低的人，使其給付不致過低，另外，也有最低給付標準以保障工作多年但收入微薄的工人。

　　六十五歲以下重度殘障的工人，其殘障情況至少持續十二個月，在五個月的等待期間之後，即符合殘障給付的資格。而領取二十四個月的殘障

表 10-2　1989 年社會安全退休年金給付的平均數及最大數

| | |
|---|---|
| 每月平均給付 | |
|　全部的退休工人 | 537 美元 |
|　老年夫妻（兩人都領取給付） | 921 美元 |
|　寡婦和兩個小孩 | 1,112 美元 |
|　獨居的老寡婦 | 492 美元 |
|　殘障工人及妻子 | 943 美元 |
|　全殘的工人 | 529 美元 |
| 1989 年 65 歲即將退休的工人領取的最多給付已以 | |
| 退休工人 | 899 美元 |
| 退休工人薪資記錄上家庭的最高總收入 | 1,575 美元 |
| 1989 年即將退休的 62 歲工人之最高給付退休工人 | 668 美元 |

給付之後，則可符合老人醫療保險的資格。服務提供者對申請殘障給付的情況予以協助，常對案主有很大的幫助。已經退休且殘障工人的家人也可能符合某些給付些的資格。很重要的是，六十二歲以上已退休的老年人的配偶（包括結婚 10 年以上但目前已離婚的）符合領取配偶給付。給付的多寡將依據配偶領取給付時的年齡而定。在某些情況中，殘障或退休工人的配偶照顧一個十六歲以下的子女或已成年的殘障子女，符合輔助性給付的資格。另外，已退休的工人扶養十八歲以下的未婚、未成年子女、十八歲以下的孫子女和十八歲以上永遠殘障的子女至二十二歲為止，也符合輔助性給付的資格（Kingson 1987, Kingson, Berkourity & Pratt 1989）。

　　遺屬給付對老年人而言是非常重要的。六十歲以上的夫妻（包括離婚夫妻）若有工作的一方死亡，則可符合老年寡居給付的資格。但他們應該知道在他們到達正常退休年齡之前，此種補助每個月都固定地減少。任何年齡的寡居者照顧一個十六歲以下的子女（或一個已經成年的殘障子

女），可以領取遺屬父母給付。十八歲以下的子女（有些至 19 歲）和已成年的殘障子女也可領取遺屬給付。很重要的是，一個五十～五十九歲沒有照顧任何子女的寡居者，也可領取減額給付（在一段期間後可享有老人醫療保險）。一個六十～六十四歲殘障鰥夫也可申請「殘障寡居者專用之醫療保險」，其情況就如在六十五歲之前領取老人殘障保險的給付一樣。

## 二、低收入戶生活補助

　　低收入戶生活補助（SSI）是資本調查的社會救助方案，在一九八九年時，其每個月提供現金給付給大約四百五十萬低收入的老人、殘障者或盲人，其中六十五歲以上的人佔了 45％。聯邦政府提供基本收入保證給符合的受益人。在一九八九年時，單身者是三百六十八美元，夫妻則是五百五十三美元，有些州則是選擇性的提供此種補助。申請聯邦低收入戶生活補助和大部份州立的補助均由地區性的社會安全總署（SSA）辦事處來處理。符合受益資格的人通常也符合醫療救助的資格（少有例外），而其通常也可領取食物券（加州和威斯康辛州例外，因為這兩州提高 SSI 的州立補助，以現金取代食物券）。

　　資格中要求六十五歲以上或符合社會安全總署的殘障標準或盲障標準。另外，也需符合收入及不動產調查的條件。補助會受許多因素的影響而減少，這些因素包括：每個月收入的一半超過六十五美元；每個月領取社會安全老年年金超過二十美元時，每多一元即減少一元的補助；其他類似性的收入減少則因有另外的資源可用；有房屋的人將減少 1/3 的生活費給付，因為房子已經提供了實物上的支持。對於在機構（如：護理之家）中的人，每個月給予的低收入戶生活補助減少為二十五美元，因為在機構中，醫療救助已負擔了他們主要的開銷。住在公立機構中的人通常不符 SSI 的資格，除非醫療救助核准，同時也負擔此人一半以上的花費。低收入戶生活補助對那些住在小型公營的社區住宅中的老人，以及暫時住在公立的、專為無家可歸者所設置的緊急避難所中的人提供部份補助。而且，暫住在公立機構中接受精神疾病治療的人，可保有三個月以上的 SSI 給付資格，以維持他們在社區中的生活。類似的規定可用於暫時住在護理之家

或其他醫療機構中的人。

　　除了目前四百五十萬的 SSI 受益者外，很多潛在的合格者不是不知道就是還沒申請此項給付。因為 SSI 的受益者均符合醫療救助的資格，所以有利於醫療救助受益人的申請，即使他們的現金給付將相對地減少。社會工作者和其他人類服務的提供者在協助潛在的受益者克服障礙（例如：語言、申請手續科層上阻礙、缺乏資訊等）獲得 SSI 時，扮演重要的角色。

## 三、老人醫療保險

　　老人醫療保險（Medicare）提供一部份老年人醫療照顧的費用，特別是以醫院照顧為主的費用，給大約二千八百萬的老年受益人、三百萬社會安全殘障保險的受益人和十萬個永久性的洗腎病人。雖然財政管理總署是主管單位，但是由地方上社會安全總署辦事處來管理申請事宜。老人醫療保險方案分 A、B 兩個部份：A 部份的醫療保險是強制入保方案（HI）；B 部份的醫療保險屬於自由入保方案（SMI）。A 部份保險提供醫療院所實際照顧的費用。而 B 部份保險提供住院及門診病人醫療及其他服務，此種保險對提供潛在重大疾病的龐大費用的保護非常有限，而這種花費往往伴隨老年慢性疾病而來。

　　在社會安全和醫療保險方案涵括的就業機會下，投保以及繳納保費及構成享有給付的權利。幾乎每位六十五歲以上的老人都符合 A 部份的醫療保險的資格。洗腎病人符合社會安全殘障給付二十四個月。B 部份的加入則是志願的，每個月必須繳交保險費。因為聯邦政府提供較高的金錢補助，所以老年人和殘障者常被鼓勵前來申請。

　　老人醫療保險經費用在老年人及殘障受益人所需的醫療花費上是相當驚人的。受益人需要醫院照顧、依照醫師的指定以及在有參與醫療保險的醫院接受治療，才能符合醫療費用補助資格。幾乎全部的醫院都加入了醫療保險制度。

　　一九八八年的「重大疾病給付保險法案」（Catastroghic Coverage Act）針對以下狀況所產生的龐大醫療費用，對投保人加以保障。這些狀況包括，住院超過醫療保險所給付的六十天以上、移植後仍需無限期地使

用藥物、延長留在技術性護理機構及暫歇服務中心、輸血。此法案也對 B
部份保險投保人，部份負擔全年總額設定上限。方案改變將藉由適度增加
每個月 B 部份保險保險費的方式來提供經費，同時，由收入較高的投保人
來負擔特別大的所得稅。後來的要求是——一九八九年時需要某些投保人
八百美元之多的錢——這引起政治的風暴，眾議院投票幾乎將全部的法案
廢除。而參議院投票通過刪除負擔過重的部份，只提供一些經費，這些經
費包括長期住院的保護、某些暫歇性的照顧、中途之家及某些必需無限制
使用的藥物，這些都經由適度增加保險費來保障全部的受益者。

假如醫院照顧的給付範圍維持不變，醫療保險 A 部份投保人將自行負
擔住院治療的年度定額自付（deductible）費用，一九八九年時是五百六
十美元。醫療保險給付住院病人照顧的剩餘費用，包括半私人的房間、食
物、特別照顧（如：密集照顧）、開刀及恢復室的費用、X 光、實驗室檢
驗、輻射治療、醫療支援、復建服務、醫院藥物供應及血液（最先的三品
脫除外）（Study Group 1988）。此外，A 部份保險也提供一部份實際
的費用。這些情況包括：第一，在技術性護理機構，有限天數的復建住院
照顧。第二，有限的居家護理照顧。第三、對瀕死者的安寧服務。在 A 部
份醫院保險內，醫療費用的補助相當簡單，因為管理機構和仲裁者——通
常醫療保險是委託藍十字辦理——負責處理全部的文書作業。

對參與 B 部份保險的人而言，B 部份保險提供的服務有三種：第一，
補助確實需要醫師服務的人；第二，提供其他醫療和健康服務，包括許多
外科服務、門診病人醫院服務；第三，診斷程序和居家護理照顧。B 部份
保險提供有限的居家護理服務給不符合 A 部份醫療保險資格的人。而且每
年最多提供八十小時的暫歇性服務給照顧殘障者的家人，以減輕他們長期
照顧殘障者所承受的壓力。

在受益人已經負擔 B 部份保險的年度定額自負費用（deductible）七
十五美元之後，SMI 通常會給付核准費用的 80% 給已提供的服務。然
而，定額自付費用及部份負擔費用並沒有適用於某些服務，如：居家護
理。已付醫療保險 SMI 的受益人，仍必須自行負擔所有費用的 20%。一
九八八年的法案中，原先預定醫療保險要給付超過一定上限後的所有費用
——一九九○年時，上限估計為每年一千三百七十美元。B 部份保險的受

益人也必須負擔超出醫療保險所核准的費用，如保險沒有給付的服務費
用。當醫生和醫療服務部份提供者，同意接受醫療保險委託提供服務，表
示他們願意在保險給付的金額下提供服務。了解這點對老人而言是很重要
的。否則如果老人到一個未同意接受保險委託的醫生看病時，老年人可能
被要求支付更多費用。社工員有時需要在醫療給付上協助老人。Ｂ部份的
補助常常比 Ａ 部份複雜。假如服務不接受保險的委託，對投保人而言，不
只服務費用會增加，文書作業的數量也會增多。這是因為受益者常必須處
理全部的文書作業以符合機構──接受醫療保險委託的組織（通常是保險
或藍十字）規定。

# 四、醫療救助

醫療救助（Medicaid）需要資產調查的部份由聯邦與州立政府共同推
行。一九八七年時，其醫療服務提供給二千三百六十萬個低收入的美國
人，之中包括一千二百三十萬個小孩、三百三十萬個六十五歲以上的人、
三百萬個殘障者及五百八十萬個其他情況的成人。由各州依照聯邦的準則
來自行管理此方案。因此受益對象和給付方式有很大的不同。

申請醫療救助通常由地方上的公共救助辦事處負責。要求申請人資格
必須符合收入及不動產調查的規定，同時必須處於「絕對貧窮」或「醫療
匱乏」的狀態。雖然有些州使用較嚴格的標準來審查低收入戶生活補助受
益人的標準，但在一九七二年時，失依兒童家庭補助（AFDC）和低收入
戶生活補助的受益人通常被視為絕對貧窮者。有些州擴展明確的保險項目
至其他族群身上（例如：只限於州內的低收入戶生活補助之受益者、確實
接受機構照顧的人）。某些州也擴展保險項目給醫療匱乏者，包括老年
人、盲人、殘障者或有未成年子女的家庭成員，此成員之收入扣除醫療費
用後，在州所規定的需求標準之下。每個州都有提供住院病人醫院服務、
門診醫院服務、檢驗及 X 光服務、成人復建機構照顧、某些居家護理服
務、健康檢查、二十一歲以下者的診斷及治療、家庭計劃服務和內科醫師
服務。某些州則選擇性地提供如：牙醫、眼鏡和中途之家照顧等服務
（Kingston, Berkowitz & Pratt 1989）。

## 五、食物券

雖然聯邦農業部主掌了食物券（Food Stamps）計畫運作的經費，但食物券方案則由各州來管理，申請手續由地方上的公共救助辦事處來處理。低收入戶生活補助和社會安全的受益者可填寫申請表以便在地方上的社會安全辦事處申請食物券。申請者必須符合收入及資產調查的資格。一九八九年七月每月最高給付（以食物券的方式提供，可換取食物），單身者是九十美元，夫妻是一百六十五美元，一家四口是三百美元。

## 六、退伍軍人給付

已完成任務的退伍軍人（不名譽的情況除外）和其遺屬，常符合退伍軍人現金或醫療保險給付資格。一九八六年八月，退伍軍人總署——管理這些方案的聯邦機構，補助了六十六萬二千個退伍軍人和六十三萬八千個寡婦。

「退伍軍人賠償金」（Veterans' compensation）每個月提供現金補助給在任務中變成殘障、生病或情況惡化的人。給付標準基於殘障的程度，從 10％殘障至全殘都有。殘障程度達 30％以上的退伍軍人可以申請受扶養人給付（Dependent benefit）這並不需資產調查，配偶及未成年子女皆可領取給付。

「退伍軍人津貼」（Veterans' pensions）是指每個月提供現金給低收入、永久全殘的退伍軍人（或 65 歲以上沒有工作者）。殘障雖然並不一定與服役有關，但這些退伍軍人必需曾服役於美墨邊界戰爭、第一次世界大戰、第二次世界大戰、韓戰或越戰。有配偶或未成年子女可增加年金的幅度，正如疾病或殘障造成需要正常的救助一樣。寡婦或鰥夫、未成年子女、十八歲之前殘障的成年依賴子女都可以領取遺屬年金。

「退伍軍人醫療補助」（Veterans medical benefits）範圍包括住院病人的醫院治療、門診病人的治療、護理之家、居家護理服務、酒精及藥物依賴的治療、居住服務等。配偶和未成年子女有時也可接受醫療服務。

## 七、其他方案

　　就資訊提供和轉介的目的而言，社工員必須知道其他許多可協助美國老年人經濟安全方案。這些方案包括：州或聯邦提供現金給付給失業工人的失業保險體系；由各州實施的勞工補償方案（聯邦政府則針對聯邦的公務人員），其提供部份的失業替代服務，對在工作中受傷害的勞工提供醫療和復健給付及遺屬津貼；州及聯邦公務人員退休服務、遺屬、殘障和健康保護；鐵路局退休服務，提供勞工退休、遺屬和殘障保護；「黑肺殘障方案」保護勞工的收入和因為黑肺病所需的醫療費用；退休軍人進度照顧方案；加州、紐約、羅德島、波多黎各和鐵路工業所實施的暫時性的殘障救助方案；許多州和特定地方需資產調查的一般性協助方案，被用來作為選擇不符合任何聯邦所提供的現金救助的低收入群體上的最後手段；低收入家庭的能源協助方案。在許多社區的資源手冊中已記載合法的服務概況和提供這些服務的社會機構。假如便於取得手冊，對於有需要的人將是一大助益。

## 第六節　結論：未來經濟安全政策的發展

　　無庸置疑地，未來在保障老年人經濟安全的公共方案仍將是以社會保險、社會救助兩大系統為主體。以一九八八年為例聯邦預算總支出中 29％（3040 億）是用於社會安全和醫療保險兩個項目，社會救助和醫療補助則分別是一百三十億與四百九十億的支出，這樣驚人的支出帶來了財源赤字的危機，再加上人口結構上的改變，使得因生活費用調整券（cost-of-living-adjustment）的規定而不勝負荷的財政更顯困境。不難想像，新的政策與方案正在研究中，希望能在社會安全的稅法上、老年人的退休制度上和經濟依賴上能有新的突破和發展。當然這些創新和倡導必須是由多元團體和組織的參與和共識才能達成。值得注意的是，未來政策的發展不應以某單一群體為對象，而是以不同性別間或代間取得平衡為主要考慮

（Kingson 1988）。

# 參考書目

Achenbaum, W. A. 1983. *Shades of Grey: Old Age, American Values, and Federal Policies since 1920.* Boston: Little, Brown.

Achenbaum, W. Andrew. 1986. *Social Security: Visions and Revisions.* New York: Cambridge University Press, 1986.

Atchley, R. 1971. *The Sociology of Retirement.* New York: Wiley/Schenkman.

Axinn, J. and H. Levin. 1982. *Social Welfare: A History of the American Response.* New York: Harper and Row.

Ball, R. M. 1978. *Social Security: Today and Tomorrow.* New York: Columbia University Press.

Berkowitz, E. E. 1987. *Disabled Policy.* New York: Cambridge University Press.

Board of Trustees, Federal Old—Age and Survivors Insurance and Disability Insurance Trust Funds. *1989 Annual Report of the Federal Old—Age and Survivors Insurance and Disability Insurance Trust Funds.* Washington, D.C.: GPO, April 1989.

Board of Trustees, Federal Hospital Insurance Trust Fund. *1989 Annual Report of the Board of Trustees of the Federal Hospital Insurance Trust Fund.* Washington, D.C.: GPO, April 1989.

Board of Trustees, Federal Supplementary Medical Insurance Trust Fund. *1989 Annual Report of the Board of Trustees of the Federal Supplementary Meaical Insurance Trust Fund.* Washington, D.C.: GPO, April 1989.

Brown, J. D. 1972. *An American Philosophy of Social Insurance: Evolution and Issues.* Princeton: Princeton University Press.

Chen, Y. P. 1985. Economic status of the aging. In R. H. Binstock and
E. Shanas, eds., *Handbook of Aging and the Social Sciences.* New
York: Van Nostrand Reinhold.

Clark, R. L. and D. L. Baumer. 1985. Income maintenance policies. In R.
H. Binstock and E. Shanas, eds., *Handbook of Aging and the Social
Sciences.* New York: Van Nostrand Reinhold.

Clark, R. L., G. L. Maddox, R. A., Schrimper, and D. A. Sumner. 1984.
*Inflation and the Economic Well-Being of the Elderly.* Baltimore:
Johns Hopkins University Press.

Cohen, W. J. 1972. In W. J. cohen and M. Friedman, *Social Security:
Universal or Selective?* Washington, D.C.: American Enterprise In-
stitute for Public Policy Research.

Employee Benefit Research Institute. 1984, Individual retirement
accounts: Characteristics and policy implications, *FBRI Issue Brief
Number 32.* Washington, D.C.: Employee Benefit Research Insti-
ture.

Grad, S. 1988. *Income of the Population 55 or Over, 1986.* Washington,
D.C.: Social Security Administration.

Graebner, W. A. 1980. *A History of Retirement.* New York: Yale Uni-
versity Press.

Kingson, E. R. 1987. *What You Must Know About Social Security and
Medicare.* New York: Pharos Books.

Kingson, E. R. 1988. Generational equity: An unexpected opportunity to
broaden the politics of aging. *The Gerontologist* 28(6):765−772.

Kingson, E. R., E. D. Berkowitz and F. Pratt. 1989. *Social Security in the
U.S.A.: A Discussion Guide to Social Insurance with Lesson Plans.*
Washington, D.C.: Save Our Security Education Fund.

Kingson, E. R., B. A. Hirshorn, and J. M. Cornman. 1986. *Ties that
Bind: The Interdependence of Generations.* Cabin John, Md.: Seven
Locks Press.

Kreps, J. M. and J. J. Spengler. 1966. The leisure component of economic growth. In National Commission on Technology, Automation, and Economic Progress. *Technology and the Economy.* Appendix 2. Washington, D.C.: GPO.

Latimer, M. W. 1932. *Industrial Pension Systems in the United States and Canada.* 2 vols. New York; Industrial Relations Counselors.

Lubove, R. 1968. *Struggle for Social Security.* Cambridge: Harvard University Press.

Myers, R. J. 1985. *Social Security.* Homewood, Ill.: Richard D. Irwin.

Munnell, A. H. 1987. The current status of our social welfare system. *New England Economic Review* (July/August), pp. 3–12.

Quinn, J. 1987. The economic status of the elderly: Beware of the mean, *The Review of Income and Wealth.* (March), 33(1): 63–82.

Radner, D. B. 1982. Distribution of family income: Improved estimates. *Social Security Bulletin* 45(7): 13–21.

Schulz, James H. 1988. *The Economics of Aging.* Dover, Mass: Auburn House.

Shapiro, I. and R. Greenstein. (1988). *Holes in the Safety Net.* Washington, D.C.: Center on Budget and Policy Priorities.

Social Security Administration. 1987. Social security programs in the United States. *Social Security Bulletin* 50(4):5–70.

Storey, J. R. 1983. *Older Americans in the Reagan Era.* Washington, D.C.: Urban Institute Press.

Study Group on Social Security and the National Academy of Social Insurance (June 10, 1988). Congress passes major medicare expansion for catastrophic costs. Update ♯ 62 (New York, N.Y.).

U.S. Bureau of the Census. 1986. Money income and poverty status of families and persons in the United States: 1985. *Current Population Surveys: Current Population Reports.* Series 9–60, No. 154. Washington, D.C.: GPO.

U.S. Bureau of the Census. 1987. Money income and poverty status of families and persons in the United States: 1985. *Current Population Surveys: Current Population Reports.* Series 9-60, No. 157. Washington, D.C.: GPO.

U.S. House Committee on Ways and Means. 1988. *Background Material and Data on Programs within the Jurisdiction of the Committee on Ways and Means.* Washington, D.C.: GPO.

U.S. Senate. 1988. Special Committee on Aging in conjunction with the American Association of Retired Persons, the Federal Council on Aging, and the U.S. Administration on Aging. *Aging America: Trends and Projections.* 1987-88 ed. Washington, D.C.: U.S. Department of Health and Human Services.

Upp, M. 1983. Relative importance of variours income sources of the aged, 1980. *Social Security Bulletin.* 46(1):3-10.

Villers Foundation. 1987. *The Other Side of Easy Street.* Washington, D.C.: Villers Foundation.

第四篇
# 社區服務

# 第四章

石油鑽探

# 第11章

# 老人家庭服務

*Barbara Oberhofer Dane* 著

李開敏　謝依君　譯

# 第一節　前　言

　　廿一世紀以來，美國社會面臨著快速的轉變，老人及其家庭的生活也自然受到影響。儘管有人對老人家庭式微的現代趨勢大書特書，但過去十年來的研究資料顯示家庭仍扮演著照顧殘障老人的重要角色，而打破了家庭放棄老人的迷思。

　　Troll 和 Smith（1976）曾表示，家庭親情不因時空造成的距離、分離及發展上的改變而動搖。同樣地，Brody（1985）也強調，儘管關係是可改變的，但家庭情感連結仍是緊密的。Moss 等（1985）曾報告說，父母與子女共度家庭在結構、連繫、情感、價值以及各階段功能性的改變。

　　當需要健康照顧或社會支持的協助時，大部份的老人寧願轉向家人和朋友而不是向正式的老人服務系統求助。一般而言，家庭裏老中青各代的家庭成員終其一生均展現出彼此互助互惠的生活模式。然而，一旦老人在其經濟或健康狀況日趨低落時，他們到最後是受多於施。Shanas（1979）研究指出，殘障老人所需的服務有八成由家庭提供，範圍從直接照顧（如個人生活起居照顧、採購、家事幫忙）到安排及監督社區機構所提供的照顧。對日益增加的老弱人口而言，家庭及其他非正式的支持扮演了一個協助的角色，使老人即便衰弱仍得以生活在社區中而不致被送入機構。家庭成員所付出的全時照料是對社會有極大助益及被廣為肯定、讚許的。然而，照顧的需求及其對照顧者和家人的影響逐漸成為大眾所關心的課題（Archbold 1982; Cantor 1983; Fengler & Goodrich 1979）。

　　當家人承擔起照顧責任的同時，需要基本協助的老人也增加了。老人人口中成長最快的是年紀在八十五歲以上的老老人。與以前相比，這些老老人的家人較過去少，潛在的照顧重擔就分散到這些少數家人身上。Brody（1985）也觀察到許多成年子女自己也步入老年，通常在五十至六十歲，甚至有七十歲的人，這問題的嚴重性可想而知。

　　雖然不少人主張儘量去協助提供家庭照顧時所需的服務，但協助的程度卻所見不一。Horowitz（1985）、Simmons 等（1985），曾建議若正

式與非正式的支持系統能形成夥伴關係，方可能同時對老人及其照顧者都提供較有效的服務。

　　這篇文章將簡述非正式家庭支持系統運用的藝術，也提供一個架構去了解其複雜性，及對正式服務系統提出進一步發展的必要性。希望藉由一個理論架構，來了解家庭照顧的功能及其情感的要素成分。阿滋海默症（老年失智症）（Alzheimer's）疾病的家庭照護也會特別提到。另外將討論老人虐待的預防策略及對老人藥癮、酒癮者的治療。

# 第二節　家庭支持及對正式服務的需求

　　談到現有的正式服務前，對家庭的複雜程度及其對照顧需求的反應要先有一番了解。如此正式服務及處遇方能綜合家庭特有的狀況所需而有效提供。

　　研究結論顯示，在兩人同戶的家庭中多數六十五歲以上老人，主要照顧之責都落在配偶身上。然而，已婚老人的男女之別有顯著差異。老的男性多半已婚，而老的女性則守寡為多。尤其是老老群的女性人口最顯著，僅不到 25％是已婚。通常老人配偶不在或無法提供照顧時，家中的成人子女才取代照顧之責。

　　成人子女常面臨的是時間的壓力及角色責任的問題。部份未與父母同住的，或許可以充當老人與機構官僚制度的協調者（Sussman 1976）。離婚對照顧行為有很巨大影響，成人子女婚姻不合者對老年父母的照顧，遠比婚姻穩定者為少（Cicirelli 1983）。

　　有關中年女性的時間及資源的研究顯示：這些女性在面臨自己老化的同時，還需對上、下代提供財務及情緒支持（Brody 1981, 1985）。女性在傳統上常花很多時間服務家中老人及社區。改變中的性別角色，勞動市場女性的投入增多，添加了家庭原來就人手不足的壓力。隨著女性人口在就業市場的增加，未來對家庭的投入必然減少。而老人的協助是否因此減少值得關注．。

　　對日益增多的老人，其家庭照顧能力及意願，無疑是受社會及人口趨

勢改變而有所影響，老人家庭支持系統的本質及穩定性也受到影響
（Brotman 1982; Sangl 1983; Taeuber 1983）。

在下一個世紀，平均餘命繼續延長的同時，四代到五代的家族是不可
避免的，老人及其家庭對服務需求也必然增加。老年殘障人口的增加，相
對需要來自老伴或已成老年子女的協助也將增加。如一個九十多歲的老寡
婦被六十五歲的成人子女照顧是很普遍的。趨勢顯示，家庭結構變小，離
婚及再婚率升高，加上人口流動增加，維護老人留在社區所需的大量人力
可能流失。

# 第三節　評　估

評估是社會工作服務中重要的過程，尤其在決定目標的本質及處遇的
選擇。評估是一持續的過程，從第一次接觸老人及家庭開始。社工員應對
老者的生態環境面加以分析，考慮老人環境及家庭支持系統是否充分或缺
乏、成敗及優缺等因素。對家庭照顧者特別有壓力的問題往往顯示其對服
務的特別需求。

為了了解家人如何因應照顧的需求，我們必須評估一個家庭獨有的特
質、資源及問題。家庭組成不一，其複雜性在不同層面上影響照顧的提
供。例如家庭大小、地理位置的遠近，尤其對鄉下的老人，情感的緊密、
價值、種族、角色分工及過去照顧的歷史等不一而足。

社會工作員需要找出照顧造成的特殊負荷為何？及評估家庭所需，比
如照顧的生理負荷？需要照顧者投入多少時間？是暫時性？照顧者對照顧
是否感到滿意？相關的負擔又有那些？Rakowski 與 Clark（1985）的研
究顯示，當老人有相當程度的失功能，需要很多照顧時，會帶給照顧者極
大壓力而產生悲觀的想法。

照顧範圍可小可大，從單純的照顧（如交通、財務管理）到二十四小
時的照顧及監督。被照顧者的情感需求程度不一，雖然情感需求不見得與
生理需求雷同。當然對家庭的影響端賴殘障老人所需協助的類型及程度而
定。照顧者的壓力隨著照顧時間的加長而增加（Hoenig & Hamilton

1966; Johnson & Catalano 1983）。

　　老人是否有失智症更是有決定性影響，臨床經驗發現，照顧的老人其認知失能與否對家人照顧品質意義非凡。老年失智者不僅隨著病情變壞而需要協助及監督，而且在語言及社會行為上亦顯著衰退，結果是老人與照顧者的互動關係轉惡。雖然在任何照顧過程中，關係常常要接受挑戰，但失智症病人對家庭造成的壓力遠大於其他問題。如果病況急遽下降，家人可能考慮的是安置在護理之家（Lund et al. 1988）。

　　儘管老人失禁、躁動等行為在文獻上常列為主要壓力源，但多被照顧者容忍及做有效處理（Zarit, Orr, & Zarit 1985）。如果照顧者偶而得到其他家庭成員或來自機構的幫忙，則更能有效面對困境。

　　照顧工作是一種協助及監督的混合體。狀況視老人及其照顧者雙方特質而不同。病人及照顧者雙方的人格特質及適應模式，照顧前雙方的關係，及其他角色要求都是評估過程中要去了解的。

　　老人家庭系統的基本資料包括家庭成員、居住所在地、健康及社經地位，對疾病或其他壓力的反應模式，及家庭關係的品質等。在生態圖上需進一步去了解家庭及病人所處的環境。家庭的圖解是一有效工具，尤其是對資源的流向、家庭關係互動及反應出家庭在老人照顧上的不足或缺口。生態圖更可擴大去包含重要社會關係，如教會團體、公衛護士及其他健康提供管道。

　　　　Kane 女士，七十六歲寡婦，在臀部骨折狀況穩定後，轉介做出院計劃。社會工作員初次探訪發現 Kane 女士有一女兒住在三百哩遠，母親出院後，她將花兩個禮拜時間來照顧。社工員找出其他社會資源以減輕 Kane 女士對出院後的焦慮。生態圖上看到鄰居和朋友及來自公、私立機構的社區支持均會在案主復原的過程中提供協助。

　　資料的取得幫忙社工員進行下一步的資源連結，以強化案主做出院返家的準備。Remnet 建議將下列的問題列入評估：

1. 家庭是否因為成員的喪失能力而陷入危機？

2. 是否有其他壓力加諸在這個家庭系統之上？

3. 家庭多年來是否因成員的需求而有所改變？

4. 家庭系統的改變是否被承認及接受？

與老人的相關課題：

1. 誰被指派責任？責任分工為何？

2. 分派的責任是實際可行的嗎？

3. 計劃中是否所有家人均參與？

4. 是否試圖了解並定義出家中每個成員的期待？

5. 目前的計劃是永久或短暫的？

進一步的問題需包括：

1. 為使老人留在社區，有那些服務是必要的？

2. 是否有管道協助病人前去日托中心，或得到在宅服務或其他暫歇性
方案（respite programs）以照顧老人或家庭的需求？

上述生態模式的系統取向，不僅提供了家庭及機構一個完備的照顧計
劃，也擴大家庭的功能及適應能力。如果所需的服務超過一個機構的範
圍，則應轉介到其他機構。

# 第四節　目前的正式服務

為了強化家庭支持網絡，讓老人可以留在家庭，服務提供者開創及擴
大以家庭為主的社區照護計劃，例如居家健康照顧、成人日托及暫歇性的
服務以提供情緒支持、倡導及具體服務。

高齡化導致使用急性醫療照顧、長期醫療機構及醫師服務的增加
（McCally 1984）。一九八三年起在老人醫療保險方案（Medicare）下推
出的給付制是極具影響的決定因素之一。該法是根據疾病分類診斷付費制
度（DRG），醫院依據提供之醫療項目向保險單位申請定額給付。如此讓
醫院／醫生限制使用昂貴的檢查，而且減低住院天數，也因此讓社工人員
及家人更能主動參與出院計劃及安置，並以家庭照顧配合正式服務。

一九八五年，保守估計超過二十萬以上的病人，使用居家照護來替代

醫院及療養院的照顧。居家照護（Nassif 1985）指的是為了當事人的獨立
生活，而提供在家的診斷、治療、監督、復健及支持性照顧。居家照護是
一種全人照顧（holistic）的概念，希望維持及增進生活品質而不受殘疾甚
至死亡的影響。同時居家照顧也包括社會及其他人性化的服務，不單只是
健康服務而已。

居家照顧的病人或案主，包括家中照顧者，都被鼓勵去積極參與整個
照顧計劃。居家照顧提供者教導自我照顧及必要技能以減低個人或家庭壓
力及增進每天的生活適應力。部份居家照顧提供者只提供家庭健康服務；
有些則僅提供非技術性及支持的服務；也有不少機構兩者都提供。

家庭照顧者的負擔常因老人加入健康維護組織（HMO）或社會健康
維護組織（SHMO）而得以減輕，這些機構提供個案管理及持續性的服
務。專業的健康照護隨著家庭參與的程度及本質而不同。在預估的給付標
準中，HMO 的會員幾乎不用額外付費或付很低的費用，就可得到完整的
健康服務。

對長期機構式的療養來說，一九七七年夏天推出的護理之家社區化方
案（The Nursing Home Without Walls Program），是一創新、實用及
具成本效益的方案。該方案針對病人居家的需要，提供個別性的長期照
顧，而非要求病人適應機構的作息。從評估需求、協調到提供全套健康、
社會及環境服務，其運作是全時無休的。

該方案所提供的服務中，在醫療救助（Medicaid）給付範圍內的，包
含了護理、物理治療、職能治療、語言治療、醫療社會服務、呼吸治療、
營養諮詢、聽力治療、醫療器材、個人照顧、家庭健康協助、家事服務、
日托服務、暫歇性服務、餐飲送到家服務、營養聚餐、交通、家庭環境修
繕及維護、個人意外通報系統乃至搬遷服務。

悲傷輔導是臨終關懷照顧的一部份，目前限於病故後的社工評估服
務，應擴展至整個病程中，對病人及其家屬的服務。

自從一九七八年在 OAA 的營養計劃中，對行動不便的老人提供送餐
到家的服務，包含備餐、包裝及送餐，使老人得以享用一個營養均衡的午
餐。有些還包含一冷食的晚餐或早餐。索費甚微，卻讓有工作的照顧者不
必擔心病人的營養及飲食習慣不良的問題。對老人而言，它除了營養之

外，也因此與外界產生固定的接觸。

服務範圍因著老人及其家庭的特殊性而有差異。舉凡居家服務或以社區為主的服務，均旨在減少及緩解照顧所帶來的負荷及隔離。

全美老人日托照顧協會（The National Council on the Aging's National Institute on Adult Daycare）（Ranson & Kelly 1985），估計全美在一九八五年時，有超過一千個成人日間看護中心，提供很多殘障老人所需的協助，不論這些老人是獨居或與配偶或家人同住，均受到照顧。白天，利用團體的形式，提供維護性照護及社交活動。此外，這些中心可提供有限的醫療及復健服務，例如物理、職能、語言等治療，社會刺激及家庭諮商等。自助及支持性團體也同時在這類日托中心裡由家屬自動籌組起來。

成人日間照護的主要目的是提供家屬一暫歇性的支持力量。中心的社工人員視家庭為一單位，肯定家人在殘障老人照顧上的重要角色。透過社工人員與照顧者的密切與支持性關係，社工員較能了解及體會照顧者天天所面臨到的問題，進而與家屬形成夥伴關係，一起去倡導希望造成影響而帶來改變。

為家屬照顧者倡導的首要步驟是提高大眾意識，讓社會正視隱藏在長期照顧之後的未來病人及可能有的問題，要有效地結合照顧者參與倡導工作，應考量到照顧者的需求及限制所在。

日托中心近來的發展，有以心智衰退老人為主（Panella & McDowell 1984 ； Ranson & Kelly 1985; Sands & Suzuki 1983）。雖然如此可能對方案設計及行為管理有助益，然而如果各中心只接受某類老人，那豈非要設置更多不同中心來滿足不同類型的需要？

暫歇性服務（respite programs）的提供，是為了要減輕家屬照顧家中阿滋海默症病人的壓力，其次是儘可能地把病人留在社區照顧系統，好讓稀少的醫療資源免於被久佔，而能服務到更多的大眾。社工員評估家庭照顧者的需求時，也要權衡病人的需要，以免做出對病人不利之決定。暫歇服務進行時，病人的情況若轉惡，可能最後還是超過照顧者的負擔而必須將病人送至長期療養機構。

老年失智病人在認知及生理上的缺損，往往需要靠社工、健康照顧系

統及家庭三方面的合作來協助。病程的預後一般是每況愈下,以致家人一旦得知診斷,彷彿前途茫茫無望。社會工作人員可以提供家屬有關疾病的資訊,協助處理照顧過程中遭遇的問題,提供精神支持,及協助做出困難的決定,如送往療養中心(Niederehe & Fruge 1984; Ware & Carper 1982; Zarit and Zarit 1982)。

在老年失智案例中,照顧者本身有一系列的需求。Zarit(1979)建議社工人員協助家庭成員時應提供:

1. 疾病的內容及預後相關資訊。
2. 提醒照顧者也要滿足他們自己的需求。
3. 協助家人處理病人的行為問題。
4. 發展策略,以強化病人的功能。
5. 轉介支持性的社會及健康服務。

很多社工人員建議家屬加入支持團體以提升其士氣,情緒支持及適應技巧,所有這些因素對照顧病人都是非常重要的。我們可以大膽假設自助與支持團體的茁壯,來自於成員從分享類似經驗中得到慰藉。參與團體會減輕孤獨感,對大多數人而言,只有在團體中,才感受到真正被了解。

對大多數家庭來說,專業社會工作的處遇是絕對有幫助的。一旦家屬知道更多有關病人的資訊及處理之道,他們就更能調整因照顧而產生的情緒壓力,許多參考書籍及出版品都是針對家屬在面臨老人照顧課題上的好教材。也有特別針對老人失智的書籍介紹(Mace & Rabins 1981)。家人也可以打電話到附近的失智協會求助,這些協會是家人的自助網絡去協助解決問題及其壓力。

雖然有了上述對殘障老人及家人的服務,但一些機構的政策不夠彈性或過於僵化的限制,常常會令社工人員及病人家屬感到挫敗。目前還沒有任何一個計劃可適當陳述家庭的社會趨勢以及照顧者屬青、中老的年齡分佈。

# 第五節　協助家人做護理之家的轉換

　　機構化常被認為是家庭照顧的結束，即從家庭或個人的照顧轉換到機構療養。無疑地，家庭的介入在老人長期照顧上應是持續的，而且研究資料指出，親密的家庭關係在老人進入機構後仍會延續下去，而關係疏離或緊張的不會因機構安養而改變原來的關係（Chenitz 1983; Hook et al. 1982; Smith & Bengtson 1979）。

　　機構化的安置，常是以病人或照顧者的身心漸衰疲為前題，而非家庭關係變壞所致（Bengtson 1978; Brody 1966; Brody & Spark 1966; Miller & Harris 1965）。對許多老人及其家屬來說，會因安置於養護機構而促使家庭關係得到更新或更緊密（Smith & Bengtson 1979）。養護中心可減緩家屬對病人生理照顧的重擔，讓照顧者有較多時間關照到老人的社會及情緒需要（Chenitz 1983; Dobrof & Litwak 1977）。

　　儘管家庭參與安置的決定，但該決定對老人本身及家庭仍構成一重大危機。如同 Brody 等人所言，「老年父母的安置帶來最終分離的訊息，在個人的心理準備上，它會勾起所有投入感情後必須面對分離的心理反應」。（1974:74）。對成人子女而言，儘管現實上沒有其他選擇，機構化仍會令子女心理上覺得遺棄父母，許多家庭無法對當事人啟口討論是否安排去機構。常常家屬會掩飾長期機構化的事實，而給予病人一些希望以減輕焦慮，如提及「等你病好些，或我覺得好些，再接你回家。」

　　情感上的問題是多重的，尤為配偶被考慮送入院時，愧疚感油然而生。可能會有來自於成年子女、手足、或其他家庭成員或朋友的社會壓力，特別當太太是主要照顧者的時候，太太往往被認為是有責任去照顧他生病的丈夫，但太太生病時，先生就比較不會被期待去做為主要照顧者。

　　艾倫太太，七十歲，自從她先生得到阿滋海黙症後，就開始照顧他。當他病情變壞時，也私下請人來做家事服務。當先生每週兩次參加成人日托中心時，艾倫太太得以暫時喘息，艾倫家的

子女、孫子女在精神上都能予以支持及協助家事。儘管艾倫先生
的身體及認知能力日漸衰弱，然而由他太太加上其他支持性的服
務照顧，他尚能留在家好好療養。當艾倫太太開始為慢性高血壓
所苦時，大夫除了加重藥量外，更建議她避免重度工作及情緒激
動以減緩心臟病發作的可能性。大夫也建議將艾倫先生安置到療
養中心，同時也將本案轉介給社區的社工員。社工員第一次安排
與艾倫太太及二個女兒在家中會談。儘管他們了解病人日益變壞
的身體狀況，卻仍很難接受為何母親即使有更多付費的協助還不
能將父親留在家中。社工員鼓勵艾倫太太與家人討論將病人安置
在養護中心的感覺，以及繼續留在家中的情況，同時也去傾聽家
人們對安置父親的考慮、害怕和憤怒。以及家人對母親不合理的
期待。

　　在協助任何一個家庭時，社工員必須去體認家庭經驗到的困難，及協
助全家處理相關問題，如分離、遷移至一陌生的環境，以及適應一完全不
同的生活方式。當病人情況惡化至不再認識家人或搞不清誰是誰時，社工
員應提供支持及鼓勵家屬表達他們的失落感、沮喪、負擔帶來的不愉快及
憤怒，以及對不能照顧病人的愧疚感。如此家庭才可能做一個適當的安置
決定，並因著老人的參與而減少罪惡感，同時家屬在安置後，能有較多的
精力投入協助。老人若事先提出問題、關心及期待，會有助於面對日後生
活形態的改變，及減少轉換帶來的傷害。社工人員應注意家屬及病人在整
個治療的決定過程中都充分參與，讓有能力的老人簽署同意書，和已失能
的老人依法定程序找妥監護人完成必要手續。
　　護理之家老人的家庭參與很少被研究者提及，一般而言，研究顯示
（ Dobrof et al. 1981 ），技術上的任務包含生理及物質照顧是由機構提
供，而非技術面的情感及社會心理照護則較可能由家庭提供。每一個研究
中，家庭與機構在技術／非技術的提供分工上均有描述。這些研究強調若
機構與家人對分工有一致的看法，可減少照顧的重覆。更進一步而言，若
家人在技術照顧上過多投入會被機構視為干擾，而機構過於介入非技術
面，也會減弱家屬的參與動機（ Litwak 1981 ）。基於上述理由，數位研

究者建議機構和家屬，應建立夥伴關係，明定分工。

社會工作員可以鼓勵家屬參與照顧，清楚定出項目以避免干預照顧。如為機構大鍋菜食物帶來變化，家人可以每週固定帶來家常菜。家人帶食物來是一種有力的方式，滿足家人照顧的需要，讓家人感到仍掌控且保有某種家庭的連結。帶家人去外面餐館，提供病人可選擇的機會而非老是吃安養中心的伙食。另外家人可決定一週內那一天固定來看病人，而非不定時。這樣的定期例行工作，增加病人的預測感，如「明天是星期六我女兒會來看我」（Hooyman & Lustboder 1986）。

家屬可和老人一同參加「迎新團體」或是家屬自助團體。團體成員有很多可以彼此分享如：支持、資訊及安慰，尤其在了解他們面臨的問題時，他們是不孤獨的。

# 第六節　郊區老人的服務需求

對美國鄉村最常的印象就是家庭的自給自足及照顧老人。一般的傳統價值觀，尤其是指家庭的義務、子女孝道及基督徒之言行代表了美國鄉村人口的特質，而且造成鄉村老人對家庭支持網絡更強、更深更廣的期待（Deimling & Huber 1981; Heller 1970, Lee 1980）。

Fischer（1982）認為，鄉村老人支持中，家族互動較強，他發現鄉村非正式的支持系統包含更多的親戚，而 Antonucci（1985）也報告說，在鄉間居民中有更多的非正式支持網絡。 Krout（1988）在研究中指出，都市老人與子女有密切連繫。 Bultena 等（1971）則反駁鄉村低密度人口及年輕人口外流已經導致大部份的老人與子女分離。空間距離在描述父母與子女距離時只是一粗略代表。家庭若有閒有錢，可常用電話或訪視來彌補旅途遙遠之苦，反之則較難。儘管在經濟供給上，鄉村父母與子女不會因距離而受影響（Wilkening et al. 1972），但有些幫助會因距離而無法提供，如個人性的每日家事等工作。

Kivett（1985）、 Mercier 及 Powers（1984）報告指出，鄉村老人和鄰居朋友有較高的接觸，顯示出年老父母即使沒有與子女常接觸，仍無

損於其非正式支持系統的運作。鄉村老人因缺少親自與孩子接觸,所以子女們不太可能替代正式服務的提供者。

　　儘管家庭健康照護,近年來成長迅速,但鄉間較沒有像都市人口來得受惠(Wozny et al. 1984)。成本、經費不足及專業人力缺乏,已經導致大多數鄉村正式居家服務提供分配不均(Coward 1983)。在某些鄉村社區中,儘管提供類似的服務,老人也會因質疑、缺乏認識、強烈獨立感、對親友的依賴,而致使用率過低(Coyle 1982)。

　　同時,在許多鄉村社區,因為農場危機(Breytspraak et al. 1986; Northwest Health Services 1986),而幾乎沒有暫歇性服務可提供給照顧者,因為農產不景氣的循環,以致於原先由鄉鎮公共衛生部門提供的健康照顧經費被刪減(Breytspraak et al. 1986)。

　　對於家庭所面臨的問題,社工人員應竭力使用已存在於鄉里的完備的社會資源系統網絡。這些網絡及機構可提供必要的服務,協助老人與家庭運用當地老人資源(Coward 1979),社區社工員需要了解並善用網絡中的權力結構,以為案主爭取到護理服務。社工員的挑戰是去訓練這些草根性的網絡及提供他們易於了解及可使用的資訊,讓他們能夠幫助家庭面對照顧的壓力。

# 第七節　少數族裔老人的服務需求

　　老人人口中,種族的差異是很重要的一個面向,而且對家庭的關係與支持均有影響。過去十年來,少數族裔人的社會、經濟、家庭支持狀況,愈來愈引起研究者的興趣。八○年代人口趨勢顯示,部份少數族裔是老年人口中成長最快的一部份。其家庭代表社會中強有力的力量。「少數族裔家庭大都依靠他們自己的資源,來提供老人社會、經濟及生理上的需求,當老人在家庭外的角色及其生理經濟狀況衰退時尤然。」(Lockery 1985)。

　　Valle 等(1978)在聖地牙哥地區曾過做一個跨文化族群老人的研究。他們評估了八種族群,包含有美國印弟安人、黑人、中國人、關島

人、日本人、拉丁人、菲律賓人及南太平洋島人的家庭協助型態。研究發現，當需要的時候，家庭網絡，無論核心的或擴大的家族都是這些族群裡主要協助的來源。

Weeks 和 Cuellar（1981）報告指出，住在聖地牙哥地區的西班牙裔老人，儘管有親人住附近（對獨居的西裔老人而言，其家族住附近的比例為非少數民族老人所擁有的四倍），卻較不依賴家庭成員。也有其他研究結論報告，有親人在附近，並不保證能提供足夠的協助給這些少數民族的老人。

Cantor（1979）檢驗了紐約黑人及西班牙裔的非正式支持系統。西裔老人傾向於對他們提供照顧的子女有較緊密的互動。Cantor 發現，「黑人、西裔、及其他貧窮或勞工階級家庭較一般經濟狀況較佳的老人有可能發展較親的父母—子女互動模式，因為來自於經濟及社會的需要」（1979 : 50 — 61）。

文化信念及實際支持行為不一定一致，Rosenthal（1986）建議，種族差異最大不同在於家庭、文化及信念，而非實際對老人的支持行為。社工實務者要警覺這個可能性，即信念及行為上缺乏一致，可能造成老人及其子女之間的問題，因為人們慣用文化的意涵去看待家庭生活。接受子女的協助被認為是依賴，而因依賴所產生的不安程度，可能跟個人文化背景中對老年及家庭關係的認定有關。同樣地，一個成人子女對父母幫忙的程度亦視文化所認可的情況而定，這會影響到個人經驗的罪惡感及協助程度到多少才不會產生反感。文化規範常影響到孩子對父母協助程度的期待，甚而影響到日後對年邁父母照顧的計劃及準備。

任何少數族裔文化的傳統都受主流文化及與其互動時間長短的影響。新近的移民較傾向於保留傳統家庭文化及功能，移民較久的人，較容易去適應美國社會核心家庭的價值及生活模式。

家庭支持持續扮演協助少數族裔老人留住社區的主要角色，然而外界的協助仍屬必要，以減輕主要照顧者壓力。少數族裔的家庭可藉由充分參與公共服務計劃，好讓家庭及老人雙方都得到應有的支持。因為大多少數族裔老人都依賴公共救助計劃，故所有新的政策、計劃，及服務的發展都應顧及少數族群家庭在照顧老人上的需要，因他們是服務提供的重要使用

者（Lockery 1985）。

# 第八節　特殊問題家庭的服務

　　家庭通常對家中老人情緒及行為問題會自行尋求對策。處遇的目的無非是改變其症狀，促進其適應與成長。社工實務者可重新界定問題，將家人及老人其他正式及非正式的支持系統納入治療計劃。這一章節中將簡要討論一些特殊問題。

　　1.藥物誤用

　　老人藥物誤用包含兩大類：(1)自我用藥；(2)醫師導致而成。第一類是指老人自行控制的用藥。包含拒絕用藥、自我設定量，到處「逛」醫生，及用非處方藥物自我治療（Solomon & Weiner 1983）。醫師導致類別中包含一向遵從醫囑的病人，因經驗到不好的藥物反應或自覺用藥無效而經醫師決定增減或停藥（Giannetti 1983）。這種行為是醫師導致形成，因為醫師無法有效監督劑量或教育老人用藥規則。

　　老人臨床社工員人力不足，而結合家庭成員及醫師的參與是極必要的。症狀的緩解可經由使用適當藥物，對老人的治療需要一個完整的規劃。治療目標必需清楚並設立重新評估的階段，社工人員對老人及家庭成員的接觸必須採全人照顧方式，而且要細心對待每個獨立的家庭成員。

　　　喬治太太原來是一個清楚、獨立自主的八十歲老人家，她的女兒在與家人度假一週後探望母親時，發現喬治太太舉動怪異及言談不合邏輯。儘管混亂的喬治太太表示生理上並無不適，但在幾小時內，女兒就將母親帶到一老人特別門診的急診室，與一位醫生及社工人員會談。談過幾個問題後，喬治太太的回答自相矛盾。當醫生問到他開的藥時，很明顯的喬治太太把新藥與舊藥混合服用了。這樣藥的誤用，可能導致她心臟病加重，突然中風，而這些怪異行為也就事出有因了。社工人員建議病人及女兒丟掉舊藥及以顏色註明新藥的分辨方法，每晚備妥第二日的用藥，放

置固定小杯中。社工人員更進一步要求醫生對喬治太太及女兒詳細解釋，改變用藥習慣及了解結果，事後並電話及家訪追蹤確定用藥問題已解決。

社工人員應該教育老人及其家人有關自我照顧的問題，包含用藥目的及藥物副作用等。為使這樣的教育過程有效，老人必需要有機會去問問題，提出反對意見，而且表示配合的意願。在會談及傾聽的過程中，老人及醫生建立了夥伴關係，並能自由開放及誠實的溝通。家庭成員也應有這種機會去提出問題，來表達他們的關心及提出建議。有技巧的社工員可提供老人心理的評估並連結從醫院到社區的照顧持續不斷及品質劃一。改變醫生對老人需求的態度，及協調老人家庭與機構的服務，可以達成健康照顧的連續性，並減少老人的藥物誤用。

2. 酒精濫用

老年普遍被認為充滿了壓力事件，如退休、喪偶及疾病。酒精濫用是最被老人使用以減輕壓力的對策。實務工作者可以預期到一些有壓力的老人會因酗酒而增加自我毀滅行為的危險性，而令自己及家人飽受酒癮之苦。所以酒癮被標籤為「家庭疾病」（Steingloss 1980）。

社工人員對就醫或休養之家的老人，要特別注意酒癮者將酒與藥合併使用時，會增加藥物副作用及意外的風險。

以上這些議題可能會特別與老人相關，臨床實務者可能覺得問這些問題會有些唐突。比如，對老人嗜酒，我們可能難以接受。而我們的無望除了反映一般大眾覺得酒癮無可救藥以外，更反映了我們的錯覺，認為老人這個族群改變的預後是很差的。最後我們甚至可能不了解，過度喝酒其實是沒有愉悅感的。不幸地，也有人認為我們不應去剝奪老人僅有的快樂（Willenbring & Spring 1988）。

每次接案評估中都應包括酒癮的例行評估。社工人員應能辨認喝酒的歷史及嚴重的醫療、行為及情緒問題。評估包括了解喝酒的量及頻率次數。如果能早期找出酗酒問題，那麼處遇較有可能奏效。

班傑明先生，六十八歲，最近中風後剛從醫院轉介到某護理

之家做復健,為了六週後的返家計劃,社工人員訪問病人的太太以了解家庭狀況。班太太很開放的談論病人病發前的情形,以及她考慮辭掉自己喜歡且賴以維生的看護工作回家照顧他先生,談話中,班太太不斷地敲弄行事本,在社工人員指出她的肢體語言行為後,班太太哭了起來,對先生返家表示擔心,因為病人中風跟他二十年來酗酒有關。她表示如果她繼續工作,班傑明先生會天天喝酒,而且會操控在宅服務員在家準備酒,如同她自己以前一樣,以免他去酒吧喝。社工人員建議他們一起與班先生談談,有關他返家後對家人帶來的改變,並了解病人參加戒酒協會的意願,以及家人去參加戒酒者家屬協會(Al-Anon)。因病人近幾個禮拜來沒有喝酒,故尚不需安排戒斷。

對社工人員很重要的就是去了解老人家庭的生活環境及彼此互動的情況。透過家庭的實際狀況,特有的家庭動力才可能被了解,也才知道酒在家庭裡佔有的重要性如何。一定要協助家人看到他們的互動,如何引發酗酒行為,要給家庭任務,讓老者和家人有此共識,一同協力改變老人的自毀行為。社工人員可直接面質老人並提供治療的各種選擇,如戒酒治療計劃、住院、參加戒酒團體;同時應鼓勵家人去參加家屬團體。

老人家庭成員有他們自己治療的需求,是有別於酗酒者的需求。家庭治療、支持團體,以及個人諮商,都可以協助老人戒酒,並協助家人度過這個過渡期,接納復健後的老人及家庭新貌。

3. 老人虐待

老人虐待包含寄居並依賴親人(通常是成年子女)照顧的老人所經常遭受的肢體虐待(McCormack 1980)。一般常見的虐待形式有剝削、疏忽、及精神虐待(Pedrick-Cornell & Gelles 1982)。

家人是老人重要的支持來源,由於缺乏有效調適的方法及壓力的累積,無論主動或被動的疏忽,心中積憤不平、財務剝奪或不提供醫療及藥物的照顧,都讓照顧者因行為不當難脫其咎,但是老人自己引發的虐待也是可能的。

根據 Pedrick – Cornell 與 Gelles (1982)指出,社工人員應警覺有

些所作所為，不一定是肢體暴力，但對老人已經造成傷害。對施暴毆打的懼怕和實際毆打所造成的傷害程度相當（Legal Research & Services for the Elderly 1979）。拒給藥物及醫療照顧可能威脅到老人生命安全。而財物剝奪，儘管對生命不造成威脅，卻是犯罪行為，讓老人失去收入、財產及獨立性。

社工人員在收集資料做照顧計劃時，可評估出高危險群的家庭系統，以下是重要的特質：

1. 缺乏家庭支持

如果家人沒其他親戚可替代照料，或提供定時的喘息時間，那麼整個的照顧重擔全在家庭成員身上。

2. 照顧者的抗拒

對老人照顧表現出不情願或猶豫，可預測出照顧不好並應從速另作安排。

3. 空間過擠

如果家中原已空間有限，還要接受老人，所造成的擁擠，不僅對老人不幸，對家人亦然。過於擁擠及缺乏隱私，常導致家庭衝突及家人對老人生怒，因老人被認為是造成不便的原因。

4. 孤立

儘管孤立不是虐待行為的肇因，但家庭的孤立，會使老人的受害及虐待行為無從被舉發。

5. 婚姻衝突

將老人安置在婚姻衝突的家庭是應避免的。

6. 經濟壓力

因失業或其他因素造成的家庭經濟問題，常使老人殃及池魚，因為可能有收入的女兒必須辭掉工作來照顧老人。

7. 家庭內在問題

有些家庭在照顧老人之前已出現內在壓力負擔，為了照顧老人無異雪上加霜。

8. 送去機構安養的意圖

任何家庭欲將老人送去安養機構而非在家照顧，都應謹慎評估。實

務者要小心強求家庭照顧，並評估代間衝突，以防可能發生的虐待。

9.分擔責任的不和諧

有家人非正式的分擔照顧責任，並不能保證在協助過程中人際關係的品質。有時家中照顧者間的不和諧會增加主要照顧者的壓力（Kosberg, 1988）。

老人虐待在家庭虐待中，通常是最不受大眾注意的一種，社會工作人員有以下處遇方法可參考：

1. 老人服務提供者，需要被教育有關老人可能會被家人或其他服務者虐待的課題。

2. 老人本身也需被教育有關配偶、家庭及正式照顧者的虐待。受害者可能較易被配偶虐待，因他們認為那是可接受的。他們需要被鼓勵不去接受虐待的行為，而且看待那是一個嚴重的問題。教育可減輕受害者的尷尬及羞恥感，而較容易採取行動去阻止虐待。

3. 為預防老人虐待，應提供支持團體及暫歇性服務。在老人公寓中預留臨時庇護所，供受虐老人暫受保護是需要的。對老人虐待問題的考慮，無疑地可導致其他政策及創新服務的產生（Pillemer & Finkehor 1988）。

老人虐待會因年齡歧視與暴力的存在而繼續（Kosberg 1986）。有些因素雖不完全是虐待因素，但確增加其可能性，如貧窮及失業、缺乏社區資源、內在家庭暴力循環及個人享樂主義等。在計劃安置前，對老人主要照顧者的評估是必要的，這是解決老人虐待的方法之一。

# 第九節　理　論

Litwak（1978, 1985）在理論上曾提供了一個架構，即在區別照顧包含的功能及情感的成份。以照顧效果作為目標，在 Litwak 的互補任務平衡模式中（Litwak's Balance Model of Complimentary Tasks），要求正式機構高效率地處理一致化的任務，而基本團體如家庭成員及鄰居，人性化地處理非一致化的問題。服務提供之所以有效在於正式機構服務，專注

在具體的技術知能、組織支持服務、及計劃性操作，而非正式網絡則專注在危機處理、彈性互動及個人化的老人服務。兩者之間取得平衡，效率及人性方能兼顧。

對於分離破碎的家庭，服務提供的網絡既不平衡且不完整。在外地的親戚常不能提供老人適時適地所需，也無法發揮非正式網絡的功能，作為社區中老人及正式服務機構間的橋樑。因而實際照顧者的挫折日起，因應及調適力也減低。

Litwak（1985）有進一步報導，與一般看法相反；即正式組織的服務網至今仍無法取代非正式服務系統。因而建議，正式系統有責任另創造一勞力部門，好使正式與非正式系統均提供最大的服務。

有些研究指出，在照顧的偏好及實際行為表現上有所謂的優先次序（Cantor 1983; Johnson & Catalano 1983; Sangl 1983）。當需要照顧時，老人最希望來自家人或朋友的照顧，鄰居朋友次之，而正式機構的服務往往是最後考慮的。

社工服務老人時，必需要對家庭的投入有所觀察，認清家庭照顧的價值，並與家庭和機構協力為老者作最佳貢獻。正式與非正式服務的連結是必要的，應整合成一個單一有效的照顧系統。多數老人學者同意，正式與非正式服務的整合，可以增進家庭照顧老人的意願及能力。

# 第十節　政策及未來走向

照顧已變成八〇年代以降，最重要的社會及公共政策議題。由於老人人口增加，且老邁後罹患慢性病人口增加，愈來愈多家庭需要提供照顧。很多批評顯示，美國沒有家庭政策（Padberg 1979）。政府的家庭政策應朝那個方向走呢？哪些家庭成員被期待去提供服務？給誰呢？政府是否應該強迫或誘導家庭去提供照顧？政府應何時介入？公共政策應如何協助家庭提供服務？是否也應該在適當時機協助家庭成員解除照顧之責？適當時機又為何？

隨著公共資源的式微，及長期照護需求的快速成長，政策制定者只好

呼籲民間私人機構能負起責任一起來照顧老人。事實上，如同 Brody（1981）指出，非正式支持系統在「維繫家庭傳統」的政策下，被認為是照顧老人的主要資源。為了抵抗高漲的安養費，在各州公共救助法中有關家庭責任的規定均反映出，對家庭照顧的期待，以避免或延緩老人機構安置。

家庭對老人照顧的責任所引起的議題，其實就是政府與家庭間責任的平衡。比如 Litwak 與 Figueria（1968）指出，照顧的功能必須由兩者分擔，因為家庭及官方，針對不同任務而有不同的功能。當家人照顧老人的獨特個人特質、社會情感需求，而機構處理例行可預測的任務時，方能達到「分工的極大化」。

重新看 Litwak「最佳分工」（optimal fit）的模式理論，Nelson（1982）提出政府與家庭系統可採競爭、補充或替代的角色。他認為必需有更多政策，來支持家庭在老人服務輸送體系上的重要角色。

在各種公聽會、官方文件或出版品提及有關老人課題時，均強調以社區為主的支持服務。公共政策也認清，老人在社會、經濟及情感照顧上，負擔過巨必需讓公共政策或方案來補充或支持家庭照顧的辛勞，藉由提供飲食、洗衣、家務、交通等家事服務，企圖減低老人日常生活對非正式系統的依賴，以預防機構安置。當這些補充服務減少時，家人的負擔立即增加而導致老人及家庭雙方可能面臨的負向後果。

在過去幾年中，有些州提出減稅措施以優惠家庭照顧。有些州直接給家人酬勞，雖不足補償一分正式工作，但多少有些助益。一九八四年的老人法案更新中明訂出，設立訓練與支持團體來協助阿滋海黙症的照顧者。官方熱衷教育及支持照顧者的取向可能與花費較低有關。但也有一些公共政策在協助家庭照顧時，會無形提高國家長期照顧的花費（Kane 1985）。

新的社會壓力正快速成長，政策制定者期待家庭承擔大部份照顧老人的責任，以分擔政府財務重擔。隨著高齡化，慢性病愈來愈多，而官方的機構化照顧，愈來愈少，究竟誰該來照顧年老父母的議題正方興未艾。

社區究竟如何回應病殘、衰弱老人的需要？現今服務提供者在當前社會人口改變巨流中，如何衡量個人與家庭的衝突是一兩難。對老人的政策

制定似乎尚在狹義的照顧層面上，但不可諱言，對家庭卻有深遠影響。
Bayer（1986～1987）指出，那些將我們帶到現在十字路口的領導者，有
特別責任及道德義務去繼續努力，好讓下一代在回顧歷史時，不致絕望地
感慨，如此多善心人士投入的過程中，結果竟令人不堪回首。

# 參考書目

Antonucci, T. C. 1985. Personal characteristics, social support, and so-
cial behavior. In E. Shanas and R. H. Binstock, eds., *Handbook of
Aging in the Social Sciences*. 2d ed. New York: Van Nostrand
Reinhold.

Archbold, P. G. 1982. All—consuming Activity: The Family as Caregiv-
er. *Generations* 5(11):12−13, 40.

Bayer, R. 1986−87. Ethical challenges in the movement for home health
care. *Generations* (Winter), pp. 44−47.

Bengston, V. L. 1979. You and your aging parents: Research perspec-
tives on intergenerational interations. In P. K. Regan, ed., *You and
Your Aging Parent*. Los Angeles: University of Southern California
Press.

Breytspaak, L., B. Halpert, and T. Sharp. 1986. Effects of Medicare's
DRG implementation and the farm crisis on the health care of the
rural elderly. Paper presented at meetings of the Gerontological
Society of America, Chicago.

Brody, E. 1966. The aging family. *The Gerontologist* 6:201−206.

Brody, E. 1981. Women in the middle and family help to older people.
*The Gerontologist* 21:471−480.

Brody, E. 1985. Parent care as a normative family stress. *The Geronto-
logist* 25:19−29.

Brody, E. and G. Spark. 1966. Institutionalization of the aged: A family crisis. *Family Process* 5:76—90.

Brody, E. et al. 1974. *A Social Work Guide for Long—Term Care Facilities.* National Institute of Mental Health. Washington, D.C.: GPO, 1974.

Brotman, H. B. 1982. *Every Ninth American: An Analysis for the Chairmen of the Select Committee on Aging, House of Representatives, Ninety—Seventh Congress.* Washington, D.C.: Publication No. 97—332, GPO.

Bultena, G. 1969. Rural—urban differences in the familial interaction of the aged. *Rural Sociology* 34:5—15.

Bultena, G., E. Powers, P. Falkman, and D. Frederick. 1971. *Life After Seventy in Iowa: A Restudy of the Aged.* Sociology report 95. Ames: Iowa State University.

Cantor, M. H. 1983. Strain among caregivers: A study of experience in the United States. *The Gerontologist* 23:597—604.

Cantor, M. H. et al., 1979. Social and family relationships of black aged women in New York City. *Journal of Minority Aging* 4:50—61.

Chenitz, C. 1983. Family ivolvement during institutionalization of an elder: Conflict and change. Presented at dissertation seminar, University of California, San Francisco.

Cicirelli, V. 1981. *Helping Elderly Parents: The Role of Adult Children.* Boston: Auburn House.

Cicirelli, V. 1983. Adult children's attachment and helping behavior to elderly parents: A path model. *Journal of Marriage and the Family* 45:815—824.

Comptroller General of the United States (1977a). *The Well —Being of Older People in Cleveland, Ohio.* Washington, D.C.: RD—77—70, U.S. General Accounting Office.

Coward, R. 1979. Planning community services for the rural elderly. *The Gerontologist* 19:275—282.

Coward, R. T. 1983. Cautions about the role of natural helping networks in programs for the rural elderly. In N. Stinnet, J. DeFrain, K. King, H. Longren, G. Rowe, S. Van Zand, and R. Williams, eds., *Family Strengths. Vol. 4: Positive Supports Systems*. Lincoln, Neb. University of Nebraska Press.

Coyle, J. 1982. Attitudes toward provisions of services to the elderly in rural communities. Paper presented at meetings of the American Public Health Association, Montreal. October.

Deimling, G. and L. Huber. 1981. The availability and participation of immediate kin in caring for the rural elderly. Paper presented at the Annual Meeting of the Gerontological Society of America, Toronto. November.

Dobrof, R. 1981. Guide to practive. In R. Dobrof and E. Litwak, eds., Maintenance of family ties of long—term care patients: Theory and guide to practice. Department of Health and Human Services Publication No. ADM 81—400. Washington, D.C.: GPO.

Dobrof, R. and E. Litwak. *Maintenance of Family Ties of Long—Term Care Patients*, Bethesda, Md.: National Institute of Mental Health.

Fauerbach, M. 1984. Nursing and family perceptions of the family's care task responsibility in the nursing home. Master's thesis, University of Wisconsin—Madison.

Fengler, A. and N. Goodrich. 1979. Wives of elderly disabled men: The hidden patients. *The Gerontologist*, 19(2):175—183.

Fischer, C. S. 1982. *To Dwell Among Friends: Personal Networks in Town and City*. Chicago: Chicago University Press.

Fischer, L. and N. Eustis. 1988. DRG's to family care for the elderly: A case study. *The Gerontologist* 28(3):383—389.

Giannetti, V. O. 1983. Medication utilization problems among the elderly. *Health and social Work* 8:262—270.

Health Care Financing Administration. 1981. *Long—Term Care: Back-*

*ground and Future Directions*. Washington, D.C.: DHHS Publication No. 81−20047, GPO.

Heller, P. 1970. Familism scale: A measure of family solidarity. *Journal of Marriage and the Family* 32:73−80.

Hoening, J. and M. W. Hamilton. 1966. Elderly psychiatric patients and the burden on the household. *Psychiatria et Neurologia* (Basel)154(5):281−293.

Hook, W. F., J. Sobal, and J. C. Oak. 1982. Frequency of visitation in nursing homes: Patterns of contact across barriers in total institutions. *The Gerontologist* 22:424−428.

Hooyman, N. and N. Lustboder. 1986. *Taking Care*. New York: Free Press.

Horowitz, A. 1985. Sons and daughters as caregivers to older parents: Differences in role performance and consequences. *The Gerontologist* 25:612−617.

Johnson, C. I. and D. J. Catalano. 1983. A longitudinal study of family supports to impaired elderly. *The Gerontologist* 23(6):612−618.

Kane, R. 1985. A family caregiving policy: Should we have one? *Generations* (Fall), pp. 33−37.

Kivett, V. R. 1985. Aging in rural society: Non−Kin community relations and participation. In R. T. Coward and G. Lee, eds., *The Elderly in Rural Society*. New York: Springer.

Kosberg, J. 1986. Testimony before the U.S. Senate Subcommittee on children, family, drugs, and alcoholism. Domestic violence and public health. Washington, D.C.: GPO.

Kosberg, J. 1988. Preventing elder abuse: Identification of high risk factors prior to placement decision. *The Gerontologist* 1:43−49.

Krout, J. 1988. Rural versus urban differences in elderly parents' contact with their children. *The Gerontologist* 28:198−203.

Lee, G. R. 1980. Kinship in the seventies: A decade of review of research and theory. *Journal of Marriage and the Family* 42:923−934.

Legal Research and Services for the Elderly. 1979, Elder abuse in Massachusetts: A survey of professionals and paraprofessionals. Manuscript.

Litwak, E. 1978. Agency and family linkages in providing neighborhood services. In D. Thurz and J. Vigilante, eds., *Reaching People: The Structure of Neighborhood Services.* Beverly Hills: Sage.

Litwak, E. 1981. Theoretical bases for practice. In R. Dobrof and E. Litwak, eds., *Maintenance of Family Ties of Long −Term Care Patients: Theory and Guide to Practice.* Department of Health and Human Services Publication No. ADM 81−400. Washington, D.C.: GPO.

Litwak, E. 1985. *Helping the Elderly: The Complimentary Roles of Informal Networks and Formal Systems.* New York: Guilford Press.

Litwak, E. and J. Figueria. 1968. Technological innovation and theoretical functions of primary groups and bureaucratic structure. *American Journal of Sociology*, pp. 468−481.

Locker, R. 1981. Institutionalized Elderly: Understanding and Helping Couples *Journal of Gerontological Social Work* 3:37−49.

Lockrey, S. 1985. Care in the minority family. *Generations* pp. 27−29.

Lund, D. A., M. A. Pett, and M. S. Caserta. 1988. Institutionalizing dementia victims: Some caregiver considerations. *Journal of Gerontological Social Work* 11:25−37.

Mace, N. 1984. Day care for demented clients. *Hospital and Community Psychiatry* 35:979−994.

Mace, N. and P. V. Rabins. 1981. *The 36−Hour Day: A Family Guide to Caring for Persons with Alzheimer's Disease, Related Dementing Illness, and Memory Loss in Later Life.* Baltimore: Johns Hopkins University Press.

McCally, M. 1984. Epidemiology of illness. In C. K. Cassel and J. R.

Walsh, eds., *Geriatric Medicine*. New York: Springer.

McCormack, P. 1980. Battered elderly suffer at hands of loved ones. *Atlanta Journal*, 11, 11—17.

McDowell, F. H., ed. 1980. *Managing the Person with Intellectual Loss (Dementia or Alzheimer's Disease) at Home*. White Plains, N.Y.: Burke Rehabilitation Center.

Mercier, J. M. and E. A. Powers. 1984. The family and friends of rural aged as a natural support system. *Journal of Community Psychology* 12:334—346.

Miller, M. B. and A. Harris. 1965. Social factors and family conflicts in a nursing home population. *Journal of American Geriatrics Society* 13:845—851.

Moss, M. S., S. Z. Moss, and E. L. Moles. 1985. The quality of relationships between elderly parents and their out—of—town children. *The Gerontologist* 25:134—140.

Nassif, J. 1985. *The Home Health Care Solution*. New York: Harper and Row.

Nassif, J. 1986—87. There's still no place like home. *Generations* (Winter), pp. 5—8.

Nelson, G. M. 1982. Support for the aged: Public and private responsilility. *Social Work* 27:137—143.

Niederehe, G. and E. D. Fruge. 1984. Dementia and family dynamics: Clinical research issues. *Journal of Geriatric Psychiatry* 17(1):21—56.

Northwest Helth Services. 1986. *Rural Health Crisis*. Kansas City, Mo.: Region 7 U.S. Public Health Services.

Padberg, W. H. 1979. complexities of family policy: What can be done? *Social Work* 24(6):451—54.

Panella, J. and F. H. McDowell. 1984. *Day Care for Dementia: A Manual of Instruction for Developing a Program*. White Plains, N.Y.:

Burke Rehabilitation Center.

Pedrick—Cornell, C. and R. Gelles. 1982. Elderly abuse: The status of current knowledge. *Family Relations* 31:457—465.

Pillemer, K. and D. Finkelhor. 1988. The prevalence of Elder Abuse: A Random Sample Survey. *The Gerontologist* 28:51—57.

Powell, L. S. and K. Courtice. 1983. *Alzheimer's Disease: A Guide for Families*. Reading, Mass.: Addison—Wesley.

Rakowski, W. and N. M. Clark. 1985. Future outlook, caregiving, and care—receiving in the family context. *The Gerontologist* 25:618—623.

Ranson, B. and W. Kelly. 1985. Rising to the challenge. *Perspective on Aging* 14:13—14.

Reifler, B., G. Cox, and R. Hanley. 1981. Problems of mentally ill elderly as perceived by patients' fantasies and clinicians. *The Gerontologist* 21:165—170.

Reisberg, B. 1981. *A Guide to Alzheimer's Disease: For Families, Spouses and Friends*. New York: Free Press.

Remnet, V. L. 1979. Alternatives in Health Care Services. In P. Ragan, ed., *Aging Parents*. Los Angeles: Andrus Gerontology Center, University of Southern California.

Rosenthal, C. 1986. Family Supports in later life: Does ethnicity make a difference? *The Gerontologist* 26:19—24.

Sands, D. and T. Suzuki. 1983. Adult day care for Alzheimer's patients and their families. *The Gerontologist* 23:21—23.

Sangl, J. 1983. The family support system of the elderly. In R. Vogel and H. Palmer, eds., *Long—Term Care: Perspectives from Research and Demonstrations*. Washington, D.C.: Health Care Financing Administration.

Shanas, E. 1979. Social myth as hypothesis: The case of the family relations of old people. *The Gerontologist* 19:3—9.

Simmons, S., J. Ivry, and M. Seltzer. 1985. Agency family collaboration.

*The Gerontologist* 25:343−346.

Smith, K. and V. L. Bengtson. 1979. Positive consequences of institutionalization: Solidarity between elderly parents and their middle−aged children. *The Gerontologist* 19:438−447.

Soldo, B. J. and J. Myllyluoma. 1983. Caregivers who live with dependent elderly. *The Gerontologist* 23(6):605−611.

Solomon, J. and A. Weiner. 1983. Drug misuse in the elderly. In L. A. Pagliaro and A. M. Pagliaro, eds. *Pharmacologic Aspects of Aging*. St. Louis: C. V. Masby.

Steingloss, P. 1980. A life history of the alcoholic family. *Family Process* 19:211−226.

Steingloss, P. 1980. Assessing families in their own homes, *American Journal of Psychiatry* 12:1523−1529.

Stoller, E. P. and L. L. Earl. 1983. Help with activities of everyday life: Sources of support for the noninstitutionalized elderly. *The Gerontologist* 23(1):64−70.

Sussman, M. B., (1976). "The Family Life of Old People." In *Handbook of Aging and the Social Sciences*. New York: Van Nostrand Reinhold.

Taeuber, C. M. 1983. *America in Transition: An Aging Society*. US Bureau of the Census, Current Population Reports, Series P−23, No. 128. Washington, D.C.: GPO.

Tobin, S. S. and R. Kulys. 1980. The family and services. *Annual Review of Gerontology and Geriatrics* 1:371−399.

Townsend, P. 1968. The structure of the family. In E. Shanas, P. Townsend, et al., eds., *Old People in Three Industrial Societies*. New York: Atherton Press.

Troll, L. E. and J. Smith. 1976. Attachment through the life span: Some questions about dyadic bonds among adults. *Human Development* 19:156−170.

U.S. Senate Special Committee on Aging and American Association of Retired Persons. 1984. *Aging America: Trends and Projections.* Washington, D.C.: GPO.

Valle, R. et al. 1978. *A Cross—Cultural Study of Minority Elders in San Diego.* San Diego: Campanile Press.

Walsh, F. 1980. The family in later life. In E. A. Carter and M. McGoldrick, eds., *The Family Life Cycle: A Framework for Family Therapy.* New York: Gardner Press.

Ware, L. A. and M. Carper. 1982. Living with Alzheimer disease patients: Family stresses and coping mechanisms. *Psychotherapy: Theory, Research and Practive* 19:472—81.

Wasow, M. 1986. Support groups for family caregivers for patients with Alzheimer's disease. *Social Work* 31(2):93—97.

Weeks, J. R. and J. B. Cuellar. 1981. The role of family members in the helping networks of older people. *The Gerontologist* 21:388—394.

Wilkening, E. at al. 1972. Distance and intergenerational ties of farm—families. *The Sociological Quarterly* 13:383—396.

Willenbring, M. and W. Spring. 1988. Evaluating alcohol use in elders. *Generation* 4:27—31.

Wozny, M. C., S. F. Knapp, J. E. Burkhardt, M. J. Ramadel, L. Norton, and A. M. Lago. 1984. *Cost of Services to the Elderly.* Bethesda, Md.: Institute for Economic and Social Measurements.

York, J. L. and R. J. Caslyn. 1977. Family involvement in nursing homes. *The Gerontologist* 17:500—5.

Zarit, S. H. and J. M. Zarit. 1983. Families under stress: Interventions for caregivers of senile dementia patients. *Psychotherapy* 19:461—71.

Zarit, S. H., K. E. Reever, and J. Bach—Peterson. 1980. Relatives of the impaired aged: Correlates of feelings of burden. *The Gerontologist* 20:(6)649—55.

Zarit, S. H., N. K. Orr, and J. M. Zarit. 1985. *The Hidden Victims of*

*Alzheimer's Disease: Families Under Stress.* New York: New York University Press.

# 第 12 章

## 老年女性及喪偶者的服務

*Barbara Levy Simon* 著

黃碧珠 譯

　　美國有一千六百萬人口是六十五歲以上的婦女，雖然彼此之間有極大的差異性，然而仍然面對著共同的危機，因為她們在性別、年齡、單身或將來可能單身等方面具有共同性（U. S. Census 1987）。許多目前仍精力充沛的老年婦女，隨著時間的變動，還是得面對長期的考驗，包括：在經濟狀況、身體的變差；配偶、朋友、親人、愛人的死亡；對老年婦女及寡婦而言，她們在社會上所遭遇的是持續性的偏見、歧視、疏忽，且沒有得到適當的尊重及賦予適當的角色及資源。

　　大部份的美國婦女變成寡婦之後，常得忍受四種的失落，包括：失去主要的親人關係、失去社會及法律地位，以及因失去社會角色、失去收入而失去身份認同（Lopata & Brehm 1986; Silverman 1986）。然而，寡婦的身份，是一種轉變，其影響遠高於這些痛苦的失落，它也是一種過程，需要改變身份認同及轉換生活方式。如同 Lopata 所說的，守寡是一暫時性的階段，以極微的社會地位或自我的意義重新建立自我認同（Lopata 1979），它也是從婚姻生活迎向另一新生活的中途站。

　　依據 Silverman（1986）指出，每一寡婦都會經歷三個階段：第一是「崩潰階段」，她必須忍受配偶死亡，此一不平衡事件所帶來的衝擊，其特徵是在面對失落所造成的巨大壓力時變得麻木、無感覺及不相信事實，她試圖活在「如果」事情都沒有發生的情境，相信舊有的角色及行為，以便度過丈夫的死亡所帶來的立即性後果。

　　接著這寡婦會進入「畏縮階段」（Silverman 1986），當她的麻木無感覺漸少，便漸顯露出深沉的失落，讓她感到極度的痛苦、悲傷，甚至憤怒。她覺得失去部份自我，並開始注意到這個已發生的重大改變。在此痛苦階段，睡眠與飲食也都受到干擾。在畏縮階段之後是「適應階段」（Silverman 1986），當其憂傷、失望隨著時間而減弱時，她開始部份地接納其失落的事實以及因失落之後所必須做的改變。她必須尋找一個新的自我、一個新的角色組合及開拓人際關係，無論新舊的關係，如此她才能建立一已改變的事實（altered reality），並且她會發現，可從其他也是寡婦的朋友中得到支持。

　　在美國的老年人口當中，目前增加最迅速的人口群是超過八十五歲以上的極老年婦女（the very-old），這一人口群包括喪偶、已婚、未婚、

離婚、分居的婦女（Field & Minkler 1988），她們的需求佔據了一很重
要的部份，並且與七十五～八十四歲的老老年婦女（old-old）及六十五
～七十四歲的年輕老年婦女（young-old）一起分享資源。無論是已婚或
單身，這些非機構的老年婦女其目前的需求為何？這些脆弱的老年婦女與
健康的老年婦女其需求有何顯著不同？是否因居住都市地區或郊區或鄉村
地區而影響她們接受服務的機會？什麼樣的老人福利服務及政策可以回應
非機構老年婦女其共同性與特殊性的需求？

# 第一節　非機構老年婦女及寡婦的需求

　　美國的男性老人有 3/4 是與太太住一起，相反地，老年婦女則有 3/5
沒有配偶。大部份的單身老年婦女是寡婦；5.2％是未婚；4.4％是離婚；
其餘一小部份是分居。由於傳統上對女性的差別待遇，以致於女性都從事
沒有酬勞或待遇很差的工作，因而造成她們在經濟上必須依賴男人，許多
沒有配偶的老年婦女更處在經濟非常困窘的狀況。大約有 90％的貧窮老人
是來自於喪偶、未婚、離婚、分居的婦女（U. S. Census 1987; Minkler &
Stone 1985）。例如，以一九八三年美國六十五歲以上老年人口的年收入
做比較，其中有 44.3％的婦女及 18.2％的男性，其年收入低於四千九百九
十九美元。六十五歲或以上的單身黑人婦女所得更少，其年收入平均只有
白人單身婦女的 70％。

　　自一九六○年代以來，除了鼓勵降低非機構老人的貧窮率之外，也逐
漸地關注到「貧窮」確實是「獨居老人」的問題。一九八四年，美國所有
窮困老人中有 52％是單身獨居的婦女（Holden 1988）。過去四十年當中
獨居老年婦女的比例有戲劇性的增加，從一九五○年代只有 14％至一九八
六年增加為 41.3％，最顯著的特徵是這一人口群比起已婚的老人，更需要
各種福利服務的幫助，附加現金的移轉，以及完全依賴正式的社會服務。

　　除了貧窮問題之外，「社會隔離」是伴隨「獨居老年婦女」的增加而
來的一種危險。雖然許多單身的老年婦女與朋友、親人及知己維持重要的
連繫，但有相當比例的人並非如此（Cohen & Syme 1985; Kendig et al.

1988; Rathbone-McCuan & Hashimmi 1982; Silverman & Cooperband 1975; Simon 1987）。單身老年婦女若有下列兩種或以上的狀況，便是處在一特別的隔離危機中，有：(1)貧困；(2)居住在鄉村地區；(3)居住在沒有大眾運輸工具之社區中；(4)被家庭束縛（homebound）；(5)精神障礙者；(6)證明文件不符的老年移民者；(7)沒有小孩者（Ben der and Hart 1987; Rodeheaver & Datan, 1988）。這些老人因為持續性地與社會隔離可能導致身體的活動量減少，健康狀況變差，營養不良及體重下降，憂鬱及其他的精神異常，藥物及酒精濫用，自殺等現象（Bender & Hart 1988; Blazer, Hughes, & Georges 1987; Fellin & Powell 1988; Lopata 1987; Rathbone McCuan & Hashimi 1982; Shifflett 1987）。

只是喪夫之痛，並不致於使得寡婦及長期失去伴侶的婦女們，處在一種心理及生理的危機中（Blazer, Hughes & Georges 1987; Neugarten 1987; Norris & Murrell 1987）。事實上，對於哀傷的處置，也極少認為會因此致死及罹病（Norris & Murrell 1987：611）。無論如何「守寡」不只是促使經濟能力下降的危機，同時也減少了社會接觸及活動的範圍，還有失去了「家」的感覺（Lopata 1987; Rodeheaver & Datan 1988）。

相反地，對於老年婦女照護者而言，却造成身體與心理衛生的重大威脅（Brody 1985; Horowitz 1985; Norris & Murrell 1987; Rodeheaver & Datan 1988; Simon 1988）。在美國照顧慢性病及臨終病人的主要照護者之中，約有 1/3 是老人：其中 25.4％的主要照護者年齡在是六十五至七十四歲之間； 10.1％是七十五歲以上的老人（Stone, Cafferata & Sangle 1987）。老年照護者是處在一極大的壓力、焦慮的危險中，因此經常會使用精神藥物（Rodeheaver & Datan 1988：649）。老年要照護者其需求範圍廣泛，包括經濟、工具性及情緒性領域，而且每一層面都需要廣泛性地加以策劃。

# 第二節　評　估

老年婦女、寡婦及主要照護者其需求的異質性相當高，使得社會工作

人員及其他老人病學、老人學的專家面臨一個重要的挑戰——即發展「評估的方法」，一方面細微得可以深入每一個案的生活環境、文化和家庭的傳統、社會心理及身體的情形；另一方面又能確認源自不同背景的老人其共同性的需求。

老年婦女的評估極為複雜；專業人員在診斷時需避免下列三種常犯的錯誤。常犯的錯誤之一是：忽略重要的、可治療的心理及身體狀況，而以為是一種正常的老化過程。例如，憂鬱、酒癮、藥物濫用及醫源性的藥物反應（iatrogenic drug reactions），時常被忽略，因此他們的症狀被誤解是無可避免，而且是不可逆的衰老現象（Rodeheaver & Datan 1988）。常犯的錯誤之二是：容易在評估老人時有誤診情形發生。老年婦女的憂鬱、酒癮、精神藥物濫用（psychotropic drug abuse）現象，常被誤診為老年失智症，因而沒有做任何治療。常犯的錯誤之三是：假設停經婦女及停經後婦女的身體症狀為心理問題必須做心理治療（Cowan, Warren & Yorng 1985）。在此狀況下，經常忽略生理因素的檢查及給予醫藥的治療。

這些臨床人員，若能察覺並關心在診斷上常犯的共通性錯誤，就能明顯的減少其負面影響的程度。欲避免常犯的錯誤，「獎勵」是比較可行的辦法，尤其是都會地區，由跨科際評估小組（multi-disciplinary assessment teams），包括老人病學的評估；神經心理（認知）方面評估，係測驗其注意力、記憶、推理、語言及視覺空間的技巧；日常生活功能評估；社會心理方面評估：包括士氣、環境、營養及社會經濟資源（Kapust & Weintraub 1988）。家庭訪視評估（the home visit assessment）是有系統地觀察一個人，當他處在自己的生活環境時，其日常生活功能為何？由臨床人員或由擔任主要照護者的家屬完成此問卷。此方法已被證實特別有助於社會工作人員對於老年婦女的服務（Kapust & Weintraub 1988）。美國老人的資源及服務測量工具（The Older Americans Resources & Services instrument (OARS)），費城老人醫學中心士氣量表，流行病學研究中心的憂鬱症量表（CES-D），都可以幫助評估個人的功能，主觀的福祉（subjective well-being）及憂鬱的程度（Blazer, Hughes & George 1987; Blazer & Williams 1980; Kozmaand Stones 1987; Krause

1987; Liang et al. 1987）。簡易精神狀態評估表（SPES），是一簡單摘要式的自我報告，濃縮自明尼蘇達人格量表，所建構的一組可用於精神衛生及精神病理學領域的指標，包括焦慮、憂鬱、疑心、慮病、認知缺陷及其他共同性的生理現象和情緒困擾（Arling 1987）。

# 第三節　處　遇

儘管雷根主政期間縮減了老人服務的聯邦預算，一九八〇年代對於非機構老年婦女及寡婦的服務供給還是急速地成長，例如互助網絡、州政府、區域老人協會、營利的老人病科及自願非營利的機構，均為因應老人及家庭的爆炸性需求所提供的服務方案。服務對象包括：健康狀況從最健康至最脆弱，年齡從六十五歲到百歲的人瑞。居住在社區中的老年婦女，可隨時使用連續性的正式或非正式服務方案，具備有適當的知識、主動性及閱讀與寫作能力且對服務有需求的老人，也能享有適當性及可近性的服務。老人中心、社區中心、住屋計劃、住屋工作坊、工會、工作場所、圖書館、健康及心理衛生組織以及大學，均成為當代擬定及建立老年婦女專業計劃的主要基地。

## 一、互助團體

互助團體是有關老人照顧方面成長得最快的，它提供非正式的支持以便幫助老人及守寡婦女適應地位的改變（Silverman 1985）。老人互助團體，例如：傳統的移民互助社及鄰里守望相助，老年寡婦團體；主要照顧者；子宮切除，結腸切除及乳房切除倖存者；離婚；不同行業之退休人員定期之聚會及彼此支持，電話的再保證，詳細的資訊及轉介。有些老人團體是沒有贊助者；其他則是區域老人協會給予贊助、美國退休人員協會、心理衛生組織、教會或猶太教堂、安寧院或醫院（Silverman 1985）。許多老人成為互助團體的會員是透過社會工作人員的轉介，有些社會工作人員也擔任互助團體的顧問。

　　協助此「互助組織」是老人醫學、社會工作者及其他專業人員的重要
工作層面。至於協助非機構的老年婦女、寡婦及社區中擔任主要照顧者進
一步地建立「正式的支持網絡」也同樣重要。目前為「老年婦女及寡婦」
所提供的正式的老人服務，應涵蓋五個部份：(1)預防性的社區支持服務，
為發展老年婦女當她生病時的自我照顧能力；(2)居家服務，對象為沒有生
病但有輕度或中度傷害的老人；(3)特殊的社區服務，針對非機構且需要更
完整居家服務的生病老人；(4)屆齡退休的服務方案，為了能豐富老年婦女
退休期間的健康及福利，以預防不必要的精神及身體的衰退；(5)老人教育
及訓練，對於住在社區的健康和體弱的老人，提供具體的身體健康及心理
衛生服務。以下將詳細地介紹這五部份的服務。

## 二、健康老年婦女之社區服務

　　過去二十五年來，老人中心、俱樂部及其他的社區機構一直不斷地在
成長，主要是對於健康的老人提供各種活動及物質、情緒上的支持。憂傷
輔導、慢性病人及臨終老年病人的家庭照護者之訓練與輔導，口述歷史的
方案（oral history projects）及自助的醫療課程（medical self-help
classes）則是最近興起的四種支持性服務的案例。在一九八〇年代，社區
機構就曾提供教育、文化休閒的工作坊、健康及營養的幫助、生活補助、
諮詢及轉介、危機處遇、交通及個案管理服務。近來更有創新的服務方
案，例如老年旅館、中價位系列的信用貸款、大專層次老人的專題討論
會，短期的課程及教育旅行，係採小團體型態，由美國或海外的大專院校
為健康老人而設計。

　　在時間方面，沒有傷殘的婦女，因為不必負擔照顧的責任，所以較有
時間參加為健康老人需要而設計的方案計劃，因為參加全部或部份的文化
教育活動具有足夠的力氣。換言之，她需要在下述活動中做一選擇：文化
旅行隊（cultural caravans）、集會、運動及舞蹈團體、講座系列、討論
團體結構式回憶團體、寫作創作工作坊、美術工藝活動、音樂課程、區域
性的高中或學院課程、為老年婦女而寫的時事通訊（news-letter
written）。

文化活動方面，她們可能選擇參加自助餐會（hot communal meals）、倡導及政治參與之訓練、健康及營養篩檢、骨質疏鬆症及青光眼工作坊。像許多健康的老年婦女，她們可能參與志願服務活動、消費教育課程、犯罪預防工作坊、財政管理班、節稅預備之專題討論、請教專家關於法律濟助（legal aid）、公共救助、社會安全、醫療保險、醫療救助或低收入戶生活補助等方面。健康老年婦女可能為了補充其所得，而參加工作訓練及職業介紹，例如：飲食店、小商店、工藝店，小型器具修補。

## 三、居家服務

反之，被束縛的老年婦女較少有助於他們的服務。雖然如此，社工員及其他老年工作之專業人員及半專業人員，所提供重要的居家支持服務，對於許多中度傷害的婦女而言將是迫切需要的。例如送餐到家服務（home-delivered meals）、整理家務服務、居家保健照護、修補及裝置禦寒設備、居家安全檢查、採購、護送、關心拜訪、電話確認及傳送至家裡的電視教育方案計劃。此外，社工也提供個案管理的服務，危機處遇及個別諮商。

## 四、特殊的服務

在某些郊區及都市地區，社工員及護士，針對中、重度傷害的老人，提供成人日託中心及暫歇性服務方案（respite care programs）。這些服務是幫助老年婦女照護者及依賴的老人，從長期照顧慢性病人的過程中得到暫時性的休息。因此，成人日託中心及暫歇性照顧，希望同時能達到預防性暨治療性的目標。此外，社工人員也為那些被虐待或受忽略的老人提供保護性服務。在美國，有些地區設有社區老人醫院並提供短期住院的醫療服務，以防止這些正經歷急性疾病或慢性病再發的老人，過早住入照護機構。全美國七十五歲以上的老人中有74％是女性，老人由於功能上的限制且病情的慢性化，她們多數成為成人日託中心、暫歇性設施、社區性老人安養院及綜合醫院老人科的案主群（U. S. Census 1987; 108-109）。這

些服務因為老年及老老年人口的需要增加，已經變成專為老年婦女及寡婦
而設的計劃。對老年婦女的服務輸送體系而言，暫歇服務和醫院服務的出
院計劃已成為由健康照護服務轉化為社會支持服務之間的分界點（critical
point）。按醫療保險之疾病分類診斷付費制（DRG's）規定，除非有複雜
的、多重的健康問題，老人只能短期住院，出院計劃者往往只考慮自己，
卻很少考慮到老年婦女的特殊需要，例如面對缺乏家庭照護者、體弱老人
的社區方案、老人住屋及合格護理之家的不足。

## 五、屆齡退休方案

　　社工人員及健康教育者，面對逐漸增加的受雇者，協會的贊助者，而
老人中心之屆齡退休方案，則是為老年婦女及寡婦在其尚未年老及守寡前
之需要而發展的。中年婦女接觸這些方案是為了考量具體的問題，例如退
休後的財政計劃，兼職受雇，找工作及工作訓練，退休之後再發展事業之
可能性，住屋的選擇，再安置的優、缺點。許多屆齡退休方案也幫助婦女
探索身體及心理健康的問題，例如，老年的營養，照護的壓力，停經及停
經後的現象，長期照護的選擇，喪偶的變化，老年的性生活，預防與性別
有關的疾病，例如骨質疏鬆症、乳癌、子宮癌。

## 六、服務提供者的訓練

　　因為大部份的老年婦女及寡婦在七十五歲之後，都需要許多不同專業
人員的協助，老人學的專家已成立了教育單位，專門負責老人服務提供者
的訓練。這些訓練方案的設計，使得專業人員的診斷及處遇技巧更敏銳，
同時也擴展了他們的知識背景，關於正常的老化過程及老人的特殊疾病，
老年婦女在社會經濟方面的實際狀況及文化方面的阻礙。
　　許多不同領域的專業從業人員及專業學校的學生，現在也紛紛參與訓
練，這些人包括：社會工作人員、心理師、醫師、護士、按脊師、藥劑
師、工會的健康專業人員（allied health professionals）、足醫、律師及
牧師。在少數幾個地區非專業人員的服務提供者，例如瓦斯公司的抄錶

員、雜貨商、助理護士、美容師、家庭健康助理、郵差、公寓建築督導員，也必須接受系統化的訓練以便能察覺到老人的需要（Fellin & Powell 1988）。訓練內容包括：察覺老人受虐待的徵兆、阿茲海默症、糖尿病、中風、憂鬱、精神病、自殺情緒、營養不良、多種藥物濫用及酗酒，參與者也必須學習提供資訊及轉介服務和懷疑受虐及受忽略老人之通報。

## 七、處遇的疏漏

自一九六○年代以來有關老人的計劃相當的多樣性，許多老年婦女從上述的這些服務中受益，美國社會雖然有許多的社會資源，對於老年婦女的服務卻因種族、階級、地理位置及法律地位而造成分配上的差異。

黑人、拉丁裔、亞裔及美國原住民的老年及老老年婦女，比起美國白人顯著的較窮、多病及壽命較短（Chen 1985; Die & Seelbach 1988; Fellin & Powell 1988; Ferraro 1987; Mahard 1988;Markides & Levin 1987; McDonald 1987; Pelham & Clark 1987; Taylor & Chatters 1988）。結果教育機會受限，工作也被隔離，薪資較低且沒有健康的給付，事實上被排除在許多的工會及有工會的工作之外，六十五歲以上的少數民族及移民的老年婦女，代表健康狀況欠佳、早死、貧窮及營養不良（Chen 1985; Jones 1985; Taylor & Chatters 1988）。他們是美國人之中最不可能在退休之後擁有自己的房子、儲蓄、車子及年金。大部份少數民族的老年婦女是靠勞力為生，到了晚年其退休後的所得及住宅幾乎依賴家庭、教會及社區，因他們不是社會安全制度所保障的對象。

未取得公民權的移民在退休之後，也沒有資格取得低收入戶生活補助、社會安全、國家住宅及醫療補助，似乎只能轉向非正式社會支持求援。老人專業工作人員透過資源的開發，並應用現有的鄰里和教會的網絡，已成功地吸引少數民族及移民老年婦女進入正式的社區社會及居家服務網絡裡（Die & Seelbach 1988, McDonald 1987）。

約六千萬的都市老年婦女形成另一種貧窮，孤立及未被注意的團體（Bender & Hart 1987; Krout 1988）。住在都市或郊區的老人無論健康或和脆弱者都能有效使用許多服務，然而住在鄉村的老人卻無此意識。可

喜的是，在全國保健服務軍（NHSC）所成立的診所中，已成立了幾個鄉村老人健康促進計劃的模式。此種預防及倡導工作之重點在於：以年輕老人到極老人之間的老人為對象，提供健康教育與篩檢、營養、運動和安全計劃。遺憾的是，雷根政府在一九八八～一九八九年間，戲劇性地縮減NHSC診所的預算，以致於鄉村的婦女缺乏家庭及教會的支援，也沒有補充性的公共健康服務。

## 八、緊急服務

　　由於約定方案的服務只有少數老人能符合規定，因此一九九〇年代便運用基金以服務更多老人。在某些地區「社會保健維持組織」（SHMOs）對於醫療保險受益者，在給付之前即先提供急性及慢性的健康照顧（Fisher & Eustis 1988）。此設計是為了減少成本及改善老人之急性及慢性照顧的品質。SHMOs提供一持續性的健康及心理衛生篩檢、評估、照顧計劃、個案管理、諮商及照顧監控服務。

　　「老人資源求助中心」（ARCHs）也是在創始階段，此計劃是由Rober Binstock所提出（Binstock 1987）。這些中心的成立是依據美國老人法第三章而設，將創造一全國性的資源中心網絡，為都市、郊區及鄉村老人提供評估、計劃及資訊、轉介服務。ARCHs將協調初次接觸的老人，緊急事件之因應、諮商、物資救助，而非直接提供服務。

　　「終生照顧社區」（life care communities），也稱之為一種持續性照護的退休社區，二十多年來已提供社區、住宅及自付保費的長期照護，給那些已經投保並自付額外費用及月費者。許多終生照顧社區靠近費城，在麻州的Needham之Noth Hill社區照護退休中心，是由教友派信徒所設的，都是自願且自行投保的成功例子。終生照顧社區為這些老人提供五部份的持續性照顧，包括：(1)獨立的住宅及身體的保健；(2)社區的舒適性措施，例如洗衣店、家事服務、社會服務、文化活動、安全性、交通、每日供餐；(3)支持性居家服務，當有需要時提供如：洗澡、洗衣、財政管理、家務管理；(4)居家護理服務，分為短期和長期；(5)在獨立的住宅且有立契約保證的護理之家接受照護，終生照顧社區的成員不必負擔額外的費

用，也不必共同負擔其居家或在健康診所或護理之家接受長期照顧的費用。老人計劃者目前正在尋求方法，希望未來能將此模式有效地擴展至低、中收入老人，如同受益的大多數中上階級的老人一樣。

# 第四節　理論的更迭

十九世紀的本質理論學家（essentialist）認為「性別」時常會影響計劃者、服務提供者及社會工作的案主群做選擇。「本質理論主義」的基本前提是：男人和女人在情緒、道德、智力和社交能力以及心理方面，與生俱來就不同且是互補的。本質理論學家有關「社會化過程」之爭論，至今仍未定論，唯一能區別的是這過程不是與生俱來的。依循本質理論之後，有一學派指出：男人被假定是屬於公共領域，女人則屬於私人領域。

此觀點則擴大延續，引導著中年婦女與男性，而忽視了以往的理論，女人仍視自己為「天生的」家事管理員及主要照顧者，她們始終是既掌管家務也照顧親人，卻沒有顧慮到自己的健康及福祉。出院計劃者和老人醫學的專業人員，當他們在為男、女病患設計長期照護策略時，期待中年及老年婦女暨能熱心於家事又能利他。「鰥夫」被視為「居家服務及憂傷輔導」的優先對象，因為比起寡婦，他們被假設為不能免於憂鬱、家庭意外及營養不良的危險。簡言之，男性的適應被視認同是在公共生活領域較好，然而在私生活方面是較差的。教會及社區團體努力去誘導老年婦女在退休之後擔任志工，在此方面老年婦女比起男性老人更有幹勁也更有系統地參與。

「本質理論」的運作比較是潛意識及前意識的思考與感受，甚於意識層次。結果它還是維持一強勢的理論，強調刻板印象及低估了男性和女性老人。

「社會結構主義」（social constructionism）是一九九〇年代之後，一個更適合分析美國老年人的綜合需要及貢獻的理論架構。社會結構者假設眾所皆知的「事實」是人類應用語言以及特殊的傳統、時間空間瞭解的分類所建構及解釋而成的（Conrad & Schneider 1980）。依據此理論觀

點,「選擇」與「固定的社會連帶」,共同組成了一個人的「生存機
會」,比起個人在社會結構中所佔據的「位置」（niche）,生存機會多數
來自於天生的個人歸因。所謂「位置」的決定大致上來自於代際、年齡、
性別、國籍、區域的偏好、原生家庭的社會階層、宗教、教育及對父母和
自我有益的訓練（Dehrendorf 1979）。

任何社會在每一時期都對其成員有不同的期待、角色、獎勵與懲罰的
規範。性別角色是一種社會建構的型式,特殊年齡的角色是另一種型式。
這些角色,受歷史人物及力量所創造,也可能部份或全部為他人所重新建
構。例如,在某一文化裡將七十歲以上的退休男人與女人視為是多餘的
人,可能在二十一世紀變成一種文化資產,也就是說依賴這些七十開外的
老人在工作上、家庭及公共生活方面擔任領導者。換言之,一個社會,雖
然在歷史上是鼓勵「男人保護女人,女人照顧男人」,但也有可能發展成
「一性別需要另一性別的搭配」。

# 第五節　政策議題

大部份討論到關於非機構化老人政策時,都主張增進正式與非正式服
務輸送系統的整合,此篇文章也不例外。特別明顯的是,婦女在非正式照
顧體系扮演著提供者的角色。當檢視提供長期照護的老年婦女和接受此照
護的老老人,在「服務提供」以及「補償」上的差距時,從最獨立能自我
照顧的老人延伸至最依賴住在護理之家的老人,發展協調性、連續性服務
的急迫性並未獲得正視。

社會安全的改革是另一政策的領域,關乎老年婦女及寡婦的特殊利
益。對於女性家事管理員及母親們,她們為家庭所付出的勞力,卻未能贏
得社會安全的給付。寡婦給付的計算方式,是以丈夫死亡時的生活水平為
標準,而不是以第一次給付時的生活水平為標準。這種實施方式,對於遺
屬是不利的。單身婦女繳納相同比例的社會安全稅,卻比已婚者接受較少
的退休及遺屬給付。離婚婦女,若其結婚年數少於十年,就沒有資格取得
社會安全給付。大多數女性因勞動參與常中斷,而在一九八○年代末期退

休，因此所能領取的社會安全給付也較微薄。

　　醫療保險的疾病分類診斷付費制，已有效地縮短了男、女老人住院的時間，然而卻沒有考慮到老人的慢性及急性症狀的複雜性，以及家庭照護者所必須承擔的後果。政府在擬定醫療保險之疾病分類診斷付費制的「嚴重度或強度指數」將有助於醫療人員能以老人的個別需要為基礎，訂定老人住院的期限，才不致於使得醫院必須補償損失（NYS Task Force on Older Women 1986）。

　　老人病學的專家在老年婦女及寡婦的工作方面，所當盡的義務就是負責協調好區域內的老人機構，社區心理衛生中心及醫師之間的團隊工作。家庭照護者需要更多關於身體及心理疾病症狀的了解及處遇方面的幫助。專業人員及自願照護服務者，可從此項諮詢服務中得到幫助，他們能試著鑑別是正常的老化過程，或是器質性異常、酒癮、多重藥物濫用、醫源性的藥物反應造成的精神功能失調。若健康及心理衛生人員能更密切地合作，就不致於將停經婦女的身體問題視為是心理的問題。

　　本世紀末時，貧窮的女性化，加上美國經濟的不景氣，使得不斷增加的極老年婦女其經濟狀況更差。如果我們在設計方案及擬定政策時多思考、多一些預算及承諾，就能夠使得非機構的老老人，大部份是女性，能倖存下去。

# 參考書目

Arling. G. 1987. Strain, social support, and distress in old age. *Journal of Gerontology* 42:107－113.

Bender, C. and J. P. Hart. 1987. A model for health promotion for the rural elderly. *The Geronotologist* 27:139－142.

Binstock, R. H. 1987. Title III of the Older Americans Act: An analysis and proposal for the 1987 reauthorization. *The Gerontologist* 27:259－265.

Blazer, D., D. C. Hughes, and L. K. George. 1987. The epidemiology of depression in an elderly community population. *The Gerontologist* 27:281–287.

Blazer, D. and C. D. Williams. 1980. Epidemiology of dysphoria and depression in an eldedrly population. *American Journal of Psychiatry* 137:439–444.

Branch, L. G. 1987. Continuing care retirement communities: Self–insuring for long–term care. *The Gerontologist* 27:4–8.

Brody, E. M. 1985. Parent care as a normative family stress. *The Gerontologist* 25:19–29.

Chen, Y. 1985. Economic status of the aging. In R. H. Binstock and E. Shanas, eds., *Handbook of Aging and the Social Sciences* 2d ed. New York: Van Nostrand.

Cohen, S. and S. L. Syme. 1985. *Social Support and Health*. New York: Academic Press.

Conrad, P. and J. W. Schneider. 1980. *Deviance and Medicalization: From Badness to Sickness*. St. Louis: C. V. Mosby.

Cowan, G., L. W. Warren and J. L. Young. 1985. Medical perceptions of menopausal symptoms. *Psychology of Women Quarterly* 9:3–14.

Coward, R. 1983. *Patriarchal Precedents: Sexuality and Social Relations*. London: Routledge & Kegan Paul.

Dahrendorf, R. 1979. *Life Chances: Approaches to Social and Political Theory*. Chicago: University of Chicago Press.

Die, A. H. and W. C. Seelbach. 1988. Problems, sources of assistance, and knowledge among elderly Vietnamese immigrants. *The Gerontologist* 28:449–452.

Fellin, P. A. and T. J. Powell. 1988. Mental health services and older adult minorities: An assessment. *The Gerontologist* 28:443–447.

Ferraro, K. F. 1987. Double jeopardy to health for black older adults? *Journal of Gerontology* 42:528–533.

Field, D. and M. Minkler. 1988. Continuity and change in social support between young—old and old—old or very—old age. *Journal of Gerontology: Psychological Sciences* 43:P100—106.

Fischer, L. R. and N. N. Eustis. 1988. DGRs and family care for the elderly: A case study. *The Gerontologist* 28:383—389.

Holden, K. C. 1988. Poverty and living arrangements among older women: Are changes in economic well—being underestimated? *Journal of Gerontology: social Sciences* 43:522—527.

Horowitz, A. 1985. Sons and daughters as caregivers to older parents: Differences in role performances and consequences. *The Gerontologist* 25:612—617.

Jones, J. 1985. *Labor of Love, Labor of Sorrow.* New York: Basic Books.

Kapust, L. R. and S. Weintraub. 1988. The home visit: Field assessment of mental status impairment in the elderly. *The Gerontologist* 28:112—115.

Kendig, H. L. et al. 1988. Confidants and family structure in old age. *Journal of Gerontology: Social Sciences* 43:531—40.

Kozma, A. and M. J. Stones. 1987. Social desirability in measures of subjective well—being: A systemativ evaluation. *Journal of Gerontology* 42:56—59.

Krause, N. 1987. Satisfaction with social support and self—rated health in older adults. *The Gerontologist* 27:301—308.

Krout, J. A. 1988. Community size differences in service awareness among elderly adults. *Journal of Gerontology: Social Sciences* 43:528—530.

Liang, J. et al. 1987. Cross—cultural comparability of the Philadelphia Geriatric Center Morale Scale: An American—Japanese comparison. *Journal of Gerontology* 42:37—43.

Lopata, H. Z. 1979. *Women as Widows: Support Systems.* New York: Elsevier.

Lopata, H. Z. 1987. *Widows: North America*, vol. 2. Durham: Duke University Press.

Lopata, H. and H. P. Brehm. 1986. *Widows and Dependent Wives: From Social Problem to Federal Program*. New York: Praeger.

McDonald, J. M. 1987. Support systems for American Black wives and widows. In H. A. Lopata, ed., *Widows: North America*. Durham: Duke University Press.

Mahard, R. E. 1988. The CES-D as a measure of depressive mood in the elderly Puerto Rican population. *Journal of Gerontology: Psychological Services* 43:24-25.

Markides, K. S. and J. S. Levin. 1987. The changing economy and the future of the minority aged. *The Gerontologist* 27:273-274.

New York State Task Force on Older Women. 1986. *Older Woman: Strategies for Action*. Albany: New York State Department of Social Services.

Minkler, M. and R. Stone. 1985. The feminization of poverty and older women. *The Gerontologist* 25:351-357.

Norris, F. H. and S. A. Murrell. 1987. Older adult family stress and adaptation before and after bereavement. *Journal of Gerontology* 42:606-612.

Pelham, A. O. and W. F. Clark. 1987. Widowhood among low-income racial and ethnic groups in California. In H. Z. Lopata, ed., *Widows: North America*. Durham: Duke University Press.

Rathbone-McCuan, E. and J. Hashimi. 1982. *Isolated Elders: Health and Social Intervention*. Rockville, Md.: Aspen Systems Corporation.

Rix, S. E. 1984. *Older women: The Economics of Aging*. Washington, D.C.: Women's Research and Education Institute of the Congressional Caucus for Women's Issues.

Rodeheaver, D. and N. Datan. 1988. The challenge of double jeopardy:

Toward a mental health agenda for aging women. *American Psychologist* 43:648–654.

Silverman, P. R. 1985. Counseling widows and elderly women. In A. Monk, ed., *Handbook of Gerontological Services.* New York: Van Nostrand.

Silverman, P. R. 1986. *Widow–to–Widow.* New York: Springer.

Silverman, P. R. and A. Cooperband. 1975. On widowhood: Mutual help and the elderly widow. *Journal of Geriatric Psychiatry* 1:9–27.

Simon, B. L. 198y. *Never Married Women.* Philadelphia: Temple University Press.

Simon, B. L. 1988. Never–married women as caregivers: Some costs and benefits. *Affilia: Journal of Women and Social Work* 1(3):29–42.

Stone, R., G. L. Cafferata, and J. Sangl. 1987. Caregivers of the frail elderly: A national profile. *The Gerontologist* 27:616–626.

Taylor, R. J. and L. M. Chatters. 1988. Correlates of education, income, and poverty among aged blacks. *The Gerontologist* 28:435–441.

U.S. Bureau of the Census. 1987. *Statistical Abstract of the United States: 1988.* 108th ed. Washington, D.C.: GPO.

# 第13章

# 多功能老人中心

*Louis Lowy*
*Joseph Doolin* 著

張淑英　譯

多功能老人中心是一種社區設施，老人聚集在其中以滿足他們許多社會、生理及心智上的需求。老人中心有助於老人擴展他們的興趣、激發潛能及一展長才。

老人中心也是一座連結老人社區和其他社區的橋樑，透過這座橋樑，人和觀念、服務和資源可以相互交流，裨益整個社區，並提供老人機會以創造他們自己的特殊社區而不至孤立他們自己於大社區之外。

# 第一節　定義及歷史

多功能老人中心提供單一設施以使老人參與社會活動並就便獲得基本的服務。多樣化的服務及活動可以透過中心提供給前來的老人，並透過外展服務提供給居家的老人。這些服務及活動包括：營養、醫療、就業、交通、社會工作及其他支持性服務、教育、創意藝術、休閒活動及領導統御和志願服務機會。

這些服務及活動的提供乃是透過中心受薪及志願工作人員，透過社會和社區機構運用此中心為基礎提供他們的服務，或經由服務的聯繫和機構的轉介、或經由外展服務提供給不能前來中心的社區老年居民。老人中心也提供社區作為老年資訊中心，專業及非專業領導人訓練地及發展新的老年服務方案。

「自有老人中心以來，同年齡層的老人聚集在此，交換他們特殊生命階段中共有的經驗，評論他們上一代或下一代的作為，從他們的觀點談論如何去解決世界上的問題」（NCOA 1962）。老人中心的歷史始於一九四三年紐約市的福利部門設立 William Hodson 社區中心，設立一個中心的主意來自於一群社會工作員，他們注意到他們的老年案主多麼渴望與人來往，以脫離生活中的孤單與隔離。起初市府只提供場地，一些點心飲料及遊戲，然後便留下最初參與的三百五十左右的人自求多福。當初只期望多少發展出服務方案，最後在 Hary Levine 和 Gerrude Landau 的領導下，終於做到了。隨後在紐約城的第二街也設立了 Sirovitch 中心以服務鄰里中的老年人口。

其後在加州的舊金山和夢露公園也設立了老人中心，雖然兩個中心服務於不同類型的社區，但他們在老人的日常生活中扮演了重要的角色則是一樣的。舊金山的老人中心在許多社區組織的努力下於一九四七年成立，雖然 Hodson 中心的重點比較著重於休閒和教育，但其服務方案則受不同機構的專業人員督導。

在夢露公園的小房子，則是設計來滿足中產階級老年人的需要，這個中心也是由社區機構贊助，且大多數的服務方案由老人自己設計和管理。在各中心的服務間設有一個轉介機構，在老人遇到問題時，提供成員有關地點及洽辦人員的服務。康乃狄克州的橋港在一九五一年為中年晚期以上的老人設立一個多重服務的「休閒沙龍」，提供文化性、教育性及社會支持性的方案。

在接下來的三十年間，全國各地越來越多的社區採用多功能服務老人中心的概念，下面的數字可以看出後來的成長：在一九六一年，有二百一十八個中心在運作，到一九六五年則成長到四百零四個。全國老人委員會（NCOA）於一九六六年第一次印行的刊錄中，則列有三百六十個中心，到一九六九年又成立了七百五十四個老人中心，總共有一千零五十八個中心。同年，Anderson 的主要研究中找到超過一千家的中心，一九七○年全國老人委員會第二次刊錄中則列有一千二百家中心，從一九七○到一九七三年，又成立了一千一百六十九家中心，一九七四年全國老人委員會在刊錄中列出二千三百六十二家中心（NISC, 1974），一九七七年老人行政局（AOA）估計有三千六百個中心在運作，目前依據全國老人委員會的說法，有九千家以上這樣的中心在運作。

隨著中心數目的成長，中心內部的結構也隨之分化和穩固，出現了不同的組織模式，利益團體的形成發出倡導的聲音，並進行研究。為滿足資料及評估增加的需求，也發展出資訊方案。細讀老人中心早期文獻，可以看出當時實務界的熱情及用心。

在此領域中成長的組織可以看出其內部結構分化的具體跡象。一九五九年，第一個州協會成立（Ohio 州老人中心協會），隨後其他州的協會緊隨著成立。目前大多數的州，許多地區和社區都有他們自己的組織，以作為中心的代表和中心之間的溝通管道。在全國各地這樣的演進都可以看

得到。一九六二年舉辦了對老人中心的研討會議，從一九六四年以後，老人中心的年度會議一年比一年擴大，隨著這個趨勢一九六三年建立了老人中心全國總會（ National Institute of Senior Centers, NISC ），做為全國老人委員會的永久助手，第二年全國老人中心代表委員會成立，以擴大納入各地區中心代表進入結構。

# 第二節　多功能中心的需求

　　老人人口的快速成長，需要社會的回應，設立制度以處理老人的各種不同需求，它們可能是生物的、生理的、經濟的、社會的、文化的、政治的或精神上的需求。在過去十五年間，我們眼見聯邦政府、州政府以及地方的政策及方案，在不同程度上滿足了不同老年人口的某些需求。三次的白宮會議曾把或老或年輕的人聚在一起交換意見，對老年社會政策的形成及設計提供了許多的建議。

　　一九八一年白宮會議的與會代表採用了以下的宣言：

　　　　過去多年來，老人中心展現了它們促進許多老年人生理、社會及精神層面的功能。老人中心是社區連續照顧的一個基礎部份，老人中心是以尊嚴及尊重服務老人，支持老人的成長及發展，及促進老人繼續參與的一個社區軸心點。政府及民間的各個階層對於老人中心都必須予以支持。

　　一個社區是否需要老人中心，取決於對下列兩個問題的回答：(1)它所提供的服務是否為老年人所需？(2)目前這些服務可由其他供給者處獲得嗎？就一個國家政策層次而言，老人中心從整體而言是否是一個必需的機構，此一問題目前並不能靠具體的標準來決定，而僅能從間接的印象來談。

　　老人中心的建立，最初是為了回應不同社區中草根地方的自發倡導。老人中心在全國各地的擴展越來越受到歡迎，全國各地的服務記錄顯示：

老人中心是有需要且常被使用的，參觀一個好的老人中心的經驗，常使觀察者對老人中心留下有價值的印象。在國會的公聽會中，常可發現像這樣的指標是使決策者支持老人中心的理由。

例如，在某次公聽會上，一位參議員以這樣的回憶作為開講：「訪問一所老人中心總是令人衷心感到溫暖、充滿友善及美好」。另外一個老人則覺得「這些老人中心數字的成長證明了它們的日受歡迎，並應被視為對清楚可見需求之草根性的回應」。其他人則強調，老人中心在老人服務網絡及方案上的角色，和它們有能力變成「一個對參與者提供社會服務及其他服務的有效方式」（U. S. Congress 1978）。

這些觀察並不是對老人中心需求的直接測度，然而在缺乏更正確的測度方法之下，這些是合理的選擇。如果數十年來，越來越多的人曾經到過老人中心，而且在得到任何聯邦基金贊助之前，老人中心的數字便穩定的成長，則老人中心必定具備相當的效用，才能使社區及老人中心的參與者感覺到他們的努力是值得的。

多少老人中心是需要的？哪種老人中心是需要的？要如何補助老人中心？每十萬市民應設有多少老人中心？一所老人中心的運作，平均成本是多少？

仔細看看人口統計資料（老年市民的人口、教育、收入及居住模式），可以預估未來數十年所需的老人中心數目以及大約的成本。另一種預估老人中心需求的方式乃基於目標人口的概念，也就是社區或鄰里老人中心所應服務老人的數目及老人的特質。此處所作的假設是認為所服務的人口需要老人中心提供的服務，大多數老人中心的目標人口包括所有居住在某一特殊地理區中超過六十歲以上的人。若一個社區機構應當是方便的，而且應當開放給所有社區居民使用，則剛才提到的標準或目標族群便都包括了，老人中心所要服務的族群便相當於可以想像的最大人口。很清楚地，老人中心事實上不可能、也不應當如此被期望服務某一地理區中的所有老人，相當數目的老人既不希望也不需要被任何中心或社會機構所服務。

另一個界定需求的方法乃是以曾經到過中心人口之數目及特質為基礎，在推估全國對老人中心的需求時，我們可以從某一社區有多少人參與

中心的活動來推測其比例。老人中心的報告指出：平均每個月有超過五百
人參加中心的方案活動。如果這個統計包括重複計算的部份，那麼實際參
與中心活動的人可能少一些，如果我們將此數字和一個社區的平均總人數
對照（大約 360,000，其中大約 12％是老人），可以看出實際服務的人數
比例相當小。中心的工作人員估計，他們大概服務其地理區中 30％的老
人，然而全國的老人中心樣本中，遠超過 2/3 的中心，其每日出席的人數
少於七十五人，兩相對照之下，工作人員的估計不是太過樂觀，便是反映
最低的服務水準。

　　雖然一個多功能老人中心實際出席數字反映了服務需求與供給，剛才
引用的數字也可以作為需求的粗略指標。根據全國的調查數字：一九八六
年大約兩千九百萬人，年齡在六十五歲以上，如果我們估計大約 1/3 會使
用中心的服務，那麼便可能有八百六十萬的服務人口。在大約九千個中心
中，目前估計實際接受服務的老人數大約是四千四百萬人，平均每一中心
有四百八十七服務人次。在不久的將來，這個對老人中心的需求還會增
加。到公元二〇〇〇年，據估計將有三千兩百萬的人口超過六十五歲，因
此老人中心將有幾近五百萬的潛在使用人口。

　　即使在已有老人中心的社區中，也不見得所有想要參與的人都能真正
的參與，認清楚這點，以上的估計便必須修正，也因此出席記錄可能低估
了需求。為了更正確的反映需求，我們希望加上對老人中心有興趣但未使
用過中心的人口數。根據 Harris 資料，在那些沒有到過老人中心的人口
中，大約有 22％的人希望能參與（Louis Harris & Associates 1981）。在
全國中，這個人口群超過一百萬人，這個數字比先前從參與出席人數推估
出的人數還要多一些。以這些計算為基礎，未來十年將需要超過一萬一千
個新的老人中心。這些中心不管是用租、買或興建，都需要相當的經費。
由於要把國家帶到這樣的服務標準所需要的經費實際上不可能得到，在達
到廣泛建立全國老人中心的目標前，另一個策略便是先建立一些示範中
心，來展示老人中心在妥善規劃老人服務網絡中之角色。這是已廢除的老
人行政局於一九七七年時首先採用的方法，每一州至少要設立兩個合乎專
業輸送服務量及範圍標準的多功能老人中心。在資源有限的環境中，惟有
在全國各地老人行政局第三條款範圍內區域，先對老人中心做問卷評估，

以決定哪一個社區最需要擴充或建立老人中心的優先順序名單，這樣的選擇方式才有意義。

# 第三節　參與老人中心

多年來研究上的發現已開始證明老人的多元化需求。身體感官的衰退、自我概念的低落、角色的改變、社會支持的減弱、收入的減少、隔離的增加、身體病痛及老化所產生的內外在壓力——這些只不過是部份而已——都被認為是老人有特殊服務需求的原因。大家一直都認為參與老人中心將會滿足其中某些需求。

實際上對老人中心使用者與非使用者的比較分析，推翻了部份長久以來對老人中心使用者的假設：某些研究並未發現收入與參與老人中心使用者間的相關性。在全國老人委員會的樣本中，3/4 的使用者及 1/2 的非使用者都是退休老人。這樣的結果可能指出的是：老人中心的參與和幼老時期工作角色的失去及休閒時間的增加有關（Anderson, 1969; NCOA 1972; NISC, 1974）。

有人可能會認為：老一點和需要較強的人將會參與中心。這個假設再次地未獲得資料的支持。在各種研究中，一個確實區分出使用者與非使用者的因素是健康。確實，在預測服務需求及老人中心兩者的使用上，健康是主要的因素。老人中心的非使用者，更可能有嚴重的健康問題；例如，在全國老人委員會的研究中，相對於使用者的 13％，非使用者中有 22％有行走或攀越的困難。非使用者比較可能認為自己有嚴重的健康問題。這並非指說中心的成員有完美的健康，而是說這兩個群體間，非使用者有較嚴重的健康問題。

有人更進一步的認為：老年人社會支持的減少，他們的隔離及孤獨感的增加，是他們參與老人中心的主要原因。對那些與有意義的社會參與機會隔離、與支持性關係疏離的人而言，老人聯誼會可能可以紓解孤獨感；然而對那些十分活躍的老人而言，這樣的團體也許沒有什麼吸引力。儘管全國老人委員會的報告指出，更多的使用者是鰥、寡者，支持了早先的研

究中視配偶的失去為參與中心的一個主要原因的假設，然而婚姻狀況上，老人中心的使用者與非使用者並沒有差別。

　　然而還有許多其他的因素不利於社會孤立假設。在與老人中心的參與無關方面，全國老人委員會大多數的受訪者並不認為孤獨是問題。事實上，研究指出老人中心的參與者樂於享受好的社會關係及友誼，但是很難以認定是在參與老人中心之前，這些良好的社會接觸及友誼便存在，或是實際參與老人中心的結果（Hansen et al. 1978; Trela & Simmons 1971）。

　　另外一個不同的觀點認為人們參與老人中心並不是因為他們需要克服寂寞與孤獨，而只是單純因為他們想要參加。由於參與被視為是一種組織成員終身模式的延續，因此這個觀點認為參與老人中心的人，很有可能也屬於其他的社會團體（Adams 1971; Graney 1975; Storey 1962; Tuckman 1967）。

　　某一解釋老人參與的相關理論強調人們的生活方式與偏好模式。研究曾經發現，老人中心的成員比起非成員喜歡娛樂、社交及組織參與的程度更高。他們不喜歡被動性的活動，而喜歡去從事各種活動。另一方面，老人中心的非使用者，則較喜歡待在家裡、照顧家人或「什麼事也不做」。

　　最後，讓我們轉向一個在幾乎每一個老人中心的研究中都被用來作為結果測量的變量——生活滿意度。研究的發現中有許多差異。例如 Taietz（1976）在他的樣本中發現，使用者與非使用者間完全沒有任何差異。Hanssen（1978）的研究則報告：老人中心的使用者比起那些不參與的人，較不沮喪。全國老人委員會（1972）的研究指出使用者比非使用者有稍高的生活滿意程度。

　　在多功能老人中心中，很明顯地不出席參與者，都是少數民族的老人，除非這些中心特別與黑人、西裔或其他非白人人口有關。美國老人福利法（Older Americans Act）第三章 B 部份中支持性服務及老人中心方案所服務的少數民族老人數目，在八〇年代後期比前期少了五十萬人，從一九八〇年有二百萬的少數民族參與（21.9％），到一九八五年有一百五十萬的參與（16.5％）（Older Americans Report, Vol. 12 August 26, 1988）。種族導向的方案，尤其是針對特殊的白人種族團體，常於其人口

聚集處設置，著名的有猶太（透過猶太社區中心）或義大利、愛爾蘭、及波蘭的老人方案。儘管老人中心試圖運作一些強調種族特性的活動，仍舊缺乏種族或民族整合性的方案活動。老人中心相當程度地反映出今日美國的狀況。十多年前，Vickery（1972）便討論過少數民族之所以難接受服務，主要是因為他們往往住在貧窮地區。

雖然缺少方便的管道可能會阻礙參與，然而某些老人次團體，例如黑人老人團體便曾顯示，他們想參與老人中心的意願。全國性的資料指出：每五個五十五歲以上的黑人老人中便有二個人目前未參與但願意參與老人中心。其中並引稱缺少設備及交通是主要的障礙因素（Ralston 1982）。

若要能充分地服務少數民族的老人，則必須嘗試不同的模式。在某些地區曾經實行的一種老人中心模式，是鄰里老人中心。鄰里老人中心是社區化且位於服務對象所處的鄰里中，具體反映地方老人個別化需求的服務方案。雖然文獻很少提到鄰里老人中心的服務效率問題，許多作者都認為以鄰里為基礎的服務是很重要的，因為老年人口的異質性及種族性可以納入考量，並吸引非白人的老人參與。

有一個研究探討鄰里老人中心對老年黑人的影響，是否會決定他們對老人中心的認知（Ralston 1982）。被訪談的老年黑人有三類：鄰里老人中心的參與者、同一社區中之未參與者，以及在一個沒有老人中心的對照社區中之非參與者。研究者進行了一項包含二十九個問項的面談計劃，以了解受訪者對老人中心活動和服務的認知。此三類團體中發現了相當顯著的差異：同一社區中的參與者和非參與者對於社區老人中心的活動及服務有最高程度的了解。年齡、性別和婚姻狀況並未發現對老人中心的認知有所影響。這些研究發現認為：鄰里老人中心作為服務少數民族老人的一種模式，值得作進一步的審視。

老年人的背景特質，都可能影響到他們對老人中心的參與投入、對重要意義他人的期待，以及使用老人中心時可能有的障礙。例如對中產階級、白領層級的老人而言，「缺乏有興趣的活動」是老人中心使用的主要阻礙因素。此外，已婚男性顯示出是受配偶的「鼓勵」才參與老人中心，但是也可能是因為方案設計多以「女性導向」為主，使得男性參與率不如女性（Ralston & Griggs 1985）。

　　參與老人中心最常見的理由是想認識朋友。全國老人委員會的研究中，過半數的樣本指出：他們前來老人中心，是因為中心提供他們機會運用休閒時間。這些反應與一般視老人中心為休閒及社交的地方的觀點是一致的。大多數的中心使用者也指出他們在中心之內或之外都有朋友。這是人們起初參與老人中心動機中最主要的原因，一旦他們開始定期的參與，則他們在參與中的經驗對他們的後續參與，會產生影響。

　　在全國老人委員會的調查中，呈現了成員們對「他們的中心」的認同。大約有 2/3 的人指稱他們偏好「他們的」中心，而不喜歡其他類似的中心。超過 1/3 的人則認為，如果他們的中心關門了，則他們寧可待在家中，也不願去找另一個中心。他們甚至更進一步的宣稱他們對於中心領導人的忠誠情感。

　　曾被研究的非參與者團體分為兩類：一類是未參與中心但願意去參與的人，另一類則為完全不想去的人。前一類未參與的主要理由是缺少近便的設施，後者則說他們就是沒有興趣，忙於其他的活動，或是因病而無法參加。缺乏近便的設施，是居住鄉下地區的老人最常見的反應，因為鄉下幾乎沒有什麼老人中心。然而即使在城市地區，地理距離及近便性也是預測老人參與的主要因素。依據 Krout（1987），位於大都會區的老人中心有稍高的服務項數，而在都會郊區的老人中心提供了最高的總體服務量。在鄉村地區，由老人中心提供的在宅服務的數量增加了。Kim（1981）認為，這是聯邦政府的方案有系統地歧視鄉村老人的另一個例子。更進一步而言，很少有證據顯示：大多數的老人中心成功地以方案設計去服務最具需求的老人人口。Shneider（1985）發現，他們所吸引的都是「一般」的老年人，而上教堂者與老人中心的參與有強烈的相關。也沒有證明可以顯示老人中心達到社會干預的目標，此外方案的參與看起來既未造成態度或行為的改變，也沒有減少機構的安置。

　　一九九〇年代一個典型的老人中心使用者會被描繪成一個大約七十五歲的中下階級的白人女性，具有社會導向，並且不會向頹喪的心情投降。她也許不是完全地健康，但是在功能上並沒有很大的缺損。她比較偏好外出和跟其他人一起做事，而不願留在家中工作或休息。她屬於好幾個聯誼會或組織，在老人中心裡或外面都有朋友。她有低到中等的收入、有高中

程度的教育背景，對於她周遭的世界感到興趣。未來這樣的描繪會有多大的改變，將視未來能否針對少數民族、衰老脆弱老人之需求，而設計創新方案。

綜言之，老人中心的參與可以視為是生活方式和活動偏好的自然結果。某些人比其他人更喜歡活躍的團體經驗，某些人在社交上更外向；當這些人老了之後，老人中心變成一個他們可以實現許多需求和希望的地方。然而鄰里老人中心的位置和近便性，對於老人實際或潛在的使用狀況並無影響，特別是少數民族的老人及那些有生理、情緒及心理失能狀態的老人。

# 第四節　老人中心的服務方案

什麼是多功能老人中心的方案目標？基於一九七八年 Cohen 於美國參議院老年特別委員會上的聲明，老人中心的主要目標如下：

對於個人，老人中心可以提供這樣的機會：

1. 有意義的個人及團體關係。
2. 學習新的技術，豐富個人在藝術、語言、音樂、戲劇、大自然、運動與遊戲、舞蹈及手工藝方面的生活。
3. 透過志願性的社區服務，能對他人有所貢獻及幫助。
4. 協助一個人維持生理能量。
5. 經由創造能力之運用及發展，促進心理健康。
6. 於社會中發展有價值的角色。
7. 幫助個人了解社區和世界的變化。
8. 發展個人的團體領導技巧及有效處理人際關係的能力。
9. 對個人問題的諮詢及輔導。

對於家庭，老人中心提供這樣的機會：

1. 發展新技巧和經驗，和家庭成員共享。
2. 幫助老人在活動及興趣上較不依賴家人，而適切地依賴家庭關係，獲取情緒支持。

3. 幫助人們繼續對家庭的和樂有所貢獻。

對於社區，老人中心提供這樣的機會：

1. 藉由維持老人精神愉快，幫助老人留在社區。

2. 協助社區了解老年市民的需求，指出差距所在和所需的服務。

3. 從成員中，為公私立非營利機構和組織提供志願工作人員的人力資源。

要達到這些目標，必須使老人中心的方案與社區的網絡整合交織。

Lowy（1974）把老人中心的方案分為四大類：

1. 對老年人的直接服務。

2. 經由其他機構提供服務。

3. 與老年人一起或代表老人進行社區行動。

4. 訓練、諮商及研究活動。

　　直接服務包括：娛樂——教育性的方案（藝術及手工藝、自然、科學／戶外生活、戲劇、體能活動、音樂、舞蹈、遊戲，社交性活動例如宴會、文藝性活動、運動、嗜好／特殊興趣、座談會、演講、討論會等）；社會服務（資訊服務、輔導與轉介、預防性、支持性及治療性的保護服務、友善訪問、家事服務、電話問安、日間照顧、團體工作等）；營養服務（集體餐飲方案、送餐到家、營養及飲食控制諮詢）；自由捐贈基金、居家修護及法律服務；以及喘息性照顧以減輕家庭照顧者的負擔。

　　經由其他機構提供的服務，例如醫院、住宅方案、護理之家及復健中心，包括：把現有的機構聚集一起，以為老人提供服務，並與適當的社區機構一起準備、安排居家照顧方案。

　　社區行動、交通及倡導性活動，包括為社區計劃及方案作規劃、協調整合社區設施、增加鄰近老人的近便性；發現新的需求及新的問題，以及代表老人族群的利益（例如在公聽會上）作倡導性的活動，以及建立法律諮詢服務。

　　訓練、諮商及研究包括：訓練志願工作人員及兼職人員執行各種功能，對社區機構針對與老人需求及問題有關的方面提供諮詢，並成為社會中老人需求及問題的研究中心。

　　「一所老人中心應該是一個社區的設施，在統合、連續及完整的基礎

上提供服務，並因此減少支離破碎至最小的程度。這樣一個中心應該能在
人們需要的地方及時間輸送服務」（Lowy 1974：8）。

老人中心全國中心所採用的是另外一種的服務分類法：

1. 個別服務：輔導／轉介、就業健康維護及居家者的需求判別服務、
   交通。
2. 團體服務：娛樂、營養、教育及社會團體工作。
3. 社區服務：由老人提供給社區機構的社會服務、社會行動及倡導性
   活動。

老人中心全國總會／全國老人委員會所搜集的資料顯示大多數多功能
老人中心至少提供三種基本服務：教育、娛樂及諮詢和轉介／輔導。此
外，目前大多數中心提供志願服務機會及醫療、社會服務。所有各種老人
團體方案平均起來，最常提供的服務為娛樂（特別是藝術及手工藝），諮
詢及轉介（特別是醫療方面），參與性及延伸性輔導（大多數在醫療領域
中），以及教育。娛樂性活動（藝術、手工藝、遊戲及電影）不但是最常
提供，同時也是吸引非常大量參與者的項目。然而，吸引最多人前來的是
餐飲營養方案，超過一半以上的中心一週都提供五天以上的熱食午餐，另
外有 1/5 的中心每週提供一至四次的午餐。雖然美國老人福利法第四章 C
部份仍舊是老人營養方案最主要的經費來源依據，部份餐飲服務經費是來
自各州和地方政府。除了老人中心提供的餐飲外，大約 1/3 的老人中心表
示他們對社區中居家的老人也提供送餐到家服務方案。

雖然大多數中心鼓勵成員參與中心的管理，然而參與管理的成員很明
顯地低落。自從一九六○年代及一九七○年代早期自我管理便衰退了，目
前大多數的老人中心的成員並不積極參與管理活動，大都仍依賴工作人
員。由於發展領導人才是老人中心方案設計的一個主要目標，所以這是一
個嚴重的問題。

老人中心與社區服務網絡聯繫的程度，可以從大多數中心表示他們與
地方或縣立機構、福利部門及地方社會安全署的接觸事實中呈現出來。社
區健康與福利組織也被視為轉介與溝通的雙向接觸點，及老人社區方案的
服務資源。老人中心協助其他社區機構、聯合參與服務輸送，或召集老人
團體的會議。許多老人中心提供大學及研究所學生和機構職員訓練的機

會。然而，事實經常與理想不一樣，Krout（1986）研究老人中心與社區的聯結中發現：只有 1/4 的老人中心實際上與營養站合作，1/10 與公園及娛樂團體聯絡，12％與其他老人中心，10％與縣立及地方老年服務及法律服務社聯絡。低於 10％的中心曾與就業服務及日間托老中心有聯繫。非但這樣的安排稀少，而且只有 1/4 的中心表示他們計劃和其他任何社區組織協調，這意謂著大多數的老人中心在與其他社區組織互動中，並未發揮樞紐的功能。例如少於 1/3 的中心與他們地方區域老年機構有工作計劃或協調搭配。

Krout 發現，老人中心的行政主管在與其他機構的工作中，認為交通不便（40％）及缺少時間（35％）是兩個最大的障礙，然而 1/4 的中心也認為草皮的保養、缺乏溝通及對老人需求的不了解也是問題。

最常與老人中心成員接觸的機構是護理之家、學校及大學。超過半數的老人中心都提供外展服務（outreach services），外展服務是老人中心常用以讓社區居民，特別是老年居民了解中心服務方案的方法之一，其他常用的宣傳管道包括報紙、通訊及海報、電視、收音機及社區公告也被廣泛的利用。

# 第五節　功能受損老人的服務方案

今日全國九千個中心中，有 9/10 的中心，以某些形式為危險／衰弱、生理或心理功能受損及患有慢性病的老人提供服務。許多中心的方案都是為了滿足個人的需要，藉著社區機構間服務的協調，使處於危險中的老人得到連續照顧，並因此增進醫療及社會服務之近便性。老人中心設計來協助危險中老人的策略包括鼓勵自助及互助支持。促進衰弱老人與其他健康較佳之同輩老人間的整合，並且吸引處於危險中的老人進入方案計劃及決策中（NISC 1980）。

零星地，但是越來越多的中心提供老人家庭暫歇服務；以團體方案整合視覺及聽覺障礙的老人；連結日間托老的案主與老人中心；外展服務至居家及護理之家的病人；提供資訊、教育、支持性方案給家庭；擴展機會

給心理障礙的老人，增加服務的近便性；由老人中心主辦，通常與大學合作的訓練計劃，常對實務工作人員提供指導，協助將衰弱及功能受損的老人整合進入老人中心的團體方案。這種訓練的整體目標，乃在提供特殊需求滿足所必備的知識與技巧，並發展及強化老人中心方案與其他社區照顧服務提供者間的連繫。

進一步引進危險老人會對「健康老人」——他們一直是中心的主流——的態度、感受及參與產生什麼程度的影響，以及這兩類老年人口的整合會如何修正老人中心的目標、目的、運作及組織，在目前仍是未知的。未來老人中心在老年網路中是否會變成另一個服務病弱老人的競爭機構，或是仍如一九七○年代早期一般維持其原有的品質，在未來仍有發展的潛能。

　　一所老人中心必須變成一個中心機構（具有社會學意義的名詞），被真正地認同及看到，是一個老人的固有設施。孩童有他們的學校；無論在工作或休閒的世界中，輕壯年者都有他們的機構。然而，老人被大多數的機構所排除，他們的世界變成被認為是護理之家及老人之家。老人中心實際上可以是所有老人的社區機構，不管需要與否，它是被視為健康的、而非病態的。這點可以藉由一些對老人及年青人皆有意義的代間計劃，把老人與年青人連在一起而促進之。年青人可與老人在老人的背景場所一起工作，然後他們可相對輪流在年青人的背景場所與年青人一起工作。如此可以建立一個共同認同的基礎，促進代間的溝通。如此單純地以自己的權利作為一個老人，也許會導向老人發展新角色及新地位的機會。老人中心可以作為學習新角色的一個立足點；例如在一些新的服務角色中作一點貢獻；例如居家看護，寄養祖父母、親善訪員、孩子的家教等，不過是其中一部份。這樣的角色為社會所需，可以用老人自己的條件提高老人的地位，並導向與社會新關係的建立。由於老人再度關心社區的安危，也會產生歸屬感，替代隔離與孤立，這對老人而言也顯示出社區的接納（Lowy 1974:9）。

在這樣的社區機構中，老年人可以是主人而非客人，因此，在與非老年人協商時，他們的地位可以更對等、平行。雖然如此，在本世紀最後十年之始，老人中心所面對的漸增壓力，是要具有各種日間治療中心的功能。Gelfand 警告說，「為了要成為一個有效的軸心點，老人中心必需維持它作為一個讓所有老人前來的地方之身份。最近的發現指出某些老人開始視老人中心乃為一處為衰弱老人特別設立的地方。維持此一地方不只是多功能服務的提供者，同時也是為所有不同老人團體提供服務之處所，這將是老人中心的未來挑戰」（ 1988：162 － 163 ）。

# 第六節　今日老人中心的主要特質

## 一、規模與地點

由於老人中心並無嚴格的界定，同時由於有許多的老人團體方案，以及並無註冊登記或證明標準的實施，因此不必驚訝我們既不知老人中心的確實數字，也不知道他們的詳細情形。一九八六年，Fowles（ 1987 ）發現，全國各地估計約有四百四十萬的老人受到九千個老人中心的服務。所有老人團體方案中過半數以上位於都市中。在郊區，則老人聯誼會較多功能老人中心更為普遍，但在鄉下地區，則以多功能老人中心佔大多數。

## 二、經費與設備

半數以上的老人中心經費由政府資金支持，少於 1/5 的中心則完全仰賴私人經費。其他的老人中心則來自公私的經費皆有，不論目前經濟及社會政策的導向如何，這是一個可能增加的趨勢。

老人中心的平均預算從一九六八年的一萬七千六百五十二美元擴充到一九七四年的五萬美元，到一九八九年曾超過六位數字。這些數字並不包括實物的捐贈，在某些案例中，這些捐贈可能代表了一個中心的資源中相

當大的部份。

　　由於老人中心通常是社區中為老年居民所設的唯一可見的機構,因此老人中心所在的設施種類是相當重要的:所有中心中的 1/4 在自有的設施中運作;將近 1/5 由教會或猶太禮拜堂運作;1/3 位於娛樂中心或地方或縣政府的設施中;大約 10% 於非營利組織的社區中心中集會;另外 10% 於建築管理當局的建築中集會;以及大約 5% 的中心於私人商業設施中集會。

　　至於這些設施的情況及適當性,半數老人中心的設備也許考慮到老人的需求而做過更改。然而,所有老人中心裡,超過 1/3 在未曾更改過的老舊建築中運作。另一方面,所有目前的老人中心有 1/4 位於新的建築中,大約有 2/3 是單層的設施,沒有樓梯的建築障礙。

　　雖然老人中心的設施範圍包括大的、現代化的、設計良好的、到簡單的二或三房的一樓商家店面,大多數的老人中心仍有些共同的問題。

　　2/3 的老人中心地方太小,無法發揮適當的功能,導致所有的房間在繼續使用中,且通常不是原先設計的使用目的。另外一個重大的缺點乃是老人中心並未能為殘障人士提供適當的設施,停車的斜坡及浴廁,時常不適用於乘坐輪椅者。即使做到了近便性,通常電話、飲水機、紙巾放置的地點及電梯的按鈕都不方便。這些硬體上的缺失,使得老人中心在為衰弱殘障的老人提供適切服務的能力上大打折扣。隨著老人中心裡危險老人的增加,設備上的硬體缺失,越來越受到重視。

# 三、人員

　　人員配置也許是唯一最重要的組織變數。一所老人中心的性質、氣氛,事實上能成功與否,絕大部份皆賴於其人員的多寡、態度、能力、技巧、專注及創意。

　　老人中心的平均工作人員很少。在一九七五年,所有多功能老人中心中有 1/4 多的中心沒有一個全職且受薪的工作人員。另外 1/3 則只有一個全時工作人員,大約 1/5 的中心,四個以上的工作人員中,有一個全時工作人員,許多中心依賴來自其他機構的志願工作人員作部份的定期方案。

同時，超過一半以上的中心是一個更大網絡的一部份，這個網絡包含許多的機構，其人員及服務是到處分佈的，因此任一機構的人員所代表的只是可得人力的一部份。

雖然許多中心有他們的工作人員在場所裡提供所有的服務，那些與其他機構共享時段安排的中心，則把他們自己的活動重心大多放在諮詢、轉介、藝術、手工藝及娛樂上。他們不可能提供教育方案、送餐到家、或醫療、法律、就業、圖書等需特殊技巧的服務。來自其他機構的人員則被用來提供這些服務。

在許多中心的志願工作人員（包括成員）對方案的貢獻良多。參與中心的志願工作人員通常協助餐飲服務及藝術、娛樂活動；社區的志願工作人員，一般協助送餐到家服務及執行教育性的方案。

老人中心主管人員的教育水準有很大的不同。根據一九七五年的資料，大多數至少都有大學的程度，大約 1/5 曾唸過研究所，主要都是社會工作學院。 1/4 沒有高中以上的訓練。中心人員的小規模及不高的教育程度，可以解釋他們偏低的薪水。所有中心主管的薪水，在一九八○年只有 1/4 的人超過二萬。然而最近在老人全國中心對老人中心工作人員實施的研究中，反映出老人中心工作人員專業化的增加。其他方面發現，在一九八七年老人中心工作人員的平均年薪是二萬一千美元──其範圍從五千七百二十美元到四萬一千美元。

所有中心裡約有一半都提供專業性的研討會、在職訓練及付費參加的機會，然而近幾年來付費參加的講習會及工作坊已經明顯地下降。

## 四、代表性的老人中心

下面的簡短描述，代表了四個不同規模及種類的多功能老人中心。

H 中心，一週開放五天，提供許多社會性、教育性及體能性的活動。這個中心有保齡球道及游泳池。它的成員在所有的方案中都協助工作人員，包括為中風病人聯誼會成員成立的治療性游泳方案。

P 中心是在，一九六七年於十八個洞的高爾夫球場上所建。這個中心有草地保齡、網球場、滑板場、及男聲、女聲合唱團，它是老年人之家，

自一九六八年起便是 News 刊物的出版者，也是一處為三千以上會員提供旅遊服務的地方。在每一週的開放時間中還提供許多其他的活動。服務方案的經費來自各公私立管道，包括聯邦、州政府、縣市機構、教育局，以及聯合勸募協會、各聯盟、教堂和學校。老人中心也包括一些為身心障礙者所設的特殊方案。

E 退休老人中心，使用改造過的住宅來服務鄉村社區的老人。義務工作人員（此地沒有受薪人員）監督中心的運作情形。一週開放五天，提供休閒娛樂及社會服務，接受市政府的經費贊助，被視為州政府的一個特殊方案。

K 老人中心，位於城市東北方的一個很大、整合性的低收入鄰里主要購物區中，設在一間以傢俱店改造的房屋中。這個中心是把老人中心作為提供服務者的一個範例機構。一週開放七天，每天提供二頓正餐外加一頓簡便早餐；中心的方案整合了健康老人和那些需要日間照顧及暫歇服務的老人。它是整個區域中聚集式餐飲及送餐到家服務的提供者，運作送餐的場所有二十三處，包括三個種族性場所（華人、海地人及西班牙裔），以及一所日間中心和機動外送方案，提供全城流浪老人餐飲。此中心在平常提供的休閒娛樂方案外，也設有老人心理門診診所、戒酒方案、家事服務／居家醫療協助，居家修護方案和廣泛的交通運送服務，在老人中心、各營養站、或位於幾個公有住宅中該機構經營的小型中心裡，都可以得到服務。K 中心一年的經營預算在七位數以內，其中囊括公立部門經費契約的90％，還不包括老人中心的分類基金在內。

# 第七節　多功能老人中心設置標準

多年來老人中心全國總會曾試圖發展出老人中心的設置標準，一九七五年美國健康、教育及福利部門的老人行政局提供經費給全國老人委員會發展老人中心的方案指導方針及實施準則。

一項為期二年，針對以社區為基礎的老人團體方案所作的全國普查結果指出，設置老人中心標準的需要。這個調查的發現，支持老人中心作為

服務軸心點的功能，以為老人提供機會，並作為所有高齡團體的社區資源。這個調查也顯示老人中心的服務方案並無評估的標準，甚至也沒有清楚的界定。雖然某些老人中心的方案是社區老人關注的軸心點，其他的老人中心則功能有限，未能幫助老人人口從中心方案中獲得協助。而調查中顯示的某些缺失則歸咎於有限的資源，證據顯示這些缺失亦與缺乏了解有重要的相關，不知道一個好的中心在實務上及健全的管理上應有的表現與內容。

# 一、老人中心的哲學

歷經多年，老人中心領域也已發展出一套哲學觀點，為老人中心在人群服務社區網絡中提供定位，並為有關老人的價值取向提供觀點。其他的組織及團體都把重點放在醫療、住宅、經濟安全及老人生存的某一向面，而老人中心則關注老人生活的所有層面。它的方案是在為增進老人的晚年生活品質而提供機會與選擇，此即所謂的「老人中心哲學」。

一所老人中心要創造出一種氣氛，尊重人類生活的價值，不論是個別地或集體地，並且肯定老年人的尊嚴和自我價值。這種氣氛再次肯定了創造性的潛能、自我決定的力量、適應和防衛的技巧以及關懷、分享、給予、支持的溫暖。老人中心的特殊性來自於它對老人的整體關懷和對老人全人的關懷。在一種健全的氣氛中，雖然建立互賴關係並支持必要的依賴，老人中心也發展出潛能並鼓勵獨立。它和老年人一起工作，而非為他們工作，促進並幫助他們的決定和行動，這種作法創造並支持了一種社區的感覺，更進一步促使老人繼續參與並對更大的社區有所貢獻。

老人中心運動的哲學乃是基於這樣的假設：老化是正常的發展過程；人類需要朋輩互相來往，作為鼓勵和支持的來源；成人在關係自己的重大事件上，有發言和作決定的權力。

根據這樣的假設和經驗的基礎，老人中心領域內遵守以下的信念：

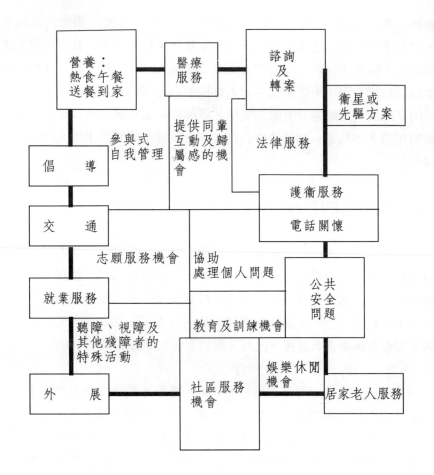

＝多功能老人中心的圍牆。某些活動完全發生於圍牆內，某些活動完全發生於圍牆外，有些活動則同時發生於牆內、牆外。

圖 13-1　多功能老人中心，多功能老人中心所能提供的服務及活動圖解概念。

資料來源：採自"Bridge to the Community"（ Indianapolis ：Central Indiana Council on Aging, 1975 ）

　　老年人是有企圖心、能力和創造力的個人；

　　他們有能力繼續成長和發展；

　　他們，像所有的人一樣，需要獲取資訊的管道，個人和家人
的問題需要協助，同時要有機會從類似經驗的個人適應中學習；

　　他們有權力作選擇，並參與決定的過程；

　　老人中心的工作人員有義務要創造並維持尊重、信賴和支持
的氣氛，提供老年人運用他們的技巧的機會，並在老人所屬的團
體，貢獻他們的智慧、經驗和洞察力。社區應將老人視為有經驗
的成人，來發展他們的潛能（NISC 1978:5）。

　　如同老人中心的演變，要適應滿足老人需求和興趣的變化，老人中心
的哲學也將繼續演變，直到老人的正面形象變成一般的認知，並且老人中
心被視為服務老年人口的常態社區機構為止。然後老人中心才真正成為
「公共設施」，可以免費使用，並如同圖書館、公園及海濱般地受到社會
支持。

## 二、老人中心的原則

　　老人中心的設置標準分成九部份，每一部份表示一個基本原則：目
的、組織、社區關係、方案管理、及人事、財務管理、記錄、報表、設施
及評估（NISC 1978:17）。

1. 目的——老人中心應有與老人中心哲學相一致的目的書面文
   件。基於其目的及服務領域中的老人需求和興趣，其目標應有
   書面文件。這些文件應被用來管理老人中心的運作、方案特性
   及方向。

　　主要的類目範圍包括：哲學、目標、和方案目標以及其運用。

2. 組織——老人中心的組織，應能創造參與者、工作人員、管理

單位及社區間的有效關係，以便達成其目的和目標。

這一部份處理法律的認可；有關中心的規定及作業細則文件；有關組織結構角色的功能與組成，及管理、諮詢單位的責任；以及成員的參與管理。

3. 社區關係——老人中心應與社區機構及組織形成合作關係，以便作為一個軸心點，幫助老人獲得完整服務的管道。中心應成為大眾資訊、社區教育、倡導及老人社區參與機會之來源。

與社區的聯繫、老人服務網絡中機構的參與、協調與計劃、開創義務工作人員和就業機會都屬於這部份。

4. 方案——老人中心應提供廣泛的團體及個人活動和服務，以回應其服務領域中交互相關的老人需求和利益。

這部份說明了把老人需求納入方案計劃、設定優先順序及活動和服務運作的二種方法。著眼點放在方案的範圍、種類、氣氛、近便性、推廣的努力、會員的連結與參與、方案品質及人員運用。

5. 行政與人事——老人中心應有清楚的行政及人事政策和程序，以便運作上能作有效管理。人員應有合格的受薪和義務工作人員，並具有執行方案的能力。

這部份包括人員配置、人員類別及責任、工作職掌、人事政策及實施、人員發展方案、義務工作人員與非義務工作人員之運作、人員之互助以及緊急事件之安排。

6. 財務管理——老人中心應實施健全的財務計劃、管理、記錄保持及報表資料。

財務資源的確保、財務計劃與報告、風險、保障（保險）、財務管理
與採購程序以及財產目錄之控制屬於此一部份。

7. 記錄與報表——老人中心應保有運作、計劃及審查方案必備的
　　完整記錄，中心應就其運作與方案，定期準備及呈遞報告，知
　　會董事會、參與者、工作人員、贊助者、捐款者及一般社會大
　　眾。

參與者的記錄、與方案有關的報告、行政記錄及與運作有關的報告需
要保存的程度，屬於機密維護的重點，需要適當的保護。

8. 設施——老人中心方案應使用適當的設備。這些設施的設計、
　　地點、建構或改造、以及設備應能促進方案運作的有效及便
　　利，並提供參與者、工作人員，及大眾健康、安全與舒適。

建築、場地及設備的責任、硬體上舒適、安全與品質的保證，是這部
份評估及計劃原則中所關心的。

9. 評估——老人中心在監控、評估及報告其運作情況和方案上，
　　應有適當的安排。

老人中心應有評估系統，可以有助於了解中心達成其目的與目標的程
序，真正滿足其參與者之利益和需求的程度，和中心及方案有效運作的程
度。

正式與非正式的評估方法、評估系統的基本因素、其來源和結果的運
用及分佈，都是這個標準的重要部份。

基於這些標準發展出「自行評估量表」（NISC 1979），儘管全國老
人委員會有段時間曾有過審核評鑑老人中心的構想，自行評估仍舊是重點
所在，而不是放在評鑑上面。到目前為止，並無任何具體的計劃出現，要
把評鑑的功能交到全國老人委員會或任何其他組織的手中。標準的設定與

中心品質的提升，有賴於自願性的遵守，而非強制命令式的審查。

　　這些標準的啟用與自行評估量表的使用，是否有助於各個老人中心的運作品質更為齊一，目前尚未可知。指導這九部份的實務原則，不只是評估多功能老人中心的普遍標準，同時也是用作設計與運作這樣一個設施的根本規定。自行評估量表在許多方面可以有助於一個中心的運作：

1. 有助於評估一所老人中心在政策、程序及方案上符合良好實施標準的程度。
2. 有助於一所中心系統地準備與計劃，適當回應方案的成長、社區中老年人口組成的改變，以及可得資源的改變。
3. 經由評估量表的使用，一所中心可以有系統地蒐集有關老人中心運作與方案設計的資料，可以顯示中心每一部份相互關聯的情況。
4. 有助於了解為改善中心的運作與方案，何處需要進一步的訓練與技術協助。
5. 可以促進有關計劃、評估和方案發展上的技巧運作，對所有參與過程中的人，提供交換有關中心意見的機會。

# 第八節　社會工作與老人中心

　　在老人中心的發展歷史上，社會工作都曾扮演重要的角色。與老人中心運動有關的名字，例如 Landan，Mathiason，Levine，Eckstein，Maxwell，Lowy，Tarrell，Cohen，Schreiber，Marks，Dobroff 都可以驗證這個事實。社會工作者視老人中心為老人社會工作之部份，並透過多功能老人中心，對老人提供多種服務及行政管理，繼續扮演重要的角色。社會行動在社區層次帶來的改變，及透過團體參與使個人及家庭層次成長與發展，一直是社會工作與老人中心運動的兩大重心。

　　社會工作者所承擔的主要功能責任，在諮商、諮詢／轉介及個案管理的功能。在老人中心提供的許多直接服務方案中，社會心理支持的技巧、危機調適、問題發現、評估及問題解決都是重要的部份。連結其他服務的個案管理者更需要社會工作的能力。

　　Brandler 強調大多數老人中心，社會工作者的非正式工作風格，以及在輕鬆的團體活動中達到治療的目標。這是她對社會工作和老人中心的觀點：

　　　　社會工作者在老人中心扮演許多角色。在某些中心裡，她／他負責所有的事情，從維修到預算，從預備餐點到決策、執行所有的傳統角色，為某些參與者作替代家屬的立場。所有的任務都與兩個基本目標有關，即提供老年人所需的支持以及保證老年人最大的獨立性。不論是行政管理者、團體工作者或是個案工作者，這些目標是社會工作者的主要關切。目標達成的同時，必須顧慮到團體和個人的利益（1985：205）。

　　　　社會工作者在老人中心的角色，不論是與行政管理有關，或是團體工作、個案工作，都是要給中心的參與者力量、意義及歡樂。理想中，中心的參與應該寬廣，應鼓勵精神、情緒及智能上的豐富與健康。有位參與者，在寫給老人中心社會工作者的信中，總結寫道：「你給了我一個晨間醒來的理由。謝謝你！」（1985：210）

　　互助團體依賴社會工作者的推動，並作為顧問和支援。倡導的功能需要社區組織的技巧，使得倡導的活動可以各種方式行之。社會工作者同時也提供訓練方案（在職或職前訓練），給工作人員、義務工作者、董事會成員，也經常對工作人員（受薪者或義務者），及實習學生進行督導。

　　老人中心有各式各樣的運用工作人員模式，這可以從社會工作者的運用及分配上反映出來。老人中心雖然不完全是社會工作活動的領域，然而社會工作者在許多中心參與計劃、提供服務以及管理的功能。老人中心全國總會的調查報告建議，若把危險群的老人含括進入老人中心服務對象之一，則老人中心需含括更多的社會工作者以及其他心理衛生專業人員。

# 第九節 老人中心的理論基礎

老人中心是基於人類成長的哲學，深信人類創造潛能的人道主義信念，強調老年人是具有權力的個體。他們是有發展潛能、創造能力與願望的成人。他們需要資訊及服務的管道。他們個人或家庭的問題可能需要協助。他們需要從其他有類似經驗者身上學習如何適應。然而最重要的是，他們可能需要支持，在有尊嚴、受尊敬的情況下，肯定自己的身份。這些信念很明顯的與 Maslow 人道主義心理學和 Rogers 的治療理論有相似之處。

大多數老人中心對老年的觀點傾向活動理論而非撤退理論。他們相信老化是人生自然的部份且成人有權選擇自己的生活。老人中心的一個主要假設是，人類需要朋輩互動與支持。老人中心的工作人員被期待要創造一種氣氛，老人經由尊重、信賴及相互支持的態度去肯定人類生命的價值及自我價值。為了協助老人實現潛能，老人中心提供老人作決定、服務他人，及創造性活動的機會。為了支持維護老人的自我，適應技巧的練習機會都附加上人際間的支持與溫暖。對易受傷害老人的需求和問題，都需要理論上進一步的闡釋，但目前都付諸闕如。

老人中心的兩種概念模式，可以相互對照：「社會機構模式（social agency model）」視老人中心為方案的集合，這些方案是設計來滿足老人的需求，並且視貧困的、退縮的老人為老人中心服務的對象；「志願聯結模式（voluntary association model）」視老人中心為一可聯結的社區團體，並且期待會參與的老人，是那些比較活躍於人民團體並對社區參與有強烈興趣的老人（Taietz 1976）。

在任一模式中，老人中心都有各自的功能。但是如果老人中心的代表希望依照社會機構模式，則其努力的方向，便會導向比較孤立或有高危險群的老人。

# 第十節　公共政策

大多數的老人中心，都由地方發起，並受到地方政府、私人非營利組織或民間單位的支持。他們在社區中都已發展出自己的工作優先順序和在社區中的地位，即使沒有聯邦政府的經費，他們也會繼續下去。一九六〇年代早期，聯邦曾以經費支持老人中心的成長。例如在一九六四年國會議員 Claude Pepper 提出的 H. R. 4055 及 H. R. 4056。同年 The Smothers－Mills 法案（ H. R. 5840， S. 1357 ）提案保障老人中心興建與運作的經費，然而並未實行。

# 第十一節　美國老人福利法

一九六五年參議院曾考慮過一個法案，名稱是「一九六五年老年市民社區計劃與服務法」，其中包括了提供老人中心 50％的興建費用。眾議院隨後考慮了一個更為完整的法案（ H. R. 4409 ）「一九六五年老人活動中心及社區服務法」，這個法包括老人中心興建和運作的費用。最後在兩院皆通過並經總統簽署的是一九六五年的美國老人福利法。老人中心的經費並無獨立的章節說明，但是第四章是專用於「研究及發展方案」，在 401（２）條中特別註明，老人委員會主席可以提供經費，做為「發展或展示新的方式、技巧及方法（包括多功能活動中心的使用），對老年人的身心健康及生活意義保持實質的貢獻」目的之使用。然而同一個法案也明白陳述，在運用第三章經費設立新的方案或擴充現有方案方面，「除了微小的更改及修理外，興建的費用不應含括在此處所指的設立或擴充經費中」。因此老人中心的經費應用限於第四章中比較小的經費。一九七二年美國老人福利法的主要修正，提供老人中心清楚的名稱。這個法案被尼克森總統擱置否決了。然而下一年，一九七三年美國老人福利法的修訂（ P. L. 93-29）造成整個法案的修正。這些修正案（主要含括在修正後的第三章

中）使得另一新章節的併入為之失色，即一般所知的第五章，稱之為多功能老人中心。

第五章的目的，乃是「要在社區中提供一個軸心點，以便主要為老人而設計的社會服務及營養服務得以發展及輸送」。為達到此一目的，可用的經費包括補助款及委託經費，以負擔購買、改建或修改現有設施，作為多功能老人中心所需經費的 75％。這一章賦予老人福利最高主管者，可直接核准申請及支付經費的權力。

隨著美國老人福利法一九七八年的修正，開始了另一階段的討論。第三章被擴充合併納入法案中社會服務、營養服務及多功能中心提供服務的部份，因此取消了第五章。（自 1978 年始，老人社區服務就業方案一直在第五章）。支援多功能服務中心的經費，現被納入作為補助支持性社會服務和聚集式及送餐到家營養服務的部份經費。透過對各州的經費補助，再由各州補助負責社區計劃、分散各地的老人服務區域機構，各區域機構便可依據經州政府核可的社區計劃來使用。

自從一九七八年的修正案要求具體服務的發展（各州社會服務經費中至少要花 50％以上在三種類別中：近便管道、居家及法律服務），老人中心便發現必需發展這些具體的服務，以合乎申請聯邦經費補助的資格。聯邦政府的經費對老人中心在目標、方向及方案設計上的影響，是相當明顯的。

美國老人福利法案的再授權於一九八一年秋天及再次於一九八四年秋天經國會通過。如同一九七八年的修正案，此一法案保留了第三章項下的分別授權。老人中心為了取得經費補助，而與第三章中的其他方案競爭。這意謂老人中心在目標、方案、成員結構、哲學背景及組織已失去其獨持的認可。只有在一九七七及一九七八年，老人中心的分類經費補助經過概算，分別是二千萬及四千萬。現在，老人中心再次必須為美國老人福利法案第三章中的預算經費補助及其他聯邦方案而彼此競爭。尼克森及福特時代的行政管理部門都認為不應當再授與第五章經費補助，因為已經存在有足夠的其他方案（例如 1974 年住宅及社區發展方案）可以支援老人中心的經費。住宅與都市發展部門的記錄指出：此一部門經費補助造成的整體影響是很小的，幾乎沒有什麼經費真正用在老人中心。在通貨膨脹及地方

稅收短缺的時候，許多社區在提供基本服務的財源上都有困難（學校、消防部門、司法系統），而聯邦的補助卻一直在降低。在這樣財務緊縮的基礎上，老人中心要作有效的競爭以分得一杯羹，是越來越困難的。若有成功取得經費的時候，主要都是來自聯邦認定「可以補助」的項目。

全國老人委員會以及個別的老人中心繼續不斷的尋求非政府的經費來源。與聯邦方案簽署服務契約，結合私人基金會以及創意募款活動等，都是今日多功能老人中心的財務支持來源。

# 第十二節　政策議題與未來方向

在服務對象及功能重點上，至少有三個主要的政策議題：

1. 方案重點：教育／休閒娛樂或者治療？

老人中心的起始，是作為一個讓老人聚集休閒的地方。然而，隨著老人需求的多元化，許多中心除了休閒活動服務外，開始提供老人社會及健康服務。在此成本概念盛行的時代中，為了「樂趣及遊戲」花上數以百萬的金錢，被許多人視為是奢侈的事。在通貨膨脹、稅收短缺、削減社會福利方案的氣氛中，聯邦政府採取的立場是要把資源分配給最窮的老人——「真正需要的老人」的最基本需求上。老人中心的倡導者則支持提供更多的服務，因為老人中心容易為案主所接受。然而達成「協助功能受損的老人維持獨立的生活」的目標，需要在方案重點及工作人員類型上作重大的轉變。

面對這樣的一個轉變，許多中心的成員也許會覺得受到威脅，甚至覺得憎恨。雖然，老人強力支持在社區中享有獨立生活的目標，然而這並不意謂著地方老人中心的成員，會支持把他們的設施轉變成一個以健康服務為主的機構。

然而在稀少資源的競爭中，要靠什麼來區分一所老人中心和另一類型的社會／健康服務機構？如何使人們視老人中心為一個為健康老人福利而設置的社會機構？

2. 方案服務對象重點：主流人口或者功能受損的老人？

　　老人中心源於地方社區中的草根運動，它們是由有相當經濟資源的人發起，並為他們而設計。這樣的結果，在目前的資料中反映出，對較不具備經濟能力及少數種族的老人，其參與率較低。

　　隨著聯邦政府的介入，及老人中心新興的草根意識，目前以服務白人、中產階級為主的老人中心，可能會增加服務低收入及少數種族老人。但是，聯邦政府對少數民族所作的服務——老的或年輕的——在一九八〇年代大量減少，而在少數民族社區中興建的老人中心，到目前為止只提供方案服務，還未能整合不同背景的老人。

　　另外一個議題是有關老人的健康狀況。新的重點放在「高危險的老人」，不但會帶來服務及方案方向的轉變，同時也會導向新的成員組成結構。「會員」的地位是否會變成「案主」的地位？一個「社會性的設施」是否會變成一個「個案服務」的場所呢？

　　3.功能重點：直接服務或者協調？

　　自從一九七三年以來，州立及地區老人機構一直被老人行政局（AOA）視為老人服務網絡的基礎。老人中心早在美國老人福利法案之前便已出現，那時老人首先被視為是一群具有特殊服務需求的人口。事實上，許多我們現在認為是老人服務的內容，可以說都是在老人中心首先產生的。在過去三十年間，老人中心在許多社區中已經變成老人服務的象徵，變成是社區關懷老年住民的外在，可見的重點。因此，中心便參與社區的多種活動並告知成員。由此看來，中心確實發揮了直接服務和協調的功能。

　　隨著州立及地區性機構的出現與成長，老人中心與老人服務網絡間的關係，需要進一步的研究與分析。一般而言，老人中心認可地區老人機構是主要的計劃和行政管理機構，相對的，他們也希望被認可是老人服務的社區軸心點。在此種模式中，一個社區會有兩個重點老人機構：地區機構負責經費管理和地區性的計劃；而老人中心則是輸送這些服務和方案活動的地點。但發展到目前為止，並未能實際的執行這樣一個模式。儘管美國老人福利法第三章試圖在老人中心的計劃服務區內協調各種不同的社會、營養服務和老人中心服務，這樣的協調並不是很成功，現況仍是一個零碎片段的體系。在一九九〇年代的政治及經濟狀況下，老人中心不可能變成

主要的協調機構。事實上,它們將越來越可能走向直接服務的提供,如果需要任何的協調活動,就要看州或地區機構或老人委員會了。老人行政局在一九七七年由當時的主席 Arthur Flemming 提出的多功能老人中心創制法,指出在一九七八年老人中心是滿足社區中老人需求的軸心點,便更清楚的反映出一趨勢。這並不意謂著在個別社區中的個別老人中心便不會發揮某些協調的功能。

# 第十三節　未來的選擇

在此社會政策形成的重要時刻,一些重要的問題必須提出,以協助政策的形成,一些研究必須要進行。

1. 各州、各區及各社區的人口趨勢是什麼?那些人是老人中心最可能的標的人口群?將來我們是否會走向家庭導向,最後導致家庭政策的形成?

2. 在老人領域中的政治趨勢是什麼?在一九九一年白宮老人會議後的老年政策會如何?將來這個政策會如何影響老人中心?

3. 影響美國社會、健康及教育政策的經濟趨勢是什麼?這些趨勢將如何影響所得、健康、住宅及社會服務政策,及其在老人服務網絡中的執行?在經濟的供給面中,老人中心在此網絡中的地位將是如何?

4. 我們社會中的社會文化趨勢是什麼?高科技革命對社會與文化結構及四代家庭和個別家庭成員,會如何影響?老人中心將能回應新興的需求、問題,和危機嗎?面對多元化的老年人口及「三明治世代」(即中年人)時,它們是否可以成為方案設計的有利工具?老人中心是否會變成「主人」機構,帶著自己的身份,作為老人的社會及文化中心,並服務接待其他的「客人」?在重新設計社會機制以回應人口、政治、經濟及社會文化的變遷時,它們會是鐵鎚或鐵砧?領導者或追隨者?

深入的分析思考,會產生更細緻的問題,必須一一檢討研究。集中注

意在這樣的主題上，進行研究，才有可能對多功能老人中心未來的角色及
整體人口群，找出問題的解答。

# 參考書目

Adams, D. L. 1971. Correlates of satisfaction among the elderly. *The
    Gerontologist* 11(4):64–68.

Anderson, N. 1969. *Senior Centers: Information from a nationwide sur-
    vey*. Minneapolis: American Rehabilitation Foundation.

Brandler, S. M. 1985. The senior center: informality in the social work
    function. *Journal of Gerontological Social Work* 8(3/4):195–210.

Conrad, W. R. Jr., and W. E. Glenn. 1976. *The Effective Voluntary
    Board of Directors: What It Is and How It Works*. Chicago: Swal-
    low Press.

Fowles, D. G. 1987. The use of community services. *Aging* no.355, pp.
    36–37.

Gelfand, D. E. 1988. *The aging Network: Programs and Services*. 3d ed.
    New York: Springer.

Gelwicks, L. S. 1975. The older person's relation to the environment:
    The effects of transportation. In E. J. Cantilli and Schmelzer, eds.,
    *Transportation and Aging: Selected issues*. Washington, D.C.: GPO.

Graney, M. J. 1975. Happiness and social participation in aging. *Journal
    of Gerontology* 30(6):701–706.

Hanssen, A. M. et al. 1978. Correlates of senior center participation. *The
    Gerontologist* 18(2):193–199.

Jacobs, B., ed. 1974. *Social Action: Expanding Role for Senior Centers*.
    Washington, D.C.: National Council on the Aging.

Jacobs, B. 1976. *Working with the Impaired Elderly*. Washington, D.C.:
    National Council on the Aging.

Jocobs, B., P. Lindsley, P. and M. Feil. 1976. *A Guide to Intergenerational Programming*. Washington, D.C.: National Institute of Senior Centers, National Council on the Aging.

Jordan, J. J. 1975. *Senior Center Facilities: An Architect's Evaluation of Building Design, Equipment and Furnishings*. Washington, D.C.: National Institute of Senior Centers, National Council on the Aging.

Jordan, J. J. 1978. *Senior Center Design: An Architect's Discussion of Facility Planning*. Washington, D.C.: National Institute of Senior Centers, National Council on the Aging.

Kim, P. K. 1981. The low—income elderly: Under—served victims of public inequity. In P. K. Kim and C. Wilson, eds., *Toward Mental Health of the Rural Elderly*. Washington, D.C.: University Press of America.

Krout, J. A. 1987. Rural—urban differences in senior center activities and services. *The Gerontologist* 1(27):92—97.

Kubie, S. H. and G. Landau. 1953. *Group Work with the Aged*. New York: International Universities Press.

Leanse, J., M. Tiven, and R. B. Robb. 1977. *Senior Center Operation: A Guide to Operation and Management*. Washington, D.C.: National Institute of Senior Centers, National Council on the Aging.

Louis Harris and Associates. 1981. *The Myth and Reality of Aging in America*. Washington, D.C.: National Council on the Aging.

Lowy, L. 1995. *Adult Education and Groupwork*. New York: Whiteside/Morrow.

Lowy, L. 1974. The senior center: A major community facility today and tomorrow. *Perspective on Aging*, 3(2):5—9.

Lowy, L. 1979. *Social Work with the Aging*. New York: Harper and Row; 2d ed., Longman, 1985.

Maxwell, J. 1973. *Centers for Older People*. Washington, D.C.: National

Council on the Aging.

National Council on the Aging. 1972. *The Multi—Purpose Senior Center: A Model Community Action Program.* Washington, D.C.: The Council.

National Council on the Aging. 1978. *Fact Book on Aging: A Profile of America's Older Generation.* Washington, D.C.: The Council.

National Institute of Senior Centers. 1974. *Directory of Senior Centers and Clubs.* Washington, D.C.: National Council on the Aging.

National Institute of Senior Centers. 1975. *Senior Centers: Report of Senior Group Programs in America.* Washington, D.C.: National Council on the Aging.

National Institute of Senior Centers. 1978. *Senior Center Standards: Guidelines for Practice. Washington,* D.C.: National Council on the Aging.

National Institute of Senior Centers. 1979. *Senior Center Standards: Self- —Assessment Workbook.* Washington, D.C.: National Council on the Aging.

National Institute of Senior Centers. 1980. *Senior Centers and the At—Risk Older person: A Project Report.* Washington, D.C.: National Council on the Aging.

Ralston, P. A. 1982. Perception of senior centers by the black elderly: A comparative Study. *Journal of Gerontological Social Work* 4(3/4):127—137.

Ralston, P. A., and Griggs, M. B., 1985. Factors affecting utilization of senior centers: Race, sex, and sex and socioeconomic differences. *Journal of Gerontological Social Work* 9(1):99—112.

Schneider, M. J., D. D. Chapman, D. E. Voth, 1985. Senior center participation: A two stage approach to impact evaluation. *The Gerontologist* 2(25):194—199.

Storey, R. T. 1962. Who attends a senior activity center? A comparison of Little House members with non-members in the same community. *The Gerontologist* 2(4):216-222.

Taietz, P. 1976. Two conceptual models of the senior center. *Journal of Gerontology* 31(2):219-222.

Trela, J. E. and L. W. Simmons. 1971. Health and other factors affecting membership and attrition in a senior center. *Journal of Gerontology* 26(1):46-51.

Tuckman, J. 1967. Factors related to attendance in a center for older people. *Journal of American Geriatrics Society* 15(5):474-479.

U.S. Congress. Senate Special Committee on Aging. 1978. *Senior Centers and the Older Americans Act*. Washington, D.C.: GPO.

Vickery, F. E. 1972. *Creative Programming for Older Adults: A Leadership Training Guide*. New York: Associated Press.

Weiss, C. H., ed. 1972. *Evaluating Action Programs* Boston: Allyn and Bacon.

White House Conference on Aging. 1982. *Final Report: The 1981 White House Conference on Aging*. 3 vols. Washington, D.C.: The Conference.

# 第14章

# 老年退休員工服務

*Judith Wineman* 著

黃鄭鈞 譯

　　由工會提供社會服務的情況已行之有年在我們所熟知龐大且複雜的社會服務體系中，近年來，在工會與僱主謀求共同利益之下，工業社會工作迅速地擴展。在五、六十年前，這些所謂的「共同利益」是不存在的。同時，產業工會適逢萌芽階段且正極力尋求認同。人們共同合作的觀念意謂著人們彼此相助。那些以協助會員處理工作相關事務的工會代表們很快就變成了「社會工會主義」（Social Unionism）的基石。所謂的「社會工會主義」是指工會乃一種生活方式，而不僅僅是以改善薪資及工作環境為首要目標的經濟機構而已。

　　這些產業工會對於其所屬退休會員的承諾是起源於「社會工會主義」的哲學。本章所描述的工會退休員工服務方案，係參考「國際婦女成衣工人工會」（ILGWU），聯合成衣及紡紗工人工會（ACTWU）以及聯合汽車工會第六十五區（UAW）。這些工會會員並沒有目前美國勞力市場普遍存在的提早退休的現象，其中部份原因在於，這些工會實施了足以補強社會安全制度（Social Security）的私人年金制度（Private Pension）。

　　那時，在鋼鐵及汽車工業中（至少直到 1970 末期的艱困時期），主要的退休年齡是在六十及六十二歲之間。而在公家機構的工會中一如警察、救火員及政府機構，其趨勢則較傾向於提早退休，約在五十歲到五十五歲之間。

　　上述的兩群工人，就技能及薪資而言，恰巧形成對比。例如，在婦女成衣業界從來沒有所謂的強制退休年齡。主要的延遲退休原因是為了在六十五歲時符合社會安全全額老年年金的要求。當時工業界的退休年金非常少，而且許多工作本身具有季節性造成一個勞工的「被迫失業」（forced unemployment），而此極可能會延遲勞工領取全額退休年金的資格。因此，由國際婦女成衣工人工會、聯合成衣及紡紗工人工會及聯合汽車工會第六十五區所服務的退休員工年齡較高。而且，大多數人是從迅速消退的夕陽工業中退休，如成衣業、紡紗業、以及輕型製造業等。這些人大部份都是女性，部份來自二十世紀初移民潮且大部份是具有多重語言、多重種族或多重膚色的人——如猶太人、義大利人、愛爾蘭人、拉丁裔及黑人。大多數是紡織機器工人、織布人員、女帽製造工人、裝貨工人以及送貨

員。他們多是低薪資而且經常是季節性工作的。

　　這些人當中很多人將社會工作看成是對窮人的憐憫；「福利工作者」的形象仍經常附加於社會工作者身上。而且，他們視社會機構系統是外來的而且難以溝通。對照之下，由工會所提供的社會服務則較為工人所熟悉，而且是可商量的。許多年長退休員工除了來自其所屬工會的服務，其它一概不接受。因為在其眼中，外來的服務代表憐憫。而工會服務則是他們應有的權利，是他們付年費並努力使工會強大的。同樣地，工會極力促銷此一概念並且以其與退休員工之間的良好關係自豪。一些工會以對退休員工的義務服務來強調彼此間的責任關係並不會因退休而中止。退休員工被鼓勵至工會尋求服務，而工會則承諾會在其原機構中對退休會員提供服務。工會中的退休服務部門不僅是提供轉介服務而已。

　　對退休員工的服務也許是工會的社服部門的任務之一，但不是工會的首要任務。「工作的世界是──充滿對抗的場所，雖然個人與機構的平行利益可能並不明顯」（Akabas & Kurzman 1982）。對一個在工會機構中做事的社工員而言，了解工會功能結構以及其會員背景是相當重要的。例如，參觀一個「場所」（工作地點）能夠促使社工員了解到工人在退休之前的工作，然後才能對未來的互動，建立起有價值的參考基點。研讀工會的組織章程將會協助社工員了解工會複雜的階級：主管及幕僚的選拔過程，行政單位的專有名詞，選出的幹部對其會員的責任以及會員本身的權利與福利。能否對於退休工會會員提供有效的服務端視社工員如何擴展其對這些「非傳統的工作場合」以及其案主投注一生的工業的認知與了解。

# 第一節　服務的種類

## 一、直接服務

　　工會退休員工的直接服務包括⑴單次服務（one-time services），例如填寫工會福利的申請表格；⑵稍長期服務，通常任務取向的個案工作

（ task-centered casework ）且涉及超過單一問題的個案；以及(3)持續多年的長期服務。儘可能地，工會希望能在「自家內」解決退休員工的問題。當必須要轉介到社區服務機構，如醫院或療養院時，工會的社工員會聯絡並監督這些服務的提供過程。

工會退休人員所需要的服務項目包括交通運輸（ 如協助購物、到醫生診所或銀行 ）；諮詢（ 個人或家庭問題 ）；老人照顧（ 為成年子女尋找社會資源 ）；法律問題（ 遺囑或資產 ）；工會及政府福利（ 申請，訴願 ）；醫療及住院帳單（ 協助醫療及健康保險的申請 ）；居家照顧的安排；護理之家的選定（ 針對退休人員或家中成員 ）；住屋（ 協助移居、房東／房客事務 ）；以及犯罪（ 被害者賠償、安全課程 ）。這些服務的實際應用受到服務量的大小及工會優先順序所影響。例如，在六十五區一位會員交通服務——從皇后區到曼哈頓區的工會牙醫診所，需由工會專屬客車調派安排。但在更大規模的國際婦女成衣工人工會中，實際提供交通接送服務並不合乎經濟效益；相反地，其退休人員服務部門提供陪伴人員協助搭乘公共運輸工具。

B 太太，九十二歲的退休成衣工人，單獨住在一個沒落的市區內。她有視力及聽力方面的障礙，同時兩年前的膝蓋手術更是嚴重妨礙了其行動能力。對印裔的她而言，B 太太最親的親人是海外一位兄長及兩位姪子。

B 太太起初是透過她所參與的工會退休俱樂部而與工會退休人員服務有所接觸。在一次的聯誼會中，她向當天被請來專題演講新退休人員健保福利的社工人員求助。幾天後，該社工員與 B 太太見面並幫助 B 太太搜集相關資料。在完成食物券的申請時，社工員注意到 B 太太的房租高得不合理。於是又協助向市政府提出降低房租的訴願。

在第一次諮詢的後半年當中，B 太太定期與社工員晤談。她對於無法為西印度的兩位姪子申請到美國簽證而懊惱不已。她希望親人能和她一起住在紐約；儘管他們團聚心切，但是這涉及複雜且具爭議性的移民問題。社工員首先訴諸於工會的法律部門尋找協助。同時也接洽了專精於移民問題的當地機關。此一案例，共持續了兩年，最後涉及市立及州立單位，B 太太透過國會議員、工會總裁辦公室及宗教機構，以及一位移民律師及美國州政府。最後 B 太太的姪子終於順利來美探親，但並未允許永久居留美

國。

　　社工員也協助 B 太太連絡當地的營養中心並協助其上訴申請新的住屋及水電補助，同時也安排了工會中的半專業人員（paraprofessional）定期拜訪 B 太太並協助其購物及就醫的交通問題。

## 二、退休者聯誼會

　　退休者聯誼會是工會極力維護其與退休員工之間關係的另一種方式。對這些退休人員而言，聯誼會提供重要的人際關係、社交及休閒活動、教育以及政治活動。對工會而言，則提供了管道，使工會能夠立即與退休員工就其本身的事件溝通。

　　退休員工服務部門是以多種方式提供此一服務。他們經常在一個新聯誼會成立之初提供技術協助——地點選擇、資金籌措、吸收會員、以及活動設計。工會社工人員可能在活動安排上以及集體郊遊活動上提供協助。他們常在聯誼會中演講、提供工會及政府福利的資訊，同時從會員身上帶回關於工會退休員工方案的成效回饋。他們也利用機會接觸退休員工並找出可能需要直接服務的員工。

　　聯誼會的會員人數及地點決定了組織方式。當退休員工廣泛散布時，聯誼會可能在一個中間地帶的工會辦公室舉行活動。當退休員工集中在某一特定社區時，社區形態的聯誼會則比較適合。社區形態聯誼會在其激發高度社區事務參與以及與社區機構連線的潛力上是較具優勢。

　　六十五區通常在退休員工高度密集區域舉行會議，並同時公開曼哈頓總部設計的方案內容，用以招募家庭拜訪活動所需義工。然後社工實習學生被指派將退休員工組織成社區自助網路。較大的國際性工會，可能會有退休會員住在離工會活動很遠的地區。國際婦女成衣工人工會的國際總部在紐約市以及其中芝加哥的一個區域性辦公室，退休員工聯誼會則在密西根的北半島。

# 三、立法及政治性活動

工會退休員工可為以下兩種事件而在立法及政治性活動（legislative an political action）上動員起來：對年老者之主要關懷（如醫護）及勞工運動的關切（例如與外國的貿易協定）。這些範圍可能相互重疊（如社會安全），而在職及退休員工的相互利益是在立法及政治性活動背後的動力。

立法及政治性活動的先決條件是教育在先。幕僚社工人員可能對退休群體演講，而退休人員聯誼會自然就成為推動教育過程的工具。這些社工人員在聚集場合，當場描述問題並解答之，以期吸引其對相關話題的印象及關切。

立法及政治性活動對退休的產業工會而言並不陌生。透過以往工作的經驗，會員不僅代表工會反應並且會主動發起立法或政治性活動。此時，代表並服務這些退休員工的社工員必須格外敏感，並適當地將這些會員的關切反應。社工人員在折衝會員與工會立場上應力求平衡。在解釋整個立法過程時應先自問退休員工在乎嗎？演講中用清楚、非技術性用語對激勵退休人員採取行動是非常重要的。社會工作的延展與社區組織訓練可以使社工員有效地推動退休員工團體。

教育的過程包括為退休員工及其組織製作宣傳單以及發展行動準則。宣傳單可以看作是圖畫辭典——它們協助後者，在視覺上迅速了解技術性名詞觀念及內涵。他們的目的是當主題特別複雜或重要時，做為口頭或書面上的補充資料。

行動準則會告訴退休員工做什麼。以下綱要對研發此類文件（literatue）應有助益。

1. 手邊要有一精簡的敘述。如果超過一個以上的主題需要動作，則需分別敘述。例如：「交通優待正面臨危機。你們這些六十五歲以上的人現在需要一張識別證可免費使用市內交通工具。本縣現在要你付費購買此一識別證，而且每年都得繳費。」
2. 解釋退休人員為什麼要支持或反對此一標題。例如：「此一收費將

造成你經濟上的困難，尤其是我們這些依賴固定收入的退休員工們。」

3. 推薦應對的行動。例如「我們必須反對此項付費，並且立即採取行動。寫信給你的立法委員，告訴他們……」這裡有一簡短樣品信可以塞入你寫的信中。長信是不必要的；重要的是內容以及具有影響力的親筆簽名。

4. 留下社工人員（或部門）的名稱、電話及地址，以方便退休員工獲得進一步的資料。

發動集體寫信解釋並能立即實施是最有效的。退休員工聯誼會通常手邊都有紙張、信封、郵票以及立法委員的地址。社工人員通常可以在聯誼會針對某主題發表演說、散發樣品信，然後再協助會員完成其書寫。

為了方便某個特定團體熟悉在不同政府層次的立法程序，可以藉著工會幕僚及外聘的專家一起舉辦研討會。我們剛提的交通議題可以組成一個研討會，其中由立法委員與退休員工一起探討。阻止交通費用增加的目的可由退休員工本身達成，而不是靠工會幕僚。

# 四、再訓練與就業

## ㈠老年人口的勞動參與

每十個五十五歲以上工人中有四個人表示希望在退休後仍繼續兼職工作（Sheppard & Mantovani 1982）。在一九八二，20％的老年人參與志願性兼職工作，而二十歲到五十四歲的人之中只有10％。

一九八一年（Harris）做的民意調查，針對全國老人協會（Sheppard的研究起源），指出了老人對兼職工作的喜好，特別是如能從事退休前相同領域的工作，在五十五到六十四歲（79％）與六十五歲以上者（73％）最為明顯。 Schulz（1980）注意到幾乎所有兼職的老年工作者是為貼補家用。此外，他提出了三個其他原因解釋為什麼年老者較喜歡兼職工作。(1)健康情形不允許全職工作；(2)個人從事於階段式（phased）的退休方案；(3)個人可能是「想要更多的閒暇但仍珍視參與勞動力市場所帶來的財務

上福利。」

於是，Harris 報告中提到：「美國的勞力市場，特別是僱主，應該預期其年老工人延長服務年限。」美國工作研究機構（The Work in America Institute 1980）則進一步提出了延長勞工參與方案的最低標準：

1. 僱主應介紹並繼續各種方案，其中能提供員工新的選擇項目，諸如工作共享（job sharig），兼職工作、工作再設計、新工作時間表、階段式的退休。

2. 退休員工的再僱用提供一個對僱主及員工皆有利的機會。因此，管理階層與工會應設法解決現今阻礙退休員工重返工作的問題，無論是全職或兼職，或是臨時性的工作。

3. 退休員工對公司有利的條件包括(1)貢獻公司所需，(2)在員工休假或離職時補進，(3)在公司尖峰工作量時協助公司，以及(4)協助訓練現有員工（PP.3-4）。

在我們檢視工會，及其僱用的社工人員在研發專為年老及退休員工的訓練及就業方案以加速其再度進入勞力市場時所扮演的可能角色時。首先我們必須檢視什麼是鼓勵員工退休、離開公司的原因。然後，我們必須了解為什麼這些原本已離開公司者還尋求返回工作。

「選擇退休是人們重大的工作決定之一，而且一旦做出決定，就無法挽回。影響此決定的因素有：健康限制、退休收入來源、國家經濟狀況及對年老勞動力的需求」（Rivlin 1982）。然而若選擇退休不是自願的，會發生什麼事呢？健康相關的考慮是日漸最被社會安全研究所引用的提前退休原因。第二個提前退休的主要原因是裁員，即強迫性退休。在此所引用的工會即是此種情形，失業的事實通常取代了立意良好以經濟安全為考量的自主性退休計畫。

當員工到達了四十歲末期或五十歲初期時，失業可能性也相對增加。失業的時間對年老員工也比較長。Kirkland 說過「一旦失業，年老員工正冒著長時間失業的危險。官方統計數據並未包括那些半途放棄尋找工作的老年人。數以百萬的老年人已從勞動力中不情願地退出，因為他們無法找到工作，到最後不得不放棄尋找工作」（1982：12）。

年老勞工的長期失業會逐漸用盡退休時的存款。如果這些人回到原來

工作上，老年年金給付會因為長期失業而大幅降低。

　　從僱主的觀點，僱用老年員工本身就存在許多不利因素。（Kirkland 提醒我們：工會幾乎不參與任何新員工的聘僱過程）。例如，僱用年老員工會增加健康保險費用；自從一九八二年，美國老人保險的改變更惡化此特殊現象。例如，要求僱主為六十五至六十九歲員工投保其他一般的健康保險計畫。在這個情形下，對六十五歲以上員工而言，美國老人醫療保險反而變成了老人的次要保險（或補充性保險），而不是主要的保險。於是僱主就不願僱用較年老的工人，因為是龐大個人健康保險費用由雇主而非政府負擔。

　　研究亦指出年老工人似乎較不願（或不能）行業轉換。勞力密集工業，如汽車、鋼鐵、成衣及紡織業的現有年老工人群中所擁有的技能均無法立即轉移成今天的「高科技」市場所需要的技能。

　　至於工會是否要對年老工人再訓練及僱用上出力？許多問題因應而生：工會是否因應對仍在工作的五十五至六十五歲工人提供訓練程；或者，在上述工業中，這些訓練是否應該集中在相同年齡群中受僱的員工身上？工會是否應該提供已退休的六十五歲以上員工再進入勞動市場的課程？協助他們再進入其先前工作的工業是否為一個實際或合適的助益？工會是否應該提供訓練協助其員工進入其他工業？在勞力密集工業中，工作機會已相形稀少的情況下，增加競爭，對年輕人是否公平？最後，已退休員工是否自願離職並且做了離開全職工作的必要調適？他們能夠面對因為沒有例行工作而驟增的空間、時間？他們與配偶及家人之間的關係是否會因此變得緊張？這些失業者是否被迫在毫無準備情形下，進入一個痛苦及脆弱的退休狀態？工會是否應該先提醒這些退休族群這些無法預期的壓力事實？

　　勞工組織對於這些失業及年老工人的需求，已在地區及全國性的場合中扮演主動出擊的角色。工會對加強失業者的福利保障以及對失業者提供醫療照護的倡導，已進入國會議程。各地方工會分會對於短期以及長期失業所造成的壓力及家庭問題紛紛舉辦研討會。六十五區及國際婦女成衣工人工會在其會員協助或個人服務（Member Assistance or Personal Service）單位中開辦了類似活動。大致上，這些單位是不同於同工會下提

供退休員工服務的方案（也就是，除非工人實際領有退休年金支票，否則是上述方案負責提供服務而不是退休人員服務部門。）

可能的話，在集體協商的協議中也會有對年老員工的議題。目前已存在，例如，強化在人事聘任的重要性，以保護年老員工避免公司在經濟不穩定或者是技術變更時，任意裁員。

## (二)友善拜訪

工會退休服務方案的社工員需要為六十五歲以上的退休工人設計並研發再訓練或僱用方案。關於此類範例是國際婦女成衣工人工會（ILGWU's）在一九六七年創始的「友善拜訪方案」。

此方案僱用退休的成衣工人來服務他們的退休同僚。友善訪員（Friendly visitors；FVs）是由工會退休服務部門的專業社工員負責訓練，以提供退休會員心理支持、指導、陪伴以及協助；例如填寫福利申請表格、護理之家的安排、以作為與社區服務之間的橋樑，例如健康醫療、營養方案及年老照顧服務。

這些訪員每三個星期須與其督導會面兩小時。由五、六個訪員組成的小團體碰面後根據個別觀察一起分享資料並討論方案。社工員必須對訪員案例負起督導責任並且要確保他們對於程序、案例處理及政府、社會及工會福利有最新且完整的資訊。這些訪員同時也必須參加每季在職訓練課程，如安養地點安排及受虐老人的判別。

退休員工友善拜訪的主要內容是家庭訪視。（定期的電話拜訪仍維持不變。）每次一位訪員與預先約好的退休員工碰面，事後並記錄訪視內容。訪員必須能夠提供下列資料：

1. 該退休人員是獨居或與配偶、家人同住？
2. 該退休人員如何自理生活？他是否能夠自行煮飯、購物及清潔？
3. 該退休人員是否有美國老人醫療的門診或住院部份保險？他是否有其他的醫療保險？
4. 該退休人員是否符合都市租屋減免方案？
5. 該退休人員是否知道：交通優待福利；鄰近的老人中心；工會退休聯誼會；工會醫藥、眼鏡、健康門診福利；其他社區服務；社會安

全及其他福利支票的直接存款服務？

這些報告是社工員及訪員必須審視的內容。當受訪者需要固定的整合性服務時，後續追蹤多半由社工員及訪員一起完成。大致上，退休員工服務部門的直接服務是透過這種合作模式完成。友善拜訪是一種預防性服務。它不是等到退休人員要求拜訪或生病需要幫助時才提供。此方案強調每位新的退休人員在第一年退休中一定會被拜訪到。以下案例說明了此方案價值所在：

一位守寡退休員工對於其獨生女兒死訊的哀傷因友善訪員分享其個人類似的痛苦經驗而獲得安撫。

一位退休員工因關節炎使用拐杖而感覺不便。訪員建議她請教醫生是否四腳助行器會較有幫助，訪員陪同就醫，並於兩週後購得四腳助行器。

一位與女兒居住的退休人員正痛苦地緬懷昔日好友。其所屬訪員於是介紹此退休人員到所屬工會的退休人員聯誼會。

透過工會（即其僱主），訪員支領最低薪水並享有特殊之病假及休假福利。諸如交通費用、郵費及電話費均有補助。一位訪員可以自定工作時間表，但每個月均必須接受約二十到三十位退休員工拜訪的「工作」安排。他們被指派的訪視均在他們所熟悉的社區中。

由工會支持的友善拜訪方案使得退休員工藉由參與其所屬工會及同僚而再進入工作圈。裁縫師、剪裁師及熨衣工人均可藉由新技能的充實而再訓練。隨著會員數目增加，工會及其服務部門能藉由友善拜訪方案的實施而提供雙重服務：一個是訓練及就業、另一個是延展服務到眾人身上。

## (三)退休服務部門

工會退休服務部門也可以直接僱用退休員工做兼職文書工作，這些人可能是退休的工會員工及會員。工作內容包括了文書工作、接待、電腦操作（可以經由訓練學得）及諸如帶領娛樂休閒方案。

在退休服務部門中僱用退休員工是工會自然發展出的僱用哲學：從內部組織同仁。在工會服務部門中僱用退休員工應該沒有年齡歧視或者互爭地盤的情形發生。退休的產業工會會員均有組織的技巧。他們是否成為活躍的會員取決於其是否能組織從事集體行動而定。工會服務部門僱用退休

員工在這個忽視老人的市場經濟中提供了一個訓練及僱用老年及退休員工的示範。

## ㈣在工會以外的就業

社工員在幫助退休員工在工會以外尋找工作時扮演什麼角色？此時，焦點必須轉移到那些資訊專家及技術性顧問。社工員必須問到：這些退休員工具有什麼技能及能力？他們能夠被再訓練嗎？如果能，怎麼做呢？

事實上，公立及私人企業中針對年老工人提供就業輔導的服務是很少的。僱用及訓練退休人員通常被一些先入為主的印象所影響，如老人均缺乏學習現代技術之動機及技能。 Sandell（1987）提出年老工人再進入勞力市場會遭受困難。

這些困難源自三個不同但並非完全無關的來源：(1)與年紀毫不相關的因素，例如住在一經濟蕭條區域或是種族歧視；(2)與年紀相關的因素——低學歷及不好的健康狀況在年老人們身上是相當普遍的；以及(3)年齡歧視。

因此，消除上述因素並提升老年工作人口的地位，介入是必需的。這在一個強調年輕就是美好的社會中並不是件容易的事。

Sheppard（1971）提出了社會及所有的組織（家庭、學校、教會）在為成員做好進入勞力市場前的多重事業方向的準備上「實乏善可陳」。他認為：「我們一般的心態……是被單一事業觀念所支配。觀念是說個人應該具有單一且長久的職業角色。」我們甚至會有一般的觀念，認為藍領工人沒有事業、他們有的只是工作。日益增強的專業化趨勢更使得「事業」成為白領階級的專利。然而，勞動力逐漸在老化，而壽命的延長及健康的改善應該使此種不正確的觀念有所更正。

在就業市場中，社工員的策略應該是幫助案主為其第二春訂定新目標：實地訓練的方案可能嗎？例如，如果有一套電腦系統，受訓的退休員工將可用它加快再進入工會保護範圍以外的勞力市場嗎？這些有興趣的人能被評估及推薦到社區贊助的訓練及就業方案嗎？事實上，不論在公立或私人企業中，經濟情況是為老人倡導再就業訓練方案成功否的關鍵因素。在僱用大量老年勞動力且正在萎縮的企業中，例如美國成衣工業（平均年

齡 45 歲），社工員應該著力於研發針對資遣（displaced）工人及年老工人的方案，因為這些人員極可能在其退休年齡六十二歲或六十五歲之前被解僱。資遣年老員工的輔導方案應該廣泛的探討服務內容及各種議題，包括失業給付、年金諮詢、就業訓練及重新就業輔導。

　　屆齡準備退休計劃是用來幫助員工預期並計劃退休後的生活，而退休後方案則是在退休半年或一年後提供額外的協助。一旦退休的過程完成，個人心境及所需協助可能會有很大的不同。

　　負責執行退休後方案工會社工員常會問：如果現在退休，你會是什麼樣子？社工人員常常鼓勵人們從許多角度去思索這個問題：如退休後，你跟家人關係會如何？你們的角色會如何變化？就退休員工而言，在這過程中自己的感覺如何？退休員工本人有無注意到在退休後的第一年中，自己在態度上有無變化？事實上，對於老人的刻板印象的確是需要仔細地探討與研究。

　　退休後方案可以重新複習公司員工福利、工會服務措施，以及社區服務。主要的重點在於，如果退休人員需某一特殊服務時，他知道何處去問，如何及何時去申請。退休人員可能已經在他們的準備退休方案中接觸過類似的資訊，但是退休後方案則是給社工員機會複習這些資訊並且隨時更新資料。此時，社會安全、醫療保健、老人優惠方案及社區資源等資訊的傳佈是特別重要。

　　退休後方案能夠鼓勵退休員工保持活力並透過工會達到目的，透過退休聯誼會、課程安排及社工服務將會員與工會再度連結起來。「再連接（Reconnection）」有兩個目的：1. 對退休員工而言，它免費或經濟地增加活動種類。2. 對社工人員而言，藉由退休員工充分運用工會服務來加強退休服務部的信譽。

　　最後，退休後方案提供工會一個很好的機會來評估其準備退休方案。經由退休員工的觀察、討論、及書面評估協助單位真正了解退休員工的準備退休方案的優缺點。

# 第二節　政　策

　　此篇中所檢視的工會退休員工及老年工人方案均是偏向私人企業。也就是說，工會是私人企業實體，其所代表的工人並非從事縣市、州或聯邦政府工作。

　　絕大部分的工會強制要求提供並補助其退休員服務。一九六七年開始後不久，國際婦女成衣工人工會的退休服務部門接獲州政府許可並且設計其方案內容。儘管工會仍持續地遊說政府贊助許多專案，但基本的經費仍靠工會本身支出。例如，聯合汽車工人（UAW）的退休員工自願地從他們每月年金支票中捐出一元來支持退休員工的各種專案計畫。國際婦女成衣工人工會則是每年捐獻給其所屬退休員工聯誼會。

　　在另一方面，公共社會福利政策廣泛地影響退休員工服務的實施；工會社工員必須對於這些政策的理論及應用有相當的認識以期提供會員夠水準的服務。工會及其成員都免不了政治化，勞工立法就是這種政治運作的結果。此時，社工員的主要任務經常是將特定公共政策（例如：美國老人醫療保險的給付）的立意解釋給案主，當然也需要把政策推行對退休員工的重大影響反應給機構。同樣，社工員必須隨時準備好將目前工會所推動的法案與退休員工之間的關係說明清楚，尤其是在需要退休員工的支持與協助時。社工員可利用他們對政策的認知，在活躍退休會員之間，就其個別對利益的了解扮演溝通與協調的橋樑。有關社會安全制度的現況與未來展望的辯論更是可以用來說明上述的鴻溝，因為這些爭論中，老人的利益常常與現在年輕人的利益相衝突。

　　本節的目的在於加強社工人員對公共社會福利政策的認知，因為這些政策對其提供服務有所影響。

## 一、社會安全

　　一九三五年的社會安全（social security）法案是政府與人民第一次的

協定，同意提供老年期的經濟保障。此法案的本意是為了提供工人退休後的經濟保障。工人在一九三七年開始以薪水扣除方式（FICA）給付社會安全制度。第一張的福利支票是在一九四〇年開出。而國會在一九三九年增加了遺囑及子女年金給付，而殘障年金則是在一九五六年開始。

一九七八年社會安全手冊將此專案描述成「基本目的是提供個人及家人對物資的需求、保障老者及殘障人士免於因疾病而淪為赤貧、維繫家庭生計、並且賦予兒童在健康及安全中成長的機會」。社會安全局管理的方案包括了老年年金、殘障及遺囑年金、老人醫療保險及低收入戶生活補助（Supplemental Security Income）。

在一九八八年，全美約有三億八百萬人領有社會安全支票。主要的是退休工人（同時也包括殘障及死亡工人的遺囑）。社會安全老年年金最早在六十二歲退休的工人即可申請減額年金。全額老年年金必須要到六十五歲才享有。一九八三年的社會安全修正案將在一九四三到一九六〇年間出生者的退休年齡改為六十六歲而在一九六〇年後出生者改成六十七歲。凡超過六十五歲者且不領社會安全的每一年，其年金給付便隨之增加。此種延後退休的鼓勵作法在一九八三年修訂以因應日益增加的退休老人。然而此修訂只適用於正常退休年齡在一九八九年後的老人。

工人是透過薪資稅前扣抵的方式繳保費給社會安全（在 1981 ~ 1989 年是 7.51%），僱主給付對等的保費。在被社會安全涵括的工作（幾乎全部的美國工作均被社會安全所包括）都記算在個人的工作記錄上，以便將來決定在社會安全給付的資格及標準。因此在觀念上，社會安全是一種個人賺取的權利（earned right）。

社會安全是以所謂的「涵括積分（quarters of coverage）」而衡量的。一位工人的實際給付乃由一複雜公式計算所得，該公式因全國平均薪資變化而調整。高收入工入享有較高給付。平均而言，老年年金給付相等於退休前所得的 42%。例如，在一九八八年對一位在六十五歲退休的工人而言，最高的每月年金給付是八百二十二美元。而在一九八八年，一位享有全額年金而且在六十五歲退休員工的平均每月所得是五百一十三美元。社會安全給付會因通貨膨脹而有所調整。

社會安全的給付是利用對七十歲以下人口的收入測定而加以限制的。

在一九八八年，六十五歲到七十歲的退休人員申請社會安全給付，其最高年收入不可超過八千四百美元（65 歲以下者 6120 美元）；若超過八千四百美元，每超過四十二元中就損失給付一元。從一九九○開始，此項收入限制將造成每發出社會安全給付三元，就要扣回一元。一九八三年的社會安全法案修正案之前，全部的社會安全收入都是免稅。同時一九八三年的修正案對於夫婦每年訂定了三萬二千美元的免稅收入，而對個人則是每年二萬五千免稅收入。

在考慮社會安全時，需特別注意婦女的情形，尤其本章節所討論的工會退休方案組成分子大部份是婦女。這些婦女可能是單身。在一九八○年，七十二歲以上婦女的 72％ 幾乎是完全依賴社會安全給付。因此，年老婦女退休人員缺乏適當收入常常是工會社工員關切的問題。他們必須經常協助案主與社會安全局就支票遺失或年金給付的補發等事務進行協商。社工員可為領有較低社會安全給付的老人，努力爭取其他福利，如房租減免、電力補助及食物券。申請低收入戶生活補助（SSI）可能也是必要的。（補充性安全所得，儘管是由社會安全行政局所執掌，但並非由薪資賦稅補助，因此不算是社會安全系統的一部分。它是設計來提供需要協助的六十五歲以上或是殘障或目盲者每月最低收入。個人必須有極少的收入及資產以合乎享有此項福利之資格。）

## 二、老人醫療保險

老人醫療保險（Medicare）是社會安全法案的第十八章，於一九六五年通過。該章的 A 及 B 部份依序規定住院及醫療保險。老人醫療保險適用於大部份六十五歲以上的人。其行政主管單位是健康及人類服務部（Dept. of Health and Human Services）。而在該部門中的健康照護財政局（HCFA）是老人醫療保險的監管單位。

老人醫療保險 A 部份（醫院保險）包括住院照護。老人醫療保險受益人必須承擔自付額，因為老人醫療保險並不涵蓋老人 100％ 的醫療費用。老人醫療差額保險──「Medigap」計畫──是由私人保險以補充老人醫療保險所未包括的部份。

　　每個人應該在其六十五歲生日前三個月提出老人醫療保險的申請，不論其是否有計畫在當時退休或開始領取社會安全年金。

　　老人醫療保險 B 部份（醫療保險）是幫助繳交醫生診治、門診，及居家護理服務的費用。 B 部份需繳交每月月費（從受保人的社會安全支票中扣除）以及每年的扣除額，該扣除額必須在老人醫療保險開始補助之前完成。

　　老人醫療保險的補助比例是 80％ 的健康醫護服務的「合理且習以為常」的收費標準。受保人必須自行負責剩下的 20％，再加上醫生真正收費與由保險通過補助金額之間的差額。 A 部份的投保資格是強制性的，而 B 部份則是自願性的。大部份的退休者皆選擇購買 B 部份以及附加私人保險。

　　工會的社工員通常需要協助案主與老人醫療保險及相關的健康服務體系協商。如果案主不滿意決定，社工員應該上訴並且陪同案主完成（或是向公聽過程中從受過訓的倡導者尋求協助）。在一九八八年七月，老人醫療保險的第一主要修正案開始正式生效。一九八八年的重大疾病給付（The Medicare Catastrophic Coverage ACT）是用來保障受保人免於不期疾病的龐大費用負擔。然而此法案在其大部分條文生效之前，於一九八九年九月被推翻。

# 三、美國老人福利法的第五章

　　一九六五年的美國老人福利法的第五章（Title V of the Older Americans Act）（502 部份）授權成立了專為五十五歲或更老低收入之「毫無就業可能」個人的兼職社區服務就業方案，包括了毫無技能者及婦女，就業地點包括了醫院、育幼中心及營養方案等等。

　　老人福利局與不同組織簽約提供工作訓練。一九八二年，第五章的二億七千七百多萬預算提供約五萬四仟個就業機會。同樣在一九八二年、國會預算辦公室提出報告說第五章的 2/3 參與者是女性，一半以上是六十五歲以上老人，而平均時薪是 3.5 美元。

　　工會社工在協助適當案主再進入勞力市場時應該熟知這些機會。然

而 Davis（1980）將第五章描述成一個「準就業方案（quasi-empoyment Program）強調轉移收入給年老貧苦人口，超過轉移給主流就業（mainline employment）之老年人口。然而，它缺乏就業方案所必需的訓練、工作發展及評估」。

## 四、員工退休收入安全法案

一九七四年通過的員工退休收入安全法案（Employee Retirement Income Security Act ERISA）是在年金改革上立法活動的高潮。基本內容是提供年金權利保護的最低標準。它適用於在一九七四年九月二十四日當天及以後所存在的所有年金及福利計畫。其要求對年金資金來源、財務及管理重新進行仔細的評估，因而造成全國性的衝擊，幾乎包括所有人年金保險在內。

該法案在界定年金設置的資格以及重新定義最低支領條件上扮演著重要角色。Schulz（1980）將賦與權（Vesting）定義成「年金條文賦予參加者在一特定年齡，不管其當時就業與否，均能接收有一累計的給付。於是，賦予權的定義除了參加者必須參與年金計畫直到提早或原定退休時的義務規定。」舉例說明年金歸屬權利的運用，我們假設一位工會會員要在該計畫下待滿二十年才能領有全額年金。在員工退休收入安全法案之前，如果該員工在十五年後即退出或退休，全部過去所繳交的錢及所應得的年金全部被沒收。該法案要求所有的年金保險提供最低的歸屬權利，並根據對年金給付累計的三種計算方式選擇其一。儘管在該法案之後的大部份保險皆是規定在十年服務之後便能享有賦予權利，而一九八六年的稅務改革方案（Tax Reform Act）卻是嘗試讓大部份工人比員工退休收入安全法案立法的原定時間表更早獲得賦予權利。自從一九八六年，有一些工人在工作五年後即可領有全部賦予權利。於是，我們上述所假設的工會會員，在此法案下，將有資格申請某一年金計畫，反映出其十五年的服務年資。假設十五年中的七年是作為一個縫紉機操作機而八年是在另一工廠做操作員，這會對年金合格性有何影響？在成衣工業裏，答案是不會有影響；因為成衣工人的年金權利具可轉移性（portability）。可轉移性是「一種賦

予權利的機制，允許員工在他們改變工作時將其年金積分（credits）帶走」（Schulz 1980），儘管理論上可轉移性應會降低換工作工人的福利損失，但「設計成立該原則的行政、財務及精算複雜度已阻礙了在此方面的任何重要進展」（Schuz 1980），因此截至目前為止，可轉移性的正面效果也相當有限。

## 五、反就業年齡歧視法案

反就業年齡歧視法案（Age Discriminatin in Employment Act ADEA）最早在一九六七年通過並且在一九七九年一月一日修訂。其一九六七年版本中，主要重點僅僅是反對，對四十歲到六十五歲間的員工有任何的年齡歧視（因而定義出年老員工是指四十歲以上者）。而一九七八年修訂版本則是將任何非聯邦僱主強迫員工在七十歲以前退休視為非法。自從一九七八年，七十歲底限已完全從聯邦法律中除去。此法案適用於超過二十位員工的任何工作場所。

該法案代表有關年老工人全國性政策的重要一步。然而一般認為老人能力不足、健康堪慮、及僱用老人成本昂貴等刻板印象；即使在該法案實施十五年後仍存在。當然，實務上，該法案的主要目的是抵制強制退休。Kingson（1982）對於就業年齡歧視法案與現有潮流相關的潛在影響作了以下的結論：「在面臨日增的年金費用預估、更長的平均餘命、及將來年輕工人數目的減少，我們很清楚地，必須要重新調整現有退休年齡的考慮。此法案的通過（1978 年修正案）最好是合法化延後退休的開始（或者，換言之，應是提早退休的非法化開始）」。

此法案之一九七八年修正案的預期衝擊並沒有發生。從文獻裏，可以歸納出許多因素，包括：根深蒂固的刻板觀念，如老人是頑固的、無法訓練的；高失業率；對年輕工人的偏好；以及對於該法案的推行不力（原本是由勞工局所主管，現由公平就業機會委員會所掌管。）

工會社工員不是執行反就業年齡歧視法案的主要人員。這應是政府的工作範圍。然而，當與剛失業正尋找新工作的案主一起工作時，社工員應該知道此案的存在並且能幫助案主與系統進行協商。

# 第三節　退休員工服務的未來

　　在一九八三年春天，美國勞工聯盟與產業勞工組織（AFL-CIO）組成了一個新的委員會，叫做退休員工事務委員會。類似委員會早在一九五八年由前總裁喬治曼尼（George Meany）所創立，但其成功卻被忽略。為什麼美國勞工聯盟與產業勞工組織要成立這樣一個委員會呢？

　　答案與人口結構有關。自一九五八年至今，美國六十五歲及以上的人口數目已從一千六百萬增加到兩仟八百萬。況且，美國老年人要比其他年齡層者更熱衷投票及利用其政治資源。在一九八〇年期中選舉投票中每五人中有一人即是六十五歲以上（US Senate 1987：147）。

　　這些越來越多的老人包括了上千的退休產業工會會員。於是退休員工事務委員會的建立顯示勞工組織肯定其對退休勞工仍有責任，更肯定這些退休的工會會員對勞工運動的貢獻。勞工組織應該為其退休勞工在下列幾個議題上發言爭取：社會安全、老人醫療保險、以及住宅。相對地，退休員工也能協助勞工組織。現職及退休勞工應該為共同的利益彼此攜手合作。

　　在資源有限的此時，某些工會可能會將退休員工的社會服務視為無法負擔的奢侈品。此時，工會退休員工服務部門中的社工員應協助退休人員向工會證明其價值。在退休聯誼會中的立法教育課程能使退休員工協助工會遊說法案以保護罷工者；一種「寄養祖父母」形式的方案，其中退休勞工照顧現職勞工的子女；在日間托兒中心非常昂貴且稀少時，對工會工作實功不可沒。這種彼此互惠的方案對產業界中的退休勞工、現有工作者、勞工組織及社工員提供了互蒙其利的機會，實在值得好好發展研究。

# 參考書目

Akabas, S. H. 1977. Labor: Social policy and human services. In *Encyc-*

*lopedia of Social Work.* 17th ed. Washington, D.C.: National Association of Social Workers.

Akabas, S. H. and P. A. Kurzman, eds. 1982. *Work, Workers, and Work Organizations: A View from Social Work.* Englewood Cliffs, N. J.: Prentice—Hall.

Akabas, S. H., P. A. Kurzman, and N.S. Kolben, eds. 1979. *Labor and Industrial Settings: Sites for Social Work Practive.* New York: Columbia University/Hunter College/Council on Social Work Education.

Amalgamated Clothing and Textile Workers Uion. 1982. *Social Services: Department Profile.* 2d ed. New York: Union.

American Association of Retired Persons. 1988. Special Report on the Medicare Catastrophic coverage Act of 1988. *AARP News Bulletin,* vol. 29, no. 10.

Brodsky, J. and W. Robinson. 1981. Current employment programs: NCOA/TVA senior energy counselor program. *Aging and Work* 4(1):58—60.

Buck consultants, Inc. 1983. *For Your Benefit...* New York: Buck Consultants.

Burkhauser, R. V. and G. S. Tolley. 1978. Older Americans and market work. *The Gerontologist* 18(5):449—453.

Clague, E., B. Palli, L. Kramer. 1971. *The Aging Worker and the Union.* New York: Praeger.

Copperman, L. F. and A. M. Rappaport. 1980. Pension and welfare benefits for older workers: The preliminary impact of the ADEA amendments. *Aging and Work* 3(2):75—87.

Davis, T. F. 1980. Toward a national policy on older workers. *Aging,* nos. 313—314, pp. 12—19.

District 65. 1982. *Programs for Retired Members.* New York: The Union.

Doctors, S. I. et al. 1980. Older worker employment services. *Aging and Work* 3(4):229-237.

International Ladies' Garment Workers' Unoin. 1971. *After a Life Labor*. New York: The Union.

International Ladies' Garment Workers' Unoin. 1982. *Retiree Service Department*. New York: The Union.

Keizer, J., and M. Habib. 1980. Working in a labor union to reach retirees. *Social Casework* 61(3):180-183.

Kieffer, J. A. and A. S. Fleming. 1980. Older Americans: An untapped resource. *Aging*, nos. 313-314, pp. 2-11.

Kingson, E. R. 1982. Current retirement trends. In M. H. Morrison, ed., *Econocics of Aging: The Future of Retirement*. New York: Van Nostrand Reinhold.

Kirkland, L. 1982. Employing the older worker: A labor perspective. *Generations* 6(4):12-13.

Korn, R. 1976. *A Union and Its Retired Workers: A Case Study of the UAW*. Ithaca, N.Y.: New York State School of Industrial and Labor Relations, Cornell University.

Kurzman, P. A. and S. H. Akabas. 1981. Industrial social work as an arena for practice. *Social Work* 26(1):52-60.

Louis Harris and Associates. 1981. *AGing in the Eighties: America in Transition*. Washington, D.C.: National Council on the Aging.

Meier, E. L. 1980. New ERISA agency considered an pension issues of women and minorities. *AGing and Work* 3(2):135-139.

Morrison, M. H. 1982. Economics of the older worker: A national perspective. *Generations* 6(4):18-19,65.

Morrison, M. H., ed. 1982. *Economics of AGing: The Future of Retirement*. New York: Van Nostrand Reinhold.

Rivlin, A. 1982. *Work and Retirement: Options for Continued Employment of Older Workes*. Washington, D.C.: congressional Budget

Office.

Sandell, S. H. 1987. *The Problem Isn't Age: Work and older Americans.* New York: Praeger.

Schulz, J. H. 1980. *The Economics of Aging.* 2d ed. Belmont, Calif.: Wadsworth.

Sheppard, H. L. 1971. *New Perspectives on Older Workers.* Kalamazoo, Mich.: Up—john Institute for Employment Research.

Sheppard, H. L. and R. E. Mantovani. 1982. *Part— Time Employment After Retirement.* Washington, D.C.: National Council on the Aging.

Social work and the workplace. 1982. *Practive Digest* 5(2):3—31.

Stein, L., ed. 1977. *Out of the Sweatshop: The Struggle for Industrial Democracy.* New York: Quadrangle/New York Times.

U.S. Administration on Aging. 1970. *Older Americans Act of 1965, as Amended.* Washington, D.C.: GPO.

U.S. Department of Health, Education, and Welfare. 1979. *Social Security Handbook.* 6th ed. Washington, D.C.: GPO.

U.S. Department of Health and Human Sirvices. 1987. *Your Medicare Handbook.* Washington, D.C.: GPO.

U.S. Department of Labor, Bureau of Labor Statistics. 1988. *Monthly Labor Review* 3(8):20—24. Washington, D.C.: GPO.

U.S. Senate. 1987. Special Committee on Aging. *Aging in America: Trends and Projections.* Washington, D.C.: Department of Health and Human Services.

Weiner, H. J., S. H. Akabas, and J. J. Sommer. 1973. *Mental Health Care in the World of Work.* New York: Association Press.

Work in America Institute. 1980. *The Future of Older Workers in America.* Scarsdale, N.Y.: The Institute.

# 第15章

# 屆齡準備退休計劃

*Abraham Monk* 著

王 玠 譯

　　退休，在人生舞台的後期，象徵一個人從絢爛成熟歸於平淡，從豐富地生產行列中隱退。同時許多老人必須面對隨退休而來的經濟及社會生活的窘境。在美國強迫退休已是一既定之國家政策。目前的預測是，到公元二○三○年時，六十五歲以上的老人將超過五千萬，而他們將擁有十五～二十年的退休生活，這種因退休而帶來生活上的轉換，是會令老人焦慮不安？還是有可能創造出安全有意義的時機以增進生命成長、改善生活品質呢？這就要靠所謂「期待的社會化（anticipatory socialization）」來完成了。「期待的社會化」是一種有意識有系統的準備，使得人們在屆齡退休或者中年時就可以開始為自己打算。

　　雖然大部份的人都認為必須為退休做準備，但是根據估計只有約 10％的工作人口真正經由訓練而有所備。更糟的是，另一項由政府所做的調查（1983）顯示有 40％的員工竟然不知道或不清楚自己的年金計劃中包含了提早退休的福利（Productive Aging News 1988）。

　　準備退休計劃是在三十年前開始發展，而且大多處於實驗階段。直到聯邦政府立法後，也就是一九七三年的「美國老人福利法案」修正版第 15 條款，才將此計劃付諸實行。過去二十年來，準備退休諮商成為一種新興的專業，一直在努力地發展一系列的退休計劃。他們的主要目標是提供資訊及計劃技巧來協助人們做好準備以面對退休後的生活。計劃的內容包括財務計劃、健康維護、營養、態度及角色轉換、如何投入志願服務、休閒生活規劃及住宅選擇。其重點多側重在日常生活的瑣事。然而，也有人注意敏感的心理層面，算是比較新的嘗試。

　　雖然準備退休計劃是一個法定的公共政策，可是我們也有理由擔心一九六○年代及一九七○年代所發展出來的計劃，是否仍符合八○年代及九○年代退休人士的需求。「第一代」準備退休計劃中，那些須要保存或揚棄？未來的新計劃中該以何種形式及內容呈現？如何因應現實社會中的種種問題，例如，通貨膨脹的壓力，退休年齡之延後，對社會安全制度失去信心，醫療費用之提高，各種行業快速沒落等等。企業老闆及工會在準備退休計劃的支援、設計及執行方面所該扮演的角色又如何？以上種種問題若獲得解答，「第二代」的準備退休計劃才能正式出爐來因應美國九○年代三千萬的退休人口。

企業雇主，人事顧問及工業社會工作師所面臨的兩大議題是：

1. 準備退休計劃真的有效嗎？其服務範圍如何？

2. 新計劃應如何修訂？如何價廉物美吸引贊助者？

在回答上述問題之前，文獻考查及主題研究可以幫助我們建立正確的觀點。

# 第一節　退休制度之變遷

在現代社會中，七十歲左右必須退休已是一不爭的事實。雖然大多數人選擇在六十五歲以前退休，可是老人想繼續工作的權利不容忽視，也該盡力維護。男人逐漸縮短工作生命是一個十分明顯的趨勢。根據胡佛研究中心（Hoover Institution）一九八八年的一份報告顯示，87％的男人在六十五歲以前退休。六○年代及七○年代時，健康因素是男人提前退休的主因，近年來則是因為經濟生活好轉。

無論如何，退休人口的不斷增加是一個事實。退休形式的發展有下列三種：首先，提早退休（60～62歲）的趨勢將持續，因為大多數的工作者開始提領私人退休金來補充生計。其次，傳統的六十五歲才退休的計劃只能吸引工作穩定但是經濟狀況不穩的人。第三，延遲到七十歲才退休的計劃只能留得住健康且有強烈成就慾望的老人。

不論退休人士選擇上述那一種方式，他們的退休生活都將延長。根據Greenough 及 King 一九七七年的報告，一位六十五歲的男性在一九三五年時只有十三年的退休生活，今日，則已延長為十八年了。再者,過去二十五年來，老人參與勞動市場的比率正逐年下降。一九八○年的統計是六十五歲以上的男性勞動人口只佔19.1％，而十年前這個比率是27％。值得一提的是，女性老年勞力在同一時段內的比率並無重大變化，只是她們在同年齡層的女性人口中是極少數罷了（US. Congress 1981）。的確，這樣的趨勢可能減緩甚至呈相反走向，因為勞力市場本身也在逐漸老化。可以預見的是，在未來的十年內最快速成長的勞動人口群將是三十五～五十四歲。到公元二○三○年，勞動人口的中數年齡（median age）將由現今

的三十二歲提升到四十二歲（AARP 1987）。年輕的勞動人口比率降低，加上失業率降低很可能會促成新的人力政策——吸引老年勞動人口延後退休，或者在考量老人健康及休閒興趣的前提之下，提供彈性及個別化的工作時間安排，來促使已退休人士再投入勞動市場（U.S. Senate 1985）。這種根本上的改變，和勞動市場上傳統的價值及既成之形式實在是大相逕庭。美國勞動市場中原先涇渭分明的工作及退休的界線可能要開始變得模糊不清了。

# 第二節　計劃的必要性

退休，通常牽涉到的是失去固定收入，家庭及社會關係之轉變，休閒時間的增長，以及喪失來自工作的地位及意義。如果沒有好好計劃或對上述任何一方面預做準備的話，都會造成適應不良。

Sheldon, McEwan 及 Ryser（1975）曾指出造成退休生活適應不良的主要原因是缺乏事前準備，並建議這種準備應包括財務及社會生活上另謀發展，一顆預備改變的心，以及因應改變的計劃。如此，才能愉快地邁向退休後的新生活。

至於退休計劃之可行性到底有多高也是值得探討的。 Schulz（1980）認為退休計劃的難題在於每個人無法預測自己的壽命，未來的需求，以及未來的生活模式。此外，人們也無法預測未來通貨膨脹率及所可能導致財產貶值，甚至影響購買能力的情況。最後，經濟成長速度也難以預期，它對老人相對於生產人口群的經濟地位亦具影響。然而，準備退休計劃的用意是在協助即將退休的人了解自身的期待，具體提出個人的目標，並非對未來妄做揣測。根據 Morrison 和 Jedrziewski（1988）的調查指出，大多數的企業雇主並沒有提供員工，通盤性、有系統的準備退休計劃。

調查顯示美國人事行政管理協會（American Society of Personnel Administration）的會員中只有 55％提供有關準備退休之資訊。而 55％中只有 33％在計劃訓練中有考量個人不同的需求。 Hayes（1987）的三百

個研究對象中，僅有 8% 的組織特別針對中年女性員工提供這方面的資訊。

　　Ossofsky（1980）所提出的一項研究報告顯示出全國性的大企業領導階層已覺察到通貨膨脹對退休者所可能帶來財務細節計劃上的重大影響。企業界逐漸體認到對退休人員福利的責任，並且對發展準備退休計劃產生興趣。然而，研究顯示，退休計劃對企業界來說仍舊只是一項額外的服務而不是常態服務。原因在於其非企業界優先考量的項目，並且也缺乏可以執行的人力。被調查者同意退休計劃的責任應是個人和企業雇主共同分擔的。

# 第三節　理論架構

　　退休，對某些人來說意味著休閒式生活的來臨，是多年辛勤工作的報酬，更是沈重無趣日子的解放。但對某些人來說是一種痛苦的改變，因為強調地位的角色結束了，卻沒有合適的角色來替代。甚至它降低了大多數人這大半輩子所習慣的生活水準。不過，兩派看法都同意「期待的社會化」有助於面臨改變的適應。期待的社會化，其具體形式即為準備退休計劃，提供個人重新思考人生方向的機會以維持角色轉換的連續性。它可以緩和變遷所帶來的不連貫，而使得人們更能掌握未來。Cumming 和 Henry（1961）的假設是，退休是人生撤退過程中自然及普遍的一部份。這種說法為他們長久以來的理論提出有力的辯護。撤退是一種必然的社會過程，即使人們在心裡上並沒有準備要從社會中退隱。其功能是減輕最終撤退——死亡——所帶來的破壞性衝擊。而且它也是「成功地邁向老年」的基本要件。撤退理論認為退休代表社會不再對個人做義務性的要求，而個人的回應就是自生產陣營中退出。可是，Rosow（1973）不同意撤退過程是自然發生的觀點。他認為工作角色的中止，大大地影響一個人的自我價值。他曾說「角色失落的過程慢慢侵蝕著一個人的社會人格，把一個人的眼光從現在轉向過去……，如果社會自我是由許多不同的角色組成，那麼角色失落腐蝕自我價值也犧牲了社會認同」（P.83）。在人生的許多階

段裡，個人曾努力地學習處理危機，發展並提昇因應失落的能力。然而，退休，毫無疑問地，開啟了一個「無社會既定角色」階層的大門。它把人們丟進無角色的尷尬。許多退休人士認為他們人生缺乏目標，就如 Rosow 所言「是沈重的無用感及徒然！」

　　退休是「壓力源」的觀點引起 Streib（1958）的挑戰，他認為退休所引起的心理創傷並沒有假設中那般嚴重，而心理創傷也可能由其他因素造成，例如個人不良的健康狀況及低社經地位比退休本身還可能嚴厲打擊著老人的士氣。 Simpson 及 McKinney（1966）也提出類似的論調——退休後所衍生出來的適應模式與先前所發展出來的適應行為，及退休前工作的種類等均息息相關。

　　理論詮釋已形成多元性的論述系統，而準備退休計劃在其引導下也各有發展。計劃之哲學取向雖不同，結構及內容卻是大同小異。 Monk（1977）歸納出五類理論模式。前四類是取材於 Schein（1980）。第五類模式的中心架構是危機理論。以下就是這五類模式的概述：

1. 理性—經濟模式（rational-economic）假設經濟的自我利益及工作取向的價值觀是所有人類動機的基礎。退休後的生活勢必需要把成就動機重新引導到嗜好及志願服務。此模式下的計劃是去協助準備退休人員在民眾性及社區性的志願服務角色上，維持活躍的參與並尋求回報。

2. 社會模式（social）相信歸屬感的需求，才是人類的主要動機。這類計劃偏重同儕團體支持，內容的重點有二：
   (1)角色彈性（role flexibility），也就是接受新角色的能力。
   (2)人際關係的能力（interpersonal competence），團體動力、敏感度的訓練、會心團體、交換分析等是計劃的重點以提昇個人自覺，溝通技巧，以及處理人際關係中的衝突、模糊不清及不同意見的能力。

3. 人本主義—存在主義模式（humanistic-existential）認為追求生命意義是人類的基本慾望，而創造力的發展會提昇一個人的自信和自尊。此派論述認為，退休，事實上是人類解放的一個大好機會，因為它可以刺激自我覺醒，鼓勵自我成長及發展潛能。人本主義的趨

勢是尋求「活到老、學到老」觀念的發揚,重視持續的個人成長及自我更新。

4. 複雜—系統模式(complex-systemic)則從人是天生複雜,並且人與人之間差異頗大的基本理論上出發。從興趣、關心的事物、到動機模式等,每一個人都是很獨特的。不只是人與人間有差別,就是每個人在人生不同的階段也有差別。因此,為了能充分從這些個別差異,提供個別化的退休前諮商就有絕對的必要性,而不是去提供一些標準化、一視同仁的準備退休服務。這些個別化的服務包括個案診斷、計劃、以及依個人不同情況和需求提供不同資訊服務。

5. 危機模式(crisis)並非完全獨立於前面四種模式,因為前四類模式都各有危機的成分。此派主張其所提供之各項服務都必須包含對情緒混亂、焦慮和恐懼的處理。他們強調退休是一種失落,而且必須花時間來哀悼。這種失落對自我造成傷害,使得退休人員陷入沮喪的高度危機狀態。因此準備退休服務就針對回顧人生的過程來設計,例如,肯定個人過去之成就及認可個人的長處和優點等。由此可見,準備哀悼失落,調整並面對即將來臨的失落是此派理論的兩大基本訴求。

以上五種模式並不代表嚴格或單純的分類。很多準備退休計劃服務引用一種以上的模式。無論如何,他們足以代表準備退休計劃這不斷成長的新領域的趨勢和中心思想。

# 第四節　服務範疇

根據 Olson 的陳述,「準備退休服務」的設計是指「一些經過正式組織的處遇方法,目的是幫助員工取得資訊並且開始為即將來臨之退休預做準備」(1981:176),Olson 將這類的服務名稱列出一張清單來:準備退休協助、準備退休諮商、準備退休計劃、準備退休教育等等。近年來名稱的演變愈來愈廣,也愈婉轉,例如「人生轉換諮商」、「終身學習」、「人生計劃」、「自我成長」等。Olson 和 Koslovski(1988)在最近的

一篇報告中分析「人生計劃」和準備退休計劃所引起的混淆。前者指包括退休在不同年齡層的改變。後者則只有對工作邁向退休的轉變提供協助。

　　退休計劃方案的設計與執行原本是教育專家的領域。經過數十年來許多錯誤嘗試之後，諮商人員、工商心理學家、和社會工作師也證實了他們在這方面的能力及專業。很多私人企業及公家機構把這項服務當做員工福利的一部份。當然，工會在這方面有其貢獻。近年來，社區學院、繼續教育方案、公共圖書館、銀髮組織、人壽保險公司、銀行及信用合作社、商會，以及地區性老人服務機構等也同時負擔了推廣的責任。不同的組織發揮不同的支持功能，優劣高下，難以論斷。

　　Wermel 和 Beidewan（1961）在三十年前描述當時的方案服務範圍實在非常「有限」，頂多只提供年金和社會安全保險的資訊，能夠稱得上「完備」的實在屈指可數。所謂「完備」是包含住宅、健康、法律及休閒等方面，甚至某些心理方面的議題。如今，情況可大不相同了，一項由「研究及預測」（Research ＆ Forecasts）在一九八○年所做的調查顯示，目前的趨勢是愈完備愈好。

　　可是，有很多時候準備退休計劃變成僱主在最後關頭所提供的年金計劃說明會。因為企業界或管理階層希望能藉此鼓勵員工提前退休以提昇企業形象，或者是相信提供這類的服務可以提高員工士氣，甚至增加生產力。Glamser 和 DeJong（1975）發現要達到上述的效果是非常有限的。談到完備的服務方案，50 Plus 雜誌的會訊中舉了若干例子，其中最得值得一提的是由匹茲堡西屋電力公司在一九八○年所發展的服務方案。其中包括每週上課二小時，共七週的課程，內容有：「如何計劃成功的退休生涯」、「你的家」、「健康」、「法律」、「休閒理財」以及「公司的福利」。他們聘請社區資源人士來演講，每次訓練大約有十到十五對夫妻參與。在伊利諾州 Northbrook 的國際礦業及化學公司則提供類似的研討會，只是每堂課時間較長，約三小時。通常是晚上進行，先進晚餐再上課，還附送價值五百元，可以購買禮品或特殊訓練的禮券。

　　Fitzpatrick（1980）的報告中提到全國老人會議已發展出一套方案，是針對從藍領階層到中層主管的中年工作群。方案包括八項規劃領域：生活形態規劃、財務規劃、退休後的新生涯、休閒生活、健康、人際關係、

居住安排及社區服務。

美國退休人員協會（AARP）是全美最大最具草根性的銀髮族會員組織。他們最新出爐的方案叫「想想你的未來」（Think of Your Future）（1986），取代以前的 A.I.M. 方案——它是跟著 AARP 的特別退休部門「為獨立成熟而行動（Action for Independent Maturity）」來命名的。

AARP 的新方案觸及所有可能碰到的議題，從最具體的財務安全、住宅、投資、法律及不動產規劃，到主觀性比較強的議題，例如角色及態度、生活方式的選擇、家庭關係等等。方案的內容可以研討會方式來教授或討論，也可供作團體討論。其主要教學策略是確保沒有預設的標準答案，每一位參加者必須探討出一套最適合自己生活環境及心中願望的規劃。本方案強調個人發展性的成長，且協助發掘新生活機會，比較不侷限在系統性的資訊提供或預先勾勒出各種選擇方向，而是採用勸告的方式來激勵人們開始為自己規劃。

# 第五節　績效評估

就在設計和執行準備退休計劃方案的同時，諮商人員已開始思考其是否達成預定目標的績效問題。初步評估結果正向的。Charles（1971）的研究對象是 Drake 大學準備退休計劃中心參加此訓練方案的員工。他發現人們在退休生活的各層面——財務、健康、生活形態等——都有明顯的覺醒和參與。一九七三年全國老人會議曾對參加準備退休訓練方案的聯合航空員工做過一次調查，發現在參加訓練之後的員工，對退休持較肯定之態度，同時對退休所牽涉的各個層面也有較正確的認識和資訊。

Ash（1966）也曾比較過有及沒有參加方案的兩個團體。實驗組（有參加方案者）對退休後的生活較有興趣。退休三年之後，實驗組仍然比控制組的成員更有目的感。Tornguist 等人（1988）也比較了五家有提供 AIM 的「想想你的未來」方案，和五家沒有提供此方案的公司。結果顯示有參與訓練方案的人在退休之後的年所得毛額較高。事實上，退休前有較高所得的人比較沒興趣參加這一類的準備退休方案。研究人員認為某種

程度可以解釋為什麼 AIM 所提供的方案十分強調財務規劃。有趣的是收入較低和健康較差的參加者發現方案對他們很有幫助。他們對退休生活的滿意程度高過那些收入及健康狀況都比較好且未參加訓練方案的人。

　　公司提供方案得到什麼好處？ Tornguist 等人認為公司只是提昇了企業形象，並且遵守了 ERISA 的規定。他們的結論是方案成功的關鍵在於財務規劃部份，他們同時建議員工應儘早參與方案接受訓練。

　　總括來說，準備退休方案對於屆齡退休人員在規劃活動及紓解情緒上極有幫助。研究證明參與方案與否和成功的退休因素（如接受退休生涯的轉換、紮實的財務規劃、退休的現實感、不採信人云亦云的退休刻板印象、退休後的活動、良好的健康狀態等等）之間確實有關連。然而，在研究中所可能發生的選擇性誤差也是值得一提的。就像 Kasschau （1974），Monk （1977）和 Heidbreder （1972）等學者所言一般，在退休生活中最可能經歷困難的人也就是最不可能去規劃的人。那些願意參與規劃方案者可能本來就有心而且積極計劃退休。例如 Heidbreder 的研究顯示無論白領或藍領階級，適應不良的退休人士是最不願做事前規劃的。

　　比較性方案評估在某些較有爭議性的議題上已漸露曙光。例如，不同模式方案的有效性。 Kasschau 把方案分成「規劃」功能，相對於「諮商—調適」學派。事實顯示，大多數的人一直等到要退休了，都未曾好好的實際的計劃過。「規劃」派傾向去幫助人們發展出一套對退休生活合理的期待，並且為未來要面臨的收入減少預作準備。正因為調適和健康及收入密切相關，所以理想的方案應是強調規劃功能。 Kasschau 認為諮商取向的方案若視退休為一改變危機就已成功地提昇了規劃的工作。

　　很多方案強調團體過程、個人成長、自我覺察。 Bolton （1976）在內布拉斯加大學的評估研究顯示，74％的參與者認為，準備退休方案是有用的，而 94％的人對其較人性化的團體過程印象良好。 Glamser 和 De-Jong （1975）曾運用實驗控制組的研究設計來比較團體討論模式及個人講授模式。結果顯示在增進退休知識方面團體討論方式較為有效。參加成員的感覺是他們比較知道如何為退休做準備，對未來的不安定感減少了，而且準備退休的各項舉動也有顯著的增加。相較之下，個人講授模式的效果較差。這樣的結果的確提醒我們要考慮方案設計中廣泛性的需求。

Boyack 和 Tiberi（1975）曾就三種模式加以比較：團體諮商，演講討論及資訊傳播。結論摘錄如下：

1. 在態度、行為和獲取資訊方面，三組和控制組之間都有顯著差異。
2. 團體諮商組是在態度及行為的變數上顯示高程度的正向改變。
3. 演講討論組則在獲取資訊變數上顯示高程度的改變。
4. 資訊傳播組是在財務資訊變數上顯示高程度的改變。

　　截至今日為止，針對技巧和方案模式的研究告訴我們：不同的方式對不同的主題有效。至於使用何種方式，就端賴準備退休方案本身的宗旨了。

# 第六節　社會工作諮商者的角色

社會工作人員參與準備退休諮商的工作有下列三大任務：

1. 發展性的——這其中包含「推銷」準備退休的觀念，激發自我覺察、鼓勵參與，以及確保這一類方案能在各種情境下持續進行。至於組織方面的工作則是多層面的，從計劃、執行到評估都是社工人員的任務。
2. 教育性的——進入退休階段，隱涵對人生新階段的適應。退休人員需要去發掘他們的需求、興趣及期待可以從何處得到滿足。評估個人的需求，選擇最合適的資源，運用諮詢轉介，協助聯結資源，執行個案管理的功能。退休人員本身角色及技巧學習的過程和成人教育模式的成果難分軒輊。
3. 治療性的——當改變的經驗是負面的，個人持有一些不實際的期待，衝突不斷產生時可能需要治療性的協助，來引導個案發展出較好的自我意識及新方向，就像他（她）以前在工作中所經驗的一般。一如 Schlossberg, Troll, 和 Leibowitz（1978）所言：治療師的責任是「幫助案主重新掌握人生局面。處理策略是指出案主所沒有想到的一些選擇方向，指導案主如何篩選替代方案，並且協助案主覺察既存之資源。」

以下是用提綱契領的形式來闡述社會工作的任務：

1. 發展性的。

(1)研究：調查工作者的需求、興趣及問題。搜集福利措施及資源。執行過程及影響評估。

(2)組織及計劃：協調方案的主辦及協辦單位。確保工作人員，演講者及顧問的權益。設計方案型態和課程內容。訓練義工或專業人員。發展訓練課程內容，評估性工具，及文宣資料。發掘個案並且推展方案目標。

2. 教育性的。收集參加者個別資料。取得資源來源並協商顧問單位（如社會安全保險主管單位，健康保險主管單位，及社會安全局等）的參與。發放課程內容及資料，轉介參加者至各個特定之資源並監督其聯結之過程。激發回饋。

3. 治療性的。

(1)個人的：個案工作諮商；個別評估；危機處理；問題解決及設定人生目標。

(2)團體的：再社會化教育；問題解決；任務取向及自助團體。

縱使資源和服務之間都有某種程度的相關，可是沒有任何其他與年齡相關的服務像本計劃一般地需要如此廣泛地收集資訊。社工人員在發展準備退休計劃訓練和諮商時一定得對下列各資源有所了解：

地區性老人服務機構

社會安全局

消費者保護機構

成人及持續教育方案

人壽保險公司

投資顧問和不動產規劃者

銀行信託部主管

稅務律師

健康保險單位

州際服務委員會

州立不動產委員會

公平交易局

交通部和公共捷運單位

國稅局

地區律師公會

地區銀行管理家

預防犯罪及火災機構

健康維護組織

州立律師轉介服務

老人法律服務

地區醫院

老人營養方案

運動強身方案

盲、關節炎、心臟、癌症及失智症等預防性機構

特權許可組織

商業部

國家公園及森林服務

國立志願服務中心

退休主管俱樂部

多功能老人服務中心

水、電、瓦斯等公司

商業總會

私人職業介紹所

大學延長敎育及職業訓練方案

休閒遊樂活動

自助組織

退除役官兵輔導委員會及各種退除役人員組織

居家照顧服務

　　很明顯地，這份名單只涵蓋一部份，而且應會繼續增加。諮商員並不需要對每一個資源都有完整而詳盡的了解，但是他們必須知道如何及詢問誰可以得到比較深入的資訊。

# 第七節　評　定

評定準退休人員的需求必須具備社工專業的社會心理認知以及在下列各層面的敏銳感受能力：

年齡、種族、性別。

婚姻狀況——結婚年數、喪偶年齡、現存子女以及他們的來往互動情形、父母是否健在以及所應負的照顧責任。

教育背景——教育程度、繼續教育記錄、最近所保持的職業訓練情形、何時開始職業生涯第二春、何時可完成。

健康狀態——慢性病的發病年代、功能性或與工作有關之職業病、健康保養情形、預防工作、運動強身計劃。

住宅和遷徙——是否擁有房子、土地以及他們目前的價值、是否負債、房子的現況以及需要修膳的程度。是否容易取得服務資源、休閒去處、以及就業機會；未來的居住問題及地區偏好，當地氣候是否適合健康，以及和親友的距離。

就業機會——如果繼續工作的話其職業型態、工作保障及未來發展如何等；目前的工作在就業市場中的需求量如何。財力資源及資產存款，目前所累積之政府退休金，私人機構中所存之年金，地產。

時間安排——有興趣之休閒活動技能、嗜好、體能活動及藝文興趣等社會參與。志願服務經驗、社區參與、和同年齡層朋友之來往，以及不同輩份的人的互動。

人生目標——在個人興趣及現實資源的考量之下建立退休後的人生目標。

# 第八節　方案之執行

在演講、團體或個別教授中所使用的資料通常都是取材自特定組織、

大學或私人企業所編印的手冊，他們都是經過標準化而且在專業上值得信賴的資料。最常被引用的資料出處有美國退休人員協會（AARP）的AIM部門、全國老人會議、芝加哥大學工商關係中心（Industrial Relations Center）、密西根大學與加州大學的 Ethel Percy Andrus 老人學中心，以及一些私人企業像 Hearst 退休顧問公司等。至於國際準備退休計劃者協會——一個包含了諮商工作人員、方案設計者以及提供支援企業家的會員組織——則是大多數教材資訊的交換中心。

　　正因為沒有一份教材是為一個特定的團體來設計的，所以社工人員就必須做某些修正，發揮創造力來合併或拆開方案。授課，通常是第一階段，目的是激發自覺。其次，就是在團體的互動中進行問題解決的練習。其最終目的是希望能夠激發參與者進一步地為自己建立一套目標、一份計劃，並且願意將它實現。有時，會在團體中透過角色扮演、模擬及自我分析等方法來考驗目標及計劃。在現實生活裡，執行的階段的確是需要花比較長的時間。其間，社工人員及團體成員可以提供回饋及鼓勵，來協助當事者重新檢視目標並學習完成目標。屆時，諮商員大多會因使用 Andragogy 方法而大大地被激勵。（Ingalls & Arceri 1972）。該法是引導成人學習的藝術，運用此方法時，學習者必須在團體中進行自我診斷的過程並學習解決問題的能力，同時，經歷下列三個階段：

1. 評估需求——找出個人的不足以及需加以解決的問題。
2. 培養能力——先找出個人的各種潛能及真正的興趣，再找出兩者之間的落差以及克服落差所應做的事情。本方法的重點包括清楚地列出如何克服一個人能做的和想做之間的落差。
3. 決策模式——一個人的再教育始於前文所提的落差，以及重組當前生活中的優先順序。訓練者所提供之協助有：創造學習的氣氛、提供解說、協助辨明現實與非現實的願望、鼓勵共有互助。訓練者同時也扮演著顧問的角色來協助個人建立人生可衡量的目標。

# 第九節　未來展望

　　目前正在運作的方案仍有明顯的缺失。多數人擔心去觸及心理層面的議題，因為他們認為那是冒犯了參加者的隱私。大多數的方案都開始得太遲——當退休迫在眉睫之時。絕大部份的老人也尚未真正面臨老年所帶來的種種痛苦經驗，例如殘障、喪偶以及死亡。最後值得一提的是；大多數的方案訓練都嫌太短，只有八堂二小時的課，幾乎忽略了增強以前所學來的種種技巧。

　　未來的準備退休諮商方案將會視工作、休閒及教育之間的關聯而定。根據 Hirschorn（1977，1979）的報告指出，工作也在醞釀著改變，從傳統工業主義的固定先求學後就業型態，轉變成工作和教育間是交替出現，彼此之間更有彈性，而非一成不變的模式。這也包含了工作條件和個人生活型態間一種更微妙的互動和影響。例如提前退休、不再有工作晉升的機會、中年轉業帶來的忙上加忙、時間安排更有彈性、家庭中有兩份事業也需要好好地協調一番，等等都是轉變的徵兆。在經濟先驅的機構已採用新的組織、表格，提供臨時性、任務取向的組織而非固定的工作分層。

　　於是方案的重點是協助人們漸進式地退休，以及階段性地重返工作角色。現在的方案很可能會走向「人生規劃」、「職業第二春方案」，為人生中每個轉折計劃，或為某種特殊的休閒式教育來作規劃。「職業第二春」方案，其實很多時候是甄選義工的委婉說法。他們只想運用退休人員的技術經驗，例如 Shackmam（1980）所提的紐約職業第二春志願人員方案以及洛杉磯職業第二春方案。

　　然而，很少的就業方案是針對老年工作人口。 Root 和 Zarrugh（1982）的報告指出，只有極少數這類的方案是為特殊類型的工作者設計的，而且他們多把非技術性的藍領工作者除外。 Sheppard 和 Mantovani（1982）發現，在西班牙語系、黑人、女性和低收入的老年工作者中，普遍都對退休後的兼職工作有興趣。以上兩項研究都建議退休之前就該規劃退休後的工作，而且應該獎勵雇主使他們願意提供工作機會給老人。

Coberly、 Bentsen, 和 Klinger（1983）建議使用下列獎勵辦法：雇用補助；員工第一年薪資的最初六千美元可享受 50％的納稅寬減額；訓練補助；社會安全保險（social security）減免；健康保險費用可享受寬減額等。在 Fortune 500 中的一項研究抽樣中發現，如果公共政策明文規定此類的獎勵，對雇用老年工作者有正向的刺激。至於現階段退休制度的長期規劃比較不重視制度上的種種問題，而較有興趣在倡導下列各項議題，例如：在公共年金制度中的部份退休所涵蓋的範圍，廢除社會安全保險中不獎勵工作的部份，對於一些正在進行實驗的退休方案給予納稅上的獎勵，如縮短工作週數、休假年、延長休假時間、兼職工作、分攤工作、教育性事假、階段性退休、以及「彈性時間」制度等等。

　　到目前為止，以上所提各項方案大多停留在假設階段。由於目前成年人口的結構、經濟現況以及個人價值等都在轉變。我們還不知道這些方案是否可以有效地因應上述轉變的挑戰。同時，平均壽命的增長和社會安全保險制度中日趨龐大的費用已使得退休年齡逐漸延後。

　　在可預見的未來，雇主們會更關心老年工作者的需求，其中包括準備退休。雇主們也開始協助員工來照顧其老年家屬。由 IBM 創立的老年照顧轉介服務在成立之初的前五個月，就接到將近六千個諮詢案件。這項服務提供給全公司二十七萬的員工、退休人員及其家屬，但是最終目的是希望其他公司的員工也能受惠。根據 IBM 估計，他們有 30％的勞工必須負擔對老年家屬的照顧（AARP-Working Age 1988）。 Aetna Life 和 Casualty 公司也有類似的服務，主要是協助員工獲得長期照護機構、居家照顧服務、住宅及社區方案等的諮詢（Retirement Adivsers 1988）。雇主們也開始為退休人員建立兼職或臨時工作的檔案庫，有些因此而歸納出很好的聘雇指標，尤其是那些很難覓得年輕人的工作種類。甚至在失能殘障的案例中，雇主們也開始投資再訓練，並且重新設計工作內容來減低對部份傷殘員工體力上的要求。由於不斷地為老年工作者爭取更多的福利，導致退休計劃方案的運作成本增加。因此，不是所有的雇主都願意負擔此花費，也不是所有的員工都願意不顧一切地來爭取準備退休諮商，成為員工福利的一部份。雇主可能最後發現的是，這樣的方案實際上提昇了員工的士氣，進而提高了生產力。至於員工，可能最後了解到他們的確拓展了

其生命的選擇方向。最後提倡準備退休方案者要證明的是，藉著對退休生活型態的設計，人們可以預防或延後許多昂貴的老年問題的發生。很可能要等到那個時候，社會大眾才會願意長久支持準備退休計劃方案。

# 參考書目

AARP(American Association of Retired Persons). 1988. *Working Age* (July/August),4(1):4.

Ash, P. 1966. Pre-retirement counseling. *The Gerontologist* 6(2):9−99, 127−128.

Bolton, C. R. 1976. Humanistic instructional strategies and retirement education programming. *The Gerontologist* 16(6):550-555.

Boyack, V. L. and D. M. Tiberi. 1975. A study of pre-retirement education. Paper presented at the 28th Annual Meeting of the Gerontological Society, Louisville.

Charles, D. C. 1971. Effect of participation in a pre-retirement program. *The Gerontologist* 11(1:1):24−28.

Coberly, S., E. Bentsen and L. Klinger. 1983. *Incentives for Hiring Older Workers in the Private Sector: A Feasibility Study.* Los Angeles: Andrus Gerontology Center, University of Southern California.

Cumming, E. and W. E. Jenry. 1961. *Growing Old: The Process of Disengagement.* New York: Basic Books.

Fitzpatrick, E. W. 1980. An introduction to NCOA's retirement planning program. *Aging and Work* 3(1):20-26.

Glamser, F. D. and G. F. DeJong. 1975. The efficacy of pre-retirement preparation programs for industrial workers. *Journal of Gerontology* 30(5):595−600.

Greenough, W. C. and F. P. King. 1977. Is normal retirement at age 65 obsolete? *Pension World* 13(6):35-36.

Hayes, C. 1988. Few women plan for retirement. *The Aging Connection* (December 1987-January 1988),8:2.

Heidbreder, E. M. 1972. Factors in retirement adjustment: White-collar/blus-collar experience. *Industrial Gerontology*, nn. 12,pp.69−79.

Hirschhorn, L. 1977. Social policy and the life cycle: A developmental perspective. *Social Service Review* 51(3):434−450.

Hirschhorn, L. 1979. Post−industrial life: A U.S. perspective. *Futures* 11(4):287-298.

Hoover Institution. 1988. *Issues in Contrmporary Retirement*. Stanford: Stanford University Press.

Ingalls, J. D. and J. M. Arceri. 1972. *A Trainers Guide to Andragogy*. Washington, D.C.: U.S. Social and Rehabilitation Service.

Kasschau, P. L. 1974. Reevaluating the need for retirement preparation programs. *Industrial Gerontology* 1(1):42−59.

Louis Harris and Associates. 1975. *The Myth and Reality of Aging in America*. Washington D.C.: National Council on the Aging.

Monk, A. 1977. Pre-retirement planning models: Social work inputs and applications. Paper presented at the 5th Professional Symposium of the National Association of Social Workers, San Diego.

Morrison, M. and M. K. Jedrziewski. 1988. Retirement planning: Every-body benefits, *Personnel Administrator* (January), pp.5-10.

National Council on the Aging. 1973. *Preparation for Retirement: A Comparison of Pre- and Post-Tests*. Washington, D.C.: The Council.

Olson, S. K. 1981. Current status of corporate retirement preparation progams. *Aging and Work* 4(3):175-187.

Olson, E. A. and K. D. Koslovski. 1988. Retirement planning programs: Are they still relevant? Paper presented at the 41st Annual Scientific Meeting of the Gerontological Society of America, San Francisco.

Ossofsky, J. 1980. Retirement preparation: Growing corporate involvement,. *Aging and work* 3(1):14−17.

*Productive Aging News.* 1988. The Center for Productive Aging, Mount Sinai Medical Center, New York. February.

Research and Forecasts. 1980. Retirement preparation: Growing corporate involvement. *Aging and Work* 3(1):1-13.

Retirement Advisers. 1988. *Insights* (Fall),p.2.

Root, S., Lawrence and L. H. Zarrugh. 1982. Innovative employment practices for older Americans. Paper prepared for the National Commission for Employment Policy. Washington, D.C.

Rosow, I. 1973. The social context of the aging self. *Gerontologist* 13(1):82-87.

Schein, E. H. 1980. *Organizational Psychology.* 3d ed. Englewood Cliffs, N.J.:Prentice−Hall.

Schlossberg, N. K., L. Troll, and Z. Leibowitz. 1978. *Perspectives on Counseling Adults: Issues and Skills.* Monterey, Calif.: Brooks/Cold.

Schulz, J. H. 1980. *The Economics of Aging.* 2d ed. Belmont, Calif.: Wadsworth.

Shackman, D. 1980. Second career volunteer program. *sharing* 4(6):5-6.

Sheldon, A., P. J. M. McEwan, and C. P. Ryser. 1975. *Retirement: Patterns and predictions.* Rockville, Md.: National Institute of Mental Health.

Sheppard, H. L. and R. E. Mantovani. 1982. *Part-Time Employment After Retirement.*Washington, D.C.: National Council on the Aging.

Simpson, I. H. and J. C. McKinney eds. 1966. *Social Aspects of Aging.* Durham, N.C.: Duke University Press.

Streib, G. F. 1985. Family patterns in retirement. *Journal of Social Issues 14(2):46-60.*

Tornquist, P.H.,W. B. Newsom, and D. S. Cochran. 1988. More than a gold watch: Pre−retirement programs can make and employer look good. But do they really help workers build rewarding post—career lives? *Personnel Administrator* (April), pp. 54-56.

# 第16章

# 法律服務

*Julia C. Spring*
*Nancy H. Kuehn* 著

萬育維　譯

美國銀髮族需要老人法律服務的人口比他們實際上認為的還多，需要法律服務的人口之所以增加，是因為老人在行動、獲取資訊、財務、理解能力及進入機構上有所困難，這些原因使得他們比其他成年年齡層的人較不能得到法律服務，另外，由統計上發現老人尚有其他的問題，就是他們較易被忽視詐欺及虐待。然而，更重要的是，一個新型態的法律問題因中產階級的老人依賴社會安全和醫療保險，以及貧窮老人和近貧老人依賴社會救助、醫療救助、食物券及政府其他補助及方案之因素而產生。一個實質法必須被發展，以保障老年人在相關福利法案中應有的對待，因為它如同一個法律的執行部份，但是由於沒有憲法保障的權利及受到政策牽制的壓力，使得很多老人方案和原本的立意相衝突。雖然一九八〇年前期因財政上的壓力，此種情形更加嚴重，但自從雷根上台後，貧窮老人就越益加的被忽視。因此，即便是給予老人清楚的權利，但他們需要的卻往往只是如何進入而且去使用政府的福利措施。如同 Nathanson 所述：「相較之下，老人在每日生活需要上依賴公營或民營機構的協助比其他人更複雜，因此他們的法律問題通常與政府機構及民營機構的政策相關，而這些機構常以科層的型態出現。」

被冠上「低收入」的老人較其他老人有更多複雜的法律關係。他們的住所也許是由聯邦、州政府、住屋津貼及地域法所提供；他們的健康常是依賴醫療保險、醫療救助、居家照顧法及有關藥物廣告的法律；他們的營養常靠著其他聯邦所定的食物券、退休法案或是私人年金，他們的尊嚴、個人自由及財產控制權常受制於含糊的監護法、保護法以及非志願的承諾或契約所約束。

然而，如同第一線老人福利機構工作人員所知道的，老人雖然對於法律需求增加但法律服務卻沒增加，相反的，政策和成本分擔的壓力使得政府使福利方案合法化更加困難，也使得使用法律服務更加困難，除此之外，從歷史的角度來看，福利法規從未被需要靠案主付費來維生的私人律師所重視，而學校也未提供給他們這方面的訓練。自從一九七九年美國律師公會企圖去創立私人律師事務所去提供給老人較多免費及低價的法律協助，但是這個計劃僅有部份成功（ABA 委員會 1988）。在政府提供的法律服務（Legal Service coorporation）中，這種法律服務協會是提供服務

給所有的老人貧民，並規定不能提供給那些收入及資源超過某一標準的人，但事實上，被法律服務協會服務的貧窮老人少於其他年齡的貧民。自從一九七五年美國老人法案針對六十歲及六十歲以上的老人所提供附加法律服務顯得無成效之外，更進一步，的在一九八〇年代接受這兩種方案服務的老人數量減少，這是因為政策和經濟因素限制了政策對貧民及老人提供的法律協助（U.S.AoA. 1982; Golick, Spring, and Bograd 1986）。

# 第一節　獲得法律協助──社工員在聯結老人案主法律服務時所扮演的角色

老人在許多方面需要法律服務，但事實上他們並未得到足夠的法律服務，因此老人福利機構的社工員在機構轉介以使老人獲得資源以及儘可能運用各種方法解決老人的法律問題上扮演著重要的角色。

社工員是唯一有資格去聯結老人案主和法律專家的人（Brieland & Lemmon 1985）。社工員有一使命，那就是不固執於任何專業並去協助他們的案主克服他們處理生活的能力，不論問題是否在生活中出現。無論採行何種處遇方法，社工員的角色是去了解案主心理及社會上的障礙，包括法律上的障礙，以提昇案主的功能及協助案主克服障礙。進一步而言，很多老人案主被這些孤立性的福利或醫療機構與社會隔離：機構式的醫療或護理機構，生理或環境孤立後，降低了溝通的能力，老人福利機構社工員經常是老人案主第一個接觸的對象。在這種使命及接觸之下，社工員可協助老人案主在維護法律權益、克服困難的門檻──沮喪、不信任律師、害怕徒勞無功或害怕對簿公堂……等等直接與間接努力上都突顯其重要性（Bernstein 1980）。當案主問題的根源不管是哪一方面的法律，社工員去協助案主克服這種害怕及遲疑的能力是很重要的。

因此，社工員要暫時擱下那種不願意去處理法律問題或不願與律師接觸的心態。案主和社工員一般對律師的認知都是：要遇到不好的事才會去找律師，因此除非是嚴重的或是特別的事件才會找律師：例如：被逼迫逐出原本的住所；此外，社工員和律師傾向將法律問題嚴謹的劃分為社會問題上的問題或情緒上的問題，並懷疑兩種專業合作的可能性（Ehrlich &

Ehrlich 1979; Weil 1982）就如同律師常不願去了解或處理情緒方面的法律問題，社工員常不了解在案主的問題上法律的重要性。在實務工作上為了確實提供案主所需的服務，社工員必需適應較高專業層次如醫學、法律的語言、模式，然而就現階段而言，這更加深了專業間彼此的不同和合作上的困難（Foster & Pearman 1978）。

簡而言之，老人福利機構的社工員在處理有關老人的法律問題時必須了解自身的能力及責任，而老人福利機構也必須了解此責任並提供第一線工作員時間、訓練等，去支持他們做這種技術及耗時的工作。關於法律問題中社工員所扮演的角色與問題解決的角色一樣：提供有關權利的客觀資訊、補救方法和資源；激勵老人案主，藉著干預協助案主解決焦慮和害怕，以及協助轉介或外在資源——律師——去了解案主的問題。

# 第二節　尋找相關法律服務以及判定轉介給律師的必要性

決定是否有須要將案件轉介給律師時，老人社會福利機構的社工員必須有基本的法律知識、老人福利相關法規的知識及法律訴訟流程的概念（Jankovic & Green 1981; Miller 1980）。

法律是意圖在社會中建構與規範人們的行為，並且在政府及個人之間提供一套被視為命令的規則。法律包含著權利與義務，事實上所謂的「權利」並不代表合法，除非有法院或立法單位賦予其權利及義務，例如，人權相較於食物券，就顯有較寬廣與法定的地位了。

然而，當一個問題牽涉到法律，並不意謂著律師及訴訟是包含於內的。事實上不管案主受到全民健康照顧或是低收入補助，他都與法律脫不了關係，例如：「在法律的保障下，該案主應有何權利？」。因此每個社工員在某一特殊領域中都變得精通那領域的法律，並了解法律結構及法院運作體系。Brieland 與 Lemmon 於一九八五年註解社會工作與法律（Social Work & Law）一書中提及：沒有社工員及律師能夠主宰所有影響老人的實體法，此時，他／她應該覺醒到在一般的情形下法律是被制定的，並且法律權威感是來自此一部份。

在學習某一特別法時有兩個特別的問題須注意：第一，注意時間的變動性，一些法律的手冊，例如陳列於轉介單位的手冊，常在很短的時間內有所變動及過時，而透過立法程序在法規上的一個小改變或是執行法規單位上的法規可能使得這些法規並不適用於案主的有些情況。律師常使用「訂閱服務」去確保不和最新的法律脫節，但一個社工員並無此資源，所以就必須經常去檢視自己所知的法規是否合乎時效。第二是地理位置上的差異：很多法律以多樣的型式於地理環境中出現，一個聯邦法律（社會安全法、社會救助法、醫療保險法）一般來說將以相同的型態施行於全國；然而，當一個法律擁有聯邦和州政府的成份（醫療救助法、稅法）或完全是由州政府訂的法律（健康照顧法）時，各州常常是不同的。從每月的定期刊物 Clearing-house Review（National Clearinghouse for Legal Services）以及「國家老人法律中心」中可獲知有哪些影響到老人的法律變動。

此外，在法律的程序方面是超越不同的實質內容，如同社工員被強調在服務案主時不論是遇及何種問題都和案主在一起並為案主謀福利的觀念是相似的。多數的程序法是由聯邦、州政府及習慣而訂定的，它是規定著政府的行動，此外，他們必需依循著憲法所規定的申訴過程原理（Brieland & Lemmon 1985; Dickson 1976; Stone 1978）。

如同最基本的憲法概念，申訴過程在政府體系中係指「政府涉入一個人去申請或接受某一資格時的所有申訴階段」。申訴過程始於政府接受需求者的申請，然後政府必須決定申請者是否合於申請資格，且在發現申請者資格不符時能發給說明書，及申請者有機會於聽證會上爭取自身利益。相似的，一但一個人接受福利，政府可以決定他／她何時不再符合資格，也可以減少或間斷其原擁有的福利也許申訴過程所要求的程序和條件各州不同，但要求政府在處理事件時的公平性，是保障案主免於隨意或草率的行動。一個老人社工員也許會發現他／她可以直覺反應出一個老人案主是否在申訴過程中受到公平的對待，因此一個案主可以帶著自己因公文未合格而被拒於醫療救助機構的證明書之陳述信函來找社工員，那位案主說他履行了機構樣樣的要求，但不知為何會被拒於服務之門，此時社工員的反應是──這是不公平的，他們怎可如此？──他們甚至沒有給案主機會行

使同意權,那麼這位社工員,就能夠精確的面對法律議題之能力。

當一個工作者準備參與老人的法律問題時,須伴隨著基本程序法概念及與老人相關的實質法,而潛在的法律轉介應該儘可能的被緊密的維持,以使特別的法律問題被涵蓋。( Binder & Price 1977; Staffer 1987 )因此,舉例來說,這個社工員也許需要去詢問一個老人案主有關她搬去和姐姐住之後,社會救助減少,其生活安排狀況如何。雖然社工員可能常針對案主是否合適和老年姐姐住一起,但是社會救助是關心案主是否與姐姐分擔房租,以決定案主是否仍可擁有「獨居」時可享有的最大福利,像此種特別的法律問題,發現事實是重要的,而它也經由案主的律師或非律師身份的代理人轉介;此外,社工員也可藉著協助案主面對事實解除幻想來提供有價值的社會功能。

因此一個老人福利機構社工員有個三步驟程序:1.參與相關法律,如果可能的話,特別是特別法規。2.收集特別法的相關狀況。3.決定是否協助案主直接處理問題或是要尋求法律協助。

在很多與老人相關的領域,並無嚴謹的區分社工員及律師於倡導辯護中所扮演的角色,如同下一段所寫的,社工員在公聽會上可能是最合適的倡導辯護人選,那至於何時才須要動用到律師?以下是尋求律師協助的概略規則:

1. 當無法律干預重大事件就即將發生且來臨時(例:被逐出住宅或強制性的案主執行反對的手術。)
2. 當案主已展開法律文件的作業。
3. 當其他行政救濟都嘗試過且失敗(例:案主申請社會救助被拒,透過申訴會議之層級申訴)。
4. 當案主要完成一目標並使之有效實施,必須經過某種法律的同意(例:離婚、律師的一般權利)。
5. 當案主決定要採取某種法律行動而需要有關法律上的資訊(例如案主想要申請醫療救助但是最近才把財產過繼給子女,不知這樣的改變是否會影響請領資格)。

如果決定案主需要律師,私人及公共的資源應朝這方面去努力,如果決定案主並不需要律師,那麼也有多種的訴訟程序是不需要律師的。

# 第三節 不需要律師的訴訟程序

下列有三種情況可以不需要律師：1. 案主可以自己處理；2. 尋求非律師的協助（通常是親戚或是社工員）；3. 案主或工作員採庭外和解的方式。

有些程序規定可以讓受害者自身去處理問題。例如：民事法庭可以去處理非刑法、小額債權、債物關係或是生意上的糾紛（洗衣店弄丟了客人的衣服、房東不退還押金）。雖然各州有其各自適用的程序，但自訟書狀的書籍在坊間書店可以看到，而且這些教人如何處理程序上的書也陳列於轉介中心。

其他的訴訟程序允許案主自己處理、找律師代理或尋求非律師的協助。通常政府有責任去提供某一服務給一般大眾或是特定團體時常透過聯邦及州政府的機構去處理的有低收入、健康、居住、付稅、失業、犯罪——申訴過程需要一個公聽會來討論決定而非早就假定好的，在這公聽會中，一個人可以決定是否被代理及如何被代理。在一個行政公聽會當中（例：那是一個機構回顧是否如此行事的最後一個步驟），非律師身份者常如同律師一樣有好的技術，因此對社工員而言練習倡導辯護的技巧是極為重要的，如果非律師身份者精通某一特別法或是那個法律問題並非很困難時，那麼公聽會可能是個好機會去呈現一個有組織且清晰的事實，及提供支持文件或口供給一些人（被稱為法官但實際上是公聽會官員，這些人並無預設的偏見立場）。很多組織都有有關一般或特殊事件公聽會代理的手冊，一些手冊是陳列於參考部門中（例 Fried 1985; Young Lawyers Section of New York State Bar Association 1986）。

此外，尚有一普通法律就是，即使法庭准許找一代理人，你仍可完全的代表你自己，反之亦然。一般的法律原理不論是州立的特別法規或是聯邦法規都是適用的，但若申請先前所提的社會安全、醫療保險、社會救助的人，雖經上訴但仍被迫接受自己不滿意的決定時，或是案主相信自己的公民權被剝奪時，可以到自己所屬的最近聯邦行政法院提起行政訴訟。而

當一個人要打官司但付不起費用時，法院常會指派個律師給他，而當一個窮人因被控犯罪時，法院通常也會指派個律師為他辯護。

最後，在過去十年有個有趣現象，那就是「非法律爭論決定」，也就是「和解」，的現象增加了，在和解的過程中雙方相互解決爭論並做決定（ABA Special Committee on Legal Problems of Elderly and Standing Commuttee on Dispute Resolution 1988）。像此種解決衝突的方法對那些並不是真的法律事件，或是若透過法律管道的話在經費上及程序上都不划算的情形下特別有效，例如親戚或鄰人或案主間的爭執及小額財產糾紛等……。

# 第四節　政府直接或間接提供的法律服務

若轉介給檢察官是必要的，很多老人福利服務機構的社工員會將最初接觸到由法律服務協會或是美國健康暨人類服務部門下的老人福利局所提供的本地法律服務（通常稱之為法律協助）轉介給他們。

法律服務協會（LSC）於一九八二年由議院所設立的半官方機構，是一九六四年所訂的經濟機會法案之下（the Kennedy-Johnson『貧窮作戰』）的法律服務方案，它提供免費的法律服務給貧民，並且不限於老人。而所謂的貧民係指收入低於聯邦預算管理部門所設的貧窮線以下125％的人。最先於一九六五年所訂的老人福利法（OAA）並未特別提供法律服務，到了一九七五年第三次修正的老人福利法中已包括了法律服務（通常稱做「Title Ⅲ」法律服務），它提供六十歲及六十歲以上的老人法律服務，這個服務並未針對貧窮老人，雖然經統計發現接受服務的案主半數以上是低收入的老人，然而，老人福利法寧願服務對經濟及社會有較高需求者而不需資產調查，此種作法常以標的貧窮老人的問題（收入、健康、居住、保護）或是以標的關心最窮地區的方法來表示。Title Ⅲ 之下的法律服務出現的最主要問題就是未適當的將服務劃定範圍，但是潛在的法律服務例營養、運輸、健康照顧等爭議性服務，卻需由本地老人區域機構（AAA）的每年經費中完全提撥支付（Coleman 1988）。

　　LSC 和 AOA（Administration on Aging）法律服務都禁止接受因金錢的糾紛而產生法律問題的案件（例如：一個人被起訴是因為金錢上的糾紛），整體而言，他們擅長人權而非刑法方面的法律問題，包括案主收入的維持、健康利益、諮詢及家庭、住屋的法律，而一些甚至更進一步的專攻如何去牽制此策，以使他們所服務的對象在使用資源時能更有效率。

　　一個都市法律服務方案，不管其是由 AOA 或是 LSC 提供或是由 AOA 及 LSC 兩者共同提供，其中可能都會有三或四個律師，也許是由具律師身份的人及法律系學生來提供服務，而其中也許會有社工員，但可能沒有。每個檢察官的個案量可能超過一百人，而其中較具代表性的案件包括房東與房客間的糾紛、保護服務及居家照顧議題，還有處理案主是否合乎政府津貼補助及醫療照顧的方案資格，通常在一個案件中往往包含了一個以上的議題，例如：一個案主可能被轉介來此是因為他或她因為沒繳房租而接到逐客令，經過調查之後，檢察官可能發現案主之所以沒繳房租是因為社會安全體系出了問題或案主沒有足夠的能力去運用自己的資金。

　　老人案主第一次與機構接觸可能是藉由電話或是由家人、社福機構或其他的律師轉介，家庭諮商員也偶爾扮演轉介的角色。在最初的接觸後，一些基本的資訊關於案主及其問題將被得知，如果案主符合政府應該提供服務的資格，例如年齡、經濟狀況、問題型態等，案主將會得到更詳盡的接案訪談，若是緊急狀況，案主將儘可能的被安排庇護談話。

　　在初步的會談中，主任檢察官會決定機構是否要接案，如果有其他的機構較為合適，可能會將案件轉介。在這所有過程的階段，以及隨後再提出的法律問題時，若案主要求的話，社工員或家庭諮商員也許會參與其中；律師可能會希望至少有一次的機會單獨與案主見面，以確實了解案主期望，但像這種協助處遇及案主對法律程序的理解力低或是履行能力低時會備感艱辛。

　　AOA 及 LSC 法律服務經常承受聯邦及州政府政策上及經濟上的壓力。一九八一年雷根上台後試圖廢除 LSC，但藉著一九八八年相當於減少 40％的經費後（Coleman 1989），Title Ⅲ 法律服務在地方政府的壓力之下也備受責難，因為它不像 LSC 之所以提供法律服務是因為聯邦的責任，也不像 AOA 是由當地的 AAA 撥款，而一個 AAA 在提供法律服務

上只需撥款補助部份費用即可，不必全額支付，而且從一九八二年後若當地已支付了老人所需的法律服務費用之後，AAA 就不再需提供任何費用。自從 AAA 在州立人類服務機構廣被設置後，很多 AAA 變成不願去提供法律服務，特別是當居家照顧及介入服務也成為其工作項目後，因此，很多 AAA 藉著所撥下的很少資源，提供初步的資訊及轉介，而不提供直接的法律服務來解決政策上的困難。在一九八二年 AAAs 所花費在法律服務上的經費較往年少，每個 AAA 平均少於二萬美元的開支，而全國每州的 Title Ⅲ 卻從 1.5％至 22.6％不等。

　　近年來有個方法就是 LSC 受益人或其他的組織可去尋求政府其他的經濟資源。各州實施 Title XX 社會安全法提供服務去預防或減低經濟依賴及不合宜的機構照顧，因此也許會使用此法案提供法律服務去預防類似的情形，州政府最感興趣的是在於提供那些被拒於聯邦所提供的福利——醫療保險、社會安全保險——之門外的老人去獲得最起碼的部份州政府補助。從一九八三年底，部份的州如伊利諾、麻州……等提供付費式的法律服務。

　　現在若要使案主在受限的公共經費之下有最大的機會接受免費的法律服務，那社工員應該謹記幾點於心：第一，當討論完結後，為了方便轉介及合宜（也許會轉介至工作量過多的律師或局處），工作員應對問題有清楚的描述。第二，私人檢察官也許可以列入考慮，因為也許私人檢察官是較合宜或是必需的。第三，有些人會因為收入或身份的關係無法獲得協助，就如同科層組織常阻礙了案主的求助，這意謂只有某些人才有資格接受免費的法律服務，進一步而言，系統並無提供給那些被拒於服務之門之外的人上訴的機會，因此，防火一個案主的辯護倡導者要知道哪些機構服務哪些案件或哪一類型的人。從聯邦的 LSC 可獲得全國應受者的資料，而每一州的老人局有州政府的 Title Ⅲ 資訊，就如同聯邦老人行政中心。不論是在當地 AAA 或是州立老人局都顯示一個問題，那就是 LSC 的應受者同時擁有 OAA 的服務，雖然這些服務是針對最有經濟需求者，但這些應受者仍可逃避嚴謹的資產調查而接受服務。（Landrum 1982; U.S. AoA. 1982; Coleman 1988）

# 第五節　私人律師及律師公會

　　很多提供老人服務的工作者都避免聘請私人律師，因為他們假設私人律師較昂貴且並不合適於老人案主的社會心理，然而，有時，私人檢察官是可以被聘請的，因為：第一，一些老人案主雖然是經濟上不穩定且收入低，但他們有儲蓄及可享受其他福利協助，就因為他們擁有這些資源使得他們喪失了受 LSC 法律服務及 AOA 提供的協助之資格。同樣地，案主在經濟資源上的地位也許需要法律的保護以確保這些資源能在案主過世或精神能力降低時能管理得當或移轉，而牽涉到這些部份的法律通常是私人檢察官較為精通。一個有錢老人或是配偶依然在世的老人在面臨住進機構時，通常也需要私人檢察官，但這個律師可能需要額外的知道一些有關於醫療救助在資格上的認定的知識（例如：1986 年召開的老年人法律問題特別會議 Reagan 1985 ）。

　　第二，有些官司是案主勝訴才需付訴訟費給律師，在此種情形下，徙居需要先付款。例如，在以往超過 25％ 的社會安全法律問題在調查庭因檢察官的辯護而勝訴，這時也許就直接付訴訟費給檢察官，而雖然至少有 Illinois 州採用不論勝訴與否都需付訴訟費的規定，但這並不適用於社會救助（ SSI ）（ Stein 1988 ）。提供給老人案主的法律服務不論他事前或事後是否會付訴訟費，都是件有價值的事（ Sweeney & Lyko 1980 ），不然的話，案主的案件可能變成以金錢在庭外和解或以錢視為判決的依據──就如，當一個身體受傷的律師想用金錢控告肇事者（一般費用的 LSC 案件及 AOA 受應者將不被接案）。一個檢察官可能願意接辦這「臨時外快」的案件，意即勝訴的話可得到先前所言的勝訴費用（通常是勝訴獲賠數的 1/3 ），明顯的，只有當案件有較大機會勝訴時，一個律師通常才會接下此案件而不需有聘請費。

　　然而如果案主或親戚想要打官司或有所其他的法律行動而需聘請私人律師時，私人律師在處理這類案件的經驗、訴訟時有無需要潛在性費用及是否是自發去接這個案子，都是很有用的參考。事實上，為了決定是否進

入訴訟過程，這類的考慮和比較是必需的，因此要求合約中要記載著訴訟所需的費用，是在法律實務中相當標準的。參考諮詢並非是決定是否聘請律師的唯一標準，在參考諮詢中，彼此應該討論的包括有應付律師多少費用？應付法院多少費用？及其他尚需的費用？這些程序及僱用協調在諮詢手冊都有詳盡的記載（Halt 1983）。

如何找一個私人檢察官？組織具有決定性的因素，一個老人在考慮聘請律師時會聰明的先去探聽是否有律師朋友或是律師親戚有意願接案，並會去參考有關的律師手冊或是屬於其範圍的特別法規，而其他的工作者或案主可能知道哪些私人檢察官是精通特別的實體法。本地的 LSC 或 AOA 提供的法律服務機構可能會將案主轉介給私人檢察官，這是因為最近聯邦法律服務經費減少，以及因為老人的法律問題橫跨了所有的經濟階層，而且最近原本在公家單位提供法律服務的檢察官跳槽到私人律師實務界。

另外可利用的資源是律師公會。律師公會也許是由某一特殊群體的檢察官（例黑人、女性……）以同治區、鄉、州或都會區為一單位組織而成。從一九七○中後，很多律師公會發展出特別提供給老人的方案，也提供或轉介老人所需的服務，這種以老人案件為主的私人律師公會有兩個基本特徵：第一，公會的成員以志願者居多，此外，很多律師公會有一般的電話轉介服務，在那裏檢查官會以其專長被分類，而這些檢察官同意在提供這些被轉介而來的案主做初級諮詢時以低於市場價格來提供服務。在賓州及哥倫比亞區（District of Columbia）的美國退休人員協會有提供 call-in 的法律師諮詢服務給老人，接電話的檢察官意圖於電話中建議解決打電話的人之問題，而如果需要轉介給律師的話，會轉介給同意及同意降價的檢察官（Coleman 1989），此外，諮詢應該提供有關決定的必需資料，包括費用、必要性、訴訟的可行性以及精通此方面的律師，工作者的網絡或案主的網絡也許可再次證實資料的可靠性。

自從一九七○中期之後，特別是在都會區發展出了一種「法律診所」（legal clinics）的廣告。對高度重複的法律問題而言（例如：在意願或爭論之下離婚而未牽涉到財產、贍養費或撫養權的問題），因為處理這類案件基本上是重複的且通常是由同律師地位者處理即可，所以一個律師診所可能只收很低的費用。若一個法律診所本身有問題纏身，案主應該避免去

請求此機構協助,再者,透過社工員的網路可以檢查法律診所的名聲如何。

還有一個最後的方法就是,當你的案主是屬於某一群體(退休是工會會員、共濟會會員)或是訴訟案件的是屬於某一種類(社會安全問題、移民問題)時,去檢視律師或法律相關團體是否對那一特定範圍案主是關心的。當地的法律學校也許會接案件(也叫做診所)處理上述的問題,在那裏學生在教授/檢察官的督導下替那些付不起錢的人提供服務,大多數的學校只接受少數類型的案件,而決定接受哪些案件時有兩點被考慮:第一,案件是否是學生的能力可以處理;第二,符合教育的功能(Harbaugh 1976; Nathanson 1982)。

最後,若一個案主不滿意公家律師或私人律師所提供的服務,可以透過當地的、鄉村的、州的律師公會去抱怨那位律師(ABA 1982),通常會有一個調查及回應給抱怨者。如果法院指定一位律師來代表案主或是成為案主的監護人(在特定法律責任賦予下,可以代表案主做出最恰當的決定),而法院也可以給原告此種待遇。最後,如果因第一位檢察官之法律專業因素導致案件敗訴而傷害了案主,案主可以另請一位檢察官來控告第一位檢察官怠忽職守,雖然這做起來不容易,但這是一種選擇。

# 第六節 發展老人服務——提供直接法律服務給案主

在許多案件中發現老人福利服務機構的經費不允許機構提供直接的法律協助,然而,撇開經費因素不談,提供老人法律服務仍有個困難,就是很多社福機構很難去說服機構高層人士及廣大群眾了解提供老人法律服務是不可或缺的,雖然與老人直接接觸者知道法律對老人日常生活的重要性,但是沒有與老人直接接觸者不能了解老人不能單憑資訊、轉介及諮商就能解決其問題,而是需要激勵和昂貴的辯護,甚至廣泛的老人學家可能都不知道若一個律師處理機構的法律問題時同時也處理案主的問題時是不道德的(例如:免稅或非法人型態),普通的律師不熟悉有關法律上福利認可之資格,這可能是他們沒有政府福利系統的知識。

如果這個一開始的障礙被克服，那麼兩個初級的組織問題將迎刃而解。第一，在法律服務上的費用比社會服務費用超額很多，並且它不能被涵蓋在平常易變的費用表中。在這裏所謂的費用包括最低薪的檢察官之較高薪水（就像是法律秘書），而訴訟的花費、不當資源及昂貴的書籍、簽署報告的服務在法律服務中都是必要的。捐贈或獲得一些法律的資料是可被安排的，但若律師無基本資料在手邊，那麼工作將無效果。

第二，老人福利服務機構必需關心如何去處理律師及社工員在辦理案件時目標上的衝突（Malick & Ashley 1980），預防這種困擾可能的策略包括去教育每個專業去尊重其他的專業，了解彼此的差異，並了解彼此之期望並無所謂的對與錯。另外，尚有一同等重要的事就是建立處理案件的規則，以及若專業間討論意見不能一致之時，該如何做決定的準則。

雖然律師和老人福利機構社工員在處理案主案件時需要相互協調，然而，有時在各個專業認知如何去協助案主、堅持自己的專業倫理、方法時，他們也會起衝突，例如一個老人福利服務社工員以他的專業判斷可能會決定老人案主是不適合自理社會福利金，因此他需要一個代理人來處理。受聘僱於機構的律師可能會被任命去代理案主去處理其社會福利金，然而，此份工作並不合適律師擔任。社工員和律師也許也發現當他們過度自信自己專業而排斥其他的專業時，衝突於是產生（Bernstein 1977; Weil and Sanchez 1983）。當人口變遷促使老人福利服務機構提供福務給那些被孤立了的心智能力喪失的老人時，相關的法律問題開始變得重要起來，有一個趨向就是律師控告社工員在進行服務時未領有執照，而社工員控告律師阻礙了案主真實的需求，事實上，保護易受傷的和人權之間的張力是無邊的，而且是必須靠社工員和律師兩者的專業共同努力（Coleman 1989; Hayes & Spring 1988）。

按照律師的專業準則規定（可從州立律師公會取得）律師有權利與義務替案主個人做法律決定而非允許機構或他人做決定。然而大部份的老人福利服務機構不願意聘請律師去解決法律上的糾紛，因此，有必要去發展一個法律協助方案協助機構判定哪類的案件可能會牽涉到法律程序、如何處理，例如，可以採取行政公聽會或這種案件可能有較貴的上訴費用……等這些建議可針對被雇的檢察官、案主及社工來清楚的訂定，因為每個

專業在實務上和倫理上不相同（ Barton & Byrne 1975; Ehrlich & Ehrlich 1979 ），所以最好是有一個擁有法律服務的社會福利機構去設計與建立行事準則，但要略為與一般權威式的區分。

另外一個可能性是老人福利服務機構聘請一個兼任律師或律師事務所去處理案主的案件，如此可避免因進住雇用的專業衝突發生在如何去協助老人案主這件事上；如果案子分派給一個或多個檢察官，那麼去選擇一個了解老人法律及老人知識的律師是必要的，如此可避免案件不適當的轉介。

在一個相互教育的環境下，要將合約正式確定之前，必須再次慎重充份的討論與服務有關的問題，這些問題包括費用、服務單位、案件的優缺點及限制性、轉介技術及相互信任；定義付款方式是相當重要的，因為每個專業都承擔著自己合宜的服務，而當社工員和律師照著合約上實際記載的工作時，合約將成為持續性的備忘錄。

# 第七節　擴大社區的老人服務

一個老人福利機構可能透過社區律師公會來擴展社區的法律服務。藉著連絡律師個人來提供本地的法律服務比與一個律師事務所划算。社工員在社區中要扮演溝通連絡的角色，並且進一步的了解非正式法律公會團體正式與非正式之權威結構。此種做法始於一九七〇中期，是從地區性的組織公會產生。從一九七六之後，美國律師協會（ ABA, American Bar Association ），年輕律師部鼓勵州及地方上的律師去提供法律諮詢及服務給老人，而從一九七九年 ABA 成為一個融合各學科解決老人法律問題的使命中心後，老人法律服務輸送就像是擁有優先權，這點我們可從以下的觀察中發現：很多老人因貧困以致於付不起私人律師費，但他們仍有法律需求，例如：立遺囑的需求、信任的需求、其他合宜老人居住安排的需求，目前這種需求是透過檢察官決定以公共利益為考量去履行他們道德義務的法律工作時予以滿足，選擇替老人法律服務是相當有意義的公共協助 ABA Commission 和 Private Bar Involvement Project （ 1987 ）要求私

人公會動員的壓力也來自提供法律服務的政府部門，從一九七八之後
AOA 的機構鼓勵私人公會提供低價及公益服務給超過六十歲以上的人，
同時自從一九八二 LSC 法案也擴充 10％的經費給提供窮人法律服務的私
人檢察官。

　　然而上述這種趨勢不宜過分被強調，因為自從經濟不景氣後，即使本
地律師只是提供少許的協助，法律服務雖然對老人案主而言可能是很大的
協助。能夠讓私人公會在老人中心去提供某一地區、某一時段的服務是最
符合成本效益的做法。紐約老人法律問題諮詢中心最近連絡了一個計劃，
此計劃是由 Title Ⅲ 提供經費，由志願者提供法律服務，而其服務數量每
月約二十件，對象是經由每月的資格檢查（Abrandt 1988），此計劃的本
質是志願服務的檢察官僅負責一個任務且在責任上是受限的，而志願服務
的律師不得當案主的一般法律代理人，再者如果案主的社工員能確定案主
了解契約中的內容，那將有助於此方案的成功。

　　當然，也有其他例子是私人律師公會協助老人處理多樣複雜的案件，
有許多這樣的例子被描述於州立律師公會（Shmidt 1980）。一個由州立
律師公會贊助的計劃於科羅拉多的鄉村實行，此計劃是藉著一位非律師身
份的人帶領一百二十位義務律師替案主服務，服務的範圍超過了十一個鄉
村（Paime 1982），志願的律師透過克里福蘭律師公會去協助城市的救濟
中心，大量的志願律師計劃在波士頓利用律師及同律師身份且對某一類別
專精的人，提供技術協助及為低收入案主處理多樣性的案件（Lardent,
1980）。

　　不論是否針對老年人，立法的發展可能會增加對法律服務的預算，透
過一個州或是本地的律師公會委員會處理老人的法律問題時，公益律師也
許是有幫助的。有四個州（麻薩諸塞州、俄亥俄州、奧勒岡及威斯康辛
州）規定，另四個州（亞利桑那州、喬治亞州、佛羅里達州、內達華州）
准許律師可提供老年人與法律有關的服務，可申請稅率及額外的補助。在
四十七州有「案主信用基金利息方案」（Interest on Client Trust
Fund），在此方案中將四十七州的信用基金聯結在一起，如此律師可以無
後顧之憂的為案主服務，但是信用基金衍生出來的利息可能被不當的使用
（即不運用，也不均分給每一個案主）。一九七○末期，從加州及佛羅里

達州開始，行政單位被建立去聯結及分派利息，一般分給接受人權方面或是犯罪方面法律服務的個人，雖然很多州的志願方案仍被評價說在一九八七年其基金超過四千二百萬，接近聯邦老人法律服務經費的 15%（Coleman 1988; Stein 1988）。

最後有幾點問題需注意：第一，因為和老人有關的法律很多，特別是在政府福利法上，所以私人檢察官應隨時增強自己能力，以便去提供高品質服務；此外，當代理變得大量、較複雜或有較長時間時，要隨時補強新知，而當計劃變得大量或是轉介系統認為律師可能會破壞信任或是會控制決策時，監督律師代理的情形也是重要的。

某些成功的發展出公益計劃者指出，維持志願檢察官素質最好的方法就是去調查志願參與者的喜好，並繼續提供給那些並不專長於某些範圍法律的私人律師之技術協助（ABA Commission 1988; Lardent 1980; Lardent & Coven 1981; Paine 1982）。

明顯的，上述的要求，是需要一個相關的指導、訓練及督導，而其餘的重要功能包括 LSC 及 AOA 提供的計劃及其中的資源也能夠將服務和可獲得的法律資源相結合。提昇付費律師服務的方法在不同的州有不同的政策及法律規定；最近 Clearing-house Review 文章中（Stein 1988）詳盡的記載了多種提升服務方法的優、缺點，當然競爭會因資源不足而產生，所以最好的方式可能是發展一個老人社區福利服務機構會社，由私人公會及政府共同來提供法律服務，這樣可使法律及社會資源匯於社區中，以期來改善國家中未享有足夠法律服務的老人之狀況。

# 參考書目

Abrandt, J. 1988. Nyc-Bar probono wills project serves the elderly. *BIFOCAL.* 9(1):6.

ABA (American Bar Association). 1982. *Grievance Referral List of Lawyers Disciplinary Agencies.* Chicago: ABA.

ABA. Commission on Legal Problems of the Elderly. 1985. *Doing Well by Doing Good: Providing Legal Services to the Elderly in a Paying Private Practice.* Washington, D.C.: ABA.

ABA. Commission on Legal Problems of the Elderly and Private Bar Involvement Project. 1987. *Pro Bono Seniorium: Volunteer Lawyers Projects for the Elderly.* Washington, D. C.: ABA.

ABA. Commission on Legal Problems of the Elderly. 1988. *Legal Services for the Elderly: Where the Nation Stands.* Washington, D.C.: ABA.

ABA. Commission on Legal Problems of the Elderly and Standing Committee on Dispute Resolution. 1988. *Mediation: The Coming of Age—a Mediator's Guide to Serving the Elderly.* Washington, D. C.: National Institute of Dispute Resolution.

ABA. Commission on Legal Problems of the Elderly and the Committee on Delivery of Legal Services. 1989. *The Law and Aging Resource Guide.* Washington: ABA.

Barton, P. N. and B. Byrne. 1975. Social work services in a legal aid setting. *Social Casework* 60:226–234

Bernstein, B. 1980. Lawyer and social worker as an interdisciplinary team. *Social Casework* 65:416-422.

Binder, D. and S. Price. 1977. Legal interviewing and counseling: A client-centered approach. St. Paul: West.

*BIFOCAL.* ABA Commission on Legal Problems of the Elderly, Washington, D. C. (quarterly).

Brakel, S. J., J. Parry, and B. A. Weiner. 1985 The mentally disabled and the law. Chicago, American Bar Foundation.

Brieland, D. and J. Lemmon. 1985. *Social Work and the Law.* St. Paul: West.

*Clearinghouse Review.* National Clearinghouse for Legal Services, Chicago, Ill. (monthly).

Coleman, N. 1989. The delivery of legal services to the elderly in the

United States. In J. Eekelaar and D. Pearl, eds., *Aging World: Dilemma and Challenges for Law and Social Policy*. Oxford: Clarendon Press.

Dickson, D. 1976. Law in social work: Impact of due process. *Social Work* 21:274-278.

Drew, E. 1982. A reporter at large: Legal services. *New Yorker*, February 27.

Ehrlich, I. and P. Ehrlich. 1979. Social work and legal education: Can they unite to serve the elderly? *Journal of Education for Social Work* 15(2):87-93.

Foster, M. G. and W. A. Pearman, 1978. Social work, patient rights, and patient representatives. *Social Casework* 59(2):89-100.

Fretz, B. and N. Dudovitz. 1987. *The Law of Age Discrimination: A Reference Manual.*

Fried, B., ed. 1985. *Representing Older Adults: An Advocates Manual.* Washington, D. C.:National Senior Citizens Law Center.

Golick, T., J. C. Spring, and H. Bograd. 1986. The need for legal services for the Jewish poor in New York City. A report prepared for Federation of Jewish Philanthropies, New York City.

HALT. 1986. *Citizens' Legal Manual: Using a Lawyer.* Washington, D. C.: HALT, Inc.

Handler, J. 1979. *Protecting the Social Services client.* New York: Academic Press.

Harbaugh, J. D. 1976. Clinical training and legal services for older people: The role of the law school. *The Gerontologist* 16(5):447-450.

Hayes, C. and J. C. Spring. 1988. Professional judgment and clients' rights. *Public Welfare, pp. 22-28.*

*Health Advocate.* National Health Law Program. Los Angeles, Calif. (quarterly).

Hemphill, C. F. Jr. 1981. *Consumer Protection Handbook: A Legal*

*Guide.* Englewood Cliffs, N. J.: Prentice-Hall.

Jankovic, J. and R. D. Green. 1981. Teaching legal principles to social workers. *Journal of Education for Social Work* 17(3):28-35.

Kaufman, E. 1987. Social Security disability claims. New York City: Practising Law Institute.

Komlos-Hrobsky, P. 1988. An advocate's guide to home care for the elderly. Chicago: National Clearinghouse for Legal Services.

Krauskopf, J. M. 1983. *Advocacy for the Aging.* St. Paul: West.

Landrum, R. 1982. *Report of the Legal Services Corporation Conference on Legal Services and the Elderly.* Washington, D. C.: Legal Services Corporation.

Lardent, E. F. 1980. Pro bono that works. *Nlada Briefcase.* 37:54-71.

Lardent, E. F. and I. M. Coven. 1981. *Quality Control in Private Bar Programs for the Elderly.* Washington, D. C.: American Bar Association.

Malick, M. D. and A. A. Ashley. 1980. Politics of interprofessional collaboration: Challenge to advocacy. *Social Casework* 62(3):131-137.

McCormick, H. L. 1983. *Social Security Claims and Procedures.* St. Paul: West.

Miller, J. 1980. Teaching law and legal skills to social workers. *Journal of Education for Social Work.* 16(3):87-95.

Nathanson, P. 1982. An innovative approach to elders' unmet legal needs. *Generations* 6(3):37.

*NSCLC Washington Weekly.* National Senior Citizens Law Center. Washington, D. C.

New Jersey Institute for Continuing Legal Education. 1983. *Counseling the Elderly.* Newark: The New Jersey Institute for Continuing Legal Education.

*1988 Medicare Explained.* 1988. Chicago: Commerce Clearing House.

*1988 Social Security Explained.* 1988. Chicago: Commerce Clearing

House.

*Nursing Home Law Quarterly.* Natural Senior Citizens Law Center. Washington, D. C.

Paine, K. 1982. Stretching resources for legal services: Nontraditional approaches in two settings. *Clearinghouse Review* 16(6):559-565.

Regan, J. 1985. *Tax, Financial and Estate Planning for the Elderly Client.* New York: Matthew Bender.

Schmidt, L. 1980. *Bibliography of Selected Materials: Private Bar Involvement in Legal Services Delivery.*Washington: Legal Services Corporation.

Schuster, M. R. 1985. *Disability Practice Manual for Social Security and Supplemental Security Income.* Washington, D. C.:Legal Counsel for the Elderly.

Shaffer, T. L. 1987. *Legal Interviewing and Counseling.* St. Paul: West.

Slonim, S. 1982. *Landlords and Tenants: Your Guide to the Law.* Chicago: American Bar Association.

*Social Security Forum.* National Organization of Social Security Claimants' Representatives. Pearl River, N. Y. (monthly).

Special Committee on Legal Problems of the Aging. 1986. Six issues critical to older Americans: A checklist of topics that should be discussed by lawyers with their older clients. New York: Record of the Association of the Bar of the City of New York 41:786-807.

Stein, J., moderator. 1988. Management column: New funding for legal services. *Clearinghouse Review* 22(3):255-263.

Storey, J. R. 1986. Policy changes affecting older Americans during the first Reagan administration. *The Gerontologist* 26:27-31.

Stone, L. M. 1978. Due process: A boundary for intervention. *Social Work* 23(5):402−405.

Striker, J. M. and A. O Shapiro. 1981. *How You Can Sue Without Hiring a Lawyer: A Guide to Winning in Small Claims Court.* New

York: Simon and Schuster.

Tolchin, M. 1988. Federal aid for destitute reaching just half of those eligible. *New York Times*, May 10, 1988.

U. S. Administration on Aging. 1982. Legal services programs under Title III of the Older Americans Act. Washington Office of Field Services, Legal Services Corporation.

Weil, M. 1982. Research on issues in collaboration between social workers and lawyers. *Social Service Review* 56:393-404.

Weil, M. and E. Sanchez. 1983. The impact of the *Tarasoff* decision on clinical social work practice. *Social Service Review* 56:112-124.

Young Lawyers Section. 1986. *Senior Citizens' Handbook: A Guide to Programs and Laws Affecting Older New Yorkers.* Albany: New York State Bar Association.

# 第17章

# 犯罪與暴力受害者協助服務

*Jordan I. Kosberg* 著

王增勇 譯

從事助人專業的工作者處於有利的地位，去覺察、預防和治療那些因他人的犯罪行為而受到傷害的老人。不論在醫院的急診室、家庭輔導中心、心理衛生中心或其他類似機構，專業人員都應該敏銳地去覺察到老人虐待和老人受害的案例；並且應接受輔導受害老人的訓練；更應該致力於必要的社會福利政策的倡導，以便老人獲得較好的保護。尤其是那些較依賴、較易受傷害的老人。

本文包括兩部份：一是老人在街上或家中遭受陌生人的傷害；另一是老人受到非正式照顧者——如家人、朋友和鄰居——的虐待。在解釋問題的嚴重性之後，本文將接著提出老人虐待和老人受害的預防和受害老人的治療方法。由於我個人的研究背景是老人虐待，再加上老人虐待問題往往是隱藏不易為人所見的，因此我將著重於老人虐待的問題。

# 第一節　遭受傷害的分析

以下是若干在眾議院老年退休所得和僱用委員會（ Subcommittee on Retirement Income and Employment of the House Select Committee on Aging ）所舉辦的公聽會中（ U.S. Congress 1981 ）所報導的老人虐待案例，其中反應了依賴他人的老人遭受虐待的嚴重性和多樣性：

> 北卡市社會服務處報告發現，一名九十一歲的寡婦躺在床上。臉上、手上、臂上和胸部有多處嚴重瘀傷。她的意識已混淆不清。經過評估之後發現，她大約是在一週前被毆打。老寡婦的女兒也被她自己的兒子毆打，所以她沒能將她母親的情況報警。這位老寡婦被送至急診室，最後死在那裏。她的孫子以謀殺罪被起訴（ P.171 ）。

> 西維吉尼亞的個案工作員接到通知，有一對八十歲老夫婦遭遇麻煩。經過調查之後發現，老先生病重已陷入昏迷。描述中說，老先生「不能回應，幾乎沒有呼吸了」，老太太已精疲力

盡，且為了努力試圖照顧她先生而陷入發狂狀態。老太太不准當局人員將老先生送至醫院接受治療。她控告他們企圖把她先生從她身邊帶走。個案工作者連絡老夫婦的女兒，來協助說服老太太。但是沒有成功，兩天後老先生過世了。（p.174）

加州官員報告，有一名八十七歲老寡婦健康狀況甚差，必須坐在輪椅上，且無法照顧自己的日常生活起居。她被發現從一九七四年到一九八〇年間，遭受到身體上和財務上的虐待。一名身兼老太太監護人的護佐，串通老太太的三名子女一起用盡老太太多達三十萬元的財產，而不給她適當的醫療照顧、食物和衣服。後來，個案工作員協助這名老太太採取法律途徑。（p.175）

加州一名八十七歲健康情況不良的老太太，坐在輪椅上無法照顧自己日常生活，被其家人和護佐重複地且有系統地虐待；身心方面的折磨持續達六年。六年中這位老太太被恐嚇、關禁閉、禁止與外界接觸、不准探望親友、並且被毆打。（p.176）

在華盛頓，一名八十四歲因癌症不久人世的老太太，她孫子拒絕她接受適當的醫療照顧，因為他不願意老太太的財產被醫生和醫院的帳單給糟蹋光。這位老太太被發現生活在非常簡陋的環境，且處於極度痛苦的狀態。她被送至療養院，數週後就過世了。（p.177）

為什麼老年人特別容易受到犯罪和虐待行為的傷害呢？理由有很多。有些與社會對老人的態度以及價值觀有關，有些則與老人的身體和經濟狀況有關，還有一些則與老人的社會與心理失落有關。

老人很可能獨居，尤其是老年婦女。一旦老人獨居的地區又是高犯罪的地區，老人受到傷害的可能性和因為害怕出門而被孤立的可能性以及對老人的犯罪行為就會大為提高。

由於老人的體力與精力日益衰弱，老人在具威脅性的情境中比較無法

逃離或保護自己（Goldsmith & Tomas 1974）。事實上大部份老人都有或多或少生理上的障礙，影響其聽力、視力、觸覺和行動力；因而導致老人在面對不論來自陌生人或親人的侵犯時，較無能力去抵抗。

老人也可能因為居住在高犯罪地區而有較多機會受到高犯罪族群的侵犯，如失業工人和蹺課的青少年（Goldsmith & Tomas 1974）。老人常居住在高犯罪區域的理由至少有兩點：第一，由於老人收入較低，因此必須搬到房租較低卻也是犯罪率較高的地區；第二，老人對居住多年的社區往往有所依戀，不願離開，即使社區環境已大有不同。居住對一個人而言，在經濟、社會和心理層次的意義可能比環境中犯罪可能性的增加，或移入人口複雜性來的更重要。

很多老人是靠著公共運輸工具代步。於是他們容易被看見，因此容易受傷害。往來公共汽車站、等待公車、上下公車、在擁擠的人群之中，這些情境都使老人容易發生意外和受到傷害。

因為很多老人的收入低且又固定，老人特別容易受到不實地迅速致富的說法所欺騙（Butler 1975; Pepper 1983）。日益衰弱且不可能改善的健康狀況，使老人在被挑起對健康和經濟安全的焦慮後，特別容易被江湖郎中所欺騙。昂貴或過度的健康保險、喪葬安排、墓地設施和保健器材只是少數騙取老年人手中財富的眾多名目而已。另外，老人的孤寂使他們更容易受到那些獻慇懃、偽善的推銷員或陌生人欺騙。很多老人的儲蓄就是被許多無恥的推銷員「偷走」的。

每月年金支票寄到的日子是廣為人知的，因為導致老人的信箱被敲開竊走、在路上被搶走甚至被扒走。這些罪行尤其經常發生在銀行、購物中心和雜貨店附近。

除了上述老人容易遭受犯罪行為傷害的原因之外，老人還特別容易受到非正式照顧系統，如家人、親友、鄰居的虐待。

家人虐待老人的事往往發生在家中，不在公共監督之下。因此一旦外人發現了這個問題，它會被當作「家務事」。即使是專業人員也會不願去介入。然而，非正式照顧系統一直被正式的法律服務、社會服務和保健服務系統視為萬靈藥；但照顧生病老人的人可能並不適當、毫無準備，並且沒有動機提供必要的照顧，或者基於不正當的動機提供照顧（例如剝削老

人）。「為了解決照顧老人的問題，找一個容易又廉價的方法，轉介的工作人員會很快地轉向家庭成員，而忘了評估家庭成員的適切性和家庭承受照顧老人的壓力的能力」（Kosberg 1983:267）。Brody（1985）曾論及，很多家庭是出於罪惡感在照顧老人；他們不要把照顧年老親人的責任丟給他人。

　　除了上述因素導致老人容易遭受犯罪與虐待行為傷害之外，還有一項因素，就是一般人認為老人是社會中沒有用的一群。這樣一個對老人的負面看法會導致對老人毫無目的、無道理可言的胡濫侵犯。我們常常看到有關老人被搶、被毆打、被精神虐待、被殺害等的報導，卻沒有明顯犯罪動機。唯一的結論是，這些犯罪和虐待行為是基於衝動、向一個待罪羔羊發洩其攻擊慾，或者找一個看起來沒有價值的個人發洩。我們相信，如果一個老人外表看起來愈像行為偏差者（如酗酒者、流浪漢、殘障、精神病患等），他愈有可能成為受害者。在美國社會中，成為依賴者是被人唾棄不屑的。Katz（1979-1980）指出老年歧視（Ageism）和對殘障者的歧視會導致施虐情況的發生。

# 第二節　問題的各種面向

　　根據參議院老年特別委員會（Senate Special Committee on Aging），每一千名六十五歲以上老人中，就有二十二名曾遭偷竊（其中19名係遭竊但無任何損失）；八名遭致暴力攻擊，包含五名被搶以及三名被襲擊。（U.S. Congress 1978）。

　　有關最普通的老人虐待類型的研究至今並無一致結論，原因在於對老人虐待定義的不同，以及測量與報導案例的方法不同所致。眾議院老年特別委員會（The House Select Commitee on Aging）指出，在麻州的研究人員發現身體創傷是老人虐待最普方的類型，在馬里蘭州的一項研究則是精神虐待，在密西根州的研究則是被動的忽視，而在俄亥俄州研究中則是缺乏個人照顧（U.S Congress 1981）。

　　我們很難確實知道老人受到犯罪與虐待行為傷害的程度。第一個原因

是，受害的老人可能不會報警。第二個原因是，犯罪與虐待的問題可能不
會被正確地探知及辨視。

　　老人受到陌生人侵犯的議題已被廣泛地研究（Malinchak & Wright
1978）。儘管老人比年輕人容易遭到偷竊（如扒錢包），但老人遭到殺
害、搶劫、強暴、攻擊、闖入搶劫、闖空門及汽車被竊的比率比年輕人低
許多（Hindelang & Richardson 1978）。Tomas（1974）指出，在若干
都市中對老人的傷害性搶劫、私人偷竊及欺騙的發生率不低於年輕人。在
一項全國犯罪研究，Hirschel 及 Rubin(1982) 發現老年人比其他人容易受
到私人偷竊、欺騙和江湖郎中的傷害。特定老人族群尤其容易受傷害。例
如，Liang 及 Sengstock（1983）發現老人中受犯罪傷害風險較高者為都
市老人、年輕老人、未婚老人、有色人種以及男性老人。

　　老人受害率較低的事實往往使人認為這不是個嚴重的問題。這樣的解
釋曲解了若干重要的考量。第一、犯罪的後果可能導致不易復原的傷害，
甚至導致住院；失去所有和財產可能嚴重影響老人的生活品質；財產的損
害無法復原或取代。第二、老人較有可能一再成為受害者——往往是同一
個加害者（Goldsmith & Tomas 1974）。第三、老人的低報案率可能導
因於，老人因為不好意思、害怕、被恐嚇，或者他們不相信報案會有任何
作用，而不去報案。Liang Sengstock（1983）發現 45％的老年受害者沒
有報案。第四，被犯罪統計資料忽視的是恐懼。成為犯罪的受害者和預期
自己會成為受害者是一樣具有破壞性的。老人對犯罪的恐懼遠比年輕人高
（Clemente & Kleiman 1976）。Braungart（1980）分析 Natioanl
Opinion Research Center 的資料發現老人中最害怕犯罪的是女性；尤其
是獨居、身體狀況不良或者曾遭犯罪加害的年老女性。不論這份恐懼是基
於真實的危險或者自己假想的，其結果都會導致老人減少外出，在很多案
例中老人變成過度恐懼、時刻惦念，反而影響其生活品質。Finley
（1983:22）則指出，「對犯罪的恐懼不見得不好，因為不論對老人或年輕
人而言，適當恐懼可以減少真實犯罪發生的機會」。Yin（1985）也指出
對犯罪發生的恐懼可以減少老人出現在罪犯面前的機會。

　　老人虐待則較少有實證研究，儘管老人虐待問題正逐漸受到大眾媒體
的關切。（例如，華爾街日報的頭版新聞標題是「在美國，子女虐待

父母案例日增」。）由於老人虐待問題的隱藏性及低報案率，再加上定義
的差異性及測量方法的困難（Johnson 1986; Kosberg 1979），有限的老
人虐待研究實在很難明確地指出問題的嚴重性及範疇。作者認為一個周詳
的老人虐待定義至少應該包括下列重點：

1. 被動疏忽（passive neglect）：通常的情況是老人被單獨留在家
   中，被孤立甚至被遺忘。施虐者通常不知道那是所謂的忽視，或者
   不了解忽視可能造成的結果，原因是施虐者缺乏做為一個照顧者的
   知識或經驗。

2. 主動疏忽（active neglect）：係指故意不提供老人日常生活必須的
   事物，例如食物、藥品、陪伴以及洗澡協助。

3. 言語、情緒或精神上的虐待（verbal、emotional or psychological
   abuse）：常見狀況是老人被直呼姓名、被侮辱、被當做嬰兒對
   待，被驚嚇、被恐嚇、被羞辱、或被威脅。

4. 身體虐待（physical abuse）：常見的狀況是老人被毆打、被打耳
   光、被打成瘀傷、被性侵犯、被刀割傷、燒燙傷、或被限制行動自
   由。

5. 財物侵占（financial misappropriation）：係指老人的金錢或財產
   被偷或不當使用，尤其指當不是為老人的好處而使用時，或沒有徵
   得老人的同意時。

6. 人權侵犯（violation of rights）：指強迫老人離開其住所，或強迫
   老人遷入另一住所（最常見的是護理之家），而沒有任何事先告
   知、解釋、徵詢意見，或根本違反老人的意願。

自我虐待（self-abuse）是一個特殊問題，而且常是在沒有外力協助
的情況下發生的，所以不包括在討論的範圍內。但是，當非正式照顧者知
道了老人自我虐待的行為，卻不介入甚至明知故犯地協助其自我虐待（例
如代為購買酒精或代填處方購買上癮藥物，而不尋求專業的協助），那
麼，這個問題就可被視為老人忽視的行為。目前爭議的是老人虐待的定義
是否應包括在長期照護機構中院民或病人受到的不適當對待
（maltreatment）。有人認為在社區中和機構中所發生的老人虐待行為，
其互動過程有很多相同之處，但是機構內的施虐者是個受薪的職員（不是

親友），而且互動模式還包括了照顧一大群殘障老人的機構政策，以及低階員工和值班人員（最有可能是施虐者）的行政權力。上述事實都構成機構內老人虐待行為的獨特互動模式，因為這個互動模式不論在社區或機構內都可能導致對老人不利的處置。

若干老人虐待的研究係在七〇年代末期進行。 Rathbone−McCuan（1980）呈現影響老人的世代間家庭暴力的存在。 Steinmetz（1978）則首先討論老人被家人不當對待的問題。馬里蘭大學的老人研究中心進行了一項被毆老人的研究（Block & Sinnot 1979），發現 4.1% 的受訪老人曾受到虐待。如果將此數據放大到全美老人人口，研究者指出全美每年可能有將近一百萬老人受虐的案例。其他有關老人虐待的推估從每年五十萬到二百五十萬之間都有（Rathbone−McCuan & Hashimi 1982）。

一項在麻州對專業與半專業人員遇見虐待案例的研究中（Legal Reserach 1979）發現 55% 的受訪者在最近十八個月當中知道至少一件以上的虐待案例。另一項密西根州的研究則在五個領域中針對照顧提供者（如警察、社工員、醫師）進行資料收集（Hichey and Douglass 1981）。研究發現甚少直接身體虐待案例，但有 50% 受訪者接觸過被動忽視的案例。一項在俄亥俄州克里夫蘭進行的研究發現，所有病人中的 10% 曾被虐待過（Lau & Kosberg 1979）。施虐者是非正式照顧者，而其中大部份是親人。

這些研究對有關親人對老人的虐待行為的驚人發現導致一九七九年六月眾議院老年委員會（U.S. House of Representatives Select Committee on Aging）以及一九八〇年參眾議院老年委員會中進行專家聽證。該委員會的結論是，「全國老人大約 4% 可能是處於某種中度至重度虐待的受害。換句話說，每年每二十五個美國老人就有一個，或者大約有一百萬美國老人是虐待的受害者。」（U.S. Congress 1980: XIV−XV）這份報告並指出，這些老人虐待很可能持續發生的，而非偶發的獨立事件，並且受虐者可能是老老人、女人以及那些依賴別人照顧與保護的人。一般而言，受虐老人和施虐者住在一起，往往是親人。最後，這些研究報告並指出，沒有任何一個老人是免於受虐的可能性，因為老人虐待與社會階層、教育程度、種族、或地理區域都無關。

最近的研究（Callahan 1988, Hudson 1986）指出，有關受虐老人的比例的相關研究結果都沒有超過全部老人的5%。一項研究中，Pillemer和Finkelhor（1988）發現隨機取樣的2020名老人中有3.2%曾經歷身體上的暴力行為、言語的冒犯、或者忽視。儘管知道老人虐待案例的的低報案率，Callahan仍結論道「從整體社會的觀點而言，受到實質虐待行為影響的人仍是少數」（1988:455）。他更進一步說明為何此時此刻老人虐待成為社會關注的焦點：媒體的介入、專業人員對就業機會的關切，以及為爭取服務方案經費尋找合理理由的需要。

儘管上述看法十分引起爭議，但有些人確實可以因為只有少數老人受到虐待而放棄努力，並淡化對老人虐待的關切。如同Kosberg所言，老人虐待是個非常隱藏不易見的問題，因為它發生在私人住處中，被視為家務事，受虐老人很少會報案，專業人員可能沒能正確評估問題的原因，以及只有少數的助人專業人員被強制要求告發有老人虐待嫌疑的案例真的確實告發。眾議院老年委員會估計，每三件兒童虐待案例有一件被報案，但老人虐待六件中只有一件被報案（U.S. Congress 1980）。最後，不論現在受到虐待老人的真實數目或比例為何，老人虐待問題可能會持續惡化。理由包括老老人數目正不斷增加（老老人是最行動不便，因此也最易受害的）；愈來愈多婦女外出工作（因此婦女愈來愈可能承受來自工作和家庭的雙重壓力）；以及護老者、配偶和子女都會變老，也愈來愈無法給予年老親人必要和適切的照顧和注意。因此，老人虐待的問題仍應是我們關切的重點之一。

# 第三節　老人虐待的各種解釋

針對老人的犯罪當然也反應一般犯罪的侵犯本質。老人受害原因和年輕人受害是一樣的。但老年人特質確實使他們更顯眼易見、更脆弱、更無力防衛。

老人被非正式照顧者虐待以及不當對待的原因很複雜。助人專業人員應熟知老人虐待的各種解釋學說，才能提供適切的介入與治療。以下是老

人虐待或從兒童及配偶虐待研究中得到的主要理論解釋的整理。

## 一、心理病態模式（Psychopathology Model）

　　老人可能被不正常或偏差行為的人虐待，這樣的人包括毒癮者、酒癮者、精神病患以及老人痴呆症等。Steele 和 Pollock（1968）發現對兒童施虐者多是易衝動、不成熟以及沮喪的；其虐待行為正是其攻擊和殘酷本質的表現。這些老人多半是那些照顧精神分裂、智障或酗酒子女多年而自己已年邁的父母。「當年邁的父母日益衰弱且需要照顧，他們的成年子女因為無法正確判斷和評估而成為虐待和忽視老人的護老者。」（Lau & Kosberg 1979：13）

## 二、社會學模式（Sociological Approach）

　　Gelles（1973）曾討論兒童虐待，一般相信其結論可運用在老人虐待上。兒童易受到虐待行為的傷害，其原因是兒童缺乏生理力量以反抗外力，以及兒童無法進行很多有意義的社會互動，因而導致父母的挫折感。甚者，嬰兒（或老人）可能會因為造成家庭經濟困難或阻礙照顧者事業或教育計劃，而製造家庭壓力。

　　家庭暴力往往導因於不斷而至的壓力。虐待子女的父親中有比一般人口中更高比例的失業人口（O'Brien 1971）。另一項兒童虐待的壓力因素是未預期的懷孕，往往導致父母必須結婚，但卻沒準備好為人父母。而這個不被人期待的孩子便成為家庭中壓力的來源。「這個小孩可能是經濟上的負擔，情緒上的負擔，甚至心理上的負擔」（Gelles 1973：618）。老人的情況也是一樣，老年父母也可能是沒人要或成為未被預期的責任。

## 三、社會交換理論（Social Exchange Theory）

　　Edwards 和 Brauburger（1973）研究父母和其青少年子女間的交換系統。他們發現，當父母與子女之間的交換不成功時，衝突就產生。而交

換系統包括了酬勞（reward）、權力、服從的成本、以及交互作用。衝突是與解決問題時使用強制性控制有關。當年老父母反對子女的依賴增加時，也會導致衝突。。衝突則可能導致虐待或不當對待。

除了上述對交換現象的了解之外，Richer 指出，「子女的可用資源或其他選擇愈多時，父母專制的可能性就愈低，而子女與父母之間衝突關係就愈高」（1968:464）。有關早期親子關係問題是否會在父母年老時重演，或者會發生角色對換，年老父母反過來被要求服從成年子女的命令。以後者而言，父母子女間的社會交換關係是發生改變，而不是反轉。

## 四、生活危機模式（Life Crisis Model）

Justice 和 Duncan（1976）論及壓力導致兒童虐待。討論焦點在於那些需要一個人或一個家庭在生活型態上重新調整的事件。當這樣改變生活的事件次數過多或衝突太大，人就會處於「生活危機狀態」。研究者發現這樣的「狀態」普遍存在於施虐父母。他們運用四十三種需要個人或家庭重新調適的事件（Holmes & Rahe 1967）。這些事件包括身體疾病、意外或傷害的發生、以及個人、社會、經濟、或人際間的改變。這樣一個虐待的多重原因模式（multicausal model）把焦點放在因過度壓力造成的生活危機，並視之為前置因素。導致虐待的生活危機是一連串造成改變的事件，他們和日常生活每天遇見的情境式問題不同，因為他們難以預料：「生活危機的最終狀態就是耗竭的狀態，缺乏能力去調適，並有失去控制的危險」（Justice & Duncan 1976:112）。

## 五、家庭暴力的社會結構理論
（Social-Structural Theory of Family Violence）

衝突的社會結構理論部份關注於攻擊的社會化。「這理論指出愈嚴厲處罰子女的父母會教養出愈有攻擊性的子女」（Lystad 1975：330）。暴力的社會化可以在某些低教育程度和低社經地位的群體，以及破碎家庭中觀察到。

家庭暴力的關係中應考量家庭中的權力結構。每個家庭中都有從屬之分的人際關係階層。每個家庭的權力關係都有不同的結構、價值和信仰。更者，大社會的權力結構會影響家庭中的暴力。社會對兒童的虐待（透過飢餓、貧窮、低品質的教育）──或對任何依賴人口（包括老人）的虐待──可以視為比任何個人的虐待行為更嚴重（Gil 1971）。文化價值可能會支持「老人是不重要」的看法，而文化規範也可能認同對依賴人口施以虐待的行為。

最後，種族次文化的社會結構變數曾被當作「暴力的文化」加以討論。某些人指出，那樣的價值體系支持並合理化虐待行為（Lystad 1975），但 Cazenave（1983）則相信「暴力文化」只是個印象而沒有實證事實。

## 六、世代衝突（Intergenerational Conflict）

針對老年人與其成年子女之間的世代問題的實證研究較少。老年母親與成年女兒之間的張力曾被以人格衝突討論過，並且衝突會隨著時間而更惡化（Farrar 1955）。隨著時間過去卻無法重新定位彼此角色被視為會導致敵意（Blenkner 1965）或公開的暴力（Glasser & Glasser 1962）。學者曾指出老人與家庭成員之間的衝突很可能是發生在，當家庭或個人無法應付一個患有慢性疾病的老年父母的時候（Maddox 1975）。 Miller（1981）曾指出成年子女的壓力，一方面必須面對自己老化的過程；另一方面又需要同時照顧自己的子女和年老父母的需要。世代之間的衝突也曾被視為，是中年子女與老年父母之間的權利義務缺乏規範的反映（Cavan 1969）。

# 第四節　評　估

如 Rathbone-McCuan 所言「辨別和介入存在家庭中發生的對老人身體虐待和故意疏忽的案例是很少見的；因為實務上的專業工作人員無法找

到解決故意虐待和疏忽的方法」（1980：296）。在沒有事先提高對可能存在的老人虐待或犯罪行為的敏感度之前，去談評估、甚至處遇方法是非常沒有意義的。

　　為老人服務的人不應該期待老人一定能夠用言語表達自己的不幸遭遇。如前所述，受犯罪侵犯的老年人往往因為不好意思、害怕、或相信不會有用的，而不願意報案。同樣地，老人虐待的研究發現受虐老人不會報案。在其研究中，Lau 和 Kosberg（1979）發現，否認（denial）是老年人最普遍的反應，其次是放棄（resignation）。老人不願意報案或否認受害事實的存在可能有下列理由（Kosberg 1983）：恐懼施虐者的報復，對施虐家人的虐待行為感到丟臉，預期任何解決的嘗試會使問題惡化（例如被遷出自己的家、送到機構安養）、害怕法律行動會不利於施虐的家人、相信這是家醜不應外揚、或者是對依賴家人造成家人負擔和壓力感到罪惡。

　　如果老人不願意將加諸身上的犯罪和虐待行為報案，那麼助人專業工作人員就有一份覺察和評估這類問題的責任。某些型態的虐待行為其結果是明顯的；如傷害、瘀青、燒疤等。其他的結果較不明顯，最好是藉由對老人情緒和舉止的評估加以辨別。沮喪、恐懼、混淆、憤怒、退縮等可能源自不同的原因。犯罪或虐待行為可能是其中一種原因，不應該被忽略。經由身體檢查來診斷老人虐待的方法（Falcioni 1982）發展地比社會心理評估的診斷方法更好。目前已有若干篩選流程可以辨別老人虐待的生理和行為徵狀（Sengstock & Hwalek 1986; Quinn & Tomita 1986）。

　　理想上，助人專業中那些可能與受害老人接觸的工作人員，應該能夠在安靜且具隱私的地點與老人建立關係。（對診斷與處遇策略的周延討論詳見 Quinn & Tomita 1986）。訪談者的角色應該加以澄清，並應提及所提供的資訊將被適切地運用。應強調的是協助與支持，而不是在對施虐者提出訴訟。尤其在疑似虐待的案例，不應有其他人在場（例如帶老人至醫院急診處或社服室的家人）。親人應該另外分別面談，對發生之事的解釋應該與老人的說法加以比對。當說法不一致，或故事可能有串供之嫌的時候，我們有理由更進一步追查導致問題產生的真實事件（不論是長期性或暫時性）。專業和半專業人員的技巧和人格將決定是否可以成功地發掘老

人真實狀況和虐待行為的發生情形。

在評估犯罪或虐待行為問題時，有過度簡化問題的危險。評估應包括犯罪或虐待行為的型態，該項行為的頻率和持續時間，以及導致不幸事件所造成的結果。另外，我們應該尋問老人（或事件的見證人）有關事件的發生時間和地點，以及侵犯者的人數與特徵。若是虐待案例，應該知道虐待發生的情境以及施虐者的動機。（雖然虐待行為對老人產生的結果是相似的，但基於無知的虐待與基於敵意的虐待其處遇方法是不同的）。另外，是否有一個以上的施虐者，以及虐待發生時是否其他人知道或在場，也是應知道的事項。

最後，老人如何解釋他人所加諸的侵犯行為是很重要的。有些老人可能視虐待或犯罪行為為他們自身行為、限制和需求所引發的結果：在老人受欺詐的案例中，老人會說「我太貪便宜」或「我太渴望得到可以治癒的藥方」；在老人虐待案例中，老人會說「我是我女兒的負擔」或「當我兒子小的時候，我也打他」。在其他情形中，老人和專業人員對這個問題的看法也不同：「其實並沒有不當對待的情形存在。我們家人向來都是常常肢體接觸，彼此也很情緒化。」在老人虐待案例中，評估施虐者如何解釋這個問題，對將採取何種型態的治療具有決定性影響。有些施虐者事後仍具敵意，否認他們對老人的對待有任何錯誤；但有些人會感到羞恥，並對引發他們虐待老人的情境和事件感到難過。

# 第五節　處　遇

對老人的協助包括事前的預防以及事後的治療。關切老人受虐或犯罪傷害的人有非常多的事要做。下面介紹來自直接服務、方案、政策三個層面的不同處遇。

## 一、對犯罪受害者

如上所討論的，研究結果已協助辨視高危險群老人、以及與犯罪有關

的情境。「當老人可以學習去辨別在他們周遭環境的犯罪機會並評估風險，他們就可以採取簡單的預警措施來避免犯罪的行為」（Jaycox & Center 1983：319）。社區照顧提供者在預防宣導上可以協助老人。Jaycox 和 Center（1983）已指出個人的以及集體的預防犯罪措施。個人的預防犯罪措施包括由受過訓練的人員做家庭巡查以決定家庭中的安全狀態及特殊風險、辨認財產的財產標記方案（property-marking）、改進預警措施（例如使用鏡、留盞燈或把收音機打開）、以及增加街道上的預警措施（例如提高對他人外觀及環境的敏感度）。集體措施包括區域互助會、守望相助、大樓巡查、以及電話問安等。

　　Curties 和 Kohn（1983）曾討論在老人活動場所中為老人所做的預防措施，強調環境設計的重要性，認為環境設計是對老人的犯罪活動的決定因素。如此，預防策略可以包括對造訪者製造障礙的管道控制、正式監督、提高預防警覺的方案以及培養保衛性行為。

　　輔導曾受害過的老人（無論是個人攻擊、財物偷竊、詐欺、或剝削）或因恐懼而缺乏動機的老人的專業人員需要特殊的敏感度和技巧，以處理犯罪行為所帶給老人的創傷和其後續影響。老人服務的臨床技巧在本書其他部份提及，而公共政策部份需要制定協助老人受害者服務方案。「協助人們從犯罪所產生的壓力中復原的方案通常提供諮詢和社會服務，並且可能遊說社會服務和司法專業人員應更具敏感度地處理受害者」（Jaycos & Center 1983:323）。協助受害者的努力，如施暴危機處理中心和受毆婦女緊急庇護所。關切受害老人的機構包括在德州 Fort Worth 的全國受害者中心（National Victim Center）、全國資深公民協會（National Council of Senior Citizens）的老人與司法正義方案（Criminal Justice & Elderly Program）以及全美退休人員協會（American Association of Retired Persons）的司法正義服務（Criminal Justice Services）。

　　Jaycox 與 Center（1983）曾為老年犯罪受害者指出受害者協助方案的三大目標。第一，協助老人從心理上和情緒上的衝擊中復原。這需要臨床技巧來提供支持和同理。第二，儘可能協助老人得到可得的福利做為損失的補償。例如，有些州有受害者補償方案。第三，直接或間接（經由轉介）協助老人從犯罪行動中復原（如醫療照顧、交通、居家服務等），並

且協助其參與司法程序（如協助並支持其面對法律執行過程及司法官僚體系）、這樣的受害者協助措施可設置於警察局、社會服務和醫療單位或法院。

## 二、對受虐者

　　無論在何種場所從事老人工作的人應該對虐待行為具有敏感度。研究和實務經驗已辨識出高危險群老人：老老人、殘障和依賴者以及女性。從兒童虐待和配偶虐待的社會科學理論研究中所得的結論運用到老人身上時，可以辨別出與虐待行為相關的個人或情境。Kosberg（1988）曾發展出一個高危險群安置工作表（High Risk Placement Worksheet）來協助專業人員安置有受虐危險的老人。這份工作表關注在：1. 老人本身（例如殘障、引起爭端的行為、高齡）；2. 護老者（例如有飲酒問題、缺乏照顧經驗、焦慮緊張）；3. 家庭系統（例如家庭支持、家庭內部問題、孤立）等三者的特性。Pillemer（1986）也曾討論老人虐待的相關風險因素。

　　從預防的觀點來看，有若干機制可以用來避免將老人置於可能導致虐待的情境。社工員和其他社會服務和醫療服務的專業人員應該仔細評估非正式照顧提供者的適切性。「指派一名親人做為監護人，將老人與小孩安置於一處，或者在沒有適當評估之下將老人結案交給家人，服務人員可能視之為萬靈藥，但卻可能對老人導致嚴重後果」（Kosberg 1983:271）。照顧者應該提供依賴性老人生理上、社交上、心理上以及經濟上必要之照顧與關注。另外，殘障老人的潛在或真實照顧者對照顧經驗的觀感需要被確實了解。Kosberg 曾發展照顧成本索引（Cost of Care Index）（Kosberg & Cairl 1986），從五個領域中評估照顧經驗：個人和社交限制、生理和情緒上的健康、提供照顧的價值觀、情緒容易被老人煽動的程度（old person as provocateur）、以及經濟成本。一般相信一個護老者的整體評估必須包括主觀和客觀雙方面的了解。甚者，非正式照顧系統應該被評估。這是指家庭成員以及可以分擔或減輕主要護老者負擔的朋友的人數、地點和健康狀況。

　　由於照顧老人的人通常有經濟壓力，助人專業者應該倡導減輕這些護

老者經濟負擔的社會政策。有關的建議包括稅賦減免、直接補助（護老津貼）、或者經由家庭津貼方案直接現金補助。這樣的建議可能會鼓勵家庭成員分攤老人的照顧，並且可減少護老的經濟負擔。但這些政策的實施需要一些機制來確定照顧老人的動機不是基於金錢的考量。

以預防觀點來看，透過社區服務支持那些護老者是很重要的。尤其是那些沒有強大非正式支持系統的護老者，正式支持服務在對於解除他們照顧老人所帶來的持續且耗人心力的壓力方面，扮演重要角色。這樣的社區服務包括成人日間照顧、日間醫院、友善訪問、暫歇性照顧服務（respite care）、在宅服務和居家看護以及家事服務。這些服務可以協助避免老人因家人無法應付持續的照顧而將老人送至機構安置，並且可以解除可能導致老人虐待的家庭壓力。

老人虐待的預防與治療領域彼此並不互斥，且相互重疊。保護服務有預防和治療雙方面成份。一九八〇年時有二十五個州有某些形式的保護服務法案（Salend, Satz & Pynoos 1981）。只有三個州表示他們沒有任何針對老人虐待的法律（APWA & NASUA 1986）。所有的州都應該有保護服務法案，授權社工員和其他專業人員進入私人住所（以進行疑以虐待案例的調查），對受虐老人提供服務及法律介入，以及授權在沒有家人同意情況下將老人遷離。當然，將老人遷離家中應該是最後一步，而應依循下列步驟進行：

1. 努力與家庭成員一同解決問題。
2. 動員社區支持服務或非正式資源來協助家庭照顧老人（Hooyman & Lustbader 1986）。

對老人及其家庭提供諮商或個案輔導是另一個包含預防與治療雙重成份的領域。就預防成份而言：「當家庭正在考量如何照顧老人時，就應當提供諮商。家庭在照顧自身成員上承受非常大的社會壓力，而專業人員的角色應該是協助家庭做一個明智的決定，不是基於社會價值下的罪惡感，而是基於他們要做而且能夠做到的」（Steuer 1983:245）。 Kosberg（1988）曾倡導對那些考慮承擔照顧責任的人提供諮商服務，藉以辨別那些過度樂觀或悲觀的人，或基於錯誤理由想從事照顧的人。

Steuer（1983）建議，一旦虐待行為被認出，就有必要介入施虐者和

整個家庭以解決衝突和罪惡感。 Rathbone－McCuan 和 Hashimi
（1982）曾指出，老人虐待案例往往被不良定義並且需要評估。 Rath-
bone－McCuan、 Travis 及 Voyles（1983）曾在其對老人虐待案例中家
庭介入的任務中心模式（task－centered model）的討論中，嘗試去填補上
述實務的空隙。如果社會或心理處遇無法解決問題而老人虐待持續發生，
就應採取法律行動。將老人移出家庭遷入臨時住所，應該是在其他方法都
失敗後採取的最後手段。我們所期待的是，由於老人虐待的大量曝光導
致，那些照顧老人的人會自願地尋求專業人員的指導，以協助他們處理可
能虐待行為的種種感受。但在被辨視出的老人虐待案例中，那些施虐者至
少應該接受專業輔導。

專業人員需要考慮對老人進行法律保護，防止施虐或有施虐嫌疑的親
人接近老人。由於從家人獲致虐待老人的完整證據非常困難，指控施虐者
或與之衝突可能會導致對專業人員之不利行動。當然，個人專業責任保險
（personal professional liability insurance）是必須的；通常機構會為專
業工作人員投保。專業人員也需要避免相信老人可能因為幻想或扭曲不實
的觀感而做的不實證詞，而採取不專業的行動。在這方面，對所有服務老
人的工作人員必須仔細評估老人對虐待行為的任何指控的正確性與可信
度。老人虐待指控至少必須對老人現實認知能力的評估，並與其他證人的
證詞相核對後，才可成立。

研究發現有四十三州成立老人虐待的強制性且全面性的通報系統。雖
然各州間有差異，但都立法要求助人專業向州中央單位通報可疑的成人或
老人虐待案例。但這樣一個辨視機制並不能視為萬靈丹。「專業人員不願
通報兒童虐待的因素（害怕同謀的施虐者採取法律行動、花費太多時間在
司法過程、不確定虐待是否真的發生）也可能是專業人員對強制通報的法
令規定的回應」（Kosberg 1988：44）。很多人沒有通報虐待案例，是因
為他們花了太多的時間與案主溝通以致超過通報的時限。最後， O'Brien
（1986）曾發現，在有強制通報要求的州裏，並不是全部的專業人員都知
道他們的責任。

## 三、以寄養服務做爲預防性措施

　　老人寄養服務已被視為老人獨立生活的另一種選擇；另一方面，也被視為機構安置的另一種替代方案。但是，寄養服務已遭到批評，因為老人可能很容易受到寄養家庭虐待的傷害。例如 Brody（1977）質疑寄養服務的動機：

　　有關寄養服務的討論經常提及家庭、家的環境以及參與家庭正常活動為其重要元素……如果六個或十個人……在這樣一個家，這還真的是一個「居家環境」嗎？或者，它只是某種型式的聚合住宅（congregate facility），好像是有很多「老爸和老媽」的寄住宿舍，而通常沒有「老爸」只有「老媽」？或者，它是一個沒有執照的護理之家？如我們所知，這些寄養服務家庭的動機各自不同，這些家庭真的是「家庭」嗎？或者，他們只是在做小生意呢？

　　一份參議院老人委員會報告指出，寄養服務較不能滿足出院精神病患需求：

　　　「往往這些寄養家庭是整修過的住宅，但有時也可能是高樓大廈或整修過的旅館，有些案例是整修過的可移動住屋（mobile house）或重新裝璜的廚房。但共同的是他們提供住宿和房間，但不提供照顧服務，而且大部份的州政府並沒有對這些設施發給執照（U.S. Congress 1976b）。

　　缺乏證照管理與這些寄養家庭和寄養服務提供者的特徵（包括訓練、動機、和適當性）有關。甚者，這些寄養服務很少有任何強制性專業人員監督或追蹤被送至寄養的老人狀況。老人在寄養家庭中受到虐待的可能性因而增加，而且很少被覺察。如同 Robert N. Bulter 博士在眾議院長期照

護與老人保健委員會的聯合公聽會上所做的證詞,「從公民自由與醫療照顧的觀點來看,老人有接受治療的權利,但是寄養家庭這樣的設施比精神病院對病人的保護還要來的少」(U.S. Congress 1976a)。

提高老人寄養家庭的水準,可以透過對服務提供者的教育與訓練方面的要求,以及對其背景、動機和信念的評估二者達成。寄養家庭應該接受安全、衛生及隱私權等方面的標準要求,並實施證照制度以利管理,另外也應對每一寄養家庭的照顧人數加以限制才是。但是,一個寄養家庭應該照顧多少人,才不致失去「家」的內涵成為一個機構或「小生意」呢?Sherman 和 Newman 指出一個令人困惑的矛盾:法規將會排除小型的寄養家庭。「這些寄養家庭的優點在於他們的規模小,但如果法規訂的太嚴格,就沒有足夠的誘因,小型寄養家庭可能就變成不可行了」(1977:519)。

# 第六節 結 論

對老人的犯罪和虐待行為最終是受到社會價值和態度對依賴和老人的重要性的看法所影響。因此,專業人員不僅只扮演評估和介入的角色,更應該去改變大眾教育、大眾傳播媒體,協助老人本身去挑戰對老人、病人和依賴者的傳說、刻板印象和負面看法。除了保護老人,使他們儘量減少受犯罪和虐待的傷害機會之外,我們還需要基本、更廣泛的態度上和價值的改變。

這樣的改變是真正能夠有效預防對老人不利行為的第一步。

# 參考書目

American Public Welfare Association and National Association of State Units on Aging. 1986. A comprehensive analysis of state policy and practice related to elder abuse. Washington, D.C.: APWA and

NASUA.

Ansberry, Clare. 1988. Abuse of the elderly by their own children increases in America. *Wall Street Journal*, February 3, 1988, pp. 1 and 5.

Blenker, M. 1965. Social work and family relationships in later life with some thoughts on filial maturity. In E. Shanas and G. F. Streib, eds., *Social Structure and the Family: Generational Relations*. Englewood Cliffs, N. J.: Prentice Hall.

Block, M. and J. Sinnot, eds. 1979. *The Battered Elderly Syndrome: An Exploratory Study*. College Park: Center on Aging, University of Maryland.

Braungart, M. M., R. G. Braungart, and W. J. Hoyer. 1980. Age, sex, and social factor in fear of crime. *Sociological Focus* 13(1):55-66.

Brody, E. M. 1977. Comments on Sherman/Newman paper. *The Gerontologist* 17(6):520-522.

Brody, E. M. 1985. Parent care as normative stress. *The Gerontologist* 25(1):19-28.

Butler, R. M. 1975. *Why Survive? Being Old in America*. New York: Harper and Row.

Callahan, James J., Jr. 1988. Elder abuse: Some questions for policymakers. *The Gerontologist* 28(4):453-458.

Cavan, R. 1969. *The American Family*. 4th ed. New York: Crowell.

Cazenave, N. A. 1983. Elder abuse and black Americans: Incidence, correlates, treatment, and prevention. In J. I. Kosberg, ed., *Abuse and Maltreatment of the Elderly: Causes and Interventions*. Boston: Wright-PSG.

Clemente, F. and M. B. Kleiman. 1976. Fear of crime among the aged. *The Gerontologist* 16(3):207-210.

Curtis, L. A. and I. R. Kohn. 1983. Policy responses to problems faced by elderly in public housing. In J. I. Kosberg, ed., *Abuse and Mal-*

treatment of the Elderly: Causes and Interventions. Boston: Wright-PSG.

Edwards, J. N. and M. B. Brauburger. 1973. Exchange and parent-youth conflict. *Journal of Marriage and the Family* 35(1):101-107.

Falcioni, D. 1982. Assessing the abused elderly. *Journal of Gerontological Nursing* 8(1):208-212.

Farrar, M. S. 1955. Mother-daughter conflicts extended into later life. *Social Casework* 36(5):202-207.

Finley, G. E. 1983. Fear of crime in the elderly. In J. I. Kosberg, ed., *Abuse and Maltreatment of the Elderly: Causes and Interventions.* Boston: Wright-PSG.

Gelles, R. J. 1973. Child abuse as psychopathology: A sociological critique and reformulation. *American Journal of Orthopsychiatry,* 43(4):611−621.

Gil, D. G. 1971. Violence against children. *Journal of Marriage and the Family* 33(4):637-648.

Glasser, P. H. and L. N. Glasser. 1962. Role reversal and conflict between aged parents and their children. *Journal of Marriage and the Family* 24(1):46-51.

Goldsmith, J. T. and N. E. Tomas. 1974. Crimes against the elderly: A continuing national crisis. *Aging,* nos. 236-237, pp.10-13.

Hindelang, M. J. and E. H. Richardson. 1978. Criminal victimization of the elderly. In U. S. Congress, House Select Committee on Aging. *Research into Crimes Against the Elderly,* part 1. Washington, D.C.:GPO.

Hirschel, J. D. and K. B. Rubin. 1982. Special problem faced by the elderly victims of crime. *Sociology and Social Welfare* 9(2):357−374.

Holmes, T. H. and R. H. Rahe. 1967. The social readjustment rating scale. *Journal of Psychosomatic Research* 11(2):213-218.

Hooyman, N. R. and W. Lustbader. 1986. Taking care: Supporting older people and their families. New York: Free Press.

Hudson, M. F. 1986. Elder mistreatment: Current research. In K. A. Pillemer and R. S. Wolf, eds., Elder abuse: *Conflict in the Family*. Dover, Mass.:Auburn House.

Jaycox, V. H. and L. J. Center, 1983. A comprehensive response to violent crimes against older persons. In J. I. Kosberg, ed., *Abuse and Maltreatment of the Elderly: Causes and Interventions*. Boston: Wright-PSG.

Johnson, T. 1986. Critical issues in the definition of elder mistreatment. In K. A. Pillemer and R. S. Wolf. eds., *Elder Abuse: Conflict in the Family*. Dover, Mass.: Auburn House.

Justice, B. and D. F. Duncan. 1976. Life crisis and precursor to child abuse. *Public Health Reports* 91(2):110-115.

Katz, K. D. 1979-80. Elder abuse. *Journal of Family Law* 18(4):659−722.

Kosberg, J. I. 1979. Family conflict and abuse of the elderly: Theoretical and methodological issues. Paper presented at the 32d Annual Scientific Meeting of the Gerontological Society of America. Washington, D. C.

Kosberg, J. I. 1983. The special vulnerability of elderly parents. In.J. I. Kosberg, ed., *Abuse and Maltreatment of the Elderly: Causes and Interventions*. Boston: Wright-PSG.

Kosberg, J. I. 1988. Preventing elder abuse: Identification of high risk factors prior to placement decisions. *The Gerontologist* 28(1):43-50.

Kosberg, J. I. and R. E. Cairl. 1986. The cost of care index: A case management tool for screening informal care providers. *The Gerontologist* 26(3):273-278.

Lau, E. E. and J. I. Kosberg. 1979. Abuse of the elderly by informal care providers. *Aging*, nos. 299-300, pp.10-15.

Legal Research and Services for the Elderly. 1979. *Elder Abuse in Massachusetts: A Survey of Professionals and Paraprofessionals*. Boston:

Legal Research and Services for the Elderly.

Liang, J. and M. C. Sengstock. 1983. Personal crimes against the elderly. In J. I. Kosberg, ed., *Abuse and Maltreatment of the Elderly: Causes and Interventions*. Boston: Wright-PSG.

Lystad, M. H. 1975. Violence at home: A review of the literature. *American Journal of Orthopsychiatry* 45(3):328-345.

Maddox, G. 1975. Families as context and resource in chronic illness. In S. Sherwood, ed., *Long-Term care: A Handbook for Researchers, Planners, and Providers*. New York: Spectrum.

Malinchak, A. A. and D. Wright. 1978. The scope of elderly victimization. *Aging*, no. 281/282, pp. 10-16.

Miller, D. A. 1981. The "sandwich" generation: Adult children of the aging. *Social Work* 26(5):419-423.

National Association of State Units on Aging and American Public Welfare Associations. 1988. *Adult Protective Services: Programs and State Social Service Agencies and State Units on Aging*. Washington, D.C.:NASUA and APWA.

O'Brien, J. E. 1971. Violence in divorce prone families. *Journal of Marriage and the Family* 33(4):692-698.

O'Brien, J. E. 1986. Elder abuse: Barriers to identification and intervention. Paper presented at the meeting of the Gerontological Society of America, Chicago, Ill.

Pepper, C. D. 1983. Frauds against the elderly. In J. I. Kosberg, ed., *Abuse and Maltreatment of the Elderly: Causes and Interventions*. Boston: Wright-PSG.

Pillemer, K. A. 1986. Risk factors in elder abuse: Results from a case-control study. In K. A. Pillemer and R. S. Wolf, eds., *Elder Abuse: Conflict in the Family*. Dover, Mass.: Auburn House.

Pillemer, K. and D. Finkelhor. 1988. The prevalence of elder abuse: A random sample survey. *The Gerontologist* 28(1):51-57.

Quinn, M. J. and S. K. Tomita. 1986. *Elder Abuse and Neglect: Causes, Diagnosis, and Intervention Strategies*. New York: Springer.

Rathbone–McCuan, E, 1980. Elderly victims of family violence and neglect. *Social Casework* 61(5):296–304.

Rathbone-McCuan, E. and J. Hashimi. 1982. *Isolated Elders: Health and Social Intervention*. Rockville, Md.: Aspen.

Rathbone-McCuan, E., A. Travis, and B. Voyles. 1983. Family intervention: Applying the task-centered approach. In J. I. Kosberg ed., *Abuse and Maltreatment of the Elderly: Causes and Interventions*. Boston: Wright-PSG.

Richer, S. 1968. The economics of child rearing. *Journal of Marriage and the Family* 30(3):462-466.

Salend, E., M. Satz, and J. Pynoos, 1981. *Mandatory reporting legislation for adult abuse*. Los Angeles: UCLA/USC Long-Term Care Gerontology Center.

Sengstock, M. C. and M. A. Hwalek. 1985. *Comprehensive Index of Elder Abuse*. Detroit: SPEC.

Sherman, S. R. and E. S. Newman. 1988. Foster-family care for the elderly in New York state. *The Gerontologist* 17(6):513-520.

Steele, B. and C. Pollock. 1968. A psychiatric study of parents who abuse infants and small children. In R. E. Helfer and C. H. Kempe, eds., *The Battered Child*. Chicago: University of Chicago Press.

Steinmetz, S. K. 1978. Battered parents. *Society* 15(5):54-55.

Steuer, J. L. 1983. Abuse of physically disabled elderly. In J. I. Kosberg, ed., *Abuse and Maltreatment of the Elderly: Causes and Interventions*, Boston: Wright-PSG.

Tomas, N. E., ed. 1974. *Reducing Crimes Against Aged Persons*. Report of the Mid-Atlantic Federal Regional Council Task Force Workshop, U. S. Department of Health, Education, and Welfare.

U. S. Congress. 1976a. House. Select Committee on Aging. *Mental*

*Health Problems of the Elderly.* Washington, D. C.: GPO.

U. S. Congress. 1976b. Senate. Special Committee on Aging. *Nursing Home Care in the United States: Failure in Public Policy.* Washington, D. C.: GPO.

U. S. Congress. 1978. Senate. Special Committee on Aging. *Developments in Aging,* 1977, part 2. Washington, D.C.:GPO.

U. S. Congress. 1980. House. Select Committee on Aging. *Elder Abuse: The Hidden Problem.* Washington, D.C.:GPO.

U.S. Congress, 1981. House. Select Committee on Aging. *Physical and Financial Abuse of the Elderly.* Washington, D.C.: GPO.

Yin, P. 1985. *Victimization and the Aged.* Springfield, Ill.: Thomas.

第五篇
# 居家服務

# 第18章

# 住宅

*Susan R. Sherman* 著

林珍珍 譯

　　此章重點在於提供老人及其家庭的住宅服務。

　　雖然我們的關心主題是住宅，但是住宅問題是無法單獨來考量的，因此此章所包含的主題與此書所談到的其他主題皆有相關聯，老人住宅無論區隔或年齡混合的形式，必須視為老人環境之一部分；老人環境包括交通、醫療與社會服務、購物、休閒與活動中心、潛在性社會網絡、犯罪傷害等，皆會影響老人住宅條件。

　　本文的前提是給予案主住宅選擇權。其意謂著，提供必需的資訊並告知老人所有的選擇，讓老人做一明智決定。雖然社工員了解其意義，但以老人住宅之情形，想了解是相當困難，因此老人住宅的幾種選擇是有詳述說明，但不幸地，對大多數的老人來說，一個完整的住宅持續性是無法獲得的，有時因為是財務限制，有時是因為服務區域限制。

　　在鉅視面政策是一個居住型態之選擇，但在實際執行中選擇住宅是另一回事，案主需參與住宅的決定（包括事前採訪與過度時期的居住安排）。

# 第一節　需　求

　　分析住宅之需求，首先先界定不同的老人人口群。目前有 5% 的六十五歲及六十五歲以上老人住安養機構中，本文的討論不包含上述機構內安養之老人，而將在其他章節中討論。

　　另外，住在特殊設計住宅的老人，大約有將近 4%（Lawton 1980）至 10%（AARP），此一數字是在一九八六年針對六十歲及以上者所做的調查，由此可知大約有 85% 至 90% 的老人住在社區中，此章所要討論的是住在特殊設計住宅之老人與在社區中的 85% 至 90% 老人，因為社工員較常接觸此兩類人口群。

　　住宅需求有三種不同呈現方法：從家庭組成可以了解老人的社會支持的需要，如獨居老人；從住宅的擁有與否可以了解老人現況的穩定性與彈性；從住宅品質可以了解老人是否需要重新安置或對居家設施重新安排。

# 一、家庭的組成

　　大約 80％的六十五至七十四歲男性中，與其配偶同住； 10％的六十五至七十四歲男性獨居或與朋友同住。在七十五歲以上男性中，將近 70％仍與其配偶同住，大約 20％獨居；相對的，低於 50％的六十五至七十四歲女性，與配偶同住，大約 35％獨居；在七十五歲以上女性中僅有 20％與配偶同住， 50％獨居或與朋友同住（ Atchley 1985 ）。這些差異對社工員與老人有著重要意義，雖然家屬遺棄老人的傳說已隨著時間淡忘，但亦有為數眾多老人不願與子女同住。需要支持與協助或無其他選擇時，老人則必須與子女同住。事實上大約有 15％的六十五歲及以上的老人與其成年子女或親戚同住（ Harris et al. 1986 ）。而三代同堂則是少數。

# 二、住宅所有權

　　有 73％的六十五歲及以上的戶長擁有自己的房子（ 男性的比例高於女性 ），而有 80％房子是沒有貸款的（ Jacobs 1986; Solan 1987 ）。雖然對許多人而言，這是心理與財務上安全的表徵，但對老人，這是「陷阱」；如房子太大，有許多不易爬的樓梯或者房子坐落在高犯罪率區域、以及房屋稅、管理費及燃料費消耗掉老人每月太多的收入。此外，房屋所有權者可能無法負擔房屋的維修費。 Struyck （ 1984/85 ）估計有 12％的老人住宅，因為老人的健康欠佳而需要改變。然而，出售房子並不容易且無法確保未足夠的錢可以租一個好的房子。再說，老人也不願意離開熟悉的環境與朋友。

　　由於上述之因素，很多老人對住家餘值轉換辦法（ home equity conversion ）產生了興趣，其意謂著老人仍住在自己家中，但已賣出或外借部份房產（ Fish 1985; Jacobs 1986; Solan 1987 ）。此辦法不要求規律性地月付貸款償還（ Scholen 1987 ），住家餘值轉換辦法在 Scholen 與 Solan （ 1987 ）的文章中有詳細說明。

　　有時老人會因為都市更新、房屋重建而被迫遷移他處。中低收入的老

人往往受到房租太貴的影響（N. Y. Leg 1982）；例如，六十五歲以上在外租房子的老人，房租佔其每月收入的 1/3。

## 三、住宅品質

依據美國住宅與都市發展局的調查，9%的六十五歲戶長及房屋所有權者有肢體殘障（Allan, Brotman 1981），Struyck（1985）估計幾乎有 1/3 的老人戶長有肢體殘障並導致生活費用的升高；另外，租的房子比自用住宅的缺點更多。

Carp（1976）評估了數個居民對住宅有正面評價報告的房子，發現居住品質仍是不良。他認為，在沒有其他選擇的情形下，正面評價是一種防衛性反應；若給予居民選擇時，Carp 發現房客對住宅之評估會較負面。Ward、Lagory 及 Sherman（1988）亦發現儘管鄰近環境很差，受訪者仍表達出高度的滿意度，這也部份反應了選擇的局限性。

最被剝奪的住宅品質的老人族群是城市內老人、農民、拉丁裔、亞裔、黑人與猶太裔貧民（Carp 1976; Lawton 1980），而住在郊區的老人亦漸漸有此問題。這群在第二次世界大戰後購買房子者現在已老化，他們的需要已改變，但滿足這些需要的服務正在減少；其中交通問題是最嚴重的。Logan 與 Spitze（1988）分析一九八四年全國老人健康調查補錄報告發現，城市與郊區老人所使用的服務沒有太多差別，他們認為在都會區中或在較偏遠地區也許有差別，但在整體統計中沒有顯示出來而已。

# 第二節　評　估

Lawton 與 Nahemow 發展改編了一套很好的評估模式，這模式認為：在特定環境中，人會儘可能地去適應環境，但環境對人的適應能力的要求不應超過其極限。其幫助我們清楚了解案主的能力與環境之要求需要。為了降低環境的要求，我們要把環境中的要求粗略地列出。即使案主有表示特別喜歡那一種形式，但應謹慎小心不同的住宅皆有其優缺點，住

宅的選擇取決於案主的意願，其適應能力以及案主的正式與非正式支援。
許多住宅方案都正經歷「住戶老化」的問題。也就是住戶一開始入住時，
平均年齡是六十五至七十歲，如今年齡大約已在八十歲左右，於是一個原
本提供較獨立生活環境的方案，如今必須提供照顧服務，因此增加了住宅
方案間分類的困難。

　　一個住宅諮商服務可能有自己的評估工具，例如，Lawton（1975）
的評估表，該表調查受訪者喜歡的住宅類型、住宅區域、在住宅中希望提
供的服務、鄰里及住宅特性、搬遷計畫、原因、現有住宅的安排與消費、
交通、居家服務需求、健康問題與對住宅的需要及社區服務。

　　因為住宅種類是如此多樣化，所以要有全功能的工具，以評估案主住
宅的選擇是相當困難。Moos 與其同事（Lemke & Moos 1987; Moos &
Lemke 1984）已發展出一組測量住宅環境特性的量表，其包括四個類型：
建物本身、住宅管理組織與政策、非個人因素與社會環境。在做房子的選
擇中會列出包括上述四個類型是不可能的，然而，在機構中之社工員或個
案管理者會發現將上述四項目列為計畫中之指導是有用的，因為在每一住
宅類型中老人對提供任一層面的服務，由管理本身或其他機構提供需要服
務。居民與其家屬有需要時必須提出服務的需求，而非侷限在住宅中所安
排的服務，我們必須以長期住宅需求及適應其變更性需求範圍為選擇考量
（Lawton, Moss & Grimes 1985），因此社工員應該參與在住宅需求評估
之中。住宅評估可清楚地決定在現有住宅中的需要：需要整修嗎？有需要
申請服務嗎？而另一種評估是被強制安排住進機構。關於此點，醫療評估
是需要的。

　　良好的社會工作評估，應該詢問案主對住宅的喜好，並鼓勵案主參與
決策過程。決定的主要內容如下：

• 年齡區隔或年齡混合性的住宅；
• 需要的服務與接受服務的意願，如伙食、家事服務與文康活動；
• 願意搬遷的最遠距離，即與親戚、朋友與家屬相差距離遠近；
• 住家地點的選擇。

　　當社區居民被詢問較喜歡年齡區隔或年齡混合住宅時，大多數人喜歡
後者。如 Sherman 等（1985）發現 20％的六十歲及以上的樣本，喜歡住

在同一年齡的住宅。但是,已住在年齡區隔的住宅之居民有相當大的比例很滿意其居住環境(Lawton & Nahemow 1975)。 Sherman (1972)的研究中 70％住在老人住宅的人表示,退休的老人住在老人住宅中是較好的選擇。

社工員需要關心且確定老人再搬遷後,可以就近得到所需要的資源與交通服務。下一個問題是老人住宅中提供什麼服務,如醫療、保健、伙食。換句話說,為老人設計的住宅,其最主要的好處是,在住宅內能有效提供服務,因需要的老人集中於此。但從另一方面來看,其危險是在住宅內提供太多服務會造成機構式的氣氛。更令人爭議的是,過早或過量地提供服務會造成老人過度的依賴而導致功能的喪失與自我概念的負面影響(Carp 1976), Lawton (1980)。 Lawton (1980)引用若干研究發現:老人住宅內提供服務會減少與外在環境接觸的機會,並建議需要有更多的研究來徹底解決此問題。 Prosper (1987)的看法認為,服務的獲得與使用的增加之間並無相關,並認為預防性的服務可以做為提升而非減低案主的依賴性。假如我們希望讓老人能「終老其所」(age-in-place),不管在老人住宅或老人社會,避免老人再搬遷並規劃一個有彈性的居住環境是重要的。

Lowton (1980)說明兩種計劃性住宅的發展模式:

一致性:居民必須維持同等程度的適應能力,一旦無法適應環境的要求,居民必須搬走。

通融性:住宅能讓居民居住至其依賴程度到達需要二十四小時護理照顧、住宅能依住民需要改變其方案、空間以及服務資格限制。

當社工員若與正要遷移的案主諮商時,考量該住宅是一致性或通融性是非常重要的。

休閒活動的提供對重視生活情趣者非常有益,但對某些人則會被認為是干擾。

一個相關的議題是房子需要修改的程度。許多房子不太需要修改,因為它們提供緊急呼叫鈕,容易取得的電氣插座、電梯或施設集中於單一樓層的設計、步入／坐下即可沐浴的設備以及扶手。這些設備對各年齡層的人都非常有用。

　　近年來的發展逐漸強調新科技與傢俱的設計在不唐突的情況下，與老人的住宅相結合，增加老人住宅環境的通融性。新科技（如調整式的廚房空間；燈光調整；槓桿式水龍頭與門把；地面設計；內部走道的加寬與視力／聽力功能喪失的補強；電腦控制系統與節約能源使用）能幫助老人處理自己日常生活事宜，而可減低或避免居民對外在支持之需要，及延緩或避免非自願性的遷移，且維持其能力與自尊（Prosper, Personal communication 1988）。

　　雖然這些科技現在無法廣泛取得，但卻顯示未來的老人生活可有更好的明天。下一個需要考慮的問題是，遷移所產生的適應不良的程度。

　　Sherman（1972）發現，老人住宅中 30％ 的老人來自其他州，且有疏離的傾向。老人遷移不一定表示遠離子女。 Sherman（1975b）發現，老人遷移其實是為了縮短與子女之間的距離，這與 Bultena 與 Wood（1969）的發現相同：他們發現有 1/4 的遷移者（從威斯康辛州至亞利桑那州）與子女同住在一社區。況且，亦有很多住進老人住宅的老人是沒有子女的。

　　最後我們必須調查居民喜愛的住宅區域，是在都市、郊區、鄉村？雖然老人住宅常位在南方溫暖地帶，但老人住宅亦分佈在其他地方，所以案主必須清楚優先選擇氣候或者社會資源網絡。

　　評估之最重要步驟是安排案主參觀住宅，其意謂不僅了解設備並做一較長停留。若案主是要搬遷到一不同的氣候或社區，需要做更長時間的停留──或在一年中兩、三次的不同時間探訪。探訪是重要的，其能決定案主喜歡住宅的類型以及是否能與其他居民相處。在購買入住退休社區之前，甚至能有機會先暫時租房子試住。

　　再來談談「再安置的壓力」（relocation stress）， Irene Gutheil 做了很多有關機構內的遷移與從社區搬遷至機構的壓力研究，在此書中會談到， Lawton（1980）的研究發現，搬遷會造成身體健康惡化之危險（但非指社會心理功能或死亡率），但取決於是否對新環境有良好的準備。

　　Schulz 與 Brenner 對社區內遷移的研究，認為新環境的品質與選擇關係是正面結果的決定因素。

# 第三節　處　遇

　　住宅不像此書其他章節中所討論的一個特定方案。它是不同環境的集合體、是政府特定政策及市場需求之產物。因為不是一特定方案,因此沒有一定的方式與固定社會工作處遇的結果。社工員的角色以下服務類型中皆會描述,社工員最有用的角色是提供住宅諮商服務,扮演個案管理者的角色。

## 一、服務範圍

　　討論住宅需求時,首先要區分的是:社區中的獨立且一般性住宅與特殊設計的老人住宅。如前所述, 85%至 90%的六十五歲以上的老人住在社區中,其中有 70%的老年人擁有自己的房子,而房子可能太大、破舊不堪、在高犯罪率地區、房屋稅太高或太耗費燃料、或沒錢整修房子。若想要搬家,賣掉房子也無法支付房租的費用;再說,許多人也不願意離開熟悉的環境,因此為數眾多老人寧可終老其所,也不願意接受服務( Pastalan 1985 )。

　　在社區中的一般住宅,不管是自有或租賃,適合於獨立有支持網絡的健康老人及有配偶之依賴老人( Lawton 1981 )。

　　社工員要處理住在一般住宅而需要額外服務(如修理房子)或居家服務的老人。減稅及租賃房屋之諮詢亦是個案管理服務的一部份,社工員也要參與協助老人的搬遷與出售房子的決定上,但要考慮購物與醫療服務之便利性。當老人無法獨立自己生活,必須強迫遷移時,社工員此時就必須介入處理( Schooler 1976 & Fried 1963 ),社工員要協助訂定搬遷計畫,同時也要了解案主從家中攜帶珍貴物品對案主是很重要的,即使只是一些喜愛的珠寶、相片等等( Sherman & Newman 1977−78 )。

　　另一類型是特殊設計的住宅,主要提供者是非營利性組織、私人企業與聯邦政府。 Sherman ( 1971 )發現願意搬遷至退休住宅之理由有:維

修容易、健康與照顧上的需要、身體狀況的惡化、希望與同年齡的人口同住、住宅的品質、服務的提供，離子女、親戚或朋友較近，與提供伙食。Lawton（1980）認為：醫療服務為最主要考慮因素，伙食服務則較不重要。

　　我們將依各類老人住宅所需的獨立性加以分類。這樣的分類是很粗糙的，因為同一個名稱在各地定義不同，而且同一類住宅內可能收容各種不同程度的老人。因此就老人的獨立性而言，各類住宅之間有很多重疊部份，其對獨立性的要求大都決定於住宅內提供的服務。其他三個應該考慮的因素是：財務安排、住宅的種類與政府的方案。財務安排包括購買、承租、合股合作購買。住宅的種類包括獨棟房屋、高樓公寓或花園式公寓、拖車住宅（mobile home），或單人房宿舍。政府方案會在第五節政策部分說明。這四個因素互有相關財務與住宅的安排在下列的各類型住宅皆會有描述。

## ㈠退休社區

　　大家多以為退休社區（retirement village）在南方溫暖地帶，但事實上，它們遍佈全國各地。它們包括公寓及獨棟房屋，或兩者都有的型式，某些是集中式並提供機構式照顧，以持續照顧所需要的老人（Lawton 1981）。而退休社區必須以合股購屋但獨立使用的方式，或合股購地但獨立擁有的方式購買。（Walkley 等 1966a, 1966b）。有些社區發展成自給自足的「新市鎮（new towns）」（Marans, Hunt & Vakalo 1984）。其好處有：

1. 有一套完整且現成的服務，如買東西、醫療診所、活動方案、俱樂部、高爾夫球場、游泳池及手工藝教室。
2. 提供住宅內、外部的維修，以維持良好的住宅外觀。
3. 有特別的安全設備，如大門、警衛等。
4. 提供擴展服務網絡的可能性。

退休社區的缺點：
1. 通常居民需要依賴汽車做為交通工具。有些退休社區有自己的交通

車，但又不夠頻繁，可以滿足每個人的需要。而且交通車僅在社區內，社區外的活動，如購物、休閒就無法前往。當老人不能再開車時，他可能必須要遷離。

2. 許多退休社區是設計給夫妻居住的。喪偶時，寡居的老人會感到被隔離。

3. 大部份的退休社區非常昂貴。

4. 某些退休社區是遠離都市區域、服務與原有的社會網絡，因此有可能減少與親友接觸的機會。

5. 許多退休社區是屬於一致性的而有彈性的環境，就像 Lawton 所說，若居民的健康狀況不佳時，居民必須遷移。

退休社區適合有錢的、獨立性高、健康的、會開車及喜愛參加活動的老人。社工員在退休社區的工作職責主要是協助案主做遷移的決定，雖然退休社區的設計是為健康的老人，但其居民亦有日益老化的現象，所以也有提供服務給不願意搬遷的老人。在某些退休社區中，經理必須有社會工作的背景，而且也僱用社工員（Prosper, Personal communication 1988）。

## (二)拖車住宅

雖然停放拖車住宅（mobile homes）的公園並非老人專用，但有些是專門給老人使用的。一九八六年有 7% 的六十五歲以上老人住在拖車住宅之內（AARP）。大部份的公園能租場地給自用拖車住宅者，而拖車住宅的再分類是以是否有固定停放地點以及是否擁有住宅的使用權。

拖車住宅的好處：
1. 低成本；
2. 較非正式；
3. 擁有豐富的社交生活與社區意識 (Johnson 1971)。

拖車住宅的缺點：
1. 減少隱私性；
2. 空間不足；

　　3. 缺少接近社區與接受服務的機會；

　　4. 沒有通融性；

　　5. 需要會開車；

　　6. 居民的權利有限；

　　7. 再轉讓較困難；

　　8. 維修的成本昂貴。

　　對於那些希望有機會享受獨立生活，及豐富的社交生活的健康老人，拖車住宅是非常合適的。社工員對於這一類的住宅頂多是協助老人做成決定，或者協助老人決定何時他需要較多支持。但在居民權益的爭取上，可能需要社工員的協助（如被迫搬遷）。

## ㈢退休旅館與單人房宿舍

　　退休旅館（ retirement hotels ）有便宜與昂貴的，某些在中部城市的老舊旅館，為了維持一定的住房率，已成為特殊的老人旅館。某些旅館也有提供伙食，亦有活動室供橋牌與賓果遊戲之用。

　　單人房宿舍（ single room occupancies SROS ）也逐漸為人所注意。選擇單人房宿舍的老人正在增加中（ Siegal 1978 ）。在大型的商業旅館、退休旅館，公寓中皆出現單人房宿舍，常是附傢俱的房間，沒有廚房與浴室，建築物常是老舊破爛。但因接近商業市區，所以服務的取得很容易（ Blackie et al. 1983; Eckert 1979 ）。其居民大部份為中低收入戶、剛出院的精神病患與老人所居住。「與一般看法不同的是，單人房宿舍的居民並非流浪漢或偏差行為者，他們選擇居住的原因是因為房租便宜（ Blackie et al. 1983:37 ），已有許多建設公司著手興建設有餐廳的老人單人房宿舍，以提供給低收入戶及無家可歸的老人居住。

　　退休旅館與單人房宿舍之間雖有重複，但豪華旅館所提供的客房，與單人房宿舍不同；而某些單人房宿舍也不是在旅館中。但其優點仍是一樣的：

　　1. 價位合理而且提供如家務處理、伙食服務。

　　2. 享有城市內之便利，如餐飲、交通服務。

3. 擁有個人的隱私與維持獨立、自主的生活能力。（Erickson & Eckert 1977; Plutchik, McCarthy & Hall 1975; Stephens 1975）。

4. 有社交的機會及部分鄰居間的支持。

5. 有全時的工作人員之照顧。

缺點：

1. 旅館常位在高犯罪率的區域。

2. 旅館的房間很簡陋。

3. 空間有限。

旅館對喜歡過獨立自主生活的老人特別適合，也適合喜歡接觸都市事物、需要交通運輸工具、或喜歡過城市生活、及有伙食服務的老人，但更普遍來說，旅館較適合不願意負擔家務責任的人居住。

個案社工員必須參與將老人安置在旅館計畫。社工員需要知道入住的資格及當地可以提供的服務。

### ㈣獨立式公寓

提供伙食和密集照顧服務的公寓，我將列入聚集住宅中討論，此處獨立公寓所指的是不提供伙食、要求中等獨立能力的一般公寓。這類公寓有共同的活動室。有些提供伙食。公寓的大小差異很大。很多這類公寓是政府補助興建的。

其優點是：

1. 品質高且租金合理。

2. 位於市中心。

3. 可有建立社會網絡的機會。

4. 可以參加公寓內的活動。

獨立式的公寓（independent apartments）適合希望有個人隱私、能自己做飯、及有朋友提供支持的老人。目前這類型的公寓非常受歡迎，很多人都在等候住入。

社工員可協助案主找尋這類型住宅，並協調申請入住事宜。隨著入住居民的老化，愈來愈多所謂的獨立公寓開始提供社會工作服務，但只限於

一部份居民。

## ㈤集合住宅

集合住宅（congregate housing）與獨立公寓有些類似，但集合住宅有其特殊意義：一種多重功能且共用的住宅，其中結合了私人公寓生活和支持性服務。這種住宅與服務的結合是集合住宅與獨立公寓之間的不同所在。住宅負責人可能是私人企業、非營利組織、或政府。一般的服務包括共同的伙食、家務處理、二十四小時緊急通報系統與交通服務，而且也包括個人的照顧、社會服務與個案管理（Prosper 1987）。這些服務是為了使健康差的老人留在自己家中，避免入機構療養。聯邦至州政府也都參與集合住宅的發展。

一九八八年美國住宅與都市發展局通過立法使其在一九七八年發展出的示範性集合住宅廣泛推行（Prosper 1988, Personal communication）。Chellis, Seagle 與 Seagle（1982）描述，集合住宅在計畫、發展、設計與服務上的問題。Nachison（1985）以示範性方案說明透過集合住宅提供服務方案，比透過社區機構提供的成本低。

集合住宅的另一個版本是持續性照顧退休社區（continuing care retirement community）。集合住宅與成人之家的區別已漸模糊。因為集合住宅擴展個人照顧服務及二十四小時全時工作人員或緊急服務，而成人之家正興建大樓式公寓，其中不僅提供房間還包括衛浴廚房設施。因此兩者服務及居民條件都非常雷同。集合住宅與成人之家的主要差別是在於資格的要求不同（Prosper, Personal Communication 1988）。

集合住宅的優點：

1. 提供營養飲食。

2. 一起用餐的社交機會。

3. 可形成社會網絡的機會。

4. 可得到協調的服務。

其缺點為：類似機構式的氣氛。

集合住宅對為了需要支持留在自己社區的老人特別適合，其提供所需要的一系列服務。

社工員為集合住宅的工作成員之一，社工員協助案主決定其所需的支持程度並加以安排。

### ㈥共同住宅

共同住宅（shared housing）已漸受人所注意（Blackie et al. 1983; N. Y. Leg 1982; NYOFA; Streib 1978），共同住宅是兩個家庭或無關係者住在一起，共同分擔財務與家事責任，例如煮飯與清潔打掃（Blackie et al. 1983:1），但每一個人仍有自己的臥室，而廚房、浴室與公共空間則大家一起共用（Blackie et al. 1983:1）。

一九八一年的十一月「共同住宅國會公聽會」中，所認可的三種共同環境類型有：1.開放自己家讓他人住進來者，2.無任何關係的個人而住在一間住宅者，3.單一公寓與他人一起共用餐廳者，以共同住宅的形成及經營，結構又可分三類：1.自然形成的住宅，通常容納三～五人；2.機構所協助設立的；3.與機構負責成立一般服務二至二十位（Blackie 等 1983; N. Y. Leg 1982）。第一類型與部份第二類型是屬於早期的獨立住宅，其非庇護所或支持性的住宅，紐約州的「豐富之家（enriched housing）」有七位無關係的老人住在一棟公寓內，有集中式的伙食、家務處理、買東西、交通、個人照顧與社會支持服務，其經費補助來自於美國老人法第二十章第八條社區發展補助專款與州、市、郡政府經費。

共同住宅的優點：

1. 友誼與社會支持。
2. 與社區保持聯繫。
3. 房屋所有權可以收取房租。
4. 持續的參與在家庭中。
5. 安全性高。
6. 有照顧日常生活活動的功能。
7. 充裕的財務。

其缺點：

1. 與陌生人一起共用生活區的困難，如廚房。

2. 缺乏隱私性。

共同住宅特別適合那些需要支持以避免機構療養、或希望建立社會網絡機會的老人。他們必須願意與他人一起分擔費用與維修費。良好的人際關係技巧是非常重要。此類型不適合於習慣獨居者。

社工員的工作在於審查個案與個案管理，個案審查的工作對方案的成功有絕對的重要性。此外，也要持續的追蹤以確定居民是否接受所需的服務，若居民間有任何衝突時，必須提供諮商輔導。

## ㈦合格寄宿之家與成人寄養家庭照顧

寄宿之家（licensed boarding homes）是老人住宅中較老舊的形式，州政府或當地社會局或榮民輔導會所認可的寄宿之家，其提供個人照顧（Walkley et al. 1966a, 1966b），及餐飲服務。寄養家庭（adult foster family care）是寄宿之家的一種（Sherman & Newman 1988），通常不超過六個人。寄宿之家常是精神醫療體系的一部份，這些住宅通常有工作人員做為舍監。對於不需要機構照顧而需要部分監督的衰弱老人，提供寄宿之家並未有充份的探討。但在過去幾年中，逐漸有人開始嘗試。

其優點：

1. 容許需要保護的個案住在社區中，延緩入住機構。
2. 提供家的氣氛。雖然研究顯示，寄宿之家主要是由案主之間形成一個家，而非將案主安置在一個家庭之中（Sherman & Newman 1988）。
3. 提供較多參與社區活動的機會。

其缺點：

1. 因為缺乏規範，所以服務品質可能較差。
2. 生活上缺少刺激。
3. 增加依賴性。

寄宿之家或寄養家庭適合於需要保護但不需要機構照顧的老人，亦適合於與家人失去聯繫以及社會網絡有限的人。

各地社會科（局）的社工員負責對小型寄養家庭之召募、初步評估、

訪視與持續性督導及評估。個案工作員也協助案主尋找此類型住宅。及媒合的工作；另一方面也提供寄養家庭中照顧者的訓練（Sherman & Newman 1988）。

### ㈧老人之家／成人之家／居家照顧／個人照顧

　　這類住宅，包括營利性與非營利性的，提供老年人、衰弱或殘障的成人二十四小時支持性服務（Snider, Pascarelli & Howard, 1979）。服務包括提供房間住宿、家務處理、個人住宅、監督與其他非醫療性服務。與集中式住宅相比較，這類住宅更為機構化。

　　國家醫療統計中心（NationalCenter for Health Statistics）對居家照顧之家與個人照顧之家的區別是：居家照顧之家提供一或兩種個人照顧服務，而個人照顧之家提供三種或三種以上的個人照顧（Lawton 1981）。機構間變異性很大，有小至十二個床位，亦有大到數百人床位；有非常華麗及提供各種服務的機構，但也有只提供電視做為娛樂設備的機構，所以無法具體列出其優缺點，老人之家對需要支持服務但不需要正式醫療照顧的老人非常合適。

　　個案工作員參與照顧的需求評估、住宅的安排與轉介。在某些大型住宅中，亦有聘請社工員、參與住院的審核與活動安排等。

### ㈨持續性照顧的退休社區

　　其提供「一個提供支持服務的住宅環境，並包含醫療服務（技術性護理設施）」，通常為提供給高收入老人的集中式社區，對老人提供終身的住所和照顧（Prosper 1987:7）。同一地點提供多重選擇的住宅，從獨立式住宅至技術性護理設施皆有。依據 Prosper 在一九八五年的報告，有九萬的老人住在二百七十六個持續性照顧社區中。

　　優點：
　　1. 屬於一個輕鬆、舒適的環境。
　　2. 對長期照顧的保證。
　　3. 合理的健康照顧費用（Prosper 1985）。

缺點：

價位高，僅為中產或中上階級的老人負擔得起，然而需求較高的勞動階級老人則負擔不起。（Rohrer & Bibb, 1986）。

其他住宅之選擇，可進一步的檢視但不需要在此詳細討論，例如：

附帶式公寓（accessory apartment），係指在稍大建築物中改裝一間小型自給自足式的單位，通常可供一個家庭住。在一九七〇到一九八〇間在既有建築物中大約蓋了二百五十萬間的附帶式公寓，許多老人擁有住宅所有權。改裝之後，屋主可住在此單位中或住在建築物的其他部份。其好處為增加額外的收入與安全感（Blackie et al., 1983:2）。

老人小屋住宅機會（elder cottage housing opportunity (ECHO)）亦稱「老祖母式的公寓（Granny Flats）」，為一小型、臨時、自給自足式的住宅，通常其位於主要房子的後院中，住在此屋的老人與相鄰的子女或親戚保持親近，但又各自獨立生活（Blackie et al., 1983）。

## 二、服務與案主的接觸管道

接觸管道決定於住宅的類型。

舉例來說，退休社區是私底下宣傳，拖車住宅是刊登在各種手冊中，退休旅館則登錄在電話簿中，社會服務部會列出立案的寄宿之家與寄養家庭，某些老人機構也有住宅方面的資料。目前我們正以個案管理方式做為住宅服務的一部份，個案管理者也成為機構中之社工員，或以私人身份，提供住宅的轉介與安排。

## 三、目前處遇形式之有效性

大部份有關特殊設計住宅的有效性研究不是針對富裕的老人住宅，就是針對國民住宅。上述兩團體無法代表大部份的老人，所以其結果也不具一般性，有些研究因為設計問題，因此也不具代表性。再者在討論特別設計的退休住宅時，我們包括許多除了年齡以外的特性，如新建築物，服務的可近性。文獻常把對年齡區隔的研究當做是對特殊設計住宅的評估

（Carp 1976），然而，這兩者是不同的必需要議題清楚；　Sherman
（1971）發現搬入至退休住宅的老人，對容易維修、及有醫療與個人照顧
的期望明顯高於與自己同年齡住在一起的期望。

　　早期對退休住宅的研究焦點全集中在兩難的議題上，例如老人最需要
的支持網絡但卻又與大社會隔離；提倡休閒的生活型態但卻減少老人的隱
私性；及提供服務但卻造成依賴。經過無數的研究之後，以上這些爭議並
無定論，理由是搬入住之居民會找到適合他們所需要的環境，或者調整他
們自己的需要以適應環境的特性。

　　以下是有關設計住宅方案的一些研究。應謹記在心的是，這些研究不
是專門研究年齡區隔的議題，而是研究許多不同特徵的環境，其中一項特
徵就是年齡區隔。

　　Sherman、Newman 與 Nelson （1976）發現國民住宅中的老人，住
在年齡區隔的比住在年齡混合住宅的，較不害怕犯罪，也較少有受害的經
驗。Sherwood、Greer 與 Morris （1979）發現在醫療為取向的國民住宅
方案裡的老人比在非醫療取向的老人，較滿意其住宅，較常參與正式的社
交活動，較可能被允許住進急性醫院，但較不可能住進機構式療養，較少
時間住在長期機構照顧及較低的死亡率。

　　Lawton、Moss 與 Grimes （1985）研究五個聯邦老人住宅方案，老
人的健康狀況正因年長而衰退。其結論是：社區機構所安排的服務成效良
好。Sherman 及 Newman （1988）研究成人寄養家庭中，寄養家庭和社
區對老人的接納。他們發現在大部份的受訪家庭中，家庭參與及家庭融合
確實有發生，因此寄養家庭成功地成為老人的代理家庭。老人和照顧者都
認為與社區的互動關係，一般而言，是友善的。照顧者使用社區資源及在
社區中的社交愈多，老人也愈會有同樣的行為（Sherman & Newman
1988）。

　　Lawton 與 Cohen （1974）發現遷入老人住宅的老人比其他老人，有
較高的住宅滿意度，參與較多的活動，對現況也較滿意。Prosper 引用
Malozemoff, Anderson 與 Rosenbaum 的發現認為，在集中式住宅的老人
其活動參與率比他們先前住在社區時要高。

　　Sherman （1975c）在所研究的六個老人住宅中的五個住宅中發現，

對於健康照顧上，老人期待有諮詢服務、危機時有支援，個人需求能在住宅中得到滿足。在兩年的研究中，他還發現，退休住宅的老人參與休閒娛樂活動的次數有增加，然而住在社區的老人，卻反而降低（Sherman 1974），Sherman（1975b）還發現退休住宅的老人有更多的新朋友，也更常與鄰居和同儕來往。Adams（1985）研究七十歲的婦女發現，因為彼此了解相互共同的經驗，年齡分隔的住宅能促進親密關係的產生。

另一方面，Ward、Lagory 與 Sherman（1988）發現，社區中老人密集的影響較退休社區中老人密集的影響小。一般社區中老年人密集只代表會較常看見老人同儕團體的出現，對於社區滿意度、非正式資源中助人者的多寡、居民主觀的生活水準認定、或以年齡為準的社會運動皆無關連。這現象的理由包括：老人人口在這些社區中尚不足以達到臨界群體的程度；社區老人本身並未選擇要住在一個年齡區隔的社區；缺乏如退休老人住宅那般的特殊社會結構；再安置到一個特殊地點所培養對同儕的敏感度。這些差異是政策制定者必須要謹慎處理的（Sherman 1988）。

各領域的研究者往往建立屬於自己的理論；研究健康老人，與研究護理之家或混合型住宅都有各自不同的理論。其中的危險是資料與理論不連貫、彼此無共通性。不同環境即有不同結論。因此，有必要將在高度年齡區隔環境中所建立的理論，加以擴展至年齡整合的環境上。

# 第四節　理　論

在一九八〇年代，有關環境與老化的理論又再度引起重視（Schooler 1982）。研究老人住宅最實用的理論為生態理論；其重視老年人與環境之間的互動與交換。這表示人會受到環境影響，而人也會影響環境（Elder 1981; Sherman 1988）。尋求人與環境之間平衡點是非常重要的。生態理論認為原先滿足需求的環境，可能因為人的能力的降低而不再符合人的需求。這個架構鼓勵我們去了解老化對人與環境之間互動的影響。老化的特徵之一就是，老年人因為健康或經濟上的匱乏，而減低改變環境的能力，以下摘要有關住宅選擇之相關理論。

Lawton 與 Nahemow （ 1973; Lawton 1982 ） 的 適 應 理 論 （ adaptation model ）對社工員最為實用：此理論凸顯兩個面向：環境的壓力，指所處環境的要求；以及個人的能力，包括健康，知覺行動的功能，認知能力與內在力量。社工員應試著藉由增強個人的能力或降低環境的要求，以增強個人的適應情況。就實務面而言，這表示社工員需要經常評估案主的能力與所需的協助，以決定案主是否需要較低要求的居住環境；例如，需要沒有樓梯住宅或提供伙食的地方。

Lawton 與 Simon （ 1968 ）的環境順從理論（ environmental docility hypothesis ）認為，個人能力愈差，環境對人的影響愈大。其建議對於保證個案住宅的選擇特別地重要；相反地，健康與有錢的老人其行為受外在環境影響較小。 Sherman （ 1974 ）發現健康及有錢的老人遷入退休住宅的，並未增加其參與休閒活動的次數。其與社區中有錢及健康的老人一樣，仍維持高度的活動參與率。

Kahan 的個人／環境統合理論（ person/environment congruence ）（ Kahan 1982; Kahana, Liang & Felton 1980 ）指出，一個人有其特殊的需求和能力，而環境滿足這些需求的程度各自不同。 Kahana 強調同一個環境對人並無相同的影響力；所有的人並不一定都適合同一個特定的環境，社工員的角色，就在於協助案主找到適當的環境，以增加案主的生活適應。

Dowd （ 1975 ）的交換理論與老人議題有相關，因為老人的社會地位低落以及社會對老人的區隔，使老人在一般社會交換中的談判籌碼不足以減低交換成本。這種情況下，老人會自己形成交換網絡，在老人群體中交換，老人便不再處於弱勢。

Schooler （ 1982 ）的壓力理論模式可以幫助社工員，在做遷移計畫時，區分環境中的變化與老人再遷移兩者對老人的影響。此理論肯定了信任關係對遷移所造成的衝擊有緩和的效果。社工員應慎重考量這些因素，且做為處遇的指導原則。

Kuypers 與 Bengston （ 1973 ）的社會重建理論（ social construction model ）認為，是扭轉老人搬遷後的社交圈瓦解現象的處遇。住宅情況改善後，可降低依賴性並增加自我信任感，這將促成案主自認為有能力的，

並內化為正面的自我形象。社工員可以是這種逆轉過程的重要催化者。

在分析設計性退休住宅的成效上，Sherman（1979）引用了住宅流通性（site permeability）的概念。退休住宅的範圍從封閉的社區（屬於低密度的住宅流通）到無限制的遷入與遷出（高度住宅流通）。Sherman的理論認為要老人認為在危機時有人可以協助，必須具備住宅流通性與服務的提供。有好的服務提供與與較高的住宅流通性，則老人感受的社區支持會較多；反之，則社區支持的感受較少。因此社工員不應只注意服務的提供，還應考慮住宅流通性。一個選擇住在流通性低的住宅的老人，其服務的需求較大。一旦提供足夠的服務，安全感則就會建立。

O'Bryant 與 Wolf（1985）介紹主觀的「對家依附感」（attachment to home）之概念。他發現這個對家的依附感比住宅特徵及其他因素對購屋者的住宅滿意度有更顯著影響，而住宅外在特徵則對租屋者影響較大。曾有人建議，不僅需要留心外在的物質環境對那些需要保護的個案，更要注意其主觀對環境的感受（Golant 1984; Karp & Yoels 1982; Lawton 1983; Ward, Lagory & Sherman 1988）

# 第五節　政　策

聯邦政府主要的住宅方案有：第八款方案（Section 8），第 202 款方案（Section 202），以及低租金國民住宅。

第八款方案由政府補助的住宅，提供那些收入不足以在私有房屋市場上獲得適當住宅的家庭。住宅部（HUD）與現有房屋的擁有者簽定補助契約，指定房屋中的部份單位租給符合聯邦政府補助標準資格的家庭（U. S. Congress 1982：214）。住宅部補貼市場價格與家庭所能負擔房租之間的差額。屋主可以是私人、營利與非營利機構、合作社、地方政府住宅部門及州政府住宅部門（U. S. HUD 1984：35）。第八款方案中，有些是以家戶為補助對象，有些則是以方案為補助對象，即方案中的若干住宅單位成為一個大單元接受補助（Bergwall 1988）。

第 202 款方案主要是聯邦政府興建適合老人居住的住宅的財務機制

（U. S. Congress 1982：216）。第 202 款方案提供長期貸款給民間非營利機構興建給老人或殘障居住的住宅。第八款方案的租金補助可全額提供給在第 202 款貸款興建的住宅（U. S. HUD 1984：36）。

在低租金國民住宅方案下，非營利的政府住宅部門透過聯邦住宅部提供的經費補助，在各地興建、發展並負責運作國民住宅（Roaldi 1988）。聯邦住宅部提供技術和專業，以協助國民住宅的規劃、發展與管理，並提供兩項支援：債信服務——每年補助本金和利息以協助方案的資金獲得；每年運作管理經費的補助。

其他聯邦方案包括鄉村住宅貸款、鄉村出租住宅、抵押貸款保險、原住民住宅、社區發展補助專款、都市發展補助專款、重建整修貸款方案、能源補助方案、以及在美國老人福利法第三款和社會安全法案第二十款的補助。若干上述方案也補助老人以外的人。社工員需要了解地方和州政府的補助方案。社工員應與州和地方老人服務機構以了解最新狀況。

現有老人住宅政策存在很多不足。第一，屬於私人獨立住宅與機構安置之間的住宅嚴重不足，使社工員為體弱老人提供服務時格外困難。

第二，聯邦的住宅政策主要是興建出租住宅（NYOFA）。由於 70% 的老人擁有自己的房子，因此現有政策無法完全滿足現在老人的住宅需求。在近年聯邦補助被刪除之後，主要的焦點多放在地方政府的住宅方案上。

依照 Lawton 的說法：「老人住宅方面最迫切的政策議題是聯邦缺少針對 90% 居住在一般未經計畫的社區中的老人，所提供的協助。」（1980：72）。一般同意聯邦政府對現有住宅的維護與整修不夠重視，對住宅諮詢服務的提供更是不足。地方政府曾使用過的住宅方案是地方房屋稅的減免。根據紐約州參議院老年委員會的分析：聯邦住宅部一九八三年的預算強調現有房屋的保存，表示政策已由原先的興建轉移到整建與維修（N. Y. Leg. 1982：11）。

所有上述方案加起來是無法滿足老人的住宅需求。新的方案必須能服務更多人口，未來仍有待觀察。我們再次看見個案管理對倡導的重要性。社會工作者可以在政策層次上代表案主倡導更多更創新的住宅方案。

# 參考書目

AARP (American Association of Retired Persons). n.d. *Understanding Senior Housing: An American Association of Retired Persons survey of consumers preferences, concerns, and needs.* Washington; D. C.: American Association of Retired Persons, Consumer Affairs Section.

Adams, R. G. 1985. Emotional closeness and physical distance between friends: Implications for elderly women living in age-segregated and age-integrated settings. *Imternational Journal of Aging and Human Development* 22:55-76.

Allan, C. and H. Brotman, comps. 1981. *Chart Book on Aging in America.* Washington, D. C.: White House Conference on Aging.

Atchley, R.C. 1985. *Social Forces and Aging.* 4th ed. Belmont, Calif.: Wadsworth.

Bergwall, H. 1988. Personal communication.

Blackie, N., J. Edelstein, P. S. Matthews, and R. Timmons. 1983. *Alternative Housing and Living Arrangements for Independent Living.* Ann Arbor: National Policy Center on Housing and Living Arrangements for Older Americans, University of Michigan.

Bultena, G. L. and V. Wood. 1969. The American retirement community: Bane or blessing? *Journal of Gerontology* 24(2):209-217.

Carp, F. M. 1966. *A Future for the Aged: Victoria Plaza and Its Residents.* Austin: University of Texas Press.

Carp, F. M. 1976. Housing and living environments of older people. In R. H. Binstock and E. Shanas, eds., *Handbook of Aging and the Social Sciences.* New York: Van Nostrand Reinhold.

Chellis, R. D., J. F. Seagle, Jr., and B. M. Seagle. 1982. *Congregate Hous-*

*ing for Older People.* Lexington, Mass.: Lexington Books.

Dowd, J. J. 1975. Aging as exchange: A preface to theory. *Journal of Gerontology* 30(5):584-594.

Eckert, J. K. 1979. The unseen community: Understanding the older hotel dweller. *Aging*, nos.291-292, pp.28-35.

Elder, G. 1981. History and the life course. In D. Bertaux, ed., *Biography and Society: The Life History Approach in the Social Sciences.* Beverly Hills, Calif.: Sage.

Erickson, R. and K. Eckert. 1977. The elderly poor in downtown San Diego hotels. *The Gerontologist* 17(5):440-446.

Fish, G. S. 1985. On home equity conversion mortgages for elderly homeowners. *Journal of Housing for the Elderly* 3:51-64.

Fried, M. 1963. Grieving for a lost home: Psychological costs of relocation. In L. J. Duhl, ed., *The Urban Condition.* New York: Basic Books.

Golant, S. 1984. *A Place to Grow Old: The Meaning of Environment in Old Age.* New York: Columbia University Press.

L. Harris and Associates. 1986. *Problems Facing Elderly Americans Living Alone.* Conducted for the Commonwealth Fund, Commission on Elderly people Living Alone. New York: Louis Harris and Associates. Mimeo.

Jacobs, B. 1986. The national potential of home equity conversion. *The Gerontologist* 26:496-504.

Johnson, S. K. 1971, *Idle Haven: Community Building Among the Working-Class Retired.* Berkeley: University of California Press.

Kahana, E. 1982. A congruence model of person-environment interaction. In M. P. Lawton, P. G. Windley, and T. O. Byerts, eds., *Aging and the Environment: Theoretical Approaches.* New York: Springer.

Kahana, E., J. Liang, and B. J. Felton. 1980. Alternative models of person-environment fit: Predictions of morale in three homes for the aged. *Journal of Gerontology* 35(4):584-595.

Karp, D. and W. Yoels. 1982. *Experiencing the Life Cycle: A Social Psychology of Aging.* Springfield, Ill: Thomas.

Kuypers, J. A. and V. L. Bengston. 1973. Social breakdown and competence: A model of normal aging: *Human Development* 16:181-201.

Lawton, M. P. 1975. *Planning and Managing Housing for the Elderly.* New York: Wiley.

Lawton, M. P. 1980. *Environment and Aging.* Monterey, Calif.: Brooks/Cole.

Lawton, M. P. 1981. Alternative housing. *Journal of Gerontological Social Work* 3(3):61-80.

Lawton, M. P. 1982. Competence, environmental press, and the adaptation of older people. In M. P. Lawton, P. G. Windley, and T. O. Byerts, eds.,*Aging and the Environment: Theoretical Approaches.* New York: Springer.

Lawton, M. P. 1983. Environment and other determinants of well-being in older people. *The Gerontologist* 23:349-357.

Lawton, M. P. and J. Cohen. 1974. The generality of housing impact on the well–being of older people. *Journal of Gerontology* 29(2):194-204.

Lawton, M. P., M. Moss, and M. Grimes, 1985. The changing service needs of older tenants in planned housing. *The Gerontologist* 25:258-264.

Lawton, M. P. and L. Nahemow. 1973. Ecology and the aging process. In C. Eisdorfer and M. P. Lawton, eds., *Psychology of Adult Development and Aging.* Washington, D.C.: American Psychological Association.

Lawton, M. P. and L. Nahemow. 1975. *Cost, Structure, and Social Aspects of Housing for the Aged.* Philadelphia: Philadelphia Geriatric Center.

Lawton, M. P. and B. Simon. 1968. The ecology of social relationships in housing for the elderly. *The Gerontologist* 8(2):108-115.

Lemke, S. and R. H. Moos. 1987. Measuring the social climate of congregate residences for older people: Sheltered care environment scale. *Psychology and Aging* (2).20-29

Logan, J. R. and G. Spitze, 1988. Suburbanization and public services for the aging. *The Gerontologist* 28:644-647.

Malozemoff, I., J. Anderson, and L. Rosenbaum. 1978, *Housing for the Elderly: Evaluation of the Effectiveness of Congregate Residences.* Boulder, Colo.: Westview Press.

Marans, R. W., M. E. Hunt, and K. L. Vakalo. 1984. Retirement communities. In I. Altman, M. P. Lawton, and J. F. Wohlwill, eds., *Elderly People and the Environment.* New York: Plenum Press.

Moos, R. H. and S. Lemke, 1984. Supportive residential settings for older people. In I. Altman, M. P. Lawton and J. F. Wohlwill, eds., *Elderly People and the Environment.* New York: Plenum Press.

Nachison, J. S. 1985. Congregate housing for the low and moderate income elderly: A needed Federal State partnership. *Journal of Housing for the Elderly* 3:65-80.

New York State Legislature. Senate. Standing Committee on Aging. 1982. *Shared Housing for the Elderly.* Albany.

New York State Office for the Aging. n.d.. *Innovative Housing Programs for the Elderly in New York State.* Albany: New York State Office for the Aging.

O'Bryant, S. and S. M. Wolf, 1983. Explanations of housing satisfaction of older homeowners and renters. *Research on Aging* 4:349-363.

Pastalan, L. 1972. *Retirement Housing Study.* Madison: Methodist Hospital of Madison, Wisc.

Pastalan, L. 1985. From the editor. *Journal of Housing for the Elderly* 3(3/4):1-2.

Plutchik, R., M. McCarthy, and B. H. Hall. 1975. Changes in elderly welfare hotel residents during a one-year period. *Journal of the American Geriatrics Society* 23(6):265-270.

Prosper, V. 1985. Continuing care retirement communities: A background report. Albany: New York State Office for the Aging.

Prosper, V. 1987. A review of congregate housing in the United States. Albany: New York State Office for the Aging.

Prosper, V. 1988. Personal communication.

Roaldi, D. 1988. Personal communication.

Rohrer, R. L. and R. Bibb. 1986. Marketing: The CCRC challenge. *Contemporary Long-Term Care* (May). 9(5):41-58.

Scholen, K. 1987. *Home-Made Money: Consumer's Guide to Home Equity Conversion*. Washington, D.C.: American Association of Retired Persons.

Schooler, K. K. 1976. Environmental change and the elderly. In I. Altman and J. Wohlwill. eds., *Human Behavior and Environment: Advances in Theory and Research*, vol. 1. New York: Plenum.

Schooler, K. K. 1982. Response of the elderly to environment: A stress-theoretical perspective. In M. P. Lawton, P. G. Windley, and T. O. Byerts., eds., *Aging and the Environment: Theoretical Approaches*. New York: Springer.

Schulz, R. and G. Brenner. 1977. Relocation of the aged: A review and theoretical analysis. *Journal of Gerontology* 32(3):323-333.

Sherman, E. A. and E. S. Newman. 1977-78. The meaning of cherished personal possessions for the elderly. *International Journal of Aging and Human Development* 8(2):181-192.

Sherman, E. A., E. S. Newman, and A. D. Nelson. 1976. Patterns of age integration in public housing and the incidence of fears of crime among elderly tenants. In J. Goldsmith and S. S. Goldsmith, eds., *Crime and the Elderly: Challenge and Response*. Lexington, Mass.:

Lexington Books.

Sherman, S. R. 1971. The choice of retirement housing among the well-elderly. *International Journal of Aging and Human Development* 2(2):118-138.

Sherman, S. R. 1972. Satisfaction with retirement housing: Attitudes, recommendations, and moves. *International Journal of Aging and Human Development* 3(4):339-366.

Sherman, S. R. 1974. Leisure activities in retirement housing. *Journal of Gerontology* 29(3):325-335.

Shermman, S. R. 1975a. Mutual assistance and support in retirement housing. *Journal of Gerontology* 30(4):479-483.

Sherman, S. R. 1975b. Patterns of contacts for residents of age-segregated and age-integrated housing. *Journal of Gerontology* 30(1):103-107.

Sherman, S. R. 1975c. Provision of on-site services in retirement housing. *International Journal of Aging and Human Development* 6(3):229-247.

Sherman, S. R. 1979. The retirement housing setting: Site permeability, service availability, and perceived community support in crises. *Journal of Social Service Research* 3:139-157.

Sherman, S. R. 1988. A social psychological perspective on the continuum of housing for the elderly. *Journal of Aging Studies* 2:229-241.

Sherman, S. R. and E. S. Newman. 1988. *Foster Families for Adults: A Community Alternative in Long-Term Care.* New York: Columbia University Press.

Sherman, S. R., R. A. Ward, annd M. LaGory. Socialization and aging group consciousness: The effect of neighborhood age concentrations. *Journal of Gerontology* (in press).

Sherwood, S., D. S. Greer, and J. N. Morris. 1979. A study of the Highland Heights apartments for the physically impaired and elderly in Fall River. In T. O. Byerts, S. C. Howell, and L. A. Pastalan, eds., *The Environmental Context of Aging: Life-Styles, Environmental Quality, and Living Arrangements.* New York: Garland STPM Press.

Siegal, H. A. 1978. *Outposts of the Forgotten.* New Brunswick, N.J.: Transaction Books.

Snider, D. A., D. Pascarelli, and M. Howard. 1979. *Survey of the Needs and Problems of Adult Home Residents in New York State: Final Report.* Albany: Welfare Research.

Solan G. 1987. Home equity conversion: Background paper. Albany: N. Y. State Office for The Aging. April.

Stephens, J. 1975. Society of the alone: Freedom, privacy, and utilitarianism as dominant norms in the SRO. *Journal of Gerontology* 30(2):230-235.

Streib, G. F. 1978. An alternative family form for older persons: Need and social context. *Family Coordinator* 27(4):413-420.

Struyck, R. J. 1984/85. Housing-related needs of elderly Americans and possible federal responses. *Journal of Housing for the Elderly* 2:3-26.

U. S. Congress Senate. Special Committee on Aging. 1982. *Developments in Aging*, 1981, vol. 1. Washington, D.C.:GPO.

U. S. HUD (Department of Housing and Urban Development). 1984. *Programs of HUD.* Washington, D.C.: GPO.

Walkley, R; P., W. P. Mangum. Jr., S. R. Sherman, S. Dodds, and D. M. Wilner. 1966a. The California survey of retirement housing. *The Gerontologist* 6(1):28-34.

Walkley, R. P., W. P. Mangum. Jr., S. R. Sherman, S. Dodds, and D. M. Wilner. 1966b. *Retirement Housing in California.* Berkeley: Diablo Press.

Ward, R. A., M. LaGory, and S. R. Sherman. 1988. *The Environment for Aging: Interpersonal, Social, and Spatial Contexts.* Tuscaloosa: University of Alabama Press.

Ward, R. A., M. LaGory, and S. R. Sherman. 1985. The Association of Old Person's Transportation, Social, and Mental Contacts. Journal of the University of Alabama Press.

# 第 19 章

## 居家服務

*Carole Cox* 著

林珍珍 譯

居家照顧服務的哲學是生病或殘障者有儘可能家中，而非機構，被照顧的權利。在長期照顧服務中，居家照顧服務被視為取代護理之家的另一項選擇。

居家照顧服務可追溯至一九六五年之老人醫療保險法（社會安全立法第十八章），此法導致居家保健機構的數自從一九六六年的二百五十二家到一九八六年已累計至一萬家（American Bar Association 1986）。

# 第一節　居家照顧服務的需求

近幾年有種種因素導致對社區照顧服務的重視，護理之家已逐漸為較周詳完善的居家照顧所取代，因機構式照顧的昂貴及老人人口不斷的成長，大大地刺激對居家照顧服務的興起。

有五百萬罹患慢性疾病且住在社區中的老年，需要起碼之幫忙才能生活（Gao，12 1980），公元二千年超過一千五百萬人要忍受慢性疾病之病痛，生理功能也逐漸變差，此數目超過一九八〇年統計的 50 ％（Spiegl 1987）。而研究仍指出大部份協助是來自家庭及朋友。因家庭結構改變、家庭成員老化及女性照顧者人數減少，而導致對正式居家照顧的需要。一九八五年老人醫療保險在居家健康服務負擔了大約一百七十億，其費用是一九七年的六倍之多（GAO 1986）。

影響居家照顧服務的另一個主要原因為醫院出院政策，依據參議院老年特別委員會（Senate Special Committee on Aging）的研究，老人醫療保險之「前瞻式給付制度」（Medicare's Prospective Payment System (PPS)）提供誘因讓醫院病人在尚未痊癒之前就其出院，以致造成對出院後居家服務的需求（U. S. Senate 1986）。

自一九八〇年起紐澤西州實施「前瞻式給付制度」，在一九八〇與一九八三年間認可之居家健康機構增加 48 ％（Taylor 1986），全國資料同時顯現對居家健康服務的利用有顯著成長。醫師出診率自一九七四年是每一千名的老人醫療保險投保人的十七次增加到一九八三年的四十六次（Leader 1986）。

居家照顧企業也同步地擴充以滿足需求。一九六七年與一九八七年二十年間，老人醫療保險認可居家保健機構數量從一千七百五十三家到五千八百七十七家（National Association for Home Care 1987）。而老人醫療保險費用自一九八〇年至一九八三年，由七萬七千二百萬美元增加至一百五十億，成長二倍之多，每年有將近 34％成長率（Doty, Liu, Weiner 1985）。值得注意的是，這些成長並沒有跟上需求的大量成長。同時被老人醫療保險拒絕給付的居家保健服務數目也在倍增。老人醫療保險給付的訪視在一九八〇與一九八三年平均增加 19％，但在一九八四年已漸緩為8％，雖然學者認為服務的需求仍繼續成長（Heinz 1986）。結果許多消費者必須自己付費或者放棄服務。

# 第二節　居家照顧服務的理論基礎

居家照顧服務的兩個理論架構：持續理論（Continuity theory）（Bultena 1969）認為老年是早年生活的自然延續，而非是一個特定階段，因此眾人追求維持早年的生活型態，角色與活動，即使處於社會阻力時，這裡追求也會發生。

相對地，Bengston 提出社會崩潰與重建理論（Social breakdown and Reconstruction theory 1976），則認為：環境之各種因素會同時威脅與破壞老年人的競爭能力，因為隨年齡的增加，能力會較遲緩，老年人就會被貼上標籤為能力不足及容易受傷，因此就成為依賴者。工作人員應利用社會重建理論架構來瓦解此惡性循環，重建老年人的信心與適應技巧，避免老人社交生活的瓦解。

上述兩個理論可協助我們了解居家照顧服務的角色，居家服務使老人得以留在社區中，協助他們繼續維持原有的角色，而且提供了基本而非全部的協助，以增強老年人的生活技巧和獨立自主。

在協助個人維持獨立自主權利上，居家照顧減低案主的疾病或殘障之負面的影響，居家照顧的決定是依據案主與家屬的意願而做成的，而居家照顧工作員則扮演指導者，服務的最後決定權仍是在案主身上，至於機構

的角色則為提供案主足夠社區支持的資源網絡。

# 第三節　服務的種類與機構

居家照顧機構提供的服務種類有很大的差異，服務的範圍從高度技術性的照顧（通常由醫院提供）至家務處理，如購物及清掃。提供的服務項目包括在醫護人員協助與監督之下的個人照顧、生活、復健與社會及情緒上的諮商，社區服務，如送飯到家與交通護送皆可視為居家照顧一部份或是協調服務。

居家照顧的服務可由四類機構來提供：公立、非營利機構、公司行號及公民營混合機構。所有公立機構主要由州或當地政府的健康與福利部門來執行。非營利機構如居家護理協會、或宗教團體所贊助的計劃與醫院、護理機構及復健計劃中心等。公司行號則為私人營利性質。而公民營混合機構是政府與民間團體共同合作以契約委託方式所成立的保健部門與居家護理協會。

個人可要求的服務與服務提供者之分類範圍相當廣泛，但也極為混淆不清，關於服務是否能維持個人的獨立性與誰應負起提供及協調服務角色，都很不明確。

# 第四節　處　遇

## 一、進入居家照顧系統的第一步

居家照顧服務案源，大多來自醫院出院計劃負責人、醫生、社會服務機構、家屬或案主自己，然而若屬於醫療保險補助的服務，則需要醫生的文件證明。

## 二、居家照顧的評估

居家照顧始於對案主的能力與需求的評估結果，其評估結果決定了其資格條件與服務類型。為了了解案主身分是否改變，所提供的服務品質與整體照顧標準，需要定期評估。

既然醫院為居家照顧的一個主要轉介來源、醫師、護士、出院計劃負責者與社工員通常是服務要求的最初步評估者。以醫院為基礎的評估的潛在問題是較少考慮居家環境或已存在的社區資源。

經常被醫師所使用的居家照顧評估工具是 CAAST（Glass & Weiner 1976），它包含下列五種內容：

1. 尿控制。完全的控制／失禁兩天至一個月／失禁超過一個月。
2. 行動能力。完全能行動／無法單獨移動兩天至一個月超過二十呎／無法移動超過一個月。
3. 年齡。小於六十五歲／六十五至七十九歲／大於七十九歲。
4. 社會背景。由自己提出申請且可能是待在家裏／從安置機構提出申請且可能待在機構裏／由自己提出申請且可能是待在安置機構；由安置機構提出申請而可能安排至其他機構。
5. 思考清晰程度。判斷力清楚／不清楚超過一個月。

每一項目的分數從 0 到 2，依其嚴重性與慢性病病況來評分。較高的總分表示，對出院後的照顧與出院後的安置之需要，有較高的依賴性。此評估是基於醫療說明而定，因此沒有收集有關社會性的功能、情緒上的需要或病人的期待等相關資料，但這些資料通常是導致年老者進入機構安養的主要因素。

居家照顧計劃已建立自己的評估工具，但仍有缺點，Kaye（1985）認為這些工具常是機構利益取向，而非案主利益取向。因為這些工具受到機構資源的有限性、主導專業的利益及收費標準要求的影響，而非決定於案主真正的需要。

Bulau（1986）評估表格，除了病歷外，記錄了居家所需要的器材設備類型、居家照顧服務種類、財務資料與下列因素：

1. 申請者是臥床；
2. 申請者有看醫生；
3. 申請者需要短暫的護理服務，與一個以上的其他治療服務，例如，復健或職能治療；
4. 由居家照顧機構提供醫療、護理與社會服務可以使申請者住在家中，是合理的期待。
5. 居家醫療照顧服務對治療申請者的疾病是必要且合理的。
6. 申請者為六十歲以上。

最完整的評估表格是加拿大 Manitoba 所發展，其使用相同標準表格來評估案主是進入居家照顧還是護理之家（Continuing Care Program Manual, 1983），該評估針對以下三點：

1. 留在家中必須的基本活動中，哪些是病人能做的？哪些是不能做的？
2. 住在附近的家屬可以負責提供的協助是什麼？
3. 社區裡和政府所提供的資源是什麼？

這些評估提供了居家照顧服務的基礎。然而需要定期的，再評估以確定服務與需要的一致。雖然評估計劃每九十天需要做例行的再評估，但是評估的間隔應依病情和需要做決定。

影響服務品質的另一議題是工作員的資格。不幸的是，很多居家照顧是由無執照的半專業人員所提供。這群人在福利部門、公立醫療部門、私人營利機構下工作。基本上他們僅接受一點訓練、領最低工資無任何員工福利，也很少有升遷機會，亦無直接督導，同時也缺少評估工作品質的一致性標準。

一九八七年的綜合預算協調法（The Omnibus Budget Reconciliation Act）嘗試修正照顧品質的相關議題，包括藉由設立工作員的證照制度並明定訓練條件，來保障接受居家服務者的權利。

## 三、照顧計劃

一旦已決定要提供居家照顧，應訂定照顧計劃，其計劃包括服務類

型、服務時數、服務量以及非正式與正式照顧提供者，其目標是確定使接受服務者能留在家中，所需要的最少時數。

照顧計劃亦應對案主的照顧品質及計劃的有效性進行評估。一九八七年的居家照顧品質保證法（Home Care Quality Assurance Act）要求機構建立照顧計劃，其計劃要明定所提供之服務，辨識案主額外需求的方法及與其他服務機構協調機能。

## 四、服務的輸送

正如前面所述，提供居家照顧服務者有數種類型，以下是介紹主要提供服務者之角色：

居家護理師負責對護理的需求做最初步與持續性評估，並提供特殊護理服務及居家照顧機構之資訊，以及通知機構與醫生有關病人狀況。

居家看護的工作包括個人照顧、大小便處理、簡單醫療處置、沐浴、移動與協助運動，他們也協助病人吃藥。

居家服務員是負責家事、食物準備、洗衣、買菜及其他家務的協助，另亦包括陪伴老人，但不包括在護理師督導下才能提供的個人照顧。

其他技巧性的服務包括語言治療、復健與職能治療，這些服務多半與其他機構簽約，而由居家照顧督導負責監督。

## 五、居家照顧的社工員

居家照顧是由醫療機構、醫院與居家護理師公會開始的，因此有強烈的醫療取向。這種醫療取向又因為老人醫療保險只給付技術性的護理服務而更形強化，而非醫療工作人員包括社工員在內仍未包含於給付範圍。因此非醫療工作人員只扮演次要角色。這種只注重醫療的作法漠視了老人需求及問題的複雜性及多樣化，而社工員的諮商和處遇正可解決其問題的事實。

社工員在居家照顧計劃中扮演重要的角色，他們很有技巧地在問題分析上，分辨其他可行解決的方法與提供照顧方案。其他國家的居家照顧計

劃多肯定與運用這些技巧,而社工員在這些國家亦扮演評估照顧協調的重
要角色(Shapiro 1987)。社工員有足夠的能力了解老人社會心理問題與
個人的需求,及對計劃的成功有極大貢獻。

　　社工員在居家照顧機構中的角色有三:1.對病人的直接服務;2.對其
他工作人員的諮詢服務;3.與成為社區資源系統的一部份(Auerbach et
al. 1984)。社工員能確認需要但不足的社區資源,為案主協調服務、執行
個案管理與解釋政策。在服務團隊中社工員扮演諮商者、觸媒者、倡導
者、計劃者與教育者的角色。再者,社工員亦幫助團隊中成員了解與健康
相關的社會與情緒因素,及建立照顧計劃。

## 六、服務的協調

　　居家照顧服務的領域非常廣泛,因此需要彼此協調,然而協調會受不
同機構的服務哲學、對病人需求的評估之差異,對照顧計劃的歧異衝突、
對所需要的服務類型、數量與最適當的工作人員之各種觀點所阻礙。

　　在複雜多樣的服務方案中決定誰來扮演協調者的角色是很關鍵的一
步。缺少服務的協調會導致服務與人力的重複,提供不當或過量的服務。

　　個案管理者正逐漸負起協調服務的責任。其角色為提供適當的服務及
與各工作員保持聯絡,其中包括對病人與家屬解釋整個計劃、監督每天工
作內容、服務的評估、問題的解決、與扮演案主與機構間的橋樑。個案管
理者的限制是提供服務的機構有其獨立性,個案管理者無法命令其接受個
案管理者的計劃。

　　由其他國家經驗中來看,如英國肯特(Kent)城市,居家照顧的計劃
由個案管理者來管理(Davies & Challis 1986),社工員在個案管理的體
系中是由當地的社會服務部門所雇用,其工作為安排與協調每一案主的居
家照顧服務。此外,個案管理者亦建立各種居家照顧的支持網絡及監督其
效能。

# 第五節 居家照顧之效能

評估居家照顧服務之效能問題與其服務體系本身一樣複雜。效能準則隨不同機構的哲學與利益而有不同,然而在政府經費短缺的限制下,居家照顧與其他照顧形式相比之下,成本效益成為最主要的評估標準。

一個針對慢性肺病病人的居家照顧研究（Bergner et al. 1988）發現:無論是接受暫歇性居家服務、標準的居家服務、或是到診所看門診的病人,一年後其存亡率、肺功能、或日常生活的功能上無任何差別。而且暫歇性居家照顧成本很明顯高於其他方式的治療。

另一研究比較由居家看護所提供的居家洗腎與在醫院的洗腎（Sparer et al. 1983）,結果發現居家洗腎與在醫院洗腎之間的住院率或死亡率並無差別,然而,訓練洗腎的看護之居家照顧的成本僅為在醫院洗腎的一半。研究發現:若是成本效益與節省成本是居家照顧的主要目標,那麼,必須把服務對象放在照顧成本較低的病人。

評估居家照顧的另一準則是檢視其對病人進入安養的影響。一個芝加哥的居家照顧計劃的評估發現,接受居家照顧的實驗組入住護理之家的比率與其他沒有接受服務的控制組有較明顯的降低。實驗組也感到生活品質的提高,同時也有較少未被滿足的需求。然而,有關於兩團體的死亡率與住院率並無差別。

Kramer, Shaunessy 與 Pettigrew (1985) 針對美國十二州來自二十家居家保健機構與四十六家護理之家的病人抽樣,其發現接受居家照顧的病人較年輕、照顧時間較短、身體功能較健全。在老人醫療保險的病人中,居家照顧的病人獨立生活的技巧較差。在考慮居家照顧的成本效益時,作者認為:居家照顧做為出院後急性照顧的替代方案較有成本效益。

Capitman（1986）回顧醫療照顧財務管理局（Health Care Financing Administration（HCFA））五種長期照顧示範性方案之評估,其五種方案為:紐約市居家照顧方案、 OPEN 方案、南卡羅來納的社區長期照顧方案與 On Lok 失能成人社區照顧組織。所有的示範方案提供:1. 密

集的個案管理；2.半專業的居家服務以滿足日常生活功能與精神狀況不佳者的需求；3.多面向評估與再評估，以及服務的安排與管理。

　　計劃的差異在於目標人口群與目標。南卡羅來納的計劃是在 On Lok 提供一套的照顧計劃給將入住護理之家的個人，以試著將護理之家的申請者轉變為居家照顧；而其他三個方案經由額外的服務，提升居家照顧的品質。

　　評估的結果反應，居家照顧服務與個案管理，僅對向護理之家申請者有影響，對於沒向護理之家申請的老人則無顯著的影響。

　　其餘評估居家照顧計劃效能的方式，包括病人的滿意度與對服務的依賴程度，Bass 與 Noland（1983）研究波士頓地區的二個居家照顧計劃，共收集了七百五十位案主，平均年齡為七十八歲，雖然依賴程度較不清楚，但只有 1/3 者感受到若少了服務則無法獨立的生活。

　　另外，對照顧醫療團隊的滿意度亦有評估（Zimmer, Groth-Trencher & McCluster 1985）。團隊成員中有醫師、老年護理師與老人工作社工員，該隊只收重病和末期病人。其發現案主住院、入住護理之家與門診的機率降低。雖然案主在士氣上與控制組相同，但案主本身與其照顧者比起無接受居家服務者更滿意現有的照顧。

　　居家照顧服務的效能是非常困難以上述研究做結論。面對多樣化的案主群，居家照顧已顯現了較高的案主滿意度及降低護理之家的使用。居家照顧對照顧者壓力與負擔之影響因素需要更密切的研究，因它關係到照顧者能否繼續讓病人留在社區中。

# 第六節　居家照顧與政策

　　居家照顧服務領域的多樣性是因政府居家照顧政策的不一致。雖然聯邦政府以提早的出院方案減低醫療照顧成本，但亦沒有增加居家照顧經費。缺少完善的政策造成機構與案主間的困惑，與對居家照顧付費或服務資格的不確定。

　　重大疾病保險法案（H. R. 2941）將居家照顧納入醫療保險，但未達

到以社區照顧取代機構安養的程度。再說,其重點仍在以醫療診斷做為給付要素,對於預防、生存、慢性疾病與老人的社會與情緒上的需求仍然漠視。以下四種聯邦方案提供了居家照顧主要經費:老人醫療保險、醫療救助、社會服務補助專款與美國老人福利法。

# 一、老人醫療保險

雖然居家醫療照顧僅占整個老人醫療保險費用的 3%,但亦為居家照顧中最大的政府經費來源。其在老人醫療保險的各方案中成長速度最快,但其成長的過程很困難。在社會安全法的第 1814 條與第 1861 條要求,老人醫療保險 A 部份給付臥病在床的受保人:當他們需要間斷性的護理、復健、語言治療、職能治療,在醫師指導之下的醫療社會服務、醫療用品與器材與間斷性的居家看護服務。

這個方案立即引起對規定中定義的爭執。方案中並沒有提供「醫療上合理的與必需的」一個標準的定義,而這是擬定照顧計劃時基本的要求。因此導致很多人宣稱他們的服務沒有被給付。一九八七年的綜合預算協調法(Omnibus Budget Reconciliation Act),清楚界定「無法離家(homebound)」與「間斷性的照顧」。無法離家的定義並非指臥床,而是因為疾病而需要協助才得以出門;間斷性的照顧是提供不超過三十八天的全天候的照顧。在例外狀況下可擴充服務,但此「例外狀況」仍尚未清楚界定。

老人醫療保險中的居家照顧服務給付是由遍佈全國的十位財務仲裁者負責。他們諮商居家照顧機構、做帳單、審核及評估報表。他們受命儘量為老人醫療保險信託基金節省開支,(Federal Register, 12 1986)。這使得這些仲裁者的工作幾乎成為限制各機構的經費而非平衡機構的開支。

成本控制在對居家保健機構申請給付案件的被否決有最清楚呈現。從一九八三年的前瞻式給付制度開始實施至一九八七年間,否決的數目從1.2%增加至 8.3%(全國居家照顧協會,1988)。同時負責居家照顧的健康照顧財務協會(HCFA)嘗試將「責任免除」(waiver of liability)條文刪除,因為該條文使居家照顧機構可以彈性解釋老人醫療保險對居家服

務的規定。而此責任免除的辦法使一些沒有服務資格者可以接受服務。

　　長期照顧保險已漸受重視,可能會重新改變政府的對老人醫療保險下的居家照顧政策。可能的改變是給付非醫療或非護理性照顧,如家事服務範圍、飲食服務與預防性的諮商服務,暫歇照顧與個案管理。而這些服務能擴充居家照顧的角色而符合老人迫切且長期的需要。

## 二、醫療救助

　　醫療救助、社會安全法的十九章,為聯邦與州政府的合作計劃,以提供低收入戶醫療救助。每一州依據聯邦的原則自行管理方案。聯邦政府要求醫療救助的服務對象包括單親家庭津貼及補充性安全收入的領取人,以及老人、殘障、盲人等。然而每一州有自由決定給付的範圍與補助的標準。

　　醫療救助給付居家照顧醫師的出診,亦提供間斷性護理服務、居家看護服務以及醫療用品與器材。而這些服務僅在醫師所開立的診斷書下才能提供,而且每六十天必須要重新評估。

　　只有當老人宣佈放棄入住安養機構的權利後,州政府才能在醫療救助的補助下提供社區和居家服務。這制度擴大了可提供的服務種類,如社會服務和個案管理。州政府也可以提供家事服務、日間照顧及暫歇服務。然而,這些居家照顧服務的成本必須低於療養機構的成本。

　　這個權利放棄制度只是醫療救助的一小部份。爭求放棄安養機構者的同時,州政府必須證明州在醫療救助下的居家照顧費用也減少了。這類要求,再加上政府對成本效益的重視,影響了居家照顧方案的成長。經常要證明居家照顧比護理之家便宜,或是證明病人若無居家照顧就一定住在護理之家,是非常困難的。

## 三、社會服務專款補助——第二十章條款

　　社會服務專款補助——第二十章條款(Social Services Block Grant－title ⅩⅩ)係社會安全法修正條文,是由聯邦政府贊助的主要社會服務方

案。在此專款補助下,州政府可以提供服務的經費,其目標為提供社區照顧、居家照顧及其他較不密集式的照顧,以預防或降低不適當的機構式照顧。二十章條款補助居家保健服務、家事服務、居家看護、交通護送、諮商及社會支持服務。州政府可以運用二十章條款的經費補助上述任一項服務上。經費是依人口多寡分配。然而因為計劃間的競爭非常激烈,在有限的經費下,二十章條款補助對居家照顧服務的幫助較有限。

## 四、美國老人法

在美國老人法（Older Americans Act）的第三章提供經費給各地老人服務區域機構,協助它們對老人服務進行計劃、協調及倡導的工作。國會也特別在第三章將居家服務列入優先順序,如居家服務、居家看護、友善訪視與電話問安、亦提供個案管理、評估、日間托老與暫歇服務。很多州將這些方案與第二十章條款之方案相結合。

# 第七節　展　望

隨著長期照顧服務需求的日益增加,居家照顧的服務亦被期待有相同的發展。其主要議題是建立一具連貫性的聯邦政策,以提供發展的方向。而目前整個方案計劃仍是支離破碎,缺乏事先的計劃。

新政策方向的擬定需要消費者、老人、服務提供者積極主動的參與。那些清楚記載需求成本,未被滿足的需求、未被服務的群體、延緩安養機構使用的影響,以及對照顧者的影響的種種資料應該加以小心整理,以影響新的政策方向。在家中提供昂貴的醫院服務也許是真的不符成本效益原則,但我們應該了解大多數需要居家服務的人,並不需要那一類的醫院服務。對大部分人而言,簡單的家務協助,就可幫助他們在社區中享有獨立自主的生活。一旦居家照顧不僅被視為達成人道主義目標的方法,也是降低不必要的機構式照顧成本的方法,其在長期照顧的角色就更穩固了。

# 參考書目

American Bar Association. *The Black Box of Home Care Quality*. A Report presented by the Chairman of the Select Committee on Aging, House of Representatives, 96th Congress, August 1986.

Auerbach, D., D. Bann, and D. Davis. 1984. The social worker in home health care. *Caring* 3(10):71-76.

Bass S. and R. Roland 1983. *Client Satisfactions and Elderly Homemaker Services: An Evaluation*. Boston: Gerontology program, College of Public and Community Service, University of Massachusetts.

Bengston, V. 1976. *The Social Psychology of Aging*. Indianapolis: Bobbs-Merrill.

Bergner, M. L. Hudson, D. Conrad, and C. Patmont. 1988. The cost and efficacy of home care for patients with chronic lung disease. *Medical Care* (June 6), pp. 566-579.

Blue Cross Association. Home Health Care, Model benefit program and related guidelines, Chicago, June 1978.

Bulau, J. 1986. *Administrative Policies and Procedures for Home Health Care*. Minneapolis: Aspen.

Bultena G. 1969. Life continuity and morale in old age. *The Gerontologist* 9:251-53.

Capitman, J. 1986. Community-based long-term care models, target groups, and impacts on service use. *The Gerontologist*, 4:389-398.

Challis, D. and B. Davies. *Case Management in Community Care*, Brookfield: Gower, 1987.

Davies, B. and B. Challis. *Matching Resources to Needs in Community Care*, Bookfield: Gower, 1986.

Doty, P., K. Levis, and J. Wiener. An overview of long-term care.

*Health Care Financing Review (Spring)*, 6(3)70.

Epstein, W. 1980. The social work planner in long-term home care: A case study of institutional geriatric care in the veterans administration. *Social Work in Health Care* 6(1):23-25.

*Federal Register*. 1986. Medicare program: Criteria and standards for evaluating intermediary and carrier performance during fiscal year 1987. December 10. Nos. 44525, 44527.

Glass, R. and M. Weiner. 1976. Seeking a social disposition for the medical patient: CAAST, a simple and objective clinical index. *Medical Care* 14:637-641.

Hedrick, S. and T. Inui. 1986. The effectiveness and cost of home care: An information synthesis. *Health Services Research* 20(6):851-880.

Hughes, S., D. Cordray, and V. Specer. 1984. Evaluation of a long-term home care program, *Medical Care* 22:460-475.

Kaye, L. 1985. Home care. In A. Monk, ed. *Handbook of Gerontological Services*. New York: Van Nostrand.

Kramer, A., P. Shaughnessy, and M. Pettigrew. 1985. Cost effectiveness implications based on a comparison of nursing home and home health care mix. *Health Services Research* 20(4):387-405.

Leader, S. 1986. AARP, home health benefits under Medicaid: A working paper. Washington: American Assn of Retired Persons, July 21, p.234.

Manitoba. 1983. Department of Health, Office of Continuing Care. *Policy Guidelines and Program Manual.*

National Association for Home Care. 1987. *Basic Statistics on Homecare* (August).

National Association for Home Care. 1988. What is home care? (January)

National League for Nursing. 1978. *Prospectives for a National Homecare Policy*, New York.

Omnibus Budget Reconciliation Act of 1987 (P.L. 100-203), 101 STAT. 1330. (1987).

O' Shaughnessy, C., R. Price and J. Griffith. 1985. *Financing and Delivery of Long-Term Care Services for the Elderly*. Washington, D.C.: Congressional Research Service, Library of Congress, 85-1033 EPW.

Shapiro, E. 1987. Multidisciplinary health assessments of the elderly in Manitoba, Canada. Paper presented at the International Work Group Meeting on Multidisciplinary Health Assessments of the Elderly, Goteburg, Sweden, May.

Sparer, G., G. Cahn, G. Robbins, N. Sharp. 1983. The paid aid demonstration: Summary of Operational Experiences. *AANNT* (American Association of Nephrology Nurses and Technicians) *Journal* 10:19-29.

Spiegel, A. 1987. *Home Health Care*. 2d ed. Owings Mills: Rynd Communications, 1987.

Taylor, M. 1986. Home Health Agency Assembly: Letter to the editor. *Pride Institute of Long-Term Health Care* (Spring), 5(2):24.

Trager, B. 1980. Home health care and national policy. *Home Health Care Services Quarterly* 1(2):1-103.

U. S. Government Accounting Office. 1986. Medicare, need to strengthen home health care payment controls and address unmet needs. Washington, D.C.: GPO.

U.S. Health Care Financing Administration. 1980. Medicare: Participating health facilities 1979. Health Care Financing Program Statistics. Washington, D.C.: GPO.

U.S. Senate. Special Committee on Aging. 1986. *The Crisis in Home Health Care:Greater Need, Less Care:* A Staff Report, July 28. 1986.

Zimmer, J., A. Groeth-Juncker, and J. McChester. 1985. Effects of a physician led home care team on terminal care, *American Journal on Public Health* 75:1340–144.

第六篇
# 長期照顧與機構服務

# 第20章

# 長期照顧機構

*Irene A. Gutheil* 著

王　玠　王美懿　譯

當人們因傷病或殘障損害了原本獨立的能力，他們就需要健康照顧、個人照顧或其他支持性的服務。持續地提供這些服務被視為長期照顧，這些提供給虛弱老人的長期照顧工作，大多是由家屬擔任，家屬通常竭盡全力地去照顧家中依賴的老人。一般來說，直到一個家庭的心理、生理資源都過度支出了，才會由機構性的設施繼續服務。提供長期照顧服務的機構，一般稱為護理之家。護理之家的特點是它本身有潛能提供服務滿足居住者們所有的需求，理想的情況是機構和社區之間的服務內容有很高的互通性，但是即使整合於周圍社區中的護理之家，也會相當程度地將居住者孤立於外界。因此，護理之家可以被視為一個自給自足的世界，以提供並安排人們生活需要的服務範圍。

　　儘管上述的缺點，護理之家是整體長期照顧服務中的一個絕對必要的部份，居住者在復原期間可使用所有設施，當功能恢復到一個水準，可以回到社區住家中。另外，長期照顧機構也逐漸能夠提供服務給住在社區中的人。護理之家，因為有健康照顧的設備，特別適合實施像日間照顧和居家照顧等方案，例如在加州退役軍人管理局醫院，就提供暫時照顧方案，供受傷的社區居民，其中開放有八張護理之家的床位，並提供三至二十八天不同時段的照顧服務，以便給主要照顧者換班休息的時間（Schar-lach & Frenzel 1986）。

# 第一節　護理之家的歷史

　　和今日一樣，過去長期照顧的工作是由家人擔任，護理之家的發展是到一九三五年社會保險法案通過之後才興起的。在此之前，因為沒有專門照顧依賴老人的公立機構，因此，會將沒有家人照顧的貧困受傷的老人送到州立救濟院。大體上這些救濟院是可怕的地方，在那裏居住者生活在惡劣的狀況中，而且機構虐待的事件頻傳。一九三五年的社會安全立法，否定了收容性質的救濟院是提供依賴老人照顧和幫助的機構，因此住在這類機構的老人得不到直接的協助。很明顯地，結論是老人需要更隱密、更個別化的居住環境。更確實的轉捩點在一九六〇年代，當醫療保險制度通

過，提供聯邦基金照顧生病的老人，這機會使得護理之家的照顧方式得到
認可並快速成長（Acenbaum 1978）。

　　Waldman（1985）認為聯邦法案在護之家的發展上有二項重要的特
徵：第一，大量的公設護理之家的照顧要經由福利系統提供。第二，護理
之家被視為較廣義醫療照顧方案的一部份。這二項特徵持續的影響，繼續
衝擊現今在護理之家的居住者。居住者通常必須變得窮困為了符合政府照
顧補助，同時醫療模式的照顧有時候會影響居住者得到合適的社會及心理
層面的關注。

# 第二節　護理之家的現況

　　根據一九八五年全國護理之家研究的資料顯示（不包括阿拉斯加和夏
威夷州）全美國共有 19,100 所護理之家，共有 1,624,200 張床位。護理之
家能夠屬於私人的並且營利，也有屬於非營利組織或政府。其中絕大部份
（75％）是私人的護理之家，其餘 20% 是非營利的，5% 是政府的護理之
家。自從一九七〇年代起，屬於同一個授權和擁有權的連鎖之家也有實質
的數量增加，雖然連鎖之家的數量不及全國護理之家的一半（佔 41％），
但它們床位的總數比獨立擁有權的護理之家總和還多，因為它們每家平均
的床位數較多（Strahan 1987）。

　　除了所有權的型式，護理之家目前也依其照顧的水準分級。護理之家
有被聯邦証明為技術的護理設備（Skill Nursing Facilities）或為中介的照
顧設備（intermediate care facilities），有時稱為健康相關設備（health
related facilities）， SNFs 提供二十四小時護理技術的照顧， ICFs 則比
較不徹底而且收費較低。客觀的評估程序，像是紐約的病患檢查辦法
（Patient Review Instrument），是必須由一位受過訓練的鑑定人員填
寫，以決定照顧需求的程度。 1987 年護理之家照顧品質修正案中決定一
九九〇年十月之後 ICFs 和 SNFs 的區分將被取消（NASW 1988）。

# 第三節　對護理之家的需求

護理之家是老人們生活中重要的一部份，在任何一個既定的時間中，都會有超過一百萬的老人生活在其中，雖然這大約是老年人口的 5％，但它並沒有反映出護理之家真實的使用比率。若不以某既定時間看而縱觀整個情況，美國老年人口的 36％之多，在他們的晚期生活中曾花一些時間住在長期照顧機構中（Liang & Tu 1986）。因為老年人口年齡增加，使得使用護理之家人口的百分比急遽地增加。在六十五到七十四歲的人口中，1％的人住在護理之家，而在七十五到八十四歲人口則增加到 7％，八十五歲以上則超過了 15％的人住在護理之家（Eustis et al. 1984）。一九八五年全國護理之家研究資料顯示：護理之家的居住者有 45％是八十五歲及以上的老人（Hing 1987）。而這 85 歲以上的人口群是美國人口增加最快的部份；預計西元二〇〇〇年將有 91％的成長（Wolff et al. 1988）。因此，對於護理之家床位的需要會大量增加，依照趨勢推算，護理之家人口將在西元二〇〇〇年達到二百萬，二〇四〇年則達到四百六十萬（U.S. Senate 1987-88）。

少數民族對於護理之家的使用是不同於白人的，當白人老年人口的5％居住在長期照顧機構中時，黑人則比較少約 4％，其他種族則只有 2％的老人是護理之家的居住者（Hing 1987）。居住者以女性佔大多數，反映出女人活的比男人久的事實。同時，沒有配偶的人較易進住護理之家。所以最有可能進住護理之家的二種人是：八十五歲以上的老人和沒有配偶在家同住的老人。在考慮了一連串群體特微之後，有 50％的六十五到七十四歲老人面臨下列危機因素的時候是可能會進住機構：沒有配偶同住、最近曾進住醫院、居住在榮民之家的、至少一項日常生活基本能力有問題的和心智損傷者（Shapiro & Tate 1988）。

# 第四節　政　策

護理之家的付費來源主要是私人資源（50％）和公共資源（48％），只有大約 1％ 是私人保險給付的（Cwolf & Weisbrod 1988）。公共資源包括：醫療保險（Medicare）和醫療救助（Medicaid）。醫療保險包括了幾乎所有六十五歲及以上的老人，在護理之家照顧上提供有限的保險範圍，只有符合嚴格標準的人適用。直到最近，醫療保險不再包括收容照顧，而在出醫院後給付一百天的護理技術照顧。而在一九八八年的災難保險範圍（Ther Catastrophic Coverage Act）中決議增加醫療保險給付日數的上限為一年一百五十天，同時取消了進住護理之家之前必需要住院的條件。這項法案在一九八九年被廢止，因此護理之家未來的給付前景就混沌不清了。健康保險是護理之家照顧公費給付的主要來源，它的給付範圍只有在一個人消耗光了他（她）其他資源之後才會提供，因為資格是以付費能力為基礎，所以為了獲得照顧，存款必須先少到合格的程度。因為健康保險是聯邦和州的合作方案，因此，各州的合格標準也不同。私人長期照顧保險一般是跟著醫療保險模式，重點在護理技術照顧甚於收容照顧。因為政策的成本是昂貴的。因此，某些高危險群的人可能被排除在保險以外，因此，私人長期照顧保險不能實際地被視為給付護理之家照顧的可行方法（Wiener et al. 1987）。

在過去，護理之家一般給付是以單一相同的給付等級為基礎，最近許多州已改為預計付款（prospective payment）或混合個案（case mix）付款（Kane & Kane 1987）。例如：在紐約，有一個系統叫做資源運用團體（RUGs ＝ Resources Utilization Group）的發展是為了協調護理之家付費的爭議。做法是為每一個居住者算出一個分數，用來考慮他護理的需要和日常生活照顧的活動力。一個便利的混合個案指數是推論自居住者分數的平均值，較高的混合個案指數即可轉換成較高的健康保險給付（Selikson & Ellsworth 1987）。

醫療保險下醫院照顧給付的改變可能會造成護理之家收費的衝突。一

九八○年代，預計付款的系統被提倡，就是醫院的病人須要透過「疾病分類診斷付費制」（diagnosis related group: DRG）的確認，給付則是依照DRG決定的一個固定的等級。因此，醫院有很強的動機儘快使病人出院。過去老年人住在醫院直到康復或死亡，而現在當不再需要急性照顧就會被送出院。因為被送出醫院的人比從前有更大的被照顧需要，護理之家就可能在下列幾方面受到影響。居住者在入住護理之家的同時可能有更多嚴重的醫療需求或更需要密集的復健服務。此外，當急性照顧不再包括臨終照顧，更多的臨終照顧病人也會被轉進護理之家（Peterson 1986）。一個在俄勒岡州波特蘭市的研究發現，採用了「DRGs」制度之後，護理之家死亡總人數的增加超過了20%（Lvles 1986）。儘可能把病人送出醫院的作法，對病人和他們的家屬造成一種極大的壓力，因為他們必須在短時間內做一個困難的決定，那就是，將他的親人安置在護理之家。

# 第五節　申訴方案

住在護理之家的老人是屬於脆弱的人口群其原因有二：他們日趨虛弱的身體或損傷的認知及對機構工作人員的依賴。當他們的權益受到的侵害時，軟弱和疾病使得老人很難控制或反抗。此外，無力感和擔心機構照顧者報復的恐懼感，使得老人們不願挺身而出來爭取自己的權益。以上的因素再加上某些護理之家虐待老人的紀錄，使得我們低估了長期照顧機構中老人權益被倡導及保護的需要。聯邦政府因此而發展了護理之家申訴方案（the nursing home ombudsman program）。

從一九七○年代到一九八○年代，申訴方案歷經發展，修正到強化。在一九七二到一九七三年是改善護理之家的初期，申訴方案包括在七個示範計劃內。一九七五年在美國老人法案修正案中，通過了州政府的申訴方案發展基金。一九七八年的修正案要求州政府要提供服務給所有的護理之家（Litwin 1985）。最近在一九八七年的修正案中更加強了這個方案，同年，在護理之家改革照顧品質修正案中，更確立了申訴官可以立即與護理之家的老人進行接觸，並且在老人或其法定代理人的同意下，可以查閱其

臨床紀錄。

　　申訴方案分別在州和地方兩層級實施。州政府的層級著重的五項功能是：「1.申訴調查；2.專業技術的幫助及訓練；3.倡導工作，包括了和其他州立機構的協調；4.社會教育；5.方案管理和發展（NASUA 1988 p.i）。地方的申訴方案則直接與護理之家交涉往來，處理個別的申訴，並且和這些機構合作解決申訴的問題。地方層級的組織和管理方式各州有所不同，有一些州依賴支薪工作人員提供直接的申訴服務，有些州則廣泛運用經過訓練的志願服務者。

　　為了受理、調查和解決機構中申訴，地方的申訴官會訪視護理之家。在決定最妥善的起訴方式之前，申訴官為了證明且充份評估這些申訴，他們會進行調查。申訴官也經常向護理之家的社工員蒐集居住者控訴的資料及證據。社工員通常也參與在解決問題的過程中，大部份的情況下，申訴可在護理之家的管理者和工作人員的合作下獲得解決。如果無法達成適當的結果。申訴官則會運用像州立健康局（the state health department）這類的外界資源來協助解決問題。

　　一般來說，申訴官和護理之家的社工員工作關係很密切，並且在倡導的過程中視社工員為盟友，但有時候社工員難以相同正向的態度看待申訴官，因為社工員可能感覺申訴官在調解和倡導居住者權益時，侵犯了原本是屬於社工員的角色。除此之外，專業社工員可能對半專業倡導的意見和判斷也有所保留。無論如何，護理之家申訴官對於照顧品質的提升，的確超過了合法的最低要求，有其特殊的貢獻（Litwin & Monk 1987）。當社工員認同這些是對機構進住者生活品質有利時，他們願意克服他們的保留態度，而視申訴官為有價值的盟友。

# 第六節　護理之家中的社會工作

　　聯邦法要求護理之家要有人負責提供社會工作的服務，這一個人不一定需要受過專業訓練，當機構雇用沒有專業學位的人，就必須有專業社工師給予督導。雖然有一些州要求比較嚴格，但並不普遍。有一些護理之家

本身選擇較高的標準並雇用專業的社工員，但是護理之家社工員複雜且吃力的工作通常由沒有專業訓練的人來擔任，然後接受有限的專業督導。一九八七年照顧品質修正案通過，自一九九〇年十月起，凡是超過一百二十張床位的機構中，必須至少要有一位全職專業的社工員（也就是至少是社會工作系的學士學位或同等資格）。因此，這種問題將會逐漸獲得解決（NASW 1988）。

## 一、實務的理論基礎

因為護理之家通常是較大的醫療照顧規劃中的一部份，所以往往受醫療模式很大的影響。即使那些積極努力避免使用醫療模式的機構，也難以拒絕這預料中持續明顯的影響。醫療模式強調的是根絕疾病並認為一個人生病必定是有某些缺陷。這個模式認為專家有專業知識，所以只有他們是改變的代行者，個案遵從這個專家集合的專業意見，並且被期待在治療過程中，被動地配合以及不表示任何意見（Weick 1983）。

因為醫療模式在處理人的問題時，是基於人的不足而不是他們的力量，這個觀點容易使得護理之家受到限制，這部份也歸因於老人是依賴的且不能經營他們自己生活的一種難以磨滅的刻板印象。然而，更大的衝擊是，事實上，正因為老人的許多不足，其中包括認知能力的損傷，才造成他們進住護理之家。根據一九八五年全國護理之家調查研究，在護理之家居住的老人中，有 63% 是有心理障礙及記憶力損傷（Hing 1987）。因此，工作人員通常採取家長管理式的態度去對待認知能力損傷的居住者，很自然地就正好支持了醫療模式的照顧方式。

相對於醫療模式，護理之家的社會工作是以社會心理模式為基礎，這個模式是基於承認人和環境的複雜交互作用的生態觀點。Maluccio 對生態能力的討論，在護理之家中的社工實務上特別貼切：

在傳統的定義中，能力一般是考慮一個人的特質和特點；能力的多少是天生具備的。相對的，在生態方式中，能力變成一種互動交換的概念；它被定義為一種人和環境互動的表徵（1981:7）。

環境與人的互動是不能受到忽視的，當環境設計不當時，會減弱人的

能力。社工員著重在確定和培養人潛在的力量，而不是他們的不足。在機構中，社工員通常成為這樣觀念的提倡者，他們幫助工作人員看見即使是認知能力損傷的居住者，接受服務後仍可保留其剩餘的能力（residual ability）。去發掘及開發這些能力的先決條件是認同，像 Edelson 和 Lyons（1985）指出的「傷殘者的環境令他們困惑，就好像我們看他們的行為是不合理的一樣。」（p.5）重要的是要了解行為是有意義的而且是一種努力溝通的結果，努力去溝通就是一種力量。護理之家的社會工作表現著重在居住者剩餘的力量或資本，並且照料他們的社會心理需求如同照料其身體需求一樣。居住者在為他們自己的利益上被視為有能力去做一些有意義的動作，即使是簡單重複地敲打桌子以表示痛苦的這樣一個動作。

## 二、社會工作的介入

　　護理之家的社會工作實務是由服務輸送的三個階段合成的，包括：1. 入住許可；2. 住在機構中；3. 離開（出院）、轉院或死亡。因為在提供服務的過程中，護理之家中的社工員擔任了數種角色，在接下來的討論中，將會說明他們如何從頭到尾執行服務輸送的程序。社工員可能擔任諮詢者、教育者、仲裁者和倡導者等角色，也同時是跨專業工作團隊的成員及資源聯結者。

　　1. 入住許可

　　入住到護理之家是一個令人情緒複雜和痛苦的過程。可能成為居住者的人，已經處於健康和功能喪失，現在必須再面對失去家庭，家人環境和失去對他自己生活的掌控安排。在作這樣一個入住護理之家的困難決定時，理由充足的家屬為了使手續更容易，往往提出一些錯誤的保證，並且避免直接討論痛苦和恐懼的情緒。可能的居住者可能被排除在整個計劃安排之外，因為家屬擔心他們會沮喪或無法了解（Bogo 1987），這些家屬用以保護他們所愛的人的方法，却可能加深老人的失控感並且使這些虛弱的老人感到無能且無力。

　　社工員必須在一開始就要敏感到家屬不願老人受痛苦的想法，並且儘可能的讓老人參與入住計劃。這個時候社工員是一個教育者的角色，幫助

家屬了解參與決定的過程，對老人在護理之家的生活適應是有幫助的。

　　社工員最好在老人及其家屬做最後入住決定之前，能先見過他們。這個階段，社工員擔任一個諮詢者，給予支持；也是一個教育者，使家屬每一個人適度地了解護理之家並參與入住申請過程。當安置是長期計劃的結果，就可能有以上的情形。不幸地，當安置的需要是由於某個危機，幾乎不可能有入住前的接觸。此外，當安置是賴於出院的壓力，家屬和居住者感覺幾乎是沒有選擇的餘地。有些人則認為如果可以在醫院裡住久一點，就不必被迫安置到護理之家。在這種情況下，社工員是支持入住或入住之後的關鍵人物。有一件事是非常重要的，就是社工員幫助居住者和家屬，認知和處理因為沒有足夠的準備而要入住護理之家時所產生的憤怒、挫折和害怕，如這些感覺沒有被注意，可能在機構中被誤導，造成適應上很大的困難。

　　即使是預備得很好的居住者，實際入住護理之家之後，也很可能受到驚嚇。可能預期到的重大衝擊像是，要改變成和一個陌生人共用一個房間，要適應機構的作息，或是長時間地放棄很多的隱私。然而，護理之家所提供的是超過了基本生理的需求，有些實證指出，住在護理之家的老人比那些從自己家中得到健康照顧的老人有較高的生活滿意程度（Salmon 1987）。護理之家提供了一個基本的社會環境，這樣的社會環境往往是老人臥病在自己家中所欠缺的。而家屬解除了照顧的負擔，可能可以花更多時間好好地陪伴老人。重病患者及需要很多協助的老人，可以在工作人員親切的態度中感到安慰。社工員可以幫助老人和家屬認識及處理在護理之家生活的種種優點和缺點。

　　從第一次接觸時，社工員就開始蒐集資料去發展對居住者完整個別化的整體印象，也對他們最近的生活情況和自我照顧功能做一個評估。特別會注意他們的分辨能力、特長和能夠在機構中被培養的剩餘能力。社工員扮演一個教育其他工作成員的角色，他們提供的社會心理資料中包括對每個老人個別化及整體的了解。有時候，社工員在居住者和機構工作人員間擔任仲裁工作，為了是確保並承認個別化的能力。例如：

　　莫爾先生很保護他的東西，並且會攻擊那些試圖移動他的書、浴廁用品甚至只是要清理它們的人。清潔人員把他視為一個壞脾氣的人，他們處

理這個問題的方式是趁莫爾先生不在時前去清理他的房間,這只使得他更難過。社工員的建議卻改變了這種狀況,他認為莫爾先生是一個很有組織的人,並且以他所擁有的東西為傲。後來擬訂了一個清潔時間表,使得莫爾先生知道清潔人員什麼時候會來,還能夠「督導」她的工作。

在面對護理之家的安置時,家庭成員可能也會有許多困難。除了要面對失落一個他熱愛的人的悲傷之外,家屬一般會為了把親人送到護理之家而感到罪惡。當家庭成員解除照顧責任而得到自由時,他們必須面對伴隨而來的罪惡感。被這樣痛苦、混淆的情緒困擾時,家庭成員可能會變得過度投入護理之家的生活,或者選擇和老人逐漸疏遠。在這個困難期間,社工專業服務可以協助家屬來處理其痛苦的情緒,進而接受安置老人在護理之家的安排。

社工員必須仔細觀察家庭處理問題和互動的模式,因為那會影響家庭成員和機構的關係,同時也影響家屬和老人的關係。社工員可以幫助家人處理那些會阻礙良性適應的困難。至於那些到機構之後才顯現出來的家庭宿疾,已超出護理之家可以協助的範圍,則會被轉介到社區資源尋求諮商。然而,有一些家庭成員並不接受社會服務,也不能勉強,必須尊重他們的感受。

鼓勵居住者和家屬維持緊密的聯繫是非常重要的。研究顯示,安置在護理之家之後,家屬不斷的參與對居住者良好適應是很重要的(Harel 1981; Greene & Monahan 1982)。在和機構合作提供老人照顧上,家人應該被視為一種資源(Solomon 1982)。家屬和護理之家工作人員應該一起合作去執行符合居住者需求的實際計劃。

當進住機構的原因是為了復健或療養時,通常進住的期限都有時間限制。居住者和家屬需要在安置期間有人協助,以決定到底要維持先前生活安排到何種程度。社工員以一個支持、教育的角色,著重在改變的後果和所有可選擇的替代方案,以協助居住者和家屬避免做出草率的決定。

2. 住在機構中

就像任何的居住環境一樣,有一些人發現在護理之家生活比在其他地方容易。對某些居住者或家屬而言,一旦在機構中穩定地住下來時,可能不太需要社工員。而某些人卻是需要的。社工員視他們個別情況而決定提

供服務的範圍及深淺。

　　一般而言，決定社會工作服務需要的主要因素是改變。居住者可能要經驗家屬探望形式的改變，新的室友，朋友或所愛之人的死亡，和其他工作人員或老人的衝突等等事件。社工員可以協助居住者去處理這些變化，例如居住者在改變房間或是室友前要有充分的預備。社工員直接幫助居住者去預想改變的衝擊，而且也可以鼓勵其他工作人員來協助居住者在過程中充分地參與。當改變突然發生，幾乎沒有時間去預備的時候，例如室友死亡而新的室友馬上要住進來，社工員不只要處理居住者對改變的反應，同時還要處理他的無力及失控感。此外，當行政的決定和社會工作方向衝突時，某些行政上的優先考量，像是保持滿床，雖然和社會工作的觀念不同，却是機構要成功運作的基本必要條件。

　　當老人抱怨護理之家的生活或擔心他們的生理和心理退化等情形困擾家屬時，家屬有時會向社工員求助。社工員透過支持性諮商或教育家屬了解疾病的進展階段來協助他們。此外，社工員也扮演家屬和其他工作人員間協調的角色。

　　一種很有效的介入方法是聯結機構中老人們的家屬（Brubaker & Schiefer 1981）。這樣的聯結將可組成一個支持網絡，協助家庭成員引發他們自己的力量和資源去互相支持。例如：

　　幾個家屬正在擔憂他們的長輩們不斷退化的認知能力。有一些家屬個別和社工員討論如何讓探訪更愉快。社工員就邀請了這些家屬參加一個處理這方面問題的新團體。在第一次團體時，參加者不僅主動地分享了他們關心的事，同時也了解到他們不是唯一有這種問題的家屬。經過了兩次團體（這個團預計見面三次），團體成員彼此分享增進探訪品質的有效方法。當團體結束時，成員中有兩個人決定在同一個時間探訪，這樣他們可以互相支持。另外兩個人同意當其中一人不能前往探訪時，願意代為留意照料對方的母親。

　　這個例子證明了團體通常是提供服務的一種有效方法。事實上對家屬和居住者一樣好用。團體不僅在善用社工員專業時間上發揮很大的功用，它也發揮了人和人互相幫忙的潛能。對居住者而言，他們通常是處在被幫助的地位，團體使他們能夠提供一些有價值的建議給別人，也是增加居住

者的力量及培養他們的能力。重要的是，社工員必須根據居住者和家屬的
需要來決定是否運用團體提供服務。有一些人不適合團體，有一些問題最
好用個別的方式解決。

因為護理之家對居住者的照顧工作，大多是由護佐擔任，他們協助衰
弱老人的經驗及訓練有限。社工員可以藉由在職訓練協助教育其他的工作
人員更了解老人的心理社會需求。為了達到最大的效益，社工員應該摒棄
僵化的訓練課程，而以反映現況的議題為主。此外，運用角色扮演之類的
技巧，也可以在學習的過程中，加強工作人員的參與（Gutheil 1985）。
當社工員運用在職訓練呈現居住者或家屬觀點時，他同時呈現倡導的角色
和教育者的角色。

做為專業合作團隊中的一份子，社工員必須同時關心並考慮案主和機
構。這個角色非常有挑戰性，因為不同的專業有不同的看法和優先順序。
在相同的大目標之下，不同的專業理念很可能導致不同的解決方案。

社工員也是居住者和機構外資源的聯結者。努力使得社區成員參與到
居住者當中是必要的，像是探訪志工，地方學校的學生、娛樂表演團體等
等。在護理之家有很強的活動部門時，社工員就比較少參與這一類結合工
作。然而，聯結居住者和某些特定資源，例如社區心理衛生服務，這樣的
責任，是屬於社工員的工作範圍。

3. 出院、轉介或死亡

從機構轉介或出院，會讓人再次經歷失落和害怕的感覺。護理之家的
環境是熟悉可預期的，生活方式已建立、新的關係也形成。甚至要回家的
居住者，也會經驗一些害怕的感覺，怕回家後得到的協助較少，不能夠適
應。因為需要更多照顧，而被轉介到其他機構的居住者，會為他們功能的
喪失而悲傷，同時他們也會擔心新的機構是否比原來他們離開的更好或更
差。此外，任何物理環境的重大改變，都會對居住者和家屬造成壓力和痛
苦（Greenfield 1984）。

如果需要轉介或出院，社工員開始協助居住者和家屬對即將來臨的改
變預作準備。同時要說明清楚遷移的原因。也要鼓勵發問，以減低居住者
的一些擔心，例如：另一個機構的品質，可以透過有系統的介紹或安排入
住前的參觀方式來減輕擔心。雖然居住者的傷病可能嚴重的影響了他的參

與能力，但是家屬和居住者應該儘可能地參與在出院計劃中。

在這個階段，社工員通常同時扮演諮詢和教育的角色。讓居住者和家屬參與可能對他們生活有所改變的出院或轉介是很重要的。也許居住者返回家中，家庭成員可能還需要提供照顧或者監督照顧者。協助家屬參與和計劃在他們生活中可能伴隨而來的改變，這樣可以避免之後的一些問題。相同的，協助家庭成員預期可能衝擊的因素，例如新機構是座落在較遠的地方，如此可以鼓勵事先計劃以預防日後的壓力。有時候人們陷在改變的紊亂中，而忽略了這些細節。但是，通常是這些細節引起日後的問題。

社工員在做出院計劃時，要評估居住者需要社區資源的程度，也要確定居住者在離開機構後可以得到那些服務。當居住者需要轉介時，社工員要和新機構的特定工作人員聯繫、使轉介能儘可能的順利。

許多居住者會在護理之家去世。當死亡突然發生時，可能需要協助家屬去面對他們再也沒有機會說再見的事實。當死亡是一個清楚且漸進的過程時，居住者和家屬都會經驗相當程度的痛苦情緒，但也是一個結束關係的機會。意識或警覺到自己面臨死亡的居住者，也需要特別地協助他或她面對死亡。這時候，回憶往事通常是很好的慰藉。對於嚴重認知損傷的老人，可以輕輕撫觸他或者讓他安心知道他並不是獨自一人。而機構中其他居住者在面對他人死亡時，也需要有人支持。

在處理死亡的議題時，有一些家屬願意運用他們自己的資源，也有家屬很感激社工員的支持。和居住者一樣，回憶往事，對家屬而言也是很有治療價值的作法。當家屬在緊張和痛苦的情緒中掙扎時，幫助他們的方法是肯定他們的這些反應是正常的。當所愛的人痛苦或病重時，家庭成員也許認為死亡才是福氣。這時候，家屬還要去面對這種想法伴隨而來的罪惡感。正因如此，在居住者過逝後，家屬與社工員最好有一段時間的接觸討論。如果護理之家的社工員無法提供這樣的服務，也可以轉介到社區的資源。最後，重要的是，並非每個人面對家人死亡時都會經歷悲傷，也不是每個人都需要處理他的悲傷。人們需要有機會在一個沒有批判的環境中用他自己的方式去面對死亡。

# 第七節　今日議題

以下我們將就機構收容量增加所帶來的幾項議題加以討論。

因為對老年失智症（Alzheimer's Disease）病人提供有品質的照顧，需要特殊的環境和仔細受過訓的工作人員。有一些護理之家，為提供心智損傷的居住者服務，會成立一些特殊的單位。這些單位一般會把失智的居住者隔離，同時會配合他們特別的需求而創造一個環境。因為這些居住者比較難適應環境，所以這個單位主要的目的是防止過度刺激或刺激不足（Peppard 1985/86）。努力的目標是為保持計劃方案和工作人員的和諧持續。可能的話，單位會提供方案是來減輕居住者離開他熟悉的地方而產生的焦慮。工作人員接受特別的訓練，幫助他們完全了解居住者們的需求並努力協調溝通，社工員扮演一個重要的角色是幫助工作同事了解失智老人和家屬的特殊需要，同時支持他的工作同事為這一群失智者建立一個特殊的環境（Grossman et al. 1985/86）。

急病居住者申請入住的人數增加和居住者權益高漲這二項因素迫使護理之家重視不急救政策（Do Not Rescusitate）（DNR）。很多護理之家正在有系統地推行 DNR 過程，有一個研究發現：幾乎有半數的機構在其正式或非正式的政策中提到 DNR（Longo et al. 1988）。在沒有實施這些政策的護理之家中發現：當面臨很難處理的決定，又沒有來自居住者或家屬進一步的指示時，工作人員的壓力會不斷地積壓、升高（Levenson et al. 1987）。建構 DNR 政策的一個方法是成立機構的倫理委員會，以便討論及計劃。雖然倫理委員會在護理之家中並不普遍，但也在逐漸增加。社工員參與委員會是很典型的（Brown et al. 1987）。當 DNR 政策漸受重視時，社工員不僅要參予討論而且投入建立機構政策、教育工作同事有關於政策的目的和價值，還要在決策的過程中直接協助居住者和家屬。

護理之家的護理環境也逐漸受到重視，因為居住者花他們大部份時間在護理之家，機構的物理環境對於他們的生活造成持續強烈的影響。社工員藉由他們對人類和環境相關的了解，特別適合為增進護理之家物理環境

作研究和努力，社工員適任的事情包括一些設計可以增進居住者的隱私和並且讓房間中有一些可運用的特別區域，使居住者擁有其自己的空間。社工員應當注意很多其他物理環境的層面，例如：顏色信號來區辨的走廊、房間號碼或名牌用大一點的字母並且掛在輪椅的高度，可幫助居住者適應環境及獨立。藉著讓他們坐在角落或交叉坐比排排坐更能鼓勵居住者間的社會互動（Sommer 1959）。個人珍貴的東西和家庭照片可以使房間更個人化並創造一個類似他所熟悉的環境。在護理之家環境上，社工員擔任一個重要的倡導角色，致力於建立一個能維持居住者力量和尊嚴的環境。

在護理之家工作人員花費很多的時間在寫紀錄。社工員尤其感到挫折，因為整理紀錄佔去了他們和居住者及家屬直接接觸的時間。既然紀錄是機構規定的，社工員只有努力去適應。然而，別忘了，紀錄的功能是它能有系統地傳達重要的心理社會訊息給其他的工作人員，以維持對居住者照顧的敏感度和個別化。此外，花時間整理紀錄可以幫助社工員仔細琢磨他對居住者及家屬的評估，目標和治療計劃。最後，社會工作的正式紀錄舖陳出心理社會觀點的價值及其影響。

這裡要討論的最後一件事是職業倦怠。護理之家的社會工作是一件吃力、複雜的工作。社工員經常覺得一天中沒有足夠的時間去完成他們所有的工作責任。有時候，社會工作的觀點和機構中其他人比起來，好像有點格格不入。社工員常感到挫折的有兩方面：在培養一個認同並提昇居住者能力之環境議題上，以及肯定家屬是一種有價值的資源。這挫折使他們士氣低落，並且使社工員體驗不到在他們工作中的許多滿意點。要消除這種影響，支持的重要性就不應該被低估。Nelson 註解到：「社工員應該……察覺得到，當他們在專業之中得不到支持，他們也很少能提供支持給他們的案主」（1980: 390）。

機構中有兩個或更多社工員，就提供一個既成的支持系統。定期的部門會議，或非正式地聚在一起，提供機會讓社工員們抒發挫折感並且互相支持。當機構中只有一個社工員，他或她可以尋找其他的工作人員去發展這樣的支持關係。有一些組織使護理之家或一般健康照顧機構的社工員能聚在一起。這些社團是很價值的，因為它們常提供教育性的研討會和倡導活動，同時組成支持網絡。像支持一樣，持續性的教育也能夠預防職業倦

怠。

　　持續教育或專業在職訓練對護理之家社工員工作效率之提昇有顯著的
貢獻。在對護理之家居住者和家屬的服務提供上，社工員扮演一個重要的
角色。透過社工員，社會心理需求層面的重要性得到肯定，也得到應有的
關注。他們的工作涵括了一連串的角色，同時也需要運用很多不同的技
巧。這些為完成這項複雜工作而必須具備的技巧，不該被低估。總之，護
理之家社工員接受愈多的訓練，他們就愈有可能提供高品質的服務。

# 參考書目

Achenbaum, W. A. 1978. *Old Age in the New Land*. Baltimore: Johns Hopkins University Press.

Bogo, M. 1987. Social work practice with family systems in admission to homes for the aged. *Journal of Gerontological Social Work* 10(1/2);5−20.

Brown, B. A., S.H. Miles, and M.A. Aroskar. 1987. The prevalence and design of ethics committees in nursing homes. *Journal of the American Geriatric Society* 35(11): 1028−1033.

Brubaker, E. and A.W. Schiefer. 1987. Groups with families of elderly long−term care residents: building social support networks. *Journal of Gerontological Social Work* 10(1/2): 167−175.

Eustis, N., J. Greenberg, and S. Patten, 1984. *Long−Term Care for Older Persons: A Policy Perspective*. Monterey, Calif.: Brooks/Cole.

Green, V. L. and D. J. Monahan. 1982. The impact of visitation on patient well−being in nursing homes. *The Gerontologist* 22(4):419−423.

Greenfield W. L. 1984. Disruption and reintegration: dealing with familial response to nursing home placement. *Journal of Gerontological Social Work* 8(1/2): 15−21.

Grossman, H.D.,A.S. Weiner, M.J. Salamon, and N. Burros. (1985/86). The milieu standard for care of dementia in a nursing home. *Journal of Gerontological Social Work* 9(2): 73−89.

Gutheil, I.A. 1985. Sensitizing nursing home staff to residents' psychosocial needs. *Clinical Social Work Journal* 13(4): 356−366.

Harel, Z. 1981. Quality of care, congruence and well−being among institutionalized aged. *The Gerontologist* 21(5): 523−531.

Hing, E. 1987. Use of nursing homes by the elderly, preliminary data from the 1985 National Nursing Home Survey. *Advance Data From Vital and Health Statistics.* National Center for Health Statistics. No. 135. DHHS Pub. No. (PHS) 87-1250. Public Health Service. Hyattsville, Md., May 14.

Kane, R.A. and R.L. Kane. 1987. *Long−Term Care: Principles, Programs, and Policies.* New York: Springer.

Levinson, W., M.A. Shepard, P.M. Dunn, and D.F. Parker. 1987. Cardiopulminary resuscitation in long−term care facilities: A survey of do−not−resuscitate orders in nursing homes. *Journal of the American Geriatrics Society* 35(12): 1059−1062.

Liang, J. and E.J. Tu, 1986. Estimationg lifetime risk of nursing home residency: a further note. *The Gerontologist* 26(5): 560−563.

Litwin, H. 1985. Ombudsman services. In A. Mork, ed. *Handbook of Gerontological Services.* New York: Van Nostrand Reinhold.

Litwin, H. and A. Monk. 1987. Do nursing home ombudsmen make a difference? *Journal of Gerontological Social Work* 11(1/2): 95−104.

Longo, D.R., R. Burmeister, and M. Warren. 1988. Do not resuscitate: policy and practice in the long−term care setting. *The Journal of Long−Term Care Administration* 16(1): 5−11.

Lyles, Y.M. 1986. Impact of medicare diagnosis related groups (DRGs) on nursing homes in the Portland, Oregon metropolitan area. *Journal of the American Geriatrics Society* 34(8): 573−578.

Maluccio, A. N. 1981. Competence—oriented social work practice: an ecological approach. In A.N. Maluccio, ed., *Promoting Competence in Clients*. New York: Free Press.

NASUA (National Association of State Units on Aging). 1988. *Comprehensive analysis of state long—term care ombudsman offices*. Washington, D.C.: GPO.

NASW (National Association of Social Workers). 1988. The 1987 nursing home reform legislation, the agenda for social workers. *Social Work Practive Update*.

Nelsen, J. 1980. Support: a necessary condition for change. *Social Work* 25(5): 388—392.

Peppard, N.R. 1985/86. Special nursing home units for resedents with primary degenerative dementia: Alzeheimer's Disease. *Journal of Gerontological Social Work* 9(2): 5—13.

Peterson, K.J. 1986. Changing needs of patients and families in long—term care facilities: implicatons for social work practice. *Social Work in Health Care* 12(2): 37—49.

Salamon, M.J. 1987. Health care environment and life satisfaction in the elderly. *Journal of Aging Studies* 1(3): 287—297.

Scharlach, A. and C. Frenzel. 1986. Evaluation of institution—based respite care. *The Gerontologist* 26(1): 77—82.

Selikson, S. and B. Ellsworth. 1987. Resource utilization groups: a clinical dilemma. Letters to the Editor. *Journal of the American Geriatrics Society* 35: 11: 1034—1035.

Shapiro, E. and R. Tate, 1988. Who is really at risk of institutionalization? *The Gerontologist* 28(2): 237—245.

Solomon, R. 1982. Serving families of the institutionalized aged: the four crises. *Journal of Gerontological Social Work* 5(1/2): 83—96.

Sommer, R. 1959. Studies in personal space. *Sociometry* 22(3): 247—260.

Strahan, G. 1987. Nursing home characteristics; Preliminary data for the

1985 National Nursing Home Survey. *Advance Data From Vital and Health Statistics.* National Center for Health Statistics. No. 131. DHHS Pub. No. (PHS) 87−1520. Public Health Service. Hyattsville, Md.

U.S. Senate. 1987−88. Special Committee on Aging. *Aging America: Trends and Projections.* Washington, D.C.: U.S. Department of Health and Human Services.

Waldman, S. 1985. A legislative history of nursing home care. In R. J. Vogel and H.C. Palmer, eds., *Long−Term Care: Perspectives from Research and Demonstrations.* Rockville, Md.: Aspen.

Weick, A. 1983. Issues in overturning a medical model of social work practice. *Social Work* 28(6): 467−471.

Wiener, J. M., D.A. Ehrenworth, and D.A. Spence. 1987. Private long-−term care insurance: Cost, coverage, and restrictions. *The Gerontologist* 27(4): 487−493.

Wolff, N., B.A. Weisbrod, and S. Stearns. 1988. Summary proceedings long−term care for the elderly: issues and options. *Journal of Aging Studies* 2(1): 83−94.

# 第21章

# 暫歇服務與
# 成人日間照護

*Eloise Rathbone-Mccuan*　著

洪娟娟　譯

　　本章的目的在介紹老人服務領域中常見的兩項相關社會服務方案；在美國，對病弱老人及其主要照顧者而言，這二項服務的重要性逐日提升。第一項服務「暫歇性照護（respite care）」，是以照護者為對象所提供的暫時性、支持性方案；第二項服務「成人日間照護（adult day care）」，則是以社區年老居民為對象，提供長期性的健康、社會服務。這兩項服務皆屬於社區服務體系（community service systems）之一環；然而令人遺憾的是，這二項服務不論在數量（available）或可近性（accessible）上都無法滿足社區內需求人口。

　　這些服務對於無生活自理能力者、或在缺乏協助下無法從事社交活動的老人而言，皆十分有價值。此外，這兩項服務更是互為表裏、相得益彰。例如，參與日間照護的老人可能因主要照護者——妻子住院，而在居家照護機構的安排下，接受暫歇性服務，並持續參與日間照護；妻子的生病住院並未減少日間照護的重要性，反倒是在日間照護服務的協助下減低了老人每天所需的暫歇性服務時數。

　　本章將討論這兩項服務的需求、組成、結構，及其發展與輸送狀況。社會服務的實務工作者在服務輸送的過程中扮演多元角色，如功能評估、直接服務轉介、照護計畫管理、資格審核、及服務監督等；此外，實務工作者也有責任擴充現有服務量，並改善服務品質。社會服務的專業知識是暫歇性服務與日間照護方案的成功樞紐。

　　愈來愈普遍的是，實務工作者將焦點放在支持家庭原有的照護功能，用以協助老人；許多社會服務系統要將非正式的照護網絡納入系統內，藉以增進照護服務的連續性。非正式照護網絡中的家庭與個人，成為協助病弱老人的居家服務主力；其所提供的協助遠超過現有老年服務的數量，包括護理之家、日間照護中心及其他方案等。雖然非家人的照護者亦需暫歇性服務、缺乏家庭支持系統者也需善用日間照護，但本文則是以家庭觀點檢視此兩項方案。

# 第一節　暫歇性照護

　　有關病弱老人照顧情境的相關研究指出，為老人及其照護者提供暫歇性服務之必要性（Silverstone 1982）。研究證實了當家庭願意提供照顧時，則老人待在家中的能力亦隨之提高；而護理之家（nursing homes）的老人、與接受居家照護的老人二者的功能狀態則是大有差異（Moore 1987）。在八〇年初期，聯邦政策界定「暫歇性照護」是種暫時性服務，用以協助當主要照護者不在時、無法全時間自我照顧者（U. S. Congress 1980）。然而當愈來愈多的暫歇性資源被開發後，此一狹隘定義也隨之擴展、進一步涵括了紓解照護者壓力的預防性服務。

　　當阿滋海默症（Alzheimer disease）的普及化與影響力受到關注時，照護者的壓力也成為焦點議題；其受害者不僅只於病人，也涵括了照護者（Lund, Pett, Caserta 1987）。而其他的慢性疾病也受限於先前的健康狀況、認知功能受損程度、病情的嚴重性與密集性治療的忍受力等因素（Becker & Kaufman 1988），使得復健潛力受損、形成沈重的照護負擔。

　　暫歇性照護模式具有不同類型；有一些模式是由照護者彼此互助，自願組織的，有一些資源則較正式、屬於社區服務體系的一環。例如，榮民行政醫療照顧體系所發展的全國性暫歇性服務，便整合了居家照護、一般性門診（outpatient clinics）及老人學評估（geriatric assessment）；並將暫歇性照護歸類於長期性照護（非急性照護）的類別。以下探討不同暫歇性照護輸送體系時將會反映這樣的觀點。

## 一、暫歇性照護模式

　　老人實務工作者對暫歇性照護的定義通常是過度狹隘而鬆散；然而其他國家卻已將暫歇性照護視為特定的照護類別之一。例如，「夜間式照護（night care）」、「週末式照護（weekend care）」、「假期式照護

（vacation care）」及「流動性病床（floating beds）」等便是在受到認可、接受資助的狀態下善用機構與半機構的例子；這些代表了「空床策略（bed space strategies）」，即善用家庭外資源提供暫歇性照護、藉以提高空床的使用率。這些策略在美國的運用狀況並不十分普及，目前美國的暫歇性照護策略受限於第三者付費的規定，而忽視了長期性照護病床的閒置所可能形成的潛在成本。

　　社會服務提供者應該寬廣地界定、且多元化的提供照護者所需的暫歇性照護。智障領域中所列舉的暫歇性照護方式，可用來說明老人照護中現有的暫歇性模式；Kinney（1979）描述了針對智障兒童父母所提供五種暫歇性服務模式，這些模式各有其優缺點，但卻都可以運用在老年人口群。

　　1. 居家暫歇性照護（In-Home Respite Care）
　　照護者離家時，由受過訓練的暫歇性照顧者（最好是這個家庭的舊識）到家幫忙。
　　2. 社區暫歇性照護（Out-of-Home Respite Care）
　　將病弱者送到照護者家中，一如暫時性的寄養家庭般。
　　3. 暫歇性照護住宿之家（Respite Group Home）
　　將病弱者送到提供暫歇性照護的機構，這十分類似於長期收容的環境。
　　4. 老人住宿之家內的暫歇性床位（Group Home Respite）
　　病弱者被送到一般的老人住宿之家，長期收容是其主要功能，但亦提供某些病床作為暫歇性照顧。
　　5. 機構式暫歇性照護（Institutional Respite）
　　病弱者被送到提供二十四小時照護的機構，這類機構備有暫歇性照護床位。
　　表 21-1 說明了各種老人暫歇性照護模式之特徵；雖然這個表並不夠周延，但它卻說明了老人暫歇性照護之多面性；其中有一些模式可能較普及，但其他照護模式之適宜性則需要更多持續的驗證。

表 21-1　老人暫歇性照護的主要特徵：初步分類

| 暫歇性照護的<br>特徵 | 不同的方案取向 |
| --- | --- |
| 地　　點 | 暫歇性照護可以是在老人的家中、或是將老人送到提供服務的地點。「居家暫歇性照護」是由受過訓練的服務員到家中照顧老人。「社區暫歇性照護」則分為三種方式：<br>1. 暫歇性之家（ a Respite Home ），將老人暫時送至照護者的家中；<br>2. 暫歇性照護住宿之家（ a Respite Group Home ），可以同時容納超過一名老人、提供照護服務之設施；<br>3. 機構式暫歇性照護（ a Institutional Respite ），則是公立或私立機構（如醫院或護理之家）保留一些床位作為暫歇性照護之用。 |
| 時　　間 | 暫歇性照護的需求有時是因發生危機：主要照護者突然住院、喪失能力、或為個人危機所困擾、無法滿足老人需求。有些時候，暫歇性照護安排則是「有計劃的」；如出差、休假、或拜訪親戚等事先預定的計劃。 |
| 暫歇性照護的<br>安排 | 大部份的情況，是由家人或主要照護者安排暫歇性照護——包括尋找服務員、安排接送的人、協商費用等。其他的一些情況，則是由正式的社會服務機構來安排。 |
| 服務方式 | 大部份的暫歇性照護以提供老人「個人」的生理、安全、與社會性需求為主；然而，最近有愈來愈多的服務則是運用暫歇性照護作為關注「整體家庭」需求的方式。 |

## ㈠居家暫歇性照護（in-home respite）

　　雖然「居家暫歇性照護（in-home respite）」與「陪伴老人服務（elder companion service）」兩者有些相似，但卻不應將其混淆；前者

所提供的照護時間通常要比後者要長。在目前大部份社區資源有限的狀況下，為了開發暫歇性資源，實務工作者開始與提供陪伴服務的機構連繫；這類機構包括了居家照護機構、公衛護士（visiting nurses）、及老人職業轉介中心（senior citizen employment referrals）等。在 ACTION 的方案贊助下，退休老人志願服務方案（RSVP）或老人陪伴公司等便可以安排由老人至另一名老人家中、提供一週或更久的照護。這些機構的所提供的名單變異性很大：包括參考名單的最新資料、陪伴者可以接受的環境類型、服務員的能力、服務員願意提供服務的地理區域、及責任或保險的安排等。居家暫歇性照護的優點是，比其他類型的花費要低；由於老人仍住在自己的環境中，因此對老人的干擾較少、較易安排。居家暫歇性照護的缺點是，如果服務員是陌生人，則老人與家庭皆會感到不自在；此外，也可能因陌生、或對照護程序的不了解，而引發無法預期的行為問題。

　　即使沒有任何機構的協助，家庭仍會發掘且運用暫歇性照護者；一些家庭依賴朋友網絡來尋求協助，或是藉由教會、或其他相似機構來尋找可靠的照護者（Rathbone-McCuan & Hashimi 1982）。他們也可能會利用口語相傳、或廣告找出潛在助人者；其他人則與「照護者自助團體」接觸，以滿足暫歇性照護的需求。然而，仍有許多家庭並不曾透過專業服務尋求合適的服務員，或是不知道可以連繫那些資源，是故仍需不斷努力、協助有需要的家庭得到合宜的照護資源。

**㈡社區暫歇性照護**（out-of-home respite）

　　暫歇之家（a respite home）的概念與老人寄養家庭有許多雷同之處；隨著家屬團體（family group）、倡導性服務組織、市民參與及需求的增加，這樣的概念才開始運用在老人上。暫歇之家運用在殘障兒童上的成本十分低廉，它可以因應危機或疾病而彈性運用（Kinney 1979）。然而，一旦將這種暫歇性照護模式運用在老年人口時，則需有強大的家庭倡導網絡以支撐自願式暫歇性資源。即使這種自助性的理念立意甚佳，然由於志願庫的有限、而影響其運用性。此外，一旦這種模式需要付費時，亦使得許多家庭無法使用此一服務。

### ㈢暫歇之家（respite home）

　　暫歇之家是寄養家庭的變化類型；由於暫歇性照護通常只是短期停留，而許多寄養家庭則希望安置是較穩定的，是故，寄養家庭通常會因此而不願意擔任暫歇性資源。此外，也很難區辨出願意提供暫歇服務的寄養家庭；造成此一現象的原因為寄養家庭分類系統混淆、社區名單不足以信賴以及執照與規定的嚴苛等（Steinhauer 1982）。

　　如果社區缺乏合格的寄養家庭願意提供暫歇性服務，則實務工作者便應著手開發資源。在這樣的過程中將可能有以下獲益；首先，社區得以擴展資源；其次，社區則可以提供家庭一份較合宜的轉介名單。此外，重要的是協助寄養家庭具備暫歇性安置照護的能力，這也許可以透過特別訓練、授予證書方式以確認其提供照護的資格。

### ㈣暫歇性住宿之家（group home respite）

　　暫歇之家的一些特徵與暫歇性住宿之家（group home respite）雷同。這種住宿之家模式遠遠落後於其他非機構式的發展，目前全國老人住宿之家的安置機會十分有限。而既有的住宿之家，則很少作為暫歇性資源；其原因為缺乏空間與技巧、無法整合暫歇性老人與機構內原有的長期院民，但這些問題卻一直未能受到重視。一旦擴展暫歇性住宿之家模式，不單是要保留住宿之家的床位作為暫歇性之用，同時也需考量閒置床位的昂貴成本。由於突發性家庭需求可能擴增暫歇性時段、而接受暫歇性照護的個人也可能因健康的迅速衰竭而有醫療危機，是故老人暫歇性住宿之家的財力、人力等後勤支援將面臨更多的挑戰。此外，因為老人常發生緊急狀況，因此這些暫歇之家也需與地區醫院之緊急照護系統連線（Shepard，Mayer ＆ Ryback 1987）。

### ㈤機構式暫歇性照護（institutional respite）

　　目前在美國老人照護體系中，機構式暫歇性照護最受重視。當全國疾病分類診斷付費制（DRG）與急性醫院給付系統（reimbursement system）連線執行之前，仍會讓老人住進急性醫院、使得照護者得以有暫時性休息。這並非提供暫時性休息的最佳方式，但當照護者狀況不佳時這

卻是可行的模式；在一些案例中，這樣的安排形同是進入機構式照護前的過度期。然而由於病床使用審核制（utilization review）與預付制度（prospective reimbursement）的施行，致使這種選擇已不復存在。

一如前述，榮民退輔會（Veterans Administration）已經著手將暫歇性照護當成資源之一，以配合各地榮民醫療系統。不同的中心有其暫歇性照護政策、程序、與標準，其目的在紓解長期罹病榮民的主要照顧者之壓力。

將機構式暫歇性照護納入社區長期照護系統中是絕對有必要的，特別是老人失智症患者的照護者更是需要。但機構式暫歇性照護也有缺點；許多老人及其家庭無法接受短期性的機構安置，因其有違「避免機構安置」的最終目標。此外，如果沒有第三者給付（no third party reimbursement），即使是短期安置的花費都是一項負擔。然而，機構式暫歇性照護最大的缺點，在其對老人所造成的潛在負面影響，老人因此必需忍受一連串出入院的分離。即使機構化是有必要的，住進醫院或護理之家對老人或其家庭其所帶來的個人、及情緒障礙仍十分龐大。

## 二、諮商為暫歇性服務之要素

社工員與其他專業人員在將諮商擴展為暫歇性照護過程中資源之一的工作上頗有成效；諮商的內容涵括了照護網絡中的各個層面，並且協調家庭與社區。雖然這種暫歇性服務模式仍未發展起來，但藉由這樣的期望希望能驅使暫歇性照護得以更多元化、品質更好。

照護者需要額外的服務與協助；多年前，在本書的第一版時，當時曾有許多文獻討論如何協助照護者。例如，Archbold（1982）便首先提出為照護者提供壓力健康檢查、培養應對技巧、給予精確而完整的轉介資訊、並協助擴展其社交與情緒支持網絡等想法。

目前，對於照護者主、客觀負荷的測量已十分普遍，藉此評估照護者者所面臨的潛在危機（Gallo, Reichel, & Andersen 1988; Zarit, Todd, & Zarit 1986; Zarit & Zarit 1986），而提供照護者所需的資訊亦是主要服務之一（Simonton 1987）。在評估這些危機時，也應考量照護責任帶給家

人真實、可預期的壓力（Cicirelli 1988）。

個人或團體式的家族治療（family therapy）則補充了現有的專業服務能力，滿足了暫歇性照護的相關需求。例如，照護工作的適應、與家庭成員溝通等問題都可藉由家族治療加以紓解，特別是與周遭資源互動所形成的問題，家族治療所能提供的協助更大（Bogo 1987; Zarit 1980）。

即使沒有正式福利機構，家庭仍可自行界定需求，並找出合適資源；當家庭向機構尋求暫歇性資源時，它可能不會要求（或不需要）其他的服務。一旦家庭需要其服務時，則可透過短期性諮商、協助案家選擇並運用服務。而諮商的目的則在協助家庭找出服務的優先順序，藉此評估家庭持續提供照護所需的支持、不致使其承擔過度的壓力。即使是提供治療性諮商的實務工作者，也應了解最新的社區資源，並且向家庭解釋資源的狀況、協助他們使用這些資源。

# 第二節　成人日間照護

成人日間照護是以社區為基礎的長期照護，其旨在支持老人及其照護者。美國成人日間照護之演進受到許多因素所影響，其中複雜而嚴謹的政策環境則主導此項服務成為合法的照護方式。日間照護一直在政策上不斷受到評估，以了解其是否可以取代機構式照護，且預防機構化。

成人日間照護的成長在過去二十年來一直是緩慢、但持續進行著。雖然成人日間照護在各州的發展十分不平均，但它卻逐而成為長期照護體系中重要的一環。即使成人日間照護的給付政策是負面的，但這項服務仍持續擴增；在最新版的成人日間照護資源手冊中有近一千四百個日間照護方案，這個數目是一九八○年代初期的兩倍（National Institute on Adult Daycare [NIAD], 1982, 1988）。本節則是從歷史的觀點描述成人日間照護概念的發展，探討其目前的狀況、並討論結合暫歇性照護與成人日間照護所可能有的新發展。自日間照護運動開始時，社工員與護士一直扮演了重要的角色；即使目前成人日間照護的開發與運作面臨挑戰，但是這些專業的奉獻與其所提供的品質將長存於這項服務中！

## 一、成人日間照護服務發展之綜覽

　　日間照護於一九二○年首次運用在俄國精神病患的住院治療模式中；之後，此一理念則遍及俄國，且廣泛運用於精神病與智障方案。然而，這個模式在老人方案的發展則較晚；一九五○年， Lionel Z. Cousin 在牛津醫院介紹此一理念；而日間照護機構則在一九五八年設立（Padula 1981）。「老人日間照護」在英國發展得十分成功，且成為該國老人照護系統中的一環（Farndale 1961）；它不僅減低了機構化（institutionalization）的比率，且協調、整合了醫院資源與社區資源（Brockelhurst 1973）。

　　「成人日間照護的定義」一直是日間照護推廣者在訂定方案、發展政策、擬定給付策略、形成規定及教育社區時所面臨的兩難。界定的困難在於如何使其富有彈性，而能因應不同的方案類型；由於缺乏一致性的定義，也讓制定規則的決策者感到挫敗。

　　一九七○年、一九八○年代，日間照護領域中「健康取向」方案、與「社會服務取向」方案是有所區別的。一九七○年代早期，日間照護仍是創新而罕見的服務，當時並未區辨健康取向、或社會服務取向，而使用概括性的稱呼；直到一九七六至一九八六年期間，「健康」、或「社會」為取向成為方案設計初期的主要重點。然而，本文採用的是一般性定義，其取自一九八四年全國成人日間照護協會（NIAD）所通過的標準：

　　　　成人日間照護是一種以社區為基礎的團體方案，透過個別照護計劃的擬定、協助功能受損的成人。它是一種有結構、且周延的方案，在保護性的情境中，提供低於二十四小時的健康、社會等支持性服務；成人日間照護是有計劃、且有時間性的。成人日間照護協助個人留在社區中，使家人與其他照護者得以持續在家裡照顧功能受損的成員（NIAD 1984 : 4）。

　　不同的日間照護定義中最常見歧異是有關「醫療取向」、及「使用者

失功能（Disability）程度」的陳述。例如，榮民部門的定義是，成人日間健康照護的主要目的在取代護理之家的照護；這意謂著，成人日間照護使用者失功能的程度需達機構式照護標準。

　　隨著成人日間照護概念的擴展、多元化，家庭或照護者逐而被視為是案主系統的一環（Rathbone-McCuan 1976; Weiler & Rathbone-McCuan 1978）。為了因應第三者給付、外展服務的要求（demands for client outreach）、及組織性贊助等因素，各種日間照護方案也發展出自己的特色（Rathbone-McCuan & Elliott 1976; Robins 1981）。lssacs（1981）指出，符合健康保險（Medicaid）的方案將持續強化其醫療／健康層面；而從社會安全法案第二十章、或美國老人健康法案第三章獲得補助的方案，則將採取健康與社會並重的服務取向。此外，因為財源的考量，此種模式亦將持續下去。

　　而方案的多元化指的則是服務內涵，而非服務提供的範疇及模式。復健中心以復健為焦點，故配置有合格的專業人員或顧問、提供合宜的治療，對案主的篩選則是深入評估其「醫療狀態」、及「復健的需求」；而其他以社區教育為主的方案，重點則是強調社會服務層面，藉由個別或團體方案，找出參與者社會功能的潛能、減底其社會孤立（Issacs 1981）。

## 二、目前日間照護中心特徵之摘要

　　目前有關成人日間照護的最新資料大部份來自「全國老人會議（National Council on Aging），其自一九八五年開始、所作的全國性調查資料的初步分析（NIAD 1988）。這項報告包括八百三十四所照護中心樣本，其中絕大部份都是非營利機構，只有10%為私人營利性機構。一如前述，日間照護中心在美國的分佈並不平均，如加州、麻州、明尼蘇達州、佛羅里達州等地的資源便十分豐富，而愛達荷州、密西西比州、蒙大拿州、新罕布夏州及西維吉尼亞州等則無日間照護中心。一些具有許多照護中心、服務多元化的州則發展「正式州際協會」（formal state association），分享資訊、且倡導支持成人日間照護的立法與漸進式的政策。

在過去十年裡，領有執照的日間照護中心已有增加；這些中心分屬不同的類別，而主要則多歸於健康部門或社會服務部門。但一些中心則由於補助單位的不同，而分屬於護理之家、門診（outpatient）、或復健科。這些中心通常是透過「檢定（certification）」過程以取得老人醫療保險（Medicare）、健康保險的補助資格」（NIAD 1988:9）。符合健康保險標準的比例，與符合老人醫療保險標準的比例十分懸殊；老人醫療保險對於成人日間照護的給付十分有限，且僅限於密集性醫療與復健服務方案。

「轉介」不僅有助於日間照護方案有效的運用，且對於機構財務、及與結合社區服務網絡而言也很重要。中心常有許多的轉介管道，最活躍的資源包括社會服務機構、健康方案、及社區消息網絡（NIAD 1988）。雖然日間照護中心工作人員花了許多時間與社區機構接觸、且不斷宣導，但許多居民對成人日間照護的概念仍舊十分混淆。

參與日間照護方案的老人大多與他人同住；雖然日間照護的服務總人數缺乏精確統計，但調查顯示，接受調查的中心表示約有 64％的參與者是與他人同住（NIAD 1988），此一特徵支持了在案主體系中結合日間照護中心與家庭（或照護者）的重要性。調查所得到的資料強化了此一運動早期倡導者的觀點，即「中心取向（a center approach）」十分適合身心障礙的成人。然而，日間照護中心並不適用於所有人；被篩除的申請者通常是因其一般生活無法自理（general incontinence）、或是其具有干擾性行為（disruptive behavior）。有趣的是，雖然許多方案偏重健康層面，但有關醫生或精神科醫生的服務則多是透過轉介，而大部份的社會服務與護理工作反倒是由中心工作人員自行提供（表 21-2）。

這項調查分析中，最終且最複雜的分析因素是服務提供與方案運作所需的「花費（costs）」與「經費來源（funding)」。有六百四十二個中心回報預算資料，其平均年度預算為十三萬七千八十五元。未獲補助的單位成本平均數為二十七元，加上補助後其單位成本增為三十一元。所有日間照護中心皆採用「混合式經費來源（mixed funding sources）」；大部份日間照護中心，其近 25％預算補助來源包括：參與者付費、健康保險、第二修正案、心理衛生基金、及州與地方基金的其他特殊項目。

這一節所提供的資訊是取自「全國老人會議」今年所公布的資料，是

表 21-2　成人日間照護中心所提供的服務

（樣本數＝ 816 ）

| 服務項目 | 工作人員自行提供的百分比 | 契約方式提供服務的百分比 | 經由轉介提供服務的百分比 |
|---|---|---|---|
| 社會服務 | 74 | 8 | 16 |
| 醫療評估 | 9 | 11 | 54 |
| 醫療治療 | 5 | 7 | 60 |
| 精神病治療 | 5 | 12 | 59 |
| 治療腳部 | 3 | 18 | 56 |
| 牙醫 | 3 | 9 | 59 |
| 護理 | 70 | 7 | 13 |
| 飲食諮商 | 57 | 18 | 14 |
| 物理治療 | 19 | 31 | 41 |
| 職業治療 | 22 | 28 | 37 |
| 語言治療 | 10 | 30 | 42 |
| 休閒治療 | 98 | 4 | 1 |
| 藝術治療 | 61 | 8 | 3 |
| 音樂治療 | 63 | 9 | 3 |
| 運動 | 95 | 5 | 1 以上 |
| 現實治療 | 85 | 3 | 1 |
| 交通(家裡──中心) | 56 | 32 | 10 |
| 交通(其他地點) | 38 | 19 | 16 |
| 餐飲（中心） | 62 | 35 | 1 |
| 穿衣/打扮/上廁所 | 73 | 3 | 8 |
| 洗澡 | 34 | 3 | 20 |
| 洗衣 | 18 | 3 | 20 |
| 其他 | 12 | 5 | 2 |

資料來源：「美國的成人日間照護：全國性調查摘要」全國老人會議，
　　　　　NIAD, 1988, P.25

故，也不應忽略調查報告中所提供的資料限制，「雖然此一調查中摘述了參與者與日間照護中心的一般性特徵，但不同的成人日間照護方案仍有很大差異存在」（ NIAD 1988：25 ）。

　　以下介紹的則是日間照護方案中所提供的服務內容；這樣的清單有助於實務工作者協助老人、及其家人選擇所需的服務、或方案。這些指標被涵括為以下的十八種向度。

1. 諮商

    a. 是否提供個人、家庭諮商？

    b. 是否與心理衛生單位有轉介及連繫呢？

    c. 是否鼓勵方案參與者在放鬆而非正式的情境下、討論個人議題？

2. 教育

    a. 工作人員是否擁有足夠訓練以照顧身心障礙的老人？

    b. 方案參與者的教育方案是否具啟發性且合宜？

    c. 日間照護中心本身是否提供教育訓練、或與其他教育方案相結合？

3. 運動

    a. 是否有足夠的空間供方案參與者安全的運動？

    b. 運動是否為每日方案的一部份？

    c. 是否有合適的設施及工具供有特殊運動需求者使用？

4. 團體及個別活動

    a. 每位方案參與者的每日活動中是否都有團體及個別活動？

    b. 團體與個別活動是否都有記錄、監督，成為個人照護計劃的一部份？

    c. 團體活動是否考慮到個別參與者的特殊需求？

5. 健康照護

    a. 提供健康照護是否為方案的主要目標？

    b. 工作人員或顧問的具有何種專業背景？

    c. 如何評估個別方案參與者的健康需求？

6. 健康檢查

    a. 個人參與方案前是否需要健康檢查？

    b. 方案是否進行一般性健康檢查？

    c. 如果健康檢查結果有問題，是否有追蹤的政策規定？

7. 諮詢轉介

    a. 當地社區的諮詢轉介服務是否知道這項方案？

    b. 工作人員是否提供方案參與者諮詢轉介服務？

    c. 工作人員是否提供參與者的家人或其他照護者諮詢轉介服務？

8. 餐飲

　　a. 是否可以提供特殊的飲食？

　　b. 方案參與者是否喜歡中心所提供的食物？

　　c. 用餐與用飯是否被視作是有尊嚴、有意義的社交活動？

9. 醫療與社交評估

　　a.住進中心時，是否評估參與者的醫療及社交資訊？

　　b.個人照護計劃之擬定是否以評估的資訊為基礎？

　　c.如果有需要的話，重要的資料是否會提供給其他協助參與者的
　　機構？

10.職業治療

　　a. 方案裡是否有職業治療？

　　b.職業治療是否在進入中心、離開中心時皆涵括在評估項目中？

　　c.如果有必要的話，職業治療是否會成為個人照護計劃的一部份？

11.物理治療

　　a. 是否提供物理治療？

　　b. 物理治療是否為復健計劃中之一環？

　　c. 工作人員是否有能力處理參與者抗拒所形成的潛在問題？

12.現實治療

　　a. 是否依據參與者的個別需求，運用現實取向的技巧？

　　b. 工作人員是否具有其他必要的的行為修正技巧？

　　c. 無需現實治療的方案參與者是否可以不參與？

13.休閒

　　a. 休閒是否被視為非例行性方案的特殊部份？

　　b. 休閒方案是否依據參與者進度而計劃？

　　c. 日間照護情境以外，是否有休閒機會？

14.動機治療（Remotivation Therapy）

　　a. 是否依據個人需求評估提供動機治療？

　　b. 參與者的動機是否能持續整個方案？

　　c. 中心是否具有支持性環境而使參與者持續保有動機？

15.語言治療

　　a. 在中心是否有受過訓練的人提供語言治療？

　　b. 具有特殊溝通問題的參與者是否能接受語言治療諮詢？

　　c.工作人員是否準備好提供協助，並持續支持語言目標達成？

16.社會化

　　a. 進入中心時是否針對參與者的社會化需求提供客觀評估？

　　b. 社會化的目標與休閒目標是否有明顯地不同？

　　c. 社會化的機會是否配合個人背景與偏好？

17.督導

　　a. 在所有例行的方案中，參與者是否皆接受督導？

　　b. 是否會依據不同的方案，提供個別的督導計劃？

　　c. 工作人員與志工是否接受過與服務有關的完整訓練與督導？

18.交通

　　a. 交通是日間照護方案中穩定、而不可或缺的一部份？

　　b. 是否有能力因應特殊交通問題參與者的需求？

　　c.對於交通危機或交通中斷是否有一定的因應政策？

　　某些州有特殊規定以控制、或指導日間照護方案工作人員的配置；因此要找出工作人員資格要求標準並不難，表 21-3 便是引自 lsaacs（1981）對日間照護的研究。

# 第三節　暫歇性照護與日間照護之結合

　　一九八〇年代早期，日間照護以老人為主，而非以照護者為中心，故當時暫歇性照護與日間照護兩者間是截然無關的；然而，目前日間照護中心的焦點卻是如何擴展容量、收容重度老人失智症案主，使其具備更完整的暫歇性功能。在這樣的目標下，阿滋海默症協會（ARDA）與老人部門（AoA）於一九八八年八月起，共同贊助「失智症照護與暫歇性服務方案」。這項大型的研究性、示範性方案提供十九所日間照護中心、長達四年的補助，其補助的金額高達美金三十萬元，每個中心所得到的平均補助金額為美金二十六萬二千元，每個贊助組織將提供美金六十二萬五千元，以平衡 Robert Wood Johnson 所提供的支持（Reifler & Smyth 1988）。

### 表 21-3 日間照護人員資格

| 工作人員 | 資　格 | 功　能 |
|---|---|---|
| 休閒活動專家 | 接受過治療性休閒活動的訓練；一年以上成人社交或休閒方案的經驗 | 規劃休閒活動；與案主一同計畫、準備活動；籌劃社會化團體；設計特別需求參與者的個人計畫。 |
| 社工員 | 碩士學士、一年以上工作經驗，曾參與殘障、老人方案者較佳 | 擔任家庭評估；參與入院、處遇計畫之擬定；進行個人、團體及家庭諮商，擔任個案管理者及方案行政。 |
| 方案護士 | 擁有該州執照的登記護士，健康照護機構一年以上的經驗 | 評估接案時的健康資料，擬定個人計畫中的健康方案，擔任處遇與藥物督導，做衛教、連繫醫生及方案管理者 |
| 醫療顧問 | 擁有該州臨床醫學的執照 | 檢視接案的醫療資料的正確性，諮詢參與者的家庭醫生，檢視方案的政策與程序，擔任工作人員的諮詢、提供緊急事件所需的醫療後援。 |
| 復健治療師 | 擁有合格學士學位及該州復健治療師之執照 | 進行個別評估、擬定處遇計畫、執行治療；在團體性方案中進行預防工作；協助家庭處理特殊的居家需求。 |
| 營養助理師 | 受過食物烹調訓練，一年以上餐飲經驗 | 計畫飲食，檢視特殊的飲食，重視參與者的營養，準備並協調飲食服務。 |

資料來源：B. Issacs，「美國成人日間照護標準的描述與分析」，美國老人全國會議專論，Washington, D. C. 1981

　　此一補助款將有助於這些日間照護中心發展新的服務模式來協助老人失智症案主，同時提供照護者密集性的直接服務。此外，其他的服務目標則包括與社區資源進行個案協調、提供照護訓練，並且找出合適的診斷與處遇設施以兼顧照護者及案主的利益。

　　就像一九七○年代末期及一九八○年代初期，其他接受贊助的大型研

究方案具有分析美國的日間照護服務之任務一般（美國健康照護財務部
1982），上述的研究補助方案也期望能證實，新的暫歇性日間照護中心能
符合成本效益。透過這項研究，創新性實驗得以照顧到案主及其照護者的
需求。假定參與方案的日間照護中心可以提供有價值、且及時的協助，則
剩下問題是「未來如何支持這樣的暫歇性服務，不致使其負擔轉嫁到照護
者系統裡？」。此外，改戾長期照護中殘破而不完整的經費來源亦十分重
要！

# 參考書目

Archbold, P. G. 1982. All consuming activity: The family as caregiver. *Generations* 6(2):12-13.

Becker, G., and S. Kaufman. 1988. Old age, rehabilitation and research: A review of the issues. *The Gerontologist* 28(4):459-468.

Bogo, M. 1987. Social work practice with family systems in admission to homes for the aged. *Journal of Gerontological Social Work* 10(1/2):5-19.

Brockelhurst, J. C. 1973. Role of day hospital care. *British Medical Journal* 4(3):223-225.

Cicirelli, V. G. 1988. A measure of filal anxiety regarding anticipated care of elder parents. *The Gerontologist* 28(4):478-482.

Farndale, J. 1961. *The Day Hospital Movement in Great Britain.* New York: Pergamon.

Gallo, J. J., W. Reichel, and L. Andersen. 1988. *Handbook of Geriatric Assessment.* Rockville: Aspen Systems.

Issacs, B. 1981. A description and analysis of adult day care standards in the United States. Research report for the National Council on the Aging, Washington, D.C.

Kinney, M. 1979. *A Handbook for Home-Based Services.* New York:

Educational Resources Information Center.

Lund, D. A., M. A. Pett, and M. S. Caserta. 1987. Institutionalizing dementia victims: Some caregiver considerations. *Journal of Gerontological Social Work* 11(1/2):119-136.

Moore, S.T. 1987. The capacity to care: A family focused approach to social work practice with the disabled elderly. *Journal of Gerontological Social Work* 10(1/2):79-98.

National Institute on Adult Daycare. 1982. *Why Adult Day Care?* Washington, D.C.:National Council on Aging.

National Institute on Adult Daycare. 1984. *Standards for Adult Day Care.*Washington, D.C.:National Council on Aging.

National Institute on Adult Daycare. 1988. *Summary of a National Day Care Survey.*Washington, D.C.:National Council on Aging.

Padula, H. 1981. Toward a useful definition of adult day care. *Hospital Progress* no. 3, pp. 42-45.

Rathbone-McCuan, E. 1976. Geriatric day care: A family perspective. *The Gerontologist* 16(6):517-170

Rathbone-McCuan, E. and M. W. Elliott. 1976. Geriatric day care in theory and practice. *Social Work in Health Care* 2(2):153-170.

Rathbone-McCuan, E. and J. Hashimi. 1982. *Isolated Edlers: Health and Social Interventions.* Rockville: Aspen Systems.

Reifler, B.V. and R. S. Smyth. 1988. Dementia care and respite services program:Program summary. Paper from the Department of Psychiatry at the Bowman Gray School of Medicine in Winston-Salem.

Robins, E.G. 1981.Adult day care:Growing fast but still for lucky few. *Generations* 5(3):22-23

Shepard, P.,J.B.Mayer, and R.Ryback. 1987. Improving emergency care for the elderly: Social work interventions. *Journal of Gerontological Social Work* 10(3/4):123-141.

Silverstone, B. 1982. The effects on families of caring for impaired elderly in residence. *Benjamin Rose Institute Bulletin*, no 3, pp. 1-2.

Simonton, L.J. 1987. Assessing caregiver information needs: A brief questionnaire. *Journal of Gerontological Social Work* 10(1/2):177-180.

Steinhauer, M.B. 1982. Geriatric foster care: A prototype design and implementation issues. *The Gerontologist* 22(3):293-300.

U.S. Congress. Senate 1980. Comprehensive community based noninstitutional long term care service for the elderly and disabled (Senate Bill 2809). Washington, D.C.:GPO.

U.S. Health Care Financing Administration. 1982.Research and demonstration in health care financing 1980-1981. Baltimore.

Weiler, P. G. and E. Rathbone-McCuan. 1978.*Adult Day Care: Community Work with the elderly*. New York:Spinger.

Zarit, S.H. 1980. *Aging and Mental Disorders: Psychological Approaches to Assessment and Treatment*. New York: free Press.

Zarit, S.H., T.A. Todd, and J.M.Zarit. 1986. Subjective burden of husband and wives as care givers: A longitudinal study. *The Gerontologist* 26(3):260-266.

Zarit, S.H. and J.M.Zarit. 1986. Dementia and the family:A stress management approach. *Clinical Psychologist* 39(4):103-105.

# 第22章

# 保護服務

*Elias S. Cohen* 著

王增勇 譯

　　死亡率的下降帶來了前所未有的大量老年人口。這雖是社會進步的象徵，卻也帶來問題。老年人口的增加造成老老人數目的不斷增加，而老老人往往不能保護自己，無法實現自己的選擇和滿足自己的喜好，而且由於身心方面的殘障，以及嚴重的社會環境限制，這些老老人通常有受到嚴重傷害的潛在風險。

　　在本文，保護服務包括兩種：1.在自願的情形下，協助案主依其意願改變其法律關係（Legal Relationship）的服務；以及2.在案主喪失自我決定能力時，強迫案主接受的法律服務。但，這不是保護服務的全部。在太多情形之下，法律上的解決不見得是恰當的，甚至從法律上著手反而會適得其反。在這種情況下，倫理上的分析就顯得重要。倫理分析和法律分析並非相互對立的。事實上，正是由於倫理上的分析才導致目前在此領域中許多先進的法律觀點，例如第三者被充份告知的同意權（Informed consent by third parties），預立指示（Advance directives）（例如，繼續性委任書（durable power of attorney）、安樂死遺囑（Living Wills）、信託（Trusts）等等），以及監護權的再修正。

　　目前「法律」的解決方法也許根本無法收效。舉例而言，目前全美療養院中大約有 500,000 至 750,000 失智症患者。對這一大批人而言，失智症已符合法律上無行為能力（Legal incompetency）的標準。但事實上，只有很少比例的人曾經經過法院程序，蒐集無自主能力的證據，並指定一名監護人。是其他人（通常是家人，有時是療養院裡的好朋友）在為他們做決定，如治療、吃藥、機構安置、外出旅行、購買衣物等等。

　　從嚴格的法律觀點來看，這些第三者沒有法律授權他們去做這些決定。但明顯地，這些失智老人也沒有能力為自己做決定。

　　這表示我們這些關心人權、公平和正義的人應該採取行動提出 500,000 至 750,000 件指定監護人的申請案嗎？這會導致更多且更好地適時適所的治療嗎？保證這些老人會活的更好嗎？

　　對某些失智老人，答案無可置疑地是「當然是的！」。但對很多人而言，真實的結果將是一致的「不是！」。理由很複雜：第一，這樣一波的申請只會產生一連串比交通法庭公聽會更形成式化的公聽會──在我們的法律系統中，刑事公聽會是最有效的，因為他們有強烈共識要儘快發現真

象。判定遺囑效力及執行遺囑之管轄法院（Probate bar）目前都還沒有具備這樣的條件；第二，法庭沒有資源也沒有經驗來督導這些病人所代表的不同利益——如果法庭真的要求這些利益保護的報告，法庭自己不會要求也無法執行監督；第三，保護這些利益所需的監護人需要受過訓練而且對這些議題具有敏感度——但這樣的人並不存在。

這並不表示，就不需要監護人了。而是指出，我們從整體社會政策來看保護服務時，需要試著去影響其他價值觀來達到我們想要的結果——在這點上，倫理上的議題正挑戰許多專業和社會機構。

雖然我們可以追溯成人保護的歷史淵源，尤其是保護服務，一直到十四世紀①，然而對老人的成人保護服務大約是在近二十年來才受到重視。從一九六三年以來，學者和實務工作者不斷在爭辯保護服務之定義，試圖從服務接受者的特性、服務的本質、或者服務欲達成的目標上下手。這些定義並非總是有幫助，因為它們包涵太多而且將保護服務與一般的社會服務相混淆。但早期發展的定義仍有幫助，因為它們指出保護服務的意圖、技巧、人口群和常運用的類型。

除了這些早期的定義，一九八二年由美國衛生福利部（U. S. Department of Health and Human Services）所出版的成人保護服務（Protective Services for Adults）一書以及許多州也在法律上界定保護服務。以下定義是由成人保護服務一書中摘取的：

1. 依照社會安全法案（Title ⅩⅩ of the Social Security Act） 45 CFR 222.73 的聯邦定義：

保護服務係指一服務體系（包括醫療和法律服務）用來協助由於生理或心理功能不良而無法自理所擁有的資源、自己的日常作息、或者無他人協助無法保護自己免於被忽視或受傷害之情況之嚴重失能老人。

2. 老人福利局（The Administration on Aging）在「老人保護服務手冊」（Guide on Protective Services for Older Persons）的附錄對保護服務的定義如下：

保護服務係一涵括醫療和法律層面之社會服務，乃針對生理或心理失能、受虐待、被忽視或有極度社會或經濟需求而有傷害自己或他人之可能的老人。保護服務的目的在藉由穩定老人的狀況使其在最少限制環境中生

活，或藉由提供必須之機構照顧，以保護老人免於傷害。社區保護服務包括個案工作服務和偶發的法律及醫療介入。醫療介入在辨識失能、虐待和疏忽（生理、心理和情緒上）的類型和程度。法律介入在於當老人無法判斷或無法為自己做決定時，用以保護其財產和個人。這些法律程序包括法院指定監護人將嚴重心理障礙的個案強制收進慢性療養機構或精神機構。當老人自己無法授權或同意保護服務介入時，需要這樣的法律程序授權保護服務介入。

3. 紐約州的定義如下：

成人保護服務係一照顧體系包括一連串服務，服務的使用視個人與其所處之問題情境的需要決定。做為一項預防性、支持性和代理性服務，成人保護服務的目標在於儘可能地將個人維持在社區中而非將其安置於機構，雖然在某些案例中，機構安置可能是必要的。更精確地說，保護服務體系在於透過提供個人適切的服務來強化其功能和自主能力，以達到預防、減少甚至消除疏忽、剝削和危機的發生。

但大部份的定義不是太廣泛地包括所有醫療和社會服務，就是太狹隘地只包括正式法律介入時所用到的服務。事實上，大部份社會、醫療、精神復健和法律服務都可以視為保護服務，因為一個人需要這些服務才能避免特殊的傷害。但另一方面而言，認為保護服務只是與法律介入有關的服務的看法可以避免法律和實務二者中間灰色地帶的產生。

本文認為保護服務的定義是，保護服務是那些為了保護個人的最大利益，而被迫或自然而然改變法律關係的服務。

這樣的定義認為，在認知到個人的決定權力已經由法律途徑經由個人本身或法律介入被轉移至他人的前題下，包括所有傳統提供給成人的社會服務，應在保護服務的目的下整合運用。同樣地，這個定義排除了所有這些服務在某方面而言都在「保護」或「服務」案主的最大利益，卻沒有說明任何法律關係改變的行動的不當說法。這個定義更包涵了廣泛的一系列法律機制，從「預防」本質的且完全在案主自己控制下的，到那些非自願的、侵入性的、且完全由他人決定的。因此，保護服務包括協助一個人了解並執行委任書（power of attorney）、（包括繼續性委任書）、為自己設立信託基金、協助受任處理事實行為的人（Attorney- in- fact）提供

特定服務、為一名受託人做事、到申請監護人、進行調查、協助一個所謂的無自主能力者保存代表權等等。這些服務的共同點是法律關係的改變，有的是短暫且可回復，有的則是較長久的法庭判決，在某些方面允許案主的決定權轉移給另一個人或一群人。

這個定義的重要觀念是，第一個要被保護的是案主的利益。這個原則只受到為保護他人不受其行為傷害而行使的警察權的限制。但是這些限制並不給予我們正當理由去侵犯他人依自己意志做成決定的自由，即使是愚蠢的決定。從事愚蠢行為的權利在法律和保護服務的哲學中都被完整地保障②。這樣的侵犯常是出於善意，因此比一般的侵犯所造成的傷害更難彌補。

# 第一節　法律地位與受保護權

保護服務的定義關鍵既然在於自願或非自願法律關係的改變，法律地位的問題就應是重要考量。

老人的法律地位是由很多因素決定的。首先，無論如何定義和為何目的，個人的法律地位在成年後即已取得③。除了經由成年所取得的地位之外，老人也由於是納稅人而取得特別資格；例如，補充性安全收入（Supplemental Security Income）受益者、社會服務受惠者、大眾運輸、教育、和休閒方案的使用者，房客或屋主；以及勞工。還有，因為「老年」而被授予的特別保護，例如強制退休或反年齡雇用歧視。這些特殊地位都導致需要被保護的個人利益。除了這些因年齡而產生的利益，也有因成年衍生的一般利益，因契約行為產生的利益，如房客、屋主、納稅人、公民等等。

另一方面，也有某些法律所賦予的「負面」地位，這與我們所討論的有直接關係，因為它們常常是侵犯老人權利的基礎。太多的州仍然在他們對法律地位的定義中設定無自主能力的標準，而其中包括了許多對老人的負面刻板印象。以下僅列舉其中少數例子：

無能力的人（incapacitated person）是指因高齡而失能……以致缺乏

足夠理解或能力對自己做出或傳達負責任的決定的人（亞利桑那州 Rev. Stat. 14-5101）。

「一個『無能』的人（incompetent）⋯⋯是指因老邁⋯⋯高齡、或其他理由而無法處理自己的財產或照顧自己的人。」（印地安那州 Ann. 29-1-13-1（C）（2）。

「心智不健全的人（person of unsound mind）代表一個人的心智因為⋯⋯老年而變的低能或不健全，被稱為無自主能力去處理自己的財物」（肯德基 Rev. Stat. Ann. 387.010）。

「監護人可以指派給⋯⋯任何人因高齡⋯⋯而變成心理上無能力負責及處理他的財產」（Nebraska Rev. Stat. 38-201）。

「最高法院以及紐約市之外的地方法院對一個因年齡之故無法處理自己事務的人或其財產，擁有管轄權」（New York Standard Civil Practice Service -Mental Hygiene 78.01）。

# 第二節　什麼是需要受到保護的利益？

需要保護的利益可以根據老人，甚至所有成人的利益以維持及極大化自主權——自決、決定偏好、做選擇，以及無論短期或長期地控制自己的命運。這在實際上是指選擇自己衣、食、住、行的地方和方式、結社、投票、簽約、維持個人清潔的地點及方式、是否同意執行醫療手術，以及是否參與社會等等。

與自主權相關的利益是與目前或將可能擁有的財產有關的利益，擁有財產相關的利益之後擁有自主權和自由選擇權才有意義。因此，潛在金錢的利益是需要保護的利益，因為這會賦予個人更大的選擇空間。

值得特別一提的是，憲法第四條正案（The Fourth Amendment）所提的隱私權以及近來常被提及的獨處的權利（The right to be left alone）。上述利益將在下面所謂「死亡權利」（The Right to Die）案例中，如 Northern V. State 有更詳細的討論④。

利益分析對任何保護服務的方法，無論理論或實際上，都是非常重要

的。關鍵問題包括：

- 牽涉到什麼利益？
- 誰的利益被涉入？
- 對哪一方有些什麼限制？
- 誰的自主權受到限制？
- 如果被要求有特定補償，誰要來負擔後果？
- 如果沒有要求補償，又是誰要來負擔後果？

就是這樣的利益分析中，保護服務的矛盾是：在保護服務的目標下，如何使在決策的自由選擇權上的限制增加自主權的範圍？反過來看，問題變成：如果對增加個人的自主權沒有任何好處，我們有什麼理由去限制一個人的自由？

# 第三節　需要保護服務的典型生活情境

以下是一連串需要保護服務的老人案例，這樣案例的數目正急速增加：

一個記憶能力嚴重喪失的老人，無法記得他如何處理他的錢、錢由哪裏來、有多少錢、或者如何花到何處。但他總算買了一點東西放在碗櫃中。他有時忘了兌現支票或花錢，又有時愚蠢地把錢用掉，到頭來沒有錢買食物。有時鄰居或少數的朋友會介入，但他仍活在飢餓邊緣，腳有多處潰爛，且身上污穢狠狽不堪。

一個老人家居無定所，在一個地方待不了太久，而且經常身無分文。

流浪漢、遊民、「排氣口旁住的人」（vent men）（譯註：由於美國天氣寒冷，冬天時大樓暖氣排氣口旁往往聚集很多遊民取暖）、袋子女士（bag ladies）（譯註：美國對女性遊民的俗稱，因為她們多半將全部家當裝在袋子中，四處流浪）、以及其他沒有永久居所而使用公車站或其他公共場所居住的人。

精神病院出院病人，對時間和地點沒有概念，住在中途之家，在垃圾堆中撿廢物，在街上遊盪，無目標地嘶吼，穿著怪異，並且顯得不在乎自

己。

　　一個臥病在床、跛腳或患有關節炎的老人，住在自己的房子裏，房內到處是垃圾且爬滿了蟑螂、蚊蟲，但卻拒絕住院或接受傳染病治療，想與世隔絕，對外界充滿恐懼。

　　獨居在公寓中，使用煤油爐和鍋子煮飯，在穢物中生活。九個月前煮飯時曾不小心引起火災，因此被認為具危險性。

　　一個乞丐，中度健忘、身體健康良好且十分忙碌，但卻魯莽、喋喋不休、中度妄想傾向。表現地十分不在乎，往往向別人要食物或錢，居住在自己家中，四處堆滿了多年囤積的「寶藏」，包括紙製品、牛奶瓶和垃圾，一旦失火將不可收拾。

　　一名五十五歲的智障老人，從未經鑑定為無自主能力，事實上從未住院過。這樣的人可能一輩子和其父母生活，當父母過世後，被發現孤獨一人，卻擁有一筆可觀的財產。

　　一名穿著整齊、外表光鮮的老人，卻健忘且搞不清狀況，但仍奮力無望的繼續經營一家小店面。他可能已負債累累，但他的生意就是他整個生活。他沒有任何親友可以求助。

　　一個自尊心強且獨立的老太太，因為她拒絕離她的房子及接受任何人到其家中幫忙，而有遭到嚴重傷害的迫切危險⑤。

　　以上是社工員可能會需要介入的案例。他們可能富有也可能貧窮。可能獨自居住也可能和家人生活在一起。可能聰明也可能愚笨。他們可能符合法律所描述的無自主能力的標準，也可能不符合。

# 第四節　保護服務的法律沿革

　　保護服務的法律沿革係源於與精神病患有關的法律和判決。這方面的法律演變已由逮捕「極度瘋狂」的人以保護大眾安全，轉為對這個人的自身和其財產的保護。近幾年，法院已修正政府介入的權力，並且強制要求充份告知下的同意；而另一方面，有關一致的假釋條例、律師的可延續權力、以及自然死亡和死亡權利的相關法案正如火如荼地展開。保護服務是

源於警察權（Police Power）以及政府的公權力（State's Power），如國家父母權（Parens Patriae）（譯註：國家父母意指國家乃無行為能力者和有限行為能力者之監護人，此功能在美國係由州政府承擔。）

在警察權下，政府有權將具危險性的個人加以拘禁，以保護其他人的健康和安全。這權力最為人熟悉的運用是在刑法中的運用。在某些狀況下，如同精神衛生法律的執行一般，警察權可以用在精神病機構中對他人有危險性且由於精神疾病之故，無法控制自己行為的個人身上。

但是，當受到傷害的可能不是別人而是自己時，政府可運用的權力叫做國家父母權（Parens Patriae）。其原初的想法是，政府做為整個國家的政治父親和監護人，應該有特別的責任去照顧那些因為心智不全而無法照顧自己的人⑥。

一項一八四五年麻州最高法院對 Re Josiah Oakes 案之判決就包含警察權和國家父母權⑦。 Josiah Oakes 被指為發瘋，因為他在其妻子死亡不久後，馬上和一名個性令人懷疑的女子訂婚。報告中並沒有顯示他有暴力傾向，而且不確定的是，他被抓起來是為他好，還是為了社區的安全。但是，這個案例係最早的一個案例，將拘禁用來做為病人的治療，同時也做為保護社區安全的方法⑧。

對於政府有權力為了治療目的將精神病或智障者加以拘禁，這點現已少有人質疑，雖然這項權力曾被要求修正，如果個人不是為了保護公眾或保護自己而被拘禁，他們只能因治療理由而受到行動限制（O'conner V. Donaldson）⑨。此案例的判決卻仍不足以視為接受治療權利（a right to treatment）的伸張。法庭只是認為一個不具危險性的個人如果沒有接受治療就應該被釋放。

法庭在處理保護服務的案例上是不具前瞻性的。只有到最近，一些州才開始建立如何介入易受傷害、潛在無自主能力案例的法律基礎，以避免強制性設立監護人時所發生的侵犯行動——此行動之所以侵犯係因為其剝奪一個人在其生活各層面的個別自主性（personhood）。

我們逐漸了解到，保護服務是近年開始發展的服務。從社會安全法案開始，重大地改變了易受傷害的弱勢人口在社會中的處境，至今不到半世紀的時間。在一九三五年以前，「戶內救濟」（indoor relief）是對他們

普遍的照顧模式。智障者、精神病患、酗酒者、被遺棄者、失業者，和貧困者都被安置在一起。社會安全法案則清楚指出，較佳的「治療方法」應該是在社區中提供經濟援助。聯邦援助不提供給那些安置在機構內的人。之後的三十年，又提出了所謂「福利服務修正案」（Services Amendments）在六〇年代併入社會安全法案當中，進一步提供過去、現在和潛在的依賴者一連串不同的社會福利服務。當時，聯邦政府補助州政府這些服務 75% 的經費。這樣的修正是無止境的。六〇年代末，社區精神衛生法案（Community Mental Health Act）強調社區心理衛生中心的設置。所以，全國老人會議（National Council to Aging）、美國公共福利聯會（American Public Welfare Association）、和其他機構開始嚴肅地關切保護服務這個議題，並不是偶然的⑩。

　　但是，這個議題並沒有受到太多研究者的注意。 Alexander 和 Lewin 的代表性研究──老人與代理人管理的需求（The Aged and the Need for Surrogate Management），指出在檢視 400 多件在某精神病院中被指定監護人的案例中發現，沒有一個案例因此而受到任何益處⑪。

　　美國參議院老年特別委員會（The U. S. Senate Special Committee on Aging）由 John J. Regan 和 Georgia Springer （1977）發表一份有關老人保護服務的文件。這些議題再一次被完整地檢視，並且嘗試去呈現一個理想的監護人、代理人和委任書法案。

　　但是由於法令和檢查庭的實際運作使監護權容易取得，加上沒有提供中介的補救措施，以及只提供最基本的雙重程序保護給那些改變法律關係時需要協助的人，因此相對的改善十分有限。

# 第五節　保護服務的基本法律概念

　　保護服務的任何發展都包含兩個基本的概念：第一個是預設失能者有自我決定的能力。此推測是可被反駁的，但是我們必須盡全力來支持這個預設。即使對那些無法溝通的、似乎無法了解的或者無法回應的人，我們仍必須預設他們是有自我決定能力的。我們也必須詢問他們是否需要翻譯

人員，因為他們可能不懂英文、重聽、患失語症或不了解所提出的問題。
一份對能力的推測需要透過詢問後決定哪些部份的行為失去功能，而哪些
部份的功能仍保存。它也需要了解哪些部份這個人可以表達或詳細說明其
偏好、選擇及意願，並且知道失能的程度是否影響其實踐這些意願的能
力。臥病在床無法到福利局辦公室的人、家中沒有電話的人、無法外出購
物的人、依賴他人的人並不必然是無自主能力的人。無自主能力並不等同
依賴。一個四肢癱瘓的人幾乎完全依賴他人，但卻沒有剝奪他的自主能
力。

　　第二個對保護服務十分重要的法律概念是最少限制選擇法則（The
Doctrine of the Least Restrictive Alternative）。這個法則在 Shelton V.
Tucker 一案中有最佳說明：「雖然政府管理公眾事務的目的是合法且重
要的，但此目的不該藉由會嚴重干涉個人自由的手段來達成，尤其，當此
目的只能被狹隘地達成。這個手段與目的之間的差距的彌補，必須從可以
達到同樣目的但卻較不極端的手段著手」⑫。對保護服務而言，這代表如
果代理人可以解決問題，就不需要監護人；如果有限監護（limited
guardianship）可以達成目的，就不需要完全監護（total guardianship）；
如果自願程序如機構的使用、律師權力、聯合銀行帳戶或信託等可以完成
的，就不需要使用非自願程序⑬。

　　最少限制選擇的原則在 David Bazelon 法官對 Lake V. Cameron 一
案判決中最直接地運用在老人身上⑭。雖然這是個收押程序，但最少限制
選擇的原則仍被充分地突顯。本案的情形是，雷克老太太當她到政府部門
剛查詢完有關稅的事情後，正要離開時被拘留。當時她顯得意識混淆不
清，接著被監視保護，最後送進伊莉莎白醫院。Bazelon 法官認為只有
「精神疾病」的存在並不足以否定個人基本自由權利。他指出那就是人之
所以為人的原因，而任何解決問題的方法應該以最不傷害公民權為最大考
量。因此，法庭否決了將雷克老太太送入機構安置的請求，要求儘可能尋
找較少限制的方法，來解決目前老太太所呈現的功能不足的問題。

　　就法律而言，雷克案例並沒有真正的引用前例的價值。因為它主要係
基於哥倫比亞特區的法律，即使被引用來支持相似議題，它也不具真實效
力。類似 Bazelon 法官建議的要求，很少證據顯示已成為慣例。現在也很

少人將較少限制選擇的意見在法庭上陳述，或要求指定提供精神障礙人士社區服務。

在雷克案例中，Bazelon 法官下令哥倫比亞特區公共福利部門去尋找並確保較少限制選擇服務（即除了送入伊莉莎白醫院之外的選擇），以避免機構安置。接著的問題是如何找到可以協助雷克老太太購物和居家生活起居的服務。雖然判決令人欣喜，但結果卻非如人所願。電克老太太最後仍被送入伊莉莎白醫院，因為哥倫比亞特區政府無法為她找到一個較少限制選擇的服務方案。這個案子的教訓是，雖然法院有權發布命令和判決，但往往司法裁判仍得依賴政府執行單位的配合方能落實。

當然，除了較少限制選擇的考量之外，在刑事和非自願託付案例中使用的雙重程序保護，對非自願保護服務程序中也是同樣重要的。

對保護服務的一系列法律機制的發展，從自願且可取消的轉移到非自願性的轉移，具有同樣重要性的是對機構法典（law of agency）的了解。機構法典並不管社會服務機構可以做或不可以做什麼，也不處理機構的行為。機構法典是指代理人（agent）同意接受指示去執行當事人（principal）的指令時所產生的責任權利與義務。在這樣的過程中，代理人同意指示的內容，同意代為執行，沒有自行運用行政裁量權，而且沒有多做或少做指示中所要求的（如果可能的話）。那麼，當事人將要為這名代理人在責任範圍內所執行的舉動負責。當事人可以在任何時間改變心意。當事人給予代理人的授權也隨時可以取消（除了以下描述的律師可延續權力）。機構法律是所有律師權力（power of attorney）的基礎。這是在保護服務中具高度價值、值得尊敬的規範，但卻沒有被適當地使用。

保護服務中還有一些其他的法律概念（例如，在信託法案中的一些概念），但此處並沒有必要提出討論。如果我們以預設每一個人都有處理事務的能力（presumptive competence）為開始、充份了解並執行最少限制選擇法則、並且了解機構法律，那麼這些就足以協助解決經由侵入而達到解放目的所造成的矛盾；並可協助社工員了解他們與案主的關係和其角色，以及他們對機構的責任所在。

# 第六節　保護服務的法律機制

## 一、案主自願時使用之機制

雖然本文將討論的法律機制由來已久，但是成人保護服務的法律機制卻仍在初步萌芽階段。任何這些機制的取捨都應經由仔細且敏銳的評估，這評估不只針對一個人的心理和生理能力，更包括他所處的社會情境以及他如何適應其中。至於應該使用哪個法律機制，這不是也不可能是一個一成不變的計算公式或電腦解答。以下所提的法律機制不過是可使用的模式，供社工員與律師運用一同為其案主和其問題設計出一套解決方法而已。

### ㈠機構（agency）

如上所言，機構是當事人和代理人之間關係的縮寫。在案主充份被告知並且能夠自行選擇、表達偏好，也享有一定程度的自主時，代理人才提供服務。即使案主有某種程度的失能導致其失去時間感、短暫失去記憶、或者無法處理金錢時，代理人也可以更有利地提供服務。一個代理人可以協助其付帳單、存款，以及在很多方面協助案主實現其意志。同樣地，案主的兒女、女婿或媳婦也可以協助一個能力正逐漸消失的親人，表達其選擇並實現之。

一名代理人並不僅只是一個非正式協助者，也不同於一個偶然拜訪、搭便車到老人中心的朋友。一名代理人對案主有忠誠義務（fiduciary duty）。他有責任執行其當事人的指示，並在當事人的授權範圍下執行自由判斷能力。這份權力應有書面的詳細說明。這份書面說明即是所謂的委任書。這份關係的範圍和持續時間的控制掌握在當事人手中。有些失能者中止與機構的關係是尋常可見的，尤其當失能者有中度被迫害妄想症的時候。一個當事人不斷地改變心意，並不必然表示此當事人過於瘋狂以致無法運用其代理人。這可能是不可預期的善變的表示，是失去自主能力的失

落所導致的挫折的表示，或者這是一個喪失能力的老人所能運用的最後一點權威感的表示。代理人終究是代理人。他們不是「朋友」、也不是「親戚」，更不是「慈悲的天使」。他們的功能在於依當事人的指示進行，並實踐當事人的選擇和決定。

　　「代理人」還沒有在社會服務中發展。只有非常少數的實驗例子運用了依此處所寫的代理人。一些老人陪伴服務（senior companion services）和退休老人志願服務方案（RSVP）曾做過一些嘗試，並有至少一個示範方案，由老人行政部（Administration on Aging）補助給全國猶太婦女會議新紐澤西州南橋市分部。除此之外，社會服務機構、地區老人機構（Area Agencies on Aging），以及其他老人服務機構必須要設計並訓練自己的代理人員。

## ㈡委任書（power of attorney）

　　委任書是一種法律工具，當事人可以透過它授權給一名代理人。委任書的內容可以非常廣泛與一般，其可以授權代理人購買和出售財產、投資、簽約、接受並分配基金、控訴、在訴訟中接受服務、為當事人答辯、以及以當事人名義採取行動。另一方面，委任書也可能非常狹隘，僅授權代理人從當事人銀行帳戶中付當事人每月房租不超過美金二百二十七點五元。委託書就像使我們可以授權給股票交易商，以我們的名義進行買賣，或房地產代理商賣出我們的房子，以及執業律師代表我們提起訴訟的法律依據。很多人在當他們住進醫院或出國渡假時使用委任書，因為他們的生意或私人事件發生問題時，需要立即處理而他們又無法被及時通知。

　　委任書可以依當事人意願修改。只要不是取消，每一次的修正都被視為是在當事人有行為能力的情況下被更新。這是委任書的正常使用上的嚴重限制。例如，如果當事人生病且失去意識，他所執行的委任書就自動失效，而且當他失去意識時仍然無效。同樣地，如果當事人執行委任書後卻變成失能，或者當事人失去理智無法適當地授權給其受任處理事實行為之人（attorney −in −fact）（此名詞係在委任書中代表代理人），這份委任書也會自動失效。

　　現在只有四個州試圖解決此一問題。這個解決方法一般被稱為「繼續

性委任書（durable power of attorney）」。繼續性委任書是一項特殊工具，由州憲章所授權，允許委任書在權力授予者失去能力之後仍得以延續。依照各州法令的規定，繼續性委任書必須證明權力授予者在其失能之後延續委任書的意願，此證明可能會需要特別證人或簽字的認證，也可能要求權力授予者的親戚才可作為受任處理事實行為之人，並且可能有其他特別條件。

　　繼續性委任書通常包括實質和私人財產的獲得、處置和管理等權力。四個州（加州、科羅拉多州、北卡羅萊納州和賓州）承認醫療照顧決定方面的繼續性委任書。醫療照顧決定的繼續性委任書，依各州規定，可以被賦予非常廣泛的權力。較重要的是，這樣的工具如果加以良好的規範，可以提供受任處理事實行為之人對於當事人所要的有重要的指引。這樣的指引會限制受任處理事實行為之人。因此，當事人可以說，「當我失去意識或者變成一個永久的植物人，不論醫生對我的預後診斷如何，我希望我接受的治療儘可能免於肉體上的疼痛」，或者相反地，也可以聲明取消治療或終止供給養分。

　　繼續委任書在很多方面而言，是一項主要突破，我們可稱之為「預防性的保護服務」。它允許一個人在他還有自主能力時去選擇某人，在當他不能再處理自己事務的未來，去執行他的意志。就某方面而言，它幾乎像是自己選擇自己的監護人。如果繼續性委任書足夠廣泛的話，它可以包括所有可能發生的事。

## ㈢安樂死遺囑（Living wills）

　　「安樂死遺囑」是一特定名詞，用來代替一份合法授權預先訂定的指示書，該指示書是給醫師和照顧者，指示他們當立約人失去意識，成為永久性植物人，只靠人工器具協助其維持生命跡象之時，應如何決定該延續或結束立約者的生命。這樣的指示書有不同的名稱，如「死亡的權利」（right to die）、「自然死亡」（natural death），以及「尊嚴地死亡」（death with dignity）。

　　至一九八八年為止，有三十九州已採行安樂死遺囑法案。各州法案之內容有很大差異。通常，法令授權去執行由個人對醫師在特定情況下應否

延續其生命的指示。安樂死遺囑使醫師（有時是其他人）免於執行此指示的民事或刑事責任。醫師有責任執行該指示，雖然只有很少州對不執行者有罰則的規定。大部份的州有特別證人的要求，而且允許只要立約者有自主能力時，指示書可以被取消或修改。所有的州都要求有最終結果的確定書面證明。大約 2/3 的州針對營養和水的供給或停止有特別規定。非常少的州明確地承認其他州的類似文件。大約 1/3 的州同意當事人把指示醫師的權力交付給另一個人——即代理人（proxy），幾乎是繼續性委任書的特定類型。

　　有愈來愈多的法律案例可供解釋這些法令。這一部份的法令，就如同保護服務和一般法令一樣是由各州自行訂定，彼此差異很大。關於安樂死遺囑應謹記的一件重要事情是，它只處理非常特定的情境。因此，一份安樂死遺囑可以指示醫師是否拔掉病人的呼吸器，但它不能預測之前的狀況，例如，病人感染了肺炎，而肺炎可以經由抗生素被有效地治癒，進而完全避免了生命受到威脅的狀況發生。在這種情況下，全部的州都不允許，引用安樂死遺囑，不讓病人使用抗生素，而產生任何生命被威脅的情境⑮。

### ㈣共同銀行帳戶（joint bank accounts）

　　一個人可以事先決定自己流動資產的另一個方法是透過共同銀行帳戶（joint bank accounts）和股票帳戶或其他共同持有的財產，共同持有的任何一方都有權處理——包括存入、提出、花費、投資這些共同持有的資金、債券，以及私人財物。如同委任書一般，這允許個人在其失能之前事先計劃其資產的處理。但它只提供來處理財產，卻不像委任書，可以運用於會產生利息的公有或私有的給付，例如政府的或私人的年金保險、傷殘保險之類的收入。

### ㈤信託（trust）

　　信託（trust）是一個法律機制，個人稱之為委託人（settlor），把財產的所有人頭銜轉移給另一個人，稱之為受託人（trustee），為了特定目的或為了某受益人的好處方能使用該財產。受益人可以是委託人本身，而

且信託可以被限於特定目的。受益人也不限於一人，委託人還可以指定後補順位的受益人，第一受益人死亡後，後補受益人會獲得大部份利益。受益人可以被指名在其一生中或數年（甚至數月）中享有該利益。信託有可廢止或不可廢止的兩種。受託人有責任執行信託的內容，不然可透過州法院強制執行。受託人可以因管理信託不當而被起訴，因為他們受到嚴格限制必須依委託人的意願處分財產。這也是一個供個人在失能之前預先處理財產的法律機制。信託可以在人活著時設立，也可以在人死之後設立，做為遺產的授與部份。也就是說，個人可以把自己部份財產交給信託由受託人管理使受益人得到應有好處。

## 二、非自願機制

以上機制被稱為「自願的」（voluntary）。所有機制的運用都要求由有能力個人出於自由意志的表達和行動。除了不可廢止的信託之外，個人仍掌有絕對的控制權，並且可以撤回任何權力或取消任何他曾授權的部份。以下的兩個機制——法院指定之監護（conservatorship）以及監護（guardianship），絕大部份是非自願的。在一些有法院指定監護人制度的州裏面，個人自己本身可以做其法院指定監護人。但這仍是少數，因此，此處仍將法院指定監護人與監護人當做是非自願機制。

加州引進了一個有趣但卻重要的區別。加州法令對於功能喪失的界定採無能、不適任（incapacity），相對於傳統精神醫學認定的心智不全（incompetence）。這就要求法院嚴格限制代理人的權力只能用在失能個人無法發揮功能的領域而不能擴及其他領域。

### ㈠法院指定監護人

法院指定監護人（conservatorship）通常是非自願的過程，包括了向法院提起申訴、調查審理、舉行公聽，以及法庭蒐證（court finding）。法院指定監護人是由法庭指派，通常（但非絕對）是處理受監護人的財物。法院指定監護權通常不需要無自主能力的蒐證。這通常是法院指定監護權的價值所在。法院指定監護只負責處理受監護人的財物，受監護人仍

然保有自身個人的控制權。但法院指定監護仍有太多問題尚待解決，例如
誰決定受監護人住哪裡、受監護人對他們收到的任何津貼有什麼樣的控
制、受監護人對其所賺的薪資又有什麼樣的控制等等相類似的問題。

　　由於了解因應個人的差異設計所需的保護服務的重要性，加州修改了
她的判定遺囑效力及執行遺囑之規則（ probate code ），使法院指定監護
人時確實考慮每個不同殘障者之間的差異。在加州，法院指定監護人可以
被指定於監護受監護人的人身與財物兩者。州的認證規則規定一個人的法
院指定監護人的任命必須是在「一個人不能適切地供給自己在健康、飲
食、穿著或住宿上的需要」（ Sec.1801 ）。法院指定監護人也可以用於當
個人不能處理自己的財務，或不能防止被欺騙和不當的影響之時。法律也
規定，獨立偶發的疏忽或失算並不表示一個人的無能（ Sec.1802 ）。

　　但對我們而言，更重要的是明確的說明一個受監護人仍保有的權利。
新的認證規則賦予法庭限制監護人的權力而保留受監護人權利的權威。法
庭可視受監護人的能力執行此一權力（ Sec.2351 ）。法庭可以賦予受監護
人特定明確的權利（ Sec.187 ）。法庭明確賦予受監護人對任何津貼和薪資
的控制權、訂定遺囑的權利，以及在處理過程中接受生活必需品的權利。
在加州的法律，受監護人也可能保有接受或拒絕醫療的決定權
（ Sec.1880 ）。監護人的指派並不影響受監護人的結婚權。結婚權與監護
人的指派是兩回事；所有適用於婚姻的法律皆適用於受監護人的婚姻。最
後，如果法庭沒有認定其不能完成投票的必要宣誓條件，受監護人可以保
留其投票權。

　　加州的法院指定監護內容應符合最少限制選擇法則。法庭調查、法庭
追蹤，以及法庭審查可以做為此項制度的警衛。但法律只是個架構，需要
有社會服務做為血肉，以為受監護的個人達到期望的結果；也就是，藉由
協助個人事務和財產的處理，以儘可能擴大其自主性和自由選擇，同時減
低由於身心殘障所帶來的挫折至最小程度。

### (二)監護人

　　監護人（ guardianship ）是所謂保護服務中最具侵犯性的服務。這是
國家父母權（ parents patriae power ）最極限的運用。監護權的運用必須先

對無能力蒐證，然後有效地以監護人替代失能的個人。受監護人（the ward）被剝奪所有權利。他不能投票、開車、結婚、簽約、訴訟或被告、或者以任何方式處理私事、他沒有資格處理任何津貼、不能對醫療保有被告知同意權、也不能抗拒住入由監護人所安排的精神病院、療養院或其他機構。

在一些案例中是由公設監護人擔任監護人。公設監護人是專門針對那些無力負擔私人監護人費用的失能者而設置的。公設監護人通常有科層化的組織，由專門聘雇的工作人員分派擔任固定個案量的監護人。個案量通常超過四十或五十個，這個負荷量使得公設監護人不可能切實做好他們的工作。因此，受監護人常常被疏忽。也沒有令人滿意的監督體系來監督公設監護人的工作，而且大部份的公設監護人是靠著機構安置這種較限制性的照顧方式，而非較少限制的方式在照顧受監護人。

# 第七節　社工員和律師在保護服務中角色

保護服務個案是由問題被發現而開始的，發現問題的人可能是家人、朋友、鄰居、警察、房東、醫師、急診工作人員，或者社會服務工作人員等。

往往，個案所處的狀況已持續了很久一段時間，在報案的時候，案主的生命和福祉已嚴重受到威脅。

保護服務個案所呈現的問題往往代表了一個處於危險中的個人安全問題，必需有人介入其中。介入的性質可以是醫療、住宅、機構安置，或個人行為自主性的部份控制，因為可能是個人自主的行為會導致危險。此時個人安全與個人自由就產生價值衝突。

為了解決這個衝突，因此需要大量的判斷。一部非常好的指南書——「改善美國老人保護服務」（Improving Protective Services For Older Americans）。由南緬因大學出版，Mary Collins 提供了解決方法的架構：

　　自由比安全更為重要：非正式支持體系（即親友鄰居等照顧）的居家安全優於正式支持體系（即社會服務機構的照顧），正式支持服務的安全優於非自願的照顧所提供的安全，臨時的最少限制的非自願照顧優於完全監護或機構安置。因此，社工員應該試圖在不干擾案主的生活方式及剝奪其選擇自由的情況下，協助案主的安全與照顧需求。

　　如果你不能在家中提供適當的照顧，你應該尋求最少限制的方案。這表示生活方式的維持比照顧層次的提高來的重要。來自近鄰的些許幫助遠比去大老遠接受複雜照顧要好的多。同樣地，選擇的自由比安全更重要，強制就醫治療才有可能恢復案主的健康和安全屬例外。

　　最壞的結果是，案主享有安全，但完全失去自由，而且生活方式完全被破壞。這種情況就發生在當公設監護人把案主安置在遙遠的療養院的時候。


　　在這個一般性架構中，社工員常常是被期待去解決問題的關鍵人物。過程主要包括四個階段：第一個階段是辨識問題。辨識問題分成兩部份：第一，依表面證據看來，這是否保護服務案例？第二，問題的真正本質是什麼？

　　第二個階段是找出解決方法，這可以進一步分成下列問題：

- 依案主的優點、能力、缺陷和殘障而言，什麼樣的法律關係是最適當的？
- 在第一階段所辨識出的問題，有什麼樣的社會、醫療、法律，或其他服務可以解決？
- 如果我們提供了上述的服務，會有怎樣的成效？而且何時會達到預期成效？

　　解決方法的辨識必須更進一步了解案主的意願與選擇、安全與自由之間的衝突，以及什麼代表了案主的最大利益。

　　第三個階段是服務方案的提供。保護服務個案經常需要整合來自不同機構、正式與非正式資源的各種服務，每項服務都有其不同的經費來源以

及不同的接案標準。在這方面，老人保護服務與老人長期照顧服務有些不同，老人長期照顧服務常是針對不同問題，由不同經費來源以及不同接案標準的機構，提供不同的服務。

最後一個階段是評估問題和解決方法是否被正確地辨識，以及目標是否達成。同時也要評估案主生活狀態改變的程度，是否引發新的問題或者改變了問題的內容與型式，因而需要調整解決方法和所提供之服務。

以個案工作而言，老人保護服務中最特殊的是法律議題以及安全與自由的衝突。

因為問題的評估是整個過程的核心，此處將提供一些例子以供參考。

一個絕對正確的法律上能力的判別常常是不可求的。諸如，一個健忘的老人家，其家人都非常擔心他的安全，但從任何法律標準而言，他都並非無自主能力的人。一個寂寞的老先生藉由經常性提供酒給他的同伴，以滿足他和其同伴的酗酒習慣，同時也「購買」他們的友誼。一位老太太拒絕接受醫療照顧。這些情況產生了倫理難題——在對案主有益與對案主尊重之間的衝突；平均分配負擔和好處的原則與善意原則之間的衝突。

如此一個兩難必須透過倫理分析加以解決。列舉並權衡所有相對的優點和缺點，以及因行動而產生的傷害。評估誰是受益者而誰又是受害者？這些益處和害處到底是什麼？如何權衡對人的尊重——對一個愚蠢或沒有智慧的人，你該給予多少自主性？簡言之，我們對法律的理解和運用必須加以考量道德上的限制。

保護服務中情境的評估經常是很困難的。受保護的案主可能是不能溝通的、充滿恐懼的、衰弱的、且需要緊急服務。保護服務工作員必須為自己發展一套標準，區分對案主和其他人會造成的立即危險。如果案主是完全衰弱無力、瘋狂、瀕於死亡等情境時，緊急介入程序就必須派上用場。有些時候，儘管案主有明顯失智症狀，但仍有應付生活的能力且拒絕任何介入，這時就變的較困難。不同的司法管轄權都有對心神失常者施以拘禁的規定。這些拘禁應被了解且非必要不應使用，但當緊急狀況十分明顯且有立即危險時，工作員不應也不需刻意避免緊急拘禁，但接著應立即尋求較不限制的可行方案。對於那些非緊急的狀況，很重要的是視案主的行為、意願和選擇，尚有之能力、家庭、鄰居、朋友，以及其他可能協助改

善狀況的資源。

　　表 22-1 及表 22-2 是兩張評估表格，表 22-1 是由康乃迪克州社會服務部製作；表 22-2 是由紐約市人力資源行政部所製作。表 22-2 只是初稿，尚未經過測試正式使用。但此處我們將之列出，因為它是經過仔細研究的成果⑯。

　　顯而易見地，保護服務案例的評估會涉及其他專業，例如醫療、心理以及法律。

　　只要沒有涉及任何法律關係的改變，這個案例就不應再被視為保護服務案例。這並不是說諮商、支持性服務、居家服務、家事服務、醫療服務、住宅服務等不需要繼續進行。這只表示保護服務單位不應處理所有的老人服務案例，應僅限於涉及法律關係有改變的案例。

　　處理保護服務時，社工員有時會產生角色衝突。社工員一方面扮演倡導者，「保護案主權益」，並且尊重案主的意願與選擇。另一方面，社工員又必須判斷「什麼是案主的最大利益」，並且努力地尋求會嚴重限制案主自由選擇權的法律介入。法律介入可能是案主極力反對的。

　　有時，為了取得管道或獲得同意，社工員會運用所謂的「權威性個案工作」（authoritative casework）或「專業權威」（professional authority）。當然，這有倫理和法律限制。工作員可以努力說服但應避免強迫；可以協助處理但應避免代做決定。背後操縱應加以避免，且專業權威絕不可以侵犯人權或違反案主已表達的意願。工作員以案主名義從事的活動應充分告知案主，而且至少事前應得到案主的默許。

　　這些是社會工作社工員與案主間關係最起碼的倫理要求。往往，很多情境會考驗我們對尊重他人的原則的了解。在許多這些困難的案例中，只有很少的公式可供參考⑰。

# 第八節　特殊議題

　　對那些受到虐待的案主、有暴力傾向的案主以及需要緊急介入的案主，有需要特別注意的事項。上述的狀況都與法律有密切關係。如何介

## 表 22-1　康乃迪克州社會服務部老人保護服務案主功能評估表

一、基本資料

　1.姓名：　2.年齡：　3.性別：　4.地址：　5.種族：

二、生活環境

　1.周遭環境：

　2.居住環境：□良好　□惡化中　□部份毀壞　水：　電：　暖氣：　衞浴設施：　食物：　爐灶：

　3.家務整理狀況：　4.危險狀況：　5.其他觀察：

三、社交環境

　1.□孤立　□鄰居知道且有來往　2.親戚：　3.家庭成員：

四、個人外表

　1.穿著：　2.面部表情：　3.走路姿態：

　4.手勢：　5.身體姿勢：　6.言談：

五、身體健康

　1.案主認爲的問題：（以及持續的時間）

　　□營養不良　□疼痛　□腫塊　□短時間內體重下降　□持續咳嗽　□嚴重胸部疼痛　□嚴重頭痛

　　□呼吸急促　□嘔吐　□大便習慣改變　□自尿　□視力障礙　□暈眩　□其他＿＿＿

　2.最近一次看醫生的時間及原因：　3.下次看醫生的時間：

　4.最近的醫療問題：　5.服藥：　6.評論：

六、心理健康

　1.案主認爲的問題：（以及持續時間）

　　□失去胃口　□幻覺　□失眠　□思考失調　□了無生趣　□意識混淆　□憂鬱　□判斷力不足

　　□記憶喪失　□多疑　□恍惚　□定向感　□無力感　□其他＿＿＿

　2.危險行爲：　3.酒精或其他藥物使用：　4.最近失去家人或親密朋友：

　5.過去曾有的心理問題：　6.行使同意的能力：　7.其他評論：

七、案主可移動性

　　□臥床　□部份臥床　□坐輪椅　□無法出門　□可外出到院子

　　□可至鄰近區域　□可搭乘公共交通工具　□可開車　□其他＿＿＿

八、體力

　　□自行餵食　□自行洗澡　□自行穿衣　□自行使用浴廁　□自行下床　□可爬樓梯

　　□可外出　□可煮飯　□可購物　□可做輕微家事　□可做繁重家事

九、經濟狀況

　1.收入：　2.資源：　3.費用：　4.由誰處理財務：　5.評論：

十、其他可協助之個人與機構：

十一、案主對問題的感受：

十二、工作員對問題的感受：

十三、建議採取之行動：

十四、困難：1.案主是否同意？

　　　　　　2.案主行使同意的能力是否受到質疑？

　　　　　　3.其他：

十五、緊急事件：

工作員：

填寫日期：

　　我，＿＿＿，授權社會服務部提供其認爲必要之服務，以確保我的安全。如果我被證明爲有能力支付這些服務，我同意補貼給社會服務部。

　　　　見證人：　　　　　　　　　申請人：　　　　　　　　日期：

## 表 22-2　紐約市人力資源行政政局之老人保護服務危險評估表

日期：　　　　　　　　　　　　　　　　　　　　　案號：

第一部份——危險狀況
說明：檢查所有已知狀況，在每一個面向上加以評比。如果案主的生命在該特定因素上並無生命危險，
　　　則選"0"表示沒有生命危險。如果狀況會使案主生命立即受到威脅，則選"3"表示立即生命危險。
　　　較少威脅者可選 1 或 2 。

一、危險因素
　　1. 疏忽　被誰疏忽？
　　　　☐自己　☐他人　☐兩者皆是
　　　　狀況如何？
　　　　☐骯髒、有跳蚤、蝨子爬在身上
　　　　☐皮膚起疹子　☐有褥瘡　☐有潰瘍
　　　　☐營養不良或脫水現象　☐沒有吃藥
　　　　☐沒有穿足夠衣服　　☐有尿騷味　　　　　　　　　0-------1-------2-----3
　　　　☐有病沒有看醫生　　☐其他____　　　　　　　　無生命　　　　　　　有立即
　　　　　　　　　　　　　　　　　　　　　　　　　　危　險　　　　　　　生命危險
　　2. 虐待
　　　　☐使案主恐懼受到傷害的字眼或姿勢　☐多處或嚴重瘀青或燒疤
　　　　☐被拘禁、綑綁、或反鎖　☐骨折或傷口
　　　　☐繩索綑綁的痕跡　☐在不該有的地方有傷口　　　0-------1-------2-----3
　　　　☐許多經過不同程度治療的傷口　☐其他____　　無生命　　　　　　　有立即
　　　　　　　　　　　　　　　　　　　　　　　　　　危　險　　　　　　　生命危險
　　3. 自我危險行為
　　　　☐自殺舉動　☐遊蕩
　　　　☐經常到危險地方（請註明）____
　　　　☐威脅生命的行為（請註明）____　　　　　　　0-------1-------2-----3
　　　　☐拒絕治療　☐其他____　　　　　　　　　　無生命　　　　　　　有立即
　　　　　　　　　　　　　　　　　　　　　　　　　　危　險　　　　　　　生命危險
　　4. 環境傷害
　　　　☐無家可歸　☐沒有衛浴設施　☐沒有暖氣
　　　　☐沒有儲存食物的地方
　　　　☐害蟲橫行出沒生活起居空間
　　　　☐缺乏設施____
　　　　☐天氣狀況會威脅生命安全____　　　　　　　0-------1-------2-----3
　　　　☐其他____　　　　　　　　　　　　　　　無生命　　　　　　　有立即
　　　　　　　　　　　　　　　　　　　　　　　　　　危　險　　　　　　　生命危險
　　5. 智能障礙
　　　　☐錯誤的推理　　　☐無法跟隨指示
　　　　☐說話前後不一致　☐對時間、地點沒有概念
　　　　☐意識混淆　　　　☐喪失記憶　　　　　　　　0-------1-------2-----3
　　　　☐經常丟東西　　　☐其他____　　　　　　　無生命　　　　　　　有立即
　　　　　　　　　　　　　　　　　　　　　　　　　　危　險　　　　　　　生命危險
　　6. 剝削
　　　　☐勒索　☐寄生關係　☐金錢或財物無緣由地失蹤　0-------1-------2-----3
　　　　☐奴役　☐其他____　　　　　　　　　　　　無生命　　　　　　　有立即
　　　　　　　　　　　　　　　　　　　　　　　　　　危　險　　　　　　　生命危險

二、日常生活的處理

1. 日常生活活動（以下何項是案主不能做的）

☐由床上移動到椅子上 ☐洗澡

☐梳洗 ☐穿衣 ☐吃飯

☐上廁所 ☐其他＿＿＿

```
0-------1-------2-----3
無生命              有立即
危  險            生命危險
```

2. 工具性活動（以下何項是案主不能做的）

☐購買食物 ☐購買其他物品

☐開車 ☐使用大眾運輸工具

☐做家事 ☐洗衣服

☐準備餐點 ☐正確地服藥 ☐其他＿＿＿

```
0-------1-------2-----3
無生命              有立即
危  險            生命危險
```

3. 管理財務的能力（以下何項是案主具有之特徵）

☐守財奴 ☐亂花錢 ☐忘記付帳單

☐用信用卡買很多東西

☐有很多忘了兌現存入的支票

☐大筆現金在手上 ☐對財務知道很少

☐隨便把錢給人 ☐其他＿＿＿

```
0-------1-------2-----3
無生命              有立即
危  險            生命危險
```

\*\*\*\*\*\*\*\*\*\*\*\*\*\*\*\*\*\*

採取行動

1. 如果第一部份的答案全部是「0——沒有生命危險」，你不需要填第二、三部份。跳到第四部份——採取行動。

2. 如果第一部份有任何答案是「1」或「2」，但沒有「3——有立即生命危險」，警察和評估員會判斷是否需要進一步的評估。

3. 有任何答案是「3」的，應繼續完成第二、三、四部份，以進一步評估狀況。

第二部份——增強和減弱社會因素

說明：圈選目前已知的狀況

1. 到目前為止，案主是否依賴一個不可靠的照顧者提供必要服務？

☐不，（跳到第2題）

☐是的，說明不可靠的原因：

　　☐有時怠忽職守

　　☐有時因為使用酒精或藥物，因此無法執行任務

　　☐因為身心殘障無能提供必要服務

　　☐其他＿＿＿

2. 有沒有任何一個人在家中或可隨時接近案主，解決第一部份第1，2或6項所指出的危險因素？

　　☐有　　　　☐沒有

3. 案主是否經常處於孤立狀況？

　　☐是　　　　☐否

4. 是否案主的社會環境中最近有改變，導致案主生命受到威脅？

　　☐否（跳到第5題）

　　☐是，請說明

　　　　☐失去照顧者　　　　☐遷至新環境

　　　　☐失去其他主要社會支持　☐其他＿＿＿

5. 以下社會資源可以提供多少協助

| | 所有必要的協助 | 部份必要的協助 | 完全不會提供協助 |
|---|---|---|---|
| a. 案主家中的人 | ①□ | ②□ | ③□ |
| b. 其他人—鄰居、朋友、親戚 | ①□ | ②□ | ③□ |
| c. 其他機構、教堂、寺廟 | ①□ | ②□ | ③□ |

如果沒有可協助的資源，跳至第 6 題。

如果有協助，這些資源是＿＿＿

他們將如何協助？＿＿＿

他們的限制是什麼？＿＿＿

6. 一般而言，案主接受幫助的意願如何？

　　□完全願意　　□有些願意　　□拒絕所有幫助

## 第三部份——案主需要保護服務的評估

1. 案主了解他所面對的危險嗎？

　　□了解　　□部份了解　　□不了解

2. 一併考量案主的危險狀況、社會資源、和他對所面對的危險的了解，試評他是否需要保護服務。使用以下標準進行評估。

　　a. 如果案主有可用的、有能力的、願意提供所有必要協助的社會資源，而案主也願意接受協助，那麼案主<u>不</u>需要保護服務介入。（雖然其他幫助可能需要）

　　b. 如果案主處於有立即生命危險狀況，又沒有社會資源可提供足夠協助，案主又不願意接受協助，那麼案主需要保護服務介入。

　　c. 如果你不能做出以上任一決定，那本案需要進一步評估。

案主需要保護服務嗎？

□需要　　□不需要

## 第四部份——採取行動

說明：所有個案都應完成本部份

□未開案

□轉介至其他地方

　受轉介處：＿＿＿＿＿＿＿

□開案爲保護服務個案

□開案爲其他服務而非保護服務個案

如果已開案，請完成下列問題。

1. 本案分派給：　　　　部門：　　　　社工員：

2. 是否已向案主表示提供服務的意願？

　　□是（跳至第 3 題）　　□否（跳至第 5 題）

3. 案主是否接受？

　　□是（跳至第 5 題）　　□否

4. 進一步的個案工作是否可能使案主願意接受服務？

　　□是　　□否

5. 可能提供的服務類型：

| | | | |
|---|---|---|---|
| □食物 | □金錢 | □財務管理 | □購物 |
| □交通 | □家事服務 | □個人照顧 | □住宿 |
| □醫療協助 | □精神復健協助 | □其他＿＿＿＿＿ | |

入、何時介入以及誰可以介入的問題在緊急拘禁、緊急收押、及暫時拘禁相關法令中有所規範。所有的這些情況都是需要緊急處理。為了應付這些偶發事件，社工員應該知道在其司法管轄權下的法律內容、誰有權介入、提出申請所需的資料、向何處提出緊急介入的申請、以及完成介入最有效的方法。但知道法律和其程序可能不夠。心理衛生主管單位，地區老人機構和警察的連絡應事先安排妥當，以便知道牽涉的人員、其所需的物資與資訊，以及達成目的的最佳方法。

　　同時，社工員必須認知到侵犯案主人權的可能性，因此應該採取事前準備行動，透過尋找律師或倡導案主權益的方式，確保案主人權受到保障。在一些地區，公設辯護人有責任代表被收押者，而其他地區則由社區法律服務（community legal services）、法律服務社（legal —aid societies），或律師公會出面代表。

　　與律師一同工作時需記住的是，他們習慣以一種高度結構化的角度來看問題。尋求律師的協助時，事前把你認為的問題和你相信的補救方式加以歸納整理，是很有幫助的。律師要儘可能明確地了解保護服務工作員所處理的問題、什麼服務可以解決案主正遭遇的不幸、誰有權提供這些服務、以及案主可以從政府提供的權益中獲得什麼利益。律師可以協助擬定策略。同時必須讓律師清楚地知道他所代表的當事人。律師的倡導是完全的，如果他代表當事人，他就會從案主的角度看事情，而且對抗任何會限制案主選擇自由的嘗試。如果他是社會服務機構的律師，他會從機構對案主地方政府、聯邦政府及經費提供者的職責和義務的角色來看事情。

　　與法庭的關係也可透過對法庭的角色和其所涵蓋的業務，來加以理解。法庭在保護服務中扮演若干角色。首先，法庭會被要求決定個人的自主能力，或者決定是否需要緊急監護人。法院程序是高度程序化，這些都不是可以在短期馬上做出決定的，因為它們需要充份的、由客觀來源所提供的證據所支持的資料，才能決定。保護服務工作員不應被有關司法程序流言所嚇到。當緊急事件發生時，社工員不需害怕打電話到法官室，要求直接與法官的秘書說話。對你希望透過司法程序解決的問題、希望法庭提供的協助、以及緊急狀況的情形說明做妥善的整理，將有莫大的幫助。如果不是緊急事件，則應提供法院一份清楚陳述所有事實的報告書，並在後

續公聽會提出充分的證據。法院介入是個極端的方法。法院愈來愈不願在這些情況下使用司法權力，除非證據十分明顯。

最後是有關那些生病但拒絕接受急救措施的病人，當個人是有自主能力且知道拒絕接受的後果，所有各級法院都將肯定病人的決定。在案主知道後果，充份掌握狀況，且可以自行處理得知訊息的情形下，社工員應扮演的角色是支持案主的決定，並且保護其不受到醫師、受益者、或其他人的強迫行為，同時幫助他對抗無自主能力的控訴申請。

較困難的案例是那些意識較模糊但卻持續地表達放棄治療的案例。此時，工作員必須更敏銳地去發掘和保護案主的價值觀。這需要在案主能力完全消失之前由案主自行擬定一份「明確的事先聲明」（prior explicit statement）。這也是 Nancy Neveloff Dubler 所說的「案主經過沈澱後的生命價值」（sedimented life values of patients），所謂「沈澱後的生命價值」是指那些帶領案主超越記憶喪失甚至失智症，與早期行為、願望與喜好相一致的價值觀⑱。

有些案例涉及自主能力與死亡權利的議題；對這些案例的了解對保護服務工作員是很有幫助的。法院對此議題可說是戰戰兢兢，因為這是個具爭議性的問題。有些案例是「開路先鋒」如 In Re Quinlan 一案。但往往這些案例也涉及第三者授權同意終止治療或撤消供應食物。這樣的案例包括 In the Matter of Nancy Ellen Jobes, In the Matter of Helen Peters；以及 In the Matter of Kathleen Farrell，三件仔細辯論的紐澤西最高法院案例，和 In Re Earl Spring ⑲。其他對智障或重度心神喪失病患同意或拒絕提供治療的判例有 Saikewicz 和 Dinnerstein 判決。

但沒有一件案例比 Mary Northern 一案更具爭議。Northern 老太太在違反她的意願下被帶到醫院接受呼吸系統感染的治療。接著，醫院發現她的腳被凍傷，醫生告訴她腳已開始壞疽，如果不進行切除，她一定會死。Northern 老太太當時對人、時、地、物都有清楚的方向感，她反對醫生的建議。她說她的腳沒有那麼嚴重的感染，她相信她的腳會好轉，而且她不希望死，問題不是她寧願死亡也不要切除她的腳。她堅持她的腳沒有問題。醫院向法院提出證明她是無自主能力的申請。儘管精神科醫師的檢查作證她並非無自主能力的，法官仍判她是無自主能力，而且指定醫院

的舍監為她的監護人。另外法院還舉行公聽會，證明她的腳若不切除，她將只有 10％的活命機會。更進一步的精神檢查作證，如果她的腳被切除了，Northern 老太太將有一半的機率會退縮至精神恍惚的狀態，永遠不會恢復清楚的意識。兩週之內，此案由田納西州最高法院審理，支持高等法院指定監護人的判決，但要求除非兩名醫師具名肯定 Northern 老太太若不切除腳部，將有立即生命危險，否則不能進行切除手術。在這個案子上，法院似乎在打太極拳，老太太後來並沒有動手術；判決的數個月之後，她就過世了。有些評論家評述這是一個有關「不被介入的權利」（right to be left alone）的案例。此案無疑代表著社工員、律師和法院可能遭遇的最困難的問題類型。

# 第九節　尋找解決方法

　　社工員在保護服務中所遇到的問題多半出於下列原因：缺乏明確規定、安全與自由之間的衝突、試圖幫忙與剝奪案主寶貴的自由之間的倫理衝突、缺乏適當且足夠的保護服務來滿足案主需求。解決方法有法律的與非法律的兩種。法律的解決方法必須重新修改有關定義無自主能力和強制監護人部份的法律條文。 John Reagan 已在這方面提出修正重點⑳。他建議首要的修改是嚴格限定無自主能力的標準，以確保所有無自主能力者的自主性，在經過判斷其看似愚蠢的決定背後是否有可辨識的假設前題和合理的目的之後，被最完整地保留。雖然這聽起來有些極端，但因為法院往往因為偶發的非理性行為而成為判定無自主能力的證據，依 Reagan 之建議修改標準應是適當的。

　　第二點，他建議，無自主能力的蒐證中必須要求提出近期行為的證據，顯示個人無能處理私事，或者個人所給予他人的交代會威脅個人重大切身利益。造成殘障的原因應該從任何證據中被刪除，因為那與決定一個人是否有自主能力以及名義行事，或他的法律人格是否應被轉移之事無關。

　　第三，Reagan 建議完全監護人應被取消，而且所有的人身監護人應

針對所稱之無自主能力者的特定殘障加以設計。這表示所有的監護人都應有所限定，只要沒有被轉移的權利，受監護人仍保有該項權利。

第四，Reagan 建議取消公設監護人制度，因為他們並不回應案主需要，而且往往對案主有所傷害。

第五，他建議在所有監護人申請過程中，要求提供強制性的法律諮商以確保案主權益。

全國各州民意代表都在為保護服務與緊急介入的提供而爭論不休。每年都有很多建議提出，一九八三年經過多年研究，賓州州議會提出一份法案。它規定了緊急非自願介入、強制報告責任、嚴格限制法院可授權的介入、以及提供享有正當法律程序之權利（due- process rights）保障。

雖然 Reagan 取消完全監護人的建議似乎包涵了加州法院指定監護人條文所指的情形，加州所採取的步驟是在不證明個案的無自主能力的情況下，提供一些代理服務，並且明確保障受監護人的一些人權。加州的認證規則值得其他法院的注意。

雖然大部份的州都已實施繼續性委任書條款，但我仍建議該條款應全面實施，因為美國老人的流動性高且有日益向陽光地帶的州（sunbelt states）移動的趨勢。

繼續性委任書條款到目前為止的實施情狀都很好，且多半只處理財產部份，而醫療決定部份的繼續性委任書的提供，對解決愈來愈多進出療養院心神喪失者的問題是最重要的一步。因為這些人多半沒有被裁定為無自主能力，但又無法對治療給予合法的同意或拒絕。繼續性委任書不能在個人心神失常後執行，但事前對醫療照顧預立指示可能會使繼續性委任書更被普遍地運用。

保護服務可以藉由各州全面採行所謂「死亡權利『或』自然死亡」條款而更形強化。雖然已有三十九州採行，但缺乏一致性，而且各州仍遲遲不願承認並執行居住於他州的個人所預立的安樂死遺囑。

非法律的解決方法必須包括服務系統的重整，以使保護服務工作員可輕易獲得所需的服務，一如在醫院獲得醫療服務一般。這與目前在全國各地長期照顧推動方案（Channeling Project on Long Term Care）的概念是一樣的。保護服務常常不能為案主安排適當的住宅、諮商、家事服務、

財務管理、倡導等服務。保護服務常常在一種不可能的情況下，去試圖保護案主的權利、避免過度介入、避免機構安置、避免被指定監護人，但最後都是缺乏必要的社會服務資源去執行經過評估後所擬定的治療計劃。傳統上，精神衛生體系一直沒有積極回應老年精神耗弱不全病患的需求，因此精神衛生體系應該重整他們的工作取向、服務內容以及與其他老人服務機構的關係。

最後，我們必須透過民間機構或公家機構培養一群可似做為老人倡導者的工作人員，以協助老人得以實現他們的決定、希望以及喜好。

# 註　解

註1　De Praerogative Regis, 17 Edward 2 c. 9（1324），在法律中規定政府做為人民父母的職責應包括為精神障礙者保護並處理財產與人身。

註2　見 Bryden's Estate 211 PA. 633，636，61A. 250，251（1905），經許可引用 Urquhart's Estate 431 PA. 134，245A. 2d 141，142（1968）以及 In Re Estate of Porter 345A 2d 171，173（1975）：「一個人在其一生中可以任意處理其私人財物。他也可以行乞，如果他選擇此一愚蠢舉動。」

註3　成年依其內容有不同參考點。有些法律認定滿十四歲可為自身過失負責，滿十六歲必須負刑事責任，十八歲具投票權，二十一歲可購買含酒精飲料，以及所有懷孕婦女都擁有墮胎同意權。

註4　575 S.W. 2D 8946（Tenn. 1978）。

註5　這大部份是由 L. Bennett 所著「老人保護服務」（Protective Services For the Aged），老人保護服務會議，賓州，1964（Harrisburgh: Pennsylvania Citizens Council, Commission on Aging, 1965）。

註6　L.Shelford, A Practical Treatise of the Law Concerning Lunatics, Idiots, and Persons of Unsound Mind （London: S. Sweet,

1833 ）。

註 7　8 Law Reporter 122（ Mass. 1845 ）。

註 8　對監護人與國家父母權更周延的討論，請見 P. M. Horstman 所著「Protective Services for the Elderly: The Limits of Parens Patriae,」40 Missouri Law Review 215（ 1975 ）。

註 9　95 S. Ct. 2486（ 1975 ）。

註10　見 Seminar on Protective Council on the Aging,（ 1964 ）:National Council on the Aging, Guardianship and Protective Services for Older People（ New York: NCOA Press, 1963 ）。

註11　G. J. Alexander 以及 T. H. D. Lewin, The Aged and the Need for Surrogate Management（ Syracuse: Syracuse University, 1972 ）。

註12　364 U. S. 479, 488（ 1960 ）。

註13　對最少限制選擇法則進一步討論，請見 D. L. Chambers, "Alternatives to Civil Commitment of the Mentally Ill: Practical Guides and Constitutional Imperatives," 40 Michigan Law Review 1108（ 1972 ）。 Chambers 對各種運用的討論很重要，因為它賦予此觀念歷史合法性。在法院上這對法律辯論可能有意義。

註14　364 F 2nd. 657 D. C. Circ.（ 1966 ）。

註15　對生存遺囑法律的完整討論可見於： Handbook of Living Will Laws（ New York:Society for the Right to Die, 1987 ）。

註16　對 Project Focus 更詳細的資料，請見 S. Daiches, Risk Assessment:A Guide for Adult Protective Services Workers（ New York:New York City Human Resources Administration, 1983 ）以及 S. Daiches, Protective Services Risk Assessment: A New Approach to Screening Adult Clients（ New York:New York City Human Resources Management, 1983 ）。

註17　關於保護服務工作員角色與和法院間的關係的報告，請見 Guide on Improving Protective Services for Older Americans: Social Worker Role（ Portland: University of Southern Maine, 1982 ）。

註18　由 Nancy Neveloff Dubler 提出之大綱，在 Legal and Ethical Aspects of Health Care for the Elderly 研討會中分算，該研討會由 American Society of Law and Medicine 主辦，於 1933 年在華盛頓舉行。

註19　重要的死亡權利案例包括：In Re Quinlan 70 NJ 10, 335A. 2d 647（1976）; In Re Earl Spring 405 N. E. 2d 115（1980）; Superintendent of Belchertown State School v. Saikewicz 373 MASS. 728, 370 N.E.2d 417（1977）; In Re Dinnerstein 380 N. E. 2D 134（Mass. App 1978）; In Re Eichner（Brother Fox）Ct of App 52 N. Y. 2D 363, 20 N. E. 2d 64, 438 N. Y. C. 2D 266（1981）;Northern v. State 575 S. W. 2d 8946（Tenn. 1978）;IN the Matter of Nancy Ellen Jobes, 108 NJ 394（1987）;In the Matter of Helen Peters, 108 NJ 365（1987）;In the Matter of Kathleen Farrell, 108 NJ 335（1987）。

註20　J. Reagan, "Adult Protective Services: An Appraisal and a Prospectus," in National Law and Social Work Seminar, Improving Protective Services for Older Americans, Proceedings and Prospectus（Portland, Me: 1982）。

# 第23章

# 臨終服務

*Theodore H. Koff* 著

李開敏 譯

　　本書前版執筆「臨終服務」的凱立序博士（R. A. Kalish），是一位
社會心理學家，並在死亡專題上著述甚豐。他對文化角度的探索在此領域
中可謂佼佼者。遺憾的是凱博士罹患癌症，且在他完成修訂前即辭世，我
們失去的不只是他的智慧、友誼，因此在此章之初我願引用他以前的思緒
作為楔子：「很明顯的，我們必須同時增進一般對老人的服務以及一般的
臨終服務才稱得上改善對臨終老人的服務。」（Kalish 1985：545）凱博士
呼籲的是一個公正且人性的社會，對人的價值不計其年齡或所剩餘的壽命
長短，惟有這樣的理想社會，才可能對臨終老者提供適切的服務。這也是
我的目標，願將此章獻給尊崇這目標的凱立序博士。

　　凱立序在回顧臨終服務的發展時，指出了歷年來重點的轉變：「……
從發掘、創新到機構化、官僚化。一九五〇年代中段到一九七〇年代中
段，開始初期的基石工作，如挑戰禁忌，找出各種可能的服務管道。但七
〇年代中段到現在，重點在計劃、發展、找經費。一九六七年 C. Saun-
ders 醫師首創聖克里斯多福——現代善終照顧運動的首家機構。短短十五
年間，在美興起了無數的善終院，然而主要的議題卻圍繞著如何讓保險付
費。」（1985：531-532）

　　當老人醫療保險（Medicare）及私人保險業都接受臨終照護的觀念及
機構式服務後，付費是否合理便成了關注的焦點。這個過程正是凱立序所
觀察的從創新到官僚的轉變，也就是個人的需要被更大的社會議題所取
代。Siegler（1985）在談到醫學發展階段時，也有相同的看法，他認為
我們已進入醫學「第三紀元」，第一紀元是父系主義的醫學，第二紀元是
自主性的醫學，而第三紀元則是官僚錙銖必較的醫學——一切決策都以
成本分析為依歸，這樣的觀點和凱立序的說法，可謂不謀而合，因此衝突
是必然的，創新和官僚主義間的衝突，個人和社會間的衝突，生命品質和
無尊嚴死亡間的衝突。

　　我將以西格勒和凱立序的對照比較，來探討圍繞死亡的幾個主題，其
中包括家庭角色的重要性，瀕死者在生命終點前對生死的自主權，以及為
瀕死者及其家人所能提供的社會處遇。

# 第一節 尊嚴死

　　尊嚴死是死亡主題中重要的概念之一，它揭示了死亡過程中瀕死者及其主要照顧者的角色應受尊重，它質疑當持續治療不能使病人受益時，生命的繼續或中斷如何透過理性決定而達成；它也對自殺、維護老殘所付出的社會成本、甚至安樂死及協助病人死亡的問題提出關注。總之，臨終照顧的服務是在死亡前到死亡後連續不斷的，這些服務視病人的經濟狀況、家庭、醫病關係、是否曾對死亡過程的期待充份溝通等因素而異。換言之，「死亡非一己之事」（Roy 1988：137），死亡是涉及相當技術性及多種專業人員的一項團隊工作，過去美國人多數在家中過世，曾幾何時有80％的人是在醫院或老人院中過世（Wallis 1988），然而團隊參與死亡過程卻不保證老病者免於孤獨的面臨死亡，甚至無法對自己的生死置喙，那些無家人親友的孤老者更是如此。

　　死亡過程中充滿了決定而往往諸多決定的出發並非基於病人的最佳利益。如果瀕死者心智健全，最好由當事人和家人達成共識，然而病人及家人卻經常被隔離在死亡事件及其相關決定之外，Roy 將尊重病人及家人決定權稱之為「死亡過程的非專業化」。

　　凱立序認為老人若能和醫療照顧人員保持開放式的溝通，則他定能在這種關係中找到力量，「互動機會愈多，關係愈近，瀕死者愈能從這樣的關係中得到力量」（Kalish 1985：539）。治療關係中的開放和相知確能帶領病人面對死亡，「並非醫療或社工人員都要強迫病人接受死亡……我們的責任僅是提供病人足夠的資訊，好讓他能面對一些相關問題而不須迴避。」（Kalish 1985：541）。最重要的是坦誠溝通——雖然病無法治療，但照顧仍會繼續，病人也不會被放棄。

　　經常死亡過程還包括一些重要的決定：如照顧費用、生命的品質等，早些年，人們無法預測我們死於何時、何地、有何人陪伴，今日死於醫學中心的老人和昔日死於家中的老人有很不一樣的過程，如今一般人也僅靠報紙訃聞或白帖來獲知友人去世的惡耗。

　　死亡非人化的相反詞是尊嚴死，也是 Roy 所說的「尊重並維護當事人及我們的生死尊嚴。」（1988：144）最重要的是技巧性的運用我們和瀕死者的關係，洞察他們的需要並接近相關的家人。社工員可善用艮好的關係，並支持開放性的溝通以提供協助。從某種角度來看，瀕死者並非死亡的受害者，而是體制的受害者，因為現有體制漠視病人的需要與價值，將病人物化並剝奪其信念及願望（Glasse & Murroy 1984）。往往在生命終點「當病人最想行使其死亡權利時，他已不幸失去意識或行為能力。」（Dickey, Gaylin & Safar 1987：123）。所謂尊嚴死應取決於當事人對病中或瀕死時生活品質的主觀定義，然而治療與否往往視醫生對生活品質的定界為依歸。

　　Pearlman 與 Jonsen 的研究發現大部份的醫療決定都是依據醫生對生活品質的看法而定，故「生活品質」所指為何以及所言是何人不具特別意義（Pearlman & Jonsen 1985：348），研究中發現極少數的病人被醫師認為生活品質差到無須積極治療，而多數病人被認為生活品質好到足以多加治療。這樣的結果顯示了「生活品質」本身概念的含混不清（1985：348）。作者並提醒醫界注意，生命的延長不應只以醫學技術的運用為理由，「有責任的作法是正視生活品質的模糊地帶，並以病人的價值與目標為依歸」（Pearlman & Jonsen 1985：349）

　　幫助病人尊嚴死，我們需要了解病人選擇死的方式，他個人的價值觀、宗教信仰、倫理觀、家庭考量等⋯⋯社工員在協助病人及家屬討論與解決問題時是很重要的關鍵人物，除非主要照顧者能表現出對病人的全然尊重、支持，否則他也不能憑自己的信念一意孤行，最大的難處就是當病人、家屬願望相背或他們和機構信念相違時的兩難。

# 第二節　家屬的角色

　　Gadow 主張「基於自決的自由是最基本也是最重要的人權，因此它比任何醫療照顧所能提供的善更大，換言之，即使是因健康甚或生命之故，一個人自決的權利都不應被侵犯」（Gadow 1980：390-391）。病人

的決定必須被尊重，家人或醫療人員不過是諮詢的對象，通常一定有醫療
人員在場，但家人就不一定了，或即使在也未必能對病人意願或最佳利益
完分了解，如果病人當時已無法行使自決權，誰可以為他代行？

最近一宗有關死亡權的決定，紐澤西最高法院判決病人的自決權優於
機構的治療方針，對那位三十一歲已陷昏迷七年的無康復可能的女性而
言，法院判定家屬請求停止人工餵食是不違反倫理且適當的（Armstrong
1987），法院的關注點並不在治療的適當與否而在當病人無行為能力時，
如何選擇適當的人代作決定？Fletcher 說的好「違反病人意願的作為是暴
行，暴力與傷害。」（1987：679）。

美國醫療協會下的倫理法律委員會在一九八六年三月提出以下說明，
作為醫師決定何時放棄醫療時的參考：「醫師的天職是維生和減除痛苦，
當兩者無法兼顧時，以病人或其家屬或法定代理人（當病人無行為能力
時）的選擇優先，若上述決定者無法尋獲或無公證的文件證明，醫師則須
代行病人的最佳利益。」（Dickey 1986：471）。

總統顧問團對醫學、生物醫學、行為科學研究相關的倫理問題處理十
分強調家人參與的必要性，並建議及早鼓勵病人表明態度，雖然大家公認
家人對瀕死者的重要，但反觀公共政策卻很少支持家庭性的服務。舉例來
說，政府經費多半花在病人身上，對於病人死後家人遭受的身心創痛卻無
經費資助，也有些例子顯示當家人為一無行為能力的病人提出自決請求
時，常因倫理、法律考量或醫療機構的反對而被駁回，我們若要強化家屬
在死亡過程的參與，則必須將服務擴及家屬。至於家人如何定義，政府、
醫療、保險機構如何和家庭單位互動，這須要結合更多理論、研究以及政
策面的思考方能竟其功。總括來說在家庭環境中過世可說是尊嚴死的重要
精義，社工員身為倡導者，也是促使政府改變的媒介，應登高一呼，帶頭
組織更多為瀕死者家屬提供的服務。

Fulton（1987）在討論「悲傷的百態」（The Many Faces of
Grief」時提到以下案例：一位出生在東北部，年老以後南遷至所謂「陽光
帶」的南方，雖然他最後葬在南方，出席葬禮的朋友其實對他的認知只限
老年期，而他的幾個子女分散各處，他病逝於養老院之前，其實和家庭、
舊時友人均完全隔離，他的死亡是否非人化甚且是孤寂而終？他的家人也

在最後一程無法相伴相隨。現今因著家庭縮小，子女外遷，這樣的憾事只
會有增無減，然而家人最後相聚的機會必須把握，而政府也必須透過實質
的政策鼓勵家人陪伴至終。

當病人嚴重到需依賴家人代行其遺願時，不論是繼續或終止治療，家
屬都責無旁貸，如果家屬在以前沒有機會和病人討論到各項照顧的細節，
或無法信賴病人以前預立的遺囑或委託書，可以請求寬限時間作決定，當
病人自決權與醫療強行救治相衝突時，諸多文獻目前都很重視病人曾經預
立的遺囑或監護權的委託書。（Kalish 等 1982 ～ 1988 間 14 位學者所
著），上述問題多半還是由家人出面處理。終究在死亡過程中，家人是維
護病人生活品質，保障其遺願達成的關鍵所在，最理想的是家人能和醫療
人員分享並作成共同的決定（Roy 1988）。

# 第三節　自殺及安樂死

生活品質的另一個議題是人是否能決定何時結束生命，我們知道老老
期的自殺率增加（Wass 1977，1982，Siegler 1985，Osgood 1987，Ca-
plan 1987），老人甚至向家人、友人或醫師求助以解脫生病之苦，然而社
會仍持不贊同的態度且對協助者施以刑罰，因為在評估死亡是否恰當之
前，積極維生或協助死亡均有所不宜，終究維持現狀，容許死亡自然到來
和積極協助當事人儘快地免於痛苦的死亡還是有很大分野，在過去五年
中，選擇死亡，助人死亡的文獻是死亡領域中的新焦點。

Osgood（1987）報導雖然六十歲以上人口佔美全人口的 12%，然而
就自殺率而言卻佔 17% ～ 25%，這些數字可能只是冰山一角，因為很多
不服藥，過量服藥或亂服藥的情形甚至拒食至死的都被隱而未報，然而自
殺仍躍登全美十大致死原因之一，Osgood 也說年輕自殺常為了得到注意
力，而老人卻是執意要死，因而成功率也高，80% 的老人在說出自殺意圖
後會有行動，故不能掉以輕心，對危機中的老人應有近便的心理衛生服
務，以支持老人及家屬，並減少可能帶來的烙印傷害。

自殺者常呈現憂鬱症狀，Bernstein（1987）認為憂鬱症最大的問題

是無法取得服務，他說「由於目前心理衛生給付的條件嚴苛，絕大多數的老人都無法接受治療。憂鬱導致自殺的原因包括失業、悲傷。在喪偶族群中，有 20％的人口在配偶過逝一年內顯示臨床的憂鬱症。」（1987：9）也就是說在每年約八十萬的喪偶人口中有十六萬是受苦的憂鬱症患者（Osterweise 1985）。如果未接受適當的處遇，其中自殺身亡是極有可能的。

　　有些老人在死亡過程中求助是為他們已接受死亡且希望避免過長的受苦，早期研究指出老人一般不願賴機器維生（Wass 1977），老人也較其他年齡的團體更不畏懼死亡（Wass & Myers 1984）。這也印證了 Lamm 所說的：「生命的悲劇並非死亡，而是一事無成的終了，未曾愛過或成就過……」（1987：XIV）瀕死者究竟該如何決定何去何從？

　　Caplan 醫師（1987）在病人家人及醫療小組均同意之下，曾問道為何不被允許「快速且無痛」地結束該病人的受苦，顯然地，他是為了安樂死的合法化做倡導先驅，因為人性且適當的死亡可解脫病人長久以來的受苦，當然反對聲浪亦不容忽視，授權醫師決定是否允當？殺人豈能被合法化？個人所求社會就必須照准？至今為了怕合法化後被廣泛或不當的應用，安樂死的先置作業仍無法展開。

　　直接施予安樂死或刻意結束他人生命至今世界各國均不接受，然而較被動的方式，如不採取積極性延長生命的治療到是較被接受的作法（Seguine 1985）。Sequine 雖將安樂死與謀殺的動機作善意、惡意的區分，然而法院還是認為即使善意，仍難脫謀殺之罪名，因此曾有一位協助妻子脫離病苦的先生被判刑。

　　安樂死的討論由來已久，近來辯論因長期維生造成經濟負擔又成為熱門話題，始作俑者是科羅拉多州的前任州長 R.D. Lamm。他說：「當醫生使用的機器已無治癒的療效，它們不是在延長生命，而只是延長死亡的過程，生命既不可挽回，一切企圖逆轉的努力都是徒然，我們過於堅持，已摒棄了基本的人倫，為了神聖的技術而作犧牲是本末倒置，如再不及時扭轉形勢，我們對子孫後代都難以交代。」（Lamm 1984：XV）。

　　究竟何時該撤除病人的維生措施機器或當病人危急時根本不施予急救，就 Dickey、Gaylin、Safer（1987）及 Fletcher 幾位的看法是二者

在倫理考量上並無二致，Roy（1988）指出有三州的法院都曾判決人工餵
食和其它醫療在法律觀點上是一樣的，而不提供治療或終止治療在倫理觀
點上也是一樣，然而照顧者「卻很難接受終止治療的作法，且主觀認為如
此形同謀殺無異。」（Roy 1988：142）。Callahan 在他的論文中說道：
「我們對老人的社會責任僅止於協助他們過完自然生命歷程，政府只須就
此提供必要的健康照顧，我相信一個以年齡為基準的終止延生治療數據是
合情合理合法的。」（1987：116）。他闡述「老人在該基準前須要各種資
源以充份享受人生，之後則應儘可能地免於病痛受苦，因此老人的需要是
自然經歷生命過程後能有解脫痛苦的自由。」（1987：135）。

　　姑不論 Callahan 是否支持社會認可自殺、安樂死；至少他提出終止
對老人的無謂醫療照顧是合宜的，其背後的說理並非因老者無用，不值得
救助，目標是終止受苦，其出發的動機屬善意，在倫理觀點上終究是和惡
意殺人有所不同。

　　Stollerman 認為：「對疾病而非對病人的善意輕忽，不應視為醫療過
失。」（1981：173）。限制治療若是緣於對病人的愛和尊重，不同於不經
心的遺棄。實際上，即使社會過於保守，這樣的決定就病人、家屬、醫生
而言，都是善意且出於愛憐之心的。

　　扼殺的是受苦還是病人？愛憐還是疏忽？這中間仍充滿灰色地帶，有
時病人的願望在執行上還是會受到法院、法律的修改，Churchill 的論點
是醫療照顧是否合理需要審視，但以年齡分野卻不合適。「如果以年齡截
然劃分，會使老人成了犧牲品而我們自己倖免，這在道德上令人非議。」
（1988：646）。

　　我們可預見未來十年內這樣的辯論還會繼續，因為大眾還是關切老了
以後尊嚴死的問題，也關切在迫近死亡時對醫療照顧造成的沈重負擔，其
中「關懷死亡組織」（Concern For Dying Organization）這個團體特別
值得介紹，他們長年來對此問題的社會教育推廣不遺餘力。他們的信條包
括：「社會必須堅持醫生們除了醫療科技外，更要有人道的胸懷。」「對
末期重症伴隨巨痛或嚴重無法恢復的腦傷病人，不應施以維生措施徒然延
續其死亡過程。」「為使瀕死者減除身體疼痛，藥物的提供應該充份，即
使可能加速死亡亦然。」

當我們聽到因疾病帶來的財政負擔而必須考量醫療設限時，我們再一次體會到凱立序所說的機構與官僚化時代的到來，然而矛盾的是社會對協助病人脫離苦海的家人或醫生卻予以制裁，似乎整個問題的複雜性讓大家都如駝鳥般埋首於沙中，無視於病人、家人的困境。

誠然，州政府應對死亡過程「建立一套清楚、合法的辦法，供那些欲拒絕治療或限制治療的病人遵從。」（Glass & Murray 1984：326），同時也應確立管道，讓家人，醫療人員能合力完成病人的遺願。

# 第四節　器官移植

改變死亡過程的另一影響是帶動器官移植的醫療尖端科技。一位瀕死病人，因重要器官失功能而命在旦夕，他可能因等待捐贈者而延緩死亡，所以器官捐贈的進行就如同一場和時間、死亡的競賽，受贈者的盼望繫在捐贈者的死亡之上，所謂遺愛人間，死者的器官能帶給另一位病人重生的機會，這種現象在死亡過程中也獨具意義。時代週刊（Mair 1988）近期報導在一九八七年全美共有一千一百八十二個肝臟移植，一千五百一十二個換心案例以及八千九百六十七個腎移植（含近親捐贈）。

以往捐贈來源不足使得決定由誰受贈成為一個倫理議題：目前多數臟器都給了等候中的極重病者，這樣的分配是否合理？因為病愈重存活機會愈差，是否受贈者年齡、收入也應列為考慮？六十歲甚至七十歲以上的老人或領福利金的貧戶也有接受換心的權利嗎？我們是否要重新界定尊嚴死？

因為移植所費不貲，我們實須再檢視一下醫療體系的倫理問題，Binstock 說：「醫療科技的昂貴以及嚴重的差別待遇無異是老年人的惡耗，這樣的發展暴露了生命價值比較上的倫理問題。」（1985：11）。前述 Callahan 之爭亦然，Binstock 還說：「我們在合理化時都習於置老人於不利之處境，特別是成本效益分析一定是對年輕人有利。」（1985：11）。如果移植的決定不只視年齡而視當事人對社會的貢獻又如何呢？

# 第五節　成年子女的死亡

　　平均餘命的延長使更多老年人面臨白髮送黑髮的悲哀，子女先父母而去是違背常態的，養兒不能送終還反送兒終真是人間憾事。諸如此類「非預期的失落，如子女之喪會增加身心疾病的發生，老年父母必須在多重失落外，再因應子女的逝去。」（Moss、Lesher & Moss 1986：211）。有時因為子女兼負的照顧之責也一併落空，老者終將面臨被安置的命運，子女的支持不在，老者的獨立感也無存，這些加乘作用後，使得情緒上的復元備加困難（Brubaker 1985，Osterweis 1985）。愈是活的長，面對失落死亡的機會就愈多，子女的亡故其實在配偶、親友亡故外也別具深意，有些人在面對老年失落時情難以堪，因為生命將盡，失去的無望再得。

　　對此類老人，一項重要資源是支持團體，由地方上社工、醫療或老人機構提供，協助境遇類似的老人共度難關。

# 第六節　善終服務

　　善終服務是針對臨終病人及家屬的需而發展的服務。緣由是機構經常迴避瀕死者知的權利，連帶也忽視了家庭的關係，臨終病人及家屬的種種需要均相當個別化，而照顧必須從非人化的機構式轉移到家庭式，這必須透過一個整合的醫療團隊對患家提供支持及親密的關係（Koff 1980），社工人員以其對人類互動的經驗與專長，經常是這類團隊中的靈魂人物。

　　善終服務的觀念是一個照護系統，不以治癒取向而以團隊完整性服務為目標，服務地點不一，但最好是家中（Koff 1980）。這種照護不比任何有品質的照護來得吃力、複雜，其中志工的運用很重要，能為個別病人提供獨特所需的服務，但志工不應降低整個服務的品質，而是擴大照顧的範圍，善終服務背後的理念是尊嚴死，或對病人的關注，重點是支持性而非治癒性療法，以及積極減少病人的疼痛、不適，家人的身心需要等同於病

人的需要，希望他們能彼此扶持至終。

　　善終服務人員終日面對死亡，須要發展出內部支持或教育訓練計劃，美國的全國善終服務組織以及居家照顧組織下的善終服務小組代表了當下最大的兩個善終服務團體。

# 第七節　教育計劃

　　在醫療人員的養成中，加入有關死亡的內容是相當重要的，學生需要學習如何處理病人的過世，也需學習面對自己生命的有限（Dickinson，Sumner & Durand 1987），培養能力來協助家屬支持病人共同對是否治療做出決定也是重要的，醫療照顧倫理亦不可或缺，學生需要從病人、醫師及社會不同的角度來探討倫理觀。

# 第八節　結　論

　　本章以凱立序的論點為基礎，指出國內死亡的焦點已從對瀕死者的悲憫之心轉移到機構式的死亡過程，這樣的轉變對社會必然有其無可避免的不良後果。

　　回顧凱立序原著的那一章，我認為我們確已發展到一瓶頸，如今尊嚴死的呼籲似乎是停滯後的一線曙光，病人願望與官僚決定孰輕孰重是持續爭辯的議題。

　　Siegler認為當前的「官僚錙銖必較」紀元是很麻煩的。因為要撙節管控醫療開支，健康照顧服務的取得就更可能以年齡或收入為門檻。愈來愈多的行政干預以及法庭判決皆支持個人死亡權，安樂死是否會比無謂地拖延生命獲得更多接納？

　　當健康不可復得，痛苦有增無減時，生活品質的觀點讓我們同意出自善意的停止或不予治療，這樣的立場在法院中仍然場場都是艱苦戰，積極的協助他人死亡在法律或社會倫理上仍受排斥；雖然還是有些團體倡導安

樂死合法化，無論如何，終止或不給治療的決定不應只是醫療人員的責任，這樣的決定也不該被誤解為「枉顧病人死活」。

在作前述重大決定時，家屬的角色必須被突顯，家屬需有充分的資訊了解死亡過程，也有充分的支持面對此困難時刻。有些家屬對病人相當了解，有些不然，有些早先就作過交待，甚至是書面的遺囑或監護權委託書，但仍有些家屬尚未作好心理準備。

家人是血親或姻親都不重要，重要的是對病人的接受度和家人代表病人最佳利益的能力。我們需要評估家庭在面臨至親亡故的壓力反應，長期照顧心智喪失老人所發揮的家庭功能等……，支持系統、專業輔導，暫歇服務等是否對家人壓力有所緩解？家人對所作的決定是否有信心還是稍受外界力量干擾就動搖而不堪一擊？

「然而死亡如同老化，是大家都會面對的，立法者如希望鈎畫出夕陽的美景，是值得人人盼望，則必須不時自問我們的公共政策對國內死亡條件到底是正面影響多或負面影響多？」（Oriol 1984：309）

Oriol 呼應凱立序先前的憂慮，他認為政府應對末期照顧有更多的政策辯論，也應體認到分隔政策的隱憂，不如將現行慢性或末期病患的服務溶入一個更人性、非機構化、更彈性的系統。在照顧老人的同時，也將這種更佳的方式開放給其它年齡層的病人，這應優於現行的分隔式服務。」（Oriol 1984：320）。這又回歸到政策的重要，如何尊重病人、家人、落實尊嚴死，社會須要知行合一，以具體行動配合信念。

「死亡可以是美麗的，
當流逝的歲月交出飽熟的果實；
年長的父母，對身邊子女交待最後遺言，
然後默然安息於天地間。」

# 參考書目

Armstrong, P. W. 1987. Patient's right to refuse care affirmed. *American Medical News* (July 3/10), p.30.

Berger, S. 1988. Hospital takes up life-and-death issue. *Modern Healthcare* (July 15).

Bernstein, R. 1987. As quoted in Nearly 25% of all suicides in U. S. are older adults. by Weindi Middleton *Aim* (Aging in Michigan) (July/August), Lansing: Michigan Office of Services to the Aging. 13(4):8-9.

Binstock, R. H. 1985. Health care of the aging: Trends, dilemmas, and prospects for the Year 2000. In C. M. Gaitz, G. Niederehe, and N. L. Wilson eds. *Aging 2000: Our Health Care Destiny, Vol. 2: Psychosocial and Policy Issues.* New York: Springer.

Bodnar, A. 1987. Living Wills. *Harvard Medical School Health Letter.* (February), 12:4-6.

Brody, B. A. 1985. The interaction between ethics and economics in planning health care for the aged. In C. M. Gaitz, G. Niederehe, and N. L. Wilson, eds. *Aging 2000: Our Health Care Destiny*, Vol.2: Psychosocial and Policy Issues. New York: Springer.

Brubaker, E. 1985. Older parents' reactions to the death of adult children: Implications for practice. *Journal of Gerontological Social Work* (Fall), 9(1):35-48.

Callahan, D. 1987. *Setting Limits: Medical Goals in an Aging Society.* New York: Simon and Schuster.

Caplan, H. 1987. It's time we helped patients die. *Medical Economics* (June 8), 64:214-227.

Churchill, L. R. 1988. Should we ration health care by age? *Journal of the American Geriatrics Society* 36(7):644-647.

Dickey, N. W. 1986. Withholding or withdrawing treatment. *Journal of the American Medical Association* 256:471.

Dickey, N. W., W. Gaylin, and P. Safar. 1987. Ethical issues in life support. *Patient Care* (March 30), 21:120−133.

Dickinson, G. E., E. D., Sumner and R. P. Durand. 1987. Death education in U.S. professional colleges: Medical, nursing, and pharmacy. *Death Studies* 11:57-61.

Fahey, C. 1987. Corporate ethical decision making in health care institutions. *Hospital Administration Currents.* 31(4)19-26.

Fletcher, J. 1987. Medical resistance to the right to die. *Journal of the American Geriatrics Society* 35(7):679-682.

Fulton, R. 1987. The many faces of grief. *Death Studies* 11:243-256.

Gadow, S. 1980. Caring for the dying: Advocacy or paternalism. In *Death Education.* Washington, D.C.: Hemisphere.

Germain, C.B. 1984. The elderly and the ecology of death: Issues of time and space. In M. Tallmer, E. R. Prichard, A. H. Kutscher, et al., eds. *The Life-Threatened Elderly.* New York, Columbia University Press.

Glasse, L. and D. R. Murray. 1984. Limiting 'ife-sustaining medical care for the terminally ill. In M. Tallmer, E. R. Prichard, A. H. Kutscher, R. Debellis, M. S. Hale, and I. K. Goldberg, eds., *The Life-Threatened Elderly.* New York: Columbia University Press.

Hirsh, H. L. 1986. The living will in actions. *Nursing Homes* (May/June), 35:31-32.

Hirsh, H. L. 1985. Who may eat and who may starve? *Nursing Homes* (July/August), 34:9-10.

Kalish, R. A. 1982. Death and survivorship: The final transition. *The Annals of the American Academy of Political and Social Science* (November), 464:163-173.

Kalish, R. A. 1985. Services for the dying. In A. Monk ed. *Handbook of Gerontological Services.* New York: Van Nostrand Reinhold.

Koff, T. H. 1980. *Hospice: A Caring Community.* Boston: Little, Brown.

Lamm, R. D. 1987. Ethical health care for the elderly: Are we cheating our children? In T. M. Smeeding, M. P. Battin, L. P. Francis, and B. M. Landesman, eds., *Should Medical Care be Rationed by Age?*

Totowa, N.J.: Rowman and Littlefield.

Maier, F. A second chance at life. *Newsweek*, September 12, 1988, pp.52-61.

Michel, V. 1984. An approach to the preservation of self-determination in health care decision-making. *Linkages* (Spring/Summer).

Moss, M. S., E. L., Lesher, and S. Z. Moss, 1986-87. Impact of the death of an adult child on elderly parents:/Some observations. In *OMEGA* 17(3):209-219.

Oriol, W. E. 1984. Public policy questions related to death with dignity. In M. Tallmer, E. R. Prichard, A. H. Kutscher, et al., eds., *The Life-Threatened Elderly*. New York: Columbia University Press.

Osgood, N. J. 1987. The alcohol-suicide connection in late life. *Postgraduate Medicine*, 81(4):379-384.

Osterweis, M. 1985. Bereavement and the elderly. *Aging* 348:8-13,41.

Pearlman, R. A. and A. Jonsen 1985. The use of quality-of-life considerations in medical decision making. *Journal of the American Geriatrics Society* 33(5) 344-352.

Powills, S. 1985. Coalition asks, "Life at any price?" *Hospitals*, May 16, 1985.

President's Commission for the Study of Ethical Problems in Medicine and Biomedical and Behavioral Research. 1983. *Deciding to Forego Life-Sustaining Treatment: A Report on the Ethical, Medical and Legal Issues in Treatment Decisions*. Washington: GPO.

Roy, D. J. 1988. Is dying a matter of ethics? *Death Studies* 12:137-145.

Seguine, A. 1985. Euthanasia — a death warrant or a rite of passage? In O. S. Margolis et al., eds., *Loss, Grief, and Bereavement; A Guide for Counseling*. New York: Praeger.

Siegler, M. 1985. How are the elderly to die? *The Christian Century* 102:68-69.

Stollerman, G. H. 1986. Lovable decisions: Re-humanizing dying. *Jour-

*nal of the American Geriatrics Society* 34(2):172-174.

Wallis, C. 1988. To feed or not to feed? *Time*, March 31, 1988.

Wass, H. 1977. Views and opinions of elderly persons concerning death. *Education Gerontology* 2:15-26.

Wass, H. and J. E. Myers. 1984. Death and Dying: Issues for educational gerontologists. *Educational Gerontology*, pp.65-81.

第七篇
# 其　他

# 第24章

# 社會服務輸送
# 的種族因素探討

*Regina Kulys* 著

萬育維 譯

近年來老人學的研究，逐漸注意到各族群的老人，尤其是少數民族的老年人。不同領域的專家研究「族群」，是否造成社經地位、親友交往、生活滿意度、生活型態的安排、助人的期望以及面對死亡態度的差異。

專業人員觀察到，社會服務沒有對有文化差異的少數民族提供幫助。就老年人而言，除非有族群中介機構，否則仍有文化障礙，老人對現有服務的了解及獲得少有進展。

族群的差別對於老人在社會服務輸送過程中的重要性為何？這問題牽涉到很多因素，例如：是否為移民、難民或非法偷渡客、移入時的年齡、來自何國及其發展程度、永久或暫時居留美國、教育程度、職業、移民的年代、當時和現在的社區關係、族群歧視情形、英語熟悉度。若是印地安土著，其因素為：是否住在保留區、政府設有學校的部落、工作機會、教育水準、社經地位、族群歧視的嚴重程度。

上述原因都與涵化（acculturation）相關，而涵化的定義是：在移民社會裡改變文化形式（Gordob 1964）。涵化能力越低者越需要社會服務的幫助，社福組織應提供更多努力與資源為這些族群老人提供服務。

有鑑於此，本文的重點是，少數族群的老人，在涵化的過程中，無法丟掉族群包袱及尋求服務遭遇阻礙時，所提供的社會服務，應有那些特別的考慮與設計，進一步的重點是：

1. 探討少數族群老人使用服務的阻礙。
2. 社會福利組織如何雇用能使老人得到服務的人事進用原則。
3. 如何促進提供服務之處遇及評估方法。

# 第一節　族群的定義

族群與種族有很多定義，Gordon（1964）將族群定義為：依種族、宗教、出生地為類別所組成的團體。Ghibutani 和 Kwan（1965）以團體中自我的想法及他人的認定為基礎：族群是由自己認為或他人傳說中有共同祖先的一群人所組成。對少數民族來說，族群關係是非自願性的。Isajiw（1974）指出：有相同文化的非自願性團體，承襲自己及他人的認

定，造成無形的壓力。

　　因此，祖先、種族、宗教、自我和他人的認定、成員非自願性的想法成了描述族群的元素。種族特徵基本上可分為：白人、黑人、亞洲人，這區分法可用來比較一個地區人民的收入、教育程度、壽命……等。但社會服務的族群對象以此分類範圍太廣，通常種族（race）是最大類別，其次才是族群（ethnicity）。

　　少數民族的想法也將在此討論，根據 Shibutani 和 Kwan 的說法：少數民族是在種族階層的特權體制底下。地位低的人受到不平等待遇，因而認為自己是被歧視的對象，強勢族群即便在人數上未超過半數，也被視為支配者。事實上，強勢族群亦由多數組成，少數民族的權力、地位、特殊利益是不同於多數的。少數民族這個概念亦用在非民族的團體，如女性、同性戀、老人，但在此指的是地位低的族群。

# 第二節　從歷史觀點分析移民政策

　　簡單的描述移民政策有助於了解美國移民型態的改變，事實上，難民及來自非西方文化的移民已成為社會服務最重要的對象。

## 一、政策

　　一八八二年排華運動發生之前，對於來自何國的移民沒有任何限制，但在一九一七年，美國通過禁止亞洲來的移民法案。然而一九四二年美國通過另一項法案，以一九八〇人口調查移民國籍分配的結果，制定限額制度，此舉改變了一九二〇年人口調查的結果，這個法案使一般人相信美國較歡迎西北歐來的移民（Higham 1965）。

　　第二次世界大戰後，廢止了所有的排華條文。The Displaced Person Act 授權，發簽證給戰後的難民。一九五三年，為來自鐵幕地區的流亡者及難民制定難民救助法案。

　　一九六五年國家移民法案修正，廢除國籍配額制度，固定每年移民人

數上限為二十九萬，且將難民列為優先類別。至一九八〇年，將每年自然
湧入難民的優先簽證限制為五萬張。一九八六年通過移民控制及改革案，
對於上百萬非法進入的外國人，若能提出自一九八二年就來到美國的證
明，就給予合法地位。

## 二、移民資料

　　國家配額取消的結果，導致來自其他國家的移民而非歐洲移民迅速增
加。最近二十年（1961 ～ 1981）62% 的移民來自亞洲，一九六一年以前
95% 來自歐洲。近二十五年（1961 ～ 1986）有 1,410,669 個難民獲准永久
居留。古巴難民是最大宗（445,862），其次是越南人（390,282），約有
¾ 來自亞洲，遠多於其他國家。來自不同地區的難民有不同的地位，早期
定居在邁阿密的古巴人象徵著改革的先驅（Boswell 1985），來自寮國住
在鄉村的難民受較少的教育。一九八〇年，美國人口中有一千四百八十萬
是外國人生的，這還是未包括非法移民的保守估計。到了一九七〇年，第
三代移民大部份已六十五歲（Census 1973），然而新生一代的新興移民
十七萬八千個是小學生，他們的年老親戚有十七萬五千個老人是社會服務
不可忽視的對象。

## 三、族群團體

### ㈠美國黑人

　　黑人佔全國人口的 11.6%，老人在黑人中佔 7.8%。約 60% 的黑人住在
市中心，僅 19% 住在非都市區，過半住在南部。

### ㈡拉丁裔

　　佔總人口的 6.4%，來自拉丁區的一千四百萬人中，墨西哥美裔佔大多
數（60%），其次是波多黎各（14%），古巴（6%），拉丁裔老人僅佔
4.6%，90% 住在郊區，40% 住在西部。

## ㈢亞裔

亞裔是成長最快的少數民族，一九八○年已有三千七百萬來自亞洲及佔總人口 1.7% 太平洋群島的人。亞裔包括日本、韓國、越南、中國、菲律賓、印度、薩摩亞人……。所有的亞裔人口中 6% 是老人，亞裔有 60% 住在郊區，其中 60% 住在西部。

## ㈣原住民

原住民包括印地安人、愛斯基摩人、阿留申人。一九八○年的人口調查，原住民約有一千五百萬，老年人佔 5.1%。有⅔住在經規劃的二百五十個聯合部落或保留區。

## ㈤歐裔

Guttmann（1986）由 1971 ～ 1972 年的人口調查資料推估，歐裔老人有七百萬。大多數歐洲人經濟情況良好，不確知有多少人是貧窮和英語溝通困難。

# 四、收入

在所有族群中，老人貧窮的比例較一般非少數族裔的老年人高，少數民族中白人、亞洲人較少貧窮，愛斯基摩人、阿留申人、黑人比例較高，尤其黑人老者貧窮的比例是白人的三倍（見表 24-1）。黑人、印地安人、西班牙裔高度貧窮，意味著他們對家中老人在經濟上所能提供的幫助及支持較白人、亞洲人少。

在這個自由民主的國家，以前也有被買賣的奴隸，他們和原住民的後裔，也是貧窮的兩個族群。

### 表 24-1　美國 1979 年貧窮人口種族分布

| 種族類別 | 總　數 | 65 歲以上 % | 收入屬貧窮的比例 |
|---|---|---|---|
| 全國總人口 | 220,845,766 | | 12.4 |
| 65 歲以上 | 24,154,766 | 10.9 | 14.8 |
| | | | |
| 白人總數 | 184,466,900 | | 9.4 |
| 65 歲以上 | 21,691,260 | 11.8 | 12.8 |
| | | | |
| 黑人總數 | 25,622,765 | | 29.9 |
| 65 歲以上 | 1,988,887 | 7.8 | 35.2 |
| | | | |
| 拉丁裔總數 | 14,399,387 | | 23.5 |
| 65 歲以上 | 654,740 | 4.6 | 25.6 |
| | | | |
| 亞裔總數 | 3,643,966 | | 13.1 |
| 65 歲以上 | 216,382 | 5.9 | 14.5 |
| | | | |
| 印地安愛斯基摩阿留申人總數 | 1,484,059 | | 27.5 |
| 65 歲以上 | 76,259 | 5.1 | 32.1 |

資料來源：美國國家人口統計局（ 1984 ）

# 第三節　族群社區和鄰近地區

　　這節將討論族群社區的角色和意義，了解族群社區是社會服務重要的一環（Cantor 1979）。有助於了解老人與家人親友的互動方式，非正式支持的提供（Kalish 1952）。亦可用來評估他們接受資訊提供、共同合作……等社會服務的意願和能力，族群社區是提供老人利用社福資源的管道。

## 一、族群社區的意義

　　從原來文化轉換到新文化的移民，必須參與新社區以建立個人關係網路（Eisenstadt 1952）。對大多數新加入者來說，族群社區的意義是社交、活動範圍上有共同生活的地方（MacIver 1970）。它提供新加入者立即需要的訊息，如：購物、居住、求職、就醫時的幫助，使之有回到家的感覺。來自韓國的移民，缺乏良好社區族群的建立，承受較多的壓力，造成心理問題。社區族群亦提供成員評定地位、成就、志願的參考團體。

　　大部份移民住在族群社區，如墨西哥裔、義大利裔數代都在相同的社區，但也有只是短暫停留的，有的是整個社區遷移，如在芝加哥的猶太人。美國一直有想經由公共政策解散族群的企圖，然而引起相當的爭議，越南第二代移民，形成另一族群社區。

　　為數眾多的族群居民在社區裡發展出一系列組織，如慈善團體報紙、教會、政治、經濟、專業團體。一些權威人士，試著在社區組成同鄉團體。族群社區可減少成員的職業流動率。在族群組織以外的一般社會中他們可能是警衛、油漆匠，但在社區裏被視為「仲裁者」、「專業人員」或「民眾」，這些人負起團結組織的任務。Breton（1964）發現越有規模的組織可使越多人參與互動，形成凝聚力，完善的機構能結合無法說英語的人。

　　族群社區不只是移民的重要物質資源也提供老年人精神上的需求，特別是黑人和原住民，這指的是教會的傳統。在這些地區，各族群有屬於其族群的機構如教會來提供服務，特別是城市裡，如在芝加哥 Jane Addams Hull House 就是個持續的族群團體。族群遷移時，老人移動較慢落在後面，因而與原有的親密支持、專門服務、熟悉的商店脫節。這些游離的老人，經由「尋回族群老人」的活動也很少被找出來（Hayens, 1976），往往成為服務未能觸及的一群。

　　在族群鄰近地區居無定所的少數族群老人，因為治安因素害怕成為犯罪行為的受害者（McAdoo 1976）。而停止教會活動、減少親友交往、社團參與（Sundeen Mathieu 1976），也因此較少接觸提供服務的地方，如

老人中心。

　　老人不只是住在族群社區，也散佈在郊區、小鎮甚至鄉村。族群社區如何維持接觸達到服務目的還不確知。也缺少進一步的資料可了解沒有住在族群社區的老人利用社會服務的生活狀況，特別是那些英語溝通有困難的人。

　　雖然族群社區提供許多資源和支持，但是由於他們的特殊性和封閉性，被認為既是促進（Rogg 1971）也是阻礙（Lieberson 1961）文化形成的因素。

# 第四節　服務的需求

　　本書相關章節已談過老人對社會福利的需求，而少數民族需求程度是否較高？

　　少數民族常是收入低、教育程度低、住在貧宅、受到歧視、缺乏機會的一群。受到較大的壓力下，也少有心理、社會、經濟資源（Kessler & Cleary 1980）。Markides 和 Mindel 經社區調查及精神病學的研究，認為低社會階層精神病患的增加，是社會因素。

　　Mirowsky 和 Ross（1980）以「少數民族比一般美國人遭到更多困境」為假說分成三個論點。

　　第一，少數民族受到先入為主的歧視，薪資、具權威的職位升遷的機會，均較相同教育程度的白種人低。少數民族受到歧視的經驗，削弱個人努力的動機，使得期望與成就不協調，導致很高的心理危機。

　　第二個論點，多數的少數民族屬於低階層較易產生社會心理壓力，將社經階級因素控制住後，少數族群與白種人的差別待遇已不復存在，但並非全面性。

　　第三個觀點是：少數民族的價值觀、信念、行為不同於強勢文化的多數，因而產生疏離感和緊張關係，兩者間愈來愈多的差異造成適應上的問題。

　　這三個論點認為不同文化價值觀、信念形成的社會階級、種族歧視，

產生社會心理危機。研究少數族群老人對服務需求和利用障礙的文章有：
Salcido 1979, Bell 1976, Lun 1980, Jackson1980 ……等。

# 第五節　正式服務的使用

## 一、社會服務

　　除了心理健康之外，在實證資料上，老年人利用正式社福的資料十分
欠缺，也未獲致結論。現布資料中多半是關於黑人、白人、墨裔，其他有
關拉丁民族的資料就更少了，部份的困難也和缺乏一套評估利用情況的標
準有關。什麼樣的服務會被視為低利用、過度利用或是適度利用？設計利
用項目的依據是需求他人的判斷或以平等來考量？一個種族獲得社福的比
例和其人口比例一樣時就達到平等（Meinhardt & Vega 1987）。平等也
不見得符合標準，它未考慮到少數族群也許比白人需要更多的幫助，為了
克服這個問題 Meinhandt 和 Vega 設計了一個加權的測量方式以反應真實
需求。

　　Fujii（1976）研究有關老人利用何種服務的報告後指出，亞裔未能利
用社會服務：在西雅圖，十四個社福中心只幫助過亞裔老人六百四十三
次，佔全部二十萬五千一百五十六次的 0.03% 而已。但 Blau 等人
（1979）和 McCaslin（1982）的調查顯示，黑人比白人利用更多的社會
服務。Lacayo(1982) 的調查顯示，拉丁人甚少利用社會服務。Green 和
Monahen 在亞利桑那州的實驗提出以下結論：「拉丁裔老人比英國裔老
人較少使用社福資源，即使設計了多元化服務的計畫也是如此。」而
Douglass 等人根據一九八一年的資料指出，底特律的護理之家中，墨人老
人並未超過半數。在老人中心內，少數族群的參與度也較低，除非這些中
心是專為黑人、拉丁人或特定族群服務。

　　Guttmann（1979）曾收集八個團體中七百二十位老人的資料，關於
諮商、家管、保護服務等十項社會服務的利用情況。猶太裔使用率最高，

巴爾的摩來的波蘭人最少用。低於 1.4% 的人利用過諮商、家管、保護服務。正式服務不是未顧及各族群的獨特性，就是這些老人不想要政府的幫助。 Gelfand （ 1986 ）認為俄裔猶太人在一些私人問題上，求助於社福機構多過子女或其他家庭成員。

## 二、心理衛生

一般說來，心理衛生門診甚少被老年人利用，尤其是少數族群（ Flemming et al. 1986 ）。在戴德鎮（ Dade County ）的心理衛生中心只有 3.6% 的拉丁裔老人求診，雖此區老人中拉丁裔佔了 16%。白種老人也常忽略這項服務。 Markson （ 1979 ）指出，對白種老人而言，精神病院是最後被考慮的安置機構，若有其他的選擇，他們會先安排到護理之家或其他的療養機構；然而就黑人老人而言，他們在精神病院被允許入院的比例，是白種老人的兩倍。

## 三、使用障礙

Mckinley （ 1972 ）回顧健康與社會服務的文獻後，認為以下幾個學科涉及到利用行為：經濟、地理、人口統計學、社會心理學、社會文化及組織，其中關於老年人社會服務的使用障礙包括：
1. 知識和訊息的缺乏。
2. 對社會福利項目和社工員的不熟悉。
3. 服務的地點。
4. 語言和文化。

## 四、知識和訊息的缺乏

對老年人來說，服務資訊的缺乏和利用服務的情形是相關的。醫療與社會服務認知的研究，調查項目不盡相同。 Silverstein （ 1984 ）訪問七百零六位民眾，低於¼的人表現出高度的社會意識，其他研究亦有類似結

果。

Die 及 Seelbach（1988）的研究德州六十位越南移民，超過 90% 知
道或利用過醫療補助、糧票等重點服務項目，但只有 3% 知道心理衛生服
務，僅有 1% 利用過家庭健康服務。大部份老年人因再安置計畫的關係，
對健康和經濟或許有些了解，沒有列入再安置計畫的老人，可能連基本知
識都很貧乏。

Harel（1985）分析七百零一位營養站使用者中，白種老人比黑人老
年人具有更多知識以得到服務。McCaslin（1989）認為，老人使用服務
的不同程度決定於老人對服務認知的程度以及老人對服務滿足其需求的有
效性的認知程度。

Walmsley 和 Allington（1982）分析一百二十六與必要服務資訊有關
的文件，如：老人醫療保險、醫療救助、糧票、公共救助、社會安全、藍
十字、低收入生活補助。98% 需要九年級以上的閱讀能力才能理解，為數
可觀的老人對這些重要性高、可得到幫助的資料有閱讀上的困難。如果一
般人對服務內容所知不多，那麼一個老人——尤其是不懂英文的，很可能
對服務內容一無所知，也就無法充份發揮功能。人們常被一個又一個的機
構踢皮球似的，轉送來轉送去，這也降低利用的意願（Jackson 1980）。
國家社會福利會議亦指出：60% 尋求社會服務的人被機構拒絕。

## 五、對社工員和社會服務不熟悉

很多非本地人不熟悉社工員及其工作內容，特別是一些已形成的服
務，使得老年人不了解藉由談話可得到什麼幫助，尤其是私人問題更不易
和陌生人討論。老年人特別是難民，通常不信任官員，害怕與政府有關的
事，也懷疑研究人員（Monterb 1977）。

## 六、服務地點

服務地點在利用上也是一個重要因素，到族群聚集外不熟悉的地區，
不只是在陌生環境中冒險，就如同進入結構複雜的大樓裏。此外，也要考

慮交通和額外費用的問題。 Philippus（ 1971 ）在丹弗市的拉丁區附近，進行一個去集中化的心理衛生計畫，成功的吸引了拉丁裔病人。原先這項服務設在某療養單位，一打開大門，就進入像客廳的地方，由說西班牙語的員工接待。後來這項服務移到鄰街，位於二樓，較寬敞的地方，讓患者以一般醫院程序來申請。第一個月拉丁裔病人從 70% 降到 50%，再掉到 35%。服務人員重新調整，把服務處遷到獨立的部門，恢復非正式的作業程序。很快地，說西班牙語的病人增加到 65%。這例子證明，在一個讓人覺得熟悉的環境提供服務，避免繁瑣的手續是很重要的。非正式的細節，簡化的申請程序，卻能達到服務的功能。

# 七、語言和文化障礙

## ㈠語言

人口調查顯示，全美有兩千三百萬，日常溝通除了英文也使用別種語言，而其中 14.2% 是六十五歲以上的老人（ Census 1983 ）。事實上，在家中使用其他語言的老人也會說英語，但仍無法與外界溝通，這在服務使用上是一個障礙（ Arroyo; Lopez 1984 ）。 Garcia（ 1971 ）指責 , 很多機構仍只幫助能用英語溝通的老人。

外來的老年人即使可以在工作或付賬時使用英文 , 但在表達私人問題的想法時 , 仍有辭不達意的情形（ Westermeyer 1987 ）。當人承受巨大壓力、罹患疾病時，會忘記他的第二語言，僅能用母語（ Marcos, Alpert 1976 ）。溝通問題存在低階的少數民族與社工員之間（ Hollis, Woods 1981 ）。一些種族團體雇用的社工員使用不必要的術語，且不了解求助者說的方言和不純熟的英語。

求助者也可能以「不去理解」的抵抗心態拒絕服務，尤其是當服務令人引發憂慮，或是一些具困難性不必要的活動（ Arroyo; Loper 1984 ）。舉例來說，某個都會醫院的社工員，無法了解一個七十五歲病人的說話內容，但另一個具雙語文化的社工員去探視這位老太太時，她抓著這位社工的手說：「上次有人告訴我，說我應該去養老院，拜託你不要送我去好不

好？」最後一句話所表達的期待，值得同一族群的社工員深思！這意味著特別型態的服務與族群有微妙的關係。具少數族群身分的社工會面臨兩難的困境：在對所屬族群忠誠和被雇用機構間做選擇時，內心族群問題的掙扎（Wintrob, Harvey 1981）。

## ㈡文化

利用服務必須有文化上的意義，讓接受者有感覺。一個包含尊嚴與榮耀名為「personalismo」的制度，對墨裔很重要，它是與人交互作用的關係（Newton 1980）。 Toupin（1981）指出，日本人不認為「習慣點頭表同意」，是為了不讓他人因自己的不同意而困窘。古巴人和顧問、醫生交涉時，喜歡階級組織裏的權威關係。

不同族群對心理衛生、疾病的態度大不相同（Press 1978）。在許多文化中，心理健康與生理健康沒有二分法，心理困擾也常藉由生理狀況顯現。對疾病的產生，有些文化相信是來自超自然的力量，如巫術、祖先、靈魂、凶眼，草藥郎中、降神術以護身符和避邪物作為醫療方式（Harwood 1971）。當然求助醫生的比例應高過江湖術士。 Synder（1984）研究亞裔老年人和夏威夷草藥治療法的關係後指出，老年人對健康的信仰和習慣，在提供健康與福利服務上是很重要的。

不同文化，各有其合適的方式：相互表達尊敬、維護尊嚴、兩性之間角色的區別，以及在何時、何種情況、從何人可得到有效協助。如果求助者與授助者之間存有疏離感，這就無能為力了；如果這道「無形的牆」持續存在，社會服務也許將無法被利用。有效的處遇必須包括克服這些障礙的策略。

# 第六節　評估與處理

對於不同族群老年人的服務提供並重兩個要件：一是使老人知道服務的存在，並鼓勵老人與服務提供接觸，並回應服務機構的外展服務。第二是，服務的輸送必須是在對少數族群有文化意義的情況之下提供，以增加

他們的使用狀況。由於上述的疏忽而造成服務的中斷，對於那些正在接受諮商輔導和心理健康服務的老年人而言最是受到影響。以下從兩個層次分析目前對於少數族群老人提供的福利服務，其一是從組織行為的觀點，其二是從個案執行的層次。

# 一、組織行政的觀點

少數民族自組的服務機構並不特別在本文中探討，一來是因為他本身與其他非少數族群的服務機構沒有太大差別，二來是由於他們的資源運用和執行能力有限，大部份的服務多還是由政府提供。雖然在本文中並不將這兩種機構加以區分，但是少數族群自組機構的角色，以及他們應該接受政府的經費補助……，等議題，已引起多數的重視。

服務機構在提供少數族群老人服務之初，必須先對當地的少數民族老年人的需要性和生活習性加以了解，這些都會影響到日後的計畫設計和服務使用率。其次，機構根據相關資料決定是否要展開外展步驟。一般而言，外展步驟的設計不僅與服務內容有關，也受到政治、經濟、立法、地理環境與專業因素的影響。外展策略包括：增加現有服務的使用、社區服務的分散化、宣傳海報的多元化、海報放置地點的生活化、以及與少數族群團體的合作。在上述策略當中，最重要的就是直接或間接的告知老年人服務的存在。直接的方法包括：以當地語言出刊的社區報紙、廣播、電視以及外展工作人員的拜訪；間接的方法包括與特定服務對象中，非正式網絡成員如：家人、朋友、教會……等聯絡。往往這些人在服務的過程中是很重要的聯結人物。

整體而言，政策制定者、服務提供者和研究人員都應該共同參與服務運送體系的設計。參與的形式可以透過社區理事會、半專業或是非專業人員的訓練、志願工作者或草根工作人員的講習……等。少數族群的社區組織，不僅提供服務、傳遞資訊，供給人力，協助接觸老人，是社會過程中最基本的單位。工作人員在其中是教育者、建議的提供者，有時更擔任文化翻譯人員。目前有許多研究指出：服務提供和需求者本身的差距，社區組織應是縮短差距的有效方法。然而由於少數族群組成的社區組織，因其

專業知識的不足以及族群本身的異質性，一些爭執和衝突是很難避免的，這是計畫設計者應有的心理準備。雖然少數族群的社區組織在提供福利服務上有很大的功能，但是他們並不容易與外界接觸，再加上並不是所有的少數族群老人都住在特定的社區中，此外部份老年人為了隱密性的問題，比較喜歡去一般性的機構尋求協助，這些都是未來推展社區活動可能面臨的困境。

綜和上述的討論，歸納出下列五點組織行政面的考量：

1. 評估老年人是否知道服務的存在以及使用情形。
2. 如果的確有使用上的障礙，如何克服。
3. 發展告知服務存在的策略。
4. 在人員進用時，如果沒有雙語言的人才，必須以對文化較有了解、認知的人優先。
5. 發展與族群社區合作關係。

## 二、個案的觀點

除了從組織行政的角度分析之外，最直接影響老年人本身和家庭的就是服務提供的方法和知識。除了一般在社會工作理論中學到的基本概念之外，更應該強調下列三項重點：

1. 察覺到工作者本身對族群的概念，並發展自己對其他文化的了解。
2. 了解案主的文化、家庭支持的型態和社區在其文化中的意義。
3. 了解案主的互動模式以及他認為比較自然的溝通方法，例如：要不要請翻譯人員。

前文曾提到文化社區和溝通的重要，以下接著探討文化自覺和翻譯人員的運用，這兩點在個案處理時非常重要。

### ㈠文化自覺

Devore 和 Schlesinger（1981）曾指出四種不同層次以文化自覺的觀點了解案主，並提供服務。其一，對於人類行為的基本知識；其二，工作人員本身的自覺，他對於自身族群有何看法，這種看法是否會影響到他的

專業服務。相關的問題例如:「我來自於何種族群?」,「這種認同對我有何意義?」,「這種看法如何影響我看別人的文化?」這一連串的問題是為了幫助工作者了解族群如何影響到專業和個人的行為。其三,進一步的了解族群影響的生活層面,包括對於權威的意圖不同、男人與女人、成年人與兒童之間的互動、期待不同。這些都牽涉到文化價值觀、對待方式、甚至於移民的歷史……等方面的知識,是實務工作者非常重要的資訊。其四,在所有助人過程每一階段,從評估、會談到處理都應該以案主的文化思考方式為起點,將其文化價值觀融入過程當中。

　　除了上述兩人提出的論點之外,全國心理衛生諮詢會議也提出類似的看法( 1978 )。此外, Hayes ( 1986 )發展出一個服務少數族群老年人在職訓練的模式,雖然成效尚未被證實,但是這種強調文化自覺的在職訓練,在現階段被認為是最重要的工作。雖然工作者不一定要對所有族群團體的文化都有了解,但是上述的在職訓練強調的是,了解族群的不同所帶來生活方式的差異性,而這種了解是社工倫理的第一步:進入別人的世界去看事情。

## ㈡翻譯者

　　理論上,雙語系的工作人員提供非英語語系的老年人服務是比較適當的。然而,實際上這樣的工作人員並不多見,因此翻譯者的運用就成了最直接的解決方法。如果翻譯者本身沒有經過仔細的挑選和訓練,反而會成為服務提供時最大的障礙。 Marcos ( 1979 )曾分析使用翻譯者的精神病患面談錄影帶,發現由於翻譯者本身語言能力精神疾病知識的缺乏和其態度、治療性會談的內容受到很大的曲解。尤其是翻譯者是案主的親戚的時候,往往病情不是被過份誇大就是被掩飾,而且有時候是將醫生問病人的問題在沒有代為翻譯的情況下就由翻譯者自行回答。因此 Freed ( 1988 )反對翻譯者由案主親戚擔任。除了上述人選的問題外,在一些敏感話題上,例如性、經濟狀況、自殺企圖……等。翻譯者的使用反而引起案主的的尷尬和對於守密的焦慮。學者 Baker ( 1981 )就建議對於曾接受過訓練且挑選出來的翻譯者應予以建檔,以確保其翻譯的正確性,以及對雙方文化的自覺、敏覺度,這些都是在提供少數族群老年人服務中特別強調的。

除了上述兩點分析之外，對於實務上的建議擇成下列十一項：

1. 老年人對於來自他所屬族群文化價值觀有什麼程度的認同？是工作員在接觸時首要了解的事項。

2. 學習如何正確的讀出老年人的姓名，因為姓名對於任何人而言有特別的意義。如果姓名的發音很困難，可以請案主教你，這不僅是表示對於他的文化的好奇和好感，更可以增進彼此之間的關係。

3. 除了姓名之外，（1984）研究亞裔老人如何被稱呼？對某些文化而言，有時候直呼別人的名字是很不禮貌的事，尤其是當工作者比較年輕的時候。

4. 有些文化中對於雙方（工作員和案主）的了解和期待是相互的，案主同時也希望能了解工作員的個人資料，例如婚姻、子女，此時工作員應自行判斷在什麼樣程度之下，對雙方而言都是出於自然的意願。

5. 某些族群的老年人對於別人詢問他的經濟狀況相當不願意回答，而當經濟資料是有其必要性的時候，工作員不妨先處理他的不自在和顧慮之後再詢問。

6. 保密的原則應該特別強調。尤其是當翻譯人員、志工或是其他半專業人員介入的時候。否則雙方處在不信任的關係中，任何的助人技巧都是無用的。

7. 在轉介案主到其他機構時，原本接案的機構該做好連結工作，包括：前往機構的地址、電話、時間、工作人員的姓名……等，甚至與案主一同前往做第一次接觸，若只是給他們一個機構名稱是毫無意義的事。

8. 有許多少數族群的老年人是來自於非法移民或是難民，因此他們很害怕簽署任何文件或是提供財產的資訊。可行的方法是讓案主先拿一份表格回家，如果他看不懂英文，一份簡單以認識文字解釋的說明書應附於後，好讓他有足夠的時間去思考和求證。

9. 在辦公室擺設傢俱的空間安排上也必須留意，例如：工作員坐在桌子後面，雖然是最典型的辦公室安排，但常有距離和權威感，工作員和案主之間三角形的角度是比較合宜的安排，此外一些來自其

文化的手工藝品、照片……等，都是增加彼此熟悉縮短距離的方法。

10.如果是有關健康諮詢方面的服務，對於案主尋求傳統民俗醫療人員一事，應該儘量抱量著不批判而尊重的態度。西方治療和傳統治療共同使用，對於某些少數族群的老年人而言是最有效的方法。

11.某些文化強調男尊女卑的傳統，因此對一個男性案主而言，女性的工作員對他們而言會引起不自在，就如同某些女性的案主會希望工作者是男性，因為男性通常代表權威、知識和專業。

以上是針對實務工作者提出的建議。

# 第七節　理論與政策意涵

許多社會學者理論的角度分析美國社會與族群之間的互動與相互影響，以解釋族群的社會政治地位，這些理論模型以超出文化中涵化和同化的階段。依 Postiglione（1983）的說法包括下列三種：熔爐論、文化多元論和新興文化論，以分別介紹。

熔爐論相信任何一個移民的團體，移到主流社會或文化的時候，為了適應當地的價值觀和生活方式，很快地全融入美國文化中。以色列籍的 Zanguill 他自己本身是猶太移民，於二十世紀初一九○八提出此種論點，與熔爐論相反的是文化多元論，持此派論點的學者相信，當少數族群遇到主流文化為了要區別彼此之間的差異而會保存其獨特的自我認同與風格以求其獨特性。同時主流文化為了和平共存，站在相同特質的立足點上，彼此尊重與包容。 Kallen（1970）以及 Berkgon（1920）即是此派的代表。

另一派看法是文化多元論，論者相信每個文化都會保留本身的獨特性，而每一個成員也都會呈現該文化所強調的特質，因此不同文化之間應該尊重與並容，無法融合為一，雖然文化的差異性必然存在，但是仍有一個共同的相異處，共存的基礎是建立在相同的部份。 Kallen（1970）與 Berkson（1920）就是此派人物的代表。

然而持新興文化論的學者都認為：雖然移民各來自不同的文化但接觸久了之後自然會產生一種新興文化，不同於原本的母體文化，也有異於移入的主流文化。所謂的日裔美人或希裔美人，就是這種與美國人生活習慣和價值觀不同，但也與日本人或希臘人不同的「新人類」，這個過程是動態的適應，逐漸的演化。對於這個論點有貢獻的學者如：Glazer 與 Mayuihau（1970， 1975）、 Greeley（1974）、 Naak（1972）、 Yaucey et al.（1976）。

從上述的理論探討很難去歸納一個理論去幫助少數民族快速地、有效地適應文化主流。這些理論只能幫助我們思考移民文化與外在社會之間廣泛、多元與複雜的關係。公共政策規劃的重點在於透過教育、就業……，等保障措施，提昇少數民族的生活機會，促進雙方的了解。就區域性的老人機構之服務內容更應強調其雙語系的重要與地區文化上的多元性設計。雖然在現有的法律條文上並沒有明確的少數民族政策，但是政府站在鼓勵與補助的立場，應提醒地方性機構在福利服務的輸送上和設計上應尊重少數民族的尊嚴、異他性和多樣性。

經由幾個少數民族之間自組組織與機構，如西班牙語系老人協會、全國印地安人協會、亞太地區老人資源中心的共同努力之下，少數民族的老人問題，以受到普遍的重視與關切。

美國聯邦政府老年學委員會於一九八八年特別成立任務小組，打算從以下三方面來努力：

1. 增加少數民族老年研究的質與量。
2. 鼓勵少數民族研究者從事少數民族老人學的研究。
3. 增加少數民族的成員在各種地方性或全國性的協會中。

不容置疑的，上述的努力對於少數民族的老年人有間接與重要的影響，更直接的一個影響是鼓勵少數民族參與人類服務相關的專業，例如社工員、護士……等，更進一步的是發展少數民族社會與主流社會福利服務機構間協調與合作模式，自然地，相互尊重、共同促進少數民族老年人的生活品質。

# 參考書目

Abad, J., J. Ramos, and E. Boyce. 1974. A model for delivery of mental health services to Spanish-speaking minorities. *American Journal of Orthopsychiatry* 44(4):584-595.

Acosta, F. Y. 1979. Barriers between mental health services and Mexican-Americans. *American Journal of Community Psychology* 7(5):503-530.

Aguilar I. 1972. Initial contacts with Mexican-American families. *Social Work* 17(3):66-70.

Arroyo, R. and S. Lopez. 1984. Being responsive to the Chicano community: A model for service delivery. In B. White, ed., *Color in White Society*. Silver Spring, Md.: National Association of Social Workers.

Baker, N. 1981. Social work through an interpreter. *Social Work* 26(5):391-397.

Barg, S. 1972. A successor model for community support of low-income minority group aged. *Aging and Human Development* 3(3):252-253.

Becerra, R. M. and D. Shaw. 1984. *The Hispanic Elderly: A Research Reference Guide*. Lanham: University Press of America.

Bell, D., P. Kasschau, and G. Zellman. 1976. *Delivering Services to Elderly Members of Minority Groups: A Critical Review of the Literature*. Santa Monica, Calif.: Rand Corporation.

Bengston, V., E. Grigsby, E. Corry, and M. Hruby. 1977. Relating academic research to community concerns: A case study in collaborative effort. *The Journal of Social Issues* 33(4):75-92.

Berger, P. L. and R.J. Neuhaus. 1977. *To Empower People: The Role of Mediating Structures in Public Policy*. Washington, D.C.: American

Enterprise Institute for Public Policy Research.

Berk, B. and L. Hirata 1973. Mental illness among Chinese: Myth or reality? *Journal of Social Issues* 29(2):149-166.

Berkson, I. 1920. *Theories of Assimilation*. New York: Columbia University Press.

Biegel, D. E. and A. J. Naparstek, eds. 1982. *Community Support Systems and Mental Health*. New York: Springer.

Biegel, D. E. and W. R. Sherman. 1979. Neighborhood capacity building and ethnic aged. In D. Gelfand and A. Kutzik, eds., *Ethnicity and Aging*. New York: Springer.

Bild B. and R. Havinghurst. 1975. Senior citizens in great cities: The case of Chicago. *The Gerontologist* 16(1):47-52.

Blau, Z., G. Oser, and R. Stephens. 1979. Aging, social class, and ethnicity. *Pacific Sociological Review* 22(4):501-525.

Boswell, T. 1985. The Cuban-Americans. In J.O. Mckee, ed., *Ethnicity in Contemporary America: A Geographical Appraisal*. Dubuque, Iowa: Kendall Hunt.

Breton, R. 1964. Institutional completeness of ethnic communities and the personal relations of immigrants. *The American Journal of Sociology* 70(2):193-205.

Brodsky, B. 1988. Mental health attitudes and practices of Soviet Jewish immigrants. *Health and Social Work* 13(2):130-136.

Brown, J. A. 1979. Clinical social work with Chicanos: Some unwarrented assumptions. *Clinical Social Work Journal* 7(4):256-266.

Cantor, M. H. 1979. The informal support system of New York's inner city elderly: Is ethnicity a factor? In D. Gelfand, and A. Kutzik, eds. *Ethnicity and Aging*. New York: Springer.

Chen, P. N. 1970. The Chinese community in Los Angeles. *Social Casework* 51(10):591-598.

Chen, P. N. 1973. Samoans in California. *Social Work* 18(2):41-48.

Chen, P. N. 1979. A study of Chinese-American elderly residing in hotel rooms. *Social Casework* 60(2):89-95.

Clements, F. and M. B. Kleiman. 1976. Fear of crime among the aged. *The Gerontologist* 16(3):207-210.

Colen, J. N. and D. Soto. 1979. *Service Delivery to Aged Minorities: Techniques of Successful Programs.* Sacramento: Sacramento State University, School of Social Work.

Cooper, S. 1973. A look at the effect of racism on clinical work. *Social Casework* 54(2):76-84.

Cormican, J. 1976. Linguistic subcultures and social work practice.*Social Casework* 57(9):589-592.

Cormican. J. 1978. Linguistic issues in interviewing. *Social Casework* 59:145-151.

Devore, W. and E. Schlesinger. 1981. *Ethnic-Sensitive Social Work Practice.* St. Louis: C. V. Mosby.

Die, A. and W. Seelbach. 1988. Problems, sources of assisatnce, and knowledge of services among elderly Vietnamese immigrants. *The Gerontologist* 28(4):448-452.

Dorf, N. and F. Katlin. 1983. Soviet immigrant client: Beyond resettlement. *Journal of Jewish Communal Service* 60(2):146-154.

Douglass, R., E. Espino, M. Meyers, S. McClelland, and K. Haller. 1988. Representation of the black elderly in Detroit metropolitan nursing homes. *Journal of National Medical Association* 80(3):283-288.

Edgerton, R. B., M. Karno, and I. Fernandez. 1970. Curanderismo in the metropolis: The diminished role of folk psychiatry among Los Angeles Mexican-Americans. *American Journal of Psychotherapy* 24(1):124-134.

Eisenstadt, S. N. 1952. The process of absorption of new immigrants in Israel. *Human Relations* 5:222-231.

Eribes, R. and M. Bradley-Rawls 1978. The underutilization of nursing home facilities by Mexican-American elderly in the southwest. *The Gerontologist* 18(4):363-371.

Federal council on Aging. 1979. *Annual Report to the President*, 1979. Washington, D.C.: GPO.

Fellin, P. A. and T. J. Powell 1988. Mental health services and older adult minorities: An assessment. *The Gerontologist* 28(4):442-447.

Fishman, J. A., M. H. Gettner, E. G. Lowy, and W. G. Milan. 1985. *Ethnicity in Action*. Binghamton, N.Y.: Bilingual Press/Editorial Bilingue.

Flemming, A. S., J. G. Buchanan, J. F. Santos, and L. D. Rickards. 1986. *Mental Health Services for the Elderly: Report on a Survey of Community Mental Health Centers. Action Committee to Implement the Mental Health Recommendations of the 1981 White House Conference on Aging*, vol. 3, Washington, D.C.: American Psychological Association.

Freed. A. O. 1988. Interviewing through an interpreter. *Social Work* 33(4):315-319.

Fujii, S. 1976. Elderly Asian Americans and use of public services. *Social Casework* 57(3):202-207.

Garcia, A. 1971. The Chicano and social work. *Social Casework* 52(5):274-278.

Garfield, S. L. 1971. Research on client variables in psychotherapy. In A. E. Bergin and S.L. Garfield, eds., *Handbook of Psychotherapy and Behavior Change: An Empirical Analysis*. New York: Wiley.

Gelfand, D. 1982. *Aging: The Ethnic Factor*. Boston: Little Brown.

Gelfand, D. 1986. Assistance to the new Russian elderly. *The Gerontologist* 26(4):444-498.

Giordano, J., and G. P. Giordano. 1977. *The Ethno-Cultural Factor in Mental Health: A Literature Review and Bibliography*. New York: Institute on Pluralism and Group Identity of the American Jewish

Committee.

Glazer, N., and D. Moynihan. 1970. *Beyond the Melting Pot.* 2d ed. Cambridge: MIT Press.

Glazer, N., and D. Moynihan. 1975. *Ethnicity: Theory and Experience.* Cambridge: Harvard University Press.

Goldsmith J. and E. Tomas, 1974. Crimes against the elderly: A continuing national crisis. *Aging* 236-237:10-13.

Good Tracks, J. G. 1973. Native American noninterference. *Social Work* 18(6):30-34.

Gordon, M. 1964. *Assimilation in American Life.* New York: Oxford University Press.

Greeley, A. 1974. *Ethnicity in the United States,* New York: Wiley.

Greene, V. and D. Monahan, 1984. Comparative utilization of community based long term care services by Hispanic and Anglo elderly in a case management system. *Journal of Gerontology* 39(6):730-735.

Guttmann, D. 1979. Use of informal and formal supports by white ethnic aged. In D. Gelfand and A. Kutzik, eds., *Ethnicity and Aging.* New York: Springer.

Guttmann, D. 1986. A perspective on Euro- American elderly. In C. Hayes, R. Kalish, and D. Guttmann, eds., *European-American Elderly.* New York: Springer.

Guttmann, D. and J. Cuellar. 1982. Barriers to equitable services. *Generations* 6:31-33.

Haines, D. 1985. Toward integration into American society. In D. Haines, ed., *Refugees in the United States.* Westport, Conn.: Greenwood Press.

Harel, Z. 1985. Nutrition site service users: Does racial background make a difference? *The Gerontologist* 25(3):286-291.

Harwood, A. 1971. The hot-cold theory of disease. *The Journal of American Medical Association* 216(7):1153-1158.

Harwood, A. 1977. *Rx: Spiritist as Needed: A Study of a Puerto Rican Community Mental Health Resource.* New York: Wiley.

Hayes, C. 1986. Resources and services benefiting the Euro-American elderly. In C. Hayes, R. Kalish, and D. Guttmann, eds., *European-American Elderly.* New York: Springer.

Hayes, C., J. Giordano and I. Levine. 1986. The need for education and training. In C. Hayes, R. Kalish, and D. Guttmann, eds., *European-American Elderly.* New York: Springer.

Hayes, C. and D. Guttmann. 1986. The need for collaboration among religious, ethnic, and public service institutions. In C. Hayes, R. Kalish, and D. Guttmann, eds., *European-American Elderly.* New York: Springer.

Heiman, E., G. Burruel, and N. Chavez. 1975. Factors determining effective psychiatric outpatient treatment for Mexican-Americans. *Hospital and Community Psychiatry* 26(8):515-517.

Heisel, M. and A. Faulkner, 1982. Religiosity in older black population. *The Gerontologist* 22(4):354-358.

Higham, J. 1965. *Strangers in the Land.* New York: Atheneum Press.

Ho, M. K. 1976. Social work with Asian Americans. *Social Casework* 57(3):195-201.

Hollis, F., and M. Woods. 1981. *Casework: A Psychosocial Therapy.* 3d ed. New York: Random House.

Hozberg, C. S. 1982. Ethnicity and aging: anthropological perspectives on more than just the minority elderly. *The Gerontologist,* 22(3):249-57.

Isajiw, W. 1974. Definitions of ethnicity. *Ethnicity* 1:111-124.

Jackson, J. 1975. Some special concerns about race and health: An editorial finale. *Journal of Health and Social Behavior* 16(4):342, 428-429.

Jackson, J. 1980. *Minorities and Aging.* Wadsworth.

Jenkins. S. 1981. *The Ethnic Dilemma in Social Services.* New York: Free Press.

Kadushin, A. 1972. The racial factor in the interview. *Social Work* 17(3):88-98.

Kalish, R. 1986. The significance of neighborhoods in the lives of the Euro-American elderly. In C. Hayes, R. Kalish, and D. Guttmann, eds., *European-American Elderly.* New York: Springer.

Kallen, H. 1970. *Culture and Democracy in the United States.* New York: Arrow Press.

Kane, R. L. and P.D. McConatha, 1975. The men in the middle: A dilemma of minority health workers. *Medical Care* 13(9):736-743.

Kessler, R. C. and P. D. Cleary, 1980. Social class and psychological distress. *American Sociological Review* 45(3):463-478.

Kiefer, C. W., S. Kim, K. Choi, L. Kim, B. L. Kim, S. Shon, and T. Kim. 1985. Adjustment problems of Korean American elderly. *The Gerontologist* 25(5):477-482.

Kim, B. L. 1973. Asian Americans: No model minority. *Social Work* 18(3):44-55.

Kleinman, A., L. Eisenberg, and B. Good, 1978. Culture, illness and care. *Annals of Internal Medicine* 88(2):251-258.

Kreisman, J. 1975. The curandero's apprentice: A therapeutic integration of folk and medical healing. *American Journal of Psychiatry* 132(1):81-83.

Krout, J. A. 1983a. Knowledge and use of services by the elderly: A critical review of the literature. *International Journal of Aging and Human Development* 17(3):153-167.

Krout, J. A. 1983b. Utilization of services by the elderly. *Social Service Review* 58:281-290.

Lacayo, C. 1982. Triple jeopardy: Underserved Hispanic elders. *Generations* 6(5):25-58.

Lewis, R. G. and M. K. Ho. 1975. Social work with Native Americans. *Social Work* 20(5):379-382.

Li, F. P., N. Y. Schlief, C. J. Chang, and A. C. Gaw. 1972. Health care for the Chinese community in Boston. *American Journal of Public Health* 62:536-539.

Lieberson, S. 1961. The impact of residential segregation on ethnic assimilation. *Social Forces* 40(1):52-57.

Light, J. 1972. *Ethnic Enterprise in America: Business and Welfare Among Chinese, Japanese, and Blacks.* Berkeley: University of California Press.

Liu, W. T. and E. Yu. 1985. Ethnicity, mental health, and urban delivery system. In L. Maldonado and J. Moore, eds., *Urban Ethnicity in the United States.* Beverly Hills, Calif.: Sage.

Longres, J. 1982. Minority groups: An interest group perspective. *Social Work* 27(1):7-14.

Lopata, H. Z. 1976. *Polish Americans: Status Competition in an Ethnic Community.* Englewood Cliffs; N.J.: Prentice-Hall.

Lorion, R. P. 1973. Socioeconomic status and traditional treatment approaches reconsidered. *Psychological Bulletin* 79(4):263-270.

Lorion, R. P. 1974. Patient and therapist variables in the treatment of low-income patients. *Psychological Bulletin* 81(6):344-354.

Lowy, L. 1985. Multipurpose senior centers. In A. Monk, ed., *Handbook of Gerontological Services.* New York: Van Nostrand Reinhold.

Lum, D., L. Cheung, E. R. Cho, T. Tang, and H. B. Yau. 1980. The psychosocial needs of the Chinese elderly. *Social Casework* 61(2):100-106.

MacIver, R. M. 1970. *Community: A Sociological Study.* 4th ed. London: Frank Cass.

Marcos, L. R. and M. Alpert. 1976. Strategies and risks in psychotherapy with bilingual patients: The phenomenon of language independence. *American Journal of Psychiatry* 133(11):1275-1278.

Marcos, L. 1979. Effects of interpreters on the evaluation of psycho-pathology in non-English-speaking patients. *American Journal of Psychiatry* 136:171-174.

Markides, K. 1982. Ethnicity and aging: A comment. *The Gerontologist* 22(6):467-470.

Markides, K. and C. Mindel. 1987. *Aging and Ethnicity*. Newbury Park, Calif.: Sage.

Markson, E. 1979. Ethnicity as a factor in the institutionalization of the ethnic elderly. In D. Gelfand and A. Kutzik, eds., *Ethnicity and Aging*. New York: Springer.

Maykovich, M. 1977. The difficulties of a minority researcher in minority communities. *The Journal of Social Issues* 33(4):108-119.

McAdoo, J. L. 1979. Well-being and fear of crime among the black elderly. In D. Gelfand and A. Kutzik, eds. *Ethnicity and Aging*. New York: Springer.

McCaslin, R. 1988. Reframing research on service use among the elderly: An analysis of recent findings. *The Gerontologist* 28(5):592-599.

McCaslin, R. 1989. A new look at service utilization. *Journal of Gerontological Social Work*, in press.

McCaslin, R. and W. R. Calvert. 1975. Social indicators in black and white: Some ethnic considerations in the delivery of service to the elderly. *Journal of Gerontology* 30(1):60-66.

McKinley, J. 1972. Some approaches and problems in the study of the use of services: An overview. *Journal of Health and Social Behavior* 13:115-152.

McNeil, J. S. and R. Wright. 1983. Special populations: Black, Hispanic and Native Americans. In J. W. Callicutt and P. J. Lecca, eds., *Social Work and Mental Health*. New York: Free Press.

Meinhardt, K. and W. Vega. 1987. A method for estimating underutilization of mental health services by ethnic groups. *Hospital and Community Psychiatry* 38(11):1186-1190.

Mindel, C. H. and R. Wright. 1982. The use of social services by black and white elderly: The role of social support systems. *Journal of Gerontological Social Work* 4:107-125.

Mirowsky, J. and C. Ross. 1980. Minority status, ethnic culture, and distress: A comparison of blacks, whites, Mexicans and Mexican Americans. *American Journal of Sociology* 86:479-495.

Montero, D. 1979. Vietnamese refugees in America: Toward a thoery of spontaneous international migration. *International Migration Review* 13:624-648.

Montero, D., and G. Levine. eds. 1977. Research among racial and cultural minorities: Problems, prospects and pitfalls. *Journal of Social Issues* 33(4):1-132.

Munoz, J. 1981. Difficulties of a Hispanic-American psychotherapist in the treatment of Hispanic American patients. *American Journal of Orthopsychiatry* 51(4):646-653.

National Center for Health Statistics. 1981. No. 51. DHHS Publication, No. (PH5) 81-1712. Hyattsville, Md.

National Nursing Home Survey. 1981. *Characteristics of Nursing Home Residents, Health Status, and Care Received*, 1977. Hyattsville Md.: U.S. Department of Health and Human Services, Public Health Service, Office of Health Research, Statistics and Technology, National Center for Health Statistics.

Newton, F. C. 1980. Issues in research and service delivery among Mexican-American elderly. A concise statement with recommendations. *The Gerontologist* 20(2):208-213.

Novak, M. 1972. *The Rise of the Unmeltable Ethnics*. New York: Macmillan.

Overall, B. and H. Aronson. 1963. Expectations of psychotherapy in patients of lower socioeconomic class. *American Journal of Orthopsychiatry* 33:421-430.

Padilla, A., R. A. Ruiz, and R. Alvarez. 1975. Community mental health services for the Spanish speaking/surnamed populations. *American Psychologist* 30(13):892-904.

Philippus, M. J. 1971. Successful and unsuccessful approaches to mental health services for an urban Hispano American population. *American Journal of Public Health* 61(4):820-830.

Pinderhughes, E. B. 1979. Teaching empathy in cross-cultural social work. *Social Work* 24(4):312-316.

Postiglione, G. A. 1983. *Ethnicity and American Social Theory.* New York: University Press of America.

Presidents Commission on Mental Health. 1978. *Task Panel Report.* vol. 3: *Appendix.* Washington, D.C.: GPO.

Press, I. 1978. Urban folk medicine: A functional overview. *American Anthropologist* 80:71-84.

Ralston, P. 1984. Senior Center utilization by black elderly adults: Social attiutdinal and knowledge correlates. *Journal of Gerontology* 39(2):224-229.

Rocereto, L. 1973. Root work and the root doctor. *Nursing Forum* 12(4):415-426.

Rogg, E. 1971. The influence of a strong refugee community on the economic adjustment of its members. *International Migration Review* 5(4):474-481.

Rosenfeld, J. M. 1964. Strangeness between helper and client: A possible explanation of non-use of available professional help. *Social Service Review* 38(1):17-25.

Rosenthal, E. 1960. Culturalization without assimilation? The Jewish community of Chicago, Illinois. *American Journal of Sociology* 66:275-283.

Rumbaut, R. D. and R. G. Rumbaut. 1976. The family in exile: Cuban expatriates in the United States. *American Journal of Psychiatry* 133(4):395-399.

Ryan, A. S. 1981. Training Chinese-American social workers. *Social Casework* 62(2):95-105.

Salcido, R. 1979. Problems of the Mexican-American elderly in an urban setting. *Social Casework* 60:609-615.

Shibutani, T. and K. Kwan. 1965. *Ethnic Stratification.* New York: Macmillan.

Silverstein, N. M. 1984. Informing the elderly about public services: The relationship between sources of knowledge and service utilization. *The Gerontologist* 24(1):37-40.

Snider, E. 1980. Awareness and use of health services by the elderly: A Canadian study. *Medical Care* 18(12):1177-1182.

Snow, L. 1974. Folk medical beliefs and their implications for care of patients. *Annals of Internal Medicine* 81:82-96.

Snyder, P. 1984. Health service implications of folk healing among older Asian Americans and Hawaiians in Honolulu. *The Gerontologist* 24(5):471-476.

Solomon, B. 1976. *Black Empowerment.* New York: Columbia University Press.

Sotomayor, M. 1971. Mexican American interaction with social systems. *Social Casework* 52(5):316-324.

Stanford, E. P. 1974. *Minority Aging.* Proceedings of the second institute on minority aging. San Diego: San Diego State University, Center on Aging, School of Social Work.

Stanford, E. P. 1977. *Comprehensive Service Delivery Systems for the Minority Aged.* San Diego: University Center on Aging, San Diego State Unviersity.

Starrett, R. A. and J. T. Decker. 1986. The utilization of social services by the Mexican-American elderly. *Journal of Gerontological Social Work* 9:87-101.

Statistical Yearbook. 1984. *Statistical Yearbook of the Immigration and Naturalization Service.* Washington, D.C.: GPO.

Sue, D. W. and S. Sue. 1972. Ethnic minorities: Resistance to being researched. *Professional Psychology* 3:11-17.

Sundeen, R. A., and J. Mathieu. 1976. The fear of crime and its consequences among the elderly in three urban communities. *The Gerontologist* 16(3):211-219.

Sussman, M. 1976. The family life of old people. In R. Binstock and E. Shanas, eds., *Handbook of Aging and the Social Services.* New York: Van Nostrand Reinhold.

Szapocznik, J., D. Santisteban, W. Kurtines, and O. Hervis. 1980. Life enhancement counseling for Hispanic elders. *Aging* 305-306:20-29.

Szapocznik, J., J. Lasaga, P. Perry, and J. R. Solomon, 1979. Outreach in the delivery of mental health services to Hispanic elders. *Hispanic Journal of Behavioral Sciences* 1(1):21-40.

Taietz, D. 1975. Community complexity and knowledge of facilities. *Journal of Gerontology*, 30(3):357-362.

Taylor, R. J. and L. M. Chatters. 1986. Church-based informal support among elderly blacks. *The Gerontologist* 26(6):637-642.

Thernstorm, S. ed., 1980. *Harvard Encyclopedia of American Ethnic Groups.* Cambridge: Belknap Press, Harvard University Press.

Timberlake, E., and K. Cook. 1984. Social work and the Vietnamese refugee. *Social Work* 29(2):108-113.

Toupin, E. S. 1980. Counseling Asians: Psychotherapy in the context of racism and Asian-American history. *American Journal of Orthopsychiatry* 50(1):76-86.

Tripp-Reimer, T. 1983. Retention of a folk-healing practice (Matiasma) among four generations of urban Greek immigrants. *Nursing Re-*

*search* 32(2):97-101.

Turner, F. 1920. *The Frontier in American History*. New York: Holt.

U.S. Bureau of the Census. 1973. *1970 Census of the Population. Subject Report: National Origin and Language*, table 10. Washington, D.C.: GPO.

U.S. Bureau of the Census. 1982a. *Current Population Reports*. Series, P-20, no. 374. Washington, D.C.: GPO.

U.S. Bureau of the Census. 1982b. *Current Population Reports*. Series P-20, no. 396. Washington, D.C.: GPO.

U.S. Bureau of the Census. 1983a. *1980 Census of the Population*. Vol. 1: ch. C. table 254. Washington, D.C.: GPO.

U.S. Bureau of the Census, 1983b. *1980 Census of the Population*. Vol. 1: ch. C, table 255. Washington, D.C.: GPO.

U.S. Bureau of the Census, 1983c. *1980 Census of the Population*. Vol. 1: ch. B, table 48. Washington, D.C.: GPO.

U.S. Bureau of the Census, 1983d. *1980 Census of the Population*. Vol. 1: ch. C, table 256. Washington, D.C.: GPO.

U.S. Bureau of the Census, 1984. *1980 Census of the Population*. Vol. 1: ch. D, table 304. Washington, D.C.: GPO.

U.S. Bureau of Commerce 1985. *Statistical Abstract of the United States*, table 20. Washington, D.C.: GPO.

U.S. Bureau of Commerce, 1988. *Statistical Abstract of the United States*. Washington, D.C.: GPO.

Varghese, R. and F. Medinger. 1979. Fatalism in response to stress among the minority aged. In D. Gelfand and A. Kutzik, eds., *Ethnicity and Aging: Theory, Research, and Policy*. New York: Springer.

Vecoli, R. J. 1978. The coming of age of the Italian Americans: 1945-1974. *Ethnicity* 5:119-146.

Walmsley, S. and R. Allington 1982. Reading abilities of elderly persons in relation to the difficulty of essential documents. *The Gerontologist* 22(1):36-38.

Ward, R., S. Sherman, and M. LaGory, 1984. Informal networks and knowledge of services for older persons. *Journal of Geronotology* 39(2):216-223.

Westermeyer, J. 1987. Clinical considerations in cross-cultural diagnosis. *Hosptial and Community Psychiatry* 38(2):160-164.

White, B., ed. 1984. *Color in a White Society*. Silver Spring, Md.: National Association of Social Workers.

Wintrob, R. M. and K. Y. Harvey. 1981. The self-awareness factor in intercultural psychotherapy. In P. B Pedersen, J. G. Draguns, W. J. Lonner, and J. E. Trimble, eds., *Counseling Across Cultures*. Honolulu: University Press of Hawaii.

Yancey, W., E. Erickson, and R. Juliani. 1976. Emergent ethnicity: A review and reformulation. *American Sociological Review* 41(3):391-403.

Zborowski, M. 1952. Cultural components in response to pain. *Journal of Social Issues* no. 8, pp.16-30.

Zola, I. 1966. Culture and symptoms: An analysis of patients' presenting complaints. *American Sociological Review* 31(5):615-630.

# 第25章

# 老人服務的倫理議題

*Harry Moody* 著

萬育維 譯

　　老人服務的專業領域現今正面臨了倫理上的兩難，此兩難起於實務上及需求上令人深思的議題。某些老人服務的倫理議題是大家所熟悉的，而且也發生在老人的身上。這些議題已在健康照顧的領域和醫療技術方面顯露出來，且迅速性地受到大眾的注意。首先是死亡與瀕死之倫理上的兩難，例如：延長老人壽命或加快其死亡速度。因為目前 2/3 以上的人是在六十五歲以後去世，所以這些兩難理所當然地和老年病患聯結在一起。老一輩的人可能已依循部份的自然路線──自然死亡──但現在逐漸變成人類抉擇的事件以及倫理上的考慮。

　　如果將老化與喪失決定能力之間相提並論是種錯誤。但不可否認的，年老所增加的狀況可能降低老人做決定的能力。例如：Alzheimer 症和其他心理疾病，無法避免地發生在老人身上，引起心智能力變差的問題。

　　即使心智能力是清楚的，其他的問題通常也會出現。虛弱的老人在家中或社區中受到許多威脅而容易受到傷害。但是要知道何時提供適時的保護並不容易。此外，在成本分擔的政策下，已發生資源分配公平性等嚴重問題。現今老年人口佔總人口的 11%，且在健康照顧方面消費了 30% 以上的經費，此數字在未來仍會成長。最後，當我們提供更多的資源來延長老人的生命時，我們遇到更進一步不容易解決的問題。我們如何定義生活品質的組成因素？所有的難題均和老人服務的倫理有關。

　　本章使用的「倫理」反應了具有選擇的責任。當然，「倫理」也有第二種涵義，就是明確的「專業倫理」，當我們面對欺騙、虐待或剝削老人案件時，專業倫理通常居於領導地位。在本文中，沒有討論太多第二種倫理的意義，而將重點放在混淆不清的倫理選擇的責任中。

　　即使當我們的倫理原則清楚的指出義務和需要，但在該怎麼做？做些什麼？這部份並不清楚。這些倫理守則上的要求並不容易達成，有部份的原因是物質環境（例如：缺乏人力和經費）和其他實際的障礙，但也因為企圖將倫理守則放在實務工作中，有時會和其他守則產生衝突。倫理學者通常引用三個主要的守則：慈善（提倡福利）、自主（尊重自決）、和正義（公平分配資源）。但在特殊案件中，這三個守則很明顯的互相衝突。結果可能就是不易解決的兩難。組織和分析倫理守則的任務是哲學倫理的義務。

# 一、近代哲學背景分析

自一九六○年代晚期,已開始將規範倫理視為哲學裡次要的領域。這種發展改變了分析性哲學的型態,且影響本世紀中期整體哲學的發展。隨著規範性倫理及實用性倫理的復興,哲學家不再限制自己去檢查道德辯論之邏輯基礎。他們反而再次對社會及人類行為之實質倫理理論感興趣,John Rawls 的論述,『正義理論』(1971),是個劃時代的著作。但是主要的刺激來自於戰爭與和平的辯論、種族歧視,以及生物醫學技術的進步。本世紀第一次,許多哲學家大膽的在學院派以外提倡實用性倫理。

在一九六○年代晚期和一九七○年代早期之間,新的生物醫學倫理學科席捲當時,且很快就獲得大眾的注意。一九六○年代晚期的幾年首次實施心臟移植和其他新的醫療照顧技術,這些對醫學和生物學提出挑戰。當時新的生物倫理學科已達到新的紀元,不僅成立 Hastings 中心及發行科技整合期刊,在一九六九年提出的 Hastings 中心報告書更廣泛的受到肯定。後來,社會工作領域發現相關的倫理議題的確有系統的反應在實務倫理的兩難上,部份人士成功的使用生物醫學倫理的分析方法當作模型(Reamer 1982; Yelaja 1982)。一九七○年代晚期,老人領域開始受到注意(Cassel & Meier 1986),這方面的工作已在近幾年快速進展(Kapp, Pies, & Doudera 1985; Moody 1982)。

老人服務的倫理議題可以用兩個角度來分析,一是結構式或社會環境決定的角度,例如:老人中心、居家照顧、長期照顧等等。也可以用穿越不同環境之概念性議題的角度來分析,例如:自主與溫和式干涉、各專業間的合作、接受服務的權利等等。本章首先概念性的介紹議題,然後檢查這些議題在特殊的機構環境中受了解的程度。

# 二、自主與溫和的干涉主義

老人服務再次出現的議題是自主與尊重個人自決(Cohen 1985)。此議題在許多情況下均會發生,但是這個主題首要受爭議的是健康照顧領域

最極限的發展應該受到什麼樣的約束，例如心智能力正常的人，在法律與道德規範下，有明確的權利保護他接受或拒絕醫療處置的自決權。但對心智能力受損之特殊情況的人而言，有各種處遇，句括指定的代理人、永久的委任權以及法院指派對無能力者之監護……等，什麼情況下適用何種處遇，就沒有明確的規則可循。就實際狀況而言，合於規定的無能力者很少，但是非正式的精神病或醫學判斷為能力受限者，則是非常的普遍。近幾年律師與哲學家在討論這個主題時，特別熱切的討論生與死之臨終處置。

人類服務專業視激烈爭論結果的差異比律師和哲學家認為的差異大的多。從生物醫學倫理得來的概念無法有效的解決上述爭論。事實上，老人服務專業經常存在於各種不切實際的爭議。首先，「心智能力」並非單一或意義明確的用語。倫理學家可以很快知道一個病人可能沒有能力去管理財產的事情，但卻相當有能力決定他要不要接受醫療處置。生物倫理學家主張一種較有區辨性、機能性的特殊能力標準來取代整體性的心智能力。

第一，影響心智的干擾事件。不管我們用整體或機能性的角度來看心智能力，臨床工作者相當清楚病人做決定的能力會受到疲勞、藥物治療、一天中不同的時間、情緒壓力、心理疾病和許多其他因素的影響。例如：患痴呆症者做決定的能力會每天或每週變動。假如病人先前明智的同意，但一兩天後又取消承諾，情況將會如何？當病人忘記原先曾答應過，且甚至忘記全部的談話內容，情況會如何？先假如病人記得也確定稍早的承諾，但是卻將決定性的訊息完全忘記，會發生什情況？

另外一個引起多方關切的議題是「代理決定」（proxy decision-making）與代理決定有關的是，家庭成員有必要成為一個虛弱或幾近沒有能力的病人的代理人，例如：患有老年 Alzheimer 症的人，若沒有家人出面，社會福利機構或提供健康照顧者會因為怕觸犯法律訴訟而不願意採取最後的行動。專業或機構仍持續「做一個錯誤決定」的恐懼中。不管合法的賞罰可不可能存在，家庭變成代理團體均有助於避免糾紛或浪費時間在申請法院指派的監護人上。

有個嚴重的倫理問題是，家庭成員間彼此意見不和。當繼承人在延續老人生命所付出的成本和繼承遺產之間起衝突時，在家庭做決定時產生了

利害關係。不管何時，金錢與權力都包含在內，所以，衝突是可以預期的。而所需要的似乎是一個折衷的解決方法：此方法比各專業間或家庭內的代理人正式，但是比真正的法庭訴訟程序較有彈性，不是那麼正式。我們需要發展合法的方式，以提供多層次承諾來表示清楚地委任做決定的權利。例如：生存意願、永久委任權、代理人等等。運用合法守則的任務是保護老年人在不相稱的官僚主義之自主，這是現今老人服務最大的挑戰之一。

　　健康照顧系統逐漸由正式輸送方式中撤離，其適當性應該受到注意。例如：老人中心或居家照顧方案，正式資格或代理人同意等方式的運作，幾乎全部都是非正式的。一個脆弱、寂寞的老人，雖然營養不良，但是拒絕接受餐車服務的案件。老年人可能表現出對於鄰居犯罪的恐懼，但是有文化上的因素而抗拒使用正式的服務系統。在上述的例子中，通常在沒有清楚的權威或指引之下，社會工作員會在複雜的情況中介入。解決問題不須依賴太公式化的程序，而是依賴技巧性的處遇，此處遇稱為「協商性同意」（Moody 1988），這相當尊重案主自決且保留了主要的價值。但是此種案件說明了一些對老人服務的倫理議題的方法，這些方法用不同於自主與溫和式，干涉主義的生物倫理模型。

## 三、各專業間的合作

　　提供老人服務者不可能只是單獨工作，而是以團隊或機構的方式合作，專業間的協調和給予必要的合作以做出對案主最有利的決定，然而這樣的合作未必能解決所有的問題。例如到底要「據實以告」要告訴病人或家屬真正的考慮和專業意見分歧的事；或者要隱瞞多少事實，以獲得醫療服務的賠償或申請補助的資格。而其他倫理上的兩難還發生在專業間的關係和機構間的關係。例如：忠實、完成任務或不同意、不服從之兩難。心理學家的角色（專業機構的僱員或顧問）在兩難的狀況中是一個重要因素，然而牽涉到另一個問題：「視專家為僱員」的倫理兩難沒有明確的答案是眾所周知的（Abramson 1985）。

## 四、正義與資源分配

　　另一組重要的議題是社會正義與稀少資源分配的問題，例如：時間、人員、經費、服務之可接近性。有關分配問題的適當的例子，可在社會安全法案第二十條中找到，法案中規定服務不同年齡層的人，要考慮整體的利益以做出協議性的決定（Gilbert 1981）。另一個例子是美國老福利法案的實施，其直接服務老人，尤其優先服務最有社會與經濟需要的老人。

　　在地方性或組織的層次，通常產生服務可近性的問題。誰將獲准進入高品質的看護之家？誰又會進入設備較差的機構中？醫院的出院計畫者每天都面臨這種問題，且通常沒有清楚的倫理指標可依循。他們常必須在沒有全盤商討或沒有顧及病人的情況下做決策。成本分擔和關係診斷群……等醫院管理上的壓力已經增加使老年病人很快出院且進入設備較差的環境中的壓力，例如：居家照護或看護之家照護。

　　因此人類服務專業又增加了「守門員」的角色，這個是醫院和政府補助政策之間應變策略的把關者，然而卻和服務老人之歷史性使命起衝突，同樣的麻煩的倫理議題也產生在個案管理的關係。在此關係中，人類服務專業著手去幫忙案主確定且接近所需要的服務。但是當個案管理員是公家機構的僱員時（受雇於公家機構），則不可能避免基本的個案管理獨立性的問題。需要多久我們才能讓大眾了解所謂的自主自決，在這些環境中所受到的限制？

　　人類服務的實務工作者已經很熟悉這些議題。但是最近，大眾媒體提出世代間正義的煽動性問題。自從一九八〇年代中期，已經有世代平等之公眾爭辯，也就是，對其他群體（例如：貧窮兒童）所需的費用而言，老年群體可能獲得太多公共資源。此爭論似乎不受者人服務專業歡迎，因為這些專業人士在每天的實務工作中，均直接接觸貧窮的老年案主。「世代平等」之爭，似乎對合法性或至少與其他群體的需要比較之下老人福利優先產生懷疑。

　　這些爭論困擾許多近幾年來已經成熟的老人服務專業網絡。 Gel-fand 和 Olson （ 1984 ）描述老人服務網絡在過去二十年裡的成長與多樣

化。老人網絡的歷史性的成長發生在老人資源與服務逐漸增加和老人的情況有實質改變之時期。但在同時，許多老年人口的特徵也從六〇年代晚期及七〇年代早期開始改變，這時期也是老年網絡開始成長的階段。

這些改變最早由許多鄉鎮和鄉村地區的老年人口「老化」開始。自從有許許多老老人和虛弱的老人的人數比例逐漸上升以後，老化的結果改變老年人的需求。例如：在十五年前，老人中心實施成功的方案，現在可能需要重新思考此方案的適當性。當正在老化的人變成更多的「問題案主」時，這些案主將用完資源而且要求設計新的服務方案來因應不同人口群的需要時，老人中心或老人居住方案應該做什麼？若要回答這個問題則必需先釐清服務可近性之倫理假設及提倡，與相關的政策和對特殊類型案主的限制……等等根本的問題。

在較廣泛的政策討論中，老人服務專業已經瞭解「年齡或需求」考慮是資源分配上最根本的問題。此點在公共政策討論中不只是鉅視層面的議題，也引起許多實務上的爭論。簡言之，不管問題是個人層面、組織層面或公共政策最廣泛的範圍，都無法避免正義和分配的問題。

分析兩個關連性的議題——自主與正義之後再來看看一些發生在特定的社會和機構中的實質倫理議題。經由這樣的討論，再分析連續性照顧老人的政策與服務是有幫助的，此連續的範圍從家庭給予照顧到安置看護之家。

## 五、家庭照顧的兩難

老人需要照顧或服務是家中經常發生的實質倫理議題，但是這些議題不常提出來討論，部份是因為這似乎純粹是私人的責任，也部份因為在一個較不實際的潮流下所作的決定。但是這些議題值得受到重視，只因為今天大多數老人服務不是由專業或機構來提供，也非由正式的服務系統來提供，而是由家庭，在今日的美國家庭實際上提供了虛弱的老人 80% 以上的照顧（Cullahan 1985; Sommers 1986）。

照顧者——以中年婦女為主——的負擔，現在已經成為主要的社會政策議題，但這是屬於倫理的部份。例如：一個嚴重的問題是照顧者對有需

要的老人照顧責任的權利和義務的範圍在哪裏？其他問題來自兒童與父母間特別的束縛，也就是子女責任的倫理。近來，哲學家仔細分析這些家庭倫理問題，任何長期照顧倫理的評價均需要採取較佳的私人理由和公共領域的倫理決策。

　　分配正義的問題不只會發生在公共領域，也會發生在家庭中，特別是由不同的家庭成員（如配偶或成年子女）分別負擔時。

　　有一個主要的議題是照顧者承擔責任的本質，他是否完全了解他所從事的工作？例如：答應讓一個虛弱的老人住在家中而非在機構中？若在家中而不是在機構中需要什麼改變？當慢性病改善或心理疾病惡化時，照顧者需要做什麼改變？照顧者準備放棄多少私事？要讓其他家庭成員做多少犧牲？假如病人虛弱的配偶也搬進去住呢？例如：當一個病人的配偶搬出成年子女的家，這些子女扮演何種角色？配偶扮演何種角色？比方說是負責家務或照顧子女。

　　另一個經常發生在家中的難題則和金錢及繼承權有關。繼承權通常和主要的隱含性倫理有關，此種相互性被視為是理所當然的。家庭成員可能會假設，如果我照顧她到最後，她會將遺產分給我，或諸如此類的補償物。倘使子女負擔過重「也許會產生如下的想法：他總是讓我難堪，我十歲時他拋棄我媽，而他已經將全部的財產捐給某個機構了，我該為他付出多少？」（Mace and Rabins 1981：146）。

　　服務提供者會使用特殊的溝通技巧來協助處理這些複雜的議題。例如：家庭會議在處理責任與義務時是重要的方式。

　　當家庭中幾個兄弟一起提供照顧時，在照顧責任的分配上，常會發生嚴重的公平問題。這些案件上，在試著發現公平的解決方法時，並沒有簡單的方法可區分出這個照顧公平的問題是現今家庭問題或隱含在其後的整個家庭心理動態的糾葛因素。

　　當我們檢視醫生和病人之間的溝通時，自主或溫和式干涉主義的問題呈現其中。但當溫和式干涉的決定包含家中幾位成員時，溫和式干涉處遇的問題會變成較複雜的。有時問題包括配偶的責任，此責任在我們的社會中具合法的支持力。但是子女的責任可能在原本的義務之外包含額外的行為或辛勞。額外辛勞的問題是，家庭成員可能承諾超越他們能力以外的負

擔或此承諾是部份終生共生模式，此模式包含精神病理學的因素。例如，從沒離開過家的兒女，或某些更糟的情況是，罪惡感交織、導致老人虐待的挫折和攻擊等。

　　即使用意良好，照顧者並非總有能力來實現他們所承諾的事。因為有些事情是他們能力範圍內所無法控制的事。「用意良好」導致另一固倫理難題：遵守約定的問題，這對病人而言是平常的，特別是在 Alzheimer 症開始之初，病人會告訴配偶或成年子女：「答應我，你不會把我安置在看護之家。」家人可能會因為罪惡感而答應。或可能會在 Alzheimer 症許多問題發生之前作出類似的承諾，所以這裡產生一個問題是，在人們有充份的理由被期待來承擔的情況下，這些承諾是否有約束力？

## 六、安置護理之家

　　當家人必須考慮將老安置於護理之家是最大的抉擇上兩難（ Dill 1987; McCullough 1984 ）。安置護理之家所有的意圖與目的是一種充滿道德意義的不解更改的決定。從道德的角度來看，自然會產生的問題有：誰做或應該做安置護理之家的決定？法律及倫理上的推論就有明顯的答案。整體的法律與倫理系統開始於完整個體的權利與義務之假設，而不是共同的社會群體，例如：家庭。簡言之，家庭決策沒有倫理或法律的基礎。

　　即使是由家庭決策的過程是否就有助於了解安置護理之家的決策嗎？凡是和家中長期提供照顧者一起工作的人，很容易回答不是。反而，長期照顧的決定，經由家庭溝通複雜的過程，可能產生一種不完全的方法，此溝通包括：意見一致、衝突與協調等因素。安置護理之家的決定幾乎總是具體表現出愛憎並存、矛盾與罪惡感。義務與權威之間並不容易找出協調的方法。家庭決策複雜的實情並不容易用生物醫學倫理流行的理論來解釋。

　　法律對潛在的衝突主張總抱持另外一種看法，他們持這種看法有足夠的理由，例如：兒子或媳婦做出了安置上的同意，而在同時，他們很可能是負擔過重的照顧者，一個未來的財產繼承、實際上的代理決策者，對於被安置在機構中的人，最後處在一種長期愛憎交織的心理關係中。這些角

色之間可能會互相發生衝突，這些衝突應如何解決？例如：假如媳婦被要求負擔照顧老年親屬的責任並做額外犧牲，在考慮安置老年親屬於護理之家的決定時，這種要求是否會給她特別的道德標準？

談家庭責任的問題時，配偶和子女的責任也隱藏在較廣泛的合法權利和社會政策的關係中。兩者均被家庭要求付出照顧責任，但是令人深思的是哪些是家庭的責任？哪些是社會的責任？在社會福利計劃——如護理之家照顧或居家照護，由醫療照顧或醫療救助來負擔費用之前，社會應該期待家庭照顧多久？多少？

## 七、護理之家的照顧

凡是六十五歲以上的老人在死之前的五年內，都有可能會在護理之家待一段時間。所以對老人而言，護理之家生活品質的議題非常重要。隨著一九六○年代心理疾病去機構化的出現，及一九六五年醫療救助法案通過，急速的擴展了護理之家的床位，這種趨勢持續到一九七○年代。不久，在七○年代中期發生一連串護理之家的醜聞，而依次出現了新的法規。在確定機構中老人的權利和自主性普遍的失敗之後，律師及提供老人福利的工作者以及人權擁護者提出了相當多的議題與關切，引起廣泛討論。例如：不同療養機構之間異地安置老年人的議題。

一九七○年代晚期，熱衷於改善住在護理之家者的權利，例如：護理之家居住者的「基本人權宣言」已經去面對下列的問題：此種權利宣言是否確實可行？這些對心理疾病患者「有權接受治療」的權利是否比得上安置在州立機構中的人所擁有的權利？例如：如何使用物質或藥理學來抑制思想可能混亂的流浪漢病人或會仍害自己的人？另一個倫理與長期照顧的主要議題是護理之家的安置，以下將討論。一些困難的問題包括：家人意見不同的衝突，以及如何保護非自願住在護理之家的老人之權利等議題。這些問題是複雜的且沒有確定的答案。

## 八、爭辯或共識

　　目前關心倫理問題的人以為有關倫理上的爭辯是無法解決或有互相衝突的主觀見解，但這些都是錯誤的印象，真正的情況是，衝突觀點太快對懷疑論或相對論下結論，也就是說，任何解釋的方向都可能發生。

　　事實上，有些倫理的主張並不是互相衝突的。例如：不管是在家或在機構中，對一個虛弱的老人受到虐待或疏忽，大家都同意這是道德上的錯誤。不管「生活品質」的定義為何，它都是用來評估此種虐待或疏忽的。在此，倫理上的要求很清楚。兩難在於，我們有時很難去評估一個老人的抱怨是真是假。更糟糕的是，通常人們會對虐待或疏忽的偶發事件的報導感到恐懼，因為怕受到報復。有一個倫理上的告誡是：保護弱勢者免於受利用。但如何達成目的並不清楚，有如成人保護服務倫理在文獻中清楚的記載一樣。雖如此，這問題是實際且有解決方法的，而不是一個規範上解決不了的問題。

　　一種純粹尊重法律或統整的規範有時是必要的，但很少能充份地保證生活品質。任何被期待完成任務的公共監督均有其限制。但是不管公立和私人、正式和非正式的系統，均不須要互相排斥。私人、非營利性團體確實是在避免老人服務網絡專業規劃時不可或缺的。特別重要的是去增強在機構中的人和家人、朋友的聯繫。這兩者防止虐待產生並給予機構無法提供的關心。

　　最後，我們更期待政府部門給予相當程度的指引，不管是法院決定生、死的事件，或統整性的機構來保證生活品質，這是重要的結論，因為過去政府在提供老人服務處遇的型態上有相當的限制。這個觀察並不是建議政府完全的除去那些限制，而是去了解完成被期待的標準之真實限制。規範限制與公民自由解決的方法並非萬能的。

　　在解決倫理議題上並沒有萬靈藥可求，不可能僅經由個案管理、對每個人的居家健康照顧、提供家庭所需費用、提升醫療品質——病人的「基本人權宣言」等等就可以解決的。家庭、專業和機構必須面對真正需要解決的問題。法律和倫理從無完全解決實務上的倫理難題。許多問題是很難

處理的，正如諺語所云：棘手的案子反應法律的疏失。在此，我們必須再次了解法律或條例的限制以及可以達到的極限。

　　另一方面，將倫理評價上的判斷，完全放手給私人去做是錯的。我們可能在倫理上同意某些議題，但不是全部。意見完全一致的失敗不盡然是壞的。這反應我們的文化中對生命最後一個階段愛憎交加。事實上，我們可能不需要在倫理意見完全同意。有足夠的例子顯示倫理意見一致確實存在，服務的實施與效益是基本的問題之一。例如：許多的居家健康照顧似乎很令人滿意，即使此服務只提供到某些程度而已。既然家庭已經準備提供大部份的居家照顧服務，也許政策制定者應該從教訓或處罰的方法上轉移他們的注意力來尋找增強家庭提供照顧能力的方法，例如：安排「間歇性」服務以減輕照顧者持續性的負擔。加強居家照顧服務應該是一個議題，保守主義和自由主義都相當同意此議題。但是使居家照顧服務普遍化的經費，並沒有隨著來。

　　在案主自主的請求上，也有普遍相同的意見。自主的問題通常重視理論過於實際。在臨床的層面，特別是在看護之家，溫和的干涉主義「醫生知道最多」仍然是普遍的情形，這是一個溫和干預的典型情形，與其討論溫和干預的必要性不如轉移爭論的焦點，來談談溫和式干涉主義何時介入是公平的，何時不是。特別的是，我們需要辨別尊重人以及有關於人自主性的假設。這兩個概念不須要像一般的推測一樣，緊密相連。最重要的是，在人類服務中，假如我們真要加強對老年案主的尊敬與尊嚴，我們必須提供實際的方法讓理想成真，特別是對能力變差或虛弱、容易受傷的老年案主。

　　老人服務在倫理上最實際的考慮是「什麼可能？」「什麼不可能？」在此，有個好例子是機構提供照顧的案子。我但要了解將老人安置在看護之家並非不可避免，但在許多的案件裡，看護之家卻是最被家屬需要的。用以往的印象去攻擊大眾是一個悲劇的錯誤，也就是住在不符合標準的看護之家的被拋棄的老人之印象。接受負面刻板印象只有增加不必要的罪惡感在那些已經面臨沈重負擔，而即將決定安置老年親屬在看護之家的家庭。

　　代替家庭責任道德上的說詞，我們需要承認家庭真正的限制和醫學本

身能做到的部份（Daniels 1987; Longman 1985; Litwak 1985; Schorr 1980）。現實主義在抓住長期照顧真正的倫理問題時是絕對必要的，這些的確是困難的問題。對限制的新認識允許我們用較有效率的方式去面對長期照顧的倫理難題。取代對機構理想的標準或對家庭大膽的標準的要求，我們將從現存最有效的選擇觀點來看看倫理的決定。高品質的安養之家將呈現一個標準，是水準較低的機構可以對照比較的。社會整體必須決定是否要付出提昇全部機構到這個層次的代價，同時也定出在分配負擔與稀少資源分配時，何種公平的標準是適當的。

在這些案子中很明顯的是，我們已經從單純的自主倫理掙扎中體會到每個個體自己作決定的原則。個人主義的倫理和它已被認可的同意書在六〇年代和七〇年代均獲得廣泛的支持。上述改變是種正向的發展。自主倫理有必要去挑戰將老人幼稚化的溫和式干涉主義的型態，且自主倫理也必須去處理一些非常真實的因健康照顧者所引起的虐待病人權利事件。

## 九、生存的限制

正如我所主張的，自主倫理本身有嚴重的限制。在老人服務的倫理兩難中，這些限制已經非常明顯了。老年人的依賴性和提供照顧的社會環境相互作用之下。單純的個人主義倫理不管在對老人服務或廣泛的社會公共議題都是不夠的。必須留意社會結構中老年病人的醫療與社會需求是分不開的，在考慮老人倫理議題時，雖然自主的本身難以定義，這也出現清楚的解決辦法。

老人服務選擇上的複雜性防止任何簡單的解決方法或萬靈藥的幻想。在學習思考老人社會的服務時，了解這種複雜性是學習思考老人服務倫理的開始，也許思考老人服務倫理兩難最重要的結果是讓我們對「型態」與限制較敏感，這也是美國文化型態在健康照顧政策及社會政策上的反應。

一些傳統的美國價值觀，個人自主、科技進步、無限的資源、依法解決衝突、生活在自己家中而非機構中等等。這些全都是珍貴的價值觀，且深深的影響我們對健康照顧的考量。但每一個價值觀和老人存在的真實性互相矛盾。幸運的是，當個人活生生去體驗老年階段時，並沒有遭遇那些

在傳統的美國價值觀中沒有明顯的解決之道的悲劇性的選擇。

　　在老年社會中，這些傳統的價值觀可能需要重新檢查與評價。我們可以預期在幾年內會看到衝突對立的價值觀相互作用。假如我們有耐心去使用推論性的反應到兩難上，我們可以期待從其他已經被認可的倫理原則中，去分解生命最後幾年難以處理的問題。藉由到達最低生活標準來隔離「悲劇的選擇」，我們使社會進步，同時社會也保證全部人的最低生活標準。最後的結果可開放較人性化的服務方法給全部年齡層的人，當我們進一步思考提供照顧的意義時，我們的老年人可能指點我們找出可受惠他們且總有一天我們老的時候會用到的適當的方法。

# 參考書目

Abramson, Marcia. 1985. Caught in the middle: The professional as employee and colleague. *Generations* (Winter), pp.35-37.

Callahan, Daniel. 1985. What do children owe elderly parents? *Hastings Center Report* (April), 15(2):32-33.

Cassel, C. K. and D. E., Meier. 1986. Selected bibliography of recent articles in ethics and geriatrics. *Journal of the American Geriatric Society* (May), 34:399-409.

Cohen, Elias. 1985. Autonomy and paternalism: Two goals in conflict. *Law, Medicine, and Health Care* (September).

Daniels, Norman. 1987. *Am I My Parent's Keeper?* New York: Cambridge Unviersity Press.

Dill, Ann E. P. et al. 1987. Coercive placement of elders: Protection or choice? *Generations* (Summer) 11:4, 48-66.

Gelfand, Donald and Jody Olson. 1984. *The Aging Network: Programs and Services.* 2d ed. New York: Springer.

Gilbert, Neil. 1981. A "fair share" for the aged: Title XX allocation patterns, 1976-1980. *Research on Aging* (March), 4:71-86.

Kapp, M., H. E., Pies, and A. E. Doudera, eds., 1985. *Legal and Ethical Aspects of Health Care for the Elderly*, Ann Arbor, Mich.: Health Administration Press.

Litwak, Eugene. 1985. *Helping the Elderly: The Complementary Roles of Informal Networks and Formal Systems.* New York: Guilford Press.

Longman, Phillip. 1985. Justice between generations. *Atlantic Monthly* (June), 225:73-81.

Mace, N. L. and P. V. Rabins. *The 36-Hour Day*, Baltimore: Johns Hopkins University Press, 1981.

McCullough, Laurence B. 1984. Medical care for elderly patients with diminished competence: An ethical analysis. *Journal of the American Geriatrics Society*, (February), 32(2):150-153.

Moody, H. R. 1982. Ethical dilemmas in long-term care. *Journal of Gerontological Social Work* 5:97−111.

Moody, H. R. 1988. From informed consent negotiated consent. *The Gerontologist* (Special Supplement on Autonomy and Long Term Care), 28.

Moody, H. R., ed. Ethics and aging. [Entire issue], *Generations* (Winter 1985), 10:2.

Rawls, John. 1971. *A Theory of Justice.* Cambridge: Harvard University Press.

Schorr, Alvin. 1980. "...... *Thy Father & Thy Mother": A Second Look at Filial Responsibility and Policy.* Washington, D.C.: Social Security Administration.

Sommers, Christina Hoff. 1986. Filial morality. *Journal of Philosophy* (August 8,1986), 83:8.

Yelaja, S. A. 1982. *Ethical Issues in Social Work*, Springfield, Ill.: Thomas.

國家圖書館出版品預行編目資料

老人福利服務／Abraham Monk 編；李開敏等譯
--初版.-- 臺北市：心理，1996（民 85）
　　面；　公分.--（社會工作；5）
譯自：Handbook of gerontological services, 2nd ed.

ISBN 978-957-702-180-9（平裝）

1. 老人福利

548.15　　　　　　　　　　　　　　　85007870

社會工作 5　**老人福利服務**

〰〰〰〰〰〰〰〰〰〰〰〰〰〰〰〰〰〰〰〰〰〰〰〰〰〰〰〰〰〰〰〰〰〰〰〰

編　　者：Abraham Monk
譯　　者：李開敏、王　玠、王增勇、萬育維等
總 編 輯：林敬堯
發 行 人：洪有義
出 版 者：心理出版社股份有限公司
社　　址：台北市和平東路一段 180 號 7 樓
總　　機：(02) 23671490　　傳　　真：(02) 23671457
郵　　撥：19293172　心理出版社股份有限公司
電子信箱：psychoco@ms15.hinet.net
網　　址：www.psy.com.tw
駐美代表：Lisa Wu　　tel: 973 546-5845　fax: 973 546-7651
登 記 證：局版北市業字第 1372 號
印 刷 者：玖進印刷有限公司
初版一刷：1996 年 7 月
初版三刷：2008 年 10 月

〰〰〰〰〰〰〰〰〰〰〰〰〰〰〰〰〰〰〰〰〰〰〰〰〰〰〰〰〰〰〰〰〰〰〰〰

# 讀者意見回函卡

No. _____　　　　　　　　　　填寫日期：　年　月　日

感謝您購買本公司出版品。為提升我們的服務品質，請惠填以下資料寄回本社【或傳真(02)2367-1457】提供我們出書、修訂及辦活動之參考。您將不定期收到本公司最新出版及活動訊息。謝謝您！

姓名：_____　性別：1□男　2□女

職業：1□教師 2□學生 3□上班族 4□家庭主婦 5□自由業 6□其他____

學歷：1□博士 2□碩士 3□大學 4□專科 5□高中 6□國中 7□國中以下

服務單位：_____ 部門：_____ 職稱：_____

服務地址：_____ 電話：_____ 傳真：_____

住家地址：_____ 電話：_____ 傳真：_____

電子郵件地址：_____

書名：_____

一、您認為本書的優點：（可複選）

　❶□內容 ❷□文筆 ❸□校對 ❹□編排 ❺□封面 ❻□其他____

二、您認為本書需再加強的地方：（可複選）

　❶□內容 ❷□文筆 ❸□校對 ❹□編排 ❺□封面 ❻□其他____

三、您購買本書的消息來源：（請單選）

　❶□本公司 ❷□逛書局⇨_____書局 ❸□老師或親友介紹

　❹□書展⇨____書展 ❺□心理心雜誌 ❻□書評 ❼其他_____

四、您希望我們舉辦何種活動：（可複選）

　❶□作者演講 ❷□研習會 ❸□研討會 ❹□書展 ❺□其他____

五、您購買本書的原因：（可複選）

　❶□對主題感興趣 ❷□上課教材⇨課程名稱_____

　❸□舉辦活動 ❹□其他_____　　　（請翻頁繼續）

| 廣 告 回 信 |
| --- |
| 台 北 郵 局 登 記 證 |
| 台 北 廣 字 第 940 號 |

（免貼郵票）

 心理出版社 股份有限公司

台北市 106 和平東路一段 180 號 7 樓

**TEL:** (02) 2367-1490
**FAX:** (02) 2367-1457
**EMAIL:** psychoco@ms15.hinet.net

沿線對折訂好後寄回

六、您希望我們多出版何種類型的書籍

❶□心理 ❷□輔導 ❸□教育 ❹□社工 ❺□測驗 ❻□其他

七、如果您是老師，是否有撰寫教科書的計劃：□有□無

書名／課程：_____

八、您教授／修習的課程：

上學期：_____

下學期：_____

進修班：_____

暑　假：_____

寒　假：_____

學分班：_____

九、您的其他意見

_____

謝謝您的指教！　　　　　　　　　　　　31005